학점은행제 전공학점 인정

매경TEST
실전단기완성

시대에듀

Always **with you**

사람의 인연은 길에서 우연하게 만나거나 함께 살아가는 것만을 의미하지는 않습니다.
책을 펴내는 출판사와 그 책을 읽는 독자의 만남도 소중한 인연입니다.
시대에듀는 항상 독자의 마음을 헤아리기 위해 노력하고 있습니다.
늘 독자와 함께하겠습니다.

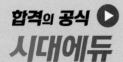

머리말

아는 만큼 보이는 법입니다. 특히나 경제현상은 더더욱 아는 만큼 세세히 보입니다. 경제이슈에 대해 알아야 하는 이유는 우리 삶에 직접적인 영향을 미치기 때문입니다. 최저임금, 소득주도성장, 미국의 이자율 상승, 미국 정부의 한국산 세탁기 수입 금지 조치, 유로화의 변화 등 모두 나와는 전혀 다른 세상 이야기 같지만 실질적으로는 아주 밀접히 연관되어 있습니다.

최저임금의 변화는 아르바이트 일자리 감소로 이어지고 있고, 미국의 이자율 상승은 투자한 주가는 물론이거니와 국내 이자율에 영향을 미쳐 매달 납부해야 하는 대출 이자 규모를 늘립니다. 한국산 세탁기 수입 금지 조치로 세탁기 재고가 많아지면 세탁기 생산이 감소하고, 이는 나의 성과급에 직접적인 영향을 미칩니다.

경제이슈와 해법이 전문가들의 영역이라는 생각을 버려야 합니다. 모든 경제이슈는 나의 문제로 해석될 수 있고, 그 영향은 아주 직접적입니다. 나의 입장에서 나에게 미칠 영향을 따져보고, 제시된 해결책이 나에게 유리한지, 불리한지 여부를 따져봐야 합니다. 그래야 나의 이해관계가 반영된 목소리를 낼 수 있습니다.

매경TEST를 공부하는 이유는 각자마다 다양합니다. 시험에서 좋은 점수를 받기 위해, 학점을 따기 위해, 편입에 성공하기 위해, 수시전형 합격에 유리하기 위해, 취업을 위해, 승진을 위해 등등 정말 다양합니다. 하지만 매경 TEST 공부의 이유는 무엇보다 '더 잘 살기 위해'가 되어야 합니다. '잘'에 대한 정의는 사람마다 다를 수 있지만, 내가 가진 자원을 최대한 효율적으로 활용하여 추구하는 '잘 사는 삶'을 만들어 내야 한다는 점은 모두 동일합니다. 경제학과 경영학은 내가 가진 자원을 최대한 효율적으로 활용할 수 있는 방법을 알려줍니다. 나의 노력이 헛되지 않을 수 있는 이론적 근거를 알려줍니다. 더 나아가 경제 현상의 행간을 이해할 수 있게 됩니다. 행간을 보는 눈이 생기면 해당 정책이, 이슈가 나에게 불리한지, 유리한지 판단할 수 있으며 어떤 방향으로 행동해야 하는지 결정할 수 있게 됩니다. 최소한 내가 살아가는 세상에 수동적으로 끌려 다니지 않을 수 있다는 의미입니다.

경제학과 경영학을 공부할 수 있는 방법은 다양합니다. 하지만 수험만큼 효율적으로 그리고 강제적으로 공부할 수 있는 수단은 없습니다. 단기적인 목표가 명확하기 때문입니다. 매경TEST는 '잘 살기 위한' 공부를 위한 아주 훌륭한 수단이 될 수 있다는 의미입니다.

본 수험서는 수험자들이 잘 살기 위해 필요한 경제·경영학 내용들의 행간을 이해할 수 있도록 담았습니다. 잘 살기 위해 필요한 이론과 매경TEST의 출제 영역은 정확히 일치합니다. 처음에는 이해가 어렵고, 답답함을 많이 느낄 겁니다. 너무나 당연한 현상입니다. 독자가 부족해서도, 저자가 책을 잘못써서도 아닙니다. 경제학 언어에 익숙하지 않은 탓입니다. 이해가 되지 않는 내용은 과감히 넘어가야 합니다. 그리고 여러 번 반복해야 합니다. 반복이 두, 세 번 거듭될수록 이해의 공백이 저절로 채워지는 모습을 확인할 수 있을 겁니다. 저의 노력이 여러분들의 시험점수는 물론이거니와 보다 나은 삶을 계획하는 데 밑거름이 되길 바랍니다.

David. Kim

시험정보 INFORMATION

매경TEST 소개

- 매경TEST(MK Test of Economic & Strategic business Thinking)는 경제 · 경영의 기초적인 개념과 지식은 물론, 응용력과 전략적인 사고력을 입체적으로 측정하는 국가공인 비즈니스 사고력 테스트이다.

- 매일경제신문이 주관하며 경제와 경영 두 영역에서 각각 40문항씩 출제되며, 경제 · 경영 분야의 통합적인 이해력을 철저하게 측정할 수 있는 국내 유일의 인증시험이다.

- 국내외 최고의 대학 교수 출제위원진과 매일경제신문 박사급 기자 그리고 경제 · 경영 전문가들이 출제하며 석학들로 구성된 감수위원들이 철저히 검증한 문제로 출제된다.

매경TEST 흐름도

- 경제 · 경영 기초지식 + 시사 등 현실 감각 + 비즈니스 사고력
- 매경 TEST
- · 기업에 인재발굴 기준 제시
- · 개인에게 자기계발 동기부여
- · 국가 구성원의 경제이해력 증진
- · 공인시험정착으로 사회적 비용 절감
- 국가 성장동력 강화

2025 매경TEST 실시요강

주최기관	매일경제신문사
홈페이지	http://www.mktest.org
시험일정	연 8회 실시(1월, 2월, 4월, 5월, 7월, 8월, 10월, 12월)
신청방법	매경TEST 홈페이지에서만 온라인 접수 ※ 단체의 경우 단체코드 입력 후 접수
응시료	3만원(20명 이상 단체 접수 시 1인당 2만 5,000원) ※ 중고생 2만원
출제양식	5지선다형 / OMR 카드 기입식
점수 / 배점	1,000점 만점(600점 이상 국가공인 점수)

매경TEST 시험 규정

시험 시간	10시 00분 ~ 11시 30분(총 90분)
입실 시간	시험 시작 15분 전(오전 10시 시험의 경우 9시 44분 59초까지 입실)
시험 당일 지참물	컴퓨터용 사인펜, 신분증, 수험표
응시자격 및 제한	제한 없음
성적유효기간	성적발표일(인증서 발급일)로부터 2년
성적표 발급	시험일 약 1주일 후 매경TEST 홈페이지에서 공개(성적조회 및 성적인증서 출력 가능)

※ 시행처의 사정에 따라 변경될 수 있으므로 매일경제신문사 홈페이지에서 다시 한 번 정확한 정보를 확인하시기 바랍니다.

매경TEST 출제기준 및 평가방법

1. 영역별 출제문항수

구 분	지 식	사고력	시 사
경제(40문항)	15문항	15문항	10문항
경영(40문항)	15문항	15문항	10문항
계(80문항)	30문항	30문항	20문항

2. 출제범위

구 분	분 야	세부내용
경 제	[미시 경제] 경제 필수개념의 이해	기초 경제개념(기회비용, 희소성 등), 합리적인 의사결정, 시장의 종류와 개념, 시장과 정부(공공경제, 시장실패) 등
	[거시 경제] 경제 안목 증진 및 정책의 이해	기초 거시변수(GDP, 물가, 금리), 고용과 실업, 화폐와 통화정책, 경기변동(경기안정화정책, 경제성장) 등
	[국제 경제] 글로벌 경제 감각 기르기	국제무역과 국제수지의 이해, 환율 변화와 효과
경 영	[경영일반/인사조직] 기업과 조직의 이해	기업에 대한 일반지식과 인사조직의 필수 개념, 경영자료의 해석
	[전략·마케팅] 기업의 경쟁우위의 이해	경영전략, 국제경영, 마케팅의 개념과 원리에 대한 사례 응용
	[회계/재무관리의 기초] 재무제표와 재무지식의 이해	기본적인 재무제표 해석, 기초 재무지식, 금융/환율 상식

3. 등급별 검정기준

공인구분	등 급	점 수	역량 평가
국가 공인	최우수	900점 이상	비즈니스 지식과 사고력, 현실 감각이 출중해 문제 해결력이 높고 전략적 의사결정이 가능한 수준
		800점 이상~ 900점 미만	폭넓은 지식과 사고력을 바탕으로 직무와 비즈니스 환경을 선도할 수 있는 수준
	학점은행 20학점 인정		
	우 수	700점 이상~ 800점 미만	평균 이상의 지식과 실무 능력을 가지고 비즈니스 업무 수행에 어려움이 없는 수준
		600점 이상~ 700점 미만	필수적인 비즈니스 지식을 함양하고 있고, 기본 지식을 활용해 안정적으로 직무를 수행할 수 있는 수준
	학점은행 18학점 인정		
민간 자격	보 통	400점 이상~ 600점 미만	직무수행에 필요한 기본적인 비즈니스 지식을 보유했지만, 이를 바탕으로 한 시사 감각과 전략적 사고력의 보완이 필요한 수준
	미 흡	400점 미만	기업의 단순한 직무를 따라하고 수행하는 데 필요한 지식을 갖췄지만 전략적 사고력은 미흡한 수준

학습 플랜

매경TEST 2주 학습 플랜

목표일	학습 과목		공부한 날	완 료
DAY 1	미시경제	1장 ~ 3장	월 일	%
DAY 2		4장 ~ 6장	월 일	%
DAY 3	거시경제	1장 ~ 3장	월 일	%
DAY 4		4장 ~ 6장	월 일	%
DAY 5		7장 ~ 8장	월 일	%
DAY 6	국제경제	1장 ~ 2장	월 일	%
DAY 7	경제 총정리		월 일	%
DAY 8	경 영	1장 경영학 기초 ~ 2장 조직과 리더십	월 일	%
DAY 9		3장 경영전략	월 일	%
DAY 10		4장 마케팅	월 일	%
DAY 11		5장 회 계	월 일	%
DAY 12		6장 재 무	월 일	%
DAY 13	경영 총정리		월 일	%
DAY 14	최종 마무리		월 일	%

학습 전략

> ### 제1편 ㅣ 미시경제
>
> 미시경제학은 개별기업과 개별시장을 살펴보는 분야이다. 미시경제학에서 무엇보다 중요한 것은 '시장'이다. 미시경제학에서 배우게 되는 다양한 개념들이 모두 시장을 이해하기 위한 개념들임을 기억하자. 보다 구체적으로는 시장에서 가격을 중심으로 수요와 공급이 어떻게 의사결정을 하는지, 그리고 균형이 어떻게 형성되는지, 시장에서 형성된 균형에서 수요자와 공급자는 얼마만큼의 이득을 누리고 있는지, 그리고 수요자와 생산자의 의사결정 이면에는 어떠한 생각들이 바탕이 되고 있는지 살펴봐야 한다. 한편, 시장은 때때로 효율적인 자원배분에 실패하기도 하는데 이를 '시장실패'라고 한다. 어떠한 경우에 시장이 효율적인 자원배분에 실패하는지 자세히 살펴봐야 한다. 미시경제학은 시장을 이해하는 학문임을 염두에 두고 학습하도록 한다.

> ### 제2편 ㅣ 거시경제
>
> 거시경제학은 국가 경제 전체를 분석의 대상으로 삼는 분야이다.
> 경제학은 본래 미시와 거시경제학으로 구분되어 있지 않았다. 시장의 '보이지 않는 손(Invisible Hand)'의 힘에 맡겨두면 시장은 저절로 가장 효율적인 자원배분 상태를 달성했기 때문이다. 하지만 1930년대 미국의 대공황 시기, 경제는 오랜 기간 균형을 달성하지 못하였다. 이로 인해 개별시장을 분석 대상으로 삼을 때 적용하던 논리만으로는 국가 경제 전체를 분석하기에 부족하다는 것을 깨달았고, 이러한 배경에서 등장한 분야가 거시경제학이다. 거시경제학에서는 그동안 소극적인 역할에 불과했던 정부의 역할이 강조된다. 경제가 장기간 불황상태에 놓일 경우 부족해진 총수요를 높일 수 있는 유일한 경제주체이기 때문이다. 따라서 거시경제학은 정부의 거시경제개입인 재정정책과 통화정책을 중심으로 학습하는 것이 중요하다. 한편, 거시경제학은 기존의 주류 경제학자인 고전학파와 1930년대 대공황의 해결책을 들고 등장한 케인즈 간의 논쟁이 중요한 분야이다. 각 챕터에 소개된 고전학파와 케인즈 간의 논쟁을 이해하는 과정을 살펴봄으로써 거시경제학을 보다 세밀하게 이해할 수 있을 것이다.

학습 전략

> ## 제3편 ∣ 국제경제
>
> 국제경제학은 거시경제학을 세계무대로 확장시켜 놓은 분야라 할 수 있다. 거시경제학에서는 다른 국가와 교역을 하지 않는 폐쇄경제를 가정했다면 국제경제학에서는 국경 밖의 다양한 국가들과 재화와 서비스를 주고받는 현실의 상황을 가정한다. 따라서 국제경제학은 국가 간의 무역이 왜 일어나는 지부터 살펴본다. 자국이 모든 재화와 서비스를 생산해서 사용할 때 보다 다른 국가와 교역을 하면 어떤 경제적 이득이 있는지를 우선적으로 살펴본다. 그리고 나서 살펴보는 개념은 국가 간의 화폐의 이동이다. 자국과 외국의 통화가 동일하지 않다보니 자국통화와 외국통화의 교환 비율인 '환율'에 대해 공부하게 되고, 재화와 서비스를 주고받는 과정에서 국내로 들어온 돈과 외국으로 빠져나간 돈을 기록하는 '국제수지'에 대해서 살펴보게 된다.

> ## 제4편 ∣ 경영
>
> 경제학을 통해 기업이 놓인 전반적인 환경을 분석할 수 있는 힘을 키웠다면 경영학은 실제 기업이라는 조직이 어떻게 운영되는지 살펴보는 과정이다. 경제학이 시장에 대한 분석을 통해 대안을 도출하는 도구로서의 학문이라면, 경영학은 이렇게 도출된 대안을 실제로 활용하는 법을 배우는 과정이라 할 수 있다. 한편, 경영학은 무엇보다 사례의 학문이다. 정형화된 이론보다 실제 현실에 맞게 적용하여 운영하는 것이 중요하다. 학문의 성격이 이렇다보니 실제 시험에서도 경제학과 같이 논리적 정합도가 높은 문제들이 출제되지는 않는다. 다만, 경영학의 각 개념들을 구성하고 있는 용어들에 대해서는 익숙해져야 한다. 경영학 시험 문제에 높은 비중으로 출제되기 때문이다. 「제4편 경영」에 중요 용어들을 별도로 정리해 둔 이유도 여기에 있다. 부디 학문의 성격을 이해하고 효율적인 학습이 이뤄지길 바란다.

비즈니스 사고력 테스트
매경TEST

구성과 특징

경제학 전문 강사 David 교수님이 알려주는 학습TIP!

출제 분야를 면밀하게 분석한 학습전략과 각 과목별 "교수님 talk!"을 수록하여 효율적인 매경TEST 공부법을 제시하였습니다.

쉽지만 빠짐없이! 이론 학습하기!

초심자도 쉽게 학습할 수 있도록 시험에 꼭 나올 이론만을 기초부터 자세하게 설명하여 수록하였습니다. 또한 부족한 부분이나 개념을 확장하는 내용을 보충학습에 수록하였습니다.

기초문제(Level 0)와 심화문제(Level up)로 이론 점검하기!

각 장별로 기초문제와 그와 관련한 심화문제를 수록하여 공부했던 이론을 한 번 더 짚어보고 이론에 기반한 문제 구성으로 이루어진 출제예상문제로 학습한 내용을 완벽하게 정리합니다.

신문기사를 통한 경제 · 경영학적인 시야 기르기!

각 장별로 해당되는 주제의 신문기사의 내용을 경제 · 경영학적인 시선으로 바라보는 팁을 제공해 드립니다.

특별부록 히든노트! 적중 시사용어 300선

최신 경향에 맞춘 시사용어 300선을 어디서든 들고다닐 수 있는 미니북으로 구성하여 단기간에 경제 · 경영 용어 정리가 가능합니다.

이 책의 목차

CONTENTS

PART 2 **거시경제**

이 책의 목차

CONTENTS

매경 TEST

국가공인

실전단기완성

경제편

시대에듀
(주)시대고시기획

PART 1

미시경제

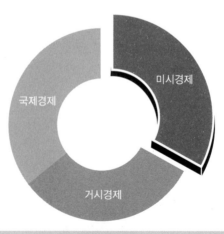

출제비율 **33%**

교수님 Talk!

✓ 미시경제학은 **크게 시장**(market)과 **시장실패**(market failure)로 나누어 공부해야 합니다. 먼저 시장을 공부하기 위해서는 **수요와 공급**을 공부해야 합니다. 그리고 수요의 주체인 소비자와 공급의 주체인 생산자에 대한 이해가 곁들여 져야 합니다. 이후에는 시장형태별로 어떤 의사결정이 이뤄지는지 살펴봐야 합니다. 여기까지가 시장을 공부하는 과정입니다. 다음은 시장실패입니다. 어떤 경우에 시장(**외부성과 공공재, 공유자원, 정보비대칭성**)이 효율적인 자원배분을 달성하지 못하는지 공부해야 합니다. 공부하는 중간에 길을 잃지 않기 위해서는 이처럼 큰 그림을 먼저 살펴봐야 합니다.

01 경제학의 기초

01 경제학의 정의

1. 경제학의 정의

경제학은 일상을 연구하는 학문(Alfred Marshall)이라는 간단명료한 정의뿐만 아니라 개인과 사회의 두 수준에서 총체적으로 경제를 연구하는 학문(Paul Krugman)이라는 정의에 이르기까지 다양한 측면에서 정의된다.

2. 부(Wealth)를 연구하는 학문

다양한 경제학의 정의 가운데 아담스미스(Adam Smith)의 정의는 매경TEST를 준비하는 수험생의 입장에서 가장 도움이 되는 정의이다. 그는 경제학이란 국민의 부를 연구하는 학문(국부론, The Wealth of Nations)이라고 정의하면서 경제학이란 부의 생산과 분배, 소비에 관해 연구하는 학문이라고 표현하였다.

02 경제학을 공부해야 하는 이유

1. 자원의 희소성

희소성(scarcity)이란 인간의 욕망에 비해 경제적 자원이 부족한 상태를 의미한다. 경제적 자원이 희소하다는 것은 재화와 서비스가 무한하지 않아 우리가 원하는 모든 것을 가질 수 없음을 의미한다. 따라서 무언가를 얻기 위해서는 다른 하나를 포기해야 한다. 여기서 희소성이란 상대적인 개념임을 이해해야 한다. 자원의 절대 부존량이 거의 존재하지 않더라도 해당 자원에 대한 욕망이 존재하지 않으면 희소하지 않은 자원인 반면 절대 부존량이 아무리 풍부하더라도 욕망이 그보다 크면 해당 자원은 희소한 자원이 된다.

2. 기회비용

경제적 자원의 희소성으로 인해 모든 경제주체는 선택의 상황에 직면하게 된다. 이때 경제적으로 합리적인 선택을 위해서는 선택을 통해 얻는 것과 선택을 통해 잃는 것의 가치를 비교해야 한다.

이때 어느 하나를 갖기 위해 포기해야만 하는 대안의 가치를 기회비용(opportunity cost)이라고 한다. 스티브잡스가 대학 졸업을 포기하고 애플을 창업한 이유도 대학 졸업장을 통해 얻는 것의 가치보다 대학 졸업을 위해 포기해야 하는 대안의 가치 즉, 애플 창업을 포기함으로써 잃는 것이 더 컸기 때문이다. 이처럼 선택으로부터 얻는 가치가 포기한 대안의 가치보다 클 때 경제학에서는 합리적인 선택을 했다고 평가한다.

> **보충학습** 기회비용을 고려한 스티브잡스와 빌게이츠
>
> 우리가 알고 있는 유명인 가운데는 의외로 대학을 졸업하지 않은 사람들이 많다. 애플의 창립자인 스티브잡스, 마이크로소프트의 빌 게이츠, 골프선수 타이거 우즈, 농구선수 르브론 제임스 등이 대표적이다. 이들이 대학졸업장을 포기하고 각자의 직업을 선택한 이유는 경제학적인 측면에서 기회비용의 관점으로 설명할 수 있다.
> 이들이 대학을 진학하는 경우의 기회비용은 대학교 학비와 함께 취직했을 때 얻을 수 있는 수입(= 포기한 대안의 가치)이다. 따라서 대학에 진학하는 대신 직업을 가질 때 더 높은 수입을 얻을 수 있는 사람들은 대학 졸업의 기회비용이 그렇지 않은 사람보다 훨씬 크게 된다. 따라서 특정 분야에 재능을 가진 많은 유명인들 가운데 대학을 졸업하지 않은 사람들이 많은 것이다. 그들의 성공 역시 경제적으로 합리적인 선택의 결과물인 것이다.
>
> 김동영 저, 「경제학 뚝딱 레시피」, 시대인, 2018

03 경제학의 기본모형

1. 생산가능곡선

① 정 의

생산가능곡선(Production Possibility Curve ; PPC)은 생산에 필요한 자원들(인적, 물적 자원, 기술 등)이 모두 주어진 상황에서 생산할 수 있는 생산물의 조합을 그래프로 나타낸 것이다. 생산가능곡선은 A재와 B재 두 재화의 생산을 가정하며, 활용가능한 모든 자원을 최대한으로 활용하고 있다고 가정한다.

② 생산가능곡선의 형태

(단위 : 대)

구 분	자동차	컴퓨터
1	0	1,500
2	10	1,400
3	20	1,200
4	30	800
5	40	300
6	50	0

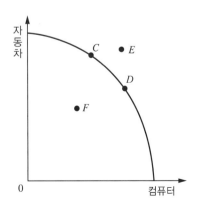

③ 생산가능곡선과 기회비용

표는 한 경제가 보유하고 있는 자원으로 생산가능한 자동차와 컴퓨터의 조합을 나타낸다. 모든 자원과 기술을 컴퓨터 혹은 자동차 생산에 사용할 경우 컴퓨터 1,500대, 자동차 50대를 각각 생산할 수 있다. 그리고 그 사이에 다양한(자동차, 컴퓨터) 조합이 가능하다. 특징적인 점은 자동차의 생산은 10대씩 늘어나는데 컴퓨터 생산은 보다 큰 폭으로 감소한다는 점이다. 즉, 자동차 10대의 생산을 늘리기 위해 처음에는 컴퓨터 100대를 포기하다가, 점차 200대, 400대, 500대로 포기하는 컴퓨터의 생산량이 커지고 있다. 즉, 기회비용 체증이 발생한다. 기회비용 체증으로 인해 생산가능곡선은 원점에 대해 오목한 모양을 갖는다.

④ 생산가능한 점(C, D)과 불가능한 점(E)

㉠ 생산가능한 점(C, D) : 생산가능곡선 위에 놓인 두 점은 해당 경제에서 효율적으로 생산할 수 있는 상태를 의미한다. 이는 가용한 모든 자원을 활용해 생산할 수 있는 자동차와 컴퓨터의 조합을 보여준다.

㉡ 생산불가능한 점(E) : 생산가능곡선 밖에 위치한 점은 해당 경제에서 생산할 수 없는 점이다. 생산가능곡선이 보여주는 (자동차, 컴퓨터)의 조합으로는 달성할 수 없는 점인 것이다.

㉢ 생산 가능하지만 비효율적인 점(F) : 생산가능곡선 안에 위치한 F점은 해당 경제가 보유한 자원과 기술로 생산가능한 자동차와 컴퓨터의 조합이지만, 비효율적인 생산이 이뤄지고 있는 점이다. 한 경제의 생산능력으로 더 많은 자동차와 컴퓨터, 즉 생산가능곡선 위의 점까지 생산량을 증가시킬 수 있음에도 불구하고 생산가능곡선 안쪽에 머물러 있기 때문이다.

⑤ 생산가능곡선의 이동(기술과 부존자원량의 증가)

한 경제의 기술이 발전하거나 생산에 투입할 수 있는 생산자원들이 많아지면 생산가능곡선은 바깥으로 이동하게 된다. 이는 더 많은 자동차와 컴퓨터의 생산이 가능해졌음을 의미한다.

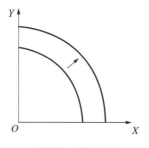

▲ 생산가능곡선의 이동

2. 경제순환도

① 정 의

경제순환도는 경제주체들의 상호작용을 한눈에 알아보기 쉽게 만든 표이다. 경제순환도는 가계, 기업, 정부의 주체들로 이뤄지며, 이들이 재화와 서비스 시장 그리고 생산요소 시장에서 어떻게 움직이는지를 보여준다.

② 단순모형의 해석

㉠ 가계(household)

가계는 경제생활의 단위로서 가정 또는 가족을 의미한다. 이들은 자신들이 보유하고 있는 생산요소(노동, 토지, 자본)를 생산요소시장에 제공하여 기업이 생산과정에 투입할 수 있도록 한다. 한편, 가계는 생산요소의 제공대가로 기업으로부터 소득을 얻게 된다. 노동을 제공한 대가로는 임금을, 토지를 제공한 대가로는 임대료를, 자본을 제공한 대가로는 이자소득을 얻게 된다. 이렇게 얻은 소득으로 가계는 재화와 서비스 시장에서 기업이 생산한 물건을 구입하여 사용하게 된다.

㉡ 기업(firm)

경제학에서 기업은 생산요소를 결합하여 새로운 부가가치를 창출하는 생산의 주체이다. 가계가 생산요소시장에 제공한 생산요소를 이용해 생산을 하고 이를 재화와 서비스 시장에 공급한다. 한편, 기업은 생산을 통해 벌어들인 수입을 생산요소 제공자들에게 생산요소 사용의 대가로 지급해야 하는데, 임금, 지대, 이자의 형태로 지급된다. 이렇게 지급하고 남은 수입이 바로 이윤이 된다.

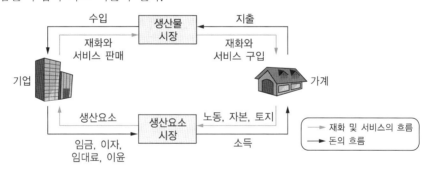

▲ 국민경제의 순환(가계-기업)

㉢ 가계와 기업의 경제순환

경제순환도에서 살펴볼 수 있는 바와 같이 가계와 기업은 서로 상호작용하며 순환한다. 가계는 생산요소를 제공하여 소득을 얻고, 소득을 이용해 재화와 서비스를 구입한다. 가계로부터 재화와 서비스에 지출된 돈은 다시 기업으로 유입되어 기업은 노동이라는 생산요소를 고용함으로써 생산을 지속할 수 있다. 이러한 순환과정이 활발해져 더 많은 재화와 서비스가 생산되면 경제가 호황이 되고, 그 반대의 경우를 불황이라고 한다. 한편, 순환하는 과정에서 생산규모가 지속적으로 확대되는 현상을 경제성장(economic growth)이라고 한다.

1. 3가지 경제문제

① What & How much to produce

무엇을 얼마나 생산할 것인가?는 한정된 자원을 어떻게 활용할 것인가의 문제이다. 이는 생산 가능곡선 위에 있는 다양한 조합 가운데 어느 지점을 선택할 것인가의 문제이다. 자원의 희소성으로 인해 하나의 상품을 생산하기 위해서는 다른 상품의 생산을 포기해야 하기 때문이다.

② How to produce

어떻게 생산할 것인가?의 문제는 생산을 위해 투입되는 자원과 기술을 어떻게 결합할 것인가의 문제이다. 가용한 경제적 자원으로 재화와 서비스를 생산하는 과정에서 한 경제가 생산가능곡선 안쪽에 머무르지 않기 위해서 자원을 기술과 어떻게 결합할 것인가 하는 점이다. 수공예로 생산할지, 기계를 이용하여 생산하는지에 따라 생산비용이 달라지고, 어떤 기술을 적용하느냐에 따라 투입되는 생산요소의 양도 달라지기 때문이다.

③ For whom to produce

누구를 위하여 생산할 것인가?의 문제는 생산한 재화와 서비스를 누구에게 분배할 것인가의 문제이다. 중세에는 신분에 따라 이를 결정하기도 했으며, 한때는 재산이 많은 순으로 분배가 이뤄지기도 했다. 경제순환도는 누구를 위하여 생산할 것인가의 문제가 얼마나 중요한지를 알려준다. 분배가 적절하게 이뤄지지 못한다면 기업이 아무리 효율적으로 재화와 서비스를 생산한다 하더라도 이를 구입하는 사람이 없어 지속적인 성장이 어렵기 때문이다.

2. 경제체제

① 전통경제체제

전통경제체제(traditional economy)는 경제문제의 해답을 관습이나 신분제도 등 전통적인 문화에서 찾는 경제체제를 의미한다. 원시시대에는 원로들이나 촌락회의에서 결정되었다면 노예제도가 만연한 중세에는 주인들에 의해 경제문제를 해결하고자 했다. 전통경제체제는 하나의 경제체제로 분류할 수 있지만, 현재는 찾아보기 어려운 경제체제이다.

② 시장경제체제

시장경제체제(market economy)는 경제문제를 시장에서 활동하는 경제주체들에 의해 해결되는 체제이다. 시장에서 활동하는 경제주체란 가계, 기업, 정부이다. 시장경제체제는 사유재산 제도를 바탕으로 모두가 사익을 추구한다. 사유재산의 인정, 사익추구, 시장과 가격을 통한 자원배분은 시장경제체제의 핵심 요인이다.

시장경제체제에서 수요자와 공급자는 모두 시장에서 형성된 가격을 중심으로 의사결정을 내린다.
가격의 기능은 대표적으로 다음의 3가지를 거론할 수 있다.
- 신호의 기능 : 가격은 소비자들에게 무엇이 얼마나 소비되어야 하고, 생산자들에게는 무엇을 얼마나 생산해
  야 하는지를 알려주는 신호의 역할을 한다. 어떤 재화에 대한 수요가 증가하면 해당 재화의 가격은 상승하
  고, 상승한 가격을 보고 기업은 더 많은 생산을 통해 이전에 비해 높은 이익을 누리고자 한다. 한편, 해당
  기업에서 일하는 근로자 역시 수요의 증가로 인한 가격상승과 생산량 증가를 임금상승의 신호로 받아들이
  게 된다. 이처럼 시장경제체제에서 가격은 신호의 기능을 담당한다.
- 경제적 유인의 역할 : 어떤 재화의 가격이 높다는 것은 해당 재화의 인기가 높다는 의미이고, 이러한 수요
  자들의 욕망을 충족시키기 위해 새로운 기업들이 더 개선된 상품을 가지고 해당 시장에 진입하게 된다. 이
  처럼 가격은 경제적 유인의 역할을 수행한다.
- 소득분배 : 해당 재화의 가격 상승은 기업의 근로자 입장에서는 소득의 증가로 연결되지만, 해당 재화를 자주
  사용하는 사람의 입장에서는 소득의 감소이다. 따라서 가격은 그 자체로 소득분배의 역할을 수행한다.

③ 사회주의경제체제

사회주의경제체제는 경제문제의 해결방법이 중앙정부에 의해 결정된다. 한편, 사유재산권이
인정되지 않고 대부분의 생산요소를 정부가 소유한다. 따라서 중앙정부가 생산목표와 방법을
구체적으로 알려주기 때문에 새로운 상품을 개발하고 판매할 경제적 유인(incentive)이 존재
하지 않는다. 이를 계획경제(planned economy)라고 하며 오늘날 북한과 쿠바 정도만이 순수
사회주의경제체제를 유지하고 있다.

05 그 밖의 기초개념들

1. 유량변수와 저량변수

① 유량변수(flow)는 일정기간이 명시되어야 전달하고자 하는 정보가 명확해지는 변수이다.
GDP, 소비, 국제수지 등은 모두 일정기간이 정의되어야 하는 대표적인 경제지표들이다.

② 저량변수(stock)는 특정시점이 명시되어야 전달하고자 하는 정보가 명확해지는 변수이다.
통화량, 환율, 외환보유고 등이다. 한편, 저량변수는 축적의 개념이라 할 수 있다.

2. 독립변수와 종속변수

① 독립변수(independent variable)는 다른 변수와는 관계없이 독립적으로 변할 수 있는 값을
의미한다. 두 변수 x와 y 사이에 다음의 함수관계가 성립할 때 $y = f(x)$ 독립변수는 x이다.

② 종속변수(dependent variable)는 독립변수에 의존하여 변하는 값을 의미한다. 두 변수 x와
y 사이에 다음의 함수관계가 성립할 때 $y = f(x)$ 종속변수는 y이다.

3. 내생변수와 외생변수

① 내생변수는 경제모형 내에서 결정되어 가정한 상황에 직접적인 영향을 주는 변수를 의미한다. 이후에 배우게 될 수요량의 결정에서 내생변수는 가격이다.

② 외생변수는 경제모형 밖에서 특정한 값이 주어지는 변수를 의미한다. 수요량의 결정과정에서 선호와 미래가격에 대한 예상 변화, 관련재 가격 변화는 외생변수에 해당한다.

4. 구성의 오류와 인과의 오류

① 구성의 오류

구성의 오류(fallacy of composition)는 부분에서 성립되던 것들이 전체로 확장되면 성립하지 않는다는 것이다. 저축의 역설은 구성의 오류의 대표적인 예이다.

보충학습 저축의 역설(paradox of savings)

저축의 역설은 저축이 개인적으로는 바람직한 행동이지만, 국가 경제 전체적으로는 그렇지 않을 수도 있는 경우를 나타내는 용어이다. 저축이란 소득 가운데 소비하고 남은 금액을 의미한다. 저축은 미래의 소비를 위해 현재의 소비를 줄이는 활동으로 개인에게는 매우 바람직한 행동이라 할 수 있다. 하지만 경제순환모형에서 살펴보았듯이 소비는 기업의 입장에서 새로운 생산의 원동력이다. 만약 많은 사람들이 저축을 하게 되면 소비가 감소하게 되고, 기업이 생산한 제품을 모두 판매하지 못해 기업의 재고증가로 이어지는 원인이 된다. 기업재고가 증가하게 되면 기업은 추가적인 생산규모를 줄이게 되고, 이는 직원 고용 감소로 이어진다. 경제 전반적으로 실직자가 많아지면 각 가계의 소득이 감소하게 되고 소비와 저축의 규모 역시 감소하게 된다. 이처럼 저축의 역설은 개인에게 바람직한 행동이 국가 경제 전체적으로는 바람직하지 않을 수 있는 대표적인 '구성의 오류(fallacy of composition)'이다.

---

② 인과의 오류

인과의 오류(post hoc fallacy)는 선후관계와 인과관계를 혼동하는 경우에 발생한다. 아이스크림 판매량이 증가하면 여름이 온다는 식의 판단이 대표적인 인과의 오류이다. 이는 단지 선후 관계일 뿐이며 인과관계로 엮을 수 없다. 일반적으로 귀납법을 사용한 추론에서 인과의 오류가 발생하기 쉽다.

5. 상관관계와 인과관계

① 상관관계

상관관계(correlation)는 두 변수 x와 y 사이에 일정한 관계가 존재하는 경우를 의미한다. 그러나 x가 y에 영향을 주는지, y가 x에 영향을 주는지, 서로 영향을 주고받는지는 불명확한 관계로 단지 일정한 관계가 존재한다는 것만을 의미한다.

② 인과관계

인과관계(causality)는 두 변수 x와 y 사이에 원인과 결과 관계가 존재하는 경우이다. x가 y의 원인인 경우가 확실한 경우 인과관계라고 하며, 불명확한 경우는 상관관계라 한다.

01 자원 가운데 사용할 수 있는 용도가 오직 한 가지뿐인 자원은 기회비용이 0이다.

02 X재와 Y재만을 생산하는 경제의 생산가능곡선은 원점에 대하여 오목하다. 이때 생산가능곡선상의 우하방으로 이동할수록 X재 생산의 기회비용은 체감한다.

03 생산가능곡선상의 점은 생산가능곡선 안쪽의 점보다 효율적인 생산이 이뤄지는 점이다.

04 X재와 Y만을 생산하는 경제에서 X재 생산에만 기술진보가 발생하면 Y재 생산의 기회비용은 감소한다.

05 유량변수는 '특정시점'이, 저량변수는 '일정기간'이 중요한 변수이다.

06 희소성은 욕망에 비해 상대적으로 자원이 부족한 특성을 설명하는 개념으로서, 희소성에 의해 재화는 경제재와 자유재로 구분할 수 있다.

07 경제학에서 효율성은 비교적 명확하게 정의되는 반면 형평성의 정의는 명확하지 않다.

08 시장경제체제는 사유재산권이 인정되고 시장과 가격을 통한 자원배분이 이뤄지는 경제체제인 반면 사회주의 경제체제는 중앙정부의 계획과 통제에 의해 생산이 이뤄지는 경제이다. 따라서 사회주의 경제체제에는 기회비용이 존재하지 않는다.

● 정답 및 해설

02 생산가능곡선은 한 경제가 보유한 생산자원과 기술을 활용해 최대한으로 생산할 수 있는 X재와 Y재의 조합을 연결한 선이다. 이때 생산가능곡선의 기울기는 기회비용을 의미한다. 즉, X재 생산을 증가시키기 위해 포기해야 하는 Y재의 생산량이다. 원점에 대하여 오목한 생산가능곡선의 경우 기회비용이 체증하기 때문에 우하방으로 이동할수록 X재 생산의 기회비용은 체증한다는 것을 알 수 있다.

04 X재 생산에만 기술진보가 발생하면, Y재 한 단위 생산을 늘리기 위해 포기해야 하는 X재의 생산량이 증가한다. X재는 기술진보로 인해 더 낮은 비용으로 생산가능하기 때문이다. 따라서 Y재 생산의 기회비용은 증가한다.

05 유량변수는 일정기간이 정의되어야 유의미한 정보를 전달할 수 있는 개념이고, 저량변수는 특정시점이 정의되어야 하는 개념이다. GDP, 소비, 국제수지 등은 유량변수이고, 환율, 통화량 등은 저량변수이다.

08 기회비용은 경제체제의 종류와 무관하게 발생한다. 시장경제체제나 사회주의 경제체제나 인간의 욕망에 비해 자원이 희소한 것은 마찬가지이며, 따라서 선택의 문제가 발생하기 때문이다.

정답 01 O 02 X 03 O 04 X 05 X 06 O 07 O 08 X

01 | 확인학습문제

Level
0

#생산가능곡선의 기울기, #생산가능곡선과 기회비용 체증

자동차와 선박을 생산하는 J국의 생산가능곡선상에 있는 두 개의 조합점이 알려져 있다. 두 점은 A점 = (자동차, 선박) = (200, 300)과 B점 = (240, 290)이다. 다음 중 기회비용체증의 법칙이 성립하기 위한 생산가능곡선상의 자동차와 선박의 조합점으로 적합한 것을 고르시오.

① (160, 310) ② (160, 315)

③ (280, 270) ④ (280, 280)

⑤ (280, 285)

해설 J국의 생산가능곡선은 활용가능한 생산요소를 투입해 생산할 수 있는 자동차와 선박의 조합을 나타낸다. 그리고 생산가능곡선의 기울기는 자동차 한 단위 더 생산할 때 포기해야 하는 선박 생산량을 나타낸다. 즉 선박 생산량으로 표현되는 자동차 생산의 기회비용인 것이다. 한편, 기회비용이 체증한다는 것은 자동차 생산을 늘려감에 따라 포기해야 하는 선박 생산량이 많아진다는 것을 의미하고, 이는 원점에 대하여 오목한 생산가능곡선으로 표현된다. 자동차가 동일하게 40씩 변화할 때 선박의 변화분을 살펴보면, 자동차와 선박의 조합점이 (280, 270)일 때 자동차 생산량은 40만큼 늘었는데, 선박의 감소분은 300 → 290 → 270으로 그 폭이 점차 커지고 있으므로 기회비용이 체증한다고 할 수 있다.

오답
노트 기회비용이 체증한다는 의미가 생산가능곡선의 접선의 기울기가 점차 커진다는 기하학적인 의미를 이해하면 쉽게 접근할 수 있는 문제이다. 접선의 기울기라는 것은 A점과 B점의 거리가 아주 많이 가까워서 거의 한 점으로 여겨질 수 있을 정도의 거리에서 잰 기울기를 의미한다. 다른 보기들은 체증하는 기회비용을 표현하기에 적합하지 않다.

정답 ③

#생산가능곡선의 정의, #생산가능곡선의 기울기 의미, #재화 성격별 생산가능곡선의 형태

다음은 동일한 양의 자원으로 최대한 생산할 수 있는 X재와 Y재의 조합을 나타내는 생산가능곡선이다. 이에 대한 설명으로 옳은 것을 모두 고른 것은?

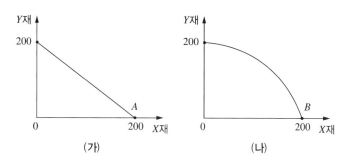

㉠ X재 한 단위 추가 생산의 기회비용은 B점이 A점보다 크다.
㉡ (가)의 생산가능곡선은 X재 생산량과 무관하게 기회비용이 동일하다.
㉢ (나)의 경우 X재 생산을 점차 늘려감에 따라 X재 생산의 기회비용은 점차 감소한다.
㉣ (나)의 경우가 (가)보다 효율적인 생산이 이뤄지고 있다.

① ㉠, ㉡
② ㉠, ㉢
③ ㉡, ㉢
④ ㉡, ㉣
⑤ ㉢, ㉣

해설 생산가능곡선은 한 경제에 존재하는 생산요소와 기술을 활용해 생산할 수 있는 X재와 Y재의 조합을 나타낸다. 한편, 생산가능곡선의 기울기는 기회비용을 의미한다. 즉, X재 한 단위를 더 생산할 때 포기해야 하는 Y재의 생산량을 의미한다. A점에서의 기울기보다 B점에서의 기울기가 더 크므로 생산의 기회비용은 A점에서보다 B점에서 더 크다(㉠). 이처럼 생산가능곡선의 접선의 기울기에 따라 기회비용을 파악할 수 있다. (가)와 같은 직선 형태의 생산가능곡선은 X재를 몇 개 생산하더라도 일정한 비율로 Y재 생산을 포기하게 된다(㉡).

오답 노트 생산가능곡선의 접선의 기울기는 X재 생산 한 단위를 늘렸을 때 포기해야 하는 Y재 수량, 즉 Y재로 표현된 X재 생산의 기회비용이다. (나) 형태와 같이 원점에 대해 오목한 생산가능곡선은 X재의 생산량이 늘어남에 따라 접선의 기울기가 가팔라지기 때문에 X재 한 단위 추가적인 생산에 따른 기회비용이 체증함을 알 수 있다. 원점에 대해 볼록한 형태의 생산가능곡선은 기회비용이 체감하는 경우이다. 한편, 생산가능곡선의 모양으로는 효율적인 생산여부를 비교할 수 없다. 생산가능곡선의 형태는 기회비용을 반영하고 있을 뿐이다. 다만 어떤 형태이든 생산가능곡선 위에서 생산이 이뤄져야 효율적인 생산이 이뤄진다고 평가할 수 있다. 생산가능곡선 안쪽 영역에서 생산이 이뤄지면 비효율적인 생산이 이뤄지는 것이다. 생산가능곡선 밖의 점은 현재의 생산수준과 능력으로는 달성할 수 없는 지점이다.

정답 ①

#생산요소의 개념, #생산가능곡선의 정의, #생산가능곡선의 이동

다음 글에서 밑줄 친 부분에 해당하는 내용을 〈보기〉에서 모두 고른 것은?

미국 노동생산성이 17년 만에 최고치를 기록했다는 지난주 미국 노동부 발표로 인해 한동안 잠잠했던 미국 신경제론이 다시 고개를 들고 있다. (중략) 우리가 외환위기를 겪기 얼마 전 미국 MIT대학의 폴 크루그먼 교수는 "동아시아의 고성장은 생산성에 밑바탕을 둔 것이라기보다는 마치 구소련의 사회주의 경제처럼 <u>자본과 노동 등 생산요소를 총동원하고 집중 투입해</u> 얻어낸 환상에 불과한 것"이라고 지적한 바 있다.

※ 출처 : 매일경제, 외국 경제전문가의 한국경제 진단과 처방(1997.4.4.)

―――――――――――――――――〈 보기 〉―――――――――――――――――

㉠ 자동차 공장의 증설   ㉡ 기업의 경영혁신
㉢ 여성 취업자의 증가   ㉣ 공무원의 부정부패 감소

① ㉠, ㉡   ② ㉠, ㉢
③ ㉡, ㉢   ④ ㉡, ㉣
⑤ ㉢, ㉣

해설 생산요소란 최종재 생산을 위해 투입되는 재료들을 의미한다. 노동과 자본, 토지는 대표적인 생산요소이다. 기업은 생산요소를 제공한 대가로 생산요소 제공자들에게 임금, 이자, 지대를 지급한다. 한편, 생산가능곡선은 경제의 효율적인 생산 및 성장을 나타내는 모형이다. 생산가능곡선이란 한 경제에 존재하는 생산요소를 활용해 생산할 수 있는 X재와 Y재의 조합을 의미한다. 이 조합점이 생산가능곡선 위에 존재하면 효율적인 생산이 이뤄지고 있음을 의미한다. 한편, 생산가능곡선의 우측이동은 경제성장을 의미하는데, 이는 생산요소의 부존량이 많아지거나 기술의 발전이 일어난 경우에 가능한 현상이다. 문제에서 폴 크루그먼 교수는 현재 동아시아의 발전이 자본과 노동 등 생산요소를 총동원한 결과라고 주장한다. 이의 구체적인 사례를 보기에서 살펴보면 공장을 증설하는 것과 여성 취업자의 증가라고 이야기할 수 있다. 공장의 증설은 대표적인 자본투입의 증가이며 여성 취업자의 증가는 대표적인 노동 투입의 증가를 의미하기 때문이다.

오답
노트 기업의 경영혁신은 경제학에서 다루는 생산요소의 범위에 포함되지 않는다. 경영혁신으로 인해 비효율성이 개선되어 기술발전 속도가 가속화되었다면 이는 경제성장의 요인이 될 수 있지만, 경영혁신 그 자체로는 경제성장의 요인으로 간주하기 어렵다. 공무원의 부정부패 감소 역시 마찬가지로 경제 내적인 성장요인으로 보기 어려운 요인이다.

정답 ②

#생산가능곡선의 정의, #생산가능곡선 위·안·밖의 점, #생산가능곡선의 기울기

다음 그림은 X재와 Y재 두 재화를 생산하고 있는 어떤 경제의 생산가능곡선과 생산가능점을 나타낸다. 다음 중 틀린 것은?

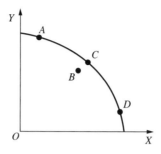

① A점에서 X를 한 단위 더 생산하는 것의 기회비용은 C점에서 X를 한 단위 더 생산하는 것의 기회비용보다 더 작다.
② D점보다는 C점이 더 효율적이다.
③ C점은 B점보다 우월하다.
④ A점은 효율적인 생산이 이뤄지고 있는 점이다.
⑤ B점에서는 완전고용이 달성되지 못하고 있다.

해설 생산가능곡선 위의 점들은 모두 효율적인 생산이 이뤄지고 있는 점이다. A와 C, D점 모두 동일하게 효율적이어서 우열을 가릴 수 없다.

오답 노트 생산가능곡선의 기울기는 X재 한 단위를 더 생산하는 데에 따른 기회비용을 의미한다. 기울기는 A점보다 C점이 더 가파르다. 기회비용은 C점이 A보다 크다는 것을 알 수 있다. 한편, B점은 생산가능곡선 안에 위치한 점으로 완전고용이 이뤄지지 못해 한 경제가 가진 모든 생산능력을 발휘하지 못하는 비효율적인 생산이 이뤄지고 있다. 따라서 효율적인 생산이 이뤄지고 있는 생산가능곡선상의 점들보다 열등하다.

정답 ②

#생산가능곡선의 정의, #생산가능곡선의 이동, #생산가능곡선의 형태, #생산가능곡선의 기울기

01 생산가능곡선에 대한 설명으로 옳은 것은?

> ⊙ 일반적으로 생산가능곡선의 우하방으로 이동할수록 X재 생산의 한계비용은 감소한다.
> ⓒ 기술진보는 생산가능곡선을 바깥쪽으로 이동하게 만드는 요인이다.
> ⓒ 규모의 경제가 발생하면 생산가능곡선은 원점에 대해 오목하다.
> ⓔ 원점에 대해 오목한 생산가능곡선의 형태는 한 재화의 생산이 증가하면 그 재화의 기회비용이
>   점점 증가함을 의미한다.

① ⊙, ⓒ   ② ⊙, ⓔ
③ ⓒ, ⓒ   ④ ⓒ, ⓔ
⑤ 모 두

해설

생산가능곡선은 생산에 필요한 자원들(인적, 물적 자원, 기술 등)이 모두 주어진 상황에서 생산할 수 있는 생산물의 조합을 그래프로 나타낸 것이다. 생산가능곡선은 기술진보나 부존자원이 증가하면 바깥쪽으로 이동하게 된다. 한편 생산가능곡선의 기울기는 곧 기회비용이다. 원점에 대해 오목한 형태는 기회비용이 체증하고, 볼록한 형태는 기회비용이 체감함을 의미한다. 규모의 경제는 생산량이 증가할수록 평균생산비용이 감소하는 현상이다.

오답
노트
생산가능곡선의 기울기는 X재를 한 단위 더 생산하기 위해서 포기해야 하는 Y재 생산량을 의미한다. 일반적으로 원점에 대해 오목한 생산가능곡선은 X재의 생산이 증가할수록(= 우하향으로 이동할수록) 기울기가 가팔라진다. 한편, 생산가능곡선은 일반적으로 원점에 대해 오목한 모양을 갖는데, 이는 X재 생산을 늘릴수록 포기해야 하는 Y재가 점차 증가함을 의미한다.

#생산가능곡선의 정의, #생산가능곡선의 이동

02 다음 중 생산가능곡선을 이동시키는 요인을 모두 고른 것은?

> ⊙ 자본량의 증가   ⓒ 해외노동자의 급증
> ⓒ 기술진보   ⓔ 실업의 감소

① ⊙, ⓒ   ② ⊙, ⓒ, ⓒ
③ ⊙, ⓒ, ⓔ   ④ ⓒ, ⓒ
⑤ ⓒ, ⓒ, ⓔ

자본량의 증가와 해외노동자의 급증은 모두 생산요소의 증가요인이다. 따라서 ㉠, ㉡, ㉢의 요인들이 생산가능곡선 자체를 바깥쪽으로 이동시키는 요인들이다.

생산가능곡선은 생산요소의 부존량이 증가하거나 기술진보가 발생하는 경우 바깥쪽으로 이동하게 된다. 한편, 실업이 감소하면 생산가능곡선 안쪽 영역에 위치하던 점이 생산가능곡선 상으로 이동하게 되어 생산가능곡선의 이동은 발생하지 않는다.

#유량변수의 정의, #저량변수의 정의

03 다음 중 유량변수가 아닌 것은?

① 국민소득
② 투 자
③ 외환보유량
④ 소 비
⑤ 국제수지

유량변수의 예로는 국민소득, 수출과 수입, 국제수지, 투자, 소비, 수요와 공급 등이 있고 저량변수의 예로는 통화량, 국부, 외환보유량, 노동량, 물가지수 등이 있다.

유량변수는 일정기간이 정의되어야 유의미한 정보의 전달이 가능한 변수이고, 저량변수는 특정시점이 전제되어 있는 개념이다.

#기회비용의 정의, #기회비용의 계산

04 놀부는 1시간 동안 비디오를 보는 대신에 아르바이트를 해서 5,000원을 벌었다. 다음 중 놀부가 아르바이트를 하는 것의 기회비용은? 꼭 나오는 유형 ✱

① 아르바이트로 번 5,000원이다.
② 비디오를 보았다면 얻을 수 있었던 즐거움이다.
③ 5,000원에서 비디오를 보았다면 얻을 수 있었던 즐거움을 뺀 값이다.
④ 비디오를 보았다면 얻을 수 있었던 즐거움에서 5,000원을 합한 값이다.
⑤ 비디오를 보았다면 5,000원보다 더 작은 즐거움을 얻었을 것이므로 기회비용은 0원이다.

놀부가 선택할 수 있는 행동은 아르바이트로 5,000원을 벌거나 아니면 비디오를 보며 즐거움을 얻는 것이다. 놀부의 선택은 아르바이트였으므로 기회비용은 비디오 시청을 통해 얻는 즐거움이 된다.

기회비용이란 희소성으로 인해 발생하는 비용으로, 어떤 선택을 함으로 인해 포기해야 하는 대안의 가치이다. 대안의 가치가 여러 개 일 때는 이 중 가장 큰 것으로 정의된다.

#경제순환모형, #실물의 흐름

05 그림은 실물의 흐름에 따른 국민경제의 순환을 나타낸 것이다. ㉠~㉤에 대한 설명으로 옳은 것은?

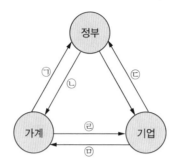

① ㉠은 많은 경우 대가없이 제공된다.
② ㉡은 ㉠제공의 대가이다.
③ ㉢의 규모증가는 기업활동에 바람직하지 않다.
④ ㉣의 대가는 가계 소득의 원천이다.
⑤ ㉢은 조세, ㉤은 생산요소이다.

해설

가계는 기업에 노동 등의 생산요소를 제공하게 되고, 이에 대한 대가를 임금 등의 형태로 받게 되는데 이는 가계 소득의 원천이 되고, 이는 다시 기업의 생산물에 대해 지출되어 생산의 기반이 된다.

오답 노트 문제는 가계-기업-정부로 구성된 경제순환모형이다. 그리고 그림의 흐름은 실물의 흐름만을 가정하고 있다. 따라서 ㉠과 ㉣은 생산요소, ㉢과 ㉤은 생산물, ㉡은 공공재라 할 수 있다. 가계가 정부에 제공하는 생산요소 즉, 노동력은 대가없이 이뤄지지 않으며, 공공재는 노동제공에 대한 대가가 아니다. 한편, 기업이 정부에 제공하는 생산물의 양이 많아지면 기업활동에 긍정적이다.

희소성, #경제재의 정의, #자유재의 정의, #희소성에 의한 재화 구분의 특징

06 다음 그림은 재화의 유형을 분류한 것이다. (가)~(다)에 대한 설명으로 옳은 것은?

꼭! 나오는 유형⁺

구 분	재화구분	특 징
1	(가)	인간의 욕구와 무관하게 존재한다.
2	(나)	인간의 욕구에 비해 부존량이 적다.
3	(다)	인간의 욕구에 비해 부존량이 충분하다.

① (가)는 희소성이 존재하는 재화이다.
② (나)를 선택할 때는 매몰비용을 고려해야 한다.
③ (다)는 선택에 따른 기회비용이 존재하지 않는다.
④ (가), (나)는 시장에서 거래되지 않는다.
⑤ (가)에서 (나)로, (나)에서 (가)로 재화의 성격이 바뀔 수 없다.

자유재는 부존량이 욕구에 비해 충분하기 때문에 희소성이 존재하지 않고, 희소성이 존재하지 않으면 기회비용과 무관하다.

오답 노트

> (가)는 자유재의 다른 측면을 설명한다. 욕구에 비해 부존량이 충분하기 때문에 욕구와 무관하게 존재한다고 볼 수 있으며 이로 인해 자유재는 경제적 거래의 대상이 되지 못한다.

#희소성의 정의, #효율성과 형평성, #경제학의 3대 문제

07 다음은 경제 문제에 대한 수업의 일부이다. 다음 중 (가)~(라)에 대한 설명으로 옳은 것은?

꼭 나오는 유형 *

구 분	내 용	힌 트
경제문제의 발생원인	(가)	
경제의 기본문제	(나)	
	(다)	생산 요소의 조합을 선택하는 문제이다.
	(라)	(라)의 해결을 위해서는 형평성도 함께 고려해야 한다.

① (가)는 자원의 절대적인 수량과 직접적으로 연관되어 있다.
② (나)는 생산요소 제공의 대가를 결정하는 문제이다.
③ 공장자동화는 (다) 문제의 대표적인 예이다.
④ (라)는 생산물의 종류와 수량을 결정하는 문제이다.
⑤ 형평성은 효율성에 비해 명확히 정의된다.

해설

공장자동화는 생산방식에 대한 내용이므로 '(다) 어떻게 생산할 것인가?'에 대한 대답이라 할 수 있다.

오답 노트

> 경제문제는 희소성 때문에 발생한다. 희소성이란 자원의 부존량이 인간의 욕망에 비해 부족한 상태로 자원의 절대적인 부존량이 아닌 상대적인 부존량과 연관된 개념이다. 한편, 경제문제는 '(나) 무엇을 얼마나 생산할 것인가?', '(다) 어떻게 생산할 것인가?', '(라) 누구에게 분배할 것인가?'로 구분된다. (나)는 생산물의 종류와 수량을 결정하는 문제이며, (다)는 생산방식에 대한 문제이다. 그리고 (라)는 생산요소 제공에 대한 대가를 결정하는 문제이다.

08 다음 글을 읽고 밑줄 친 ㉠~㉢에 대한 분석 및 추론으로 옳은 것은?

> 1980년대에는 ㉠ 먹는 물을 돈을 주고 사먹는 일은 상상할 수도 없던 일이다. 하지만 30년이 지난 지금 '먹는 물' 시장은 치열한 경쟁이 일어나는 레드오션 시장이 됐다. 한편, 우리에게 익숙한 김소월 시인의 시 ㉡ '진달래꽃'이 담긴 시집 초판본이 경매에 나와 1억 3,500만원에 팔렸다. 이 시집의 당시 가격은 1원 20전이었다. 그리고 2005년 발매 당시 약 44만원이었던 ㉢ 레고 '데스스타 II'는 현재 266만원에 거래되고 있다. 약 8배가 상승한 것이다.

① 먹는 물은 경제재에서 자유재로 변하였다.
② 진달래 꽃이 담긴 김소월 시집 초판본의 초과공급은 계속될 것이다.
③ 레고 '데스스타 II'의 공급곡선은 수평의 형태이다.
④ 먹는 물, 시집 초판본, 레고를 통해 희소성 존재 여부에 따라 경제재에서 자유재로, 자유재에서 경제재로 변할 수 있음을 알 수 있다.
⑤ 먹는 물, 시집 초판본, 레고는 모든 경제활동의 주체이다.

해설

희소성은 인간의 욕망에 비해 이를 채워 줄 자원이 상대적으로 부족한 현상을 의미한다. 알래스카에 있는 5대의 에어컨을 보고 희소하다고 이야기하지 않고, 사막에 있는 3대의 난로를 보고 희소하다고 이야기하지 않는 이유는 욕망에 비해 충분하기 때문이다. 이러한 희소성에 의해서 재화는 경제재와 자유재로 구분된다. 경제재는 희소성이 존재하는 재화를, 자유재는 그 부존량이 풍부해 희소성이 존재하지 않는 재화이다. 희소성이 존재하는 재화를 얻기 위해서는 대가를 지불해야 한다. 한편, 경제상황에 따라 경제재는 자유재로, 자유재는 경제재로 변하기도 한다.

오답 노트

희소성을 기준으로 재화를 구분할 수 있는지에 관한 문제이다.
① 30년 전 먹는 물은 욕망에 비해 부존량이 풍부한 자유재였으나 지금은 경제재로 변하였다.
② 김소월 시인의 시집 초판본 가격이 1억 3천만 원까지 가격이 오른 것은 초반본의 수보다 이를 원하는 사람들이 극단적으로 많기 때문이다. 즉, 수요가 공급보다 많은 초과수요의 상태이다.
③ 레고 '데스스타 II'는 일정량만 생산하는 한정판이다. 따라서 공급곡선은 특정 공급량 수준에서 수직이다.
⑤ 시장에서 거래되는 재화와 서비스는 모두 경제활동의 객체이다. 경제활동의 주체는 가계, 기업, 정부, 해외부문 등이다.

09 다음 (가)~(다)와 관련하여 진술한 내용으로 적절하지 않은 것은?

> (가) 물은 생존을 위해 반드시 필요한 재화로 다이아몬드보다 유용성이 더 크다. 하지만 물의 가격은 다이아몬드 가격보다 훨씬 낮다.
>
> (나) 태평양의 어느 섬에서는 망고보다 바나나가 더 많이 생산된다. 하지만 바나나가 망고보다 훨씬 높은 가격에 거래된다.
>
> (다) 무명 화가의 습작들은 공짜로 주어도 가져가는 사람이 거의 없다. 하지만 그 화가가 훗날 명성을 얻게 되면 사람들은 무명 시절에 그린 습작이라도 비싼 돈을 주고서 구입한다.

① (가)에서 다이아몬드 가격이 더 비싼 이유는 물보다 희소성이 크기 때문이다.
② (나)에서 바나나는 망고보다 희소성이 더 큰 재화이다.
③ (다)는 희소성에 따라 자유재가 경제재로 변화하는 것을 보여 주는 예이다.
④ (나)와 (다)는 가격이 희소성에 의해 결정되지는 않음을 보여 준다.
⑤ (가)~(다)에서 희소성은 재화의 존재량과 욕구와의 관계에서 상대적으로 결정된다.

해설

희소성이란 자원의 절대적인 수량을 의미하는 것이 아니다. 즉, 희귀함을 의미하는 용어가 아니라 인간의 욕망을 채워줄 자원의 부존량이 욕망에 비해 상대적으로 부족한 상태를 의미한다. 재화는 희소성을 기준으로 구분되는데, 희소성을 가지고 있느냐 그렇지 않으냐에 따라 경제재와 자유재로 분류할 수 있다. 경제재는 사람들의 욕망에 비해 그 수가 부족한 재화이기 때문에 대가를 지급하는 사람만이 소비할 수 있고, 대가를 지급하는 사람 중에서도 많은 금액을 제시하는 사람이 먼저 소비할 수 있다. 희소성이 높은 재화일수록 가격이 높은 이유가 여기에 있다. 한편, 자유재는 욕망에 비해 부존량이 많은 재화이기 때문에 대가의 지급 없이 얼마든지 소비할 수 있다. 경제재와 자유재의 정의에서 알 수 있듯이 가격은 희소성에 의해 그 크기가 결정된다.

#경제체제, #시장경제체재의 핵심, #가격의 기능

10 다음 밑줄 친 내용에 대한 설명으로 옳지 않은 것은?

> 우리가 오늘날의 물질적 번영을 누릴 수 있게 된 것은 ㉠ <u>시장경제체제</u>가 시장의 잠재력을 최대한
> 으로 활용할 수 있게 만들어 주었기 때문이다. 시장경제체제가 거둔 눈부신 성과의 배경에는 ㉡
> <u>가격 기구</u>가 있다. 가격은 ㉢ <u>신호를 전달</u>하고 ㉣ <u>유인을 제공</u>하며 ㉤ <u>소득을 분배</u>하는 세 가지
> 기능을 수행한다.

① ㉠과 대비되는 경제체제는 계획경제체제이다.
② ㉡을 활용하는 데는 많은 비용이 소요된다.
③ ㉢은 수요와 공급의 변화 상황을 각 경제주체에게 알려 주는 기능이다.
④ ㉣은 각 경제주체가 소비나 생산 활동에 대한 참여 여부를 판단하게 해 주는 기능이다.
⑤ ㉤은 각 경제주체가 가진 자원의 규모와 시장 가격에 의해 소득을 얻게 하는 기능이다.

해설

시장경제체제의 가장 큰 핵심은 시장과 가격을 통한 자원배분이다. 시장과 가격의 존재 덕분에 사회구성원 모두가
사유재산제도를 바탕으로 사익을 추구함에도 불구하고 사회 전체적으로 가장 효율적인 자원배분이 가능해진다.
이때 가격의 역할을 신호의 기능이라 한다. 즉, 소비자들에게는 얼마나 소비해야 하는지를, 생산자들은 얼마나
생산해야하는지를 결정할 수 있도록 정보를 제공해주는 역할이 가격이며, 이 가격을 중심으로 수요하려는 힘과
공급하려는 힘이 만나 균형이 형성된다. 이러한 시장과 가격은 누군가에 의해 운영되는 것이 아니라 보이지
않는 손에 의해 경제주체 사이에 자연스럽게 형성되는 것이다.

오답 노트

경제체제는 한 사회가 경제문제를 해결하는 방식으로 크게 시장경제체제와 계획경제체제로 구분할 수
있다. 특히 시장경제체제의 핵심은 시장과 가격인데, 가격은 신호의 기능 외에도 경제적 유인의 역할과
소득분배의 역할을 수행한다. 경제적 유인은 높은 가격에도 불구하고 많이 판매할 수 있는 요인들을 개발하
도록 유인하고, 가격은 사람들의 실질소득에 영향을 미쳐 소득분배에도 관여한다.

11 경제의 3대 문제에 대한 적절한 설명을 〈보기〉에서 모두 고른 것은?

―――〈 보기 〉―――

㉠ 경제의 3대 문제란 무엇을 어떻게 언제 생산할 것인가이다.
㉡ 소득과 비례하여 세금을 부과하는 것은 경제의 3대 문제 중 분배와 관련이 있다.
㉢ 계획경제체제에서는 무엇을 생산할 것인지를 중앙정부가 결정한다.
㉣ 시장경제체제에서는 보이지 않는 손을 활용한 경제문제의 해결을 강조한다.
㉤ 시장경제체제에서는 무엇을 생산할 것인가는 효율성을 기준을 결정하는 반면 그 외의 경제문제는 형평성을 기준으로 결정한다.

① ㉠, ㉢, ㉣   ② ㉠, ㉡, ㉣
③ ㉡, ㉢   ④ ㉡, ㉢, ㉣
⑤ ㉡, ㉢, ㉣, ㉤

해설

경제학의 3대 문제는 무엇을, 어떻게 생산하여 누구에게 분배할 것인가의 문제를 의미한다. 이 중 비례세(소득에 비례하여 부과되는 세금)는 분배정의를 실현하기 위한 수단 중의 하나이다. 한편, 경제체제란 경제문제를 해결하는 방식을 의미한다. 시장경제체제에서는 보이지 않는 손의 힘을 강조해 시장을 통한 문제를 해결하고자 하는 반면 계획경제체제에서는 중앙당국의 계획하에 경제문제해결을 시도하는 체제를 의미한다.

오답 노트

급변하는 현대 경제에서는 무엇을 어떻게 생산하여 누구에게 분배할 것인가의 문제에 더해 '언제 생산할 것인가'의 문제를 고민한다. 이를 '경제학의 4대 문제'라고 한다. 한편, 경제학의 3대 문제 가운데 무엇을 생산할 것인가의 문제만이 효율성과 연관되어 있는 것은 아니다. 경제학의 3대 문제 모두가 효율성을 기준으로 결정되며, 누구에게 분배되어야 하는가의 문제는 효율성과 형평성을 동시에 고려하게 된다. 경제학에서 효율성은 비교적 명확히 정의되는 반면 형평성은 명확하지 못하다는 특징이 있다.

"한국을 좀 배워라" ···
노벨경제학상 교수가 대놓고 칭찬한 이유

2024.10.18. 매일경제

"숙련된 노동력이 없으면 미국에 TSMC 첨단 공장이 들어서도 무용지물이다."

올해 노벨경제학상 수상자인 대런 애쓰모글루 미국 메사추세츠공과대학(MIT) 교수가 첨단 산업을 따라가지 못하는 미국의 저숙련 노동력 현실을 지적하며 이 같이 경고해 눈길을 끈다.

지난 8년 간 트럼프 · 바이든 행정부가 당근과 채찍으로 한국의 삼성전자 · 현대차, 대만의 TSMC 등 하이테크 기업의 미국 본토 투자와 공장 유치에 성과를 내고 있지만 정작 미국 내 고숙련 노동력이 마련돼 있지 않으면 이 첨단 공장들이 제대로 가동되지 못해 제조업 경쟁력에 전혀 도움이 되지 못할 것이라는 지적이다.

그는 17일(현지시간) 뉴욕타임스에 '지금 미국 경제는 몽유병 환자처럼 경제 폭풍 속으로 걸어가고 있다'는 제목의 기고에서 미국 제조업의 핵심인 노동자 재교육의 중요성을 역설했다.

그가 말하는 경제의 '폭풍'은 미국 경제가 직면한 고령화와 인공지능(AI) 부상, 세계경제의 재편 등 세 가지 변화를 의미하는 것으로, 안타깝게도 미국의 정치 시스템이 이 변화에 맞춰 노동력 재교육에 제대로 대응하지 못하고 있다고 진단했다.

대표적으로 애쓰모글루 교수는 세계 1위 파운드리(반도체 위탁생산) 기업인 대만 TSMC가 올해 미국 애리조나주에서 첫 반도체 신공장을 가동할 예정이었으나 미국 내 숙련 근로자 부족으로 가동을 내년으로 연기한 점을 꼬집었다.

TSMC는 공장 가동 전 최적화 업무를 수행하는 데 현지 숙련 근로자가 부족하자 급기야 대만 근로자들을 애리조나 공장에 투입시키고 있다. 또 이 공장 가동이 1년 지연되면서 당초 이 공장에서 양산하는 반도체를 납품받으려 했던 고객사 애플의 사업 전략에도 연쇄 충격이 발생한 상태다.

그는 미국보다 훨씬 고령화 속도가 빠른 일본과 한국, 독일 등 3개국을 거론하며 "이들 국가는 자동화를 보완하는 새로운 업무에 근로자가 적응할 수 있도록 교육 투자를 했고, 그 결과 생산성이 더 오르고 임금도 지속적으로 올랐다"라고 강조했다.

역으로 미국 정부가 인플레이션감축법과 반도체 · 과학법 등을 통해 이런 외국 기업들의 미국 내 제조시설 유치에 열을 올리고 있지만 이를 감당할 수 있는 노동력 재교육은 크게 부족하다고 비판했다.

그는 "카멀라 해리스 부통령과 도널드 트럼프 전 대통령의 선거 캠프 모두에서 다가오는 도전에 대비해 미국의 노동 역량을 강화하기 위한 투자 등 포괄적인 계획이 보이지 않는다"라며 "이로 인해 미국 제조업에 제공되는 기회가 낭비될 것"이라고 염려했다.

또한 "로봇에 대한 투자는 빠르게 증가했지만 사람에 대한 적절한 투자가 함께 수반되지 않고 있다"라며 "AI가 업무를 자동화하고 노동자를 부수적 업무에 대체하는 방식이 아닌, 새 업무에서 역량을 창출할 수 있도록 광범위한 국가 전략을 수립해야 한다"라고 강조했다.

그 구체적인 접근법으로 그는 노동자 재교육 프로그램에 대한 정부의 세금 공제와 교육 보조금 투입 등을 촉구했다.

아울러 노동력 재교육이 미국 제조업 경쟁력의 중차대한 문제임에도 지금 미국 정치판의 관심이 바가지 요금에 대한 정부 규제, 서비스 팁에 대한 비과세 논쟁 등에 쏠려 있어 충분한 조명을 받지 못하고 있다고 한탄했다.

그는 "새로운 제조 역량은 하루아침에 구축될 수 없고, 기술의 부족은 산업 재생을 가로막을 수 있다. 안타깝게도 지금 미국의 노동력은 이러한 준비가 돼 있지 않다"고 경고했다.

Tip

노벨경제학상은 사회과학에서 유일하게 노벨상이 있는 분야이다. 2024년 노벨 경제학상은 대런 애쓰모글루 교수와 제임스 로빈슨 교수에게 돌아갔다. 이들은 경제성장에 제도가 얼마나 중요한지를 다양한 사례를 통해 증명해냈다. 특히 이들은 한국의 경제성장에 큰 관심을 갖는다. 심지어 한국을 배우라는 주장도 한다. 아무리 첨단 제조 시설이 미국에 건설되더라도 한국과 같은 인재가 없으면 생산할 수 없다는 것이다. 같은 맥락에서 AI를 활용함에 있어서도 사람에 대한 투자가 동반되어야 한다고 주장한다. 그 구체적 형태로서 사람을 대체하는 AI가 아니라 사람을 보완하는 기술이 등장되어야 한다고 설명한다. 한국이 디지털 전환시대에서 성공적인 성공 사례를 이어갈 수 있을지 전 세계가 주목하고 있다.

02 | 수요와 공급

01 수요와 공급

1. 수요곡선의 도출

① 수 요

수요(demand)란 상품을 구입하고자 하는 경제주체의 욕구로서, 연속적인 가격수준에서 얼마나 소비하고자 하는지에 대한 심리상태를 의미한다. 수요는 단지 재화나 서비스에 대한 욕망뿐만이 아니라 실제 구입능력과도 연관된 개념으로서 단순한 욕망 혹은 필요와 구분되는 개념이다.

② 수요량

수요량(quantity demand)은 구체적으로 각각의 주어진 가격수준에서 일정기간 얼마나 수요하고자 하는지를 나타낸다. 수요하고자 하는 구체적인 수량이 수요량이다.

▼ 수요와 수요량

(단위 : 원, 개)

빵 가격	빵 수요량
300	1
100	2
50	3

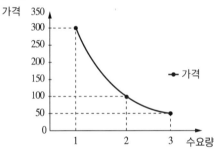

③ 수요곡선의 변화

㉠ 수요곡선상의 이동(수요량의 변화) : 빵의 가격과 수요량 변화에서 살펴본 바와 같이 빵의 가격이 변하면 수요량이 변한다. 빵의 가격이 낮아질수록 수요량은 증가하는데, 이처럼 가격변화에 의한 수요량의 변화를 '수요량의 변화'라고 하며, 이는 수요곡선 상의 이동으로 나타난다.

㉡ 수요곡선의 이동(수요의 변화) : 빵의 가격은 변하지 않았음에도 불구하고 수요량이 변하는 경우가 있다. 이는 가격이 아닌 다른 조건이 변한 경우에 발생하는 현상이다. 다른 조건이란 소득, 기호, 관련재의 가격, 소비자 수 등이다. 이처럼 가격 이외의 조건이 변하면 수요곡선 자체의 이동이 발생하게 되며, 이를 수요의 변화라고 한다.

ⓐ 소득의 변화 : 일반적으로 소득이 증가하면 소비가 늘어나기 마련이다. 월 150만원을 받던 사람이 300만원을 받게 되면 이전에 구입할 수 없었던 재화나 서비스를 구입하게 된다. 따라서 소득이 증가하면 수요량이 증가하게 되고, 이는 가격의 변화와 무관하므로 수요곡선이 이동하게 된다.

ⓑ 기호의 변화 : 다른 모든 요인은 그대로지만 해당 재화나 서비스에 대한 선호도가 높아지면 가격의 변화 없이 수요량이 증가할 수 있다. 벌꿀이 암 예방에 좋다는 뉴스가 방영된 이후 벌꿀 소비량이 급증하는 사례가 기호의 변화로 인한 수요의 변화라 할 수 있다.

ⓒ 관련재 가격의 변화 : 관련재란 대체재와 보완재를 의미한다. 대체재란 본 재화와 동일한 만족을 느낄 수 있는 다른 재화를 의미하며, 보완재는 두 재화를 함께 사용할 때 만족이 극대화되는 재화를 의미한다. '짜왕(농심)'과 '진짜장(오뚜기)'은 대체재인 반면 라면과 라면 스프는 보완재라 할 수 있다. 대체재의 가격이 상승하면 본 재화의 수요량이 증가하게 된다. 굳이 더 높은 가격을 지불하면서 동일한 만족을 얻지 않아도 되기 때문이다. 한편, 보완재의 가격이 상승하면 본 재화의 수요량이 감소한다. 두 개를 함께 사용할 때 만족이 극대화되기 때문에 한 재화의 가격 상승은 전반적인 수요량의 감소를 야기한다.

- 대체재의 가격 상승 → 수요 증가
- 대체재의 가격 하락 → 수요 감소
- 보완재의 가격 상승 → 수요 감소
- 보완재의 가격 하락 → 수요 증가

ⓓ 소비자 수의 변화 : 단순한 소비자 수의 변화 역시 수요량 증가에 기여한다. 가격을 비롯한 여타의 조건이 일정한 상황에서 해당 재화 및 서비스를 소비하는 소비자 수가 늘어나게 되면 자연스럽게 수요량이 늘어나게 된다. 중국 시장이 급성장한 원인을 엿볼 수 있는 대목이다.

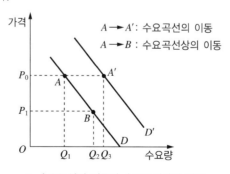

▲ 수요곡선의 이동과 수요곡선상의 이동

④ 수요곡선의 해석
　　㉠ 수요의 법칙 : 수요곡선은 수요량과 가격 사이의 관계를 나타내는 곡선으로, 다른 조건이
　　　　일정하다면 가격이 하락할 때 수요량이 증가한다는 것을 알 수 있다. 이를 경제학에서는
　　　　수요의 법칙(law of demand)이라고 한다. 수요의 법칙은 여타의 조건(소득이나 선호 등)이
　　　　일정한 경우, 가격이 하락했을 때 구입하고자 하는 수요량이 증가하는 현상을 의미한다.
　　　　이 수요의 법칙으로 인해 수요곡선이 우하향의 모양을 갖는다.
　　㉡ 한계효용체감의 법칙
　　　　ⓐ 한계(marginal)의 개념 : 한계란 한 단위 더 혹은 추가적인 한 단위를 의미하는 개념이
　　　　　　다. 경제학에서 한계는 합리적 의사결정을 위해 무엇보다 중요한 개념이다.

보충학습　한계적 결정과 합리적인 판단

한계적 결정은 개인과 기업 모두에게 합리적인 판단을 위해 중요하다. 시험을 앞둔 개인을 생각해 보자. 공부해야 할 과목은 다양하고 공부할 수 있는 시간은 한정되어 있다. 이때 합리적인 사람이라면 추가적인 1시간을 투자해 성적을 더 올릴 수 있는 과목을 공부하려고 할 것이다. 이때 한 시간 추가로 공부했을 때의 노력이 한계비용이라면, 한 시간 추가적인 공부로 높일 수 있는 성적은 한계편익이 된다. 이때 한계편익과 한계비용이 일치하는 수준까지 학습시간을 투입해야 합리적인 의사결정이라 할 수 있다. 한편 기업의 의사결정도 이와 다르지 않다. 기업이 제품 한 단위를 더 생산하기 위한 비용이 한계비용이고, 추가적인 제품 생산 한 단위로 얻을 수 있는 수입이 한계수입이다. 기업은 한계비용과 한계수입이 일치하는 수준에서 생산량과 가격을 결정하게 된다. 이처럼 경제학 전체에서 한계의 개념은 매우 중요하게 작용한다.

　　　　ⓑ 한계효용체감의 법칙 : 한계효용(marginal utility)이란 재화나 서비스 한 단위를 추가적으
　　　　　　로 소비했을 때 추가로 얻는 효용의 크기이다. 한계효용체감(law of diminishing marginal
　　　　　　utility)이란 재화를 한 단위 추가적으로 소비할 때 얻는 효용의 크기가 계속해서 감소하는
　　　　　　현상을 의미한다. 이는 회식자리에서 우리의 만족을 생각해 보면 이해가 쉽다. 처음에
　　　　　　마시는 소주 1병은 세상을 다 가진 듯 기분을 들뜨게 한다. 2병째가 되면 첫 번째 1병을
　　　　　　마실 때보다는 즐거움이 덜하지만, 그래도 여전히 즐겁다. 3병째가 되면 이제 그만 먹어도
　　　　　　될 것 같다는 생각이 든다. 더 마셔도 만족이 증가하지 않기 때문이다. 4병째 소주병의
　　　　　　뚜껑이 열리면 이제는 자꾸만 하품이 나고 속이 메슥거리기 시작한다. 즐거움은 커녕 고통이
　　　　　　시작되는 것이다. 다음은 소주를 마실 때의 총효용과 한계효용을 나타낸 표이다.

▼ 소주의 총효용, 한계효용

수요량	총효용	한계효용
0병	0	–
1병	32	32
2병	48	16
3병	48	0
4병	32	−16

ⓒ 그래프의 해석 : 소주가 0병 → 1병 → 2병 → 3병 → 4병으로 증가해감에 따라 3병까지는 총효용이 증가하지만, 한계효용은 점차 체감하게 된다. 소주 수요량이 증가할수록 소주 한 병으로 인해 얻을 수 있는 만족의 증가폭이 점차 감소하는 것이다. 즉, 한계효용이 체감함을 의미한다.

2. 공급곡선의 도출

① 공 급

공급(supply)이란 재화나 서비스를 생산하는 기업의 의사결정으로서 다양한 가격들 가운데 얼마나 생산하여 시장에 제공할 의사가 있는지를 나타낸다. 이를 **공급계획(supply schedule)** 이라고도 한다. 공급 역시 단순한 기업의 의사가 아니라 실제 생산능력이 동반된 개념이다.

② 공급량

공급량(quantity supply)은 구체적으로 각각의 주어진 가격수준에서 일정기간 얼마나 공급하고자 하는지를 나타낸다. 즉, 공급하고자 하는 구체적인 수량이 공급량이다.

▼ 공급과 공급량

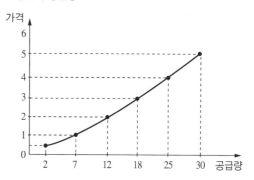

(단위 : 만원, 박스)

과일 가격	과일 공급량
0.5	2
1	7
2	12
3	18
4	25
5	30

③ 공급곡선의 변화

㉠ 공급곡선상의 이동(공급량의 변화) : 가격이 상승하면 수요가 감소하듯, 공급 역시 가격에 민감하게 반응한다. 수요자에게 가격은 재화나 서비스를 수요하기 위한 대가이지만 생산자 에게는 재화나 서비스 공급의 대가이다. 즉, 가격은 생산물 한 단위당 수입이 된다. 따라서 가격이 상승하면 기업은 더 많이 공급하여 총수입을 늘리고자 한다. 반면 하락하면 공급량 을 줄이게 된다. 이처럼 가격 변화에 따른 공급량의 변화를 **공급량의 변화**라고 하며 공급곡 선 상의 이동으로 나타난다.

㉡ 공급곡선의 이동(공급의 변화) : 공급량은 반드시 가격이 변해야 변화하는 것은 아니다. 가격 이외의 요인들이 변하더라도 공급량은 변할 수 있다. 생산에 필요한 원자재의 가격이 급격히 하락한 경우 생산품의 가격은 변하지 않았음에도 불구하고 생산비용이 감소했기 때문에 공급 량은 증가할 수 있다. 이처럼 가격이 변하지 않으면서도 공급량이 달라지기 위해서는 공급곡선 자체가 이동해야 하며, 이를 **공급의 변화**라고 한다. 가격 이외에 공급량을 변화시킬 수 있는 요인으로는 생산요소가격의 변화, 새로운 기술, 미래에 대한 가격 기대 변화 등이 있다.

ⓐ 생산요소가격의 변화 : 노동, 토지, 자본 등의 생산요소는 생산과정에 필요한 재료이다. 경제순환모형에서 살펴보았듯이 기업은 판매수입을 생산요소 제공자에게 생산요소 제공의 대가로 돌려줘야 하기 때문에 생산요소 가격의 하락은 기업 입장에서 생산비용의 감소라 할 수 있다. 따라서 기업의 입장에서는 가격이 상승하지 않아도 공급량을 늘려 판매수입을 높일 유인이 생긴다. 이는 공급곡선의 우측이동으로 나타난다.

ⓑ 기술의 발전 : 생산에서 기술의 발전은 동일한 생산요소로 더 많은 생산량을 만들어낼 수 있음을 의미한다. 이는 생산비용의 감소를 의미하기 때문에 같은 가격에서 더 높은 수익을 얻을 수 있으므로 기업의 입장에서는 공급을 늘릴 유인으로 작용한다. 그 결과 공급곡선은 우측으로 이동한다.

ⓒ 예상 가격 변화 : 판매하는 재화 및 서비스의 가격이 가까운 미래에 하락할 것이 예상된다면 생산자의 입장에서는 현재 공급량을 증가시킬 유인으로 작용한다. 가격이 내리면 같은 판매량으로도 적은 수입을 얻게 되므로, 현재의 가격 수준에서 공급량을 늘려 예상되는 미래 수입 감소에 대비하고자 하는 것이다. 그 결과 공급곡선은 우측으로 이동한다.

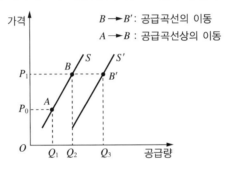

▲ 공급곡선의 이동과 공급곡선상의 이동

④ 공급곡선의 해석 – 공급의 법칙

공급의 법칙은 가격이 상승할 때 공급량이 증가하는 현상을 의미하는 법칙이다. 가격이 증가할 때 공급량이 증가하는 이유는 생산자의 입장에서 가격은 판매수입이기 때문이다. 즉 높은 가격일 때 더 많은 판매수입을 얻을 수 있기 때문에 생산자는 가격이 상승할수록 공급량을 늘리고자 하며, 이로 인해 공급곡선은 우상향의 형태를 갖게 된다.

3. 시장균형의 형성

① 시장균형의 형성

균형(equilibrium)이란 한번 달성되고 나면 다른 상태로 변하게 될 유인이 없는 상태를 의미한다. 수요하려는 힘과 공급하려는 힘이 만나는 지점에서 균형이 형성된다. 가격이 저렴할수록 수요량이 증가하는 수요의 법칙과 가격이 비쌀수록 공급량이 증가하는 공급의 법칙이 만나 균형을 형성할 수 있는 이유는 균형가격의 수준에서 소비자와 생산자의 이해관계가 정확히 일치하기 때문이다. 이때의 가격을 균형가격(equilibrium price)이라 하며, 거래량을 균형거래량이라고 한다.

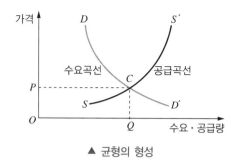

▲ 균형의 형성

② 균형이 형성되는 이유

균형이 형성되는 이유는 균형가격과 균형거래량에서 상이한 수요자와 생산자의 이해관계가 맞아떨어지기 때문이다. 균형점에서의 균형가격과 균형거래량이 (1,000원, 200개)라고 하자. 해당 점에서 균형이 형성되었다는 것은 소비자 역시 1,000원의 가격에서 200개를 수요하고자 하며, 생산자 역시 1,000원의 가격에서 200개를 판매할 의사가 있음을 의미한다. 하지만 1,000원보다 낮거나 높은 가격에서는 양측의 이해관계가 일치하지 않게 된다.

㉠ 가격이 1,000원보다 높은 경우(공급＞수요) : 균형가격 1,000원보다 높은 가격에서는 수요 자와 생산자의 이해관계가 일치하지 않는다. 1,000원보다 높은 가격에서 생산자는 더 큰 수입을 얻기 위해 200개보다 더 많은 생산량을 판매하려는 반면 소비자는 가격 인상으로 인해 200개보다 덜 수요하려고 하기 때문이다. 따라서 공급하고자 하는 양이 수요하고자 하는 양보다 많은 상태인 초과공급(excess supply)이 발생한다.

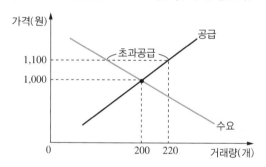

▲ 시장가격이 균형가격보다 높은 경우(초과공급의 발생)

㉡ 가격이 1,000원보다 낮은 경우(공급＜수요) : 균형가격 1,000원보다 낮은 가격에서도 수요 자와 생산자의 이해관계가 일치하지 않는다. 1,000원보다 낮은 가격에서 소비자는 저렴해 진 가격에 200개보다 더 수요하려는 반면 생산자는 낮아진 가격에 200개보다 덜 생산하고 자 하기 때문이다. 따라서 수요하고자 하는 양이 공급하고자 하는 양보다 많은 초과수요 (excess demand)가 발생한다.

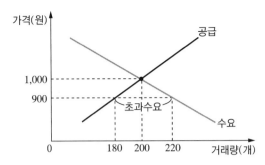
▲ 시장가격이 균형가격보다 낮은 경우(초과수요의 발생)

ⓒ 시장청산가격 : 균형은 초과공급 혹은 초과수요를 청산하며 형성된다. 이러한 의미에서 경제학에서는 균형가격을 시장청산가격(market-clearing price)이라고도 한다.

ⓐ 초과공급의 청산 : 초과공급은 공급량이 수요량보다 많은 상태로서 소비하고자 하는 양보다 생산된 양이 많으므로 재고가 발생하고, 기업은 재고를 처리하기 위해 가격을 낮추게 된다. 가격이 낮아지면 수요량이 증가하게 되는데, 균형가격인 1,000원에 도달할 때까지 시장가격은 낮아지게 된다. 균형가격 1,000원일 때 초과공급은 청산되고 시장은 균형 상태에 도달하게 된다.

ⓑ 초과수요의 청산 : 초과수요는 수요량이 공급량보다 많은 상태로 소비하고자 하는 양이 생산된 양보다 많으므로 조금이라도 더 높은 가격을 지불하고서라도 재화나 서비스를 수요하고자 한다. 따라서 상품의 가격이 상승하게 되는데, 상품 가격의 상승으로 공급량도 증가하게 된다. 이러한 가격의 상승은 균형가격 1,000원에 도달할 때까지 계속된다. 균형가격 1,000원일 때 초과수요는 청산되고 시장은 균형 상태에 도달하게 된다.

02 탄력성

1. 정 의

탄력성(elasticity)이란 물리학에서의 개념으로 어떤 물체가 외적인 충격을 받았을 때, 튕겨나가는 성질을 의미하는 것으로서, 이를 경제학에서는 수요와 공급 측면에 적용하고 있다. 경제학에서 탄력성이란 가격변화와 같은 외부충격이 발생했을 때 균형가격과 거래량이 얼마나 변화하는지를 나타내는 개념이다. 즉, 독립변수의 변화에 대해 종속변수가 얼마나 반응하는지를 나타내는 개념임을 알 수 있다.

$$탄력성 = \frac{종속변수의\ 변화율}{독립변수의\ 변화율}$$

2. 종 류

① 수요의 가격탄력성

　㉠ 정의 : 수요의 가격탄력성(price elasticity of demand)이란 가격(독립변수)이 변할 때 수요량(종속변수)이 얼마만큼 변하는지를 나타내는 개념이다. 한편, 수요의 법칙에 의해 가격과 수요량은 항상 반대로 움직이기 때문에 수요의 가격탄력성을 도출할 때에는 반드시 음의 부호(−)를 붙여 전체 값을 양수로 만들어 줘야 한다.

$$\epsilon = - \frac{수요량의\ 변화율}{가격의\ 변화율} = - \frac{\frac{\varDelta Q}{Q}}{\frac{\varDelta P}{P}} = - \frac{\varDelta Q}{\varDelta P} \times \frac{P}{Q}$$

　㉡ 해 석

　　ⓐ 탄력적 수요($\epsilon > 1$) : 상품의 가격 변화보다 더 큰 폭으로 수요량이 변하는 경우를 탄력적 수요라고 한다. 가격 변화에 민감한 귀금속, 명품가방 등의 사치재가 이에 해당한다.

　　ⓑ 비탄력적 수요($0 < \epsilon < 1$) : 상품의 가격 변화폭보다 수요량의 변화폭이 크지 않은 경우를 비탄력적 수요라고 한다. 가격 변화에 둔감한 필수품 등이 이에 해당한다.

　㉢ 수요의 가격탄력성 결정 요인

　　ⓐ 대체재의 양 : 수요의 가격탄력성은 대체재가 많을수록 탄력적이다. 대체재란 동일한 만족을 주는 재화이므로 대체재가 많은 경우 가격에 민감하게 반응하게 된다. 가격이 조금만 상승하더라도 상대적으로 저렴한 대체재를 통해 동일한 만족을 얻을 수 있기 때문이다.

　　ⓑ 필수재 여부 : 필수재일수록 가격탄력성이 낮다. 물, 휴지 등과 같은 필수품은 정상적인 생활을 위해서는 가격이 올랐더라도 구입하지 않을 수 없기 때문에 가격이 상승하더라도 수요량의 변화폭이 크지 않다.

　　ⓒ 지출에서 차지하는 비중 : 지출에서 차지하는 비중이 작을수록 가격탄력성이 낮다. 월 지출액 150만원 중에 0.1%를 차지하는 초콜릿의 가격이 올랐다고 해서 초콜릿 수요량을 크게 변화시키지 않는다. 지출에서 차지하는 비중이 미미하기 때문에 가격 변화에 둔감한 것이다.

　　ⓓ 상품의 정의 : 상품의 범위를 넓게 설정할수록 가격탄력성은 비탄력적이다. 개별상품을 살펴보는 것보다 개별상품군을 살펴보면 가격의 변화에 따른 수요량의 변화가 작게 나타나기 때문이다.

　　ⓔ 측정기간 : 측정기간이 짧을수록 가격탄력성이 비탄력적이다. 사람들은 단기에 사용하던 상품의 가격이 오르더라도 이를 대체할만한 상품을 빠르게 찾을 수 없어 일정기간 그대로 사용하기 때문에 가격의 변화로 인한 수요량의 변화가 즉각적으로 나타나지 않기 때문이다.

수요의 가격탄력성 결정요인

구 분	탄력적	비탄력적
대체재의 양	많을수록	적을수록
필수재 여부	사치재	필수재
지출비중	높을수록	낮을수록
상품의 범주	좁을수록	클수록
측정기간	길수록	짧을수록

② 수요의 소득탄력성

ㄱ 정의 : 수요의 소득탄력성(income elasticity of demand)이란 소득(독립변수)이 변할 때 수요량(종속변수)이 얼마나 변하는지를 나타내는 개념이다. 일반적으로 소득이 증가할수록 소비가 증가하게 되는데, 이러한 특징을 통해 수요의 소득탄력성을 기준으로 재화를 정상재와 열등재로 구분할 수 있다. 수요의 소득탄력성은 다음과 같이 구해진다.

$$\epsilon_m = \frac{\text{수요량의 변화율}}{\text{소득의 변화율}} = \frac{\dfrac{\varDelta Q}{Q}}{\dfrac{\varDelta M}{M}} = \frac{\varDelta Q}{\varDelta M} \times \frac{M}{Q}$$

ㄴ 수요의 소득탄력성에 따른 재화의 구분 : 수요의 소득탄력성은 소득이 증가할수록 수요량이 증가하기도, 감소하기도 하기 때문에 그 값이 양수(+) 혹은 음수(−)이다. 이 값에 따라 재화를 정상재와 열등재로 구분할 수 있다.

ⓐ 정상재($\varepsilon_M > 0$) : 소득탄력성이 0보다 큰 경우, 즉 소득이 증가함에 따라 소비가 증가하는 재화로서 이를 정상재라고 한다.

ⓑ 열등재($\varepsilon_M < 0$) : 소득탄력성이 0보다 작은 경우로 소득이 증가함에 따라 소비가 감소한다는 것을 의미한다. 경제학에서는 이를 열등재라고 한다.

③ 수요의 교차탄력성

ㄱ 정의 : 수요의 교차탄력성(cross elasticity of demand)은 연관재(대체재와 보완재)의 가격 변화에 따른 해당 상품의 수요량 변화를 살펴보는 개념이다. 수요의 교차탄력성은 다음과 같이 구해진다.

$$\epsilon_{XY} = \frac{X\text{재 수요량의 변화율}}{Y\text{재 가격의 변화율}} = \frac{\dfrac{\varDelta Q_X}{Q_X}}{\dfrac{\varDelta P_Y}{P_Y}} = \frac{\varDelta Q_X}{\varDelta P_Y} \times \frac{P_Y}{Q_X}$$

ㄴ 해석 : 수요의 교차탄력성은 양(+) 혹은 음(−)의 값을 가지며, 이에 따라 재화를 대체재와 보완재로 구분할 수 있다.

ⓐ 대체재($\epsilon_{XY} > 0$) : 수요의 교차탄력성이 양의 값을 갖는 경우 X재와 Y재는 대체관계이
다. 수요의 교차탄력성이 양수라는 것은 Y재의 가격이 증가할 때 X재 수요량이 증가한
다는 것으로, 두 재화가 서로 경쟁관계에 있는 대체재 관계임을 의미하기 때문이다.

ⓑ 보완재($\epsilon_{XY} < 0$) : 수요의 교차탄력성이 음의 값을 갖는 경우 X재와 Y재는 보완관계이
다. 수요의 교차탄력성이 음수라는 것은 Y재의 가격 변화와 X재 수요량의 변화방향이
반대라는 것을 의미한다. 즉, Y재 가격이 상승할 때 X재 수요량은 감소하는 관계이므로
X재와 Y재는 경쟁관계가 아닌 함께 소비할 때 더 큰 만족을 주는 재화인 보완관계임을
알 수 있다.

④ 공급의 가격탄력성

㉠ 정의 : 공급의 가격탄력성(price elasticity of supply)은 가격(독립변수)이 변화함에 따라
공급량(종속변수)이 얼마나 변하는지를 확인하는 개념이다. 공급의 가격탄력성은 공급의
법칙에 의해 가격이 증가할수록 공급량이 증가하기 때문에 수요의 가격탄력성과는 달리
음의 부호(−)를 붙일 필요가 없다. 공급의 가격탄력성은 다음과 같이 구해진다.

$$\eta = \frac{\text{공급량의 변화율}}{\text{가격의 변화율}} = \frac{\dfrac{\varDelta Q}{Q}}{\dfrac{\varDelta P}{P}} = \frac{\varDelta Q}{\varDelta P} \times \frac{P}{Q}$$

㉡ 해 석

ⓐ 탄력적 공급($\eta > 1$) : 탄력적 공급은 가격의 변화보다 공급량의 변화가 더 큰 경우를
의미한다. 즉, 가격의 변화에 공급량이 민감하게 반응하는 재화나 서비스의 경우가
이에 해당한다.

ⓑ 비탄력적 공급($0 < \eta < 1$) : 비탄력적 공급은 가격의 변화보다 공급량의 변화가 더 작
은 경우를 의미한다. 즉 가격의 변화에 공급량이 둔감하게 반응하는 재화나 서비스가
이 경우에 해당한다.

㉢ 공급의 가격탄력성 결정 요인

ⓐ 기술수준 : 기술수준과 생산비용은 밀접한 관계를 갖는다. 기술수준의 향상은 동일한
생산요소로 더 많은 생산이 가능해 생산비용을 획기적으로 낮출 수 있기 때문이다.
따라서 반도체와 같이 기술수준의 향상이 빠른 상품들은 생산비가 작으므로 공급의
가격탄력성이 탄력적이다.

ⓑ 생산량과 비용의 변화 : 생산량이 증가할 때 비용의 증가가 빠른 재화나 서비스의 경우
가격이 상승하더라도 생산량을 즉각적으로 늘리기가 어렵다. 따라서 공급의 가격탄력
성이 비탄력적인 모습을 보이게 된다.

ⓒ 저장가능성 : 유제품과 같이 저장가능성이 낮은 상품은 가격이 상승했다 하더라도 공급
량을 즉각적으로 늘리기 어렵다. 일정량 이상은 저장이 불가능하기 때문이다. 따라서
재화의 저장가능성이 낮은 상품의 공급탄력성은 비탄력적이다.

ⓓ 유휴설비 : 유휴설비(遊休設備)란 가동되지 못하고 남아있는 설비를 의미한다. 따라서 상품의 가격이 상승할 때 유휴설비가 존재하면 이를 가동하여 쉽게 생산량을 증가시킬 수 있으므로 공급의 가격탄력성은 탄력적이다.

ⓔ 측정기간 : 측정기간이 짧으면 가격이 상승하더라도 기업이 생산량 증가에 대처할 수 있는 기회가 많지 않으므로 공급의 가격탄력성이 비탄력적으로 측정될 수 있는 반면에 측정기간이 길면 기업이 생산량 증가에 대처할 수 있어 공급의 가격탄력성이 탄력적으로 측정될 수 있다.

공급의 가격탄력성 결정요인

구 분	탄력적	비탄력적
기술수준	발전이 빠를수록	발전이 느릴수록
생산량과 비용의 변화	비용의 증가가 느릴수록	비용의 증가가 빠를수록
저장가능성	높을수록	낮을수록
유휴설비	많을수록	적을수록
측정기간	장기일수록	단기일수록

03 소비자잉여와 생산자잉여

1. 가격의 기능

가격은 시장경제체제의 신호등과 같은 역할을 한다. 가격을 더 내려야 할지, 올려야 할지에 대하여 시장 내의 경제주체들이 모두 가격을 중심으로 의사결정을 내리기 때문이다. 가격을 중심으로 초과공급과 초과수요를 청산하고 균형을 달성하는 과정을 이미 한 차례 살펴보았다. 소비자잉여와 생산자잉여 역시 가격을 중심으로 그 크기가 정해지게 된다. 정확한 이해를 위해 가격의 기능에 대해 다시 한 번 살펴봐야 한다.

① 소비의 대가

소비자 입장에서 가격은 재화나 서비스 소비에 대한 대가이다. 상품구입을 대가로 내가 가진 돈을 기꺼이 지불하는 이유는 재화와 서비스 소비를 통해 최소한 가격보다는 큰 만족을 얻을 수 있기 때문이다. 따라서 소비자에게 가격은 상품구입을 위해 지불할 의사가 있는 최대 금액이다. 한편, 초과수요가 발생할 때 가격이 상승하는 것은 사람들이 지불할 최대의사가 커지는 현상이다. 이는 상품의 희소성 때문이다. 초과수요란 수요량보다 공급량이 적은 상태이다. 이를 다시 표현하면 수요하려는 욕망을 상품의 공급량이 충족시키지 못하는 상태라 할 수 있다. 즉, 희소한 상태인 것이다. 상품이 희소하게 되면 해당 상품에 지불할 최대의사가 높은 사람 순으로 해당 상품을 얻을 수 있다.

2015년 5월 메르스로 인해 한때 의료용인 NF95 마스크가 품귀 현상이 빚어졌다. 평상시에 1,300원 내외로 구입할 수 있었던 마스크 가격은 당시 평소보다 2배 이상의 가격에서 거래된 바 있다. 해당 가격에도 구입이 어려워 반드시 필요한 소비자들은 3, 4배의 웃돈을 지불하고서야 겨우 마스크를 구입할 수 있었다. 이 역시 초과수요가 빚어낸 결과였다. 마스크를 수요하고자 하는 욕망이 실제 공급량보다 커졌고(초과수요) 이로 인해 가격이 상승했다. 상품의 가격은 소비자가 최대한으로 지불하고자 하는 금액이다. 따라서 마스크가 절실하게 필요한 사람일수록 지불할 최대의사가 커질 것이다. 그 결과로 마스크의 가격이 평소의 3, 4배에서 거래되기도 했던 것이다.

② 생산의 대가

생산자 입장에서 가격은 재화나 서비스 판매로 벌어들이는 수입이다. 공급의 법칙이 성립하는 이유도 가격이 곧 제품 한 단위의 판매에 대한 수입이기 때문이다. 생산자는 상품의 생산과정에 투입된 비용을 판매수입으로 충당해야 하기 때문에 생산자가 손해를 보지 않기 위해서는 상품 판매를 통해 최소한 일정 금액 이상을 벌어들여야 한다. 따라서 생산자에게 가격은 상품판매를 통해 벌어들어야 할 최소 금액이다. 한편, 초과공급이 발생할 때 생산자가 가격을 낮추는 것은 생산자가 얻고자 하는 최소금액이 낮아지는 현상이다. 이는 초과공급으로 인해 재고가 발생하면 더 큰 손해를 보기 때문이다. 따라서 생산자들은 소비자들을 끌어들이기 위해 경쟁기업보다 낮은 가격을 제시하게 되는 것이다.

2. 소비자잉여

① 정 의

소비자잉여(consumer's surplus)란 소비자가 생산자와의 거래를 통해 얻는 순이득이라고 할 수 있다. 보다 구체적으로 소비자잉여는 어떤 상품에 대해 지불할 의사가 있는 최대금액과 실제 지불한 금액의 차이로 구해진다.

소비자잉여(CS) = 최대지불의사금액 − 실제지불금액

② 소비자잉여의 도출

시장 전체의 소비자잉여를 구하기 위해서는 모든 소비자들의 최대지불의사 금액과 실제지불금액을 알아야 한다. 하지만 이는 사람마다 동일하지 않다. 소비자들의 지불의사는 주관적인 것이기 때문이다. 다음은 케이크를 구매하고자 하는 사람들의 최대지불의사 금액이다. 현재 케이크의 시장가격은 4,500원이다. 이 경우 청연, 재희는 케이크를 구입하겠지만, 성희와 세연은 케이크를 구입하지 않는다. 시장가격이 최대지불의사보다 높기 때문이다. 이는 내가 케이크 소비를 통해 얻는 만족이 그 대가보다 작다는 것을 의미한다. 따라서 소비자잉여는 청연과 재희의 순이익을 대상으로 산정된다. 따라서 소비자잉여는 2,700원(= 2,200원 + 500원)이 된다.

구 분	이 름	최대지불의사 금액(A)	케이크가격(B)	소비자잉여(A − B)
1	청연	6,700		2,200
2	재희	5,000		500
3	성희	4,200	4,500	0
4	세연	3,900		0

수요자별 최대지불용의와 소비자잉여   (단위 : 원)

③ 사회 전체의 소비자잉여의 도출

시장 전체를 대상으로 한다면 수많은 사람들이 존재하기 때문에 최대지불의사도 매우 촘촘한
간격으로 존재한다. 다음 그림은 균형거래량과 균형가격이 (100개, 4,500원)일 때 사회전체의
소비자잉여를 보여준다. 그림에서 볼 수 있는 바와 같이 해당 시장에서 소비자들은 100개의
케이크를 수요할 때 최대 (a + b)에 해당하는 만큼 지불할 의사가 있으나 실제로는 b만큼을
대가로 지불하기 때문에 소비자잉여는 a(= a + b − b)가 된다.

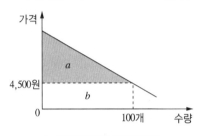

▲ 사회 전체의 소비자잉여

④ 가격변화와 소비자잉여

소비자잉여가 「최대지불의사 금액 − 실제 지불 금액」으로 도출되기 때문에 실제 지불 금액인
가격이 달라지면 소비자잉여의 크기도 달라진다. 다음의 표는 케이크의 가격이 3,000원으로
낮아졌을 때의 소비자잉여를 나타내고 있다. 낮아진 가격으로 인해 이제는 청연과 재희뿐만
아니라 성희까지 케이크를 구매할 수 있다. 케이크를 통해 얻는 만족(최대지불의사 금액)이
케이크 소비를 위해 지불해야 하는 대가보다 크기 때문이다. 따라서 전체 소비자잉여는 7,800원
(= 3,700원 + 2,000원 + 1,200원 + 900원)이 된다.

가격변화와 소비자잉여   (단위 : 원)

이 름	최대지불의사 금액(A)	가격(B)	소비자잉여(A−B)
청연	6,700		3,700
재희	5,000		2,000
성희	4,200	3,000	1,200
세연	3,900		900

이 역시 시장전체로 확대해서 살펴보면 다음 그림과 같은 소비자잉여의 증가를 확인할 수 있다. 가격의 하락(4,500원 → 3,000원)으로 소비량이 증가(100개 → 130개)해 균형거래량과 균형가격은 (130개, 3,000원)에서 형성된다. 이때 사회전체의 소비자들은 최대 (a + b + c + d + e)영역에 해당하는 만큼 지불할 의사가 있으나 실제로는 (d + e)영역 만큼만 지불하기 때문에 소비자잉여는 (a + b + c)가 된다. 가격의 하락으로 인해 소비자잉여가 (b + c)만큼 증가했음을 확인할 수 있다.

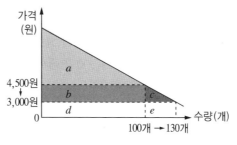

▲ 가격하락과 소비자잉여의 증가

3. 생산자잉여

① 정의

생산자잉여(producer surplus)는 생산자가 소비자와의 교환을 통해 얻게 되는 순이득을 의미한다. 소비자에게 가격은 지불용의가 있는 최대금액인 반면 생산자에게는 최소한 어느 정도는 받아야 한다는 의사가 담긴 최소수취금액이다. 따라서 생산자잉여는 상품판매를 통해 실제로 받은 금액과 최소수취용의 금액과의 차이로 구해진다.

> 생산자잉여(PS) = 실제 받은 금액 − 최소수취용의 금액

② 생산자잉여의 도출

생산자잉여를 구하기 위해서는 모든 생산자들의 최소수취용의 금액을 알아야 한다. 하지만 이는 생산자마다 다르다. 생산의 비용구조가 기업마다 다르기 때문이다. 다음 표는 생산자별 케이크 생산비용을 나타낸다. 이는 곧 최소수취용의 금액이 된다. 현재 케이크의 가격이 4,500원이라면 고구려명가는 케이크를 판매하려 하지 않을 것이다. 케이크 생산에 투입된 비용보다 실제로 받는 금액이 더 적으면 손해를 보기 때문이다. 따라서 이 시장에서의 생산자잉여는 고구려명가를 뺀 3개 기업을 대상으로 산정되며, 그 값은 6,500원(= 3,300원 + 1,900원 + 1,300원 + 0원)이다.

판매자별 케이크 생산비용과 생산자잉여				(단위 : 원)
구 분	이 름	생산비용(A)	가격(B)	생산자잉여(B − A)
1	런던바게트	1,200		3,300
2	신라당	2,600	4,500	1,900
3	나팔리옹과자점	3,200		1,300
4	고구려명가	4,800		0

③ 사회전체의 생산자잉여 구하기

사회 전체에는 더 많은 생산자가 존재하기 때문에 최소 수취용의 금액(생산비용)이 매우 촘촘
하다. 다음 그림은 시장균형이 (100개, 4,500원)에서 형성될 때의 생산자잉여를 보여준다.
가격이 4,500원에서 형성되는 경우 생산자는 최소 b영역에 해당하는 만큼의 금액을 받고
케이크를 판매할 의사가 있다. 하지만 실제로는 (a + b)영역에 해당하는 금액을 받음으로써
a영역만큼의 생산자잉여를 경험하게 된다.

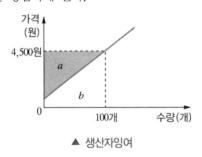

▲ 생산자잉여

④ 가격변화와 생산자잉여

생산자잉여는 「실제 받은 금액 − 최소 수취용의 금액」으로 산정되기 때문에 실제 받은 금액인
가격이 변하면 생산자잉여도 그 크기가 달라진다. 시장가격이 상승(4,500원 → 6,000원)하면
고구려명가도 케이크 판매에 동참한다. 최소수취용의 금액보다 시장가격이 높아졌기 때문이다.
이때 생산자잉여는 12,200원(4,800원 + 3,400원 + 2,800원 + 1,200원)이 된다.

가격변화와 생산자잉여				(단위 : 원)
구 분	이 름	생산비용(A)	가격(B)	생산자잉여(B−A)
1	런던바게트	1,200		4,800
2	신라당	2,600	6,000	3,400
3	나팔리옹과자점	3,200		2,800
4	고구려명가	4,800		1,200

이를 사회 전체로 확장해서 살펴보면 다음과 같은 그림을 확인할 수 있다. 새로운 균형 (130개,
6,000원)에서 생산자는 최소 (d + e)영역 만큼의 금액을 받고자 하는데 실제로는 (a + b +
c + d + e)영역에 해당하는 만큼의 금액을 받게 되어 사회전체의 생산자잉여는 (a + b + c)가
된다. (b + c)가 케이크가격 상승으로 인해 추가적으로 얻게 되는 생산자잉여임을 확인할 수
있다.

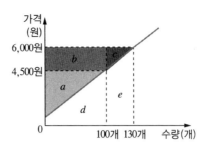
▲ 가격상승과 생산자잉여의 증가

보충학습 그래프를 통한 소비자잉여와 생산자잉여의 도출

• 소비자잉여 : 수요곡선 아래의 면적 가운데 가격선 위쪽의 영역이 소비자잉여이다.
• 생산자잉여 : 공급곡선 위쪽의 면적 가운데 가격선 아래의 영역이 생산자잉여이다.

4. 총잉여

① 정 의

총잉여(total surplus)는 소비자잉여와 생산자잉여의 합으로 구해진다. 총잉여는 사회 구성원 전체가 얻는 잉여로써, '사회적잉여'라고도 한다.

총잉여(TS) = 소비자잉여(CS) + 생산자잉여(PS)

② 총잉여의 도출

균형생산량과 균형가격이 (100개, 4,500원)인 경우 총잉여는 다음과 같이 소비자잉여와 생산자잉여의 합으로 도출된다. 총잉여는 균형가격 수준에서 가장 큰 값을 갖는다.

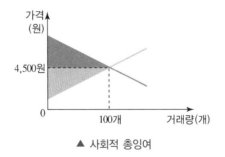
▲ 사회적 총잉여

③ 총잉여의 해석

총잉여를 통해 알 수 있는 것은 소비자와 생산자 간의 교환을 통해서 두 경제주체 모두 이득을 얻게 된다는 점이다. 각기 다른 이해관계를 가진 두 경제주체가 가격을 중심으로 각자의 이득에 따라 의사결정을 내린 결과 소비자와 생산자 모두가 이익을 얻게 되는 것이다. 시장경제체제의 효율성을 확인할 수 있는 부분이다.

04 가격통제

1. 정 의

가격통제란 정부가 시장에서 설정된 가격을 어떠한 이유에 의해 받아들이지 않고 인위적으로 수정하는 것을 의미한다. 정부가 시장에 개입하여 가격을 통제하는 이유는 시장에서 형성된 가격이 모든 수요자와 생산자를 만족시키는 것은 아니기 때문이다. 시대의 변화에도 불구하고 주택임대료상한제나 최저임금제에 대한 논의가 끊이지 않는 것도 이러한 이유 때문이다. 한편, 시장에서 수요자와 생산자의 자발적인 의사결정에 의해 형성된 시장가격을 인위적으로 조절할 수 있는 주체는 바로 정부이다. 시장의 힘을 조정할 만큼의 강력한 권한을 가진 주체는 정부가 유일하기 때문이다. 따라서 경제학에서 가격통제는 정부가 주체가 된다.

2. 종 류

정부의 가격통제에는 시장에서 형성된 가격이 너무 높은 경우에 실시하는 가격상한제(price ceiling)와 시장에서 형성된 가격이 너무 낮아 균형가격 이상으로 높여야 할 필요가 있는 경우에 실시하는 가격하한제(price floor)가 있다.

① 가격상한제

    ㉠ 정의 : 가격상한제(price ceiling)는 소비자 보호를 목적으로 정부가 시장가격에 개입하는 것을 의미한다. 보다 구체적으로는 시장에서 형성된 가격이 너무 높다고 판단하여 정부가 인위적으로 개입해 균형가격 이하에서 거래가 이뤄지도록 규제하는 제도이다. 임대료상한제는 대표적인 가격상한제의 예이다.

    ㉡ 평가 : 소비자를 보호하기 위한 목적에서 시장에서 형성된 가격 이하에서 거래되도록 규제하는 정부의 가격상한제는 오히려 소비자의 부담을 높여주는 결과를 초래한다. 임대료상한제를 예를 들어 살펴보면 다음과 같다. 월 80만원에서 균형가격이 형성되는 상황에서 월 60만원 이상 임대료를 받지 못하도록 하는 임대료 상한제를 실시하면 초과수요의 발생과 총잉여의 감소라는 부작용이 발생한다.

아파트 월세와 거래량   (단위 : 만원, 만채)

월 세	수요량	공급량
110	150	210
100	160	200
90	170	190
80	180	180
70	190	170
60	200	160
50	210	150

ⓐ 초과수요 : 시장에서 형성된 균형가격인 월세 80만원에서는 수요량과 공급량이 180만채로 일치하지만 임대료 상한제 실시 후에는 월세가 60만원으로 조정되면서 수요량이 공급량보다 많아지게 된다. 즉 초과수요가 발생한다. 60만원의 가격 수준에서가 수요자는 더 많이 수요(180만채 → 200만채)하려는 반면, 공급자는 공급량을 줄이기(180만채 → 160만채) 때문이다. 주택수요자는 낮아진 월세로 인해 집을 구하기가 어려워졌다. 그 결과 수요자와 생산자 모두에게 문제가 발생한다.

> • 수요자 : 시장에 공급된 수량이 부족하기 때문에 집을 구하기 위해 이전보다 더 많은 시간과 노력을 기울여야 한다.
> • 공급자 : 자신의 집에 투자할 유인이 없다. 아무리 집을 좋게 꾸며놓아도 월 60만원 이상 받지 못할 뿐만 아니라 집을 꾸미지 않아도 언제나 주택에 대한 수요가 존재한다. 그 결과 시장에는 좋지 않은 상태의 집들이 존재하게 된다.

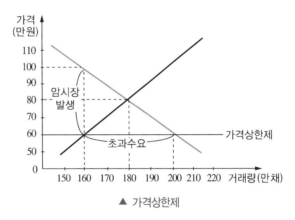

▲ 가격상한제

ⓑ 자원배분의 왜곡 : 초과수요의 존재는 자원배분을 왜곡할 수 있다. 시장경제체제에서는 가격을 중심으로 높은 가격을 지불할 의사가 있는 수요자에게 우선적으로 자원이 배분되지만, 가격상한제 하에서는 가격을 통한 자원배분이 불가능하기 때문에 실제 지불의사와 무관하게 아는 사람에게 집을 먼저 빌려주거나, 먼저 연락한 사람에게 집을 빌려주는 등의 자원배분이 이뤄질 수 있다. 경제적인 논리와 무관한 자원배분이 이뤄지는 것이다.

ⓒ 암시장 발생 : 암시장(black market)이란 불법적인 거래가 행해지는 시장을 의미한다. 가격상한제의 실시로 인해 발생하는 초과수요는 암시장의 발생을 야기할 수 있다. 60만원의 월세 수준에서 주택공급량은 160만채에 불과하다. 한편 160만채 일 때 수요자는 100만원까지 월세를 지불할 의사가 있다. 따라서 정부가 정한 60만원의 틀을 깨고 60~100만원 사이의 가격에서 불법적인 임대차 계약이 행해질 가능성이 있다. 소비자들에게 시장균형가격보다 낮은 수준에서 월세를 제공하려는 정부의 노력이 무색해지는 것이다.

ⓓ 총잉여의 감소 : 초과수요로 인한 자원배분의 왜곡, 암시장의 발생으로 소비자에게 오히려 불리해지는 가격상한제는 소비자잉여와 생산자잉여를 통해서도 같은 결과를 확인할 수 있다. 음영처리된 (c + e) 영역이 가격상한제로 인해 감소하는 총잉여이며 이를 자중손실(deadweight loss)이라고 한다.

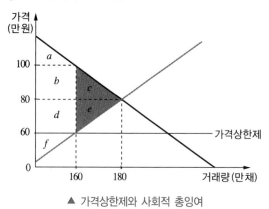

▲ 가격상한제와 사회적 총잉여

- 균형에서의 소비자잉여 및 생산자잉여
  → 균형인 (180만채, 80만원)에서의 소비자잉여는 (a + b + c)이며 생산자잉여는 (d + e + f)이다.
- 가격상한제하에서의 소비자잉여 및 생산자잉여
  → 가격상한제 60만원에서의 소비자잉여는 (a + b + d)이며 생산자잉여는 f이다.
- 총잉여의 변화(c + e)
  → 균형 : (a + b + c + d + e + f) → 가격상한제 : (a + b + d + f)

② 가격하한제
  ㉠ 정의 : 가격하한제(price floor)는 공급자보호를 목적으로 정부가 시장에 개입하여 가격을 통제하는 정책을 의미한다. 시장에서 형성된 가격이 지나치게 낮아 공급자들이 손해를 보고 있다고 판단하여 시장가격 이하로는 거래가 되지 못하도록 규제하는 제도이다. 대표적인 제도로는 최저임금제도가 있다.
  ㉡ 평가 : 공급자 보호를 위한 목적에서 시장에서 형성된 가격보다 높은 수준에서만 거래되도록 규제하는 정부의 가격하한제는 오히려 공급자의 부담을 가중시키는 결과를 초래한다. 시장에서 결정되는 노동자들의 시장임금이 너무 낮아 어느 수준 이하로는 임금을 책정하지 못하도록 규제하는 최저임금제가 오히려 노동자들에게 실업자의 증가와 총잉여의 감소라는 부정적인 영향을 초래하는 것이다.

<table>
<tr><th colspan="3">시간당 임금과 노동거래량</th></tr>
</table>

시간당 임금과 노동거래량   (단위 : 원, 만명)

시간당 임금	노동 수요량	노동 공급량
3,300	130	70
3,600	120	80
3,900	110	90
4,200	100	100
4,500	90	110
4,800	80	120
5,100	70	130

ⓐ 노동시장의 초과공급 : 노동시장에서의 노동수요와 공급에 의해 균형은 임금수준 4,200 원, 100만명에서 형성되었다. 이 때 가격하한제가 4,800원에서 시행되면 균형이 깨지 게 된다. 즉, 해당 수준에서는 임금의 상승으로 노동의 수요량은 감소(100만명 → 80만 명)하는 반면 노동의 공급량은 증가(100만명 → 120만명)한다. 즉, 노동의 초과공급이 발생한다. 노동시장에서의 초과공급은 노동수요, 즉 일자리보다 일을 하고 싶은 사람이 많은 상황인 실업을 의미한다. 노동자를 보호하려는 정부의 정책이 오히려 노동자에게 불리한 여건을 만들게 되는 것이다.

ⓑ 비효율적인 자원배분 : 80만명의 노동수요 수준에서 근로자들은 3,600원의 임금을 받 고 자신들의 노동력을 공급할 의사가 있지만, 노동시장에 가격하한제가 실시된 상황에 서는 불가능하다. 기업의 입장에서는 최저임금제가 시행되지 않았다면 동일한 80만명 의 인력을 고용하면서 임금은 1,200원만큼 아낄 수 있고, 이를 보다 생산적인 과정에 투입하여 더 많은 일자리를 만들어 낼 수도 있다. 하지만 가격하한제의 실시로 인해 자원이 효율적으로 배분되지 못하고 있다.

ⓒ 총잉여의 감소 : 가격하한제의 실시로 인한 자원의 비효율적인 배분은 소비자잉여와 생산자잉여의 측면에서도 살펴볼 수 있다. 가격하한제의 실시 역시 음영처리 된 영역만 큼의 자중손실(c + e)이 발생한다.

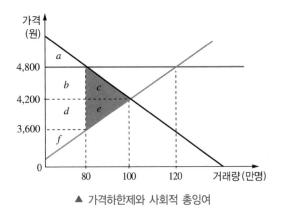

▲ 가격하한제와 사회적 총잉여

- 균형에서의 소비자잉여 및 생산자잉여
  → 균형인 (100만명, 4,200원)에서의 소비자잉여는 (a＋b＋c)이며 생산자잉여
    는 (d＋e＋f)임
- 가격하한제하에서의 소비자잉여 및 생산자잉여
  → 가격하한제 4,800원에서의 소비자잉여는 a이며 생산자잉여는 (b＋d＋f)임
- 총잉여의 변화(c＋e)
  → 균형：(a＋b＋c＋d＋e＋f) → 가격하한제：(a＋b＋d＋f)

01 수요는 재화나 서비스에 대한 욕망을 나타는 개념이다.

02 수요량이란 각각의 가격수준에서 수요하고자 하는 수량이다.

03 수요의 법칙이란 다른 조건이 일정하다면 가격이 하락할 때 수요량이 증가한다는 것이다.

04 한계 효용이란 재화나 서비스의 한 단위를 추가적으로 소비했을 때 추가로 얻는 효용의 크기이다.

05 가격이 상승하면 공급곡선은 좌측으로 이동한다.

06 균형이란 한번 달성되고 나면 다른 상태로 변하게 될 유인이 없는 상태를 말한다.

07 수요의 가격탄력성이 1보다 높으면 비탄력적 수요라고 한다.

08 열등재의 경우 소득탄력성이 0보다 크다.

09 사회적잉여란 소비자잉여의 다른 표현이다.

10 정부는 가격통제를 통해서 시장에 의한 자원배분 왜곡문제를 반드시 해결할 수가 있다.

● 정답 및 해설

01 수요는 재화나 서비스에 대한 욕망이 아니라 실제 구입능력과도 연관된 개념이다.

05 가격의 상승은 기업으로 하여금 더 많은 공급을 하고자 한다. 이는 공급곡선상의 이동이지 공급곡선 자체의 이동이 아니다.

07 수요의 가격탄력성이 1보다 높으면 탄력적 수요이다. 비탄력적인 경우는 수요의 가격탄력성이 0과 1 사이에 있는 경우이다.

08 열등재의 경우 소득이 증가함에 따라 소비가 감소한다. 따라서 열등재의 경우 소득탄력성은 0보다 작다.

09 사회적잉여란 소비자잉여와 생산자잉여의 합으로 정의되는 개념이다.

10 정부의 가격통제는 대부분의 경우 시장자원배분 왜곡 문제를 개선하지는 못한다. 정부는 소비자 보호 혹은 생산자 보호를 목적으로 가격통제를 시행하지만 대부분의 경우 이에 따른 부작용이 필연적으로 발생하게 된다. 가격상한제의 경우는 초과수요를 불러일으키고, 가격하한제의 경우는 초과공급을 일으키게 된다.

정답 01 X 02 O 03 O 04 O 05 X 06 O 07 X 08 X 09 X 10 X

#가격통제, #최저가격제, #최고가격제

Level
0

정부가 어떤 목적에서 재화의 균형가격 P^*를 $\overline{P}$수준으로 규제하려고 한다. 이에 대한 옳은 설명을 〈보기〉에서 모두 고른 것은?

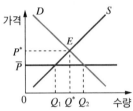

────── 〈 보기 〉 ──────

⊙ $Q_1 Q_2$만큼의 초과수요로 인해 암시장이 형성될 수 있다.

ⓛ 과잉 생산으로 인해 가격 폭탄이 우려될 때, 정부가 자주 사용하는 정책이다.

ⓒ 과거 아파트 분양가 결정에 정부가 적극 개입했던 것은 이러한 정책 유형에 속한다.

ⓔ 규제 가격 하에서는 수요자가 최대로 지불하려는 가격이 공급자가 최소로 받아야겠다고 생각하는 가격보다 낮다.

① ㉠, ㉡ 　　　　　　　　　　② ㉠, ㉢

③ ㉡, ㉢ 　　　　　　　　　　④ ㉡, ㉣

⑤ ㉢, ㉣

해설 최고가격제란 수요자를 보호하기 위한 가격통제제도이다. 즉, 시장에서 결정된 가격이 너무 높다고 판단되어 일정 수준 이상으로 거래하지 못하도록 통제하는 제도이다.

㉠ 최고가격제의 수행으로 인해 시장에서는 초과수요가 발생한다. 균형 가격보다 낮은 수준에서 최고가격제를 실시함으로써 공급이 줄어 시장에서는 초과수요가 발생한다. 이는 공급이 부족함을 의미하므로 더 높은 가격을 지불하고자 하는 사람들이 존재하므로 암시장이 형성된다.

㉢ 정부가 아파트 분양가 상한선을 정해 집값을 규제했던 것은 최고가격제의 하나이다.

오답 노트

㉡ 최저가격제에 대한 설명이다. 최저가격제는 시장에서 결정된 균형 가격이 너무 낮다고 판단되어 공급자를 보호하기 위한 목적에서 시장 균형 가격 이상에서 최저가격을 정하고 그 이하로 가격을 책정하지 못하도록 강제하는 가격통제 제도이다.

㉣ $\overline{P}$수준에서는 공급자는 Q_1만큼 공급하려고 하고, 이때 수요자는 보다 높은 지불용의(Q_1에서 수요곡선에 이르는 높이에 해당)를 가지므로, 수요자가 공급자보다 훨씬 높은 가격대를 생각하고 있다고 할 수 있다.

정답 ②

#사회적 총잉여, #가격상한제의 정의, #가격상한제의 후생평가, #자중손실의 크기

다음은 완전경쟁시장에서의 수요와 공급이다. 이때 정부가 가격상한을 15원으로 정한다면 초과수요와 가격상한으로 인한 후생손실은 각각 얼마인가?

> • 수요곡선 : $Q^D = 300 - 5P$　　　• 공급곡선 : $Q^S = 10P$

① 50, 2250　　　　　　　　　② 50, 375

③ 75, 375　　　　　　　　　④ 75, 2250

⑤ 100, 750

해설 문제의 해결을 위해 가격상한제 실시 이전의 시장균형을 먼저 살펴봐야 한다. X축에 거래량, Y축에 가격을 표시하기 때문에 위의 수요와 공급함수를 P에 대해 정리해야 한다. 정리하면 수요와 공급은 다음과 같다. 균형은 수요와 공급이 만나는 점에서 형성되므로 균형점은 (200, 20)이 된다.

> • 수요곡선 : $Q^D = 300 - 5P \rightarrow P = -\dfrac{1}{5}Q + 60$
>
> • 공급곡선 : $Q^S = 10P \rightarrow P = \dfrac{1}{10}Q$
>
> • 균형점 : $-\dfrac{1}{5}Q + 60 = \dfrac{1}{10}Q \Rightarrow Q = 200,\ P = 20$

이때 가격상한제가 균형가격 20원보다 아래인 15원에서 실시되면 수요량과 공급량이 일치하지 않게 된다. 즉, 균형이 깨지게 되는데, 15원의 가격에서는 수요량이 225($\dfrac{1}{5}Q = 45$), 공급량은 150($15 = \dfrac{1}{10}Q$)이 되어 초과수요 75(= 225 – 150)가 발생하게 된다. 이를 그래프로 나타내 소비자잉여와 생산자잉여를 나타내면 다음과 같다. 후생손실은 자중손실인 (A + B)영역의 크기로 나타난다. 따라서 삼각형의 면적을 구하는 식을 활용해 구하면 면적이 375(= $\dfrac{1}{2} \times 15 \times 50$)임을 알 수 있다.

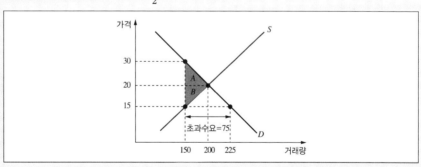

오답 노트 수요 및 공급이 함수 형식으로 주어졌을 때 가장 먼저 해야 할 일은 가격에 대해 정리하는 것이다. 가격에 대해 정리해서 살펴볼 때 우리에게 익숙한 (거래량 – 가격) 평면에 수요와 공급을 그림으로 나타낼 수 있기 때문이다. 한편, 가격통제하에서의 자중손실 계산을 위해서는 최초의 균형을 먼저 파악하고 있어야 한다.

정답 ③

#수요의 가격탄력성 정의, #수요곡선과 탄력성, #판매수입과 탄력성

다음은 A재화에 대한 시장수요함수이다. 다음을 읽고 〈보기〉에서 옳은 것을 모두 고르시오.

$$Q^D = 240 - 2P$$

〈 보기 〉

㉠ A재의 수요의 가격탄력성은 가격이 높아질수록 커진다.
㉡ A재의 수요의 가격탄력성은 탄력적이다.
㉢ A재 판매수입은 가격이 높아질수록 높아진다.
㉣ A재의 가격이 70일 때 수요의 가격탄력성은 탄력적이다.

① ㉠, ㉡   ② ㉠, ㉢

③ ㉠, ㉣   ④ ㉡, ㉢

⑤ ㉢, ㉣

해설 수요의 가격탄력성(ϵ_p)은 가격변화에 따른 수요량의 변화 정도를 나타내는 개념으로 다음과 같이 구해진다.

$$\epsilon_P = -\frac{\frac{\Delta Q}{Q}}{\frac{\Delta P}{P}} = -\frac{\Delta Q}{\Delta P} \times \frac{P}{Q}$$

따라서 문제에 주어진 수요함수의 가격탄력성(ϵ_p)은 $\frac{P}{120-P}\left(= 2 \times \frac{P}{240-2P} = \frac{2P}{2(120-P)}\right)$이 된다. 따라서 수요의 가격탄력성은 가격이 높아짐에 따라 커진다는 것을 알 수 있다. 이처럼 수요의 가격탄력성은 같은 직선의 수요곡선이라고 해도 수요곡선의 어느 점에 위치하느냐에 따라 그 값이 달라진다. 한편, A재의 가격이 70일 때 수요량(Q^D)은 100이므로 이때 수요의 가격탄력성은 탄력적($\epsilon_p > 1$)이게 된다($= 2 \times \frac{70}{100} = \frac{140}{100} = 1.4$).

**오답
노트** 수요의 가격탄력성은 같은 수요곡선상에서도 위치에 따라 달라진다. 따라서 특정지점이 지정되지 않으면 A재의 수요의 가격탄력성을 정의할 수 없다. 가격탄력성을 정의할 수 없으면 가격변화에 따른 A재의 판매수입 변화 역시 판단할 수가 없다. 탄력성의 크기에 따라 가격상승 시 판매수입이 증가할 수도, 감소할 수도 있기 때문이다.

정답 ③

#수요의 가격탄력성, #수요의 가격탄력성과 기업의 판매수입, #단위탄력적

A기업이 생산하는 X재화에 대한 소비자들의 수요의 가격탄력성이 비탄력적인 경우, X재화의 가격이 인상되었을 때 A기업의 총수입 변화는 어떻게 되는가?

① 증가한다.
② 감소한다.
③ 가격상승분만큼 감소한다.
④ 가격상승분만큼 증가한다.
⑤ 일정하다.

해설 수요의 가격탄력성(ϵ_p)은 가격변화에 따른 수요량의 변화 정도를 나타낸다. 수요의 가격탄력성(ϵ_p)이 1보다 작은 경우 비탄력적이라고 한다. 한편, 수요의 가격탄력성을 기준으로 재화를 필수재와 사치재로 구분할 수 있다. 가격탄력성이 비탄력적인 경우 필수재, 탄력적인 경우 사치재로 분류한다. 수요의 가격탄력성이 비탄력적이라는 것은 가격의 변화 폭보다 수요량 변화 폭이 작은 것이다. 따라서 이러한 재화의 가격이 상승하면 수요량의 감소가 재화의 가격상승 폭보다 작게 된다. 따라서 기업의 총수입은 가격상승분보다 더 큰 폭으로 증가한다.

오답노트 수요의 가격탄력성이 큰 경우는 가격변화폭보다 수요량의 변화 폭이 크다는 것을 의미한다. 즉, 가격에 수요량이 예민하게 반응하는 것이다. 수요의 가격탄력성이 비탄력적인 재화의 가격을 높이면 수요량이 더 크게 감소하여, 판매수입이 가격상승분보다 더 크게 감소하게 된다. 한편, 가격변화폭만큼 수요량이 변하는 경우가 있다. 이를 단위탄력적(ϵ_p=1)이라고 한다. 이때의 가격변화는 판매수입에 영향을 미치지 않는다.

정답 ①

#수요의 개념, #수요의 이동요인, #대체재와 보완재

01 어떤 시장에서 재화의 가격이 상승하면서 동시에 거래량이 증가했다. 이러한 변동은 어떠한 경우에 가능한 것인가?(단, 해당 재화는 정상재이다)

① 대체재의 가격상승
② 보완재의 가격상승
③ 생산요소의 가격상승
④ 생산요소의 가격하락
⑤ 소비자들의 소득감소

해설

시장의 균형은 수요공급에 의해 결정된다. 그리고 수요곡선 혹은 공급곡선의 변화에 의해 균형이 변화한다. 재화의 가격이 상승하면서 동시에 거래량이 증가하는 방법은 공급곡선의 변화 없이 수요곡선만 우측으로 이동하는 경우나 수요와 공급곡선 모두 이동하는 경우 수요곡선의 증가폭이 공급곡선의 증가폭보다 큰 경우에 가능하다. 이를 충족하는 보기는 대체재의 가격상승이다. 대체재는 대신 사용하여 동일한 만족을 얻을 수 있는 재화이다. 버터와 마가린이 적합한 예이다. 버터의 가격이 오르면 굳이 버터를 구입할 필요가 없다. 상대적으로 저렴한 마가린으로 동일한 만족을 얻을 수 있기 때문이다. 따라서 버터의 가격 상승은 마가린의 수요증가로 이어지고, 그 결과 마가린의 가격 상승과 거래량 증가로 이어진다.

오답 노트 보완재는 함께 사용할 때 만족이 극대화되는 재화를 의미한다. DVD와 DVD 플레이어가 보완관계라 할 수 있다. DVD 플레이어의 가격이 오르면 DVD 플레이어의 수요량이 감소할 뿐만 아니라 DVD의 수요도 감소하게 된다. 따라서 보완관계에 있는 재화 가격의 상승은 해당 재화의 수요를 감소시키게 된다. 한편 생산요소는 수요가 아닌 공급측 변화요인이다.

02 수요와 공급의 법칙이 성립하는 폴더폰 시장에서 균형가격 상승을 유발하는 요인으로 적당한 것은?

① 대체재인 스마트폰 생산 기술의 발전으로 더 저렴한 비용으로 스마트폰을 생산할 수 있게 되었다.
② 대체재인 스마트폰의 가격이 상승했다.
③ 폴더폰에 대한 통신서비스가 종료된다는 소식이 전해진다.
④ 폴더폰에 대한 통신 보조금이 감소하였다.
⑤ 경기불황으로 사람들의 소득이 하락하였다.

해설

문제에서 스마트폰은 폴더폰의 대체재이다. 대체재란 해당 재화나 서비스를 다른 재화나 서비스로 대체했을 때 동일한 만족을 주는 재화를 의미한다. 펩시와 코카콜라가 대표적인 예이다. 소비자가 아주 예민하여 펩시와 코카콜라의 차이점을 구분하는 경우가 아니라면 코카콜라가 주는 만족을 펩시도 줄 수 있기 때문에 두 재화는 대체관계라 할 수 있다. 문제에서 폴더폰과 스마트폰은 펩시와 코카콜라와 동일한 관계로 설정되어 있다. 이러한 상황에서 스마트폰의 가격이 상승하게 되면 소비자는 동일한 만족을 더 비싸진 스마트폰을 통해 얻으려고 하지 않고 폴더폰을 통해 얻고자 할 것이다. 따라서 폴더폰에 대한 수요가 증가하게 된다. 스마트폰의 수요가 폴더폰의 수요로 대체되기 때문이다. 그 결과 폴더폰의 가격이 상승하게 된다.

오답 노트

① 다른 조건이 일정하다 가정할 때 대체제인 스마트폰 생산 기술의 발전은 스마트폰 생산 비용을 낮추고 이는 스마트폰 가격의 인하로 연결된다. 따라서 스마트폰의 수요가 증가하게 되고, 이는 스마트폰 가격의 상승으로 이어지게 된다. 일반적으로 사람들이 1인당 1개의 스마트폰을 사용한다고 가정했을 때 스마트폰 수요 증가는 폴더폰의 수요 감소를 의미하므로 폴더폰의 가격은 하락하게 된다.
③ 폴더폰에 대한 통신서비스가 종료될 경우 폴더폰에 대한 수요는 감소하게 된다. 더 이상 폴더폰을 통해 통신서비스를 이용할 수 없게 될 경우 효용을 누릴 수 없기 때문이다. 따라서 폴더폰의 가격은 하락하게 된다.
④ 폴더폰에 대한 통신보조금 감소는 폴더폰의 가격 상승과 같으므로 폴더폰의 수요가 감소하고, 이는 폴더폰 가격 하락으로 이어진다.
⑤ 경기불황으로 사람들의 소득이 감소할 경우 소비도 영향을 받게 된다. 일반적으로 소득과 소비는 양의 상관관계를 갖는다고 알려져 있기 때문에 소득의 감소는 스마트폰과 폴더폰 모두 소비를 감소시켜 전반적인 가격 하락으로 연결될 가능성이 높다.

03 와인과 치즈는 정상재이며 보완관계이다. 치즈의 원료인 원유의 가격이 인상되었을 때 나타나는 와인가격 변화의 효과로 옳은 것은?

① 와인의 균형가격 상승
② 치즈의 균형공급량 증가
③ 와인의 균형공급량 증가
④ 치즈의 균형수요량 증가
⑤ 와인의 수요 감소

해설

정상재는 소득이 증가할 때 수요가 증가하는 재화이며, 보완재는 함께 소비될 때 만족이 커지는 재화를 의미한다. 생산요소의 가격이 상승하면 재화의 공급이 감소하게 된다. 공급의 감소로 공급곡선이 좌측으로 이동하게 되고, 이에 따라 치즈의 균형공급량은 감소하고 가격은 상승하게 된다. 치즈가격의 상승은 보완관계에 있는 와인의 수요도 감소시킨다. 함께 사용해야 만족이 높아지는 재화 중 하나의 가격이 상승하면 다른 재화의 수요도 감소하기 때문이다. 따라서 생산요소인 원유의 가격 상승은 치즈의 가격상승과 균형공급량 감소, 와인의 가격 하락과 균형수요량 감소를 야기한다.

오답노트
정상재와 열등재, 대체재와 보완재는 함께 알아두어야 하는 개념이다. 정상재는 소득이 증가함에 따라 수요가 증가하는 재화인 반면 열등재는 소득이 증가함에 따라 수요가 감소하는 재화이다. 한편, 대체재는 경쟁관계에 있는 재화로서 어떤 재화의 소비로 인해 느낄 수 있는 만족을 다른 재화의 소비로 대체할 수 있는 경우를 의미한다. 정상재와 열등재, 대체재와 보완재의 경우에 따라 충격의 효과가 다르므로 재화의 성격에 따라 결과를 잘 분석해야 한다.

04 A 시장에는 $Q=-2P+10$의 수요를 갖는 5명의 수요자와 $Q=4P-10$의 공급을 갖는 10명의 공급자가 있다. 균형가격과 거래량은 얼마인가?

① 3, 20
② 5, 40
③ 6, 20
④ 10, 50
⑤ 4, 80

해설

시장수요곡선과 시장공급곡선은 개별수요곡선과 개별공급곡선의 수평합으로 구해진다. 수평합의 실제는 수평방향인 수량(Q)으로 정리해서 더해야 한다. 따라서 이를 계산하면 다음과 같다.

- 시장수요곡선 : $Q=(-2P+10)\times 5=-10P+50$
- 시장공급곡선 : $Q=(4P-10)\times 10=40P-100$
- 시장균형 : $-10P+50=40P-100 \rightarrow P=3, \ Q=20$

오답노트
시장수요 및 공급곡선의 도출이 수평합이라고 해서 가격으로 정리해서 더하는 오류를 범해서는 안 된다. 이는 수직합의 계산법이다. 수직합은 공공재와 같이 자신의 선호를 올바르게 드러내지 않는 재화에 대한 시장수요 및 공급곡선을 구할 때 사용하는 방법이다.

05

TV에 대한 수요와 공급함수가 각각 $Q=800-P$와 $Q=240+6P$로 주어져 있다. 이때 정부가 소비자에게 TV 1개당 70원의 세금을 부과하면 공급자가 받는 가격(P^S)과 수요자가 지불해야 하는 가격(P^D)은 얼마인가?

	P^S	P^D
①	98	168
②	70	140
③	108	38
④	100	170
⑤	110	180

해설

세금이 존재하기 전의 균형가격과 거래량을 구해보면 다음과 같다. 먼저, P에 대해 정리해서 균형을 살펴본다.

- 시장수요곡선 : $P=-Q+800$
- 시장공급곡선 : $P=\dfrac{1}{6}Q-40$
- 시장균형 : $-Q+800=\dfrac{1}{6}Q-40 \rightarrow Q=720, \ P=80$

이제 여기에서 소비자에게 세금을 부과하면 소비자는 세금만큼 TV의 가격이 저렴해져야 TV를 수요한다. 따라서 시장수요곡선은 세금 70원만큼 감소하게 된다. 즉, 시장수요곡선은 $P=-Q+800-70=-Q+730$이 된다. 따라서 새로운 균형을 구해보면 다음과 같다.

- 시장수요곡선 : $P=-Q+730$
- 시장공급곡선 : $P=\dfrac{1}{6}Q-40$
- 시장균형 : $-Q+730=\dfrac{1}{6}Q-40 \rightarrow Q=660, \ P=70$

그런데 실제 세금을 납부해야 하는 주체는 소비자이다. 따라서 실제 소비자가 부담하는 가격 (P^D)은 140원 ($=70+70$)이 된다.

06 다음은 관련재의 가격 변화에 따른 균형변화이다. 이에 대한 옳지 않은 설명으로 짝지어진 것을 〈보기〉에서 모두 고르면?

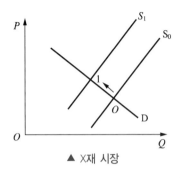

▲ X재 시장

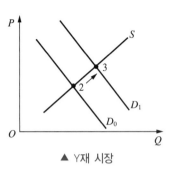

▲ Y재 시장

───〈 보기 〉───

　ㄱ. Y재의 균형 가격과 균형거래량 모두 하락하였다.
　ㄴ. X재와 Y재는 대체재 관계이다.
　ㄷ. X재의 가격 상승으로 Y재의 수요가 감소하였다.
　ㄹ. X재의 가격 상승에 따라 Y재의 거래 금액이 증가하였다.

① ㄱ, ㄴ

② ㄱ, ㄷ

③ ㄴ, ㄹ

④ ㄱ, ㄷ, ㄹ

⑤ ㄴ, ㄷ, ㄹ

해설

X재의 가격이 상승하고 균형거래량이 감소할 때 Y재의 수요가 증가하고 있다. 이는 X재와 Y재가 경쟁관계임을 의미한다. 즉, X재와 Y재는 대체관계에 있는 재화이다. 따라서 X재의 가격이 상승하면 Y재에 대한 수요가 증가해 Y재 균형가격이 상승하고, 균형거래량이 증가한다. 그리고 Y재에 대한 수요 증가는 거래 규모의 증가로 나타난다.

오답 노트 ▪ 보완재는 함께 사용할 때 만족이 극대화되는 재화관계로서, 한 재화의 가격 상승은 보완관계에 있는 재화의 수요 감소로 이어진다. 대체재와 보완재의 가격 변화에 따른 수요변화는 정확히 이해해야 한다.

07 수요의 가격탄력성에 대한 설명으로 적절하지 않은 것은?

① 탄력성이 1보다 크면 가격이 하락함에 따라 공급자의 총수입은 증가한다.
② 수요의 가격탄력성은 어떤 재화의 가격이 변할 때 그 재화의 수요량이 얼마나 변하는지 나타내는 척도이다.
③ 수요에 대한 가격탄력성은 대체재가 많을수록 큰 값을 갖는다.
④ 탄력성이 1보다 작으면 가격이 상승함에 따라 소비자의 총지출은 감소한다.
⑤ 수요의 가격탄력성을 기준으로 사치재와 필수재를 구분할 수 있다.

해설

수요의 가격탄력성(ε_p)은 가격 변화에 따른 수요량 변화의 정도를 나타내는 개념이다. 수요의 가격탄력성은 1을 기준으로 $\varepsilon_p > 1$이면 탄력적, $0 < \varepsilon_p < 1$이면 비탄력적이라고 한다. 한편, $\varepsilon_p < 1$이면 가격 변화에 둔감하다는 의미이므로 가격의 상승폭에 비해 수요의 감소폭은 작게 된다. 생필품의 경우가 이에 해당한다. 따라서 소비자의 총지출은 증가하게 된다.

오답 노트

수요의 가격탄력성을 기준으로 재화를 사치재와 필수재로 구분할 수 있다. 수요의 가격탄력성이 탄력적이면 사치재, 비탄력적이면 필수재로 분류할 수 있다. 한편, 수요의 가격탄력성은 대체재가 많을수록, 사치재일수록, 지출에서 차지하는 비중이 클수록, 상품을 좁게 정의할수록, 측정기간이 길수록 탄력적이다.

08 다음의 신문기사 제목을 읽고 제주산 갈치의 거래량과 가격 변화에 미치는 영향으로 올바르게 추론할 것을 고르시오.

> • 제주산 갈치, 한·일 어업협상으로 인해 어획량 증가
> • 제주산 갈치의 방사능 오염에 대한 소비자 우려 수준 '심각'

① 갈치 거래량 변화는 불확실하지만, 가격은 하락한다.
② 갈치 거래량은 증가하고, 가격의 변화는 불확실하다.
③ 갈치 가격과 거래량 모두 증가한다.
④ 갈치 가격은 하락하고 거래량은 증가한다.
⑤ 갈치 가격은 상승하고 거래량은 감소한다.

해설

수요와 공급곡선은 다른 여타의 조건이 일정하다고 가정할 때 가격 이외의 요인에 의해서 이동하게 된다. 수요와 공급이 변하게 되면 시장균형도 바뀌게 되는데, 이때의 균형점 변화는 수요와 공급의 변화 폭에 따라 달라진다. 문제에서 한·일 어업협상으로 인한 어획량의 증가는 제주산 갈치의 공급증가 요인이다. 그리고 갈치에 대한 방사능 오염 수준에 대해 갖는 소비자들의 우려는 수요 감소 요인이다. 따라서 공급곡선은 우측으로, 수요곡선은 좌측으로 이동하여 균형점이 달라지는데, 각각의 변화 폭에 따라 다음과 같이 상이한 결과를 얻게 된다. 두 경우 모두 가격은 하락하지만, 거래량은 이동 폭에 따라 달라지는 것을 살펴볼 수 있다.

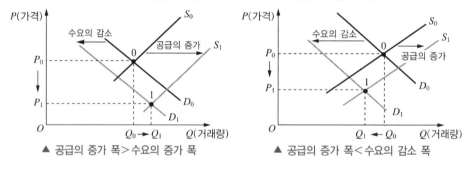

▲ 공급의 증가 폭 > 수요의 증가 폭   ▲ 공급의 증가 폭 < 수요의 감소 폭

오답 노트
제시문에 주어진 상황이 수요와 공급이 증가하는 상황인지, 감소하는 상황인지 파악이 되고 나면, 그 변화폭이 서로 다를 수 있음을 반드시 떠올려야 한다. 수요와 공급의 이동 방향, 변화폭 이 두 요인을 함께 고려해야 균형점의 변화를 올바르게 예측할 수 있다. 한편, 수요와 공급의 변화폭이 동일한 경우 거래량에는 변화가 없고, 가격에만 영향을 미칠 수도 있다.

09 A재에 대한 수요의 소득탄력성은 –2이고, A재 수요의 B재에 대한 교차탄력성은 3이다. 다음 설명 중 옳은 것은?

① A재는 정상재이고, A재와 B재는 보완관계이다.
② A재는 정상재이고, A재와 B재는 대체관계이다.
③ A재는 열등재이고, A재와 B재는 보완관계이다.
④ A재는 열등재이고, A재와 B재는 대체관계이다.
⑤ A재는 열등재이고, A재와 B재는 아무 관계가 없다.

해설

수요의 소득탄력성(ϵ_M)은 소득의 변화에 따른 수요량의 변화를 살펴볼 수 있는 개념이다. 수요의 소득탄력성 크기에 따라 재화를 정상재와 열등재로 구분할 수 있다. 정상재는 소득탄력성이 0보다 큰 재화로 소득이 증가함에 따라 소비가 증가하는 재화를 의미하고, 열등재는 소득탄력성이 0보다 작은 재화로 소득이 증가함에 따라 소비가 감소하는 재화를 의미한다. 한편, 수요의 교차탄력성이란 연관재의 가격변화에 따른 해당 상품의 수요량 변화를 살펴보는 개념으로 이 값이 0보다 크면 대체재, 0보다 작으면 보완재라 할 수 있다.

오답노트
수요의 가격탄력성으로는 재화를 사치재와 필수재로 구분할 수 있다. 가격탄력성이 1보다 큰(탄력적인) 경우는 사치재, 1보다 작은(비탄력적인) 경우는 필수재이다. 한편, 교차탄력성이 나타내는 연관재란 대체재와 보완재를 의미하며, 대체재는 경쟁관계에 놓인 재화를, 보완재는 함께 사용할 때 만족이 커지는 재화를 나타낸다.

10 정부가 A연구원의 연구결과를 토대로 발표한 담배수요의 가격탄력성은 0.4이다. 한편, B연구기관은 담배수요의 가격탄력성을 0.2로 예측했다. 두 경우에 담배소비량을 20% 감소시키기 위해서는 각각 얼마의 가격을 인상해야 하는가? 현재 담배가격은 2,500원이다. 🌟 **나오는 유형** *

	A연구소	B연구소
①	1,200원	2,450원
②	1,000원	2,200원
③	1,500원	2,250원
④	1,250원	2,500원
⑤	1,450원	2,500원

해설

수요의 가격탄력성은 가격의 변화에 따른 수요량의 변화정도를 살펴보는 개념이다. 가격탄력성은 다음과 같이 구해진다.

$$\epsilon_P = -\frac{\frac{\Delta Q}{Q}}{\frac{\Delta P}{P}} = -\frac{\text{수요량의 변화율}}{\text{가격의 변화율}}$$

따라서 A연구소와 B연구소의 탄력성 예측에 의하면 담배수요량을 20% 줄이기 위한 가격의 상승폭은 각각 다음과 같다. 즉, A연구소에 의하면 담배가격을 50% 인상해야 하고, B연구소에 의하면 100%의 인상이 필요하다. 담배가격이 현재 2,500원이므로 A연구소와 B연구소에 의한 담배가격 인상 폭은 각각 1,250원과 2,500원이다.

- A연구소 : $\frac{0.2}{\frac{\Delta P}{P}} = 0.4 \rightarrow \frac{\Delta P}{P} = 0.5$

- B연구소 : $\frac{0.2}{\frac{\Delta P}{P}} = 0.2 \rightarrow \frac{\Delta P}{P} = 1.0$

오답 노트 ■ 탄력성의 의미를 정확히 알아야 본 문제를 해결할 수 있다. 즉, 탄력성을 수식으로만 기억하지 않고 이처럼 변화율의 문제라는 것을 인식하고 있어야 한다. 단지 수식으로 접근하면 본 문제와 같이 단순한 문제들도 해결이 복잡해질 수 있다.

11 다음은 소비자잉여에 대한 설명이다. 옳지 않은 것을 고르시오.

① 가격이 같을 경우 수요가 탄력적일수록 소비자잉여가 작아진다.
② 소비자잉여는 수요곡선 아래의 영역이면서 가격선 위쪽의 영역이다.
③ 수요가 완전 탄력적일 경우 소비자잉여는 0이다.
④ 공급이 완전 탄력적일 경우 소비자잉여는 0이다.
⑤ 소비자잉여는 공급의 가격탄력성과는 무관하다.

해설

소비자잉여는 소비자가 누리는 순이득이다. 즉, 지불용의가 있는 최대가격에서 실제 지불한 가격을 뺀 값으로 정의된다. 이는 수요곡선의 아래영역 가운데 가격선 위쪽의 영역으로 표시된다. 한편, 소비자잉여는 수요곡선과 연관된 개념으로, 공급곡선과는 무관하다. 공급곡선은 생산자잉여의 크기를 결정한다.

오답 노트

소비자 잉여는 수요의 가격탄력성과 밀접한 관련을 맺는다. 수요의 가격탄력성은 가격이 같을 경우 수요곡선의 기울기와 연관되기 때문이다. 가격이 같을 경우 수요가 탄력적일수록 지불용의가 있는 최대가격이 낮아지고, 실제 지불한 가격과의 차이가 작아지기 때문에 소비자잉여는 작아진다. 탄력성이 극단적으로 커져 탄력성이 무한대가 되면(= 완전 탄력적) 소비자잉여는 0이 된다.

12 다음은 정부의 가격통제에 대한 설명이다. 옳은 설명을 고르시오.

꼭 나오는 유형 *

① 정부의 개입으로 자원배분의 왜곡을 감소시킬 수 있다.

② 최고가격제의 실시로 인해 실제 거래가격은 시장 균형가격보다 높아진다.

③ 최고가격제의 목표는 시장에서 수요자 보호이며, 대부분의 경우 목표를 달성한다.

④ 최고가격제의 대표적인 예는 최저임금제도이며, 임대료 상한제는 최저가격제의 대표적인 예이다.

⑤ 최고가격제의 실시로 암시장이 발생하고, 암시장 거래가격은 최고가격제 실시 이전의 시장가격보다 높아질 수 있다.

해설

최고가격제와 최저가격제는 정부가 시행하는 가격통제제도이다. 최고가격제는 소비자를 보호할 목적으로 행해지며, 시장에서 형성된 가격이 지나치게 높다고 판단하여, 일정 수준 이상으로 가격을 책정하지 못하도록 제한하는 제도이다. 임대료 상한제가 대표적이다. 한편, 최저가격제는 공급자 보호를 목적으로 시행된다. 시장에서 형성된 가격이 너무 낮아 일정 금액 이하로는 가격을 책정하지 못하도록 강제하는 제도이다. 최저임금제가 대표적인 예이다. 최고가격제의 실시는 시장에서 초과수요를 야기하고, 이로 인해 암시장이 발생하는데 이때의 거래가격은 시장균형가격보다 높을 가능성이 크다.

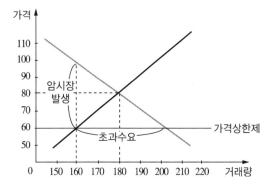

오답 노트

① 시장에서 형성된 균형가격을 정부가 인위적으로 규제하는 개입은 비효율을 야기한다. 즉, 자원배분을 왜곡시킨다. 그 결과는 최고가격제 혹은 최저가격제 실시 이후 사회적 총잉여의 감소(자중손실)로 나타난다.

② 최고가격제의 실시로 인해 실제 거래가격은 시장 균형가격보다 낮아진다.

③ 최고가격제는 수요자 보호를, 최저가격제는 생산자 보호를 목적으로 실시되지만, 자원배분의 왜곡만을 야기한 채 실패하는 경우가 많다.

④ 최고가격제의 대표적인 예는 임대료 상한제이며, 최저임금제도는 최저가격제의 대표적인 예이다.

미시 02

"마트 가면 안다, 사과 · 배추에 커피까지 무섭다는 걸" … 서민 잡는 '기후플레이션'

2024.10.27. 매경테스트

긴 폭염과 가뭄 등 이상기후로 농산물 공급 불안정이 커지면서 동시에 물가도 전방위적으로 상승하고 있다. 사과, 배추, 커피부터 외식물가까지 안 오르는 게 없어 서민 시름이 더 커지고 있다.

27일 유통 · 외식업계에 따르면 맥도날드는 폭염 영향으로 토마토의 안정적인 수급이 어려워 지난 15일부터 토마토치즈비프버거 등에서 토마토를 뺐다. 현재까지도 맥도날드 매장의 토마토 공급은 정상적이지 않은 것으로 전해졌다.

이처럼 농산물 공급 불안정이 점점 커지고 있다. 기후변화로 농작물 생산이 감소해 먹거리 물가가 오르는 이른바 '기후플레이션(클라이밋플레이션 · climateflation)'이라는 신조어가 등장할 정도다.

현대경제연구원은 보고서에서 "한국은 일부 수입 품종 외에 대부분 농산물을 국내 수급에 의존해 농산물 수입 개방도가 높은 국가에 비해 이상기후로 농산물 작황에 가격 변동성이 크게 확대되는 경향이 있다"라고 지적했다.

이상기후로 인한 농산물 가격 불안은 장기적으로 반복될 가능성이 높기 때문에 근본적인 기후변화 대책이 필요하다는 지적이 나온다.

농식품부는 배추 등 원예농산물을 중심으로 저온 저장시설 비축 확대, 스마트팜 확대 등의 내용을 담은 기후변화 대응 전략을 연내에 발표할 계획이다.

농식품부 관계자는 "비축 물량과 기간을 늘리려 한다"면서 "지금 봄배추를 수확해 최대 60일간 8월 말까지 비축하는데 비축 기간을 9월까지 한 달 늘리면 수급 안정에 크게 도움 될 것"이라고 말했다.

Tip

맥도날드가 햄버거에서 토마토를 뺐다. 토마토 가격이 정상적인 수준을 넘었기 때문이다. 토마토 가격이 급등은 기후변화의 영향으로 인한 생산량 급감이 배경이다. 배추 가격이 포기당 1만원을 넘은 것도 같은 이유이다. 배추는 53.6%, 무는 41.6%, 상추는 31.5%나 상승했다. 사과와 배의 가격은 작년의 두 배 수준에 이른다. 이처럼 공급의 감소는 가격의 급등을 초래한다. 세상의 많은 이슈는 수요-공급 원리만 제대로 이해하면 읽어 낼 수 있다.

03 | 소비자 이론

01 선호체계의 성격

1. 상품묶음과 효용

① 상품묶음

소비자이론에서 학습하게 되는 소비자의 선택행위는 자신의 소득을 구입할 수 있는 다양한 상품조합 가운데 가장 큰 만족감을 주는 것을 선택하는 과정을 의미한다. 이때의 다양한 상품조합을 상품묶음(commodity bundle)이라고 한다.

② 효 용

어떤 상품묶음을 소비했을 때 더 큰 만족을 느끼는지 알기 위해서는 만족감을 비교할 수 있어야 한다. 이때의 소비자가 느끼는 주관적인 만족감을 경제학에서는 효용(utility)이라고 한다. 그리고 소비자이론에서의 효용은 서수적으로 측정가능하다.

㉠ 효용의 측정

ⓐ 기수적 효용 : 기수적 효용(cardinal utility)은 모든 효용을 양적으로 측정할 수 있다는 효용의 측정방법이다. 초콜릿 한 개를 먹었을 때의 효용이 5이고, 초콜릿 아이스크림 한 개를 먹었을 때의 효용이 10이라면 초콜릿 아이스크림이 초콜릿에 비해 효용이 2배나 높다고 판단하는 효용의 측정법이다.

ⓑ 서수적 효용 : 서수적 효용(ordinal utility)은 모든 효용을 상대적인 크기로만 측정할 수 있다는 효용의 측정방법이다. 초콜릿 한 개를 먹었을 때의 효용이 5이고, 초콜릿 아이스크림 한 개를 먹었을 때의 효용이 10이라면 초콜릿 아이스크림이 초콜릿보다 효용이 높다는 것만을 알려줄 뿐 얼마나 효용이 큰지는 알려주지 못한다고 판단하는 효용의 측정방법이다.

㉡ 총효용과 한계효용

ⓐ 정 의

• 총효용(total utility)은 일정기간 동안 느끼는 주관적인 총만족도를 의미하며, 일정 수준까지는 소비가 증가할수록 총효용도 증가한다.

• 한계효용(marginal utility)은 재화를 추가적으로 한 단위 더 소비할 때 느끼는 효용의 증감분을 의미하며 다음과 같이 계산된다.

$$M_X = \frac{\Delta U}{\Delta X}, \quad M_Y = \frac{\Delta U}{\Delta Y}$$

ⓑ 총효용과 한계효용 간의 관계 : 한계효용의 기하학적 의미는 총효용곡선의 접선의 기울기이다. 따라서 한계효용의 크기에 따라 총효용의 증감을 확인할 수 있다. 즉, 총효용이 증가하는 구간에서는 한계효용이 0보다 크고 감소하는 구간에서는 한계효용이 0보다 작으며, 총효용의 최고점에서는 한계효용 0이다.

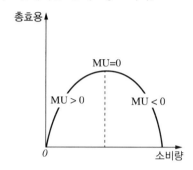

ⓒ 한계효용체감의 법칙 : 한계효용체감(law of diminishing marginal utility)이란 재화를 한 단위 추가적으로 소비할 때 얻는 효용의 크기가 계속해서 감소하는 현상을 의미한다. 「제2장 수요와 공급」에서 살펴본 바와 같이 재화의 소비량이 증가할 때마다 추가적으로 얻게 되는 효용의 크기가 점차 감소하는 현상을 의미한다.

ⓓ 한계효용균등의 법칙 : 한계효용균등의 법칙(law of equimarginal utility)은 1원당 한계효용이 같아지도록 소비할 때 소비자들의 효용이 극대화될 수 있다는 원리이다. 두 재화 X재와 Y재를 가정하면 다음과 같다.

$$\frac{MU_X}{P_X} = \frac{MU_Y}{P_Y}$$

2. 선호관계

① 의 미

두 상품묶음 A와 B 가운데 어느 쪽이 더 큰 효용을 주는지 혹은 효용의 차이가 없는지의 관계를 나타내는 것을 선호관계(preference relation)라고 한다.

② 선호관계의 종류

선호관계는 명백히 선호하는 경우와 최소한 비슷하게 선호하는 경우 그리고 선호의 차이를 느끼지 못하는 경우로 구분된다. 명백히 선호하는 경우를 강한선호(strictly preferred), 최소한 비슷하게 선호하는 경우를 약한선호(weakly preferred)라고 한다. 각각의 선호관계를 나타내는 부호는 다음과 같다.

구 분	기 호	의 미
강한선호	A > B (A < B)	A 상품묶음을 B 상품묶음보다 명백히 선호(혹은 그 반대)
약한선호	A ≳ B (A ≲ B)	A 상품묶음을 최소한 B 상품묶음만큼 선호(혹은 그 반대)
동 일	A ~ B	A 상품묶음과 B 상품묶음 간에 선호의 차이가 없는 경우

③ 선호관계와 효용함수

효용함수(utility function)란 특정한 소비묶음이 주는 효용의 정도를 하나의 실수로 나타내는 함수이다. 상품묶음 A가 주는 효용의 크기는 효용함수 $U(A)$로 나타난다. 효용함수를 통해 다양한 상품묶음이 존재하더라도 이들로부터 얻는 만족도의 순위를 선정할 수 있다.

3. 선호체계의 공리

소비자의 선호체계가 효용함수로 대표되기 위해서는 완비성, 이행성, 연속성, 강단조성을 충족해야 한다.

① 완비성 : 완비성(completeness)은 두 개의 상품묶음이 주는 효용의 크기를 비교할 수 있다는 것을 의미한다.

② 이행성 : 이행성(transitivity)은 선호관계의 일관성을 의미한다. 상품묶음 A와 B 사이에 A > B가 성립하고, B와 C 사이에 B > C가 성립하면 A > C가 성립해야 한다.

③ 연속성 : 연속성(continuity)은 소비자의 선호는 연속적으로 변해간다는 것을 의미한다. A와 B 상품묶음에 아주 작은 차이만 존재한다면 이에 대한 소비자의 선호도 아주 작은 차이만 존재해야 한다.

④ 강단조성 : 강단조성(strong monotonicity)은 다다익선(多多益善)의 특징을 나타낸다. 즉, 많을수록 더 큰 효용을 느낀다는 것을 의미한다.

02 무차별곡선

1. 기본적 성격

① 정 의

무차별곡선(indifference curve)은 소비자에게 동일한 수준의 효용을 주는 상품묶음의 집합을 나타내는 곡선을 의미한다. 따라서 X재 2개, Y재 10개를 소비하는 A 상품묶음과 X재 10개, Y재 2개를 소비하는 B 상품묶음은 동일한 효용을 나타낸다.

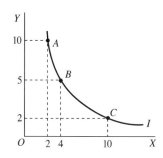

② 무차별곡선의 기본성격

　　㉠ 모든 상품묶음은 하나의 무차별곡선을 갖는다.

　　　　X재와 Y재의 어떠한 조합이라도 무차별곡선이 존재한다는 것은 모든 상품묶음에 대한 선호가 반드시 존재한다는 것을 의미한다.

　　㉡ 무차별곡선은 우하향하는 모양을 갖는다.

　　　　총효용을 동일하게 유지하면서 X재 소비를 늘리기 위해서는 Y재 소비를 줄여야 하기 때문에 무차별곡선은 우하향의 형태를 갖는다.

　　㉢ 원점에서 멀리 떨어진 무차별곡선일수록 더 높은 효용수준을 대표한다.

　　　　강단조성이 반영된 무차별곡선의 성격으로, 원점에서 멀어질수록 상품묶음을 구성하는 X재와 Y재의 양이 많아진다.

　　㉣ 두 무차별곡선은 교차하지 않는다.

　　　　이행성이 반영된 무차별곡선의 성격으로, 두 무차별곡선이 교차할 경우 선호관계의 일관성이 깨지기 때문이다.

　　㉤ 무차별곡선은 원점에 대해 볼록하다.

　　　　무차별곡선이 원점에 대해 볼록한 모양을 갖는 것은 무차별곡선의 기울기가 점차 완만해진다는 것을 의미한다. 즉, 이는 소비자가 극단적인 상품의 조합으로 구성된 상품묶음보다는 상품이 골고루 섞여 있는 상품묶음을 더욱 선호한다는 의미를 갖는다.

③ 한계대체율

　　㉠ 정의 : 한계대체율(Marginal Rate of Substitution ; MRS)은 무차별곡선의 기울기로, X재 소비를 한 단위 늘리면서 동일한 효용을 유지하기 위해서는 얼마만큼의 Y재 소비를 줄여야 하는지를 나타낸다.

$$\bullet\ MRS_{XY} = -\frac{\Delta Y}{\Delta X} = -\text{무차별 곡선의 기울기}$$

$$\bullet\ \Delta U = M_X \times \Delta X + M_Y \times \Delta Y \Leftrightarrow MRS_{XY} = -\frac{\Delta Y}{\Delta X} = \frac{M_X}{M_Y}$$

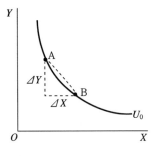

▲ 두 점 사이에서 정의한 *MRS*

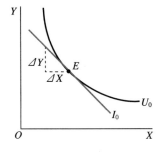

▲ 한 점에서 정의한 *MRS*

ⓛ 한계대체율체감의 법칙 : 한계대체율체감의 법칙(law of diminishing marginal rate of substitution)은 X재의 소비를 증가시킬수록 한계대체율이 점차 작아지는 현상으로 X재의 소비를 늘릴수록 동일한 효용을 유지하기 위해 포기해야 하는 Y재의 수량이 감소함을 의미한다. 즉, 한계대체율체감의 법칙은 원점에 대해 볼록한 모양을 갖는 무차별곡선의 형태를 설명하는 원리인 것이다.

2. 다양한 선호체계의 무차별곡선

① 완전대체재

완전대체재란 두 재화의 교환으로 인해 동일한 효용이 유지될 수 있는 재화를 의미한다. 소주 1잔 대신 맥주 2잔을 마셨을 때 동일한 만족을 느낄 수 있다면 소주 1잔과 맥주 2잔은 완전대체재이다. 완전대체재의 무차별곡선은 우하향의 직선이 된다.

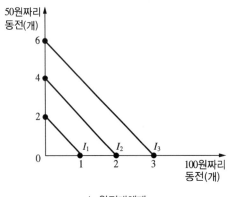

▲ 완전대체재

② 완전보완재

완전보완재란 두 재화를 일정비율로 함께 증가시켜야 효용이 증가하는 재화를 의미한다. 장갑이나 구두, 젓가락은 한쪽만 소비하면 효용이 증가하지 않는다. 완전보완재의 무차별곡선은 L자형이다. 즉, (왼쪽 장갑 1개, 오른쪽 장갑 1개)를 사용했을 때의 만족과 (왼쪽 장갑 1개, 오른쪽 장갑 2개)를 사용했을 때의 만족, (왼쪽 장갑 3개, 오른쪽 장갑 1개를) 사용했을 때의 만족이 모두 같다.

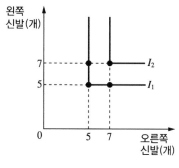

▲ 완전보완재

1. 정 의

예산선이란 주어진 소득을 전부 사용했을 때 구입할 수 있는 상품묶음의 집합을 나타낸 선이다. 재화나 서비스를 소비하고 싶은 사람들의 욕망은 무한하지만, 소득은 한정되어 있기 때문에 누구나 예산 제약에 직면하게 된다. X재와 Y재를 가정했을 때 예산 제약식과 예산선은 다음과 같다.

- 예산 제약식 : $P_X \times X + P_Y \times Y = M$
- 예산선 : $Y = -\dfrac{P_X}{P_Y} \times X + \dfrac{M}{P_Y}$

2. 형 태

예산선은 기울기가 $-\dfrac{P_X}{P_Y}$ 이고, Y축 절편이 $\dfrac{M}{P_Y}$ 인 직선의 선분형태이다.

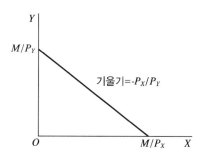

3. 예산선의 변화

① 소득의 변화 : 예산선의 평행이동

X재와 Y재의 상품 가격은 변함이 없는데 소득만 변화한 경우, 예산선은 평행이동한다. 소득이 증가하는 경우 바깥쪽으로, 감소하는 경우 안쪽으로 평행이동한다.

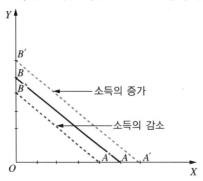

② 가격의 변화 : 예산선의 회전이동

X재의 가격(P_X)이 변한다면 예산선은 Y축을 기준으로 회전이동한다. X재의 가격이 상승하면 안쪽으로 회전이동하고, 하락하면 바깥쪽으로 회전이동하게 된다. 반대로 Y재의 가격(P_Y)이 변하면 예산선은 X축을 기준으로 회전이동한다. Y재의 가격이 상승하면 안쪽으로, 하락하면 바깥쪽으로 회전이동하게 된다.

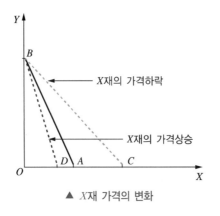

▲ X재 가격의 변화

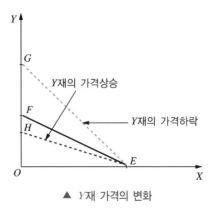

▲ Y재 가격의 변화

1. 효용극대화 조건

소비자는 가급적 많은 소비를 통해 높은 만족을 누리고 싶지만, 한정된 소득으로 인해 한없이 많은 재화 혹은 서비스를 소비하지 못한다. 즉, 원점에서 가급적 멀리 떨어진 무차별곡선 위의 한 점을 선택하고 싶지만, 예산제약으로 인해 예산선과 무차별곡선이 만난 지점에서의 점들만 선택할 수 있다. 이 지점은 곧 무차별곡선의 기울기와 예산선의 기울기가 일치하는 점이라 할 수 있다. 그리고 이로부터 한계효용균등의 법칙을 도출해 낼 수 있다.

$$MRS_{XY} = \frac{MU_X}{MU_Y} = \frac{P_X}{P_Y} \Leftrightarrow \frac{MU_X}{P_X} = \frac{MU_Y}{P_Y}$$

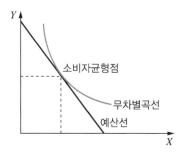

2. 소득 및 가격의 변화와 효용극대화

① 소득의 변화와 효용극대화

일반적으로 소득이 증가하면 소비가 증가한다. 따라서 무차별곡선은 원점에서 멀어지게 되고, 소득이 증가하면 예산선 역시 바깥쪽으로 평행이동하게 된다. 그리고 이때의 새롭게 생기는 소비자 균형점을 연결한 곡선을 소득소비곡선(Income Consumption Curve ; ICC)이라고 한다.

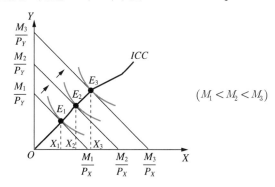

② 가격의 변화와 효용극대화

사람들은 일반적으로 저렴해진 상품의 소비를 늘리고자 한다. 「예산선의 변화」에서 살펴본 바와 같이 X재의 가격이 하락하면, 예산선은 Y축을 기준으로 바깥쪽으로 회전이동하게 된다. 이때 새롭게 생기는 소비자 균형점을 연결한 곡선을 가격소비곡선(price-consumption curve)이라고 한다. 그리고 이때의 균형점을 [X재 수요량–X재 가격] 평면으로 옮기면 다음과 같이 수요곡선이 도출된다.

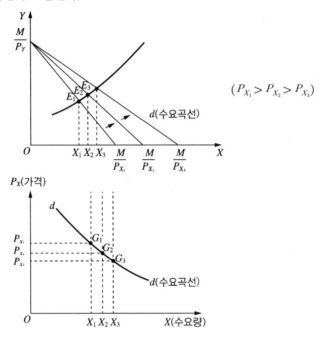

③ 시장수요곡선의 도출

위와 같이 도출된 수요곡선은 시장 전체의 수요곡선이 아니고 개별수요곡선이다. 시장수요곡선은 개별소비자의 수요곡선을 모두 수평방향으로 더하여 구할 수 있다. 수평방향으로 더한다는 것은 가격을 기준으로 수요량을 더한다는 의미이다.

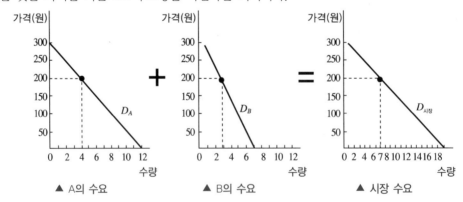

▲ A의 수요   ▲ B의 수요   ▲ 시장 수요

01 경제학에서 말하는 효용은 모두 기수적 효용으로, 효용함수를 도출하기 위해서는 효용을 기수적으로 정의하여야 한다.

02 무차별곡선은 소비자에게 동일한 수준의 효용을 주는 상품묶음의 집합을 나타내는 곡선을 의미한다.

03 한계대체율은 무차별곡선의 기울기로서 X재의 소비를 한 단위 늘리면서 동일한 효용을 유지하기 위해서는 얼마만큼의 Y재 소비를 줄여야 하는지를 나타낸다.

04 X재와 Y재의 가격이 하락하게 되면 예산선은 안쪽으로 평행이동하게 된다.

05 소득소비곡선이란 소득이 증가하면서 예산선이 바깥쪽으로 평행이동하게 되는데 이때 생기는 소비자 균형점을 연결한 곡선이다.

06 X재와 Y재가 완전 대체재 관계에 있을 때 무차별 곡선은 우하향하는 직선 형태를 가진다.

07 무차별곡선이 예산선과 접하는 점에서 소비자의 효용이 극대화 될 수 있다.

08 무차별곡선은 X, Y재의 속성과 상관없이, 원점에서 멀어질수록 효용이 증가하게 된다.

09 선호체계의 공리에서 완비성이란 선호관계의 일관성을 의미한다.

10 완전 보완재의 경우 무차별곡선은 L자 형태가 된다.

● 정답 및 해설

01 효용함수를 도출하기 위해서는 선호관계를 서수적으로 파악하기만 하면 된다.

04 X재와 Y재의 가격이 하락하게 되면 같은 예산으로 살 수 있는 X재와 Y재가 더 많아지게 된다. 따라서 예산선은 바깥쪽으로 이동하게 되며, X재와 Y재의 가격이 어떻게 변하느냐에 따라서 예산선의 기울기도 변화한다. 따라서 평행이동하지 않을 수도 있다.

08 만약에 재화 중 하나가 비재화라고 한다면 효용의 증가하는 방향이 우상향하는 방식이 아니라 우하향할수록 효용이 증가하게 된다.

09 선호체계의 완비성이란 두 개의 상품묶음이 주는 효용의 크기를 비교할 수 있다는 것을 의미한다. 선호관계의 일관성이란 이행성이다.

정답 01 X 02 O 03 O 04 X 05 O 06 O 07 O 08 X 09 X 10 O

01 확인학습문제

Level
0

#무차별곡선의 기울기, #예산선의 기울기, #한계대체율, #상대가격비율

두 상품 A재와 B재를 소비하는 홍길동의 수요함수는 $U(X, Y) = XY + 3$이다. 홍길동의 소득이 10,000원이고, X재와 Y재의 가격이 각각 1,000원과 500원일 때, 홍길동의 효용을 극대화하는 X재와 Y재의 소비량은?(단, X재와 Y재의 소비량은 0보다 크다)

① (2, 16)
② (5, 10)
③ (6, 8)
④ (8, 4)
⑤ (10, 5)

해설 소비자의 효용을 극대화하는 소비묶음의 조합은 무차별곡선의 기울기와 예산선의 기울기가 일치하는 지점이다. 무차별곡선의 기울기는 한계대체율(MRS_{XY}), 예산선의 기울기는 X재와 Y재의 상대가격비율이다. 한계대체율과 상대가격비율은 다음과 같이 표현된다.

- $MRS_{XY} = -\dfrac{\Delta Y}{\Delta X} = \dfrac{MU_X}{MU_Y}$

  $\Rightarrow MU_X = \dfrac{dU(X, Y)}{dX} = \dfrac{d(XY+3)}{dX} = Y, \ MU_Y = \dfrac{dU(X, Y)}{dY} = \dfrac{d(XY+3)}{dX} = X$

  $\Rightarrow MRS_{XY} = -\dfrac{\Delta Y}{\Delta X} = \dfrac{MU_X}{MU_Y} = \dfrac{Y}{X}$

- 예산제약 : $P_X \times X + P_Y \times Y = M$

- 예산선 : $Y = -\dfrac{P_X}{P_Y} \times X + \dfrac{M}{P_Y} \Rightarrow$ 예산선의 기울기 : $-\dfrac{P_X}{P_Y}$

- 소비자 균형 : $MRS_{XY}\left(= \dfrac{MU_X}{MU_Y}\right) = \dfrac{Y}{X} = \dfrac{P_X}{P_Y}$

소비자 균형점으로부터 $Y = \dfrac{X \cdot P_X}{P_Y}$임을 알 수 있다. 따라서 예산제약은 다음과 같이 바꿔 쓸 수 있다. 따라서 X재 5개, Y재 10개가 균형점이 된다.

$P_X \times X + P_Y \times Y = M \Rightarrow 2(P_X \times X) = M \Rightarrow X = \dfrac{M}{2P_X} \Rightarrow X = \dfrac{10,000}{2 \times 1,000} = 5, \ Y = 10$

정답 ②

#효용의 정의, #한계효용균등의 법칙

A는 소득을 모두 X재와 Y재 소비에 지출하여 효용을 극대화하고 있다. X재의 가격(P_X)은 80원, Y재의 가격(P_Y)은 40원이다. X재 소비 마지막 한 단위의 한계효용이 160이라면 Y재 마지막 1단위의 한계효용은 얼마인가?

① 60   ② 80

③ 100   ④ 120

⑤ 140

해설 한계효용균등의 법칙은 재화 소비에 지출되는 돈 1원당 한계효용이 같아질 때까지 소비할 때 소비자들의 효용이 극대화될 수 있다는 원리로 다음과 같이 표현된다. 따라서 문제의 조건을 한계효용균등의 법칙에 대입해보면 Y의 한계효용은 80임을 알 수 있다.

$$\frac{MU_X}{P_X} = \frac{MU_Y}{P_Y} \rightarrow \frac{160}{80} = \frac{MU_Y}{40} \rightarrow MU_Y = 80$$

오답 노트 문제에서 '마지막 한 단위의 한계효용'이라는 표현을 보고 이 자체가 한계효용이라는 것을 이해할 수 있어야 한다. 마지막 한 단위를 추가적으로 소비했을 때 얻을 수 있는 효용을 의미하기 때문이다.

정답 ②

Level 0

경민이는 청바지를 구입하려는 계획을 세웠다. 그런데 청바지 가격이 하락하여, 이 소비자는 구매량을 변경하기로 하였다. 다음 설명 중 옳지 않은 것은?

① 청바지가 정상재이면 대체효과와 소득효과에 의해 청바지를 더 산다.
② 청바지가 정상재이면 대체효과와 소득효과에 의해 청바지를 덜 산다.
③ 청바지가 열등재이면 대체효과의 절댓값이 소득효과의 절댓값보다 커야 청바지를 더 산다.
④ 청바지가 열등재이면 대체효과의 절댓값이 소득효과의 절댓값보다 작아야 청바지를 덜 산다.
⑤ 청바지가 기펜재이면 대체효과의 절댓값이 소득효과의 절댓값보다 작아서 청바지를 덜 산다.

해설 소비자의 효용을 극대화하는 소비묶음의 조합은 무차별곡선의 기울기와 예산선의 기울기가 일치하는 지점이다. 무차별곡선가격효과에 대한 문제이다. 가격효과는 대체효과와 소득효과로 구분 된다. 대체효과는 정상재 및 열등재 여부와 무관하게 값이 저렴해진 재화의 소비를 늘리는 방향으로 작용한다. 소득효과는 재화의 값이 낮아져 실질소득 이 증가하는 경우 정상재는 늘리는 방향으로, 열등재는 줄이는 방향으로 작용한다. 따라서 청바지가 정상재이면 가격이 하락했을 때 더 구매하게 된다.

정답 ②

#가격효과, #소득효과, #대체효과, #정상재와 열등재

소득이 증가함에 따라 원두커피의 소비는 늘어나는 반면 인스턴트 커피의 소비는 줄어든다고 하자.
두 시장의 공급곡선이 모두 우상향할 때, 다음 중 옳지 않은 것은?

① 인스턴트커피 가격 상승의 소득효과는 인스턴트커피 소비량을 증가시키는 방향으로 작용한다.
② 소득이 증가할 때 인스턴트커피 가격은 하락하고, 인스턴트커피 소비량은 증가한다.
③ 인스턴트커피 가격변화의 소득효과와 대체효과는 언제나 반대방향으로 나타난다.
④ 인스턴트커피 가격이 상승할 때 인스턴트커피 소비량은 증가할 수도 있다.
⑤ 소득이 증가할 때 원두커피 가격은 상승한다.

해설 가격효과에 대한 문제이다. 다만 초점을 소득효과에 두고 있어 약간의 유추가 필요하다. 소득이 증가함에
따라 원두커피는 소비가 증가한 반면 인스턴트커피 소비는 줄어들었다. 이를 통해 원두커피는 정상재,
인스턴트 커피는 열등재임을 알 수 있다. 한편, 두 시장의 공급곡선이 모두 우 상향하고 있으므로 생산량은
가격이 높아질수록 늘어나고, 낮아질수록 줄어드는 상황임을 알 수 있다.
② 소득이 증가하면 정상재에 대한 소비는 늘리고, 열등재에 대한 소비는 줄이게 된다. 일반적인 열등재의
경우 대체효과가 소득효과보다 크기 때문에 수요량이 증가한다. 다만, 열등재가 기펜재라면 소득효과가
대체효과보다 크기 때문에 수요량이 감소한다. 이 경우에는 수요곡선이 좌측으로 이동해 가격이 하락하
고 소비량이 감소하게 된다.

오답
노트 ① 열등재인 인스턴트커피의 가격상승은 실질소득을 감소 시켜, 인스턴트커피 소비를 증가시킨다.
③ 열등재의 소득효과와 대체효과는 언제나 반대방향으로 작용한다. 가격이 하락했을 때 대체효과는
소비를 늘리고 소득효과는 줄이는 방향으로 작 용하는 한편, 가격이 상승했을 때는 반대이다.
④ 열등재인 인스턴트커피의 가격상승은 실질소득을 감소시켜 소비량을 증가시키지만, 대체효과가 소득
효과보다 커서 최종적인 소비량은 감소한 다. 하지만 인스턴트커피가 열등재의 특수한 경우인 기펜재
라면 소득효과가 대체효과보다 커서 소비량이 증가하게 된다. 모든 기펜재는 열등재 이기 때문에
커피소비량이 증가할 수 있다는 표현은 옳다.
⑤ 원두커피는 정상재이므로 소득이 증가할 때 수요도 증가하고, 이는 수요곡선의 우측이동으로 인해
가격이 상승한다.

정답 ②

02 | CHAPTER 03 소비자이론
출제예상문제

#총효용과 한계효용, #한계효용균등의 법칙, #한계효용체감의 법칙

01 효용에 관한 설명으로 옳은 것은?
꼭 나오는 유형 ★

① 한계효용은 항상 양(+)의 값으로만 존재한다.

② 한계효용이 0이라는 것은 총효용이 0임을 의미한다.

③ 총효용이 증가했다는 것은 한계효용의 증가를 의미한다.

④ X재 1원어치에 대한 한계효용이 Y재 1원어치의 한계효용보다 클 때, X재를 더 구매하면 X재 효용이 감소한다.

⑤ 효용극대화를 위해서는 X재 1원어치에 대한 한계효용이 Y재 1원어치의 한계효용보다 클 때, Y재를 더 많이 구입해야 한다.

해설

효용이란 소비자가 느끼는 주관적인 만족도를 의미한다. 소비자이론에서 효용은 서수적으로 측정이 가능하다는 특징을 갖는다. 한편, 총효용은 일정기간 동안 소비자가 느끼는 주관적인 총만족도를 의미하며, 한계효용은 재화를 추가적으로 한 단위 더 소비할 때 느끼는 총효용의 증가분을 의미한다. 한편, 효용이 극대화되도록 소비하는 방법은 재화 소비 1원당 한계효용이 일치하도록 소비하는 것이다. 이를 한계효용균등의 법칙이라고 하며 다음과 같이 표현한다. 이때 X재 1원어치에 대한 한계효용이 Y재 1원어치의 한계효용보다 클 때 ($\frac{MU_X}{P_X} > \frac{MU_Y}{P_Y}$), X재의 소비를 늘리면 X재의 한계효용이 감소해 좌변과 우변이 일치하게 된다.

$$\frac{MU_X}{P_X} = \frac{MU_Y}{P_Y}$$

오답노트 ■ 한계효용은 음(−)의 값도 갖는다. 이는 총효용이 감소하고 있음을 의미한다. 그리고 한계효용이 0이라는 것은 총효용이 아닌 총효용의 증가분이 0임을 나타낸다. 한편, 한계효용균등의 법칙을 이해하기 위해서는 한계효용체감의 법칙이란 해당 재화를 많이 소비할수록 한계효용이 계속해서 감소한다는 것이다. 즉, 총효용이 처음에는 증가분이 매우 크지만 총효용이 증가하지만, 점차 총효용의 증가분이 감소한다는 의미이다. X재 1원어치에 대한 한계효용이 Y재 1원어치의 한계효용보다 클 때($\frac{MU_X}{P_X} > \frac{MU_Y}{P_Y}$), X재의 소비를 늘리면 X재의 한계효용이 감소하다가 결국 1원당 한계효용이 같아지는 것도 X재 소비를 늘릴수록 X재에 대한 한계효용체감의 법칙이 작동하기 때문이다.

#한계효용, #한계효용체감의 법칙, #한계효용균등의 법칙

02 X재와 Y재를 통해 얻는 효용은 다음과 같다. X재의 가격이 50, Y재의 가격이 100일 때 효용극대화가 충족되는 소비묶음은 무엇인가?

소비량	MU_X	MU_Y
1	1,200	1,200
2	1,100	900
3	1,000	700
4	900	600
5	800	400
6	700	300
7	600	200

	X재	Y재
①	1	4
②	3	3
③	5	2
④	6	3
⑤	7	1

해설

효용을 극대화하는 X재와 Y재의 조합을 찾기 위해서는 X재 소비 1원당 한계효용과 Y재 소비 1원당 한계효용이 일치하도록 X재와 Y재를 소비해야 한다. 이를 한계효용균등의 법칙이라고 한다. X재와 Y재의 1원당 한계효용을 구해보면 다음과 같다. 따라서 X재 소비량 7개와 Y재 소비량 1개의 경우가 1원당 한계효용이 일치함을 확인할 수 있다.

소비량	1	2	3	4	5	6	7
$\dfrac{MU_X}{P_X}$	$\dfrac{1,200}{50}$	$\dfrac{1,100}{50}$	$\dfrac{1,000}{50}$	$\dfrac{900}{50}$	$\dfrac{800}{50}$	$\dfrac{700}{50}$	$\dfrac{600}{50}$
$\dfrac{MU_Y}{P_Y}$	$\dfrac{1,200}{100}$	$\dfrac{900}{100}$	$\dfrac{700}{100}$	$\dfrac{600}{100}$	$\dfrac{400}{100}$	$\dfrac{300}{100}$	$\dfrac{200}{100}$

오답 노트 문제에서 X재와 Y재 모두 효용이 감소하는 것을 확인할 수 있다. 이를 한계효용체감의 법칙이라고 한다. 한계효용균등의 법칙 이면에는 한계효용체감의 법칙이 존재하는 것을 확인할 수 있는 대목이다.

03 무차별곡선이론에 대한 설명으로 옳지 않은 것은?

① 무차별곡선은 우하향하며 원점에 대해 볼록하다.
② 무차별곡선은 서로 교차하지 않는다.
③ 무차별곡선의 기울기는 한계기술대체율이다.
④ 무차별곡선은 효용의 주관적 측정 가능성을 전제로 한다.
⑤ 소비자균형은 무차별곡선과 예산선을 통해 도출된다.

해설

무차별곡선이란 소비자에게 동일한 수준의 효용을 주는 상품묶음의 집합을 나타내는 곡선이다. 한편, 동일한 효용을 유지하면서 X재 소비를 한 단위 늘리기 위해서는 Y재 소비를 감소시킬 수밖에 없는데, 이때 X재 소비 증가를 위해 포기해야 하는 Y재 소비량의 비율을 한계대체율이라고 하며, 이는 기하학적으로 무차별곡선의 기울기를 의미한다. 한계기술대체율은 무차별곡선이 아닌 등량곡선의 기울기이다.

$$MRS_{XY} = -\frac{\Delta Y}{\Delta X} = -무차별곡선의 \ 기울기$$

오답 노트

무차별곡선은 X재의 소비량이 증가할수록 무차별곡선의 기울기가 점차 완만해지기 때문에 원점에 대해 볼록한 모양을 갖게 된다. 이는 소비자가 극단적인 상품묶음보다 X재와 Y재가 골고루 섞인 상품묶음을 더 선호한다는 것을 의미한다. 한편, 무차별곡선이 교차하면 선호의 일관성(이행성)이 깨지기 때문에 교차하지 않는다. 그리고 소비자균형은 소비자의 주관적 만족도를 측정한 무차별곡선과 소비자의 객관적인 예산제약을 동시에 고려하여 도출된다.

04 A씨는 옥수수 한 개 소비로 인해 얻는 한계효용이 감자 세 개를 소비했을 때의 한계효용과 동일하다고 한다. 감자로 표현한 옥수수의 한계효용은 얼마인가?

① $\frac{1}{6}$ ② $\frac{1}{3}$

③ 1   ④ 3

⑤ 6

해설

한계대체율은 동일한 효용을 유지하면서 X재 소비량 한 단위를 늘렸을 때 포기해야 하는 Y재의 소비량을 나타낸다. 즉, Y재의 양으로 표현한 두 재화의 주관적 교환비율이다. 따라서 다음과 같이 표현할 수 있다. 본 문제를 이에 대입하면 감자로 표현한 옥수수의 한계대체율은 3이 된다.

$$\Delta U = MU_X \times \Delta X + MU_Y \times \Delta Y \Leftrightarrow MRS_{XY} = -\frac{\Delta Y}{\Delta X} = \frac{MU_X}{MU_Y}$$

#무차별곡선의 정의, #대체재와 보완재, #다양한 무차별곡선의 형태

05 A는 짜장라면을 먹었을 때와 우동라면을 먹었을 때 동일한 만족을 얻고, B는 짜장라면과 우동라면을 반드시 1:1로 혼합해서 먹어야 한다. 다음을 읽고 옳은 것을 고르시오.

① A에게 짜장라면과 우동라면은 완전보완재이다.
② A에게 짜장라면과 우동라면의 한계대체율은 1이다.
③ A의 무차별곡선은 수평선이다.
④ B의 무차별곡선은 수평선이다.
⑤ B에게 짜장라면과 우동라면의 한계대체율은 -1이다.

해설

대체재란 경쟁관계에 놓은 재화로서, 소비자에게 동일한 만족을 줄 수 있는 재화를 의미한다. A에게 짜장라면과 우동라면은 완전히 동일한 만족을 주기 때문에 완전대체재라 할 수 있다. 한편, B는 두 라면을 1:1로 혼합해서 먹어야 최대의 만족을 얻는다. 즉, 완전보완재라 할 수 있다. 완전보완재는 젓가락이나 장갑처럼 함께 사용할 때는 만족이 극대화되지만, 두 개가 일정한 비율로 사용되지 못하는 경우에는 만족이 0이 된다. 완전대체재의 무차별곡선은 우하향의 직선형태이고, 완전보완재는 L자형이다. 따라서 완전대체재의 한계대체율은 어느 구간에서나 일정하고, 완전보완재는 L의 수평구간에서는 한계대체율이 무한대, 수직구간에서는 0이므로 정의할 수 없다.

06 A씨는 주어진 소득을 A재와 B재 소비에 모두 사용하고자 하며, X재 20개, Y재 30개의 조합으로 소비하고자 한다. 이때의 한계대체율이 1.5라면 효용극대화를 위해 A씨는 어떻게 X재와 Y재의 소비량을 조절해야 하는가?(단, X재의 가격은 2,000원, Y재의 가격은 1,000원이다)

꼭 나오는 유형 ✚

① 현 상태에서 조절할 필요가 없다.
② X재와 Y재 소비를 모두 증가시킨다.
③ X재와 Y재 소비를 모두 감소시킨다.
④ X재 소비를 증가시키고, Y재 소비를 감소시킨다.
⑤ X재 소비를 감소시키고, Y재 소비를 증가시킨다.

해설

효용을 극대화하기 위해서는 1원당 한계효용이 일치하도록 소비해야 한다는 법칙이 한계효용균등의 법칙이다. 문제가 되는 상황은 1원당 한계효용이 일치하지 않을 때이다. 이때 1원당 한계효용을 일치시키기 위해서는 한계효용체감의 법칙도 함께 이해해야 한다. 한계효용체감의 법칙은 재화의 소비량이 늘어날수록 총효용의 증가분은 점차 감소한다는 내용이다. 먼저 한계효용균등의 법칙은 다음과 같이 표현할 수 있다.

$$\frac{MU_X}{P_X} = \frac{MU_Y}{P_Y} \Leftrightarrow \frac{P_X}{P_Y} = \frac{MU_X}{MU_Y}$$

문제에서 X재의 가격은 2,000원, Y재의 가격은 1,000원이므로 가격의 상대비율($\frac{P_X}{P_Y}$)은 2가 된다. 그리고 이때의 한계대체율(MRS)이 1.5라고 주어져 있다. 한계대체율은 효용수준을 유지하면서 X재 소비량을 한 단위 늘리기 위해서는 Y재 소비량을 얼마나 포기해야 하는지를 나타낸다. 이를 수식으로 표현하면 다음과 같다. 수식을 살펴보면 한계대체율은 무차별곡선의 기울기와 일치함을 알 수 있다.

$$\Delta U = MU_X \times \Delta X + MU_Y \times \Delta Y \Leftrightarrow MRS_{XY} = -\frac{\Delta Y}{\Delta X} = \frac{MU_X}{MU_Y}$$

따라서 문제의 상황은 $\frac{P_X}{P_Y} = 2 > \frac{MU_X}{MU_Y} = 1.5$로 요약된다. 가격의 상대비와 효용의 상대비 가운데 조절할 수 있는 것은 우변의 효용의 상대비율이다. 효용의 상대비율을 움직일 수 있는 것은 한계효용의 법칙을 활용해서이다. 즉, X재의 소비를 감소시키면 한계효용의 법칙에 의해 X재의 한계효용(MU_X)은 증가하고, Y재의 소비를 증가시키면 Y재의 한계효용(MU_Y)이 감소한다. 이러한 변화는 가격의 상대비율 2와 일치할 때까지 계속 조정해야 한다.

오답 노트 ▪ 본 문제는 한계효용균등의 법칙을 활용해 출제될 수 있는 가장 높은 난이도의 문제이다. 한계효용균등의 법칙, 한계효용체감의 법칙, 한계대체율을 알아야 풀 수 있다. 각각의 개념들을 잘 숙지해야 한다.

#무차별곡선의 기울기, #예산선의 기울기, #한계효용균등의 법칙, #한계효용체감의 법칙

07 다음 그림에 대한 설명으로 옳은 것은?

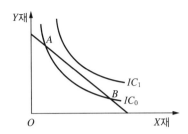

① Y재로 표시한 X재의 한계대체율이 A점보다 B점에서 크다.

② 무차별곡선 IC_0에서의 상품묶음이 IC_1에서의 어떤 상품묶음보다도 효용이 크다.

③ 소비자의 총효용은 A점이 B점보다 크다.

④ A점에서의 X재 1원당 한계효용이 Y재 1원당 한계효용보다 크다.

⑤ B점에서 효용을 극대화시키기 위해서는 X재 소비를 증가시키고, Y재의 소비를 감소시켜야 한다.

해설

소비자의 최적소비조합은 무차별곡선의 기울기와 예산선의 기울기가 일치하는 지점에서 형성된다. 무차별곡선의 기울기는 동일한 효용을 유지하기 위해 X재 소비량을 한 단위 증가시켰을 때 Y재 소비량의 감소분을 나타내고 이를 한계대체율이라고 한다. 그리고 한계대체율은 다음과 같이 표현가능하다.

$$\Delta U = MU_X \times \Delta X + MU_Y \times \Delta Y \Leftrightarrow MRS_{XY} = -\frac{\Delta Y}{\Delta X} = \frac{MU_X}{MU_Y}$$

한편, 예산선의 기울기는 X재와 Y재의 상대가격 비율($-\frac{P_X}{P_Y}$)을 의미한다. 문제에서 A점과 B점은 모두 무차별곡선의 기울기와 예산선의 기울기가 일치하지 않는 점이다. 특히 A점에서는 무차별곡선의 기울기가 예산선의 기울기보다 가파르다. 따라서 다음이 성립한다. 즉, X재 1원당 한계효용이 Y재 1원당 한계효용보다 크다.

$$\frac{MU_X}{MU_Y} > \frac{P_X}{P_Y} \Leftrightarrow \frac{MU_X}{P_X} > \frac{MU_Y}{P_Y}$$

오답 노트

무차별곡선의 기울기와 예산선의 기울기가 일치하지 않을 때 즉, 한계효용균등의 법칙이 성립하지 않을 때 한계효용체감의 법칙을 활용해 두 재화의 1원당 한계효용을 일치시켜야 한다. 1원당 X재의 한계효용이 Y재 1원당 한계효용보다 큰 경우 X재의 소비량을 늘리고 Y재의 소비량을 줄여 MU_X를 낮추고 MU_Y를 높여야 한다.

08 10원짜리 동전 10개와 100원짜리 동전 1개에 대한 소비자의 선호를 무차별곡선으로 나타낸 것으로 옳은 것은?

① 원점에 대하여 오목한 곡선
② 원점에 대하여 볼록한 곡선
③ L자형
④ 우하향하는 직선
⑤ 직각쌍곡선

해설

소비자의 입장에서 10원짜리 동전 10개와 100원짜리 동전 1개는 어떤 것을 소유하던지 완전히 동일한 효용을 얻을 수 있다. 이러한 재화를 완전대체재라고 한다. 즉, 10원짜리 동전과 100원짜리 동전은 10 : 1로 교환할 때 완전대체재로서 기능할 수 있는 것이다. 완전대체재의 무차별곡선은 우하향하는 직선의 형태이다.

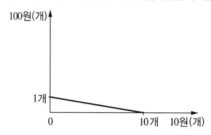

#예산선의 정의, #예산선의 수식표현, #예산선의 회전이동, #예산선의 평행이동

09

다음 〈보기〉에서 예산선의 기울기에 변화를 초래하는 것만을 모두 고르시오(단, 소득은 모두 X재
와 Y재만을 소비하며, 두 재화 모두 수요곡선은 우하향, 공급곡선은 우상향한다).

─〈 보기 〉─
ㄱ. X재 가격(P_X)의 인상
ㄴ. 소득(M)의 증가
ㄷ. X재 소비에 세금 부과
ㄹ. 정부로부터의 현금보조금

① ㄱ
② ㄱ, ㄴ
③ ㄱ, ㄷ
④ ㄴ, ㄹ
⑤ ㄴ, ㄷ, ㄹ

해설

예산선은 주어진 소득(M)을 전부 사용해 구입할 수 있는 상품묶음의 집합을 나타낸 선이다. 재화나 서비스를
소비하고 싶은 사람들의 욕망은 무한하지만, 소득은 한정되어 있기 때문에 누구나 예산제약에 직면하게 된다.
X재와 Y재에 모든 소득을 사용할 때 예산제약과 예산선은 다음과 같다.

- 예산제약 : $P_X \times X + P_Y \times Y = M$
- 예산선 : $Y = -\dfrac{P_X}{P_Y} \times X + \dfrac{M}{P_Y}$

이를 통해 예산선의 기울기($-\dfrac{P_X}{P_Y}$)는 X재와 Y재 가격의 상대비율이라는 것을 알 수 있다. 따라서 X재와 Y재
가격에 영향을 미치는 요인들이 예산선 기울기의 변화요인이다. X재 소비에 세금을 부과하면 X재의 가격이
상승한 셈이 된다.

오답노트 ▪ 예산선의 수식 표현에서 확인할 수 있듯이 소득이나 보조금과 같이 소득 증가의 직·간접적인 요인은
예산선의 평행이동요인이다.

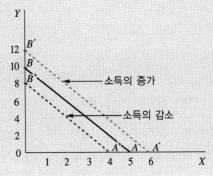

#무차별곡선의 정의, #무차별곡선의 기본성격, #효용의 측정방법

10 다음은 무차별곡선에 대한 설명이다. 옳은 것을 모두 고른 것은?

> ㉠ 무차별곡선은 동일한 만족을 주는 상품묶음의 집합을 그림으로 나타낸 곡선이다.
> ㉡ 원점에서 멀어질수록 더 높은 효용수준을 나타낸다.
> ㉢ 서수적 효용 개념을 전제로 소비자의 선택행위를 분석한다.
> ㉣ 무차별곡선은 교차할 수 있다.

① ㉠, ㉡
② ㉠, ㉣
③ ㉡, ㉢
④ ㉡, ㉢, ㉣
⑤ ㉠, ㉡, ㉢

해설

무차별곡선은 소비자에게 동일한 수준의 효용을 주는 상품묶음의 집합을 나타내는 곡선이다. 모든 상품묶음은 하나의 무차별곡선을 갖고, 일반적으로 우하향하는 형태를 갖는다. 또한 원점에 대해 볼록하며, 원점에서 멀어질수록 효용이 증대된다. 한편, 무차별곡선은 교차할 수 없다. 교차하게 되면 선호의 이행성에 위배되기 때문이다. 이행성이란 선호의 일관성으로서 A>B, B>C이면 A>C의 관계가 유지되는 것을 의미한다.

오답노트

서수적 효용은 모든 효용을 상대적인 크기로만 측정하는 효용의 측정방법이다. 반면 기수적 효용은 모든 효용을 양적으로 측정할 수 있다고 판단한다. 즉, 서수적 효용에 의하면 초콜릿 한 개의 효용이 5, 아이스크림 한 개의 효용이 10일 때 아이스크림이 초콜릿보다 높은 효용을 준다는 정보만 알 수 있지만, 기수적 효용에 의하면 아이스크림이 초콜릿보다 두 배 높은 효용을 준다고 이야기할 수 있다.

10 ⑤ 정답

11 어떤 소비자의 효용함수는 $U(X, Y) = 5XY + 10$이다. 이 소비자는 총소득 200만원을 모두 X재와 Y재의 소비에만 사용한다. X재의 가격은 2만원이고, Y재의 가격은 4만원이다. 이때의 최적소비량과 한계대체율을 구하시오.

① $X = 50$, $Y = 25$, $MRS_{XY} = \dfrac{1}{2}$

② $X = 25$, $Y = 50$, $MRS_{XY} = 2$

③ $X = 50$, $Y = 25$, $MRS_{XY} = 2$

④ $X = 25$, $Y = 50$, $MRS_{XY} = \dfrac{1}{2}$

⑤ $X = 20$, $Y = 40$, $MRS_{XY} = 2$

해설

소비자의 최적소비량은 무차별곡선의 기울기와 예산선의 기울기가 일치하는 지점에서 결정된다. 즉, 무차별곡선의 기울기인 한계대체율과 예산선의 기울기인 상대가격비율이 일치하는 점이 균형점이다. 문제를 해결하기 위해 필요한 요소들을 도출해보면 다음과 같다.

- $MRS_{XY} = \dfrac{MU_X}{MU_Y}$

  $\Rightarrow MU_X = \dfrac{dU(X, Y)}{dX} = \dfrac{d(5XY + 10)}{dX} = 5Y$, $MU_Y = \dfrac{dU(X, Y)}{dY} = \dfrac{d(5XY + 10)}{dX} = 5X$

  $\Rightarrow MRS_{XY} = -\dfrac{\Delta Y}{\Delta X} = \dfrac{MU_X}{MU_Y} = \dfrac{5Y}{5X} = \dfrac{Y}{X}$

- 예산제약 : $P_X \times X + P_Y \times Y = M$

- 예산선 : $Y = -\dfrac{P_X}{P_Y} \times X + \dfrac{M}{P_Y}$ $\Rightarrow$ 예산선의 기울기 : $-\dfrac{P_X}{P_Y}$

- 소비자 균형 : $MRS_{XY}\left(= \dfrac{MU_X}{MU_Y}\right) = \dfrac{Y}{X} = \dfrac{P_X}{P_Y} = \dfrac{1}{2}$ $\Rightarrow X = 2Y$

소비자균형점으로부터 도출된 $X = 2Y$를 예산제약식에 대입하면 다음과 같이 바꿔 쓸 수 있다. 따라서 X재 50개, Y재 25개, 한계대체율(MRS_{XY}) $\dfrac{1}{2}$이 도출된다.

$$P_X \times X + P_Y \times Y = M \Rightarrow P_X \times 2Y + P_Y \times Y = M \Rightarrow 8Y = 200 \Rightarrow Y = \dfrac{200}{8} = 25, \ X = 50$$

🔍 신문기사를 통해 경제·경영학적인 시야 기르기!

"비싸도 아이폰 고집하더니" … 통신비 낼 돈 없는 청년들

2024.10.06. 매경테스트

국내 통신비 연체자 가운데 20대가 다른 세대를 누르고 가장 높은 비중을 차지했다. 경기 불황으로 소득활동이 원활하지 않은 데다가 값비싼 스마트폰을 선호하는 현상이 통신비 부담으로 이어졌다는 분석이 나온다.

6일 국회 과학기술정보방송통신위원회 소속 박충권 국민의힘 의원실에 따르면 지난 7월 말 기준 20대의 스마트폰 요금 연체 건수는 3만 9,839건, 연체금액은 58억 2,800만원으로 집계됐다. 건수와 액수 모두 모든 연령대에서 가장 많았다.

30대가 연체 건수 3만 9,047건, 연체 금액 54억 3,400만원으로 20대의 뒤를 바짝 쫓았다. 20대와 30대의 연체를 합치면 7만 8,886건, 112억 6,200만 원에 달한다. 통신요금을 장기간 내지 못하면 신용점수 하락으로 이어져 금융 활동에 악영향을 끼칠 수 있다.

전문가들은 학생과 비정규직이 상대적으로 많은 20대와 30대에서 잦은 통신비 미납이 발생했다는 점에 주목한다. 주요 원인으로 경기 침체 상황에서 비롯된 구직난과 실업률로 인한 경제적 어려움이 꼽힌다.

아울러 청년층이 고가제품으로 분류되는 아이폰을 선호하는 성향도 문제라는 지적이 제기된다. 스마트폰 구매 비용은 통신비에 요금제와 할부금 등의 형태로 반영되고 있기 때문이다. 한국갤럽에 따르면 요금 연체가 잦은 20대의 약 70%가 애플의 아이폰을 사용하고 있다. 30대도 60%가량이 아이폰 이용자다.

스트래티지애널리틱스(SA)에 따르면 한국의 스마트폰 평균판매가격(ASP)은 공시 지원금을 제외하고 90만원 수준이다. 세계 평균(37만원)의 2.4배에 달한다. 특히 아이폰의 ASP가 경쟁 제품인 삼성전자 갤럭시의 3배에 가까운 것으로 산출됐다.

통신업계 관계자는 "젊은 세대에서 아이폰 구매 열풍이 거세다"라며 "아이폰16의 경우 기본 모델 선택 시 125만원을 지불해야 하는데 여력이 없으니 단말기 할인 혜택을 받기 위해 프리미엄 요금제에 가입하게 된다."라고 설명했다.

실제로 아이폰16 시리즈의 출고가는 아이폰16 125만원, 아이폰16 플러스 135만원, 아이폰16 프로 155만원, 아이폰16 프로맥스 190만원 등이다. 이에 구형·보급형 스마트폰과 합리적인 요금제 사용이 권장되고 있다.

통신소비자협회 관계자는 "스마트폰 가격이 적정선에서 형성되는 것이 가장 중요하지만, 준플래그십 모델도 성능이 좋아 플래그십 모델의 대안이 될 수 있다."라며 "일단 스마트폰을 구입하면 오랫동안 사용하고, 그렇지 못하면 가계 경제 및 가용 자금 현황을 따져본 뒤 적정선에서 소비하는 자세가 필요하다."라고 강조했다.

애플 아이폰의 인기를 보면 소비자 효용이 지불용의와 어떻게 연결되는지 볼 수 있다. 지불용의는 소비자가 느끼는 만족의 최소분과 같다. 만족한 것보다 더 많은 비용을 낸다면 소비자 입장에서는 손해이다. 아이폰이 주는 만족은 경쟁사인 갤럭시보다 높아 소비자들은 더 높은 비용을 치를 마음이 있다. 문제는 지불능력이다. 20대의 경우 지불용의는 높지만 이에 상응하는 구매능력이 부족해 연체가 높아지고 있다는 기사이다. 유효수요란 언제나 구매능력 하에서 정의된다는 점을 기억해야 한다.

CHAPTER

04 | 생산자이론

01 기업과 생산

1. 기 업

① 정 의

기업(firm)이란 다양한 생산요소를 결합하여 상품을 생산하는 것을 목적으로 만들어진 조직이다. 기업이 존재하지 않으면 경제의 생산기능을 각 개인들이 담당해야 하고, 이는 생산에 있어 많은 비효율을 야기하게 될 것이다.

> **보충학습** 기업가정신(entrepreneurship)
>
> 기업가정신이란 새로운 사업에 대한 도전에서 발생할 수 있는 위험을 감수하고 어려운 환경을 헤쳐 나가면서 기업을 키우려는 기업가의 의지를 말한다.
> 전통적 개념의 기업가정신은 경제학자 슘페터(Joseph A. Schumpeter)에 의해서 정의됐다. 그는 기업가정신을 창조적 파괴(creative destruction)라고 정의하면서 기업가정신이란 새로운 생산방법과 새로운 제품을 개발하기 위해 항상 새로움에 도전하는 혁신적이고 창의적인 정신이라고 이야기했다. 현대적 개념의 기업가정신은 경영학자 피터 드러커(Peter Drucker) 교수가 정립했다. 기업가들이란 사회변화에 따라 발생하는 변화의 기회를 포착하고 이를 가치창출에 활용하기 위해 혁신적인 활동을 담당하는 사람들이다. 경제학에서는 전통적으로 노동과 자본 그리고 토지를 생산에 필요한 자원이라고 여겼지만, 이보다 중요한 생산요소가 바로 기업가 정신이라고 드러커 교수는 주장한다.
>
> 김동영 저, 「경제학 뚝딱 레시피」, 시대인, 2018

② 기업의 목표

기업의 성격에 따라 다양한 목표가 존재할 수 있겠지만, 기본적으로 경제학에서 기업은 이윤극대화를 추구한다고 가정하고 이후의 논의를 진행한다. 이를 이윤극대화 가설이라고 한다. 기업의 목표를 다루는 여타의 이론들은 모두 이윤극대화 가설의 빈틈을 메워주는 역할을 담당한다.

2. 생산자이론의 기초 개념

① 생산요소와 기간

ㄱ 생산요소(투입요소, inputs or factors of production) : 생산요소란 노동, 토지, 자본과 같이 생산과정에 투입되어 생산에 기여하는 모든 것을 의미한다. 생산요소는 고정투입요소와 가변투입요소로 구분된다.

ⓐ 고정투입요소(fixed inputs) : 고정투입요소는 고려되는 기간 동안 투입량을 변화시키는 것이 불가능한 생산요소를 의미한다. 공장설비는 대표적인 고정투입요소이다. 한번 건설해 놓으면 짧은 기간에 변화시키는 것이 불가능하기 때문이다.

ⓑ 가변투입요소(variable inputs) : 가변투입요소는 고려되는 기간 동안 투입량을 변화시키는 것이 가능한 생산요소이다. 노동력은 대표적인 가변투입요소이다. 생산량의 변화에 따라 얼마든지 그 투입량을 변화시킬 수 있기 때문이다.

ⓒ 기간 : 생산자이론에서 고려되는 기간은 크게 단기와 장기로 구분된다. 생산자이론에서의 단기와 장기는 단순한 시간의 길이만이 아니라 고정투입요소의 존재 여부로 구분된다. 고정투입요소라 할지라도 시간을 충분히 길게 잡으면 그 투입량이 달라질 수도 있기 때문이다.

ⓐ 단기(short) : 고정투입요소가 존재하는 기간으로 생산량의 변동은 고정투입요소와 결합되는 가변투입요소의 양을 변화시킴으로써 가능하다.

ⓑ 장기(long-run) : 모든 투입요소가 가변투입요소인 기간으로 적절한 투입요소의 조합을 선택하는 것이 가능한 기간이다.

② 생산함수

㉠ 정의 : 생산함수(production function)란 주어진 생산요소의 투입량으로 얻을 수 있는 최대한의 산출량을 나타낸다. 한편, 생산함수는 일정기간이 정의되어야 의미있는 정보를 전달할 수 있는 유량(flow)의 개념이다. 생산함수는 다음과 같이 표현된다.

$$Q = f(L, K)$$

㉡ 단기 생산함수 : 단기 생산함수는 고정투입요소를 포함하고 있는 생산함수이다. 노동(L)과 자본(K) 가운데 자본(K)은 고정투입요소, 노동은 가변투입요소(L)이다. 단기는 고정투입요소의 투입량을 변화시키기 어려운 기간이므로 생산요소 가운데 자본(K)의 투입은 고정되었다고 가정하고, 노동투입량의 변화와 최대 생산량과의 관계를 살펴보는 생산함수이다(단기의 생산함수에서 고려되는 요인은 노동뿐이다).

$$Q = f(L, \overline{K}), \quad \overline{K} : \text{고정투입요소를 의미}$$

ⓐ 총생산(total product) : 단기생산함수를 통해 생산되는 최대생산량이 총생산이다. 단기생산함수는 자본(K)은 고정된 것으로 간주하고 노동의 투입량만을 늘리므로 위의 함수를 노동량–생산량 평면에 표현하면 총생산곡선(total product curve)이 도출된다. 총생산곡선은 $\hat{L}$을 중심으로 좌측에서는 노동투입량 증가에 따른 생산량 증가가 빠른 속도로 일어나다가 $\hat{L}$의 오른쪽에서는 생산량의 증가속도가 둔화되는 것을 확인할 수 있다.

ⓑ 한계생산물(marginal product) : 단기의 한계생산물은 정확히는 노동의 한계생산물(marginal product of labor, MP_L)이 된다. 자본은 고정투입요소로 투입량이 변하지 않기 때문이다. 이미 학습한 바와 같이 한계란 추가적인 한 단위 더의 개념이다. 따라서 노동의 한계생산물(MP_L)이란 노동의 투입을 한 단위 증가시켰을 때 증가되는 생산량을

의미한다. 노동의 한계생산물은 다음과 같이 표현된다. 한편, 노동의 한계생산물은 기하학적으로 총생산물곡선의 접선의 기울기이다.

$$MP_L = \frac{\text{산출량의 변화}}{\text{노동 투입량의 변화}} = \frac{\Delta Q}{\Delta L}$$

ⓒ 평균생산물(average product) : 단기의 평균생산물도 노동의 평균생산물(average product of labor, AP_L)을 의미한다. 이는 노동투입 한 단위당 산출량을 의미하는 것으로서 기하학적으로는 원점에서 총생산물곡선에 그은 직선의 기울기가 된다.

$$AP_L = \frac{\text{산출량}}{\text{노동 투입량}} = \frac{Q}{L}$$

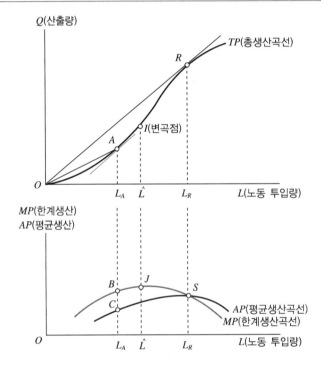

ⓓ 한계생산물체감의 법칙 : 한계생산물체감의 법칙(law of diminishing marginal product)은 노동 투입량을 늘려감에 따라 노동의 한계생산물(MP_L)이 증가하다가 J점 이후에 감소하는 현상을 의미한다. 이는 고정투입요소가 존재하는 상황에서 노동의 투입량을 증가시킬 때 나타나는 현상이므로 단기에만 성립하고 모든 생산요소가 가변투입요소인 장기에는 성립하지 않는다. 이를 수확체감의 법칙이라고도 한다.

ⓒ 장기 생산함수 : 장기의 생산함수는 모든 생산요소의 투입이 가변적일 때 재화의 생산량과 생산요소의 기술적 결합관계를 의미한다. 따라서 생산을 함에 있어서 생산요소인 노동과 자본의 다양한 조합이 가능하다. 다양한 조합 가운데 가장 적은 비용으로 최대의 생산량을 달성할 수 있는 노동과 자본의 투입조합을 알기 위해서는 등량곡선과 등비용곡선에 대해 이해해야 한다.

$$Q = f(L, K),\ \text{장기에는 L과 K 모두 가변투입요소}$$

02 생산자의 장기의사결정 1 : 등량곡선

1. 기본적 성격

① 정 의

등량곡선(isoquant)은 동일한 산출량을 가져다주는 생산요소 투입량의 조합들로 구성된 집합을 곡선으로 표현한 것이다. 다음의 등량곡선은 A~D점 모두 생산량 Q = 24 수준을 달성할 수 있는 점들이며, 각 점 사이의 차이점은 노동과 자본 투입량이다.

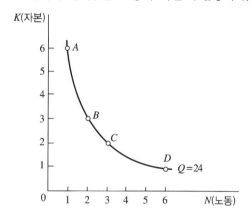

② 기본적 성격

ⓐ 노동–자본 평면상의 모든 점들은 하나의 등량곡선 위에 위치한다.

노동과 자본의 어떠한 결합으로도 생산되더라도 이를 지나는 등량곡선이 반드시 존재한다는 것을 의미한다. 즉, 노동–자본 평면상의 모든 점이 등량곡선 위에 표시될 수 있다.

ⓑ 등량곡선은 우하향한다.

장기에는 모든 생산요소가 가변투입요소이기 때문에 동일한 생산량을 유지하면서 하나의 생산요소 투입을 늘리기 위해서는 다른 생산요소를 줄여야 한다. 즉, 생산요소 간 대체가 발생하는 것이다. 한편, 노동의 투입을 늘릴수록 대체되는 자본의 크기는 계속해서 감소한다.

ⓒ 원점에서 멀수록 더 많은 산출량을 나타낸다.

투입되는 노동과 자본의 생산량이 많을수록 더 많은 생산이 가능하다. 한편, 소비자이론에서 무차별곡선이 나타내는 효용은 서수적으로 측정되어 상대적인 효용의 크기만을 비교할 수 있었지만, 등량곡선이 나타내는 생산량은 기수적으로 측정가능하다. 즉, 절대적인 크기를 비교할 수 있는 것이다.

ⓔ 등량곡선은 교차할 수 없다.

등량곡선이 교차하면 등량곡선 위의 점들 간에 모순이 발생한다. 따라서 등량곡선은 교차할 수 없다.

ⓜ 등량곡선은 원점에 대해 볼록하다.

등량곡선이 원점에 대해 볼록한 이유는 노동-자본 평면에서 노동의 투입량이 증가할수록 등량곡선의 기울기가 완만해지기 때문이다. 등량곡선의 기울기는 한계기술대체율이라고 하며, 노동 한 단위를 투입하기 위해 포기해야 하는 자본의 투입량을 나타내는 개념이다. 노동 투입이 증가함에 따라 자본의 투입량이 감소하는 현상을 한계기술대체율체감의 법칙이라고 한다.

③ 한계기술대체율체감의 법칙

㉠ 한계기술대체율 : 한계기술대체율(Marginal Rate of Technical Substitution ; MRTS)은 기하학적으로는 등량곡선의 기울기를 의미한다. 동일한 등량곡선 위에서(=동일한 생산량을 유지하면서) 노동의 투입을 증가시키기 위해서는(C → C') 자본의 투입을 감소시켜야 한다. 이때 노동과 자본의 교환비율을 한계기술대체율이라고 하며, 이는 C점과 C'점의 간격이 아주 짧아서 0에 가깝다면 C점에서 잰 등량곡선의 기울기와 같다.

$$\bullet\ MRTS_{LK} = -\frac{\triangle K}{\triangle L} = -\text{등량곡선의 기울기}$$

$$\bullet\ MP_L \times \triangle L + MP_K \times \triangle K = 0 \Leftrightarrow MRTS_{LK} = -\frac{\triangle K}{\triangle L} = \frac{MP_L}{MP_K}$$

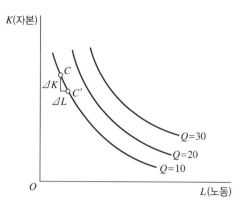

ⓛ 한계기술대체율 체감의 법칙 : 한계기술대체율 체감의 법칙은 노동의 투입량이 증가할수록 포기해야 하는 자본의 양이 감소한다는 것을 의미하며, 이는 노동의 투입량이 증가할수록 등량곡선의 기울기가 완만해지는 모습으로 나타난다.

03 생산자의 장기의사결정 2 : 규모에 대한 수익

1. 규모에 대한 수익

① 정 의

규모에 대한 수익(returns to scale)은 장기에 모든 생산요소의 투입 규모를 증가시킬 때 산출량이 증가하는 정도를 의미한다. 규모에 대한 수익불변, 규모에 대한 수익체증, 규모에 대한 수익체감으로 구분된다.

② 종 류

㉠ 규모에 대한 수익불변(CRS) : 규모에 대한 수익불변(Constant Returns to Scale)은 모든 생산요소의 투입량을 a배 증가시켰을 때 산출량도 a배 증가하는 경우이다.
   ⓐ $f(aL, aK) = af(L, K)$
   ⓑ 규모에 대한 수익불변의 경우 등량곡선의 간격은 일정하게 나타난다.

㉡ 규모에 대한 수익체증(IRS) : 규모에 대한 수익체증(Increasing Returns to Scale)은 모든 생산요소의 투입량을 a배 증가시켰을 때 산출량은 a배 이상 증가하는 경우이다.
   ⓐ $f(aL, aK) > af(L, K)$
   ⓑ 규모에 대한 수익체증의 경우 등량곡선의 간격은 점점 좁아진다.

㉢ 규모에 대한 수익체감(DRS) : 규모에 대한 수익체감(Decreasing Returns to Scale)은 모든 생산요소의 투입량을 a배 증가시켰을 때 산출량은 a배보다 작게 증가하는 경우이다.
   ⓐ $f(aL, aK) < af(L, K)$
   ⓑ 규모에 대한 수익체감의 경우 등량곡선의 간격은 점점 넓어진다.

- 규모에 대한 수익체증(IRS)의 등량곡선 간격이 점점 좁아지는 것은 똑같은 양의 산출량 증가를 가져오기 위해서 투입해야 하는 생산요소의 양이 점점 줄어들기 때문이다.
- 규모에 대한 수익체감(DRS)의 등량곡선 간격이 점점 넓어지는 것은 똑같은 양의 산출량 증가를 가져오기 위해서는 투입해야 하는 생산요소의 양이 점점 많아지기 때문이다.

04   생산자의 장기의사결정 3 : 비용극소화를 위한 선택

1. 등비용곡선

① 정 의

등비용곡선(iso-cost curve)이란 주어진 수준의 총지출에 의해 구입가능한 생산요소의 조합들로 구성된 집합을 그림으로 나타낸 것을 의미한다. 소비자이론에서 살펴본 예산선과 많은 면에서 비슷한 개념이다. 등비용곡선은 다음과 같이 구해지며, w는 노동의 가격인 임금, r은 자본의 가격인 이자를 의미한다.

$$wL + rK = TC(w : 임금, \ r : 이자) \Leftrightarrow K = \frac{TC}{r} - \frac{w}{r}L$$

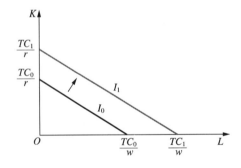

② 등비용곡선의 변화

예산선과 비슷하다. 총지출(TC)이 변화하면 등비용곡선은 평행이동($I_0 \rightarrow I_1$)하고, 노동과 자본 사이의 상대가격비율에 변화가 발생하면 등비용곡선은 회전이동한다. 자본에 대한 노동의 상대적 가격이 커지면($w_0 \rightarrow w_1$) 등비용곡선의 기울기는 가팔라지고, 노동에 대한 자본의 상대적 가격이 커지면($r_0 \rightarrow r_1$) 등비용곡선의 기울기는 완만해진다.

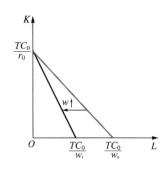 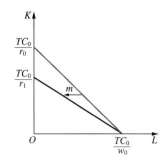

2. 생산자 균형

① 효율적 생산

효율적 생산이란 동일한 생산량을 최소의 비용으로 생산(minimizing cost subject to a given output)하거나, 동일한 비용으로 최대 생산량을 달성하는 것(maximizing output for a given cost)을 의미한다.

② 생산자 균형

생산자는 최대한 많은 양을 생산하여 총수입을 늘리고자 한다. 하지만 생산에 사용할 수 있는 총비용은 한정되어 있기 때문에 원하는 만큼의 생산요소를 구입하여 생산과정에 투입할 수가 없다. 이는 가급적 원점에서 멀리 떨어진 등량곡선을 선택하고 싶지만, 생산에 사용할 수 있는 총비용의 제약으로 인해 등비용선을 함께 고려한 의사결정이어야 한다는 것을 의미한다. 그 결과 생산자 균형점은 등비용선과 등량곡선이 만나는 지점에서 형성된다. 즉, 기하학적으로 등비용선의 기울기와 등량곡선의 기울기가 일치하는 지점에서 균형이 형성되는 것이다.

$$MRTS_{L,K} = \frac{w}{r} \iff \frac{MP_L}{MP_K} = \frac{w}{r} \iff \frac{MP_L}{w} = \frac{MP_K}{r}$$

③ 한계생산균등의 법칙

등량곡선과 등비용선의 기울기가 일치하는 조건은 결국 $\frac{MP_L}{w} = \frac{MP_K}{r}$ 이 달성되는 상태임을 의미한다. 즉, 노동구입에 사용된 돈 1원당 노동의 한계생산이 자본의 구입에 사용된 돈 1원당 자본의 한계생산과 같아야 비용이 극소화된다는 것을 의미한다.

3. 확장경로

확장경로(expansion path)란 기업이 산출량을 증가시킬 때 마다 달라지는 생산자 균형점을 연결한 선을 의미한다. 즉, 생산요소가격이 일정한 상태에서 생산량이 증가할 때 나타나는 비용극소화점의 궤적을 말한다.

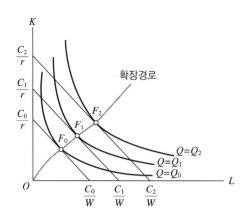

비용이론

1. 기업의 이윤추구

① 이윤(profit)

이윤이란 기업이 투자한 자본에 대한 수익을 의미한다. 생산자이론 및 생산비용에서 이윤은 다음과 같이 구해진다.

$$이윤(\pi) = 총수입(TR) - 총비용(TC)$$

② 기업의 목적, 이윤극대화

이윤은 판매수입에서 생산에 소요된 비용을 차감하여 계산되기 때문에 이윤을 극대화하기 위해서는 총수입을 극대화하거나 총비용을 최소화해야한다. 「제5장 시장이론」에서는 총비용을 최소화하고, 이윤극대화를 위한 의사결정을 내릴 때 필요한 개념에 대해 학습한다.

2. 중요 개념들

① 기회비용

기회비용(opportunity cost)이란 하나를 선택하기 위해 포기해야 하는 대안의 가치를 의미한다. 생산에 있어서의 기회비용이란 해당 재화를 생산하기 위해 직접 지출된 화폐량과는 관계없이 그 생산에 투입된 생산요소를 다른 곳에 투입했더라면 얻을 수 있는 재화의 가치이다. 그리고 어떤 재화의 생산을 위해 포기한 다른 재화의 가치 중에서 가장 큰 것으로 정의된다.

② 명시적 비용과 암묵적 비용

　㉠ 명시적 비용 : 명시적 비용(explicit cost)이란 현금지출을 필요로 하는 생산요소비용을 의미한다. 명시적 비용은 명칭 그대로 지출이 명백히 눈에 보이는 내역들이다. 인건비, 임대료, 재료 구입비 등 현금의 지출이 명백히 보이는 비용을 나타내며, 회계비용(accounting cost)이라고도 한다.

　㉡ 암묵적 비용 : 암묵적 비용(implicit cost)은 현금지출을 필요로 하지 않는 생산요소비용을 의미한다. 암묵적 비용은 눈에 보이지 않는다. 음식점 사장이 자신의 가게에서 일하는 노동력에 대해서는 자기 자신에게 인건비를 현금으로 지급하지 않기 때문에 그 비용이 눈에 보이지 않는다.

③ 경제적 비용과 회계적 비용

　㉠ 경제적 비용 : 경제학에서의 경제적 비용(economic cost)은 현금 지출이 명백한 명시적 비용과 현금 지출이 눈에 보이지 않는 암묵적 비용을 모두 포함한다.

> 경제적 비용(economic cost) = 명시적 비용(explicit cost) + 암묵적 비용(implicit cost)

　㉡ 회계적 비용 : 경영학에서 논의의 대상으로 삼는 회계적 비용(accounting cost)은 명백한 현금지출인 명시적 비용만을 대상으로 한다.

　㉢ 경제학적 이윤과 회계학적 이윤 : 경제적 비용과 회계적 비용의 산정 방식이 상이하다보니 경제학적 이윤과 회계학적 이윤의 산정 역시 차이가 존재한다. 비용을 계산함에 있어 경제학적 이윤은 기회비용의 개념에서 명시적 비용과 암묵적 비용을 모두 고려하는 반면 회계학적 이윤은 명시적 비용만을 대상으로 하기 때문이다. 따라서 회계학적 이윤이 경제학적 이윤보다 크다.

> • 경제학적 이윤($\pi_{economic}$) $= TR - TC = TR - (TC_{ex} + TC_{im})$
> • 회계학적 이윤($\pi_{accounting}$) $= TR - TC = TR - TC_{ex}$
> • $\pi_{accounting} > \pi_{economic}$

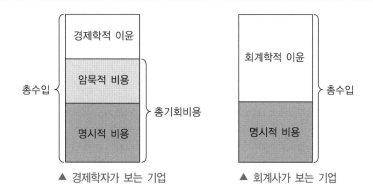

▲ 경제학자가 보는 기업　　　　▲ 회계사가 보는 기업

ⓔ 기업의 이윤극대화 추구 : 기업에서의 진정한 이윤이란 암묵적 비용까지 고려한 이윤이어야
　　　하므로 기업 활동 결과로서의 총수입이 명시적 비용과 암묵적 비용을 포함한 모든 기회비용
　　　보다 커야 한다.

④ **고정비용과 가변비용**

　　ⓖ 고정비용 : 고정비용(fixed cost)이란 기업의 산출량과 무관하게 발생하는 비용이다. 공장
　　　설비 등은 생산을 하지 않아도 조업을 하고 있다는 사실 자체만으로 발생하는 비용이다.
　　ⓛ 가변비용 : 가변비용(variable cost)이란 기업의 산출량과 비례하여 발생하는 비용이다.
　　　생산량을 늘리기 위해서는 더 많은 노동력이 필요하고 이에 따라 인건비 지출도 증가하게
　　　된다.

⑤ **매몰비용**

　　매몰비용(sunk cost)이란 한 번 지출하고 나면 다시 회수할 수 없는 비용을 의미한다. 연구개발
　　비, 광고비 등이 대표적인 매몰비용이다. 합리적인 의사결정을 위해서는 매몰비용은 절대
　　고려해서는 안 되는 비용이다. 어차피 회수할 수 없는 비용이기 때문이다. 경제적으로 고려해
　　야 할 비용은 기회비용이다.

01   기업이란 다양한 생산요소를 결합하여 상품을 생산하는 것을 목적으로 만들어진 조직이다.

02   생산함수란 일정한 기간 동안 사용한 여러 생산요소의 양과 이를 통해 그 기간 동안에 생산할 수 있는 최대한의 상품량 사이의 관계를 나타내는 함수이다.

03   고정투입요소는 고려되는 기간 동안 투입량을 변화시키는 것이 가능한 생산요소를 의미한다.

04   생산자이론에서 고려되는 기간은 크게 단기와 장기로 구분된다. 장기와 단기를 구분하는 기준은 물리적인 시간이다.

05   경제적 비용은 명시적 비용을 나타내는 개념이다.

06   경제학적 이윤은 명시적 비용과 암묵적 비용을 모두 고려해서 구해진다.

07   매몰비용이란 일단 지출되면 다시 회수할 수 없는 비용을 뜻하는데, 고정비용과는 다른 개념이다.

08   평균수입은 상품 한 개를 더 팔았을 때 추가로 얻는 수입을 뜻하며, 한계수입은 상품을 팔아 한 개당 얻을 수 있는 수입을 뜻한다.

09   모든 생산요소의 투입량을 a배 증가시켰을 때 산출량이 a배 이상 증가하는 경우를 규모에 대한 수익체증이라고 한다.

10   등비용곡선이란 주어진 수준의 총지출에 의해 구입가능한 생산요소의 조합들이고 구성된 집합을 그림으로 나타낸 것을 의미하며, 소비자이론에서의 무차별곡선과 비슷한 개념이다.

11   등량곡선은 동일한 산출량을 가져다주는 생산요소 투입량의 조합들로 구성된 집합을 곡선으로 표현한 것이다.

● 정답 및 해설

03   고정투입요소는 고려되는 기간 동안 투입량을 변화시키는 것이 불가능한 생산요소를 의미한다. 투입량을 변화시키는 것이 가능한 생산요소는 가변투입요소이다.

04   생산자이론에서 고려되는 기간은 '고정투입요소의 존재 여부'로 구분된다.

05   경제적 비용에는 명시적 비용과 더불어 암묵적 비용이 포함된다. 암묵적 비용은 현금지출을 필요로 하지 않는 생산요소비용을 의미한다.

08   평균수입은 상품을 팔아 한 개당 얻을 수 있는 수입이며, 한계수입은 상품 한 개를 더 팔았을 때 추가로 얻는 수입을 뜻한다.

10   등비용곡선은 소비자이론에서 무차별곡선보다는 예산선과 많은 면에서 비슷하다.

정답   01 ○   02 ○   03 X   04 X   05 X   06 ○   07 ○   08 X   09 ○   10 X   11 ○

#한계생산물, #생산함수, #평균생산물

Level 0

S전자는 두 생산요소 노동(L)과 자본(K)을 투입하여 이윤극대 화를 도모하고 있다. 노동의 가격과 한계생산성은 각각 200만원과 40단위이며, 자본의 가격과 한계생산성은 100만원과 40단위이다. 다음 중 이 기업의 행동으로 타당한 것은?

① 노동고용을 늘리고, 자본투입을 줄인다.
② 노동고용을 줄이고, 자본투입을 늘린다.
③ 두 생산요소 모두 늘린다.
④ 두 생산요소 모두 줄인다.
⑤ 현재가 최적화된 투입수준이다.

해설 소비자는 효용의 극대화를 추구하는 반면 생산자는 비용의 극소화를 추구한다. 그리고 모든 생산요소가 가변생산요소일 때 비용극소화는 생산요소투입 1원당 한계생산물이 일치할 때 달성된다. 문제에서 MP_L=40, MP_K=40, w=200, r=100이다. 따라서 1원당 한계생산물을 확인하면 다음과 같다. 따라서 1원당 한계생산물이 일치할 때까지 자본투입량을 늘리고, 노동고용량을 줄여야 한다.

$$\frac{MP_L}{w} = \frac{40}{200} < \frac{MP_K}{r} = \frac{40}{100}$$

정답 ②

#한계효용균등의 법칙, #등량곡선의 기울기, #등비용선의 기울기, #수확체감의 법칙

노동과 자본의 단위당 가격은 각각 100만원과 300만원이다. 주어진 생산량을 생산할 수 있는 등량곡선의 어느 한 점에서 노동과 자본의 한계생산은 각각 60과 90이라고 한다. 이 점에 대한 설명으로 옳은 것은?(단, 등량곡선은 노동-자본 평면에 그려지며, 원점에 대해 볼록하다)

> ㉠ 비용극소화를 위해 자본의 고용량을 늘리고 노동의 고용량을 줄여야 한다.
> ㉡ 비용극소화를 위해 노동의 고용량은 늘리고 자본의 고용량은 줄여야 한다.
> ㉢ 등량곡선의 접선의 기울기는 등비용곡선의 기울기보다 덜 가파르다.
> ㉣ 노동의 단위가격당 한계생산은 자본보다 크다.

① ㉠, ㉢   ② ㉠, ㉣   ③ ㉡, ㉢   ④ ㉡, ㉣   ⑤ ㉢, ㉣

해설 생산자의 비용극소화는 등량곡선의 기울기와 등비용선의 기울기가 일치하는 지점에서 형성된다. 등량곡선의 기울기는 한계기술대체율로서 동일한 생산량을 유지하면서 노동투입량을 한 단위 더 늘리기 위해 포기해야 하는 자본의 투입량을 나타낸다. 한편, 등비용선의 기울기는 생산요소가격의 상대비율로 표현된다. 한계기술대체율과 생산요소가격의 상대비율, 그리고 비용극소화 균형은 다음과 같이 표현할 수 있다.

> - $MRTS_{L,K} = -\dfrac{\Delta K}{\Delta L} = -$등량곡선의 기울기
> - $MP_L \times \Delta L + MP_K \times \Delta K = 0 \Leftrightarrow MRTS_{LK} = -\dfrac{\Delta K}{\Delta L} = \dfrac{MP_L}{MP_K}$
> - 등비용선 : $wL + rK = TC$ (w : 임금, r : 이자) $\Leftrightarrow K = -\dfrac{w}{r}L + \dfrac{TC}{r}$
> - 비용극소화 균형 : $\dfrac{MP_L}{MP_K} = \dfrac{w}{r}$

문제의 조건에 따라 비용극소화 균형의 좌변은 $\dfrac{2}{3}$가 되고, 우변은 $\dfrac{1}{3}$이 된다. 이는 등량곡선의 기울기가 예산선의 기울기보다 가파르다는 것을 나타낸다. 그리고 이를 통해 노동의 투입량은 늘리고, 자본의 투입량을 줄여서 노동의 한계생산물을 낮추고, 자본의 한계생산물은 늘려야 한다는 것을 알 수 있다. 그래야 좌변의 크기가 감소해 우변과 같아지기 때문이다. 이는 노동의 단위당 한계생산이 자본의 한계생산보다 크다는 것을 의미한다. 여기서 노동의 투입을 늘리고, 자본의 투입을 줄일 때 각각의 한계생산물이 변화하는 이유는 수확체감의 법칙이 작용하기 때문이다.

오답 노트 한계생산물균등의 법칙은 비용극소화를 다음과 같이 표현하고 있다. 즉, 생산요소 1원당 한계생산이 일치할 때 비용극소화가 달성된다는 것이다. 이를 문제의 조건을 대입하여 살펴보면 $\dfrac{MP_L}{w} > \dfrac{MP_K}{r}$이 성립됨을 확인할 수 있다.

$$MRTS_{L,K} = \frac{w}{r} \Leftrightarrow \frac{MP_L}{MP_K} = \frac{w}{r} \Leftrightarrow \frac{MP_L}{w} = \frac{MP_K}{r}$$

정답 ④

Level 0

어느 기업의 확장경로는 원점을 지나는 직선의 형태로 나타나는데, 생산량 Q를 10단위씩 증가시켜 60단위까지 늘려감에 따라 원점에서부터 거리를 표시하면 아래 표와 같다. 생산량 증가에 따른 규모에 대한 수익은?

Q	10	20	30	40	50	60
거 리	5	10	14	16	21	28

① 불변이다가 체감한다.

② 체감하다가 불변이 된다.

③ 체증하다가 불변이 된다.

④ 체감하다가 체증한다.

⑤ 체증하다가 체감한다.

해설 확장경로는 등비용곡선과 등량곡선이 만나 최적조합을 이루고 있는 점 들을 연결한 곡선이다. 문제에서는 등량곡선이 원점에서 얼마나 떨어져 있는 지 제시한다. 원점에서 멀리 떨어질수록 더 많은 생산량을 의미한다. 생산량은 일정하게 10씩 증가하는데, 그 거리는 조금씩 달라진다. 구체적으로 거리 의 증가분은 감소하다가 증가하는 추이를 보이고 있다. 이는 10을 추가적으로 더 생산하는데 투입되는 생산요소의 투입규모가 감소하다가 증가하는 것을 의미한다. 거리증가분이 점차 줄어드는 건 동일한 생산량 달성에 더 적은 양의 생산요소 투입이 필요하다는 것을 의미하기 때문이다.

정답 ⑤

#등량곡선의 정의, #등량곡선의 기본적 성격, #한계기술대체율

등량곡선에 대한 설명으로 적절한 것은?

① 등량곡선이 원점에 대해 볼록한 이유는 한계기술대체율이 체증하기 때문이다.
② 등량곡선이 원점에서 멀어질수록 더 적은 생산량을 대표한다.
③ 기술진보가 이루어지면 등량곡선은 원점에 가까워진다.
④ 등량곡선 내의 이동은 총생산량의 변화를 의미한다.
⑤ 등량곡선이 성립되지 않는 노동-자본의 조합도 존재한다.

해설 등량곡선은 동일한 산출량을 가져다주는 생산요소 투입량의 조합들로 구성된 집합을 곡선으로 표현한 것이다. 따라서 등량곡선상에 점들은 각기 다른 노동량-자본량의 조합을 나타내지만, 해당 조합으로 인해 동일한 생산량을 생산한다는 점에서는 모두 같다. 같은 등량곡선 위에 위치한 점들은 같은 생산량을 나타낸다. 한편, 기술의 진보가 발생하면 더 적은 생산요소의 투입으로 동일한 생산량을 달성할 수 있기 때문에 등량곡선은 원점에 가까워진다.

오답 노트 등량곡선은 노동량-자본량 평면에 그려지며, 해당 평면에 존재하는 모든 점들은 하나의 등량곡선을 갖는다. 그리고 일반적으로 등량곡선은 원점에 대해 볼록한 모양을 갖는데 이는 노동투입량이 증가할수록 등량곡선의 기울기가 작아지기 때문이다. 등량곡선의 기울기는 동일한 생산량을 유지하면서 노동투입량을 증가시킬 때 포기해야 하는 자본투입량의 양을 나타내는 것으로 등량곡선의 기울기를 한계기술대체율 이라고 한다. 한계기술대체율은 다음과 같이 표현할 수 있다.

- $MRTS_{LK} = -\dfrac{\Delta K}{\Delta L} = -$ 등량곡선의 기울기

- $MP_L \times \Delta L + MP_K \times \Delta K = 0 \Leftrightarrow MRTS_{LK} = -\dfrac{\Delta K}{\Delta L} = \dfrac{MP_L}{MP_K}$

정답 ③

#생산함수, #개별기업의 단기와 장기, #산업의 단기와 장기

01 다음은 생산함수와 관련된 내용이다. 옳지 않은 것을 고르시오.

① 고정투입요소의 존재 여부로 단기와 장기를 구분한다.

② 고정투입요소가 존재하는 기간은 단기이다.

③ 일반적으로 생산함수의 측정기간이 1년 이상이면 장기로 간주할 수 있다.

④ 단기에는 고정투입요소와 가변투입요소가 공존한다.

⑤ 생산함수로부터 총생산물, 한계생산물을 파악할 수 있다.

해설

미시경제학에서 단기와 장기는 시간의 길이로 구분하지 않는다. 개별기업의 경우 단기와 장기는 생산요소 가운데 고정투입요소가 존재하는지 여부로 구분한다. 따라서 1년 이상을 장기로 간주하는 등의 기준은 존재하지 않는다.

오답 노트
산업전체적으로는 단기와 장기를 기업의 진입과 퇴출이 자유로운지 여부로 결정한다. 단기는 진입과 퇴출이 불가능한 기간을, 장기는 진입과 퇴출이 자유로운 기간을 의미한다. 한편, 생산함수로부터 총생산물과 한계생산물, 평균생산물의 개념을 도출할 수 있다.

02 단기에 A기업의 생산함수는 $Q = F(L, \overline{K})$이다. 노동투입량이 20명일 때 평균생산량은 45개였다. 이때 1명을 더 고용하자 생산량이 43개로 감소했다. 노동투입의 한계생산량은 얼마인가?

① 1개   ② 2개

③ 3개   ④ 4개

⑤ 5개

해설

개별기업의 단기는 고정투입요소의 존재여부로 결정된다. 문제에 제시된 생산함수는 $Q = F(L, \overline{K})$로 자본이 고정투입요소로 기능한다는 것을 알 수 있다. 따라서 단기에 A기업의 생산량은 노동의 투입량과 비례하여 결정된다. 먼저 노동의 평균생산물은 노동 한 단위당 산출량을 의미한다. 기하학적인 의미는 원점에서 총생산곡선에 그은 직선의 기울기로 다음과 같이 표현된다.

$$AP_L = \frac{\text{산출량}}{\text{노동투입량}} = \frac{Q}{L} \Rightarrow Q = AP_L \times L$$

따라서 이로부터 총 생산량은 노동의 평균생산물과 노동투입량의 곱으로 산출된다는 것을 알 수 있다.
문제에서 20명 투입 시 평균생산량이 45개였으므로 이는 총생산량이 900개(= 20명 × 45명)임을 의미한다. 그리고 21명 고용 시 생산량이 43개이므로 이때의 총생산량은 903개(= 21명 × 43개)가 된다. 한편, 노동의 한계생산물(MP_L)이란 노동의 투입을 한 단위 증가시켰을 때 증가되는 생산량을 의미한다. 노동의 한계생산물은 기하학적으로 총생산물곡선의 접선의 기울기이며, 다음과 같이 표현된다. 1명 추가적으로 투입했을 때(20 → 21명) 총생산물의 증가분은 3(= 903 – 900)이 된다.

$$MP_L = \frac{\text{산출량의 변화}}{\text{노동투입량의 변화}} = \frac{\Delta Q}{\Delta L}$$

오답 노트 총생산물과 평균생산물, 한계생산물의 정의와 수식 그리고 각 그래프 간의 관계까지 정확하게 알고 있어야 한다.

03 다음의 생산함수에서 노동의 평균생산물과 한계생산물 간의 관계를 설명한 내용 가운데 옳지 않은 것을 고르시오.

① 노동의 평균생산물이 노동의 한계생산물보다 크면 노동의 평균생산물은 계속 감소한다.
② 가변요소인 노동의 투입량이 증가하면 한계생산성은 증가하다 감소한다.
③ 가변요소인 노동의 투입량이 증가하면 평균생산성은 증가하다 감소한다.
④ 평균생산이 증가하는 구간에서 한계생산은 평균생산보다 작다.
⑤ 수확체감의 법칙은 한계생산물이 하락하는 구간에서 성립한다.

해설

④ 평균생산이 증가하는 구간에서 평균생산은 한계생산보다 작다.
총생산은 단기생산함수를 통해 생산되는 최대 생산량을 의미한다. 단기생산함수는 자본(K)은 고정된 것으로 간주하고, 노동의 투입량만을 늘리게 된다. 따라서 총생산곡선은 노동량-생산량 평면에서 표현한다. 한편, 총생산함수로부터 평균생산과 한계생산을 도출할 수 있다. 평균생산은 총생산량을 노동의 투입량으로 나누어 산출하고, 한계생산은 산출량의 변화분을 노동투입량의 변화분으로 나누어 산출한다. 평균생산곡선 및 한계생산곡선 역시 총생산물곡선을 통해 도출되며, 평균생산곡선은 원점에서 총생산곡선에 그은 직선의 기울기이고, 한계생산 곡선은 총생산물 곡선의 접선의 기울기이다. 이를 그림으로 표현하면 다음과 같다.

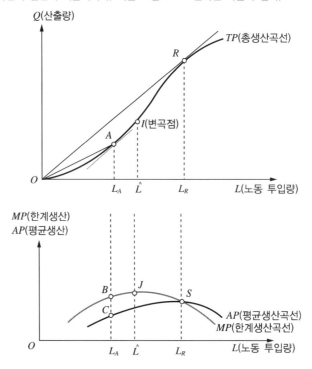

오답 노트 단기의 총생산곡선은 자본이 고정되어 있으므로 노동의 투입량 증가만으로 총생산량의 증가와 비례한다. 따라서 X축에 노동 투입량이 놓이게 된다는 점을 확인해야 한다. 그래프를 볼 때는 X축과 Y축의 변수를 가장 먼저 살펴봐야 한다.

04 기업 A는 단기적으로 다음의 생산함수 $Q = F(L, \overline{K})$에 따라 생산량이 결정된다. 이때 한계생산물 체감의 법칙이 발생하는 구간에서 노동의 투입량이 한 단위 증가할 때 나타나는 현상을 적절하지 않은 설명은 무엇인가?

① 한계생산물체감의 법칙이 일어나는 구간에서 평균생산곡선은 반드시 감소한다.

② 한계생산물체감의 법칙이 일어나는 구간에서 총생산은 감소하는 구간도 증가하는 구간도 존재한다.

③ 한계생산물체감의 법칙이 일어나는 구간에서 평균생산곡선은 한계생산곡선보다 아래에 놓이는 구간도 위에 놓이는 구간도 존재한다.

④ 평균생산곡선의 최고점은 한계생산물체감의 법칙이 일어난 구간 내에 존재한다.

⑤ 한계생산물체감의 법칙이 일어나기 시작할 때 총생산물의 증가분이 감소한다.

해설

단기의 총생산곡선은 자본이 고정되어 있기 때문에 노동의 투입량과 산출량과의 관계를 나타낸다. 따라서 노동량 −총생산량 평면에 총생산곡선이 그려진다. 그리고 이로부터 평균생산물곡선과 한계생산물곡선이 도출 가능하다. 평균생산물의 기하학적 의미는 원점에서 총생산곡선에 그은 직선의 기울기이며, 한계생산물은 총생산곡선의 접선의 기울기이다. 이는 다음과 같이 구해진다.

- 평균생산물 : $AP_L = \dfrac{\text{산출량}}{\text{노동투입량}} = \dfrac{Q}{L}$

- 한계생산물 : $MP_L = \dfrac{\text{산출량의 변화}}{\text{노동투입량의 변화}} = \dfrac{\varDelta Q}{\varDelta L}$

한편, 한계생산물체감의 법칙이란 한계생산물이 증가하다가 최고점을 지난 이후에 감소하는 현상으로 수확체감의 법칙이라고도 한다. 이는 노동의 투입량이 증가할수록 총산출량의 증가분이 계속해서 감소하는 현상을 의미한다. 수확체감의 법칙이 나타나는 구간에서 평균생산곡선은 상승하다가 정점을 지난 이후에 감소한다. 따라서 반드시 감소한다고 볼 수 없다.

오답 노트 총생산물곡선으로부터 한계생산물곡선 그리고 평균생산물곡선을 도출할 수 있는지를 묻는 문제이다. 문제로 출제될 때에는 곡선이 주어지지 않기 때문에 실제 곡선을 그려볼 수 있어야 한다. 곡선을 그릴 수 있는지 여부만으로 문제의 정답을 쉽게 찾을 수도 있고 아니면 아예 풀지 못할 수도 있다.

05 현재 생산수준에서 비용극소화를 위한 생산량 조절로 올바르게 설명한 것을 고르시오.

> • 노동의 가격(w) : 7원
> • 자본의 가격(r) : 14원
> • 노동의 한계생산(MP_L) : 8
> • 자본의 한계생산(MP_K) : 4

① 노동의 투입량을 늘리고, 자본의 투입량을 줄일 것이다.
② 노동의 투입량을 줄이고, 자본의 투입량을 늘릴 것이다.
③ 노동과 자본 모두 투입량을 늘릴 것이다.
④ 노동과 자본 모두 투입량을 줄일 것이다.
⑤ 노동과 자본의 투입량을 그대로 유지할 것이다.

해설

소비자가 달성하려는 목표가 효용의 극대화였다면, 생산자가 달성하고자 하는 목표는 비용의 극소화이다. 비용극소화는 등량곡선의 기울기와 등비용선의 기울기가 일치하는 지점에서 달성된다. 등량곡선의 기울기는 한계기술대체율($MRTS_{LK}$)이고, 등비용선의 기울기는 생산요소 가격의 상대비율($\frac{w}{r}$)이다. 한계기술대체율과 생산요소가격의 상대비율은 다음과 같이 표현된다.

> • $MRTS_{LK} = -\frac{\Delta K}{\Delta L} = -$등량곡선의 기울기
>
> • $MP_L \times \Delta L + MP_K \times \Delta K = 0 \Leftrightarrow MRTS_{LK} = -\frac{\Delta K}{\Delta L} = \frac{MP_L}{MP_K}$
>
> • 등비용선 : $wL + rK = TC$ (w : 임금, r : 이자) $\Leftrightarrow K = -\frac{w}{r}L + \frac{TC}{r}$
>
> • 비용극소화 균형 : $\frac{MP_L}{MP_K} = \frac{w}{r}$

한편, 비용극소화 균형은 $\frac{MP_L}{MP_K} = \frac{w}{r}$ 인 점에서 형성되는 데 이를 한계생산균등의 법칙이라고 한다. 문제의 조건에 따라 좌변은 2이고, 우변은 $\frac{1}{2}$ 이다. 즉, $\frac{MP_L}{MP_K} > \frac{w}{r}$ 가 성립한다. 이때 노동의 투입량을 늘리고, 자본의 투입량을 줄이면 균형을 달성할 수 있다. 반면 노동의 투입량이 증가하면 수확체감의 법칙에 따라 노동의 한계생산물이 점차 작아지고, 자본의 투입량을 늘리면 자본의 한계생산물이 점차 증가한다.

오답 노트

생산자의 비용극소화 조건에도 수확체감의 법칙이 적용된다. 균형조건을 달성하지 못할 때 수확체감의 법칙을 활용하면 균형을 회복할 수 있다. 생산요소의 가격은 생산요소 시장에서 결정된 가격이기 때문에 이를 조정하는 것은 불가능하기 때문이다.

#규모에 대한 수익 증가, #규모에 대한 수익 감소, #규모에 대한 수익 불변

06 다음 중 규모에 대한 수익 감소를 나타내는 등량곡선은 무엇인가?

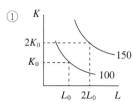

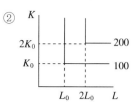

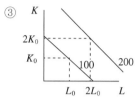

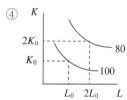

해설

장기에 생산요소투입량을 조절함에 있어 모든 생산요소의 투입량을 a배 했을 때 생산량이 a배 이상으로 증가하는 경우를 규모에 대한 수익 증가라고 하고, 생산요소의 투입량을 a배 했을 때 생산량이 a배보다 작게 증가하는 경우를 규모에 대한 수익 감소라고 한다. 첫 번째 등량곡선이 대표하는 생산량을 살펴보면 생산요소의 투입량은 모두 2배씩 증가했는데 생산량은 1.5배만 증가(100 → 150)하고 있어 규모에 대한 수익감소의 경우임을 알 수 있다.

오답 노트

②, ③ 그래프는 규모에 대한 수익 불변, ④ 그래프는 규모의 수익과 무관하다. 생산요소의 투입량이 증가했는데 오히려 생산량이 감소하고 있기 때문이다. 규모의 수익 여부를 살펴볼 때는 생산요소 투입량의 증가와 생산량의 증가 정도만을 살펴보면 된다. 등량곡선의 형태는 규모에 대한 수익과 무관하다.

07 다음은 기업 A의 노동과 자본의 투입량과 산출량 사이의 관계를 나타내는 표이다. 이 표를 통해 알 수 있는 것을 모두 고른 것은?　🌸 나오는 유형 *

자본＼노동	1	2	3	4	4	4	4
4	20						
2		20					
2			28				
1				20			
2					35		
3						38	
4							40

> ㉠ 규모의 경제　　　　　　　㉡ 규모수익불변
> ㉢ 노동의 한계생산 체감　　㉣ 자본의 한계생산 체감

① ㉠
② ㉠, ㉡
③ ㉡, ㉢
④ ㉢, ㉣
⑤ ㉡, ㉢, ㉣

해설

노동 및 자본의 한계생산 체감을 확인하기 위해서는 둘 중 하나의 생산요소 투입만을 증가시켰을 때 생산량 변화를 살펴보면 된다.

㉡ 노동과 자본을 모두 2단위였다가 모두 4단위로 늘렸을 때, 생산량 변화가 20에서 40으로 정확히 2배 증가했으므로 규모수익불변이라 할 수 있다.

㉢ 자본의 투입을 2에 고정시켜 놓고 노동의 투입을 2, 3, 4로 변화시켰을 때 생산량 변화를 살펴보면 20 → 28 → 35이므로 그 증가폭은 8 → 7로 감소하므로 노동의 한계생산은 체감하는 것을 확인할 수 있다.

㉣ 노동의 투입량을 4에 고정시켜 놓고 자본의 생산량을 1, 2, 3, 4로 늘렸을 때 생산량은 20 → 35 → 38 → 40으로 상승하는데 그 증가폭은 15 → 3 → 2이므로 자본의 한계 생산이 체감하는 것을 확인할 수 있다.

오답
노트

규모에 대한 수익은 생산요소의 투입량을 a배 했을 때 생산량이 얼마나 증가하는지를 나타낸다. 생산요소 투입량 증가보다 생산량이 많이 증가하면 규모에 대한 수익 증가, 생산량이 더 적게 증가하면 규모에 대한 수익 감소, 생산요소 투입량과 동일하게 증가하면 규모에 대한 수익 불변이다. 이를 확인하기 위해서는 노동과 자본투입을 동일하게 늘린 경우의 총생산을 먼저 살펴보면 된다. 확인할 수 있는 조합은 노동과 자본이 모두 2단위였다가 모두 4단위로 증가하는 경우이다. 이때 생산량 변화가 20에서 40으로 정확히 2배 증가했으므로 규모에 대한 수익 불변이라 할 수 있다. 따라서 장기의 규모에 대한 수익 증가를 의미하는 규모의 경제는 존재하지 않는다.

08 회계적 이윤과 경제적 이윤에 관한 설명 중 옳은 것은?

꼭 나오는 유형 *

① 회계적 이윤 = 총수입 − 명시적 비용 − 암묵적 비용
② 회계적 이윤 = 총수입 − 암묵적 비용
③ 경제적 이윤 = 총수입 − 명시적 비용
④ 경제적 이윤 = 총수입 − 암묵적 비용
⑤ 경제적 이윤 = 총수입 − 명시적 비용 − 암묵적 비용

해설

회계적 비용은 경영학에서 논의의 대상으로 삼는 비용인 반면 경제적 비용은 경제학에서 비용으로 간주하는 개념이다. 회계적 비용은 눈에 보이는 명시적 비용을 의미한다. 즉, 현금지출을 필요로 하는 생산요소 비용을 의미한다. 반면에 경제적 비용은 현금지출이 명백한 명시적 비용과 현금 지출이 눈에 보이지 않는 암묵적 비용을 모두 포함한다. 경제적 비용은 다음과 같이 표현된다.

경제적 비용(economic cost) = 명시적 비용(explicit cost) + 암묵적 비용(implicit cost)

한편, 회계적 이윤은 총수입(TR)에서 회계적 비용을 차감한 값이고, 경제적 이윤은 총수입에서 경제적 비용을 차감한 이윤이다. 따라서 회계적 이윤이 경제적 이윤보다 크게 된다.

- 경제학적 이윤($\pi_{economic}$) $= TR - TC = TR - (TC_{ex} + TC_{im})$
- 회계학적 이윤($\pi_{accounting}$) $= TR - TC = TR - TC_{ex}$
- $\pi_{accounting} > \pi_{economic}$

오답 노트

명시적 비용은 다른 사람이 가진 생산요소에 대한 대가를 의미하는 반면 암묵적 비용은 내가 가진 생산요소에 대한 대가라고 바꾸어 설명할 수도 있다.

#경제적 비용, #명시적 비용와 암묵적 비용, #경제적 이윤

09 A씨는 월급 200만원을 받던 직장에서 300만원의 월급을 제안하며 퇴직하지 말라는 제안을 거절하고 빵 가게를 차렸다. 빵 가게의 한 달 수입은 1,650만원이고 가게 임대료가 350만원, 밀가루와 설탕 등 원재료비가 한 달에 450만원이 지출된다. 여기에 종업원 2명을 고용하는데 한 사람당 200만원의 인건비가 들어간다. A씨의 경제적 이윤은 얼마인가?

① 400만원   ② 300만원
③ 250만원   ④ 200만원
⑤ 150만원

해설

경제적 이윤은 총수입에서 경제적 비용을 차감한 값으로 계산된다. 경제적 비용은 명시적 비용과 암묵적 비용으로 구분된다. 명시적 비용은 눈에 보이는 현금지출이 발생하는 비용으로 문제의 조건에서 1,200만원(가게 임대료 350만원 + 원재료비 450만원 + 인건비 400만원)이다. 한편, 암묵적 비용은 눈에 보이지 않는 현금지출을 의미한다. A씨의 암묵적 비용은 회사를 다녔더라면 벌 수 있었던 300만원의 월급이다. 따라서 경제적 비용의 총액은 1,500만원(= 1,200 + 300)이다. 빵 가게 운영을 통해 얻을 수 있는 총수입은 1,650만원이므로 경제적 이윤은 총수입에서 경제적 비용을 제한 150만원(= 1,650 − 1,500)이다.

오답 노트 경제적 비용을 계산할 때 암묵적 비용을 놓쳐서는 안 된다. 암묵적 비용은 내가 가진 생산요소를 사용한 대가를 의미한다. 내가 가진 노동력을 다른 곳에 사용했더라면 얻을 수 있었던 수입이 나의 노동력을 빵 가게에 투입했을 때 받아야 하는 최소금액이 된다. 따라서 거절한 전 직장의 300만원은 암묵적 비용이 된다.

10

어떤 기업이 상품 2,000개를 생산하는 데 드는 총비용은 8백만원이고, 총가변비용은 6백만원이다. 그리고 한계비용은 4,000원이다. 이 기업의 평균고정비용을 구하시오.

① 1,000원

② 2,000원

③ 3,000원

④ 4,000원

⑤ 5,000원

해설

총비용은 생산에 소요되는 전체 비용으로 총가변비용과 총고정비용으로 구성된다. 따라서 총비용은 다음과 같이 표현할 수 있다. 그리고 평균총비용(AC) 역시 평균가변비용(AVC)과 평균고정비용(AFC)으로 구분된다. 따라서 평균고정비용은 1,000원임을 알 수 있다.

- 총비용 : $TC = TFC + TVC \Rightarrow$ 800만원 $= TFC +$ 600만원, $TFC =$ 200만원
- 평균총비용 : $AC = \dfrac{TC}{Q} = \dfrac{TFC + TVC}{Q} = AFC + AVC$
- 평균고정비용 : $AFC = \dfrac{TFC}{Q} \Rightarrow \dfrac{2,000,000}{2,000} = 1,000$원

오답 노트 총비용이 총가변비용과 총고정비용으로 구성되어 있다는 점으로부터 총평균비용이 평균고정비용과 평균가변비용으로 구성되어 있다는 것을 유추해 낼 수 있어야 한다.

11

한 기업이 여러 상품을 동시에 생산함으로써 비용상의 이점이 생기는 경우를 나타내는 용어는 무엇인가?

① 규모의 경제

② 범위의 경제

③ 규모의 비경제

④ 범위의 비경제

⑤ 독점경제

해설

범위의 경제(economy of scope)는 특정 재화들을 한 회사에서 생산할 때 투여되는 총비용이 해당 재화들을 여러 회사에서 구분하여 생산할 때 투여되는 총비용보다 작은 경우를 말한다. 두 재화를 한 회사에서 생산할 때 투여되는 비용이 두 재화를 각기 다른 회사에서 생산할 때보다 작다는 것이다.

오답 노트 규모의 경제는 장기에 발생하는 규모수익 체증을 의미한다. 즉, 생산요소의 투입량을 a배 했을 때 생산량 증가율이 a배 이상 되는 경우를 의미한다. 이처럼 생산요소의 투입 증가분을 상회하여 생산량이 증가하면 장기평균비용이 감소하게 되는 데 이를 규모의 경제(economy of scale)라고 한다.

미시 04

자재운반부터 품질검사까지 로봇이 '척척'

2024.07.18. 매일경제

LG전자 스마트팩토리 가보니
자율주행 로봇과 AI 결합해
공정 오류 감지로 생산성 높여
올해 외부수주 3천억원 규모
2030년 매출 조단위로 확대

18일 굵은 비를 뚫고 찾은 경기 평택 LG전자 스마트팩토리확산센터(SFAC). 내부에 들어서니 자율주행 로봇이 '위잉' 소리와 함께 부품을 조립하며 불량품을 솎아내고 있었다. 옆에서는 15㎝의 좁은 틈을 비집고 자율주행 로봇이 자재를 옮기느라 분주했다.

이날 LG전자는 로보틱스·인공지능(AI)·디지털전환(DX)을 접목한 스마트팩토리 사업으로 2030년까지 조단위 매출을 올리고, 영업이익률을 10% 이상으로 높이겠다고 선언했다. 올해 외부 기업들에서 3,000억원대 계약을 수주하고, 매출 2,000억원을 거둘 전망이다. 현재 수주 금액은 2,000억원대다.

북미와 아시아에서 주문이 밀려들고 있다는 게 LG전자 설명이다. 정대화 LG전자 생산기술원장(사장)은 "국내 기업이 미국으로 진출하며 인력난을 겪는 사례가 많아 스마트팩토리 솔루션을 문의하고 있다."라며 "베트남처럼 인건비가 저렴한 곳에서도 숙련공 양성에는 시간이 걸려 스마트팩토리 구축을 요청해온다."라고 말했다.

LG전자 생산기술원은 66년간 쌓은 제조 역량을 바탕으로 △생산 컨설팅 △공법·장비·생산운영 시스템 개발 △생산기술 인력 육성 등 솔루션을 제공한다. LG전자가 최근 10년간 축적한 데이터만 770TB(테라바이트)에 달한다.

LG전자는 디지털트윈 시뮬레이션을 바탕으로 생산시스템 설계·운영 솔루션을 제공하고 있다. 프리즘(PRISM)이라는 솔루션으로 가상 공장을 만들어놓고 최적 효율을 낼 수 있도록 했다. 생산설비 병목·불량·고장 여부도 사전에 감지해 생산성을 높일 수 있다.

스마트팩토리센터에 놓인 화면을 클릭하자 실제 공장이 가상 환경에 '쏙' 들어왔다. 드래그앤드드롭(Drag&Drop) 기능으로 공장을 재설계하며 물류 레이아웃을 손쉽게 검증했다. 전사적자원관리(ERP) 솔루션에선 공급 계획과 실시간 설비 스케줄링 등을 확인할 수 있었다.

스마트팩토리에는 자율주행 이동로봇(AMR)도 활용된다. 특히 AMR에 다관절 로봇팔을 결합해 운반·조립·불량검사를 동시에 할 수 있다. LG전자 관계자는 "카메라, 레이더, 라이다 등 센서를 탑재해 주변 환경을 인식하고 부품과 자재를 공급할 수 있다"라고 설명했다. AI 진화도 손쉽게 체감할 수 있었다. LG 엑사원이나 구글 제미나이 같은 대규모언어모델(LLM)을 통해 음성 명령을 내릴 수 있다. 다급한 목소리로 "긴급 정지"라고 외치자 버튼을 누르지 않았는데도 설비가 바로 멈췄다.

공장을 한눈에 파악할 수 있는 비전 AI도 스마트팩토리 솔루션에 포함돼 있다. 비전 AI가 온도·불량 등을 비롯해 이상 상황을 감지한다. 생산설비와 제품 이상뿐 아니라 현장 안전도 실시간 감지할 수 있는 것이 특징이다.

LG전자는 스마트팩토리 솔루션을 바탕으로 기업 간 거래(B2B) 사업을 키울 방침이다. 시장조사업체 프레시던스리서치는 올해 스마트팩토리 시장 규모가 1,556억달러(약 214조원)였으나 2030년에는 2,685억달러(약 370조원)까지 성장할 것이라고 예상했다.

Tip

생산현장에 로봇이 들어오기 시작했다. 현재는 자동화 수준에서 조금 더 나아진 정도이지만, 머잖아 인공지능을 탑재해 사람과 같은 판단을 내리는 로봇이 등장할 것이다. 테슬라의 '옵티머스'가 대표적이다. 생산현장에 로봇을 활용하는 것은 무엇보다 생산성을 높일 수 있기 때문이다. 로봇은 잠을 자지도, 전염병에 걸리지도 않는다. 공장설비를 24시간 동안 저렴한 비용으로 그리고 안정적으로 돌릴 수 있는 이유다. 생산자 측면의 여러 면을 따져볼 때 로봇을 통한 생산이 가속화될 수밖에 없음을 예상해 볼 수 있다.

05 | 시장이론

01 시장이론 기초

1. 시 장

시장(market)이란 재화와 서비스가 거래되는 구체적인 장소로서, 경제학에서의 시장은 거래가
이뤄지는 제도 및 기구 등 추상적인 매개체를 의미한다.

2. 시장의 구조

경제학에서 생산물시장은 기업의 수와 재화의 동질성 여부를 기준으로 완전경쟁시장, 독점시장,
과점시장, 독점적 경쟁시장으로 구분한다.

구 분	기업의 수	재화의 동질성	진입장벽	비 고
완전경쟁시장	무수히 많음	동 질	없 음	주식, 농산물
독점시장	하 나	동 질	진입불가	담배, 전기
과점시장	소 수	동질 or 이질	높 음	(동질)맥주, 소주 (이질)자동차, 가전
독점적 경쟁시장	다 수	아주 약간 이질	거의없음	음식점, 미용실

3. 기업의 이윤극대화

① 총수입, 한계수입, 평균수입

총수입(Total Revenue ; TR)이란 기업이 재화나 서비스의 판매를 통해 벌어들인 전체 수입액
으로서 판매량에 가격을 곱한 값을 의미한다. 평균수입과 한계수입은 모두 총수입으로부터
도출된다. 평균수입은 판매량 한 단위당 수입을 의미하고, 한계수입은 판매량 한 단위가 늘어
날 때 추가적으로 얻게 되는 총수입액을 의미한다.

- 총수입 : $TR(Q) = P(Q) \times Q$
- 평균수입 : $AR(Q) = \dfrac{TR(Q)}{Q} = \dfrac{P(Q) \times Q}{Q} = P(Q)$
- 한계수입 : $MR(Q) = \dfrac{dTR(Q)}{dQ} = \dfrac{d[P(Q) \times Q]}{dQ} = P(Q) + \dfrac{dP}{dQ}Q$

보충학습　「$P = AR$」 vs 「$P = MR$」

- 가격과 평균수입이 일치하는 조건은 단일가격이 형성되는 모든 시장에서 성립되는 조건이다.
- 가격과 한계수입이 일치하는 조건은 완전경쟁시장에서만 형성되는 조건이다.

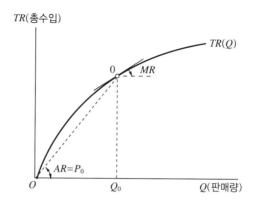

② 이윤극대화 조건

　㉠ 한계적 의사결정

　　「제4장 생산자이론」에서 살펴본 바와 같이 기업이 추구하는 이윤은 경제적 이윤이다. 따라서 이윤을 극대화하는 의사결정을 위해서는 추가적인 개념인 한계(marginal)의 개념에 입각한 의사결정이 이뤄져야 한다.

　㉡ $MR = MC$

　　기업의 이윤은 한계수입과 한계비용이 일치할 때 극대화된다. 즉, 한 단위 추가적으로 생산하여 얻는 수입이 한 단위를 추가적으로 생산하는 데 투입되는 비용과 같을 때 기업의 이윤이 극대화된다는 것이다. 이는 다음의 그림을 통해 확인할 수 있다. 그림에서 MR과 MC는 Q^{**}와 Q^*에서 만나고 있다. 각각의 상황에서 이윤을 확인하기 위해 총수입(TR)과 총비용(TC)을 살펴보면 Q^{**}에서는 $TR < TC$인 상황으로 손실이 발생하는 반면 Q^*에서는 $TR > TC$로 이윤이 극대화되고 있다. 따라서 기업의 이윤극대화는 $MR = MC$이면서 한계비용곡선이 한계수입곡선을 아래에서 위로 관통하는 지점에서 달성된다는 것을 알 수 있다.

보충학습　기업의 이윤극대화 조건

- 제1조건 : $MR = MC$
- 제2조건 : 한계비용곡선이 한계수입곡선을 아래에서 위로 관통
　　　　 (= 한계비용곡선의 기울기 > 한계수입곡선의 기울기)

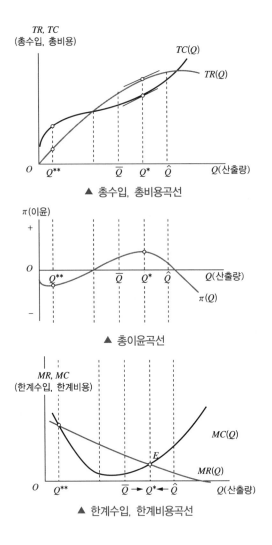

▲ 총수입, 총비용곡선

▲ 총이윤곡선

▲ 한계수입, 한계비용곡선

1. 완전경쟁시장

① 정 의

완전경쟁시장(perfectly competitive market)은 수요자의 의사결정이 자원배분을 지배하는 이상적인 형태의 시장으로서, 수많은 수요자와 공급자가 주어진 시장가격하에서 동질적인 재화와 서비스를 사고파는 시장이다. 완전경쟁이란 수많은 생산자들이 동질적인 재화나 서비스를 생산하는 상황을 의미한다. 완전경쟁시장은 현실에서 자주 찾아보기는 어렵지만 이론적 기준이 되는 시장형태로서 매우 중요하다.

② 특 징

　　㉠ 가격순응자로서의 수요자와 공급자 : 시장 내에 수많은 수요자와 공급자가 존재하고, 동질
　　　적인 재화나 서비스를 생산하기 때문에 특정 생산자나 소비자가 시장가격에 아무런 영향을
　　　미칠 수 없다. 이러한 경제주체를 가격수용자(price taker)라고 한다.

　　㉡ 자유로운 시장진입과 퇴출 : 새로운 기업이 시장에 들어오는 것은 진입(entry)이라 하고,
　　　기업이 시장을 떠나는 것을 퇴출(exit)이라고 한다. 시장 내에 존재하는 공급자는 언제든지
　　　시장에서 퇴출할 수 있으며, 시장 밖의 새로운 생산자도 언제든지 시장에 진입할 수 있다.
　　　수많은 생산자가 동일한 가격에 동일한 상품을 판매하기 때문에 진입과 퇴출은 매우 자유롭
　　　다. 다만, 이로 인해 장기에는 초과이윤이 모두 사라진다. 단기에 초과이윤이 발생하면
　　　이를 얻기 위해 시장 밖의 경쟁자들이 시장으로 진입하여 경쟁이 심화되고, 이로 인해
　　　장기적으로는 이윤이 0이 되기 때문이다.

　　㉢ 완전한 정보 : 시장 내의 수요자와 공급자는 시장 상황(상품의 가격과 질)에 대한 완전한 정보와
　　　지식을 갖고 있다. 따라서 시장 어디에서도 동일한 상품이 다른 가격에 거래될 수가 없다.

2. 완전경쟁시장의 단기균형

① 완전경쟁기업의 총수입, 평균수입, 한계수입

　완전경쟁시장에서의 생산자는 가격순응자이므로 가격을 주어지는 것으로 받아들일 뿐 가격을
　변화시킬 수 없다($\overline{P}$). 따라서 개별기업의 입장에서는 $P = AR = MR$이 성립한다.

　㉠ 총수입 : $TR = \overline{P} \times Q$

　　→ 총수입곡선은 ($P - Q$ 평면)원점에서 출발하는 우상향의 직선형태

　㉡ 평균수입 : $AR = \dfrac{TR}{Q} = \dfrac{P \times Q}{Q} = P$

　　→ 평균수입곡선($P - Q$ 평면)은 가격수준에서 수평선

　㉢ 한계수입 : $MR = \dfrac{\varDelta TR}{\varDelta Q} = \dfrac{P \times \varDelta Q}{\varDelta Q} = P$

　　→ 한계수입곡선($P - Q$ 평면)은 가격수준에서 수평선

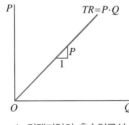
▲ 경쟁기업의 총수입곡선

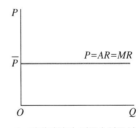
▲ 경쟁기업의 평균수입곡선

② 완전경쟁시장의 수요곡선

　완전경쟁시장에서의 개별 기업이 느끼는 수요곡선은 시장가격수준에서 수평이다. 시장에서
　정해진 가격을 그대로 받아들이고 이후의 의사결정을 할 수밖에 없기 때문이다. 한편, 완전경
　쟁시장 전체의 수요곡선은 우하향 형태의 시장수요곡선을 갖는다.

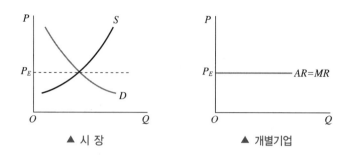

▲ 시 장   ▲ 개별기업

보충학습 기업이 직면하는 수요곡선이 시장가격 수준에서 수평인 것의 의미

- 기업이 가격을 시장가격 수준에서 아주 조금만 올려도 수요량은 0이 된다(완전 탄력적).
- 주어진 시장가격 수준에서는 얼마든지 시장에 판매할 수 있다.

③ 완전경쟁시장의 이윤극대화 생산량 결정

모든 기업의 이윤극대화 조건은 $MR = MC$이다. 완전경쟁시장의 기업들 역시 예외가 아니다. 원점에서 출발하는 우상향의 총수입곡선과 고정비용의 존재로 인해 원점이 아닌 Y축에서 시작하는 S자형의 총비용곡선을 바탕으로 한계수입과 한계비용을 도출해 이윤극대화 생산량을 찾게 된다. 그 결과 이윤극대화 생산량은 Q_0에서 결정된다.

(a) 총수입곡선과 총비용곡선

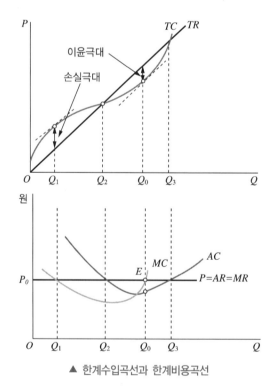

▲ 한계수입곡선과 한계비용곡선

④ 완전경쟁기업의 단기수요곡선과 단기공급곡선

완전경쟁시장의 기업들이 인식하는 수요곡선은 앞서 살펴본 바와 같이 시장가격수준에서 수평
이다($P = AR = MR$). 한편, 완전경쟁기업들이 인식하는 공급곡선은 평균가변비용곡선
(AVC)의 최저점을 통과하는 우상향의 한계비용곡선이 된다.

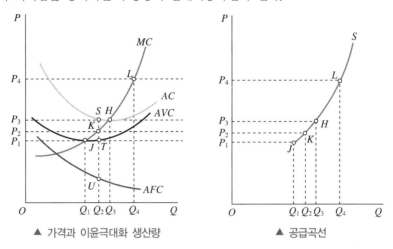

▲ 가격과 이윤극대화 생산량 　　　　▲ 공급곡선

보충학습 단기 총비용(Total Cost ; TC)과 단기 평균비용(Average Cost ; AC)

단기는 고정투입요소가 존재하는 기간으로서 생산은 고정투입요소와 가변투입요소의 결합으로 이뤄진다. 따
라서 단기의 총비용 역시 총고정비용과 총가변비용으로 구성된다.

$$TC = TFC + TVC$$

한편, 단기의 평균비용은 생산량 한 단위당 투입되는 총비용을 나타내는 값으로, 총비용을 생산량을 나누어
계산한다. 단기의 평균비용 역시 평균고정비용과 평균가변비용으로 구분할 수 있다. 한편, 단기의 총고정비용
은 생산량과 무관하게 일정($\overline{TFC}$)하므로 생산량이 증가할수록 평균고정비용(AFC)은 감소한다.

$$AC = \frac{TC}{Q} = \frac{TFC + TVC}{Q} = \frac{TFC}{Q} + \frac{TVC}{Q} = AFC + AVC$$

이를 그림으로 나타내면 평균비용은 평균고정비용과 평균가변비용으로 구분된다.

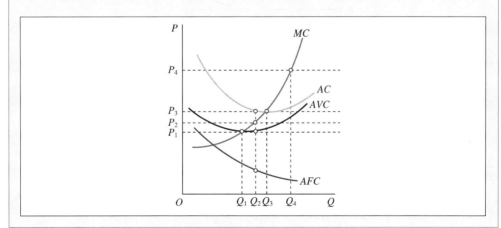

⑤ 완전경쟁시장의 단기균형과 완전경쟁기업의 단기균형

　㉠ 완전경쟁시장의 단기균형 : 완전경쟁시장 전체의 수요와 공급은 일반적으로 알고 있는 우하
　　향의 수요곡선과 우상향의 공급곡선이 만나는 지점에서 균형가격과 거래량이 형성된다.

　㉡ 개별기업의 단기균형 : 완전경쟁시장의 기업들은 시장에서 결정된 가격을 받아들이고, 이
　　수준에서 형성된 한계수입곡선과 한계비용곡선이 만나는 지점에서 생산량을 결정한다.
　　개별기업들에게 있어 한계수입곡선은 개별기업이 직면하는 수요곡선, 한계비용곡선은 공
　　급곡선인 셈이다. 그리고 단기에 형성되는 균형 수준에서는 시장에서 형성되는 가격수준에
　　따라 초과이윤이 발생할 수 있다.

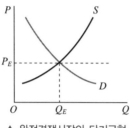

▲ 완전경쟁시장의 단기균형　　　　▲ 완전경쟁 개별기업의 단기균형

3. 완전경쟁시장의 장기균형

① 완전경쟁기업(개별기업)의 장기공급곡선

　장기에는 모든 생산요소가 가변생산요소이므로 총고정비용과 총가변비용으로 구분할 필요가
　없으며, 장기에 개별기업이 직면하는 공급곡선은 평균비용곡선(AC)의 최저점을 상회하는 우
　상향의 한계비용곡선이 된다.

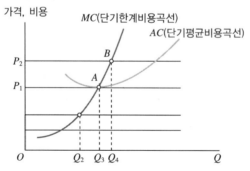

② 완전경쟁시장의 장기균형

　㉠ 완전경쟁시장의 장기균형 : 완전경쟁시장 전체의 장기균형은 시장전체의 수요곡선과 공급
　　곡선이 만나는 지점에서 균형가격과 거래량이 형성된다.

　㉡ 개별기업의 장기균형 : 한계수입($= P$)과 장기한계비용($= LMC$)이 일치하는 수준에서 기
　　업들은 이윤극대화 산출량을 결정한다. 한편, 장기에는 장기평균비용($= LAC$)과 가격도
　　일치하여 신규기업이 진입하거나 기존기업이 이탈하지 않게 된다.

$$P = SAC = LAC = SMC = LMC$$

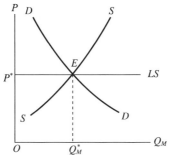

▲ 완전경쟁시장의 장기균형

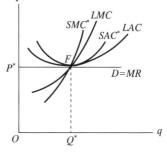

▲ 완전경쟁 개별기업의 장기균형

보충학습 단기에서 장기균형으로의 조정

단기의 초과이윤 발생 → 신규기업 진입, 기존기업 설비 확대 → 시장공급량 증가 → 시장가격 하락 → 단기 손실 발생 → 기존기업 퇴출, 설비 축소 → 시장공급량 감소 → 시장가격 상승 → 장기균형도달 ($P = SAC = LAC = SMC = LMC$)

ⓒ 완전경쟁시장의 장기균형 평가 : 완전경쟁시장의 모든 기업들은 이윤극대화를 위해 노력하지만, 장기균형에서는 어떤 기업도 이윤을 얻을 수는 없다($P = LAC$, 장기무이윤현상). 가격은 장기평균비용 곡선의 최저점에서 형성되기 때문에 가장 효율적인 상태이며 모든 사회적 잉여가 소비자에게 귀속되는 시장이다.

03 독점시장과 불완전경쟁시장

1. 독점시장

① 정 의

독점(monopoly)이란 하나의 판매자를 의미한다. 독점시장이란 하나의 생산자가 공급을 전담하는 시장이라고 정의되지만, 현실에서 독점 여부를 판단하는 것은 쉬운 일이 아니다. 일반적으로 독점시장이 성립하기 위해서는 해당 기업이 해당 제품의 유일한 판매자여야 하며, 이를 대체할 대체재가 시장에 존재하지 않아야 한다.

② 독점의 발생원인

㉠ 생산요소의 독점 : 한 기업이 생산에 필요한 생산요소를 독점하는 경우 자연스럽게 독점기업이 된다. 동일한 제품을 다른 생산자들이 생산하는 것을 원천적으로 차단하기 때문이다.

ⓛ 규모의 경제 : 규모의 경제가 존재하는 경우 산출량을 늘릴수록 생산단가가 낮아지기 때문에
경쟁기업을 시장에서 몰아낼 수 있다. 또한 경쟁자의 진입을 막는 진입장벽으로 활용된다.
ⓒ 정부의 특허 : 특허제도(patent system)에 의해서도 독점이 발생한다. 어렵게 개발한 기술
이나 발명품은 공개되고 나면 경쟁자도 이를 사용해 이득을 얻을 수 있다. 이렇게 되면
새로운 개발을 위한 시도는 사라지고 말 것이다. 따라서 정부는 일정기간 특허제도를 만들
어 노력에 대해 일정기간 독점이익을 얻을 수 있도록 보장해준다.

③ 독점시장의 특징

독점시장의 가장 큰 특징은 완전경쟁시장과 달리 독점기업들이 가격설정자(price maker)로
활동한다는 점이다. 독점기업들은 시장에서 독점력(market power)을 행사하여 $MR = MC$인
지점에서 이윤극대화 생산량을 결정하고, 가격은 한계비용(MC)보다 높게 설정하여 독점이익
을 최대화한다.

ⓐ 독점기업의 수요곡선 : 독점시장 내의 기업은 독점기업 하나밖에 없기 때문에 독점기업이
직면하는 수요곡선이 곧 시장 전체의 수요곡선이다. 따라서 독점기업은 가격설정 시 이윤극
대화 생산량 수준에 해당하는 수요곡선상의 가장 유리한 점에서 가격으로 설정한다.

ⓑ 독점기업의 공급곡선 : 독점기업의 경우 공급곡선이 존재하지 않는다. 공급곡선이란 주어
진 가격에 대해 기업이 공급하고자 하는 수량을 나타내는 곡선이다. 하지만 독점기업의
경우 가격수용자가 아닌 가격설정자이므로 독점기업에게 주어진 가격이란 존재하지 않기
때문에 공급곡선 자체가 성립하지 않게 된다. 독점기업은 공급하려는 수량과 가격을 모두
수요곡선상에서 결정한다.

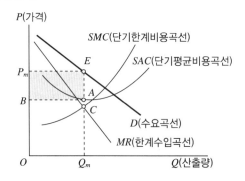

④ 독점기업과 가격차별

ⓐ 정의와 조건 : 가격차별(price discrimination)이란 동일한 상품에 상이한 가격을 책정하는
독점기업의 가격책정방식을 의미한다. 독점기업은 가격차별을 통해 독점이윤을 높일 수
있다. 한편 가격차별이 가능하기 위해서는 시장을 소비자별로 구분할 수 있어야 한다. 그리
고 분리된 시장 간에 재판매가 불가능해야 한다. 동일한 상품에 다른 가격을 책정하였기
때문에 재판매가 가능하다면 독점기업이 가격차별의 이득을 누릴 수 없다. 마지막으로
이러한 시장 분리에 소요되는 비용보다 분리를 통해 얻는 수입이 더 커야 한다.

ⓛ 가격차별의 유형

ⓐ 3급 가격차별 : 소비자를 기준으로, 특히 수요탄력성을 기준으로 구분하여 다른 가격을 부과하는 가격차별 방식으로, 수험생 할인, 여성할인, 쿠폰 보유자 할인 등이 대표적인 3급 가격차별의 유형이다. 소비자잉여의 일부를 독점이윤으로 흡수한다.

ⓑ 2급 가격차별 : 상품의 수량 기준으로 구간을 구간별로 구분하여 다른 가격을 부과하는 가격차별 방식이다. 3급 가격차별보다 많은 소비자잉여를 독점이윤으로 흡수할 수 있다.

ⓒ 1급 가격차별 : 소비자와 상품 모두를 기준으로 다른 가격을 부과하는 가격차별 방식이다. 모든 소비자의 최대지불용의 가격을 파악하여 소비자별로 가격을 부과한다. 가장 강력한 형태의 가격차별이다. 모든 소비자잉여가 독점이윤으로 흡수된다.

2. 과점시장

① 정 의

과점시장(oligopolistic market)이란 소수의 기업이 유사하거나 동일한 상품을 공급하는 시장 형태이다. 소수라 함은 생산자들이 서로의 존재를 인식하기에 충분할 만큼의 수를 의미하며, 특히 두 개의 기업만이 존재하는 경우를 복점(duopoly)이라고 한다. 그리고 동일한 상품을 공급하는 과점시장을 순수과점(pure oligopoly), 유사한 상품을 공급하는 과점시장을 차별화된 과점(differentiated oligopoly)이라고 부른다.

② 특 징

㉠ 기업 간 상호의존성(전략적 상황) : 과점시장은 소수의 기업들이 경쟁하는 시장으로 기업 간 상호의존성이 매우 높다. 따라서 담합(collusion)의 유인이 존재한다.

보충학습 과점시장과 담합(복점을 가정한 상황)

런던 바게트와 신사임당이라는 빵 가게 두 개가 운영되고 있다. 시장에 빵 가게는 둘 뿐이다. 두 가게 모두 동일한 가격에 빵을 판매하면 동일한 수입을 올릴 수 있지만, 이 때 혹시라도 런던 바게트가 빵 값을 신사임당에 비해 500원만 내려도 손님들은 모두 런던 바게트로 몰려가 판매수입의 격차가 크게 벌어지게 된다. 다음은 빵 가격에 따른 런던 바게트와 신사임당의 판매 수입이다.

구 분		신사임당			
		2,500원		2,000원	
런던 바게트	2,500원	1,000만원	1,000만원	700만원	1,200만원
	2,000원	1,200만원	700만원	800만원	800만원

런던 바게트와 신사임당이 모두 빵 가격을 2,500원과 2,000으로 책정할 때 각각 1,000만원과 800만원의 수입을 얻을 수 있다. 하지만 둘 중 한쪽이 500원의 가격을 낮추면 낮춘 쪽은 1,200만원의 수입을 그렇지 않은 쪽은 700만원의 수입을 올리게 된다. 따라서 두 가게 모두 2,500원의 가격을 유지하는 것이 서로에게 유리하다. 따라서 두 빵 집 주인은 한 자리에 모여 가격을 2,500원으로 유지하는 담합을 하게 된다. 담합이 형성되면 두 개였던 빵 가게는 마치 하나의 빵 가게처럼 행동할 수 있다. 동일한 생산량과 가격을 유지하기 때문에 두 개였던 빵 가게는 실질적으로는 하나로 줄어든 것과 같은 결과를 야기하기 때문이다. 즉, 담합으로 인해 과점시장이 독점시장처럼 행동하게 되는 것이다.

김동영 저, 「경제학 뚝딱 레시피」, 시대인, 2018

ⓒ 비가격경쟁 : 과점기업들은 시장점유율을 높이기 위하여 가격 외의 요인으로 경쟁을 한다. 광고, 제품차별화 등이 대표적이다.

ⓒ 진입장벽 : 독점시장만큼 진입장벽이 높지는 않지만 과점 역시 상당한 정도의 진입장벽이 존재한다.

3. 독점적 경쟁시장

① 정 의

독점적 경쟁시장(monopolistic competition market)은 완전경쟁의 요인들과 독점의 요인들을 모두 갖추고 있는 시장형태이다. 독점적 경쟁시장은 다수의 공급자들이 차별화된 상품을 판매하는 시장을 의미한다.

② 특 징

㉠ 다수의 생산자 : 독점적 경쟁시장에는 완전경쟁과 마찬가지로 수많은 생산자가 존재한다. 수많은 생산자의 존재로 인해 한 기업의 행동이 경쟁자의 관심을 끌지 못한다.

ⓒ 제품차별화 : 독점적 경쟁시장의 기업들은 상표, 디자인 등을 통해 조금씩 차별화된 상품을 공급한다. 하지만 경쟁자의 상품과 어느정도 대체될 수 있다. 한편, 완전히 동질적인 상품을 공급하지 않음으로 인해 독점적 경쟁시장의 기업들은 가격설정자로 행동할 수 있다.

ⓒ 자유로운 진입과 이탈 : 독점적 경쟁시장 내의 기업들은 진입도 이탈도 자유롭게 할 수 있다.

③ 독점적 경쟁시장의 후생평가

㉠ 독점적 경쟁시장의 장기균형에서는 정상이윤만 존재한다(장기무이윤현상).

ⓒ 과잉설비의 존재 : 장기평균비용곡선의 최저점에서 생산이 이뤄지지 않아 과잉설비가 존재한다.

ⓒ 과소생산의 발생 : 독점적 경쟁기업의 장기균형생산량은 완전경쟁기업의 장기균형생산량보다 적다.

㉣ 가격이 한계비용보다 높다($P > MC$).

㉤ 비가격경쟁으로 인한 사회적 낭비를 초래한다.

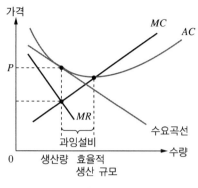

▲ 독점적 경쟁기업

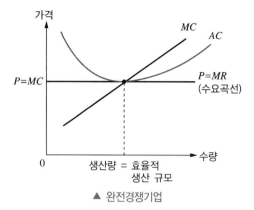

▲ 완전경쟁기업

01　시장이란 재화와 서비스가 거래되는 구체적인 장소로서, 경제학에서의 시장은 거래가 이루어지는 제도 및 기구 등 추상적인 매개체를 의미한다.

02　평균수입이란 판매량 한 단위당 수입을 의미하고, 한계수입이란 판매량 한 단위가 늘어날 때 추가적으로 얻게 되는 총수입액을 의미한다.

03　평균수입과 한계수입이 일치할 때 기업의 이윤이 극대화된다.

04　완전경쟁시장은 수요자의 의사결정이 자원배분을 지배하는 이상적인 형태의 시장이며, 수많은 수요자와 공급자가 주어진 시장가격하에 동질적인 재화와 서비스를 사고파는 시장이다.

05　완전경쟁시장의 단기균형에서 어떤 기업도 양의 이윤을 얻을 수 없다.

06　완전경쟁시장은 완벽한 시장으로 이 시장하에서는 공평한 분배까지도 보장해 줄 수 있다.

07　비가격경쟁이란 가격 이외의 수단으로 기업들 사이에서 경쟁을 벌이는 것을 뜻한다.

08　불완전경쟁이 일어나는 이유로는 생산요소의 독점, 규모의 경제, 정부의 특허 등이 있다.

09　가격차별이란 동일한 상품에 상이한 가격을 책정하는 독점기업의 가격책정방식을 의미한다.

10　이론적으로도 독점기업은 가격차별을 통해서 모든 소비자잉여를 독점이윤으로 흡수할 수 없다.

● 정답 및 해설

03　한계수입과 한계비용이 일치할 때 기업의 이윤은 극대화가 된다.

05　완전경쟁시장에서 장기는 모든 기업의 이윤은 0이 되지만 단기에서 어떤 기업은 양의 이윤을 얻을 수도 있다.

06　완전경쟁시장은 효율적인 자원배분을 보장해 주지만 공평한 분배까지도 보장을 해주는 것은 아니다.

10　이론적으로 독점기업이 모든 소비자가 최대로 지불할 수 있는 가격을 알 수 있다면, 모든 소비자잉여를 독점이윤으로 가지고 올 수 있다. 그리고 이를 1급 가격차별이라고 한다.

정답　01 O　02 O　03 X　04 O　05 X　06 X　07 O　08 O　09 O　10 X

01 | CHAPTER 05 시장이론
확인학습문제

#독점시장, #독점의 발생원인

Level 0 다음 중 진입장벽이 생겨나는 이유로 적절하지 않은 것은?

① 규모의 경제
② 협소한 시장규모
③ 정부의 독점권 부여
④ 특허권 만료
⑤ 생산요소의 독점적 소유

해설 진입장벽은 독점을 형성하는 주요 원인 가운데 하나이다. 진입장벽으로 인해 시장 밖의 경쟁자가 시장으로 진입하지 못하게 됨에 따라 독점이 형성되고, 강화된다. 진입장벽을 형성하는 대표적인 요인들로는 규모의 경제, 정부의 독점권 부여, 시장 규모, 생산요소 독점 등이다. 특허권 만료의 경우 독점이 해제되어 공유되는 것이므로 진입장벽이라 할 수 없다.

오답 노트
① 규모의 경제가 존재하는 경우 경쟁자에 비해 낮은 비용을 생산가능하므로 경쟁자들의 진입이 차단된다.
② 시장이 협소할 경우 다른 경쟁자가 이윤을 나누기 어렵고, 좁은 시장 내에 형성된 기존 기업의 네트워크와 경쟁하기 어려워 독점이 형성된다.
③ 정부의 독점권 부여는 공기업이 대표적이다. 전기나 수도와 같이 민간에 맡길 경우 비효율이 커질 가능성이 높은 분야에서 정부가 독점권을 부여해 다른 주체가 사업을 할 수 없도록 강제하는 경우이다.
⑤ 생산요소를 독점할 경우 해당 제품을 만들 수 있는 주체는 요소독점자이므로 독점이 형성된다.

정답 ④

#독점기업의 이윤극대화, #수요의 가격탄력성

시장수요와 독점기업의 비용함수가 다음과 같을 때 독점시장의 균형에서의 수요의 가격탄력성은 약 얼마인가?

- 수요곡선 : $Q_D = 200 - P$
- 비용함수 : $C = 40Q$

① 0.3　　　　　　　　　　　　　② 0.6

③ 1.0　　　　　　　　　　　　　④ 1.2

⑤ 1.5

해설　독점기업의 이윤극대화 생산량 및 독점가격과 수요의 탄력성이 결합된 문제이다. 먼저 독점기업의 이윤극대화 생산량은 독점기업의 한계수입곡선과 한계비용곡선이 일치하는 지점에서 결정된다. 따라서 수요곡선으로부터 기울기가 두 배이고 절편이 동일한 한계수입 곡선을 도출해야 한다. 반면 한계비용은 비용함수로부터 도출할 수 있다. 한계수입곡선과 한계비용곡선을 표현하면 다음과 같다.

- 한계수입곡선 : $MR = -2Q_D + 200$
- 한계비용곡선 : $MC = 40$

$MR = MC$에서 이윤극대화 생산량을 결정하므로 $Q = 80$이다. 그리고 이때의 독점가격은 MR곡선이 아닌 수요곡선상에서 결정됨을 유의하여야 한다. 따라서 독점가격은 $120(= -80 + 200)$이 된다. 따라서 이윤극대화 균형점에서의 수요의 가격탄력성은 $\dfrac{120}{80} = 1.5$가 된다.

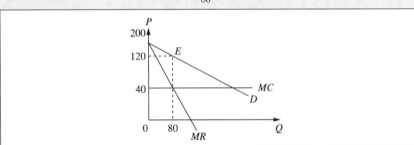

정답 ⑤

#시장, #기업의 이윤극대화

Level 0 다음 학생들의 발표 중 기업의 목적을 가장 정확하게 설명한 사람은 누구인가?

> 진수 : 이윤극대화
> 용석 : 장기이윤극대화
> 동현 : 제약된 이윤극대화 가설
> 정하 : 수입극대화 가설
> 재훈 : 만족이윤극대화 가설

① 진수   ② 용석
③ 동현   ④ 정하
⑤ 재훈

해설 현실에서 기업의 존재 목적은 다양하다. 하지만 경제학에서는 기업은 이윤의 극대화를 추구하는 존재로 정의된다. 소비자는 효용극대화를, 생산자는 이윤극대화를 추구하는 과정을 설명하기 위한 다양한 개념이 필요한 것이 경제학이다.

오답 노트 장기이윤극대화, 수입극대화, 만족이윤극대화 가설 등 기업의 행동원리를 이해하고자 하는 다양한 이론들이 존재하지만 이윤극대화 가설을 대체하지 못하고 있다. 경제학을 공부하는 과정에서 기업의 목표는 이윤극대화라고 단정지어도 무방하다.
- 장기이윤극대화 가설 : 기업은 매 시점이 아닌 긴 기간 동안의 이윤을 극대화한다는 주장
- 수입극대화 가설 : 이윤이 아닌 판매수입을 극대화한다는 가설
- 만족이윤극대화 가설 : 기업들이 제한된 합리성에 의해 행동한다는 가설

정답 ①

#완전경쟁시장, #완전경쟁시장의 수요곡선, #완전경쟁시장의 공급곡선, #생산자잉여

완전경쟁시장에서 이윤극대화를 추구하는 A기업의 총비용함수와 가격은 다음과 같다. 이때 A기업의 생산자잉여를 구하시오.

> • 총비용함수 : $TC = Q^2 + 7Q + 13$
> • 가격 : $P = 27$

① 100   ② 150

③ 200   ④ 250

⑤ 300

해설 생산자잉여를 구하기 위해서는 수요곡선과 공급곡선을 파악해야 한다. 완전경쟁시장에서의 수요곡선은 가격과 일치한다. 완전경쟁기업은 가격수용자로 행동하기 때문에 거래량에 따라 다른 가격을 책정할 수 없기 때문이다. 따라서 $P = MR = AR$가 성립한다. 한편, 완전경쟁시장의 공급곡선은 한계비용곡선이다. 수요곡선이 시장가격 수준에서 수평이고 한계수입이 가격과 일치하기 때문에 한 단위 더 생산할 때 발생하는 비용을 보면서 공급규모를 결정하기 때문이다. 따라서 수요곡선과 공급곡선은 다음과 같다. 따라서 생산자잉여는 공급곡선 위쪽이면서 가격선 아래의 영역인 빗금 친 부분이 된다. 면적의 값은 100이다.

> • 공급곡선 : $MC = 2Q + 7$
> • 수요곡선 : $P = 27$
> • 이윤극대화 생산량 : $Q = 10$

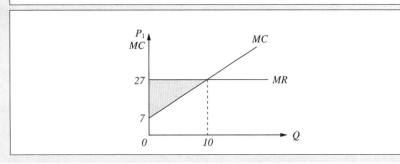

오답 노트 완전경쟁시장에서 수요곡선이 $P = MR = AR$ 조건을 만족하고, 공급곡선이 한계비용이라는 것을 이해하는 것이 문제 풀이의 핵심이다. 완전경쟁시장의 특징을 암기하려고 하지 말고 이해하려고 노력할 때 유사한 문제를 해결할 수 있다.

정답 ①

02 | 출제예상문제

#총수입, #총수입과 한계수입, #총비용과 한계비용, #한계수입곡선과 한계비용곡선

01 기업의 이윤극대화 조건을 올바르게 표현한 것을 고르시오.

① 한계수입(MR)=한계비용(MC), 한계비용곡선의 기울기>한계수입곡선의 기울기
② 한계수입(MR)=한계비용(MC), 한계비용곡선의 기울기<한계수입곡선의 기울기
③ 한계수입(MR)>한계비용(MC), 한계비용곡선의 기울기>한계수입곡선의 기울기
④ 한계수입(MR)<한계비용(MC), 한계비용곡선의 기울기<한계수입곡선의 기울기
⑤ 한계수입(MR)=한계비용(MC), 한계비용곡선의 기울기=한계수입곡선의 기울기

해설

기업의 이윤은 한계수입과 한계비용이 일치할 때 극대화된다. 즉, 한 단위를 추가적으로 생산하여 얻는 수입이 한 단위를 추가적으로 생산하는데 투입되는 비용과 같을 때 기업의 이윤이 극대화된다는 것이다. 그림에서 MR과 MC는 Q^{**}와 Q^{*}에서 만나고 있다. 각각의 상황에서 이윤을 확인하기 위해 총수입(TR)과 총비용(TC)을 살펴보면 Q^{**}에서는 $TR<TC$인 상황으로 손실이 발생하는 반면 Q^{*}에서는 $TR>TC$로 이윤이 극대화되고 있다. 따라서 기업의 이윤극대화는 $MR=MC$이면서 한계비용곡선이 한계수입곡선을 아래에서 위로 관통하는 지점에서 달성된다는 것을 알 수 있다. 한계비용곡선이 한계수입곡선을 아래에서 위로 관통한다는 것은 한계비용곡선의 기울기가 한계수입곡선의 기울기보다 크다는 것을 의미한다.

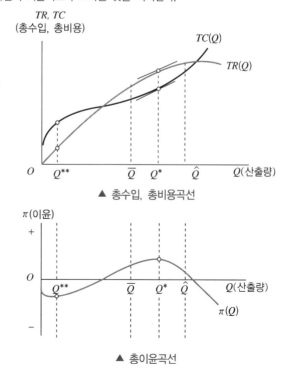

▲ 총수입, 총비용곡선

▲ 총이윤곡선

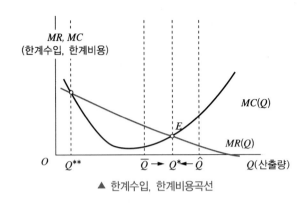

▲ 한계수입, 한계비용곡선

#이윤극대화 조건, #한계수입곡선과 한계비용곡선, #경제적 이윤

02 이윤극대화 생산량에 관한 다음 설명 중 옳은 것은?

① 한계수입이 한계비용보다 큰 경우 산출량을 증가시켜도 이윤이 커지지 않는다.
② 한계수입과 한계비용이 일치하는 점에서는 산출량을 증가시키면 한계이윤이 감소한다.
③ 이윤극대화를 추구하는 기업은 생산활동에 있어 수입을 중요시 여겨야 한다.
④ 이윤극대화 산출량 수준에서는 산출량의 증가 및 감소 여부와 무관하게 항상 이윤이 증가한다.
⑤ 생산요소의 가격과 이윤극대화 산출량은 무관하다.

해설

이윤극대화 생산량이란 한계수입과 한계비용이 일치하면서, 한계비용곡선의 기울기가 한계수입곡선의 기울기보다 큰 경우이다. 이윤극대화 조건은 한계수입과 한계비용이 일치하는 점이므로, 산출량을 증가시켜 이윤극대화 생산량에서 벗어나면 (생산량을 증가시키든 감소시키든) 이윤이 감소하게 된다. 즉, 생산량 1단위를 증가시킬 때 이윤의 증가분인 한계이윤이 감소하는 것이다.

오답
노트
한계수입곡선이 한계비용곡선의 위쪽에 위치하는 경우 산출량을 증가시킬수록 이윤이 증가한다. 이렇게 증가하는 이윤은 한계수입곡선과 한계비용곡선이 일치하는 지점에서 최대가 된다. 한편, 이윤은 「총수입－총비용」으로 정의되기 때문에 이윤극대화를 추구하는 기업은 수입과 비용을 동시에 고려해야 한다. 같은 맥락에서 생산요소의 가격은 기업의 생산비용과 밀접한 관련을 갖기 때문에 이윤극대화 산출량과 무관할 수 없다.

#한계비용, #한계수입, #이윤극대화 생산량

03

다음 표는 한국전자의 TV 생산량과 평균비용을 나타낸다. 현재 한국전자는 이윤극대화의 조건에 따라 TV를 201대 생산하여 전부 미국의 북미전자에 수출하고 있다. 만약 미국의 북미전자회사에서 한국전자에 $300에 TV 1대를 추가로 사겠다는 제안을 할 경우 다음 설명 중 옳은 것은?

생산량(Q)	평균비용(AC)
200	$200
201	$201
202	$202

① 북미전자의 제안을 받아들여 추가적으로 생산하여 판매하는 것이 이윤을 증가시킨다.
② 한국전자는 추가적으로 생산하여 판매해도 이윤은 변화가 없어 제안을 받아들인다.
③ 북미전자의 제안을 받아들이는 것은 이윤을 감소시킨다.
④ 한국전자는 생산량을 증가시키면 총비용은 오히려 감소하게 된다.
⑤ 해당 자료만으로는 정확한 판단이 어렵다.

해설

기업의 이윤극대화 생산량은 한계수입(MR)과 한계비용(MC)이 일치하는 지점에서 결정된다. 기업의 이윤극대화 생산량이 $MR=MC$에서 형성되는 이유는 $MR>MC$인 경우 한 단위 생산으로부터 얻는 수입이 한 단위 더 생산하는 비용보다 크기 때문에 생산을 늘릴 유인이 존재하는 반면 $MR<MC$인 경우는 한 단위 더 생산하는 비용이 한 단위 추가적인 판매수입보다 크기 때문에 한 단위 더 생산하여 판매할 유인이 없기 때문이다. 한편, 문제에서 주어진 정보는 생산량(Q)과 평균비용(AC)이다. 평균비용은 다음과 같이 구해진다.

$$AC = \frac{TC}{Q} \Rightarrow TC = AC \times Q$$

따라서 총비용을 구할 수 있으며 이로부터 한계비용을 도출하여 다음의 표를 완성할 수 있다. 다음 표를 통해 202대 생산에 따른 한계비용이 $403($MC$)이므로 북미전자의 제안 $300($MR$)를 받아들일 경우 $103의 이윤감소를 경험하게 된다.

생산량(Q)	평균비용(AC)	총비용(TC)	한계비용(MC)
200	$200	$40,000	−
201	$201	$40,401	$401
202	$202	$40,804	$403

오답 노트

북미전자의 제안은 $MR<MC$인 상황을 초래한다. 따라서 북미전자의 제안을 받아들일 경우 이윤이 감소하게 된다. 한편, 생산은 증가할수록 총비용은 증가하게 된다. 또한 본 자료로부터 총비용과 한계비용을 도출할 수 있고, 북미전자의 제안으로부터 한계수입을 파악할 수 있기 때문에 이윤극대화 생산량을 파악하기에 충분하다.

#완전경쟁시장의 특징, #$P = MR = MC$

04 완전경쟁시장인 A의 수요함수는 $Q_D = -6P + 50$이다. 완전경쟁시장 내에 존재하는 모든 기업의 한계비용(MC)이 5로 동일할 때 시장의 균형가격과 균형거래량은 얼마인가?

① $P^* = 3$, $Q^* = 10$　　　　　　② $P^* = 3$, $Q^* = 15$

③ $P^* = 5$, $Q^* = 20$　　　　　　④ $P^* = 5$, $Q^* = 22$

⑤ $P^* = 6$, $Q^* = 32$

해설

완전경쟁시장의 이윤극대화 산출량 역시 $MR = MC$에서 결정되고, 시장 내 모든 기업이 같은 가격에 직면하기 때문에 $P = MR$이 성립한다. 따라서 $P = MR = MC$가 성립해, 균형거래량은 20(= $-6 \times 5 + 50$)은 20이 된다.

오답 노트　완전경쟁시장에서 가격과 한계수입이 일치한다는 것을 알고 있어야 해결할 수 있는 문제이다. 이로 인해 완전경쟁시장이 인식하는 수요곡선은 시장가격 수준에서 수평이다.

#이윤극대화 조건, #한계수입과 한계비용, #총수입과 총비용

05 다음 중 기업의 이윤극대화 조건을 가장 적절하게 표현한 것은?(단, MR은 한계수입, MC은 한계비용, TR은 총수입, TC는 총비용이다)

① $MR = MC$, $TR > TC$

② $MR = MC$, $TR < TC$

③ $MR > MC$, $TR > TC$

④ $MR > MC$, $TR < TC$

⑤ $MR = MC$, $TR = TC$

해설

이윤극대화 조건은 한계수입과 한계비용이 일치하면서, 총수입이 총비용보다 큰 구간이다. 실제 총수입곡선과 총비용곡선을 그려보면 한계수입과 한계비용이 일치하는 지점이 두 곳이 발생하는데 한 지점은 이윤극대화를 의미하는 반면, 다른 한 지점은 총비용이 총수입보다 커 손실의 극대화를 표현한다.

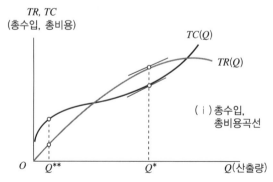

(i) 총수입, 총비용곡선

06 다음은 어느 기업의 평균수입과 평균비용이다. 이에 대한 설명으로 옳은 것은?

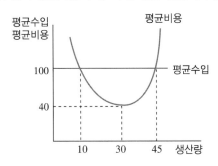

① 생산량이 증가함에 따라 가격은 떨어진다.
② 평균비용이 감소하는 구간에서는 생산량을 늘릴수록 이윤이 증가한다.
③ 최대 이윤은 1,800이다.
④ 생산량을 44에서 45로 늘리면 이윤은 증가한다.
⑤ 생산량이 30일 때 한계비용은 한계수입보다 크다.

해설

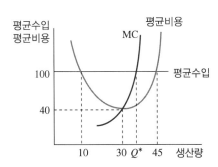

① 경쟁구도에 관계없이 $AR = \dfrac{PQ}{Q} = P$이므로, 이 기업제품의 가격은 생산량과 관계없이 일정하다.
② 평균비용 감소구간은 규모의 경제 구간에 해당하므로 생산량을 늘릴수록 이윤이 증가한다.
③ MC = MR을 만족시키는 생산량이 이윤극대화 생산량이므로 이윤극대화 생산량 Q*는 30 < Q* < 45를 만족한다. Q = 30일 때 이윤이 1,800이므로 Q*에서의 이윤은 1,800보다는 크다는 것을 알 수 있다.
④ 알 수 없다.
⑤ 그래프를 통해 MR > MC임을 알 수 있다.

#완전경쟁기업의 특징, #완전경쟁기업의 가격과 한계수입·평균수입, #이윤의 정의

07 다음은 단기의 완전경쟁기업에 대한 설명이다. 옳은 것을 고르시오. 꼭 나오는 유형 ＊

① 일정한 생산량 수준을 넘어서서 공급하는 경우에 총수입은 오히려 감소한다.
② 완전경쟁기업의 경우 한계수입과 가격은 일치하고, 평균수입과는 일치하지 않는다.
③ 완전경쟁기업이 직면하는 수요곡선은 우하향의 수요곡선이다.
④ 시장수요곡선은 우하향의 수요곡선이다.
⑤ 완전경쟁시장에서는 단기에 이익을 얻을 수 없다.

해설

완전경쟁기업은 가격수용자로 행동하기 때문에 수평의 수요곡선을 인식하지만, 실제 시장에서의 수요곡선은 일반적인 우하향의 수요곡선이다. 즉, 시장수요곡선과 완전경쟁기업이 인식하는 수요곡선은 형태가 다르다.

오답노트

완전경쟁기업은 수많은 생산자와 수요자의 존재와 동질적인 상품 거래 조건으로 인해 시장에서 가격설정자로 행동할 수 없고, 시장에서 결정된 가격을 받아들이는 가격수용자로 행동하게 된다. 따라서 생산량 수준과 무관하게 일정한 가격을 책정하게 된다. 이로 인해 한계수입과 평균수입은 모두 가격과 일치하게 된다. 한편, 완전경쟁기업이 직면하는 수요곡선은 시장가격 수준에서 완전탄력적이다. 이는 시장에서 형성된 가격을 받아들이기만 하면 해당 가격에서는 모두 판매할 수 있음을 의미한다. 따라서 총수입은 계속해서 증가한다. 일정 생산량 수준을 넘어서는 경우 감소하는 것은 이윤이다.

#완전경쟁시장의 균형, #평균비용, #$P = MR = AR$

08 완전경쟁시장에서 생산하는 한 기업의 한계비용(MC)과 고정비용(AFC)은 다음과 같다. 시장균형가격이 6일 때 다음 설명 중 옳지 않은 것은 무엇인가?

$$MC = Q^2 - 5Q + 6, \ AFC = \frac{1}{Q}$$

① 평균수입은 6이다.
② 총고정비용은 1이다.
③ 생산량이 증가하면 평균고정비용은 감소한다.
④ 생산량 $Q=4$에서 이윤극대화가 달성된다.
⑤ 한계수입은 6이다.

해설

완전경쟁시장에서는 완전경쟁기업이 가격수용자로 행동하기 때문에 완전경쟁기업은 시장가격 수준에서 수평인 수요곡선을 인식하고, 이로 인해 $P = MR = AR$이 성립한다. 따라서 다음이 성립한다. 생산량 5에서 이윤극대화가 달성됨을 알 수 있다.

$$MR(=P) = MC \Rightarrow 6 = Q^2 - 5Q + 6 \Rightarrow Q(Q-5) = 0$$

완전경쟁시장에서는 $P = MR = AR$이기 때문에 한계수입과 평균수입이 모두 6으로 동일하다. 그리고 평균고정비용(AFC)이 $\frac{1}{Q}$로 정의되어 생산량이 증가할수록 AFC가 감소한다. 한편, 평균고정비용은 $AFC = \frac{TFC}{Q}$로 구해지므로 총고정비용(TFC)은 1이다.

#완전경쟁시장의 특징, #완전경쟁시장의 단기균형, #완전경쟁시장의 장기균형

09 완전경쟁시장에 참여하는 모든 기업의 비용구조가 동일하고 평균비용곡선이 U자형일 때 다음 설명으로 올바른 것은?

① 기업은 가격설정자로서 행동가능하다.
② 장기에 경제적 이윤이 발생할 수 있다.
③ 단기에 경제적 이윤이 발생할 수 없다.
④ 장기에 가격은 한계비용과 같다.
⑤ 장기균형에서 한계비용은 평균비용보다 높다.

해설

완전경쟁시장의 특징은 수많은 수요자와 공급자가 동일한 상품을 거래하며 진입과 퇴출이 자유롭다는 점이다. 한편, 완전경쟁시장은 장기에 $P = AR = MR = SMC = SAC = LMC = LAC$가 성립하기 때문에 장기에 가격은 한계비용과 평균비용 모두와 일치한다.

완전경쟁시장에는 수많은 공급자와 수요자가 존재하며 이들이 완전히 동질적인 상품을 판매하기 때문에 시장에서 가격설정자로 행동하지 못한다. 단지 시장의 수요와 공급에 의해 형성된 시장가격을 받아들일 뿐이다. 한편, 단기적으로는 양의 경제적 이윤을 얻는 것이 가능하지만, 장기에는 불가능하다. 진입과 퇴출이 자유롭기 때문에 단기적인 양의 이윤이 사라질 때까지 경쟁기업의 시장진입이 지속되기 때문이다.

#독점기업의 정의, #이윤극대화 산출량, #독점기업의 한계수입과 한계비용

10 다음은 독점기업인 A기업이 직면하는 수요곡선과 한계비용곡선이다. 이윤극대화 생산량과 시장가격은 얼마인가?

- 수요곡선 : $Q_D = 400 - P$
- 총비용 : $TC = Q^2 + 200Q + 120$

① $Q = 50$, $P = 350$
② $Q = 100$, $P = 300$
③ $Q = 50$, $P = 400$
④ $Q = 150$, $P = 350$
⑤ $Q = 150$, $P = 350$

독점기업은 시장에서 해당 상품을 혼자서만 공급하기 때문에 시장에서 결정된 가격을 받아들이는 것이 아니라 가격을 직접 설정하게 된다. 즉, 가격설정자로서 행동하는 것이다. 한편, 독점기업 역시 이윤극대화 생산량은 $MR = MC$에서 결정되므로 한계수입과 한계비용을 도출해야 한다. 독점의 수요곡선이 $Q_D = 400 - P$로 주어져 있다면 한계수입곡선은 Y축 절편은 같고 기울기는 두 배인 곡선이다. 따라서 $MR = -2Q + 400$이 된다. 그리고 한계비용은 $MC = 2Q + 200$이 된다. 따라서 이윤극대화 생산량(Q)은 50이 되고, 가격은 $Q = 50$과 수요곡선이 만나는 점에서 형성된다. 그 결과 $P = 350$이다.

오답
노트 ▪ 수요곡선이 주어지면 독점기업의 한계수입곡선은 기울기는 수요곡선의 두 배이면서 절편은 같은 직선이라는 것을 알고 있어야 한다.

#독점기업의 이윤극대화 생산량 결정, #독점기업의 장단기 이윤, #독점기업의 수요공급곡선

11 **다음은 독점시장에 관한 설명이다. 다음 중 옳지 않은 것을 고르시오.** 꼭 나오는 유형 *

① 독점기업은 시장수요곡선의 가격탄력성이 1보다 작은 구간에서 재화를 생산한다.
② 가격과 한계비용이 일치하는 지점에서 이윤극대화 생산량을 결정하는 것은 아니다.
③ 단기균형에서 가격이 평균비용보다 낮으면 손실이 발생한다.
④ 공급곡선이 존재하지 않는다.
⑤ 독점기업이 직면하는 수요곡선과 시장의 수요곡선이 일치한다.

독점시장은 시장에서 해당 재화와 서비스를 공급하는 기업이 단 한 개인 경우를 의미한다. 따라서 독점기업이 직면하는 수요곡선과 시장의 수요곡선이 동일하다. 독점기업이 가격을 설정하면 해당 가격이 곧 시장가격이 된다. 한편, 독점기업은 단기적으로 수요의 가격탄력성이 1보다 큰 구간에서 생산한다.

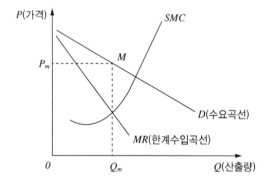

오답
노트 ▪ 독점기업은 단기에 초과이윤도 손실도 경험할 수 있다. 가격이 평균비용보다 높으면 초과이윤을, 낮으면 손실을 경험하게 된다. 하지만 장기에는 반드시 초과이윤을 얻게 된다. 한편, 독점기업의 공급곡선은 존재하지 않는다. 공급곡선이란 주어진 가격에 대해 기업이 공급하고자 하는 수량을 나타내는 곡선이지만 독점기업의 경우 가격수용자가 아닌 가격설정자이기 때문에 독점기업에게 주어진 가격이란 존재하지 않아 공급곡선 자체가 성립하지 않게 된다. 따라서 독점기업은 공급하려는 수량과 가격을 모두 수요곡선상에서 결정한다.

12 다음 중 독점에 관한 설명으로 옳은 것은?

① 사회적 후생의 감소가 발생하지 않는다.
② 한계수입은 언제나 가격수준보다 높다.
③ 한계수입과 한계비용이 일치하는 지점에서 이윤극대화 생산량이 결정된다.
④ 독점기업은 가격수용자이다.
⑤ 지대추구행위가 발생할 가능성이 낮다.

해설

독점시장이란 하나의 생산자가 공급을 전담하는 시장을 의미한다. 따라서 독점기업은 독점시장에서 가격설정자로 행동한다. 독점기업들은 시장에서 독점력(market power)을 행사하여 $MR = MC$인 지점에서 이윤극대화 생산량을 결정하고, 가격은 한계비용(MC)보다 높게 설정하여 독점이익을 최대화한다.

**오답
노트**

독점기업의 이윤극대화 생산량은 완전경쟁기업의 경우보다 과소 생산되며, 거래가격 역시 완전경쟁시장의 경우보다 높다. 따라서 완전경쟁시장에 비해 사회적 후생의 감소가 나타나게 된다. 그리고 한계수입곡선은 수요곡선보다 기울기가 2배 더 가파르고 절편은 동일한 곡선이다. 이 한계수입곡선과 한계비용곡선이 만나는 $MR = MC$인 점에서 이윤극대화 생산량이 결정되고 나면, 이때의 생산량이 수요곡선과 만나는 점에서 가격이 결정되기 때문에 가격은 언제나 한계수입보다 높다. 한편, 독점기업의 생산은 과소생산이 이뤄지기 때문에 독점적 이윤을 극대화하기 위한 비생산적 지대추구행위가 발생할 수 있다.

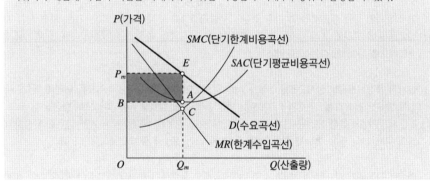

'지배적 플랫폼' 규제 강화 … 배민도 포함

2024.10.17. 매일경제

매출 기준 4조원 → 3조원 변경
플랫폼 독과점 문제 해소나서

공정거래위원회가 플랫폼 독과점 문제를 해결하기 위해 '지배적 플랫폼' 기준을 3조원으로 낮추는 방향으로 공정거래법 개정안을 추진한다. 당초 매출액 4조원 이상을 지배적 플랫폼으로 추정하기로 했지만 이 경우 배달의 민족 등 주요 플랫폼은 규제 대상에서 제외된다는 지적이 제기된 바 있다.

지난달 공정위는 공룡 플랫폼 기업의 불공정 행위를 해소하기 위한 입법 추진 방향을 발표하면서 시장점유율 60%, 이용자 1,000만명, 매출액 4조원 이상 기업을 지배적 플랫폼으로 추정하고 자사 우대와 끼워팔기 등이 적발되면 관련 매출액의 8%까지 과징금을 물리겠다고 했다. 논란이 컸던 기존 '사전 지정' 대신 매출과 점유율 등을 고려해 '사후 추정' 요건을 마련하고, 이 요건을 충족하는 기업에 대해 법 위반을 예방하는 등 효과적으로 규제하겠다는 의도였다.

한기정 공정위원장은 당시 "규율 대상은 시장 영향력이 압도적인 지배적 플랫폼"이라며 "당초 사전 지정 방침을 발표했으나 업계·전문가·관계부처 의견 등을 종합 검토해 사후 추정으로 변경했다."라고 말했다. 그러면서 "구체적 추정 요건은 현행 지배적 사업자보다 강화해 독점력이 공고한 경우로 한정하되, 스타트업 등의 규제 부담 등을 고려해 연간 매출액 4조원 미만 플랫폼은 제외했다."라고 했다.

하지만 공정위가 발표한 기준대로 하면 배민 등 주요 플랫폼이 제외돼 실효성이 떨어진다는 비판이 나왔다. 최근 중개수수료 문제 등으로 논란이 된 배민은 지난해 매출액이 3조 4,000억원대로 공정위가 정한 기준에 포함되지 않는다. 비판이 커지자 공정위와 여당은 매출액 기준을 하향 조정하기로 의견을 모은 것으로 전해졌다. 공정위가 배달 앱들의 불공정 행위에 대한 조사를 이어가는 와중에 독과점 논란이 끊이지 않는 점도 이번 결정에 영향을 준 것으로 보인다. 여당과 공정위는 단기간에 독과점 폐해가 확산하는 온라인 플랫폼 특성을 고려해, 이번 개정안 발의를 통해 시장 경쟁을 보호하는 실효적인 대응 수단을 구체화해 나간다는 계획이다.

06 | 시장실패

01 시장실패와 자원배분

1. 시장의 실패

시장의 실패(market failure)란 시장경제체제가 자원을 바람직하게 배분하지 못하는 현상을 의미한다. 시장경제체제의 핵심인 가격이 올바르게 기능하지 못하거나 시장이 어떠한 이유로 경쟁적이지 않을 때 시장기구를 통한 효율적인 자원배분을 기대할 수 없다.

2. 시장실패의 유형

시장실패는 다양한 이유에 의해서 발생할 수 있다. 그 중에서 불완전경쟁이 존재하는 경우, 공공재와 무임승차자, 외부효과, 정보의 비대칭문제로 인한 시장실패에 대해서 알아두는 것이 중요하다.

3. 정부실패

시장실패는 정부의 시장개입 근거로 작용한다. 하지만 이러한 정부의 노력은 종종 더 큰 어려움을 초래하기도 한다. 이를 정부실패(government failure)라 한다. 정부실패란 시장실패에 대해 정부가 개입함으로써 오히려 시장의 효율성이 떨어지는 경우를 의미한다.

02 공공재와 무임승차문제

1. 재화의 분류

재화는 경합성과 배제성의 유무에 따라 사적재와 클럽재(= 자연독점재), 공유자원과 공공재로 구분된다.

① 경합성

경합성(rivalry)이란 한 사람의 소비가 다른 사람의 소비가능성을 제한할 수 있는 속성을 의미한다. 빵이 필요한 사람은 2명인데 빵이 한 개밖에 없는 경우 한 명이 빵을 구입하면 다른 사람은 빵을 구입할 수가 없는 경우가 경합성이 존재하는 경우의 예이다. 한편, 공중파 방송은 경합성이 존재하지 않는다. 내가 해당 TV 프로그램을 시청한다고 해서 다른 사람의 시청 가능성을 제한할 수 있는 것은 아니기 때문이다.

② 배제성

배제성(excludability)이란 다른 사람이 소비하는 것을 배제할 수 있는 가능성이다. 일반적인 재화는 대가를 지불하지 않으면 사용할 수 없지만, 국방서비스나 공기 등은 대가를 지불하지 않은 사람 누구라도 사용할 수 있다.

구 분	경합성	비경합성
배제성	사적재(private goods)	클럽재(club goods)
비배제성	공유자원(common resources)	공공재(public goods)

2. 공공재

① 공공재의 정의

공공재란 경합성과 배재성이 모두 존재하지 않는 재화를 의미한다. 즉, 한 사람의 소비가 다른 사람의 소비를 방해하지도 않으면서, 대가를 지불하지 않아도 사용할 수 있는 재화인 것이다. 국방, 경찰, 소방 서비스 등이 이에 해당한다.

② 공공재의 특징

공공재는 모든 사람이 동일한 수량을 소비하지만, 모두가 동일한 만족을 얻는 것이 아니다. 즉, 일반적인 재화가 동일한 가격에 직면하여 사람마다 다른 수량을 소비하는 반면에 공공재는 동일한 수량에 직면하여 사람마다 다른 가격을 지불할 용의가 있는 것이다.

③ 무임승차자의 문제

　㉠ 정의 : 무임승차자(free-rider)는 어떤 재화의 소비로부터 이득을 보았음에도 불구하고 이에 대한 대가는 지불하지 않으려는 사람들을 의미한다. 무임승차자의 문제는 무임승차자로 인해 자원의 효율적인 배분이 이뤄지지 못하는 문제를 지칭하는 용어이다.

　㉡ 공공재와 시장실패 : 공공재의 경우 비경합성과 배제불가능성으로 인해 다른 사람이 지불한 대가로 만들어진 공공재를 공짜로 수요하기만 할 뿐 이에 대한 대가를 지불하기 꺼리는 무임승차자의 문제가 빈번하게 발생한다. 무임승차자의 문제로 인해 시장에서는 적절한 공공재의 공급이 이뤄지기 힘들어 시장에 맡겨놓을 경우 시장에서는 과소생산이 되는 경향이 존재한다.

④ 공공재의 적정공급

정부가 공공재를 공급하고자 할 때, 어느 수준에서 생산하여 공급할 것인지를 결정해야 한다. 사적재(private goods)라면 시장에서 제공되는 신호를 통해 얼마만큼 생산하는 것이 적절한지 파악할 수 있다. 기업은 단지 이윤이 극대화되는 산출량만을 선택하면 된다. 하지만 공공재의 경우 사적재와 같은 방법으로 산출량을 조절하는 것이 불가능하다. 공공재는 시장에서 거래되지 않기 때문에 이윤과 같이 산출량을 조절할 지표가 존재하지 않는다. 뿐만 아니라 사람들은 공공재에 대한 선호를 정확히 표출하지 않는다. 공공재를 필요로 하지 않는다고 말함으로써 이를 생산하는 데 드는 비용을 부담하지 않으려 하기 때문이다. 따라서 공공재는 사람들의 진정한 선호를 표출하도록 유도하는 일조차 어려운 문제가 된다. 한편, 진정한 선호를 이해했 다고 하더라도 사적재의 경우 모든 소비자들이 동일한 가격을 지불하려 한다. 하지만 소비자들 은 각자 소비량이 다르기 때문에 시장수요곡선은 개별수요곡선을 수평으로 합한 값이 된다. 반면에 공공재는 동일한 양을 모든 소비자들이 소비하면서도 이에 대한 평가가 각기 다르기 때문에 시장수요곡선은 개별수요곡선을 수직으로 합한 값이 된다.

03 외부효과

1. 외부효과 정의

① 정 의

외부효과(externality)란 어떤 경제주체의 경제활동이 제3자에게 의도하지 않은 혜택이나 손 해를 주면서도 이에 대해 대가를 지급하지도 받지도 않는 경우를 의미한다. 제3자에게 의도하 지 않은 혜택을 주는 긍정적 외부효과를 외부경제, 제3자에게 의도하지 않는 손해를 끼치는 부정적 외부효과를 외부불경제라고 한다.

② 외부효과와 시장실패

외부효과가 존재하면 시장 기구를 통한 자원의 효율적인 배분이 어렵다. 이는 사회적인 관점에 서의 비용과 편익이 개인적인 관점과 다르기 때문이다. 외부효과에 따른 자원배분의 왜곡을 살펴보기 위해서는 사적 한계비용과 효용(PMC, PMU), 사회적 한계비용과 효용(SMC, SMU) 을 비교해보아야 한다. 사회적 적정 생산량은 사회적인 비용과 효용이 개인적 측면에서의 비용 및 효용과 일치할 때 달성된다.

$$SMB = PMB = P = PMC = SMC$$

㉠ 부정적 외부효과 : 부정적 외부효과의 대표적인 예는 환경오염이다. 공장에서 생산이 시작 되면 공해물질이 배출된다. 기업이라는 생산주체는 대기를 오염시켜 인근 주민의 건강을 해칠 의도가 없었지만 생산이라는 경제활동의 과정에서 의도치 않게 인근 주민의 건강에 악영향을 미치면서도 이에 대한 대가를 지불하지 않는다. 단지 정부가 정한 환경오염과 관련된 비용만을 지불할 뿐이다. 이 경우 기업이 인식하는 사적 한계비용(PMC)은 사회가 인식하는 사회적 한계비용(SMC)보다 작게 된다($PMC < SMC$). 따라서 다음의 관계가 형 성되고 그 결과 과대 생산의 문제가 발생한다.

$$SMB = PMB = P = PMC < SMC$$

ⓒ 긍정적 외부효과 : 긍정적 외부효과가 발생하는 경우 사회적 한계편익이 사적 한계편익보다 크게 된다. 따라서 다음의 관계가 형성되고 이는 과소 생산의 결과로 나타난다.

$$SMB > PMB = P = PMC = SMC$$

2. 외부효과의 해결

① **정부의 개입** : 세금 및 보조금의 지급

부정적 외부효과의 경우 사회적 적정 생산량보다 과다 생산되는 반면 긍정적 외부효과의 경우 사회적 적정 생산량보다 과소 생산된다. 두 경우 모두 사회적 적정 생산량만큼 생산이 이뤄지도록 하기 위해서는 정부의 개입이 필요하다. 즉, 부정적 외부효과의 경우 사회적 한계비용과 사적 한계비용의 차이만큼 정부가 세금을 부과하여 과다생산을 사회적 적정 생산량 수준으로 줄일 필요가 있으며, 긍정적 외부효과의 경우 사회적 한계편익과 사적 한계편익의 차이만큼 보조금을 지급하여 과소 생산을 사회적 적정 생산량 수준으로 늘릴 필요가 있다.

② **사적 해결** : 코즈 정리

ⓐ 정 의

경제학자 코즈는 자원에 대한 재산권이 확립되고 협상의 거래비용을 무시할 수 있을 정도로 작다면, 재산권이 누구에게 귀속되는지와 무관하게 경제주체들의 자발적인 협상을 통해 효율적인 자원배분이 가능하다고 주장했다. 이를 코즈 정리(Coase theorem)이라고 한다.

ⓑ 한 계

현실에서는 협상의 거래비용이 매우 높고, 외부효과가 미치는 범위가 넓을 경우 이해관계자의 확정도 어려우며, 협상과정에서 전략적인 행동이 나타나 자신들의 의사를 숨기며 협상에 임할 가능성이 높다. 또한 재산권을 정의하고 관리하는 데 비용이 많이 들어 실제 현실에서 코즈의 정리를 쉽게 적용하지 못한다.

04 정보경제학

1. 정보의 비대칭

정보의 비대칭(asymmetry information)이란 정보를 가진 자와 그렇지 못한 자와의 거래에서 정보를 갖지 못한 측이 불리한 상황에 놓이는 경우를 의미한다. 거래대상의 숨겨진 특성(hidden characteristic)이 문제되는 경우와 거래대상의 숨겨진 행동(hidden action)이 문제되는 경우로 구분할 수 있다. 숨겨진 특성으로 인해 발생하는 문제는 역선택이 대표적이며, 숨겨진 행동으로 인해 발생하는 문제는 도덕적 해이가 대표적이다.

2. 역선택과 도덕적 해이

① 역선택
 ㉠ 정의 : 역선택(adverse selection)이란 감추어진 특성으로 인해 정보를 갖지 못한 측이 불리한 선택을 하게 되는 현상을 의미한다. 중고차 시장에서 정보를 가진 딜러와 그렇지 못한 구매자 사이의 정보의 비대칭으로 인해 좋지 않은 중고차를 비싼 가격에 구입하는 경우가 역선택의 예에 해당한다.
 ㉡ 해결방안
  ⓐ 신호발송 : 신호(signaling)란 감추어진 특성에 대해 정보를 갖지 못한 상대방에게 알려주기 위한 지표를 의미한다. 중고차 시장에서 품질보증서나 보증제도 등이 시행될 경우 정보비대칭 상황이 해소되어 역선택의 문제를 방지할 수 있다.
  ⓑ 선별 : 선별(screening)이란 정보를 갖지 못한 측이 간접적으로 감추어진 특성에 대해 알아내기 위해 행하는 노력을 의미한다.
② 도덕적 해이
 ㉠ 정의 : 도덕적 해이(moral hazard)란 정보를 가진 측이 거래 후에 감추어진 행동으로 인해 다른 사람에게 손해를 끼치는 행위를 의미한다. 건강보험 가입 이전에는 건강관리를 열심히 하지만 보험 가입이 승인된 이후 건강관리를 소홀히 하여 보험금을 지급받는 행위가 이에 해당한다.
 ㉡ 해결책 : 도덕적 해이를 방지하기 위해 보험금을 전액 지불하지 않고 보험금의 일부를 보험 가입자가 부담하도록 하는 공동보험제도(co-insurance)의 설계방식이 도덕적 해이를 방지할 수 있는 대표적인 해결책이다.

③ 주인-대리인 문제

    ㉠ 정의 : 주인-대리인 문제(principal-agent problem)는 어떤 일을 위임한 사람과 위임받은 사람 간의 감추어진 행동으로 인해 발생하는 비효율을 의미한다. 회사의 대주주와 전문경영인 사이에 나타나는 행동이 대표적인 주인-대리인 문제의 예이다. 회사의 대주주는 단기적인 손실이 발생하더라도 장기적인 회사의 발전을 고민하는 반면 전문경영인은 자신의 단기적인 실적이 중요하기 때문에 장기적인 회사의 발전보다는 단기적인 실적을 중시하게 된다.

    ㉡ 해결책 : 주인-대리인 문제의 대표적인 해결책은 주인과 대리인의 이해관계를 일치시키는 것이다. 스톡옵션(stock option)은 대표적인 주인-대리인 문제의 해결책이다. 연봉계약 시의 주식가격으로 이후의 많은 양의 주식을 매입할 수 있는 스톡옵션 제도를 부여함으로써 주인-대리인 문제로 인해 발생하는 비효율을 줄일 수 있는 것이다.

01   시장의 실패란 시장경제체제가 자원을 바람직하게 배분하지 못하는 현상을 의미한다.

02   시장실패는 정부의 시장개입의 근거로 작용하며, 정부가 개입하는 경우 항상 시장의 결과를 개선할 수 있다.

03   공공재의 조건은 비경합성과, 비배제성이다. 즉, 한 사람의 소비가 다른 사람의 소비를 방해하지 않고, 대가를 지불하지 않아도 사용할 수 있는 재화이다.

04   공공재의 특성인 비경합성과 비배제성으로 인해서 공공재의 생산을 시장에 맡겨놓을 경우 과대생산이 되는 경향이 있다.

05   외부효과란 어떤 경제주체의 경제활동이 제3자에게 의도하지 않은 혜택이나 손해를 주면서 이에 대한 대가를 지급하지도 받지도 않는 경우를 의미한다.

06   긍정적 외부효과의 경우는 사회적 한계비용이 개인적 한계비용보다 더 크게 된다.

07   코즈에 따르면 자원에 대한 재산권이 확립되고 협상의 거래비용이 무시할 수 있을 정도로 작다면, 재산권이 누구에게 귀속되는지와 무관하게 경제주체들의 자발적인 협상을 통해서 효율적인 자원배분이 가능하다고 주장했다.

08   거래대상의 숨겨진 특성이 문제되는 경우의 대표적인 예가 도덕적 해이이며 거래대상의 숨겨진 행동이 문제되는 것이 역선택이다.

09   주인-대리인 문제는 어떤 일을 위임한 사람과 위임 받은 사람 간의 감추어진 행동으로 인해 발생하는 비효율을 의미한다.

10   시장의 실패가 일어나는 원인에는 불완전경쟁, 공공재의 존재, 외부성, 불확실성 등이 있다.

● 정답 및 해설

02   정부의 개입으로 인해서 오히려 '정부 실패'를 초래할 수 있으며, 정부실패란 시장실패에 대해 정부가 개입함으로써 오히려 시장의 효율성이 떨어지는 경우를 말한다.

04   공공재의 경우는 공짜로 수요하기만 할 뿐 대가를 지불하기는 꺼리기 때문에 무임승차의 문제가 발생한다. 따라서 시장에서는 공공재는 적절한 공급이 이루어지지 않는 과소생산의 문제가 발생하게 된다.

06   긍정적 외부효과를 일으키는 재화는 사회적 한계편익이 개인적 한계편익보다 크다. 따라서 보통 이러한 재화는 균형 수준보다 과소 생산되는 경향이 있다.

08   도덕적 해이는 거래대상의 숨겨진 행동으로 발생되는 문제이며, 역선택은 거래대상의 숨겨진 특성으로 발생되는 문제이다.

정답   01 O   02 X   03 O   04 X   05 O   06 X   07 O   08 X   09 O   10 O

01 확인학습문제

#시장실패, #공공재, #비경합성, #비배제성, #무임승차

Level 0 다음은 경제학시간에 학생들 간의 토의 내용 일부를 옮겨 놓은 것이다. 학생들 중에서 잘못 말한 학생은 누구인가?

> 준현 : 시장실패의 원인으로는 무엇이 있을까?
> 창수 : 음. 공공재의 존재도 시장실패를 가져오지.
> 정미 : 맞아. 공공재는 시장가격 형성이 불가능해서 시장실패를 야기한다고 배웠어.
> 진주 : 공공재는 대가 없이도 사용이 가능하다는 비경합성이라는 특성 때문에 무임승차자 문제가 발생한다고 하더라.
> 영섭 : 무임승차자 문제가 발생한다면, 민간에서는 공공재를 공급하기 힘들겠네.

① 준현   ② 창수
③ 정미   ④ 진주
⑤ 영섭

해설 공공재는 비경합성과 비배제성을 특징을 하는 재화이다. 비배제성은 대가를 지급하지 않아도 해당 재화 소비에서 배제할 수 없는 특성으로서, 무임승차를 야기하는 원인이 된다. 해당 재화 사용에, 혹은 생산에 대가를 치르지 않아도 얼마든지 이용할 수 있기 때문이다.

정답 ④

#공공재의 정의, #공공재의 시장수요곡선 도축, #공공재의 최적생산량 도출

공공재에 대한 A씨와 B씨의 수요함수와 한계비용은 다음과 같다. 사회적으로 바람직한 공공재 수준은 얼마인가?

- A씨의 수요함수 : $Q = 900 - 5P$
- B씨의 수요함수 : $Q = 240 - 2P$
- 한계비용 : $MC = 60 + \dfrac{1}{2}Q$

① 120   ② 200

③ 338   ④ 425

⑤ 520

해설 공공재는 배제성과 경합성이 존재하지 않는 재화이다. 대가를 지급하지 않아도 이용할 수 있고 누군가의 이용이 다른 사람의 이용을 침해하지 않기 때문에 누구나 대가를 지급하지 않고 사용하려는 무임승차의 문제가 발생한다. 이러한 특징으로 인해 사람들은 공공재에 대한 자신의 최대지불용의를 솔직하게 밝히지 않게 된다. 따라서 일반재화는 시장 수요곡선을 도출함에 있어 가격을 중심으로 수평합하는 반면에 공공재는 수량을 중심으로 수직합을 하게 된다. 이를 위해서는 수요함수를 가격(P)에 대해 정리해야 한다. 아래 과정을 통해 A씨와 B씨의 수요함수 수직합을 통해 시장수요함수가 도출되며, 시장수요로 대표되는 한계편익과 한계비용이 일치하는 수준에서 공공재의 최적생산량이 $Q = 200$으로 도출된다.

- A씨의 수요함수 : $P = -\dfrac{1}{5}Q + 180$

- B씨의 수요함수 : $P = -\dfrac{1}{2}Q + 120$

- 공공재의 시장수요함수 : $P = -\dfrac{7}{10}Q + 300$

- 한계비용 : $MC = 60 + \dfrac{1}{2}Q$

- 최적공급량 : $-\dfrac{7}{10}Q + 300 = 60 + \dfrac{1}{2}Q \Rightarrow \dfrac{6}{5}Q = 240 \Rightarrow Q = 200$

오답노트 일반재화의 경우 사람들의 솔직한 지불용의가 형성되기 때문에 수평합이 가능한 반면 공공재의 경우 무임승차를 위해서는 자신의 지불용의를 밝히길 꺼려하기 때문에 수직합으로 시장수요를 도출할 수밖에 없다.

정답 ②

Level 0

기업 A는 생산과정에서 오염수 배출이 발생한다. A재의 수요곡선은 $Q_D = 100 - P$이고, 기업 A가 인식하는 한계비용(PMC)은 $Q + 20$이다. 한편, 기업 A가 배출하는 오염수로 인해 사회가 겪어야 하는 사회적 한계피해액(SMD)은 $3Q + 60$이다. 이때 정부는 얼마의 세금을 부과해야 사회적 최적 오염수 배출량이 달성되는가?

① 65 ② 72
③ 78 ④ 84
⑤ 90

해설 부정적 외부효과가 존재하는 경우 정부의 개입에 의한 해결책을 묻고 있다. 부정적 외부효과란 경제주체의 활동이 제3자에게 의도하지 않은 손실을 입히면서도 아무런 대가도 지급하지 않는 현상을 의미하며, 시장실패의 원인이 된다. 외부효과로 시장실패가 발생하는 이유는 사회적 최적 생산량보다 많이 혹은 적게 생산되기 때문이다. 이는 개별경제주체가 인식하는 비용과 사회가 인식하는 비용이 다르기 때문이다. 즉, 부정적 외부효과의 경우 개인의 한계비용보다 사회의 한계비용이 크기 때문에 사회적 최적량보다 많은 양이 생산된다. 문제에서 기업 A의 생산량은 $PMC = PMB$인 점에서 결정된다. 따라서 다음이 성립하고, 이때 공장 A가 결정한 생산량은 40이다.

- PMB : $100 - Q$
- PMC : $Q + 20$
- 공장 A의 생산량결정 : $100 - Q = Q + 20 \Rightarrow Q = 40$

한편, 사회적 최적생산량은 $SMB = SMC$에서 결정된다. 개인적 한계편익(PMB)과 사회적 한계편익(SMB)은 일치하지만, 사회적 한계비용(SMC)은 개인적 한계비용(PMC)에 외부효과로 인한 사회적 한계피해액만큼 더 높다. 따라서 SMB와 SMC는 다음과 같이 결정되며, 이때의 사회적 최적 생산량은 4이다.

- $SMB = PMB$: $100 - Q$
- $SMC = PMC + SMD = (Q + 20) + (3Q + 60) = 4Q + 80$
- 사회적 최적 생산량 : $100 - Q = 4Q + 80 \Rightarrow Q = 4$

부정적 외부효과를 없애기 위해서는 최적산출량 수준에서 한계피해액만큼 조세를 부과하면 된다. 따라서 조세의 크기는 3(4) + 60 = 72가 된다.

오답노트 부정적 외부효과가 존재하는 경우 부정적 외부효과로 인해 발생하는 부정적 효과만큼 세금을 부과하고, 긍정적 외부효과가 존재하는 경우는 보조금을 지급하여 사회적 최적 생산량에서 생산이 이루어지도록 조정한다.

정답 ②

#시장실패의 의미, #부정적 외부효과, #공공재의 정의, #공공재와 무임승차문제

시장실패에 대한 다음 설명 중 옳지 않은 것은?

① 사회적 비용이 사적 비용을 초과하는 외부성이 발생하면 시장의 균형생산량은 사회적으로 바람직한 수준보다 크다.

② 시장실패를 교정하려는 정부의 개입으로 인해 오히려 사회적 비효율이 초래되는 정부실패가 나타날 수 있다.

③ 공공재의 경우 무임승차의 문제가 존재하므로 사회적으로 바람직한 수준보다 작게 생산되는 경향이 존재한다.

④ 공공재는 비배제성과 비경합성으로 인해 시장실패의 원인이 될 수 있다.

⑤ 공공재의 공급을 사기업이 수행하게 되면 과잉공급이 예상된다.

> **해설** 공공재는 비배제성과 비경합성을 특징으로 하는 재화이다. 즉, 대가를 지급하지 않아도 소비를 제한할 수 없으며, 누군가의 소비가 다른 누군가의 소비를 제한하지도 않기 때문에 마음대로 소비할 수 있다. 이러한 특성으로 인해 무임승차의 문제가 발생한다. 따라서 이러한 공공재의 공급을 이윤을 추구하는 사기업에게 맡길 경우 공급 자체가 아예 불가능하게 될 수도 있다.

오답
노트

외부효과는 부정적, 긍정적 외부효과로 나눠볼 수 있다. 부정적 외부효과는 제3자에게 의도하지 않은 손해를 발생시키면서도 이에 대한 대가를 치르지 않는 현상을 의미한다. 즉, 개인이 인식하는 사적비용보다 사회가 인식하게 되는 사회적 비용이 더 커서 개인이 생산하는 부정적 외부효과의 양은 사회적 최적량보다 많게 된다.

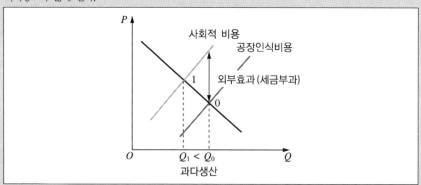

한편, 시장이 효율적인 자원 배분을 못하는 시장실패가 발생한 경우 정부가 개입하게 되는데, 많은 경우 더 큰 비효율을 초래하는 정부실패를 초래하게 된다.

정답 ⑤

01 시장실패에 관한 설명으로 옳은 것은? 꼭! 나오는 유형 *

① 시장실패는 정부가 개입하여 더 큰 자원배분의 비효율을 야기하는 경우를 의미한다.
② 정부개입과 사회후생 증대는 필요충분조건이다.
③ 외부효과는 시장실패의 주요 원인 가운데 하나이다.
④ 코즈의 정리에 의한 외부효과의 해결은 현실적인 방법이다.
⑤ 외부효과는 항상 대칭적으로 발생한다.

해설

시장실패란 시장이 효율적으로 자원을 배분하지 못하는 경우를 의미한다. 시장실패는 불완전경쟁, 외부효과, 공공재, 정보의 비대칭성으로 인해 발생한다. 한편, 시장이 실패할 때 정부가 개입하면 자원의 비효율적 배분이 개선되기도 하지만, 오히려 악화되기도 한다. 따라서 정부의 개입은 필요조건일 뿐 충분조건은 될 수 없으므로 필요충분조건이 아니다.

오답 노트

코즈의 정리는 외부효과의 사적인 해결방법을 강조한 외부효과의 해결방법이다. 코즈는 소유권이 명확히 정의되고, 협상과정에 거래비용이 발생하지 않는다면 소유권이 누구에게 귀속되는지와 무관하게 외부효과를 해결할 수 있다는 주장이다. 하지만 현실에서는 협상과정에 거래비용이 많이 소요되기 때문에 코즈의 정리는 현실에 부합하지 않는다. 한편, 외부효과는 일방적으로 발생한다.

02 다음은 외부효과에 대한 설명이다. 올바른 것을 고르시오.

① 긍정적 외부효과를 갖는 재화의 경우 최적공급량보다 많이 생산된다.

② 부정적 외부효과의 사회적 비용은 개인적 비용보다 크다.

③ 교육의 사회적 효용은 사적효용에서 긍정적 외부효과만큼 뺀 것과 같다.

④ 부정적 외부효과를 해결하는 방법으로는 보조금이 있다.

⑤ 부정적 외부효과란 경제주체의 행위가 제3자에게 의도하지 않은 혜택을 주면서도 이에 대한 대가를 받지 않는 경우를 의미한다.

해설

외부효과란 경제주체의 경제활동으로 인해 제3자에게 의도하지 않은 손실이나 혜택을 주면서도 이에 대한 대가를 지급하지도, 받지도 않는 경우를 의미한다. 제3자에게 손실을 입히는 경우를 부정적 외부효과, 혜택을 주는 경우를 긍정적 외부효과라고 한다. 부정적 외부효과의 경우 사회 최적량보다 과대 생산되는 경향이 있다. 이는 사회적 비용이 개인적 비용보다(외부효과만큼) 크기 때문에 발생한다.

오답
노트 ▪ 긍정적 외부효과는 제3자에게 의도하지 않은 혜택을 주면서도 이에 대한 어떠한 대가도 받지 않는 경우를 의미한다. 긍정적 외부효과가 존재하면 사회가 느끼는 편익이 개인의 편익보다 크기 때문에 사회 최적량보다 적게 생산된다.

#외부효과의 정의, #외부효과의 종류, #부정적 외부효과의 해결, #코즈정리

03

공장 A는 매연을 발생시키고 있다. 이 매연은 바람을 타고 김씨가 사는 집으로 옮겨진다. 공장 A는 매연을 발생시키고 있음에도 김씨에게 미치게 될 악영향에 대해서는 고려하지 않고 있다. 사회의 최적매연 발생량은 200이다. 옳지 않은 설명을 고르시오.

① 현재 공장 A가 발생시키는 매연량은 200보다 클 것이다.
② 기업 A에게 피구세를 부과하여 최적매연발생량 수준으로 낮출 수 있다.
③ 김씨와 공장 A 사이에 협상을 통해 해결이 가능하다.
④ 김씨와 공장 A 사이의 협상을 통한 해결은 실현가능성이 높다.
⑤ 매연발생에 따른 공장비용과 사회적 비용은 외부효과만큼 차이가 난다.

해설

외부효과는 경제주체의 경제활동으로 인해 제3자에게 의도하지 않는 혜택이나 손해를 보면서도 대가를 받지도, 지불하지도 않는 현상을 의미한다. 문제상황은 의도하지 않는 손해를 발생시키는 부정적 외부효과이다. 부정적 외부효과의 해결책 가운데 사적해결은 코즈의 정리로 대표된다. 코즈의 정리란 재산권이 설정이 명확하고, 협상에 따른 비용이 거의 없을 경우 재산권이 누구에게 귀속되었는지와 무관하게 민간 경제 주체 간의 해결이 가능하다는 내용이다. 하지만 현실에서는 협상 비용이 많이 들고, 소유권이 명확하지 않은 경우가 많아 코즈의 정리에 따른 외부효과의 해결은 실현가능성이 낮다.

오답
노트

공장의 매연발생으로 인한 공장이 인식하는 비용과 이로 인해 사회 전체가 인식하는 비용은 다르다. 사회적 비용이 공장인식 비용보다 큰 것이다. 사회는 공장이 인식하는 비용에 외부효과만큼 더해진 비용을 실제 비용으로 간주하기 때문이다. 따라서 실제 매연발생량은 사회최적량보다 많이 발생하게 된다. 따라서 정부가 개입하여 외부효과만큼 세금을 부과하여 사회적 비용과 공장인식 비용을 일치하게 되면 매연발생량이 사회적 적정량 수준으로 줄어들게 된다.

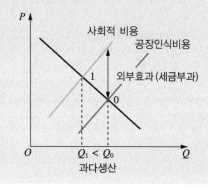

04 다음을 읽고 추론한 내용으로 옳지 않은 것은?

> A는 대형 스피커를 통해 교향곡을 듣는 일이 인생의 유일한 즐거움이다. 문제는 A씨의 취미활동
> 으로 인해 아랫집에 사는 B씨가 받는 스트레스가 너무 크다는 점이다. A씨는 음악 감상을 통해
> 얻는 즐거움을 금액으로 환산하면 120만원인 반면에 B씨는 80만원의 괴로움을 겪는다. 더 큰
> 문제는 A씨가 집에서 음악을 감상하는 권리가 우선인지, B씨가 편히 쉴 수 있는 권리가 우선인지
> 분명하지 않다는 점에 있다.

① 부정적 외부효과가 소비측면에서 발생하고 있다.

② A씨 음악감상의 외부효과는 40만원이다.

③ A씨가 음악을 듣는 것이 듣지 않는 경우보다 효율적인 배분상태이다.

④ A씨의 권리가 우선되면 B씨는 괴로움을 감수하고 살아야 한다.

⑤ B씨의 권리가 우선되고, A씨가 B씨에게 80만원을 보상금으로 지급한다면 외부효과는 사라진다.

해설

문제에서 A씨의 음악감상은 B씨에게 스트레스를 준다. B씨에게 스트레스를 주려는 의도는 아니었지만, 의도하지
않은 손해를 끼치는 것이다. 이처럼 의도하지 않게 제3자에게 손해를 미치는 것을 부정적 외부효과라고 한다.
이때 음악감상으로 인해 발생하는 외부효과는 B씨가 느끼는 손해 80만원이다.

**오답
노트**
부정적 외부효과의 해결에 관한 내용이다.

③ 외부효과의 발생으로 인해 B씨가 느끼는 손해는 80만원이지만, 이로 인해 A씨가 얻는 즐거움이 120만
원이므로 사회 전체적으로는 음악감상을 통해 40만원의 순즐거움을 누리는 셈이다. 따라서 음악감상이
보다 효율적인 배분상태이다.

④ A씨의 권리가 우선되는 경우 B씨는 A씨에게 120만원을 지급해 음악감상의 즐거움을 보상할 수 있다.
하지만 이는 B씨가 느끼는 스트레스 80만원보다 크기 때문에 120만원의 보상이 지급될 수 없다. 따라서
A의 권리가 우선될 경우 B는 감수하는 수밖에 없다.

⑤ B씨의 권리가 우선된다면, A는 B에게 80만원을 보상하고 음악을 계속 들을 수 있다. 보상금 80만원은
음악감상으로 인한 즐거움 120만원보다 작기 때문이다. B 역시 음악감상으로 인한 스트레스를 보상받
았기 때문에 외부효과는 사라진다.

05 다음을 읽고 ㉠, ㉡에 대한 옳은 설명을 〈보기〉에서 모두 고른 것은?

> 갑국의 A기업은 최근 ㉠ <u>아파트 신축</u>을 추진 중이다. 하지만 인근 C아파트 주민들은 신축 아파트
> 가 자신들의 조망권을 침해할 것이라고 주장하여 관계 당국에 민원을 제기하였다. 아파트 신축으
> 로 A기업이 얻는 이익은 12억원이며, 조망권 침해로 인한 C아파트 주민들의 피해는 8억원이다.
> 당국은 ㉡ <u>A기업과 C아파트 주민들의 합의</u>가 이루어질 때까지 신축 허가를 보류하기로 했다.

〈 보기 〉

가. ㉠은 C아파트 주민에게 긍정적 외부 효과를 발생시킨다.
나. ㉡을 통해 효율적인 자원 배분을 이룰 수 있다.
다. ㉡을 통해 결정되는 합의금은 12억원보다 크다.
라. ㉡에서 결정되는 합의금 액수에 상관없이 ㉠의 사회적 순편익은 일정하다.

① 가, 나   ② 가, 다
③ 나, 다   ④ 나, 라
⑤ 다, 라

해설

보기의 상황에서는 A기업의 아파트 신축을 통해 인근 C아파트 주민들에게 조망권 침해라는 손해가 발생하고
있다. 아파트 신축 과정에서 의도하지 않은 손해가 발생한 것이다. 즉, 아파트 신축을 통해 조망권 침해라는
부정적 외부효과가 발생하고 있다. 부정적 외부효과는 당사자들 간의 합의를 통해 외부효과로 인해 발생한 피해에
대한 적절한 보상이 가능하므로 효율적인 배분이 가능하다. 정부의 개입 없이도 외부효과를 해결할 수 있는
것이다. 한편, A기업과 아파트 주민의 합의에 따라 개인적 편익과 비용이 달라지겠지만, 사회 전체의 순편익은
달라지지 않는다.

오답 노트

긍정적 외부효과는 제3자에게 의도하지 않은 혜택을 주면서 이에 대한 대가를 받지 않는 경우를 의미한다.
따라서 위의 상황과는 어울리지 않는다. 한편, B의 조망권이 우선시되더라도 합의금은 12억원을 넘을
수 없다. A기업이 아파트 신축을 통해 얻는 편익이 12억원이기 때문에 이보다 큰 액수를 합의금으로
지급하는 것은 A기업의 편익이 사라지는 행위이므로 합의금은 12억원을 넘을 수 없다.

06 다음의 ㉠과 ㉡에 대한 설명 중 옳지 않은 것을 모두 고르시오.

> A국은 해산물에 대한 급격한 수요증가로 어획량이 급증하였다. 이 때문에 ㉠ 주인이 없는 공해상에서의 어업활동이 급증하였고, 심지어는 치어까지 잡아들이는 일도 빈번하게 일어났다. 이러한 행위는 해산물에 대한 수요증가와 맞물려 계속되었고, 그 결과 ㉡ 공해상의 물고기 수가 현격히 줄어들었다.

> 가. ㉠은 배제성은 있지만 경합성이 없는 재화이다.
> 나. 공해에 대한 소유권 부여는 ㉡의 해결방법이 아니다.
> 다. 자원을 아껴 쓸 필요가 없을 때 ㉡과 같은 현상이 발생한다.
> 라. ㉡은 ㉠의 소비과정에서 발생한 외부효과라 할 수 있다.

① 가, 나   ② 가, 다
③ 가, 라   ④ 나, 라
⑤ 다, 라

해설

제시문에서 설명하고 있는 공해의 수자원 고갈 현상은 공유지의 비극 현상을 설명하고 있다. 공유지의 비극이란 공유자원이 무분별하게 사용되어 고갈되는 상황을 의미한다. 이는 경합성은 있으나 배제성이 없는 공유자원의 특징으로 인해 나타나는 현상이다. 재화는 배제성과 경합성 유무에 따라 다음과 같이 구분가능하다.

구 분	경합성	비경합성
배제성	사적재(private goods)	클럽재(club goods)
비배제성	공유자원(common resources)	공공재(public goods)

공유자원은 소유권이 특정되지 않아 다른 사람의 소비를 제한할 수는 없는 반면에 자원의 양은 한정되어 있기 때문에 누군가의 소비로 인해 다른 누군가는 사용할 수가 없게 된다. 따라서 소유권을 명확히 설정하는 것만으로도 공유자원의 비극을 막을 수 있다. 한편, 공유지의 비극은 소비과정에서 발생한 일종의 부정적 외부효과(외부불경제)이다. 제3자에게 손해를 끼칠 의도는 없었으나 결과적으로 손해를 발생시키면서 아무런 대가도 지급하지 않기 때문이다.

오답 노트

공공재는 경합성과 배제성이 모두 존재하지 않는 재화이다. 공공재로 인한 문제는 무임승차자의 문제이다. 공공재는 무임승차자의 문제, 공유자원은 공유지의 비극을 야기시킴을 기억해야 한다.

07 (가), (나)와 같은 시장 구조의 일반적인 특징으로 옳은 것은? ⚙️나오는 유형 *

> (가) 주식 시장에서 개인은 '갑'회사의 주식 가격에 영향을 미칠 수 없다. 현재의 가격으로 '갑'회사의 주식을 사거나 팔려는 사람이 많아 누구도 현재의 가격보다 싼 가격으로 사거나 비싼 가격으로 팔 수 없기 때문이다.
>
> (나) '을'항공사는 승객들을 여행 목적에 따라 여행 승객과 출장 승객으로 분류하여 항공료에 차등을 둔다. 대체로 여행 승객보다 출장 승객들이 더 비싼 항공료를 부담할 용의가 있으므로 '을'항공사는 이들에게 더 높은 항공료를 책정하여 이윤을 늘리려고 한다.

	(가)	(나)
①	진입 장벽 존재	다수의 공급자
②	소수의 공급자	자유로운 시장 진입
③	자유로운 시장 진입	소수의 공급자
④	이질적인 재화	진입 장벽 존재
⑤	다수의 공급자	자유로운 시장 진입

해설

완전경쟁시장은 동질적인 상품을 판매하는 다수의 공급자가 존재하는 시장이다. 따라서 이 중 한 명의 공급자의 가격 변화는 시장 전체의 가격에 영향을 미치지 못하고, 시장에서 결정된 가격을 그저 받아들이는 가격수용자로 행동하게 된다. 한편, 완전경쟁시장은 진입장벽이 없어 기업들의 자유로운 진입과 퇴출이 가능하다. 그 결과 단기에는 양의 경제적 이윤을 얻을 수 있지만, 장기에는 경제적 이윤이 0이 된다. 한편, 독점시장은 완전경쟁시장과는 반대로 시장에 공급자가 유일하다. 따라서 독점기업이 설정한 가격이 곧 독점시장의 가격이 된다. 독점시장은 진입장벽이 높은 탓에 다른 경쟁기업이 해당 시장에 진입하지 못한다. 이러한 특징 탓에 독점기업은 같은 상품에 다른 가격을 책정하여 독점이윤을 극대화하는 가격차별의 시행이 가능하다. 즉, 소비자 혹은 상품을 그룹별로 분류하여 그들의 지불용의에 맞게 각기 다른 가격을 책정하여 소비자잉여를 생산자잉여로 전환시키는 것이다. 문제에서 주식시장은 완전경쟁시장, 항공사는 독점 혹은 복점(시장에 공급자가 두 개 뿐인 시장)시장이다.

오답 노트 완전경쟁시장과 독점시장 사이에는 독점시장에 가까우면서 완전경쟁시장의 특징을 갖는 과점시장과, 완전경쟁시장에 가까우면서 독점의 특징을 갖는 독점적 경쟁시장이 존재한다.

08 다음 중 정보의 비대칭으로 인해 발생하는 현상에 대한 설명 중 옳지 않은 것은?

① 역선택과 도덕적 해이가 발생할 수 있다.

② 정보를 갖지 못한 사람은 피해를 입을 수 있다.

③ 시장에서 거래가 위축될 수 있다.

④ 정보를 상대적으로 많이 가진 사람의 피해규모가 정보를 적게 알고 있는 사람보다 항상 작다.

⑤ 사고 운전자에 대한 보험료 할증은 도덕적 해이를 완화시킬 수 있다.

해설

정보의 비대칭성은 경제 주체 간에 보유한 정보의 양이 균등하지 않은 상황으로서 감추어진 특성과 감추어진 행동으로 구분된다. 감추어진 특성은 재화나 서비스의 특징과 관련된 정보가 비대칭적인 상황으로서 정보를 갖지 못한 사람이 잘못된 선택으로 피해를 볼 수 있는 역선택이 발생한다. 감추어진 행동은 거래 이후의 행동변화를 감춤으로써 발생하는 문제로 도덕적 해이 문제가 발생한다. 한편, 역선택의 상황에서 정보를 상대적으로 많이 알고 있다고 해서 정보를 덜 가진 사람보다 항상 피해규모가 적다고 판단할만한 근거는 없다.

오답 노트

정보의 비대칭이 존재하는 경우 시장거래가 위축될 수 있다. 중고차 시장에서의 역선택 문제로 인해 소비자들은 중고차 거래를 기피하게 되는 현상이 대표적이다. 한편, 도덕적 해이 문제의 해결을 위해서는 거래 이후에 행동을 바꾸지 못하게 하는 유인책이 필요하다. 사고가 났을 때 보험료를 할증한다거나 보험지급액 일부만을 지급하는 공동보험제도 등이 대표적인 예이다.

09 다음은 중고차 시장에서 실시하는 보증제도이다. 다음 중 가장 옳은 설명을 고르시오.

> 중고차 업체 ○○○이 장마철 이후 중고차 구입 시 소비자의 걱정을 덜어주기 위해 '침수차 특별
> 보상 프로그램'을 실시한다고 24일 밝혔다. ○○○ 직영점에서 구입한 차량이 3개월 이내에 차량
> 진단 결과와는 달리 침수 이력이 있는 차로 확인되면 차량 가격을 100% 환불해주고 이전등록비도
> 전액 보상해준다. 또 100만원의 추가 보상금도 지급한다. ○○○ 중고 자동차 회사는 18단계,
> 105개 차량진단 항목과 침수차량 판별을 위한 특별 진단 시스템으로 일반 소비자가 확인하기
> 어려운 침수 흔적을 상세하게 진단해준다.

① 보증은 소비자가 더 많은 정보를 보유할 때 기업이 역선택을 방지하는 수단이다.
② 보증은 소비자들이 소비자들의 선호를 기업보다 잘 알고 있을 때 사용하는 신호 수단이다.
③ 보증은 기업이 소비자들의 선호를 소비자보다 잘 알고 있을 때 사용하는 신호 수단이다.
④ 비대칭정보의 문제가 존재하는 시장에서는 기업이 보증을 제공하지 않으려 한다.
⑤ 중고차 딜러들은 좋은 자동차일수록 예상 수리비용이 적기 때문에 보증을 제공할 가능성이 더
　높다.

해설

중고차 시장은 역선택이 일어나는 대표적인 시장이다. 딜러는 중고차량의 사고 및 수리 이력에 대해 비교적
상세히 알고 있는 반면에 소비자는 이를 알 수 있는 방법이 없기 때문이다. 따라서 중고차 거래가 위축될 수
있고, 중고차 딜러들은 이를 방지하기 위해 보증제도와 같은 신호발송을 실시한다. 지문에 제시된 침수차 보상
서비스도 이러한 보증 서비스의 하나이다. 딜러의 입장에서 좋은 자동차는 고장이 날 확률이 적기 때문에 이러한
보증서비스를 실시할 경우 소비자에게 자동차 상태에 대한 정보를 간접적으로 알려줄 수 있다. 따라서 역선택을
해결할 수 있는 방법이 된다.

**오답
노트**
> 보증은 일반적으로 정보를 많이 소유한 기업이 소비자에게 신호발송을 하기 위해 사용하는 수단이다.
> 그리고 소비자의 선호와 보증은 큰 관련이 없다. 한편, 비대칭정보의 문제가 존재하는 상황에서 기업이
> 보증을 제공하지 않으면 거래가 크게 위축될 수 있다.

10 다음 중 도덕적 해이에 관한 설명으로 옳지 않은 것은?

① 팀 발표의 경우 일부 구성원은 발표 준비를 게을리 한다.

② 에어백 설치 이후 자동차 운전자는 설치 이전보다 부주의하다.

③ 건강보험 가입 이후에 보험가입자는 가입 이전보다 건강 관리 노력을 게을리 한다.

④ 대출이자율이 높아지면 변제능력이 떨어지는 기업들이 더 많이 차입하려고 한다.

⑤ 성과급 제도가 없는 회사의 직원들은 태만하게 근무한다.

해설

정보의 비대칭성 문제 가운데 감추어진 행동으로 인해 발생하는 문제가 도덕적 해이이다. 즉, 도덕적 해이는 거래 이후에 행동을 바꿈으로 인해서 이를 알지 못했던 상대방에게 피해를 주는 행동이다. 반면 역선택은 감추어진 특성으로 인해 발생하는 문제이다. 즉, 거래 이전에 정보를 많이 갖지 못한 상대방이 정보를 많이 가진 상대방에 의해 피해를 보는 상황이다. 즉, 도덕적 해이와 역선택은 거래 이전인지, 이후인지에 따라 구분할 수 있다. 도덕적 해이는 거래 이후의 행동인 반면, 역선택은 거래 이전과 관련되어 있다. 대출이자율이 높아지면 변제능력이 떨어지는 기업들만 대출을 신청하는 현상은 거래 이전의 역선택과 관련되어 있다.

오답 노트

팀이 꾸려진 이후에 발표 준비를 소홀히 하는 것, 에어백 및 보험 가입 이후에 안전에 대한 노력을 게을리하는 것, 입사 이후 성과금 제도의 부재로 인해 근무태만을 보이는 것 보다 거래 이후의 행동 변화인 도덕적 해이와 연관되어 있다.

11 다음 중 역선택과 관련된 보기만을 모두 고른 것은?

─〈 보기 〉─

㉠ 자동차 보험 가입 이후 스피드한 운전을 즐긴다.
㉡ 건강이 좋지 않은 사람이 민간 의료보험에 더 많이 가입한다.
㉢ 실업급여를 받게 되자 구직 활동을 성실히 하지 않는다.
㉣ 사망 확률이 낮은 건강한 사람이 주로 종신연금에 가입한다.

① ㉠, ㉡   ② ㉠, ㉢
③ ㉡, ㉢   ④ ㉡, ㉣
⑤ ㉢, ㉣

해설

역선택(adverse selection)이란 감추어진 특성으로 인해 정보를 갖지 못한 측에 불리한 선택을 하게 되는 현상을 의미한다. 한편, 도덕적 해이(moral hazard)란 정보를 가진 측이 거래 후에 감추어진 행동으로 인해 다른 사람에게 손해를 끼치는 행위를 의미한다. 두 개념을 구분하는 중요한 기준은 거래 전인지 후인지 여부이다. 거래 전의 행위라면 역선택과 관련이 깊고, 거래 후의 행동변화라면 도덕적 해이와 연관이 깊다. 문제에서 건강이 좋지 않은 사람이 의료보험에 더 많이 가입하는 것이나 사망확률이 낮은 건강한 사람이 주로 종신연금에 가입하는 것이 보험 가입 전의 역선택과 연관되어 있다.

오답 노트

① 자동차 보험 가입 이후, 실업급여를 받은 이후의 행동변화는 거래 체결 이후에 행동을 바꾸는 도덕적 해이와 관련된 개념이다.

미시 06

스페이스X '파괴적 혁신'에 다시 써야 할 경제학 교과서[★★글로벌]

2024.10.16. 매일경제

지난 13일. 세계는 스페이스X가 연출한 거대한 기술쇼에 경악을 금치 못했습니다.

바로 '메카질라'쇼입니다.

메카질라는 영화 속 괴수 고질라와 대형 팔다리 기계(Mecha)의 합성어로, 일론 머스크의 우주기업 스페이스X의 발사탑을 지칭합니다.

이날 스페이스X가 쏘아올린 발사체의 1단 부분인 슈퍼헤비 로켓이 자유낙하하다가 역추진하며 젓가락 형태의 메카질라 로봇팔에 착 감기는 모습은 영화 속 특수효과로도 만들 수 없는 생생한 감동이었습니다.

그런데 스페이스X의 메카질라는 비단 과학기술의 승리를 넘어 경제학 교과서를 새로 써야 할 만큼 기술 혁신의 중요성을 환기시키는 대사건입니다.

바로 '규모의 경제(Economies of scale)'를 일으키는 새로운 접근법을 보여줬기 때문입니다.

그리고 규모의 경제를 실현하기 위해 분투한 스페이스X는 혁신의 덫에 걸린 한국 기업들에 중요한 화두를 던집니다. "최대한 단순화하라"라는 것입니다.

먼저 경제학에서 말하는 규모의 경제는 생산량을 늘릴수록 단위 생산비용이 낮아져 상품 경쟁력이 높아진다는 의미입니다. 효율화한 분업과 전문성으로 대량생산을 통해 고정 생산비용을 낮추고 수익성을 높이는 사업 성공의 필수 공식입니다.

역으로 '규모의 비경제(Diseconomies of scale)' 개념도 있습니다.

생산규모를 키울수록 생산비용이 더 오르는 역설적 상황인데, 제조과정에서 불필요한 공정과 비숙련 등으로 효율이 떨어질 때 나타나는 현상입니다.

가슴 아프지만 고부가 메모리와 파운드리에서 위기에 봉착한 삼성의 반도체 사업이 규모의 비경제를 설명하는 적확한 사례입니다.

스페이스X를 설립한 일론 머스크 최고경영자도 당연히 규모의 경제를 일으켜 스페이스X를 세계 최대 우주기업으로 키우겠다는 전략입니다.

그런데 규모의 경제를 달성하기 위한 그의 전술이 특이합니다. 바로 '재사용'입니다.

정리하면, 일론 머스크는 3D 프린팅 기술을 앞세워 수직적 통합 방식으로 스페이스X를 키워왔고, 그 결과 수평적 조달(= 외주제작)에 써야 할 막대한 시간과 비용을 줄이면서 수익성을 높여왔습니다.

'스스로 만들자(Do it yourself)'는 도전 정신 아래 규모의 경제를 구현하는 역발상으로 '로켓 재사용'에 도전해온 것입니다.

그리고 마침내 10월 13일. 조금은 우스꽝스러운 젓가락 팔 모습의 발사탑인 메카질라가 낙하하는 로켓 1단을 잡는 모습은 세계 우주산업에서 처음으로 규모의 경제를 실현하는 새 페이지가 열렸음을 뜻하는 것이죠.

로켓 재사용으로 발사 비용과 대기 시간이 획기적으로 낮아지면 우주 상공에 인공위성을 올리고 싶어 하는 전 세계 기업들이 스페이스X 앞에 진을 칠 것입니다.

이는 경제학 원론에서 규모의 경제를 집필해온 경제학자들의 논리와 상상력을 넘어서는 혁신 사례로, 오래된 경제학 저서들이 새롭게 개정돼야 할 판입니다.

기술 혁신으로 과거에 없던 새로운 규모의 경제에 진입한 일론 머스크는 13일 메카질라 우주쇼를 중개하며 이렇게 자신의 소회를 밝힙니다.

"성공 여부는 불확실하지만 그래도 제로보다 높다(The probability is uncertain, but it is above zero)".

실패를 두려워하고 아무것도 하지 않으면, 아무 일도 일어나지 않습니다.

Tip

재활용 로켓 스페이스X에 대한 기사이다. 스페이스X는 다양한 경제 개념으로 설명 가능하다. 그 중의 하나가 '외부효과'이다. 스페이스X는 생산에 초점을 맞출 경우 '규모의 경제' 개념이 떠오르지만, 스페이스X의 재활용 로켓이 보여준 의미는 상업우주 시장의 탄생이다. 저렴한 소형 위성을 우주공간에 많이 쏘아 올릴 수 있게 되면서 우주 데이터 시장이 열린 것이다. 이는 긍정적 외부효과라 할 수 있다. 기술이 경제사회에 어떤 의도하지 않은 긍정적 영향을 미치는지 확인할 수 있는 대목이다.

PART 2

거시경제

출제비율 **31%**

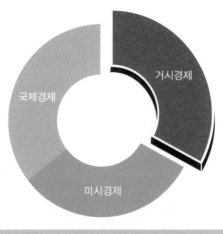

국제경제

거시경제

미시경제

교수님 Talk !

☑ 거시경제학은 '고장난 경제를 고칠 수 있다는 믿음'에서 시작합니다. 경제의 고장 원인은 총수요의 부족이므로, 총수요를 높이면 경제가 좋아질 수 있다고 설명합니다. 거시경제학에서 **총수요**에 대한 이해가 중요한 이유입니다. 총수요의 구성요인, 총수요 변화 방법, 총수요-총공급 모형에서의 총수요 변화 결과 등을 살펴봐야 합니다. 뿐만 아니라 우리 삶에 부정적인 영향을 미치는 **실업과 인플레이션**을 살펴봐야 합니다. **필립스곡선**은 이들을 종합합니다. 거시경제학은 어떻게 하면 단기적인 경기변동(침체와 호황) 폭을 줄여 장기적인 경제성장을 달성할지를 고민하는 학문이라는 점을 기억하면서 공부해야 길을 잃지 않을 수 있습니다.

CHAPTER

01 | 거시경제학 기초

01 거시경제학의 시작

1. 미시경제학과 다른 거시경제학

(1) 미시(micro) vs 거시(macro)

미시경제학과 거시경제학은 그 이름에서 알 수 있듯이 미시경제학은 작은 단위 즉, 개별 경제주체와 개별 시장을 분석의 단위로 삼는 반면 거시경제학은 국가경제 전체를 분석 대상으로 삼는다. 예를 들어 지금 당장 취업을 하는 것이 좋을지, 대학원을 진학하는 것이 좋을지를 고민하는 것이 미시경제학적인 고민이라면 올해 국가 전체의 취업률이 어떻게 될지를 고민하는 것은 거시경제학적인 고민이라 할 수 있다.

(2) 국가 경제를 고민하는 거시경제학

미시경제학이 개별시장의 수요와 공급이 중심이었다면, 거시경제학은 국가 전체의 총수요와 총공급이 논의의 중심에 있다. 그리고 미시경제학에서의 수요와 공급이 생산량과 가격을 분석의 대상으로 삼았다면, 거시경제학에서의 총수요와 총공급은 국민총생산과 물가를 분석대상으로 한다. 국가 경제를 고민하는 거시경제학의 주요 관심사로는 총수요와 총공급 이외에도 경제성장, 경기변동, 실업, 인플레이션, 이자율, 국제수지, 환율 등이 있다.

(3) 정책에 관심을 갖는 거시경제학

거시경제학이라는 분야가 실질적으로 생긴 것은 1930년대 미국의 대공황(Great Depression) 시기이다. 이전까지 경제학자들은 영국의 고전파 경제학파인 아담스미스의 저서 「국부론」에서 주장한 보이지 않는 손, 즉 경제는 시장과 가격에 의해 자율적으로 조정된다고 믿어 왔다. 따라서 경제의 왜곡이 발생했을 때 정부가 개입하는 것은 비효율만 야기할 뿐 어떠한 효과도 없을 것이라고 생각했다. 하지만 1930년대 대공황으로 세계 경제가 휘청거리자 정부가 시장에 개입하지 않을 수 없는 상황이 만들어졌다. 1929년까지 약 3%에 불과했던 실업률이 33%까지 상승한 통계는 당시 상황을 엿볼 수 있는 대표적인 지표이다. 이는 세 명 가운데 한 명이 실직 상태임을 의미하니, 당시의 상황이 얼마나 처참했는지 짐작할 수 있게 한다. 이때 정부의 적극적인 역할을 강조한 경제학자가 바로 케인즈(John Maynard Keynes)이다. 그는 「고용, 이자율, 화폐에 관한 일반이론

『The General Theory of Employment, Interest, and Money』라는 책에서 정부가 재정정책과 통화정책을 통해 침체된 경제를 되살릴 수 있다고 주장했다. 보이지 않는 손이 작동하지 않는 상황에서 정부의 적극적인 역할을 강조한 그의 주장은 많은 경제학자와 정부 정책 결정자들로부터 엄청난 호응을 얻었다. 이러한 배경을 볼 때 거시경제학과 정책은 서로 뗄 수 없는 관계임을 알 수 있다.

2. 거시경제학을 공부해야 하는 이유

(1) 첫 번째 이유 : More is different(많아지면 달라진다)

More is different는 노벨물리학상 수상자인 필립 앤더슨(Philip Anderson)이 1972년 『사이언스 (Science)』지에 발표한 논문의 제목이다. 이는 거시경제학을 공부해야 하는 이유를 설명하는 문장이기도 하다. 경제학에서는 이 문장을 전체는 부분의 총합보다 크다는 의미로 바꾸어 이야기할 수 있다. 거시경제학이 미시경제학의 개념들의 단순합이 아니라는 것을 의미한다. 거시경제학은 미시경제학에서 공부한 기본원리를 따르면서도 미시경제학과는 다른 논의가 진행되는데, 경제주체들의 상호작용으로 이뤄지는 경제 전체를 설명하기 위해서는 부분을 설명할 수 있었던 원리만으로는 부족하기 때문이다.

(2) 두 번째 이유 : 절약의 역설(구성의 오류)

절약의 역설(paradox of thrift)을 통해 거시경제학을 별도로 공부해야 하는 이유를 보다 구체적으로 이해할 수 있다. 일반적으로 사람들은 경제의 침체가 예상될 경우 지출을 줄이게 된다. 소득의 감소가 예상되는 경우 지출을 줄이고 저축을 늘려 미래를 대비하는 것은 개별 경제주체에게는 매우 바람직한 행동이다. 하지만 모든 경제주체가 지출을 줄이고 저축을 늘리자 국가 전체적으로는 소비가 감소하게 된다. 이로 인해 생산한 물건은 팔리지 않아 기업의 창고에는 재고가 쌓이게 되고, 기업이 생산량을 줄이는 결과를 초래하게 된다. 생산량의 감소는 머잖아 고용규모의 감소로 이어지게 된다. 그 결과 가계와 기업 모두 경기침체에 대비해 지출을 감소시키고 저축을 늘린 것이 경기침체에 대비하지 않았을 때보다 더 나쁜 상황에 직면하게 된다. 이를 절약의 역설이라고 한다. 절약의 역설은 개인에게는 합리적인 행동이 경제전체적으로는 합리적이지 않은 결과를 가져다주는 구성의 오류(fallacy of composition)의 대표적인 예이다. 극장 가운데 앉은 사람이 일어나서 보는 경우 본인은 잘 보일지 몰라도 극장에 있는 전체 사람들은 제대로 보지 못하는 경우 역시 구성의 오류라 할 수 있다.

1. 거시경제학의 특징

미시경제학은 소득이나 자원을 주어진 것으로 간주하는 경향이 존재한다. 제약이 되는 자원들을 주어진 것을 간주하고 개별 시장에서 어떻게 배분되는지를 살펴보기 때문에 미시경제학만으로는 소득이 어떠한 이유로 변하는지 알지 못한다. 거시경제학에서는 미시경제학이 설명하지 못하는 변수들, 즉 집계변수들(aggregate variables)을 따로 살펴보면서 국가 경제 전체에서 이들 간의 상호작용에 대해 살펴보게 된다.

2. 거시경제학의 주요 관심사

거시경제학은 경제전반을 분석대상을 삼는 분야로 장기적인 측면에서의 경기변동과 단기적인 측면에서의 경기변동에 관심을 갖는다. 경제는 장기적으로는 생산량도 증가하고 생활수준도 좋아지지만, 단기적인 측면에서는 성장이 더딜 때도, 빠를 때도 있어 심한 변동성을 보인다. 그리고 장, 단기적으로 경제활동의 성과를 확인하고 평가하기 위해 GDP와 실업, 인플레이션을 측정하여 기준지표로 삼는다.

(1) 경제성장

경제성장이란 일정기간 동안 발생한 GDP 혹은 1인당 GDP가 증가하는 현상을 의미한다. 경제성장은 일반적으로 한 국가의 경제적 목표이다. 국가 전체의 생산이 인구의 증가보다 더 빨리 늘어나면 실질적인 임금과 소득이 증가하여 생활수준이 향상된다. 경제가 성장하면 좋은 이유는 이전보다 많아진 소득으로 보다 풍요로운 소비를 할 수 있기 때문이다. 즉, 경제성장으로 인해 희소성의 부담을 완화시킬 수 있는 것이다.

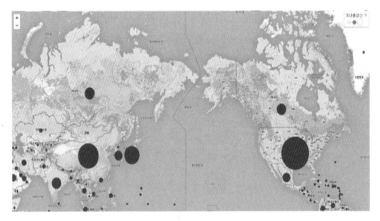

▲ 세계의 GDP 크기 비교
※ 출처 : Google Public Data(data: World Bank)

(2) 경기변동

경기변동은 경제활동의 수준이 상승과 침체를 반복하는 현상을 의미한다. 경제는 반드시 일정하고 안정적인 패턴으로 성장하지 않는다. 단기적으로 경기가 좋은 호황(boom)과 경기가 나쁜 불황(recession)을 반복하며, 장기적으로는 경제성장을 달성한다. 이러한 호황기에는 소득과 소비가 증가하고 투자도 증가하며 실업은 감소하게 된다. 반면에 불황기에는 호황기와는 반대로 소득과 소비, 투자가 감소하며 실업은 증가한다.

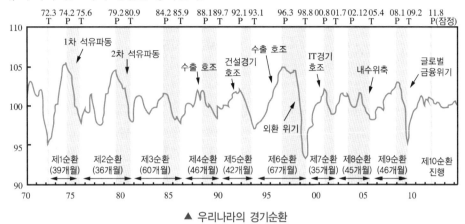

▲ 우리나라의 경기순환

※ 주 : 1) P : 정점(Peak), T : 저점(Trough)
※ 출처 : 한국은행(BOK) 이슈노트, 우리 경제의 경기변동성 축소 원인과 시사점(2014.11.21.)

(3) 실 업

호황과 불황을 반복하는 경기변동의 과정에서 실업과 인플레이션의 문제가 발생하게 된다. 실업률과 고용률 지표는 거시경제학이 경제상황을 평가할 때 예의주시하는 지표이다. 우리나라의 경우 실업률은 통계청의 「경제활동인구조사」에 의해 매월 조사 및 발표된다. 표본조사구 약 32,000가구 내에 상주하는 자로서 매월 15일 현재 만 15세 이상인 자를 대상으로 고용과 관련된 32개의 항목을 조사하게 된다. 최근 실업률은 경기변동에 따른 경제 활동인구의 변화로 변동성이 크기 때문에 경기 변동에 영향을 받지 않는 고용률도 함께 살펴봄으로써 단점을 보완하고 있다.

(4) 인플레이션

인플레이션은 경제 전반의 재화와 서비스의 가격이 상승하는 현상을 의미한다. 반대로 경제 전반의 재화와 서비스의 가격이 하락하는 현상을 디플레이션이라고 한다. 거시경제학은 개별 재화와 서비스의 가격이 아니라 경제 전반에 걸친 재화와 서비스의 가격, 즉 물가에 관심을 갖는다. 거시경제학이 이처럼 인플레이션에 관심을 갖는 이유는 인플레이션은 화폐의 구매력 감소와 밀접히 연관되어 있기 때문이다. 원래 1,000원이었던 볼펜이 2,000원으로 상승하게 되면 1원당 가치는 볼펜 0.001개에서 0.0005개로 감소하는 것을 확인할 수 있다. 물가의 상승으로 인해 화폐의 구매력이 증발해버리는 것이다. 한편, 물가상승률이 급격하게 증가할 경우 화폐의 가치도 빠른 속도로 떨어지게 되는데, 이를 초인플레이션이라고 한다. 1차 대전 직후 전쟁배상과 경제복구비용을 화폐의 발행으로 해결했던 독일의 경우 매월 1000% 이상의 물가상승으로 2년 간 물가가 300억배가 증가한 사례가 대표적이다. 최근에는 포퓰리즘 정책으로 인해 5000억%라는 인플레이션이 발생해 자국 통화 폐기를 결정한 짐바브웨가 초인플레이션의 사례로 자주 등장한다.

▲ 짐바브웨 100조 달러

(5) 이자율

이자율은 은행에 예금을 하거나 채권에 투자를 할 경우 얻게 되는 수익률을 의미한다. 사실 이자율은 그 종류가 다양하다. 일반적으로 은행에서 대출을 할 때 적용받는 비용도 이자율이라고 하는 점에서도 확인할 수 있다. 이러한 다양한 이자율을 대표하는 이자율을 시장 이자율 혹은 이자율이라고 한다. 거시경제학에서 이자율은 다양한 경제변수들과 밀접한 연관을 맺고 있기 때문에 중요한 변수이다.

(6) 국제수지

국제수지는 일정기간 동안 한 나라가 다른 국가와 행한 경제적 거래에서 발생한 화폐의 흐름을 정리해 놓은 것으로, 이를 표로 나타낸 것을 국제수지표라고 한다. 다른 나라와 재화와 서비스를 거래하는 과정에서 화폐를 주고받게 된다. 즉, 국경 간 화폐의 이동이 발생하는 것이다. 우리나라로 유입되는 돈이 해외로 흘러나가는 돈보다 많은 경우를 국제수지 흑자(surplus)라고 하고, 반대의 경우를 적자(deficits)라고 한다.

(7) 환 율

환율은 서로 다른 통화 간의 교환비율을 의미한다. 환율은 우리나라의 화폐와 외국 화폐를 어떤 비율로 교환할 수 있는지를 나타내는 개념이기 때문에 우리나라 화폐를 기준으로 정의할 수도 있고 외국 화폐를 기준으로 할 수도 있다. 우리나라 원화 1,200원과 미국 달러 1$를 교환할 수 있는 경우 1$ 당 1,200원이라고 표시하는 것을 자국통화표시환율 혹은 직접표시환율이라고 한다. 이는 외국통화 1단위와 교환되는 자국통화의 단위 수를 표시한 환율 표기 방법이다. 한편 환율은 외환의 수요와 공급에 의해 결정된다. 즉, 외환의 가격이 환율인 셈이다. 이렇게 결정되는 환율은 우리나라 화폐가치와 밀접한 관련을 갖는다. 환율의 상승은 자국통화가치의 하락을, 환율의 하락은 자국통화가치의 상승을 의미한다.

1. 거시경제모형의 필요성

경제학에 등장하는 모든 모형이 그렇듯 거시경제모형 역시 복잡한 경제현실을 단순화하기 위해 필요하다. 국가 경제 전체를 분석의 대상을 삼는 거시경제학은 미시경제학보다 현실의 복잡성이 크기 때문에 경제모형을 이용한 분석의 효율성이 높은 분야이다. 거시경제모형 역시 내생변수와 외생변수로 구성이 된다. 그리고 외생변수가 내생변수에 어떤 영향을 미치는지를 분석한다.

2. 거시경제의 순환도

(1) 거시경제의 기본 순환(생산 → 가계소득 → 지출 → 생산)

사람들이 필요한 물건을 구입하기 위해서는 물건 구입에 사용할 돈, 즉 소득이 있어야 하고 소득을 얻기 위해서는 가계가 기업의 생산과정에 참여해야 한다. 생산으로 인해 구입하여 사용할 수 있는 재화와 서비스가 만들어짐과 동시에 소비활동을 할 수 있는 소득을 얻게 된다. 이러한 순환은 자생적으로 지속되어 순환이라는 표현으로 경제 전체의 활동을 표현한다. 이와 같은 기업과 가계의 기본적인 순환에 대해서는 「제1편 01장 경제학의 기초」의 경제학의 기본모형에서 이미 한 차례 학습한 바 있다.

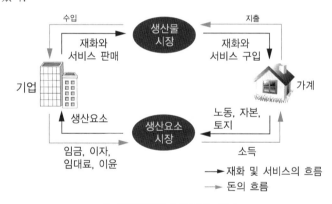

▲ 국민경제의 순환(가계-기업)

(2) 거시경제모형의 확대(정부, 해외부문 추가)

앞서 학습한 기본 순환도는 경제의 기본원리를 이해하기 위해 아주 유용하지만, 현실을 제대로 설명하지는 못한다. 현실의 경제주체는 기업과 개인만이 존재하는 것이 아니라 정부와 해외부문도 존재하기 때문이다. 정부 역시 기업으로부터 재화와 서비스를 구입하는 주체이며, 우리나라와 같은 소규모 개방경제 국가들은 다른 나라와의 대외거래도 활발하다. 따라서 정부와 해외부문을 포함하여 순환도를 그려보면 다음과 같다.

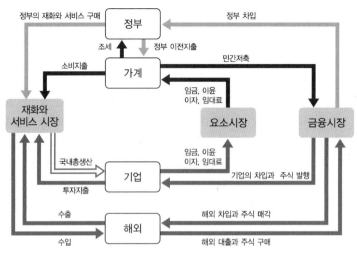

▲ 국민경제에 있어서 화폐의 흐름

(3) 확대된 거시경제순환도의 해석

경제순환도가 정부와 해외부문이 포함되어 조금 더 복잡해졌다 하더라도 생산이 있는 곳에 소득이
있고, 소득이 지출이 되어 다시 생산이 이뤄지는 순환의 기본원리는 변함이 없다. 거시경제 순환도
에서의 각 경제주체들의 활동을 살펴보면 다음과 같다.

① 가 계

㉠ 소비지출과 생산요소의 제공 주체

가계는 재화와 서비스 시장에서 국내기업과 외국기업으로부터 재화와 서비스를 구매한다.
이를 경제학에서는 소비지출(consumer spending)이라고 한다. 한편, 가계들은 생산에
필요한 생산요소 즉, 노동, 토지, 자본(인적, 물적)을 기업에 제공하고 그 대가로 임금
혹은 이자, 임대료를 받는다. 이는 생산요소를 제공하고 받는 가계의 소득으로서 지출의
재원이 된다. 한편, 정부부문이 포함되면서 가계의 소비행태도 달라진다. 정부부문이 포함
되지 않았을 경우 소득을 모두 소비한다고 가정했지만, 정부부문이 생기면서 소득의 일부
만을 소비에 사용하게 된다. 정부에 세금을 내야 하기 때문이다. 대부분의 가계는 정부에
세금을 내지만, 일부 가계는 정부로부터 보조를 받기도 한다. 실업수당이나 저소득층의
사회보장 등과 같은 정부의 각종 보조금이 그것이다. 이를 이전지출(transfer)라고 한다.
이처럼 가계 전체는 소득을 생산요소 제공의 대가와 정부로부터의 이전지출로 얻게 된다.
한편 이렇게 얻은 소득에서 조세를 뺀 것을 가처분소득(disposable income)이라고 한다.

㉡ 저 축

일반적으로 현실의 가계들은 가처분소득(= 소득 + 이전지출 - 조세)을 모두 재화와 서비스
구입에 사용하지 않는다. 일부는 미래의 소비를 위해 사용하지 않고 남겨두는데 이를 저축
(saving)이라하며 특별히 민간부문의 저축이라는 의미로 민간저축(private saving)이라고
도 한다. 저축은 금융시장에서 자금 공급의 역할을 한다. 일반적으로 우리가 남은 소득을
은행에 저축하고, 이렇게 은행에 모여진 자금이 금융활동 자금이 되는 과정을 생각해보면

어렵지 않게 이해할 수 있다. 따라서 가처분소득은 다시 소비지출과 민간저축의 합으로 정의될 수 있다.

가처분소득(disposable income)

가계의 전체 소득 중에서 조세를 제외한 소득으로서 소비와 저축을 할 수 있는 소득을 의미한다.
• 가처분소득 = 소득 + 이전지출 − 조세 = 소비지출 + 민간저축

② 기 업
　㉠ 생산의 주체
　　기업은 가계로부터 제공받은 생산요소를 활용해 재화와 서비스를 생산하고 이를 시장에 공급하는 역할을 한다. 단순한 순환도에서는 기업역할에 대한 설명은 이 정도 수준에서 그쳤지만, 현실의 기업 활동은 훨씬 복잡하다. 생산만 하더라도 가계가 사용하는 소비재만을 생산하는 것이 아니라 다른 기업이 생산에 사용하기 위해 구입하는 자본재를 생산한다.
　㉡ 투자지출의 주체
　　기업은 오직 생산만 담당하는 것이 아니라 가계와 같이 재화와 서비스를 구입하기도 한다. 제품 생산을 위해서는 컨베이어 벨트, 포장 로봇과 같은 장비가 필요한데 이를 갖추기 위해서는 이를 생산하는 기업으로부터 구입해야 한다. 한편, 기업은 생산한 제품을 바로 판매하지 못하고 수요자가 필요로 할 때까지 창고에 재고로 보관하기도 한다. 이처럼 기계를 구입하고, 재고를 보관하는 등 실물자본을 증가시키기 위한 재화와 서비스의 구매행위를 경제학에서는 투자지출(investment spending)이라고 한다.

재고가 기업의 투자로 간주되는 이유

경제학에서 재고(stock)는 투자로 간주된다. 재고를 그저 판매하지 못해 창고에 쌓여 있는 물건으로만 이해하기 쉽지만, 재고는 엄연한 기업의 투자지출이다. 기업이 기계장비를 구입하는 행위를 투자로 이해하는 것은 어렵지 않다. 기계장비 구입을 통해 기업은 미래의 더 큰 기업매출을 기대할 수 있기 때문이다. 재고도 이와 같다. 이미 만들어져 현재의 기업매출에는 기여하지 못하지만, 미래의 어느 시점에 판매가 이뤄지면 미래의 기업매출 증가에 기여하기 때문이다. 기업의 투자지출에 모든 형태의 건설이 포함되는 것도 같은 이유이다. 공장이나 주택 역시 미래의 생산물 창출에 기여하기 때문이다.

③ 정 부
　앞서 가계의 활동에서 확인한 바와 같이 가계는 소득의 일부를 정부에게 세금의 형태로 지출한다. 이렇게 받은 세금을 조세수입(tax revenue)이라고 한다. 정부는 조세수입의 일부를 다시 이전지출의 형태로 가계에게 되돌려준다. 그러나 대부분의 조세수입은 정부를 운영하는데 필요한 재화와 서비스를 구매하는데 사용하게 된다.

④ 해외부문

해외부문의 존재로 인해 수출과 수입을 정의할 수 있게 된다. 수출(export)은 국내에서 기업이 생산하는 재화와 서비스를 다른 국가의 국민에게 판매하는 것을 의미한다. 수출이 발생하면 해외로부터 수출대금이 국내로 유입된다. 반면 수입(import)은 해외에서 생산된 재화와 서비스를 우리 국민들이 소비하는 것을 의미한다. 수입이 존재하면 해외로 수입대금이 빠져나가게 된다. 한편, 재화와 서비스의 거래가 없어도 자금의 이동은 가능하다. 해외기업의 주식을 취득하거나 외국인에게 자금을 빌려주는 경우가 대표적이다.

(4) 거시경제 순환도가 알려주는 내용들

① 유출되는 화폐의 합 = 유입되는 화폐의 합

순환도에서 각각의 순환 사이클에서 유출되고 유입되는 화폐양의 합은 일치해야 한다. 가계가 재화와 서비스 시장에 지출하는 소비지출과 정부에 납부하는 조세 그리고 금융기관에 유입되는 저축의 합은 가계로 들어오는 생산요소의 대가(임금, 이자, 이윤)와 정부로부터의 이전지출의 합과 일치해야 한다는 의미이다.

② 총생산은 곧 총소득

순환도를 살펴보면 생산이 있는 곳에 소득이 있다는 것을 알 수 있다. 생산에 기여하면 생산물의 가치만큼 소득이 창출되기 때문이다(총생산 = 총소득). 그리고 이렇게 얻은 소득은 다시 재화와 서비스 구입에 지출되어 다시 생산이 이뤄진다.

③ 저축은 곧 투자

순환도에서 투자는 총생산량 가운데 소비되지 않은 나머지이다. 한편 총생산은 곧 총소득이기 때문에 총소득 가운데 소비되지 않은 것과 같은 의미이다. 즉, 거시경제 순환도에서 저축과 투자는 일치한다는 의미이다.

④ 종 합

경제순환도를 통해 경제 전체적으로 재화와 서비스의 생산이 있어야 그 생산물의 가치에 상응하는 소득이 창출되고, 그 소득이 다시 재화와 서비스에 대한 지출로 연결되어야 생산이 계속될 수 있음을 알 수 있다. 생산을 통한 소득의 발생이 지출의 재원이 되고 이는 다시 생산의 원동력이 되는 것이다. 이러한 순환관계에서 생산과 소득은 같을 수밖에 없다. 즉, 기업이 생산한 재화와 서비스의 가치는 가계가 생산물 시장에서 지출한 금액과 같고, 이는 생산요소시장에서 기업이 가계에 지불하는 요소소득의 총액과 같다.

01 거시경제학이란 국가경제 전체를 분석대상으로 삼는다.

02 국내총생산은 일정기간 동안 한 나라 안에서 생산된 모든 재화와 서비스의 가치를 모두 더한 것으로 정의된다.

03 경제성장이란 일정기간 동안 발생한 GDP 혹은 1인당 GDP가 증가하는 현상을 의미한다.

04 디플레이션이란 재화와 서비스의 가격이 상승하는 현상을 의미한다.

05 환율이란 서로 다른 통화 간의 교환비율이다. 환율의 상승은 자국통화가치의 상승을, 환율의 하락은 자국통화가치의 하락을 의미한다.

06 경기변동이란 경제활동의 수준이 상승과 침체를 반복하는 현상을 의미한다.

07 고용률이란 생산가능인구 중에서 일자리를 가지고 있는 사람의 비율을 의미한다.

08 가계들은 생산에 필요한 생산요소 즉, 노동, 토지, 자본을 기업에 제공하는 역할을 한다.

09 저축은 소득 중에서 현재 소비되지 않고 남은 부분이며, 투자와 저축은 다르다.

10 물가는 모든 상품 가격의 평균치를 뜻하며, 이것이 변화는 비율을 물가상승률 혹은 인플레이션이라고 부른다.

● 정답 및 해설

02 국내총생산은 일정기간 동안 한 나라 안에서 생산해 최종적인 용도로 사용되는 재화와 서비스의 가치를 말한다. 즉, 최종적으로 소비되는 재화를 만들기 위해 투입된 중간재는 여기에 포함되지 않는다.

04 지속적으로 물가가 상승하는 현상은 인플레이션이며, 디플레이션은 재화와 서비스의 가격이 하락하는 현상이다.

05 환율과 통화가치는 반대이다. 환율이 올라가면 자국의 통화가치는 하락한 것이며, 반대로 환율이 내려가면 자국의 통화가치는 상승한 것이다.

09 투자는 총생산량 가운데 소비되지 않는 나머지이며, 총생산 곧 총소득이다. 총소득 가운데 소비되지 않는 것이 저축이듯이, 저축과 투자는 일치한다.

10 인플레이션이란 물가가 지속적으로 증가하는 현상을 말한다. 따라서 물가상승률과 인플레이션은 다른 개념이다.

정답 01 O 02 X 03 O 04 X 05 X 06 O 07 O 08 O 09 X 10 X

#거시경제순환모형의 의미, #거시경제주체들, #총생산과 총소득, #저축과 투자

Level 0

다음 중 거시 경제 순환도를 통해 알 수 있는 것으로 옳지 않은 것은?

① 유출되는 화폐의 합 = 유입되는 화폐의 합
② 총생산 = 총소득
③ 저축 = 투자
④ 한 국가 경제의 경제주체
⑤ 해외부문의 종류

해설 경제 순환도는 경제 전체적으로 재화와 서비스의 생산이 있어야 그 생산물의 가치에 상응하는 소득이 창출되고, 그 소득이 다시 재화와 서비스에 대한 지출로 연결되어 생산이 계속될 수 있음을 알려준다. 이러한 순환도에서 각각의 순환 사이클에서 유출되고 유입되는 화폐의 양은 같아야 한다. 가계가 재화와 서비스 시장에 지출하는 소비지출과 정부에 납부하는 조세 그리고 금융기관에 유입되는 저축의 합은 가계로 들어오는 생산요소의 대가 (임금, 이자, 이윤)는 정부로부터의 이전지출의 합과 일치해야 한다는 의미이다. 또한 순환도는 생산이 있는 곳에 소득이 있다는 것을 알 수 있다. 생산에 기여하면 생산물의 가치만큼 소득이 창출되기 때문이다(총생산 = 총소득). 그리고 이렇게 얻은 소득은 다시 재화와 서비스 구입에 지출되어 다시 생산이 이뤄진다. 그리고 순환도에서의 투자는 총생산량 가운데 소비되지 않은 나머지이다. 한편 총생산은 곧 총소득이기 때문에 총소득 가운데 소비되지 않은 것과 같은 의미이다. 즉, 거시경제 순환도에서 저축과 투자는 일치한다는 의미이다.

오답 노트 거시경제모형을 통해 한 국가 경제를 움직이는 경제주체에 대해서는 확인할 수 있지만, 각각의 경제주체가 누구인지를 살펴볼 수는 없다. 따라서 해외부문의 종류까지 알 수는 없다.

정답 ⑤

#경제순환도, #생산물시장과 생산요소시장, #실물의 흐름과 화폐의 흐름

다음은 민간 부문의 경제순환을 나타낸다. 이에 대한 설명으로 옳은 것은?

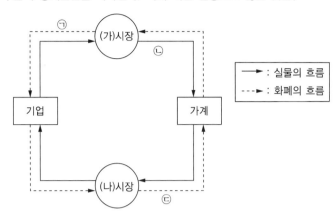

① 노동은 (가)시장에서 거래된다.
② (나)시장에서는 기업이 공급자, 가계가 수요자이다.
③ 항공사가 영업용 항공기를 구입하는 것은 ㉠에 해당한다.
④ ㉡은 이윤 극대화를 목적으로 이루어진다.
⑤ 주주들이 기업에서 배당금을 받는 것은 ㉢에 해당한다.

해설 가계는 생산요소시장 (나)에서 공급자이자, 재화와 서비스시장에서의 수요자로 행동한다. 즉, 자신들이 보유한 생산요소를 생산요소시장에 공급한다. 가계가 보유한 생산요소는 노동, 자본, 토지 등이다. 한편, 기업들은 생산요소시장에서 노동, 자본, 토지 등의 생산요소를 수요한다. 생산요소를 활용해 생산에 투입하기 위함이다. 생산된 상품은 재화와 서비스 시장 (가)에 공급한다. 가계는 이를 소비하게 된다. ㉡은 재화와 서비스가 된다. 화폐의 흐름은 이와 반대이다. 기업은 생산요소시장에서 생산요소를 수요하는 대가를 가계에 지급(㉢)하게 된다. 생산요소 사용의 대가는 임금, 이자, 임대료의 형태로 지급된다. 이는 가계의 소득이 된다. 소득은 소비의 기반이 되는데, 이러한 소득으로 인해 가계는 재화와 서비스 시장에서 필요한 상품을 구입할 수 있게 된다. 그리고 재화와 서비스 구입 과정에서 지불한 돈은 기업의 판매수입(㉠)으로 흘러 들어가게 된다.

오답노트 거시경제의 순환도에서 실물과 화폐의 흐름을 이해하고, 각 시장에서 가계와 기업이 공급자 혹은 수요자로 행동하는 모습을 이해해야 한다. 단순모형에 대한 이해가 확실할 때 확장된 모형들에 대한 이해가 가능하다.

정답 ⑤

Level 0 경제활동의 실물 흐름을 나타낸 그림이다. 옳은 설명을 〈보기〉에서 모두 고른 것은?

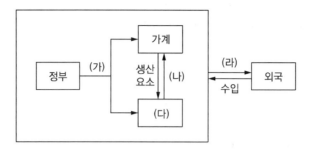

〈 보기 〉

ⓐ (가)는 사회간접자본을 포함한다.
ⓑ 유형의 물자만 (나)에 포함된다.
ⓒ (다)는 이윤을 얻기 위하여 생산한다.
ⓓ 환율이 상승하면 (라)는 감소한다.

① ⓐ, ⓑ   ② ⓐ, ⓒ
③ ⓑ, ⓒ   ④ ⓑ, ⓓ
⑤ ⓒ, ⓓ

해설 (가)는 공공재, (나)는 생산요소의 대가인 임금, 이자, 이윤, (다)는 기업, (라)는 수출이다. 정부는 경합성과 배제성이 존재하지 않는 재화인 공공재의 생산을 민간에 맡길 경우 효율적인 생산이 불가능하기 때문에 정부가 생산하여 공급한다. 공공재는 도로, 항만, 철도 등의 사회간접자본을 포함한다. 한편, 가계와 기업 간의 관계에 있어서 가계가 기업에 생산요소를 제공하면, 기업은 이에 대한 대가로 임금, 이자, 지대 등을 지급한다. 기업이 가계로부터 생산요소를 제공받는 이유는 생산요소를 활용해 생산을 하고, 생산을 통해 이윤을 얻기 위해서이다. 그리고 한 국가의 거시경제모형은 외국과도 관계를 맺게 되는데 외국으로부터 수입을 하고 외국으로 수출을 한다.

오답 노트 기업이 가계에게 제공하는 대가는 유형의 물자뿐만 아니라 무형의 서비스도 포함되며, 환율이 상승하면 수출이 증가한다. 환율은 양국 통화의 교환비율로서 환율의 상승은 자국 화폐 가치가 상대적으로 작아졌음을 의미한다. 이는 해외시장에서 우리나라 상품의 가격경쟁력을 높여 수출이 증가되는 요인으로 작용한다.

정답 ②

#거시경제의 순환, #가처분소득과 소비, #공공재의 정의

그림은 국민 경제 주체 A~C 간의 경제순환을 나타낸 것이다. 이에 대한 설명으로 옳은 것은?

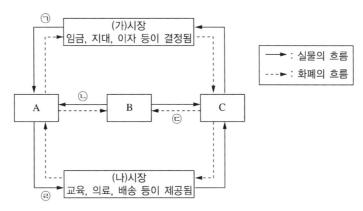

① ㉠에는 자본과 무형의 서비스가 포함된다.
② ㉣과 달리 ㉡은 배제성과 경합성을 모두 지닌 재화이다.
③ ㉢의 증가는 C의 경제 활동을 위축시킨다.
④ A는 생산물 시장, C는 생산요소시장에서의 수요자이다.
⑤ (가), (나)시장의 균형 가격은 B에 의해 결정된다.

해설 (가)시장은 생산요소시장, (나)시장은 생산물시장이다. (가)에서는 생산요소의 가격인 임금, 이자, 지대 등이 결정되고, (나)에서는 교육, 의료, 배송과 같은 서비스가 거래된다. 한편, A는 기업, B는 정부, C는 가계이다. A는 생산요소시장에서 생산요소를 수요하는 기업이고, C는 생산물시장에서 생산물을 소비하는 가계이다. 그리고 C는 또 하나의 경제주체인 정부이다. 생산요소는 생산요소시장을 통해 기업으로 흘러가고, 기업은 이를 활용해 생산을 하여 그 결과물인 생산물을 생산물시장에 공급한다. 따라서 ㉠은 생산요소, ㉣은 생산물을 의미한다. 그리고 정부는 가계와 기업에게 공공재를 공급한다. 따라서 ㉡은 공공재가 된다. 정부가 공공재를 가계와 기업에게 공급할 수 있는 것은 가계와 기업으로부터 세금을 징수하기 때문이다. 따라서 ㉢은 조세이다. 조세가 많을수록 가계의 소비활동은 위축된다. 가계는 가처분소득의 일부를 소비하는데, 가처분소득이란 전체 소득에서 조세를 제외한 부분이기 때문이다.

오답 노트 기업은 생산요소시장에서는 수요자, 생산물시장에서는 공급자이다. 그리고 가계는 생산요소시장에서의 공급자, 생산물시장에서의 수요자이다. 생산요소시장에서 기업에게 수요되는 생산요소에는 무형의 서비스는 포함되지 않는다. 무형의 서비스는 생산을 통한 결과물로서는 가능하다. 즉, ㉣에는 포함된다는 의미이다. 한편 공공재란 경합성과 배제성을 모두 지니지 않은 재화이다. 따라서 대가를 지불하지 않고 사용하려는 무임승차문제가 발생하여, 공공재의 공급은 민간이 아닌 정부가 수행하게 된다.

정답 ③

#거시경제의 순환, #공공재, #생산요소와 가계의 소득, #효율성과 형평성

01 다음은 경제 주체 간 실물의 흐름을 나타낸 것이다. 이에 대한 설명으로 옳은 것은?

꼭 나오는 유형 ★

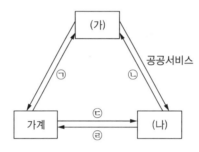

① ㉠은 시장에서 거래되지 않는다.
② ㉡은 공공서비스를 제공받은 대가이다.
③ ㉠과 ㉢은 양과 질에 따라 소득 격차가 발생할 수 있다.
④ (가)는 일반적으로 이윤의 극대화를 추구한다.
⑤ (나)는 ㉣의 종류를 결정할 때 형평성을 중시한다.

해설

(가)는 정부, (나)는 기업이다. 경제주체는 크게 가계, 기업, 정부로 구분할 수 있는데 공공서비스를 가계와 기업에 제공하는 경제주체는 정부이다. 한편, 가계는 기업에게 생산요소를 제공한다. 생산요소(㉠, ㉢)란 노동, 자본, 토지를 의미한다. 가계는 기업과 정부에 생산요소를 제공하고 이에 대한 대가로 임금, 이자, 지대를 받아 소득을 얻는데, 생산요소의 양과 질에 따라 그 대가의 크기가 달라지기 때문에 소득격차가 발생할 수 있다. 그리고 기업이 정부와 가계에 제공하는 실물은 생산의 결과물인 재화와 서비스(㉡, ㉣)이다.

오답 노트

생산요소는 생산요소 시장에서 거래된다. 한편, 이윤의 극대화를 추구하는 주체는 기업이며, 기업은 무엇을 생산할지를 결정할 때 형평성이 아닌 효율성을 중시한다.

02 다음은 경제주체에 대한 설명이다. 적절하지 않은 것을 고르시오.

① 가계는 소비지출과 생산요소의 제공 주체로서 소비활동만 담당한다고 가정한다.
② 기업은 생산과 투자의 주체이다.
③ 재고는 기업의 투자이다.
④ 정부는 소비지출과 생산의 주체로 활동한다.
⑤ 해외부문의 활동으로는 수출과 수입을 고려한다.

해설

가계는 소비지출과 생산요소의 제공 주체이지만, 소비활동만을 수행하는 것은 아니다. 가계는 소비활동 외에 저축을 수행한다. 이는 모든 소득을 소비에 사용하지 않는 모습에서 확인할 수 있다. 일반적으로 현실의 가계들은 가처분소득(= 소득 + 이전지출 − 조세)을 모두 재화와 서비스 구입에 사용하지 않는다. 일부는 미래의 소비를 위해 사용하지 않고 남겨두는데 이를 저축(saving)이라 하며 특별히 민간부문의 저축이라는 의미로 민간저축(private saving)이라고도 한다. 저축은 금융시장에 자금 공급의 역할을 한다. 일반적으로 우리가 남은 소득을 은행에 저축하고, 이렇게 은행에 모여진 자금이 금융활동 자금이 되는 과정을 생각해보면 어렵지 않게 이해할 수 있다. 따라서 가처분소득은 다시 소비지출과 민간저축의 합으로 정의될 수 있다.

> 가처분소득 = 소득 + 이전지출 − 조세 = 소비지출 + 민간저축

오답 노트

기업은 가계로부터 제공받은 생산요소를 활용해 재화와 서비스를 생산하고 이를 시장에 공급하는 역할을 한다. 단순한 순환도에서는 기업역할에 대한 설명이 이 정도 수준에서 그쳤지만, 현실의 기업 활동은 훨씬 복잡하다. 생산만 하더라도 가계가 사용하는 소비재만을 생산하는 것이 아니라 다른 기업이 생산에 사용하기 위해 구입하는 자본재를 생산한다. 또한 생산을 위한 컨베이어 벨트, 포장 로봇과 같은 자본재의 구입을 경제학에서는 투자라고 한다. 즉, 생산과 투자의 주체로 활동하며, 기업의 재고는 미래의 매출 증가를 위해 남겨둔 투자로 간주한다. 정부는 정부지출의 주체이자 공공재와 같은 재화와 서비스의 생산주체이기도 하다.

03 다음을 설명하는 올바른 용어를 고르시오.

> 앞으로 경제의 침체가 예상될 경우 일반적으로 사람들은 지출을 줄이게 된다. 소득의 감소가 예상되는 경우 지출을 줄이고 저축을 늘려 미래를 대비하는 것은 개별 경제주체에게는 매우 바람직한 행동이다. 하지만 모든 경제주체가 지출을 줄이고 저축을 늘리자 국가 전체적으로는 소비가 감소하게 된다. 이로 인해 생산한 물건은 팔리지 않아 기업의 창고에는 재고가 쌓이게 되고, 기업이 생산량을 줄이는 결과를 초래하게 된다. 생산량의 감소는 머지않아 고용규모의 감소로 이어지게 된다. 그 결과 가계와 기업 모두 경기침체에 대비해 지출을 감소시키고 저축을 늘린 것이 경기침체에 대비하지 않았을 때 보다 더 나쁜 상황에 직면하게 된다.

① 인과의 오류
② 구성의 오류
③ 상관관계
④ 인과관계
⑤ 귀납법

해설

문제는 저축의 역설에 대한 설명이다. 저축의 역설은 구성의 오류의 대표적인 예이다. 구성의 오류란 부분적으로는 논리적 정합성이 성립하는 것이 전체적으로는 성립하는 않는 경우를 의미한다. 극장 가운데 앉은 사람이 일어나서 보는 경우 본인은 잘 보일지 몰라도 극장에 있는 전체 사람들은 제대로 보지 못하는 경우 역시도 구성의 오류라 할 수 있다.

오답 노트 인과의 오류는 선후관계를 인과관계로 착각하는 오류이다. 귀납법을 사용할 때 인과의 오류가 발생하기 쉽다. 귀납법이란 개별사례로부터 일반적인 원리나 법칙을 도출해내는 방법을 의미한다. 반대되는 논증방법은 연역법이 있다. 이는 일반적으로 널리 알려진 사실이나 법칙으로부터 다른 구체적인 법칙을 이끌어내는 방법이다. 한편 상관관계는 두 변수 사이에 어떤 관계가 있는 경우를 의미한다. 두 변수 x와 y 사이에 값이 대체로 커지는 관계를 양의 상관관계, 작아지는 관계를 음의 상관관계라고 한다. 그리고 인관관계는 두 변수 사이에 원인과 결과의 관계가 성립하는 경우를 의미한다.

04 다음은 거시경제학의 주요 관심사이다. 옳지 않은 설명을 고르시오. 꼭 나오는 유형 *

① 경제성장이란 일정기간 동안 발생한 국가 전체의 GDP의 증가를 의미한다.

② 경기변동은 장기에, 경제성장은 단기에 발생한다.

③ 경기변동의 과정에서 실업과 인플레이션이 발생한다.

④ 이자율은 다양한 경제변수들과 연관을 맺는다.

⑤ 환율은 서로 다른 통화 간의 교환비율이다.

해설

거시경제학은 경제전반을 분석의 대상을 삼는 분야로서 단기적인 경기변동과 장기적인 경제성장에 관심을 갖는다. 경제는 장기적으로는 생산량도 증가하고 생활수준도 좋아지지만, 단기적인 측면에서는 성장이 더딜 때도, 빠를 때도 있어 심한 변동성을 보인다. 그리고 장·단기적으로 경제활동의 성과를 확인하고 평가하기 위해 GDP와 실업, 인플레이션을 측정하여 기준지표로 삼는다.

오답 노트

인플레이션은 경제 전반의 재화와 서비스의 가격이 상승하는 현상을 의미한다. 반대로 경제 전반의 재화와 서비스의 가격이 하락하는 현상을 디플레이션이라고 한다. 거시경제학은 이처럼 개별 재화와 서비스의 가격이 아니라 경제 전반에 걸친 재화와 서비스의 가격, 즉 물가에 관심을 갖는다. 이처럼 거시경제학이 인플레이션에 관심을 갖는 이유는 인플레이션은 화폐의 구매력 감소와 밀접히 연관되어 있기 때문이다. 한편 이자율은 은행에 예금을 하거나 채권에 투자를 할 경우 얻게 되는 수익률을 의미한다. 사실 이자율은 그 종류가 다양하다. 일반적으로 은행에서 대출을 할 때 적용받는 비용도 이자율이라고 하는 점에서도 확인할 수 있다. 이러한 다양한 이자율을 대표하는 것을 시장 이자율 혹은 이자율이라고 한다. 거시경제학에서 이자율은 다양한 경제변수들과 밀접한 연관을 맺고 있기 때문에 중요한 변수이다.

[돈되는 중국경제] '디커플링'과 '디리스킹' 미묘한 차이

2023.06.12. 매일경제

애플 테슬라 JP모건 골드만삭스 등 글로벌 다국적 기업 CEO들이 중국으로 몰려가고 있다. 미 중 마찰과 7월 1일 중국판 스파이방지법 발효를 앞두고 비즈니스 현장을 점검하는 차원에서다.

상하이에 기가팩토리를 만든 일론 머스크 테슬라 CEO가 중국을 방문한 게 5월 말이다. 3년 만에 방문한 그를 맞이한 인물은 친강 외교부장을 비롯해 진장룽 공업부장 왕원타오 상무부 부장 등이다.

기존에 알려졌던 머스크의 이번 방중 목적은 3가지 정도다. 상하이의 기가팩토리를 확장하고 자율주행 전기 차용 기술을 중국에 들여오며 배터리사업을 늘리는 문제를 해결하기 위한 것이다.

특히 상하이 공장 확장을 위해서는 돈을 추가로 출자해야 하는데 미국 정부의 제재 대상이다. 중국 관리들을 만나 이 문제 해결을 부탁했을 가능성도 있다. 중국이 선뜻 응했든 아니든 머스크로서는 입을 다물 수밖에 없다.

특히 중국 전기차 업체인 비야디의 약진에 대비하려면 테슬라 공장 확충이 시급하다. 하지만 중국 측에서 이를 도와줄 명문이 없다. 중국 내수 시장에서 비야디와 경쟁하는 것보다 오히려 상하이 공장을 전기차 수출 기지로 활용하길 더 바라기 때문이다.

중국이 테슬라 공장을 유치한 목적도 기술 취득과 수출 확대다. 하지만 테슬라는 다르다. 상하이 공장 외에 미국에 2개의 공장과 독일에 기가팩토리를 운영 중이다. 멕시코나 인도 등 주요거점에 공장 증설도 계획 중이다.

중국 국가금융감독 관리총국 홈피에는 리윈저 총국장과 시티그룹 제인 프레이저 CEO의 5일 회동했다는 뉴스가 있다. 두 사람 모두 취임 후 첫 만남이라는 의미가 있다.

120년 금융역사를 자랑하는 시티그룹은 중국에서 기업 금융과 글로벌 투자 자산관리 업무를 주로 하고 있다. 개인 금융 분야는 지난해 말 이후 1,200명을 감원하며 영업을 접은 상태다.

중국을 방문한 솔로몬 골드만삭스 CEO도 감독기관과 국부펀드와 대학을 찾아 비공개회의에 참석한 일정만 공개하고 있다. 언론 인터뷰를 모두 거부하고 있다는 점도 대동소이하다.

유일하게 화제를 모은 게 다이몬 회장의 중국에 대한 '디리스킹' 발언일 정도다. 바이든 미 대통령이 중국과 '디커플링'이 아닌 리스크를 줄여야 하는 관계라고 밝힌 입장과 같다.

한마디로 양국은 경쟁 관계일 뿐 적대관계는 아니란 입장이다. 10년 사이 최악인 양국 관계로 보면 법률적인 제재를 피하기 위해서라도 발언에 신중해야 하는 상황이다.

BBC가 중국 국제수지 통계를 인용해 보도한 바에 따르면 2022년 중국에 대한 외국기업 직접투자는 1,903억 달러다. 3,340억 달러를 기록한 2021년에 비하면 마이너스 43%다.

2020년의 2,531억 달러에도 한참 못 미치는 규모다. 2017년 이후 최저 수준이다. 국제수지는 외상 투자 상용 지표 중 하나다.

OECD 통계를 보면 서방 선진 7개국(G7)의 대중투자 총액은 2021년 163억 달러로 2020년의 247억 달러나 최고치를 기록한 2014년 353억 달러보다 크게 줄었다. 중국 비즈니스 수익성 악화 때문이다.

중국 국가통계국에서 발표한 올 1~2월 중국 국가 관리 제조업체 이익 총액은 8,872억 위안으로 전년 같은 기간 대비 마이너스 23%다. 이중 외국기업 이익은 마이너스 35.7%다.

금융 분야도 마찬가지다. 골드만삭스 모건스탠리 등 중국 내 영업이익은 1995년 중국진출 이후 최악이다. 투자은행 7개 곳 중 골드만삭스 스위스크레딧 도이치방크 HSBC 등이 손실을 기록했고 모건스탠리는 이익이 감소했다. 이익이 늘어난 곳은 JP모건과 UBS정도다.

아무튼 외국기업 입장에서는 올해도 대중국 비즈니스 실적 호조를 기대하기 힘든 상황이다. 그래도 중국 시장을 포기할 수 없다. 울며 겨자 먹기 식으로 중국을 찾아 관계를 유지해야 하는 게 작금의 모습인 셈이다.

Tip

디커플링은 경제의 다양한 측면에서 연관을 끊는다는 개념이라면 디리스킹은 리스크를 줄이는 관계를 의미한다. 바이든 대통령은 미국과 중국의 관계가 디커플링이 아닌 디리스킹 관계라고 설명한다. 국가 안보에 위협이 되는 기술에 있어 조치가 필요하다는 의미다. 소규모 개방경제인 대한민국의 경제성장은 미국과 중국경제와 긴밀하게 연결되어 있다. 양국의 디리스킹 전략을 세밀하게 살펴 이에 대한 거시경제 전략을 펼칠 때 어려운 상황 속에서도 경제성장을 이뤄낼 수 있다.

02 | 국가경제활동의 측정

01 국가경제활동 측정의 대표 지표 : 국내총생산

1. 국내총생산

(1) 정 의

국내총생산(GDP)은 일정기간 동안 한 국가 안에서 생산된 모든 최종생산물의 시장가치의 합으로 정의된다.

① 일정기간 동안

국내총생산(Gross Domestic Product ; GDP)은 유량의 개념으로서 일정기간이 정의되어야 한다. 보통은 1년을 기준으로 하며, 분기별(3개월) 혹은 반기(6개월)를 기준으로 측정하기도 한다. 참고로 우리나라는 GDP의 측정을 한국은행이 담당하고 있다.

② 한 국가 안에서

국내총생산은 국내(Domestic)의 개념이다. 한국인이든 외국인이든 우리나라 국경 안에서 행하는 생산 활동은 모두 GDP에 포함된다. 하지만 한국인이 국경 밖, 즉 외국에서 행하는 생산 활동은 GDP에 포함되지 않는다.

③ 최종생산물

국내총생산은 최종생산물만을 집계대상으로 한다. 최종생산물은 더 이상 다른 생산의 요소로 쓰이지 않고 그 자체로 소비되는 최종적인 재화 및 서비스를 의미한다. 반면 다른 생산을 위해 사용되는 생산물을 중간생산물이라고 한다. 빵이 최종생산물이라면 밀가루는 중간생산물이 된다. 이처럼 국내총생산이 최종생산물만을 대상으로 하는 것은 중간생산물까지 포함되었을 경우에 발생할 수 있는 중복계산을 피하기 위해서이다.

④ 시장가치의 합

국내총생산은 시장에서 평가된 화폐액을 기준으로 측정된다. 국가 전체의 생산물을 집계해야 하는데 공통된 기준이 존재하지 않을 경우 합산이 불가능하기 때문이다. 공통된 기준 없이 빵 10개의 가치와 스마트폰 100대의 가치를 합산할 방법은 존재하지 않는다. 이때 공통된 기준으로 활용되는 것이 바로 시장에서 평가된 화폐액이다. 즉, 시장가격을 기준으로 집계한다는 의미이다. 그리고 여기에 내포된 또 하나의 의미는 시장에서 거래가 되는 재화와 서비스만이 국내총생산의 집계 대상이 된다는 것이다. 시장에서 거래되지 않는 생산물의 경우 시장에서 평가된 화폐액이 정의될 수 없기 때문이다.

(2) 명목 GDP와 실질 GDP

① 명목변수와 실질변수

㉠ 명목변수 : 명목변수(nominal variable)란 시간의 변화에 따른 물가의 변동을 고려하지 않고 측정한 변수를 의미한다. 물가의 변동은 곧 화폐가치의 변화를 의미한다. 따라서 화폐가치의 변동에 따른 생산물 가치의 변화를 고려하지 않고 화폐단위로 측정한 변수를 의미한다.

㉡ 실질변수 : 실질변수(real variable)란 시간의 변화에 따른 물가의 변동을 고려하여 가치를 조정하여 측정한 변수를 의미한다. 물가의 변동에 따른 화폐가치의 변화를 생산물 가치에 조정해줌으로써 수량단위로 측정한 변수를 의미한다.

② 명목변수와 실질변수 구분의 필요성

명목변수와 실질변수를 구분하는 것이 필요한 이유는 실제로 국가경제활동이 향상되었는지를 판단해보기 위해서이다. 쌀의 생산량은 2017년과 2023년 모두 100포대로 동일한데, 2017년에 1포대에 10만원이었던 쌀의 가격이 2023년에 20만원으로 증가했다고 하자. 이 경우 실질적인 쌀의 생산량은 그대로인데 가격의 변화로 인해 명목가치는 100% 증가하였다. 따라서 국가경제의 실질적인 가치 증가를 파악하기 위해서는 명목변수와 실질변수를 구분하는 것이 중요하다.

③ 명목 GDP와 실질 GDP

㉠ GDP의 계산

국내총생산은 국가 전체의 재화와 서비스의 생산량(Q)과 상품가격(P)의 곱으로 구한다. 실제 현실에서는 모든 생산량의 가치가 동일하지 않으므로 상품별 가중치를 달리하여 가중합으로 구하지만, 이해를 돕기 위해 단순합으로 측정됨을 가정한다.

$$GDP = \sum_{i=1}^{n} Q_i \times P_i$$

㉡ 명목 GDP

명목 GDP(nominal GDP)는 생산된 재화와 서비스의 가치를 해당연도(시점)의 가격으로 계산한 GDP이다. 측정시점의 가격을 기준으로 하다 보니 측정 시점이 달라짐에 따라 생산량의 변화와 가격의 변화 모두의 영향을 받게 된다.

㉢ 실질 GDP

실질 GDP(real GDP)는 생산된 재화와 서비스의 가치를 기준년도(시점)의 가격으로 계산한 GDP이다. 측정하고자 하는 모든 연도의 GDP를 계산함에 있어 기준년도의 가격을 활용하면 생산량의 변화로 인한 영향만을 측정할 수 있게 된다.

㉣ 명목 GDP와 실질 GDP의 계산

다음은 2022~2024년까지의 스마트폰과 태블릿 PC의 생산량과 가격이다.

연 도	스마트폰		태블릿 PC	
	생산량	가 격	생산량	가 격
2022	100	30	200	50
2023	200	40	300	60
2024	300	50	400	70

ⓐ 명목 GDP의 계산($GDP_{nominal} = \sum\limits_{i=2022}^{2024} (Q_i \times P_i)$)

• $GDP_{nominal} = (Q_{2022} \times P_{2022}) + (Q_{2023} \times P_{2023}) + (Q_{2024} \times P_{2024})$

연 도	스마트폰	태블릿 PC	계
2022	3,000(= 100×30)	10,000(= 200×50)	13,000
2023	8,000(= 200×40)	18,000(= 300×60)	26,000
2024	15,000(= 300×50)	28,000(= 400×70)	43,000

ⓑ 실질 GDP의 계산($GDP_{real} = \sum\limits_{i=2022}^{2024} (Q_i) \times P_{2022}$)

• $GDP_{real} = (Q_{2022} + Q_{2023} + Q_{2024}) \times P_{2022}$

연 도	스마트폰	태블릿 PC	계
2022	3,000(= 100×30)	10,000(= 200×50)	13,000
2023	6,000(= 200×30)	15,000(= 300×50)	21,000
2024	9,000(= 300×30)	20,000(= 400×50)	29,000

※ 단, 기준연도는 2022년

보충학습 명목 GDP와 실질 GDP의 사용

명목 GDP만을 살펴보면 2022년과 2024년 국가 전체의 경제활동이 2배나 활발해진 것으로 보이지만, 실질 GDP를 살펴보면 2배에 못 미치는 결과를 보인다. 이는 명목 GDP가 생산량의 증가와 함께 가격의 상승이 동반되었기 때문에 나타나는 결과로서, 실질적으로는 2배까지 경제활동이 활발해지지 않았음을 확인할 수 있다. 따라서 당해연도의 경제활동규모나 산업구조변동을 분석하기 위해서는 명목 GDP를 사용하지만, 국가경제가 장기적으로 얼마나 변동하는지 혹은 경제성장률이 얼마만큼인지 확인하기 위해서는 실질 GDP를 사용해야 한다.

④ GDP 디플레이터

㉠ 정 의

GDP 디플레이터(GDP deflator)는 명목 GDP의 변화 중 물가상승에 의한 부분을 측정하는 척도를 의미한다. GDP 디플레이터는 다음과 같이 구해진다.

$$GDP\ \text{deflator} \ = \ \frac{GDP_\text{nominal}}{GDP_\text{real}} \times 100 \ = \ \frac{P_\text{해당연도} \times \ Q_\text{해당연도}}{P_\text{기준연도} \times \ Q_\text{해당연도}} \times 100 = \frac{P_\text{해당연도}}{P_\text{기준연도}} \times 100$$

ⓛ GDP 디플레이터의 계산

명목 GDP와 실질 GDP의 예를 활용해 GDP 디플레이터를 계산해보면 다음과 같다.

연 도	명목 GDP	실질 GDP	GDP 디플레이터
2022	13,000	13,000	$100(= \frac{13,000}{13,000} \times 100)$
2023	26,000	21,000	$123.8(= \frac{26,000}{21,000} \times 100)$
2024	43,000	29,000	$148.3(= \frac{43,000}{29,000} \times 100)$

ⓒ GDP 디플레이터의 해석

2024년의 실질 GDP는 2022년 대비 약 2.23배(29,000÷13,000) 증가했다. 한편, 같은 기간 GDP 디플레이터는 100에서 148.3로 1.48배 증가하였는데 이를 통해 2022년부터 2년간 명목 GDP는 약 3.30배(=2.23×1.48) 증가했음을 알 수 있다.

(3) 실제 GDP와 잠재 GDP 그리고 GDP 갭

① 실제 GDP와 잠재 GDP의 정의

㉠ 실제 GDP

실제 GDP(actual GDP)는 별도의 개념이 존재하는 것은 아니고 위에서 배운 바와 같은 방식으로 계산된 GDP를 의미한다. 실제로 목격되는 GDP라고 이해하면 충분하다.

㉡ 잠재 GDP

잠재 GDP(potential GDP)는 GDP의 정의와 같으나 생산요소를 정상적으로 이용할 때의 GDP라는 단서가 붙는다. 즉, 일정기간 동안 한 국가 안에서 생산요소를 정상적으로 이용할 경우 생산 가능한 최종생산물의 시장가치를 의미한다. 여기서 정상적으로 생산요소를 활용 한다는 것은 노동력의 경우 주말에 일을 할 수도, 6시 이후의 시간에 야근을 할 수도 있지만 주5일을 하루 8시간씩 근무했을 때를 의미한다. 이때 생산가능한 생산물의 시장가치의 합이 바로 잠재 GDP라는 것이다. 그리고 이때 모든 생산요소가 정상적으로 고용되는 상태 를 완전고용이라고 한다. 따라서 잠재 GDP를 완전고용 GDP라고도 한다.

보충학습 잠재 GDP(Potential GDP)

잠재 GDP는 사실 엄밀하게 정의할 수 있는 개념은 아니다. 책 속에서의 이론과 달리 현실에서 생산요소가 정상적으로 고용되는 상태가 얼마만큼인지 정확히 가려낼 수 없기 때문이다. 다만 1970년의 경제학자들은 경 제가 잠재 GDP에 도달하면 물가가 지속적으로 상승하는 인플레이션이 발생한다는 것을 목격했다. 따라서 경 제학자들은 잠재 GDP를 인플레이션을 가속시키지 않는 최대의 GDP라고 정의하기 시작했으며, 약 5~6% 가 량의 실업률이 존재하는 경우 잠재 GDP가 달성된다고 판단한다.

② GDP 갭

㉠ 정 의

GDP 갭(GDP gap)은 한 경제가 모든 생산요소를 정상적으로 고용할 경우 달성할 수 있는 GDP와 현 시점에서 측정되는 GDP의 차이를 의미한다. 즉, 잠재 GDP와 실제 GDP의 차이라 할 수 있다. GDP 갭은 다음과 같이 구해진다.

$$GDP\ gap = GDP potential - GDP actual$$

㉡ 해 설

잠재 GDP는 완전고용 GDP라는 이름에서도 엿볼 수 있듯이, 한 경제가 보유하고 있는 생산요소를 모두 정상적으로 고용했을 때 달성할 수 있는 GDP이다. 따라서 현재 국가경제의 수준이 정상보다 높은 상태인지, 낮은 상태인지를 판단하는 기준이 된다. 즉, GDP 갭이 양수인 경우($GDP_{potential} > GDP_{actual}$) 실제 목격되는 GDP가 모든 생산요소를 정상적으로 고용했더라면 달성할 수 있는 수준에 미치지 못한 것이므로 불황상태임을 알 수 있고, 반대로 GDP 갭이 음수인 경우($GDP_{potential} < GDP_{actual}$) 현재 경제상태가 엄청난 호황상태임을 알 수 있다.

2. 국내총생산의 다양한 측정 방법

(1) GDP 삼면 등가의 원칙

국내총생산(GDP)은 총 3가지의 방법으로 측정할 수 있다. 첫 번째 방법은 GDP의 정의와 같이 생산되어 시장에서 거래되는 모든 재화와 서비스의 시장가치를 합산하는 방법이다. 이때 거래되는 재화와 서비스는 최종 사용자에게 판매되는 생산물을 의미한다. 이러한 재화를 최종생산물(final goods and services)이라고 한다. 시장에서 거래되는 최종생산물의 가치를 모두 더하면 한 국가의 국내총생산을 구할 수 있다.

> **보충학습** 최종생산물과 중간투입물
>
> 최종생산물(final goods and services)은 소비자가 최종적으로 사용하기 위해 구입하는 재화와 서비스를 의미한다. 즉, 재화와 서비스를 자신의 만족을 얻기 위해 사용할 뿐 구입한 재화와 서비스가 다른 생산과정에 투입되지는 않는다는 것을 의미한다. 반면 중간투입물(intermediate goods and services)은 그 명칭에서 살펴볼 수 있듯이 최종생산물을 만들기 위해 투입되는 재화와 서비스이다. 즉, 소비자의 최종사용이 전제된 것이 아니라 다른 생산과정에 투입하기 위해 구입하는 생산물임을 의미한다. 국내총생산의 계산과정에서는 최종생산물의 가치만이 그 대상이 된다.

두 번째 방법은 경제주체들이 최종생산물에 지출한 금액을 활용하는 방법이다. 국내총생산은 한 국가 내에서 기업이 생산한 최종생산물의 가치의 합이므로, 경제순환모형에서 살펴보았듯이 이는 기업들이 이를 각 경제주체에게 판매하고 받은 금액과 일치해야 한다. 따라서 국내총생산은 각 경제주체들의 지출액을 합산하여 측정할 수 있다. 이때의 지출액을 총지출(aggregate spending)이라고 한다. 마지막 방법은 각 경제주체가 벌어들이는 소득을 활용하는 방법이다. 경제순환도에서 살펴본 바와 같이 소득은 생산의 주체인 기업에게 생산요소를 제공한 대가로 얻을 수 있다. 노동을 제공한 사람은 임금을, 토지를 제공한 사람은 지대를, 자본을 제공한 사람은 이자의 형태로 소득을 얻게 되고, 기업을 운영하는 사람은 이들 생산요소 제공자들에게 모든 대가를 지불한 이후에 남은 금액, 즉 이윤을 자신의 소득으로 갖게 된다. 경제순환도는 가계에서 재화와 서비스 시장으로 유입되는 화폐의 흐름과 기업에서 가계로의 요소소득이 일치함을 보여줌 으로써 기업의 판매수입이 임금, 지대, 이자, 이윤 가운데 어떠한 형태로든 생산요소를 제공한 사람에게 반드시 귀속되어야 한다는 것을 알려준다. 그리고 이때 모든 경제주체들이 벌어들인 소득의 합을 총소득(aggregate income)이라고 한다. 한편 이렇게 생산, 지출, 소득의 세 가지 측면에서 계산된 GDP의 값이 모두 일치하는 것을 GDP 삼면 등가의 원칙이라고 한다.

(2) GDP 삼면 등가의 원칙을 활용한 GDP의 계산

① 스마트폰의 생산

스마트폰만을 생산하는 경제를 가정해보자. 이 나라에서는 스마트폰을 생산하는 S전자와 스마트폰 생산의 원재료로 사용되는 반도체 금속을 생산하는 P회사 그리고 반도체의 원재료인 희토류를 생산하는 K회사가 존재한다. S전자는 총 5,000만원어치의 스마트폰을 생산하는데 그 과정을 살펴보면 다음의 표와 같다.

(단위 : 만원)

구 분	K회사(희토류)	P회사(반도체금속)	S전자(스마트폰)	총요소소득
매출액(A)	600	1,500	5,000	
중간투입물(B)	–	600	1,500	
임금(C)	300	810	2,500	3,610
이자(D)	100	40	100	240
임대료(E)	50	30	400	480
이윤(F)	150	20	500	670
기업의 총지출 (B+C+D+E+F)	600	1,500	5,000	
기업의 부가가치 (A–B)	600	900	3,500	

② 생산측면에서의 GDP 계산

㉠ 기본원리

생산측면의 GDP 계산은 최종생산물의 가치를 모두 더하는 것이다. 즉, 중간투입물을 제외하고 최종생산물의 가치만을 대상으로 GDP를 측정하는 방법이다. 여기서 중간투입물을 제외하는 이유는 중복계산을 방지하기 위해서이다. 중간투입물의 생산 역시도 경제에 기여하지만, 중간투입물의 가치는 이미 최종생산물의 생산과정에 반영이 되었기 때문에 이를 다시 계산하면 중복 계산되는 문제가 발생한다. 따라서 생산측면에서의 GDP 계산은 최종

생산물만을 대상으로 한다. 우리가 가정한 상황에서 최종재는 스마트폰이며, 스마트폰의 매출액은 5,000만원이므로 이 국가의 GDP는 5,000만원이라 할 수 있다.

ⓛ 부가가치를 활용한 생산측면에서의 GDP 계산

부가가치(value added)란 기업이 일정기간 새롭게 만들어 낸 가치로서, 재화나 서비스를 판매하고 얻은 매출에서 중간투입물의 가치를 제외하여 계산한다. 즉, 중간투입을 이용해 얼마만큼의 가치를 생산해냈는지를 나타내는 개념이라 할 수 있다. 따라서 각 생산단계에서의 부가가치를 계산해보면 K회사는 희토류 채취를 통해 총 600(= 600 − 0)의 부가가치를, P회사는 반도체 금속 생산을 통해 총 900(= 1,500 − 600)의 부가가치를, S전자는 3,500(= 5,000 − 1,500)의 부가가치를 창출했음을 알 수 있다. 스마트폰 한 대를 생산하는 과정에서 창출된 총 부가가치는 5,000(= 600 + 900 + 3,500)임을 알 수 있다. 이는 최종생산물의 가치만을 대상으로 계산한 국내총생산과 같은 값이다.

③ 지출측면에서의 GDP 계산

지출측면에서의 GDP 계산은 기업 안으로 유입되는 자금흐름을 측정하는 방법이다. 생산측면에서의 GDP 계산이 기업 밖으로 나간 생산물의 가치를 측정하는 것과는 상반된 방법이다. 하지만 이 역시도 최종생산물을 대상으로 한다는 점에서는 다르지 않다. 스마트폰을 생산하기 위해 S전자가 지출한 반도체금속을 포함할 경우 이미 스마트폰의 일부가 되어 버린 반도체 금속이 중복 계산되기 때문이다. 따라서 최종소비자가 지출한 금액만을 대상으로 GDP를 계산하게 되는데, 이때 최종소비자라 함은 가계, 기업, 정부 그리고 해외부문이 된다. 위의 예에서 최종소비자는 스마트폰을 구입한 소비자이며, 이들이 지출한 금액은 5,000만원으로 생산측면에서 계산한 GDP와 같은 값이다.

④ 분배측면에서의 GDP 계산

분배측면에서의 GDP 계산은 생산요소 제공자들이 벌어들인 소득으로 측정하는 방법이다. 분배측면에서도 GDP 계산이 가능한 이유는 기업은 생산을 통해 벌어들인 모든 수입을 생산을 위해 제공받은 생산요소의 대가로 어떤 형태로든 지급해야 하기 때문이다. 기업으로부터 제공받은 생산요소에 대한 대가는 생산요소 제공자들에게 바로 소득이 된다. 대표적인 생산요소는 노동, 토지, 자본이다. 노동을 제공한 사람들은 기업으로부터 임금을 받고, 토지를 제공한 사람은 임대료를, 자본을 제공한 사람은 이자를 얻게 된다. 위의 예에서 K회사가 회토류를 채취하기 위해 제공받은 생산요소는 노동, 자본, 토지이다. 이에 대한 대가로 임금 300만원, 이자 100만원, 임대료 50만원이 지급되었다. 그리고 이렇게 생산요소에 대한 대가를 모두 지급하고 남은 수입은 이윤의 형태로 남게 된다. P회사와 S전자도 이와 같다. 따라서 이 경제의 총요소소득을 구해보면 임금으로 지급된 총합이 3,610만원, 이자로 지급된 부분이 240만원, 임대료로 지급된 금액이 480만원이며 이윤의 총합이 670만원이 된다. 이들을 모두 합하면 GDP 5,000만원이 된다.

3. 국내총생산 지표의 한계

(1) 일관성의 결여

국내총생산은 일정기간 우리나라 영토 내에서 생산된 재화와 서비스의 시장가치로 정의되기 때문에 시장에서 거래되지 않는 재화나 서비스는 GDP에 포함될 수 없다. 따라서 실질적으로는 같은 활동임에도 불구하고 시장에서 거래되는 가사도우미의 활동은 GDP에 포함되지만, 가정주부의 집안일은 GDP에 포함되지 않는다. 한편, 귀속임대료는 시장에서 거래되지 않으면서도 GDP에 포함되어 국내총생산 지표는 전체적인 일관성이 결여되어 있다는 비판이 존재한다.

(2) 주관적인 만족도

GDP는 시장가격을 기준을 측정하기 때문에 주관적인 만족도를 반영하지 못한다. 평소 좋아하던 가수의 콘서트를 보고 느낀 벅찬 감동이 GDP에는 그저 콘서트표 가격으로만 반영될 뿐이다.

(3) 생산의 부작용

GDP는 최종생산물의 가치만을 반영할 뿐 생산과정에서 발행하는 비효율은 담아내지 못한다. 예를 들어 생산이 증가할 경우 GDP는 증가하지만, 생산으로 인해 대기오염, 수질오염 등의 부작용은 반영하지 못한다.

(4) 상품의 질

GDP는 시장가치를 기준으로 삼기 때문에 상품의 질을 반영해내지 못한다. 저장장치의 경우 계속되는 진보를 거듭해 과거에 비해 많은 용량을 담아낼 수 있다. 하지만 가격은 절반으로 떨어졌다. 이런 경우 GDP는 과거에 비해 절반이 줄어든 시장가치만이 반영될 뿐 획기적으로 증가된 저장용량은 반영되지 않는다.

4. 국민총생산과 국민총소득

(1) 국민총생산

① 정 의

국민총생산(Gross National Product ; GNP)은 일정기간 동안 한 국가의 국민이 생산한 재화와 서비스의 시장가치로 정의된다. N(National)은 영토개념이 아니라 국적의 개념이다. 따라서 우리나라 영토 안 혹은 밖에서의 활동인지와 무관하게 우리나라 국민이 생산한 재화와 서비스라면 모두 GNP에 포함된다.

② 국내총생산(GDP)과 국민총생산(GNP)

국내총생산은 영토(Domestic)를 기준으로 하는 반면 국민총생산은 국적(National)을 기준으로 하는 경제지표이다. 따라서 우리나라 국민이 우리나라 영토 안에서 생산한 재화와 서비스는

GDP와 GNP 모두에 잡히지만, 우리나라 국민이 외국에서, 외국인이 우리나라에서 생산하는 재화와 서비스는 각각 GNP와 GDP에만 포함된다.

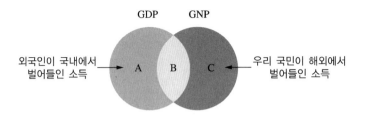

▲ 국내총생산과 국민총생산

보충학습 국민총생산(GNP) 보다 국내총생산(GDP)이 더 많이 쓰이는 이유

약 20년 전만 하더라도 GDP보다는 GNP가 더 많이 사용되었다. 하지만 현재는 GDP가 한 국가의 경제활동을 측정하는 대표적인 지표가 되었다. 이는 1995년 이후 급격히 진행된 세계화로 인해 다국적 기업들의 활동이 두드러졌고, 이들이 자국 내에서만 생산활동을 하는 것이 아니라 외국 현지에 공장을 짓고 직원을 고용해 생산활동을 하는 경우가 많아지면서 GNP보다는 GDP가 중요한 지표가 되었기 때문이다.

(2) 국민총소득

① 정 의

국민총소득(Gross National Income ; GNI)은 명칭에서 알 수 있듯이 국적을 기준으로 삼는 지표이다. 즉, 일정기간 우리나라 국민이 국내외에서 벌어들인 소득으로 정의된다. GDP가 한 국가의 생산활동을 대표하는 지표라면 GNI는 한 나라 국민의 소득을 대표하는 지표이다.

② 국내총생산(GDP)과 국민총소득(GNI)

국내총생산은 영토를 중심으로 하는 반면 국민총소득은 국적을 기준으로 한다. 따라서 우리나라 국민이 해외에서 벌어들인 소득은 GNI에는 포함되지만 GDP에는 포함되지 않는다. 반대로 외국인이 우리나라에서 벌어들인 소득은 GDP에는 포함되지만 GNI에는 포함되지 않는다. 따라서 외국인이 국내에서 많이 활동하는 국가는 GDP가 GNI보다 크지만, 자국민이 해외에서 많이 일하는 경우에는 GNI가 GDP보다 크게 된다. GNI와 GDP의 관계를 수식으로 표현하면 다음과 같다.

GNI = GDP + 국외순수취요소소득*

*국외순수취요소소득 : 해외에서 우리 국민이 벌어들인 소득 − 외국인이 국내에서 벌어들인 소득

2024년 2분기 국내총생산과 국민총소득

(단위 : 조원, %)

구 분	2022년				2023년				2024년	
	1분기	2분기	3분기	4분기	1분기	2분기	3분기	4분기	1분기	2분기
(명목) GNI[1]	582.3	591.9	588.3	589.3	605.8	607.7	611.1	618.7	639.8	645.5
	(0.8)	(1.7)	(−0.6)	(0.2)	(2.8)	(0.3)	(0.6)	(1.2)	(3.4)	(0.9)
	〈7.6〉	〈5.2〉	〈4.4〉	〈2.2〉	〈4.0〉	〈2.7〉	〈3.9〉	〈4.9〉	〈5.8〉	〈6.0〉
(명목)국외 순수취 요소소득	4.6	7.8	7.4	8.3	16.8	12.5	8.1	4.8	7.7	7.3
(명목) GDP[1]	577.7	584.1	581.0	581.0	589.1	595.2	603.1	613.8	632.1	638.3
	(1.0)	(1.1)	(−0.5)	(0.0)	(1.4)	(1.0)	(1.3)	(1.8)	(3.0)	(1.0)
	〈7.5〉	〈6.0〉	〈3.6〉	〈1.7〉	〈2.1〉	〈1.8〉	〈3.8〉	〈5.5〉	〈7.3〉	〈7.2〉
GDP 디플레이터[2]	3.9	2.9	0.1	0.6	0.9	0.8	2.4	3.4	3.9	4.8
환 율[3]	8.2	12.3	15.6	14.9	5.9	4.4	−2.0	−2.8	4.1	4.3

※ 주 : 1) ( ) 내는 계절조정계열 전기대비 증감률, 〈 〉 내는 원계열 전년동기대비 증감률
   2) 원계열 전년동기대비 등락률, 내수는 재고제외 기준
   3) 기준환율(기간평균) 전년동기대비 등락률

01 명목변수란 시간의 변화에 따른 물가의 변동을 고려하지 않고 측정한 변수를 의미한다.

02 실질변수란 시간의 변화에 따른 물가의 변동을 고려하여 가치를 조정하여 측정한 변수를 의미한다.

03 한 국가 내에서 일정기간 동안 시장에서 거래된 모든 재화와 서비스는 GDP에 포함된다.

04 GDP 디플레이터란 명목 GDP에서 실질 GDP를 나누어준 값으로 가장 포괄적인 물가지수라고 볼 수 있다.

05 잠재 GDP란 GDP와 비슷한 정의로 일정기간 동안 한 국가 안에서 생산요소를 정상적으로 이용할 경우 생산 가능한 최종생산물의 시장가치이다. 따라서 잠재 GDP는 항상 GDP보다 높게 산출된다.

06 GDP 삼면등가의 원칙이란 생산, 지출, 소득의 세 가지 측면에서 계산된 GDP의 값이 모두 일치하는 것을 'GDP 삼면 등가의 원칙'이라고 한다.

07 귀속임대료는 시장에서 거래되지 않으므로 GDP에는 포함되지 않는다.

08 국민총생산이란 일정기간 동안 한 국가의 국민이 생산한 재화와 서비스의 시장가치를 말하며, 국내총생산이란 한 국가의 영토 안에서 생산한 재화와 서비스를 의미한다.

09 GDP 갭이란 명목 GDP와 실질 GDP 사이의 격차를 의미한다.

10 GDP는 최종생산물의 가치만을 반영할 뿐 생산과정에서 발생하는 대기오염, 수질오염 등의 부작용은 반영하지 못한다.

● 정답 및 해설

03 시장에서 거래된 모든 재화와 서비스가 GDP에 포함되는 것은 아니다. 중간재의 경우는 GDP에 포함되지 않는다.

05 잠재 GDP가 항상 GDP보다 높은 것은 아니다. 예를 들어 노동력의 경우 주말에도 일을 할 수도 있으며 야근을 통해서 하루 8시간 근무를 초과할 수도 있다. 이런 경우는 잠재 GDP보다 GDP가 더 높게 나올 가능성도 있다.

07 귀속임대료의 경우는 시장에서 거래되지는 않지만 GDP에는 포함된다. 그렇기 때문에 국내총생산 지표에 대한 전체적인 일관성이 결여되어 있다는 비판이 나오게 된다.

09 GDP 갭이란 잠재 GDP와 실제 GDP의 차이로 정의된다.

정답 01 ○ 02 ○ 03 X 04 ○ 05 X 06 ○ 07 X 08 ○ 09 X 10 ○

01 확인학습문제

CHAPTER 02 국가경제활동의 측정

Level
0

다음 중 GDP와 GNI에 대한 설명으로 옳지 않은 것을 모두 고르시오.

> ㉠ 폐쇄경제에서는 명목 GDP와 명목 GNI가 일치한다.
> ㉡ 한국인이 해외에서 벌어들인 요소소득이 외국인이 한국에서 벌어들인 요소소득보다 더 큰 경우 명목 GDP가 명목 GNI보다 더 크다.
> ㉢ 외국인이 한국에서 벌어들인 근로소득은 한국의 GDP에 포함된다.
> ㉣ 한국인이 해외에서 벌어들인 이자수입은 한국의 GDP에 포함된다.

① ㉠, ㉡   ② ㉠, ㉢
③ ㉡, ㉢   ④ ㉡, ㉣
⑤ ㉢, ㉣

해설 ㉡ 국외순수취요소소득은 한국인이 해외에서 벌어들인 소득에서 외국인이 한국에서 벌어들인 소득을 차감하여
계산한다. 따라서 국외순수취요소소득이 양수이면 명목 GNI가 명목 GDP보다 크다.
㉣ GDP의 정의상 한국인이 벌어들인 이자수입은 한국의 GDP에 포함되지 않는다.

오답 ■
노트 ■
㉠ 폐쇄경제에서는 교역부문이 존재하지 않아 상품도, 노동력도 국경을 넘을 수 없으므로 GDP와 GNI가
일치한다.
㉢ 영토 개념 중심인 GDP의 특성상 외국인이 한국에서 벌어들인 근로소득은 한국의 GDP에 포함된다.

정답 ④

#국내총생산, #국민총소득, #국외순수취요소소득, #귀속임대료

국내총생산과 국민총소득에 대한 설명으로 옳은 것은?

① GDP가 증가할 때 GNI가 감소할 수는 없다.

② 2017년 생산된 자동차가 2023년에 중고차 거래를 통해 매매되면서 지급된 딜러 수수료는 GDP 포함 대상이 아니다.

③ 임대주택이 제공하는 주택서비스의 가치는 GDP에 포함되지만, 자가주택의 경우 그 가치는 GDP에 포함되지 않는다.

④ 전업주부의 경제활동참가는 GDP의 증가를 가져올 수 있다.

⑤ GNI에는 감가상각된 자본재를 대체하는데 사용되는 자본재의 가치는 포함되지 않는다.

해설 국민총소득은 우리나라 국민이 국내외에서 벌어들이는 소득을 측정하는 지표이다. 국내총생산(GDP)이 한 국가의 생산활동을 대표하는 지표라면, 국민총소득(GNI)은 한 나라 국민의 소득을 대표하는 지표이다. 국민총소득은 다음과 같이 표현된다.

$$GNI = GDP + 국외순수취요소소득$$

한편, 전업주부의 경제활동참가는 생산에 투입되는 노동력의 증가를 의미하므로, 다른 조건이 일정하다면 노동력의 증가는 생산의 증가로 이어진다. 따라서 전업주부의 경제활동참가는 GDP의 증가를 야기할 수 있다.

오답 노트

GNI와 GDP와의 관계, GNI의 구성요소를 이해해야 한다.

① GDP가 증가하더라도 국외순수취요소소득이 감소하면 GNI는 감소할 수 있다.

② 비록 상품의 가치는 과거의 GDP에 포함되더라도 이를 중개한 서비스는 2023년에 새롭게 생산된 것이므로 2023년 GDP에 포함된다.

③ GDP 측정 시 자가주택이 나에게 제공하는 서비스도 비록 시장에서 거래되지는 않지만, GDP에 포함시키는 항목이다. GDP 계산의 독특한 측면이다. 시장에서 거래되지 않지만 GDP에 포함되는 것은 농부의 자가소비 농산물, 귀속임대료, 정부생산물이 있다.

⑤ GDP의 측정에 감가상각을 대체하는 자본재의 가치가 포함된다. 따라서 GNI에도 포함된다.

정답 ④

Level

0

GDP에 대한 다음 서술 중 옳은 것은?

① 기준연도의 실질 GDP는 명목 GDP와 일치한다.

② 실제 GDP는 잠재 GDP를 초과하지 못한다.

③ GDP에는 무형의 서비스를 제외한 유형적인 재화만 포함된다.

④ 잠재 GDP에서 실제 GDP를 공제하면 명목 GDP가 도출된다.

⑤ 어느 해의 명목 GDP가 실질 GDP보다 크다면 기준연도에 비해 물가가 하락하였다.

> **해설** 국내총생산은 일정기간 동안 한 국가 내에서 생산한 재화와 서비스의 시장가치의 합이다. 명목 GDP는 당해연도
> 물가와 생산량을 기준으로 도출되며, 실질 GDP는 기준연도 물가와 당해연도 생산량을 기준으로 계산된다.
> 따라서 기준연도에는 실질 GDP와 명목 GDP가 일치한다. 한편, 잠재 GDP는 한 국가가 보유한 모든 생산요소를
> 정상적으로 사용했을 때 생산가능한 최대 산출량을 의미한다.

오답
노트

> ② 실제 GDP는 단기적으로 잠재 GDP 수준을 넘어설 수 있다. 이 경우 경기과열로 인식해 정부 당국자는
>   경기를 안정시킬 수 있는 조치를 취하게 된다.
> ③ 무형의 서비스도 생산이다. GDP는 일정기간 한 국가 내에서 새롭게 생산된 재화와 서비스의 시장가치
>   모두를 반영한다.
> ④ 실제 GDP와 잠재 GDP 모두 실질 GDP이다. 기준년도의 물가로 계산된 GDP라는 의미이다. 따라서 잠재
>   GDP에서 실제 GDP를 빼더라도 명목 GDP 값의 도출과는 무관하다. 잠재 GDP와 실제 GDP의 차이를
>   통해 현 경제상황을 점검할 수 있을 뿐이다.
> ⑤ 명목 GDP가 실질 GDP보다 크다면 이는 기준연도에 비해 물가가 상승했음을 의미한다. 같은 해의 명목
>   GDP와 실질 GDP는 동일한 생산량으로 계산하지만 적용하는 물가의 시점이 명목 GDP는 당해연도의
>   물가를, 실질 GDP는 기준연도의 물가를 사용하기 때문이다.

정답 ①

#국내총생산, #명목 GDP, #실질 GDP, #GDP 디플레이터

커피와 토스트만을 생산하는 경제를 가정하자. 두 재화의 생산량과 가격이 다음과 같을 때 2024년 실질 GDP와 GDP 디플레이터는 얼마인가?(단, 기준년도는 2023년이다)

(단위 : 원, 개)

년 도	커 피		토스트	
	가 격	생산량	가 격	생산량
2023	1	100	2	50
2024	2	200	2	100

① 300원, 100개　　　　　　　　② 300원, 130개
③ 400원, 150개　　　　　　　　④ 300원, 150개
⑤ 400원, 120개

해설 　명목 GDP(nominal GDP)는 생산된 재화와 서비스의 가치를 해당연도(시점)의 가격으로 계산한 GDP이다. 측정시점의 가격을 기준으로 하다 보니 측정 시점이 달라짐에 따라 생산량의 변화와 가격의 변화 모두의 영향을 받게 된다. 실질 GDP(real GDP)는 생산된 재화와 서비스의 가치를 기준연도(시점)의 가격으로 계산한 GDP이다. 측정하고자 하는 모든 연도의 GDP를 계산함에 있어 기준년도의 가격을 활용하면 생산량의 변화로 인한 영향만을 측정할 수 있게 된다. 한편, GDP 디플레이터는 명목 GDP의 변화 중 물가상승에 의한 부분을 측정하는 척도를 의미한다. 따라서 2024년도의 명목 및 실질 GDP와 GDP 디플레이터는 다음과 같다.

- 명목 GDP : $GDP_{nominal} = (Q_1 \times P_1) + (Q_2 \times P_2) = (200 \times 2) + (100 \times 2) = 600$
- 실질 GDP : $GDP_{real} = (Q_1 + Q_2) \times P_{기준연도} = (200 \times 1) + (100 \times 2) = 400$
- GDP 디플레이터 : $GDP\,deflator = \dfrac{GDP_{nominal}}{GDP_{real}} \times 100 = \dfrac{P_{해당연도}}{P_{기준연도}} \times 100 = \dfrac{600}{400} \times 100 = 150$

정답 ③

02 | CHAPTER 02 국가경제활동의 측정
출제예상문제

#국내총생산의 정의, #국내총생산의 계산, #국내총생산의 한계

01 다음은 국내총생산(GDP)의 계산과 관련된 설명이다. 옳은 것은?   ⚡ 꼭 나오는 유형 *

① GDP는 중간투입물의 가격을 모두 합하는 방법을 사용하여 계산한다.
② 자동차회사에서 자동차 재고가 발생하였을 때 이는 GDP 계산에 포함되지 않는다.
③ 주부의 가사활동과 가사 도우미의 가사활동 모두 GDP 계산에 포함된다.
④ 외국인이 서울의 빌딩을 소유한 경우 임대소득은 한국의 GDP 계산에 포함된다.
⑤ 지하경제의 활동도 GDP 계산에 포함된다.

해설
국내총생산(Gross Domestic Product ; GDP)은 일정기간 동안 한 국가 경제 내에서 생산한 모든 최종 재화와 서비스의 시장가치의 합으로 정의된다. 국경을 기준으로 우리나라 영토 내에서의 생산활동이라면 외국인에 의해서인지, 한국인에 의해서인지와 무관하게 모두 우리나라의 GDP에 포함된다. 따라서 외국인이 소유한 우리나라 빌딩으로부터 창출되는 임대소득은 한국의 GDP에 포함된다.

오답노트
GDP는 그 정의에서 알 수 있듯이 최종생산물의 가치만을 반영한다. 중간투입물의 가격과 최종생산물의 가치를 함께 반영하면 GDP에 중복반영되기 때문이다. 한편, 기업의 재고는 GDP의 계산에 포함된다. 보다 구체적으로 GDP는 기업의 투자로 간주된다. 한편, GDP 측정의 일관성 결여는 GDP의 한계이다. 주부의 가사활동과 가사 도우미의 활동 모두 동일한 가사활동이지만 가사 도우미의 활동은 GDP에 포함되는 반면 주부의 활동은 포함되지 않는다. 또한 시장에서 거래되지 않는 지하경제의 활동도 GDP 계산에 포함되지 않는다.

#국민소득의 측정, #국민소득의 결정 요인

02 다음 중 국민소득에 포함되는 사항을 모두 고른 것은?

㉠ 기업의 R&D 지출　　　　　　㉡ 가사 도우미의 임금
㉢ 도로건설을 위한 국가지출　　㉣ 아파트의 매매로 인한 차익
㉤ 복권당첨금　　　　　　　　　㉥ 은행예금의 이자소득
㉦ 해외 무기 도입비　　　　　　㉧ 주부의 가사노동

① ㉠, ㉡, ㉢, ㉤, ㉥
② ㉠, ㉡, ㉢, ㉥, ㉦
③ ㉠, ㉡, ㉣, ㉥, ㉦
④ ㉠, ㉢, ㉥, ㉦, ㉧
⑤ ㉠, ㉡, ㉢, ㉦, ㉧

국민소득은 생산측면에서, 지출측면에서, 분배측면에서 측정가능하다. 문제와 같이 사례들이 제시되는 경우 지출측면에서의 국민소득 측정을 활용하면 문제의 해결이 수월하다. 즉, 국민소득은 가계소비, 기업투자, 정부지출, 순수출로 계산가능하다. 가사도우미의 임금은 가계소비에, 기업의 R&D 지출은 기업 투자에, 도로건설을 위한 정부지출과 해외무기 도입비는 정부지출에 포함된다.

오답 노트

생산활동과 무관한 복권당첨금은 국민소득에 포함되지 않으며, 아파트의 매매로 인한 차익 역시 기존 자산의 가격상승에 따른 이득이므로 국민소득에 포함되지 않는다. 또한 가사도우미의 임금은 국민소득에 포함되어도 주부의 가사노동은 포함되지 않는다.

#국내총생산의 정의, #국내총생산 반영 요인

03 다음 〈보기〉 중 국내총생산이 증가되는 경우를 모두 고르시오.

─────〈 보기 〉─────

㉠ 국내 K 자동차 회사의 재고 증가
㉡ 중고자동차 거래량 증가
㉢ 은행들의 주가 상승
㉣ 주택 임대료 상승
㉤ 맞벌이 부부 자녀의 놀이방 위탁 증가

① ㉠, ㉡, ㉢   ② ㉠, ㉢, ㉣
③ ㉠, ㉣, ㉤   ④ ㉡, ㉢, ㉣
⑤ ㉢, ㉣, ㉤

국내총생산(GDP)은 일정기간 동안 한 국가 내에서 생산된 최종 재화와 서비스의 시장가치의 합으로 정의된다. 국내 K 자동차 회사의 재고 증가는 투자의 증가로 인식되어 GDP 상승에 기여한다. 한편, 주택임대료의 상승과 맞벌이 부부 자녀의 놀이방 위탁 증가는 모두 새롭게 생산된 최종 서비스로서 GDP에 포함되어 GDP 상승에 기여하는 요인들이다.

오답 노트

중고자동차는 새롭게 생산된 재화가 아니므로 GDP에 포함되지 않는다. 만약 중고자동차 거래량 증가로 인한 딜러의 수수료 증가라면 이는 GDP에 포함되는 요인이다. 거래 대상인 중고차 자체는 과거에 생산된 재화이지만 이를 판매하는 행위는 새롭게 생산된 서비스이기 때문이다. 한편, 주식과 같은 자본이득은 국내총생산에 집계되지 않아 GDP와 무관하다.

04 다음 중 우리나라 GDP 계산에 포함되지 않는 것은?

꼭 나오는 유형 ⁺

① 북한에 보내기 위해 올해 생산된 비료
② 의사가 진료비를 받고 행한 진료행위
③ 목수가 집을 짓기 위해 구입한 목재
④ 가계의 스마트 TV 구입
⑤ 자기 집 수리를 위한 페인트 구입

해설

국내총생산의 정의에서 중요한 점은 우리나라 영토 내에서 새롭게 생산된 재화와 서비스의 시장가치의 합이다. 여기서 중요한 것은 우리나라 영토 내, 새롭게 생산된, 최종 재화와 서비스, 시장가치의 합이다. 특히 이 가운데 최종 재화와 서비스는 중간재 혹은 중간투입물의 가치는 계산에 포함하지 않는다는 것을 의미한다. 중간투입물까지 포함하여 생산물의 가치가 중복 계산되는 문제를 막기 위해서이다. 따라서 목수가 집을 짓기 위해 구입하는 목재는 GDP 계산에 포함되지 않는다. 집의 가치가 GDP에 포함되며, 목재의 가치는 집의 가치에 이미 포함되어 있기 때문이다.

**오답
노트**
GDP의 정의와 각 보기를 연결하면 다음과 같다.
① · ② 북한에 보내기 위해 올해 생산된 비료, 의사가 진료비를 받고 행한 진료비
→ 새롭게 생산된 : 우리나라에 올해 새롭게 생산된 재화 및 서비스이므로 GDP에 포함된다.
④ · ⑤ 가계의 스마트 TV 구입, 자기 집 수리를 위한 페인트 구입
→ 최종 재화 및 서비스 : 최종 소비를 목적으로 구입하는 재화들이므로 GDP에 포함된다.

05 A국에서는 희토류와 반도체만을 생산한다. 반도체 회사는 희토류를 유일한 중간투입물로 사용한다. 두 회사는 모두 노동자를 고용하여 희토류 및 반도체를 생산한다. 다음 중 옳지 않은 것은?

구 분	희토류 회사	반도체 회사
중간투입물 비용	0	550
임 금	500	750
생산물의 가치	550	1500

① 총소득 대비 노동소득의 비중은 약 83%이다.
② 반도체 회사가 창출한 부가가치는 950이다.
③ 희토류 회사가 창출한 부가가치는 550이다.
④ 두 회사의 이윤 합계는 250이다.
⑤ 지출측면에서 계산한 GDP는 희토류에 대한 지출 550과 반도체에 대한 지출 1500의 합인 2050이다.

GDP는 생산, 분배, 지출측면에서 계산할 수 있다. 생산측면에서의 측정은 최종 재화가 얼마만큼의 가치로 판매되는지를 살펴보면 알 수 있다. 문제에서 최종생산물인 반도체의 가치는 1,500이므로 생산측면에서 측정한 GDP는 1,500이다. 한편 GDP는 각 단계에서 발생한 부가가치를 기준으로 측정가능하다. 부가가치는 각 단계에서 새롭게 만들어 낸 가치로서 재화나 서비스를 판매하고 얻은 매출에서 중간투입물의 가치를 제외하고 계산한다. 즉, 희토류 회사의 부가가치는 550(= 550 – 0)이고, 반도체 회사의 부가가치는 950(= 1,500 – 550)이다. 따라서 부가가치측면에서의 GDP는 1,500이다. 지출측면에서의 GDP 측정은 최종 재화나 서비스에 대한 경제주체의 소비이다. 최종 재화인 반도체의 가치가 1,500이므로 최종소비자는 1,500을 지출한다. 따라서 지출측면에서의 GDP도 1,500이다.

오답노트 부가가치는 생산물의 가치에서 중간투입물의 가치를 차감하여 계산하는 반면 이윤은 생산물의 가치에서 중간투입물의 가치와 임금을 차감하여 계산한다. 따라서 희토류 회사의 이윤은 50(= 550 – 0 – 500)이고, 반도체 회사의 이윤은 200(= 1,500 – 550 – 750)이다.

#국내총생산의 정의, #한 국가 내에서, #재고와 투자, #새롭게 생산된, #최종 재화와 서비스

06 GDP에 대한 다음 설명 중 옳지 않은 것을 고르시오.

① 2023년 생산되어 재고로 보유하다가 2024년에 판매된 상품의 가치는 2024년 GDP에 포함된다.
② 2009년에 지어진 아파트를 2024년에 부동산 중개업자가 중개하고 받은 중개수수료는 2024년 GDP에 포함된다.
③ 공교육에 실망한 학부모들이 2024년에 회사를 그만두고 집에서 자녀를 가르치면 2024년 GDP는 감소할 것이다.
④ 홍수 피해 복구에 들어간 비용은 GDP에 포함된다.
⑤ 한국의 자동차 회사가 2024년에 미국에서 생산하여 한국에서 판매한 자동차의 가치는 미국의 2024년 GDP에 포함된다.

해설

국내총생산(GDP)는 일정기간 동안 한 국가 내에서 새롭게 생산된 최종 재화와 서비스의 시장가치의 합이다. 한 기업의 재고는 해당 해의 재고투자로 집계된다. 따라서 2024년에 생산되어 재고로 보유하다가 2024년에 판매한 상품의 가치는 이미 2023년 GDP에 반영되어 2024년 GDP에는 포함되지 않는다.

오답노트 국내총생산의 정의에 따라 다음의 보기들을 해석할 수 있다.
② 2009년에 지어진 아파트의 가치는 2009년 GDP에 포함되었지만, 이를 중개한 서비스는 2024년에 새롭게 생산된 것이므로, 중개서비스의 가치는 2024년 GDP에 포함된다.
③ 다른 조건이 일정한 상태에서 생산활동에 참가하는 노동력의 감소는 생산의 감소를 야기해 GDP 감소 요인으로 작용할 수 있다.
④ 홍수 피해 복구는 당해 연도에 새롭게 생산되는 재화 및 서비스이므로 GDP에 포함된다.
⑤ GDP는 영토를 기준으로 측정되는 개념이다. 따라서 미국 공장에서 생산한 한국 자동차는 미국의 GDP에 포함된다. 과거 GNP를 기준으로 측정하던 국가경제활동이 GDP를 기준으로 바뀐 것도 다국적 기업의 국외 생산 비중이 각국의 생산에서 차지하는 비중이 높아졌기 때문이다.

#명목 GDP, #실질 GDP, #GDP 디플레이터

07 다음은 GDP 디플레이터에 대한 설명이다. 옳은 것을 고르시오.

① 국민소득의 한 종류이다.
② 물가지수로 사용할 수는 없다.
③ 명목 GDP − 실질 GDP로 계산한다.
④ 명목 GDP + 실질 GDP로 계산한다.
⑤ 명목 GDP ÷ 실질 GDP로 계산한다.

해설

GDP 디플레이터란 명목 GDP의 변화 중 물가상승에 의한 부분을 측정하는 척도를 의미하며, 다음과 같이 표현가능하다. 물가변화를 측정할 수 있기 때문에 물가지수로 사용될 수 있다.

$$GDP\,deflator = \frac{GDP_{nominal}}{GDP_{real}} \times 100 = \frac{P_{\text{해당연도}} \times Q_{\text{해당연도}}}{P_{\text{기준연도}} \times Q_{\text{해당연도}}} \times 100 = \frac{P_{\text{해당연도}}}{P_{\text{기준연도}}} \times 100$$

오답노트

GDP 디플레이터는 명목 GDP와 실질 GDP의 정의로 인해 도출 가능한 개념이다. 즉, 명목 GDP는 생산된 재화와 서비스를 해당연도의 가격으로 계산하는 반면, 실질 GDP는 생산된 재화와 서비스를 기준년도의 가격으로 계산하기 때문에 두 개념을 비교해 물가의 변화를 측정할 수 있는 것이다. 이처럼 GDP 디플레이터는 국민소득의 개념을 활용하지만, 이 자체가 국민소득으로 분류할 수 있는 것은 아니다.

#국내총생산, #국민총생산, #속지주의, #속인주의

08 한국 법인이 100% 지분을 소유하고 있는 A회사가 한국에 있던 공장을 미국으로 옮겨 직원의 95%를 미국 직원으로 5%만은 한국 직원으로 고용하여 생산하는 경우 한국과 미국 경제에 미치는 영향으로 적절하지 않은 것은?

① 미국의 GDP 증가분은 GNP 증가분보다 크다.
② 미국의 GDP와 GNP 모두 증가한다.
③ 한국의 해외직접투자가 증가하면서 GNP가 더욱 중요해진다.
④ 한국의 GDP 감소분은 GNP 감소분보다 크다.
⑤ 다국적기업의 해외진출로 GDP의 중요성이 커졌다.

해설

국내총생산(GDP)은 일정기간 동안 한 국가 내에서 새롭게 생산된 최종 재화와 서비스의 시장가치의 합이다. 한편 국민총생산(GNP)는 일정기간 동안 한 국가의 국민이 새롭게 생산한 최종 재화와 서비스의 시장가치 합이다. 따라서 한국의 해외직접투자의 증가로 인해 중요해진 개념은 GDP이다. 해외에 직접 공장을 설립하고 생산하는 경우 우리나라의 GNP는 증가하지만, 실질적인 생산이 이뤄지고 있는 것은 미국이기 때문이다. 따라서 실질적인 국가경제활동을 측정하기 위해 해외직접투자가 활발해진 이후에는 GDP가 더욱 강조된다.

#국내총생산, #국민총소득, #국외순수취요소소득

09 축구선수 손흥민은 영국 활동을 통해 150억원을 벌었다. 한편, 손흥민은 영국에서 생활하며 아파트 임대료로 10억원을 사용했다. 다음 중 옳은 것을 고르시오.

① 영국의 GDP는 160억원 증가했다.
② 영국의 GNI는 140억원 증가했다.
③ 한국의 GDP는 140억원 증가했다.
④ 한국의 GNI는 150억원 증가했다.
⑤ 한국의 GDP는 160억원 증가했다.

해설

국내총생산(GDP)은 한 국가의 국경을 기준으로 계산된다. 즉, 일정기간 동안 한 국가 내에서 새롭게 생산된 최종 재화와 서비스의 시장가치의 합이다. 이러한 정의에 의할 때 손흥민의 영국 활동으로 인해 발생한 150억원과 지출한 임대료 10억원은 모두 영국의 GDP를 증가시키는 요인이다. 따라서 영국의 GDP는 160억원 증가한다.

#국내총생산, #국민총소득, #폐쇄경제와 GDP, GNI, #국외순수취요소소득

10 명목 GDP와 명목 GNI에 대한 설명으로 옳은 것은?

① 폐쇄경제에서 명목 GDP는 명목 GNI보다 크다.
② 한국인이 해외에서 벌어들이는 요소소득이 외국인이 한국에서 벌어들인 요소소득보다 더 큰 경우에 명목 GDP가 명목 GNI보다 더 크다.
③ 외국인이 한국에서 벌어들인 근로소득은 한국의 GDP에 포함된다.
④ 한국인이 해외에서 벌어들인 이자수입은 한국의 GDP에 포함된다.
⑤ 명목 GDP가 증가할 때 명목 GNI가 감소할 수는 없다.

국민총소득은 우리나라 국민이 국내외에서 벌어들이는 소득을 측정하는 지표이다. 국내총생산(GDP)이 한 국가의 생산활동을 대표하는 지표라면, 국민총소득(GNI)은 한 나라 국민의 소득을 대표하는 지표이다. 국민총소득은 다음과 같이 표현된다.

$$GNI = GDP + 국외순수취요소소득$$

이처럼 국내총생산은 영토를 중심에 둔 개념이기 때문에 한국에서의 외국인의 경제활동은 한국의 GDP에 포함된다.

오답
노트
명목 GNI는 명목 GDP를 기반으로 계산된다. 경제순환도에서 살펴본 바와 같이 총생산은 곧 총소득이다. 하지만 해외부문과의 교역이 존재하기 때문에 GDP와 GNI가 완전히 일치하지 못하고 국외순수취요소소득 만큼 차이가 발생하게 된다. 한편, 국외순수취요소소득이란 우리나라 국민이 해외에서 벌어들인 요소소득과 우리나라에 일하는 외국인에게 지급한 요소소득의 차이이다. 국외순수취요소소득이 양수일 경우 GNI는 GDP 보다 큰 값을 갖게 된다.

#국내총생산, #국민소득삼면 등가의 원칙, #지출측면의 국민소득, #구성비와 절대수치

11 다음 그림은 갑국의 GDP 규모와 구성비 변화를 나타낸다. 이에 대한 설명으로 옳지 않은 것은?

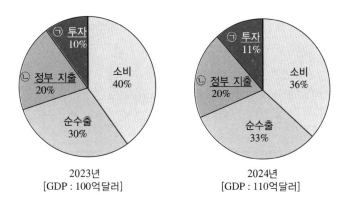

① ㉠에는 기업의 연구 개발비가 포함된다.
② ㉡에는 정부 소비와 정부 투자가 포함된다.
③ 전년 대비 2024년 민간 소비 지출액은 변화가 없다.
④ 전년 대비 2024년 정부 지출액 증가율은 GDP 증가율과 같다.
⑤ 전년 대비 2024년 수출액의 증가는 수입액의 증가보다 크다.

국내총생산(GDP)은 한 국가의 국경을 기준으로 계산된다. 즉, 일정기간 동안 한 국가 내에서 새롭게 생산된 최종 재화와 서비스의 시장가치의 합이다. 국내총생산은 생산, 분배, 지출 측면에서 측정이 가능하다. 이를 국민소득 삼면 등가의 원칙이라고 한다. 문제의 도표는 GDP는 지출측면에서 살펴보고 있다. GDP를 각 경제주체가 지출하는 비중으로 구분하고 있다. 문제에서 소비는 가장 큰 비중을 차지하고 있으며 2023년에 40%, 2024년에 36%를 기록하고 있다. 이를 절대수치로 비교하면 다음과 같이 나타낼 수 있다. 한편, GDP는 10% 증가한 반면에 소비는 10% 떨어졌기 때문에 소비 지출액의 변화가 없다고 생각할 수 있지만, 절대수치를 계산해보면 그렇지 않다.

- 2023년 소비액 : 100억달러 × 40% = 40억달러
- 2024년 소비액 : 110억달러 × 36% = 39.6억달러

#국내총생산, #국민총생산, #수출과 수입

12 다음 자료에서 밑줄 친 ㉠이 (가)~(다)에 미치는 영향으로 옳은 것은?

그림은 갑국의 국내 총생산과 국민 총생산을 나타낸다. ㉠ 갑국 국민이 외국 기업에 의해 생산된 소비재를 수입했다.

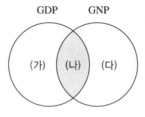

① (가)는 증가하지 않고, (나)는 감소한다.
② (가)는 변하지 않고, (나)는 감소한다.
③ (나)는 증가하고, (다)는 감소한다.
④ (나)는 감소하고, (다)는 변하지 않는다.
⑤ (가)~(다)는 모두 변하지 않는다.

해설

국내총생산(GDP)와 국민총생산(GNP)을 구분하는 기준은 한 국가 내에서인지와 한 국가 국민에 의해서 생산이 이뤄지는지 여부이다. 즉, 국내총생산은 일정기간 동안 한 국가 내에서 새롭게 생산한 재화와 서비스의 시장가치의 합이고, 국민총생산은 일정기간 동안 한 국가의 국민이 새롭게 생산한 재화와 서비스의 시장가치의 합이다. 이러한 정의에 의할 때 (가)는 외국이 우리나라에 생산한 경우이고, (다)는 우리나라 국민이 외국에서 생산한 경우이다. 한편 교집합인 (나)는 우리나라 국민이 우리나라에서 생산한 것을 의미한다. 문제의 외국 기업에 의해 생산된 소비재는 갑국의 생산과는 아무런 연관이 없다. 따라서 (가), (나), (다) 어디에도 속하지 않는다.

13

그림은 갑국의 GDP와 GNP를 나타낸 것이다. 이에 관한 설명으로 옳지 않은 것은?

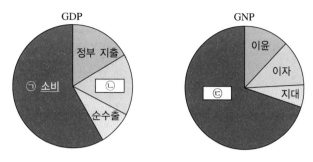

① 수입 재화에 대한 국내 소비는 ㉠에 포함되지 않는다.
② 가계가 금을 구입하는 행위는 ㉡에 포함되지 않는다.
③ 해외에서 일하는 갑국 국민에게 지급된 임금은 ㉢에 포함된다.
④ 이론적으로 세계 모든 나라의 GDP의 합과 GNP의 합은 일치한다.
⑤ 갑국에서 활동하는 외국 기업의 생산 증가는 갑국의 GDP를 증가시킨다.

해설

국민소득은 생산, 분배, 지출의 측면에서 계산할 수 있다. 이를 국민소득삼면등가의 원칙이라고 한다. 문제에서 GDP는 지출 측면에서 국민소득을 도출하고 있다. 즉, 국민소득을 경제주체의 지출을 모두 합산하여 나타낸 것으로 경제주체의 지출은 민간소비, 기업투자, 정부지출, 순수출로 구성된다. 따라서 ㉡은 투자가 된다. 이중 가장 큰 비중을 차지하는 소비는 국내 제품 혹은 해외 제품에 대한 소비인지 구분하지 않고 모든 소비가 해당한다. 한편 GNP는 분배측면에서 국민소득을 구하고 있다. 분배측면에서의 국민소득 계산은 생산요소 제공자들이 얻는 소득을 기준으로 국민소득을 계산하는 것이다. 대표적인 생산요소는 노동, 토지, 자본이며 이에 대한 대가는 임금, 지대, 이자이다. 그리고 판매수입 가운데 이러한 대가를 지급하고 남은 것을 이윤이라고 한다. 따라서 ㉢은 임금이다.

오답 노트

가계가 금을 구입하는 행위는 소비에 해당하며, 이론적으로 세계 GDP와 GNP는 일치한다. 전 세계가 A국과 B국으로 이루어진 경우를 가정해보면 이해가 쉽다. 이 경우 두 국가의 GDP 합과 GNP 합은 다음과 같다.

- $GDP_{world} = GDP_A + GDP_B$
  = (A국에서 B국민이 생산 + A국민이 생산) + (B국에서 A국민의 생산 + B국민이 생산)
- $GNP_{world} = GNP_A + GNP_B$
  = (A국민이 B국에서 생산 + A국에서 생산) + (B국민이 A에서 생산 + B에서 생산)
- $GDP_{world} = GNP_{world}$

🔍 신문기사를 통해 경제·경영학적인 시야 기르기!

IMF, 올해 한국 성장률 2.5% 유지 … 내년은 2.2% 전망

2024.10.22. 매일경제

美 올해 성장률 2.8%로 0.2%p↑ … 내년엔 2.2% 예상
유로존 올해 0.8%, 내년 1.2% 성장 … 각각 0.1%p, 0.3%p 하향
日 올해 성장률 0.3% … 지난 7월比 0.4%p↓

국제통화기금(IMF) 내년 세계 경제 성장률이 올해와 비슷한 수준을 유지할 것으로 예상하면서, 미국의 경제 성장 전망치를 3개월 전보다 상향 조정했다.

IMF는 22일(현지시간) 발표한 세계경제전망(WEO)에서 올해 세계 경제성장률을 지난 7월과 동일한 3.2%로 유지하고, 내년 성장률을 0.1% 포인트 낮춘 3.2%로 제시했다. 전체적인 경제 전망은 지난 7월 발표와 큰 차이는 없었지만, 일부 지역별 전망에는 조정이 있었다.

IMF는 미국의 올해 성장률을 2.8%로 전망하며, 7월보다 0.2% 포인트 상향 조정했다. 이는 소비와 비주택 부문 투자가 예상보다 강세를 보인 덕분이며, 특히 저소득 가계의 실질 임금 증가가 소비를 견조하게 유지한 요인으로 평가됐다. 내년 미국 경제 성장률은 재정 정책 축소와 노동시장 둔화에 따른 소비 감소로 인해 2.2%로 예상되지만, 이는 7월 전망치보다 0.3% 포인트 높은 수치다.

유로존의 경우 올해 성장률은 0.8%, 내년 성장률은 1.2%로 전망됐는데, 이는 7월 전망보다 각각 0.1% 포인트, 0.3% 포인트 하향 조정된 결과다. 내년 유로존 경제가 올해보다 개선될 것으로 보는 이유는 내수 확대, 실질 임금 증가에 따른 소비 증가, 그리고 긴축 정책의 완화로 인한 투자 증가 기대감 때문이다.

일본의 올해 성장률은 0.3%로, 지난 7월보다 0.4% 포인트, 4월보다 0.6% 포인트 하락했다. 이는 주요 자동차 공장의 생산 차질과 2023년 관광 급증 효과의 소멸 등으로 인한 일시적인 공급 문제를 반영한 것이다. 다만 내년에는 실질 임금 증가에 따른 민간 소비 확대가 성장에 기여할 것으로 예상되며, 성장률은 1.1%로 7월보다 0.1% 포인트 상승할 것으로 보인다.

한국 경제에 대해 IMF는 올해 2.5%, 내년 2.2% 성장할 것으로 전망하며, 이는 지난 7월 발표와 동일한 수치다. 신흥 경제국 및 개발도상국의 성장률 전망도 올해와 내년 모두 4.2%로 유지됐다.

중국의 경우, 올해 성장률은 4.8%로 7월 전망보다 0.2% 포인트 하향 조정됐으며, 내년에는 4.5%로 전망됐다. 2023년에 5.2% 성장했지만, 부동산 시장의 불안정과 소비자 신뢰 약화로 인해 성장세가 점차 둔화되고 있다. 인도는 2023년 8.2%의 높은 성장률을 기록했으나, 팬데믹 시기에 쌓였던 수요가 해소되면서 올해 7.0%, 내년 6.5%로 둔화될 것으로 예상됐다.

IMF는 원자재 생산과 운송 차질, 분쟁, 기상 이변 등의 여파로 신흥 경제국들 중 중동, 중앙아시아, 사하라 이남 아프리카의 성장 전망을 하향 조정했다. 또한, 세계 인플레이션은 2023년 평균 6.7%에서 2024년 5.8%, 2025년 4.3%로 점진적으로 낮아질 것으로 전망했다.

Tip

IMF는 올해와 내년 경제성장률 전망을 내놓았다. 전반적인 저성장 기조 속에서 미국의 성장률이 예상보다 높을 것으로 전망하고, 유로존의 경우는 반대로 당초 기대보다 낮을 것으로 전망하고 있다. 일본 역시 부정적 요인이 상존함을 이야기하고 있다. 반면 한국에 대한 전망은 변함이 없다. 부정적 요인에 대한 관리가 어느 정도 이뤄지고 있음을 알 수 있는 대목이다. 물론 디지털 경제시대에 GDP가 어느 정도 성장을 설명하는가에 대한 의문이 존재할 수 있다. 그럼에도 세계가 공통적으로 비교하는 기준이라는 점에서 경제의 성장을 판단하는 결코 중요도가 낮아지지 않는 지표이다.

03 | 균형국민소득의 결정

01 균형국민소득의 결정

1. 집계변수를 분석

미시경제학에서 살펴본 바와 같이 균형의 형성과정은 거시경제학에서도 비슷하다. 다만 거시경제학은 미시경제학과 달리 국가 전체를 대상으로 하기 때문에 집계변수(aggregate variable)를 살펴보면서 국가 경제 전체에서 이들이 어떻게 상호작용하는지를 살펴본다. 즉, 미시경제학에서 수요와 공급이 만나 형성되던 균형이 거시경제학에서는 총수요(aggregate demand)와 총공급(aggregate supply)이 만나 형성된다. 미시경제학에서는 균형에서 균형가격과 균형생산량이 결정되었지만, 거시경제학에서는 물가와 균형국민소득이 결정된다.

2. 균형국민소득 결정 이론

거시경제학에서의 균형은 총수요와 총공급에 의해서 결정된다. 바라보는 시각에 따라서 총공급을 더 중요시하는 이론이 있는 반면 총수요를 더 중요하게 여기는 입장이 존재한다. 총공급을 더 중요시하는 사람들을 고전학파라고 하고, 경제학자 케인즈는 이와는 반대로 총수요를 더 중요시했다. 즉, 고전학파는 공급측면이 GDP를 결정한다고 보는 반면 케인즈는 수요측면에 GDP를 결정한다고 생각한 것이다.

02 고전학파와 케인즈의 균형국민소득 결정 이론

1. 고전학파의 균형국민소득 결정

(1) 등 장

고전학파(classical school)는 케인즈가 등장하기 이전까지는 존재하지 않던 경제학파이다. 모든 경제학자가 고전학파였기 때문에 고전학파라는 이름으로 구분할 필요가 없었던 것이다. 하지만 케인즈가 그의 책 『고용, 이자 및 화폐의 일반 이론』에서 기존 경제학자들과는 다른 주장을 펼치면서 고전학파라는 이름을 사용했다.

(2) 기본가정

고전학파를 표현할 수 있는 두 가지는 보이지 않는 손(Invisible hand)과 세이의 법칙(Say's law)이다.

① 보이지 않는 손

보이지 않는 손이란 자원의 배분을 시장 기구에 맡길 경우 자율적인 조정능력에 의해 개인의 이익이 증진되며 이는 국가의 이익과도 조화를 이루게 된다는 주장이다. 미시경제학은 전체적으로 보이지 않는 손을 가정하고 논의가 진행된다. 균형가격과 생산량이 수요와 공급에 의해 결정되며, 시장에 불균형(초과공급, 초과수요)이 발생하면 신축적인 가격의 움직임에 의해 저절로 해소되어 균형을 회복하기 때문이다. 고전학파는 거시경제의 균형에도 같은 논리를 적용한다.

② 세이의 법칙

한편, 고전학파는 세이의 법칙(Say's law)을 받아 들였다. 세이의 법칙은 공급은 스스로 수요를 창출한다로 요약된다. 이는 생산은 소득을 발생시키고, 소득은 지출을 야기하며, 지출은 다시 생산의 기반이 되는 경제의 순환이 원활하게 이뤄질 수 있음을 의미한다. 이 과정에서 발생하는 초과수요나 공급은 신축적인 가격의 움직임으로 모두 해소된다는 것이다.

(3) 고전학파의 균형국민소득 결정

고전학파는 균형국민소득의 결정이 총공급에 의해 결정되며 총수요는 아무런 역할을 하지 못한다고 주장한다. 즉, 노동시장에서 노동의 수요와 공급에 의해 자율적으로 노동의 고용수준이 결정되면 이는 한 경제 전체의 생산함수와 결합되어 총공급이 결정된다. 그리고 이 총공급이 곧 국민소득의 규모를 결정한다는 것이다.

(4) 총생산함수와 노동시장

① 총생산함수

제1편 「제4장 생산자이론」에서 배운 바와 같이 생산함수란 주어진 생산요소의 투입량으로 얻을 수 있는 최대한의 산출량을 나타낸다. 거시경제학에서는 특정 시장이 아닌 경제 전체를 대상으로 하기 때문에 총생산함수라고 표현하며 다음과 같이 표기한다. 여기에서는 단기의 총생산함수를 가정한다. 즉, 자본량은 이미 균형 수준을 달성하여 단기적으로 고정되어 있고 총생산의 규모는 노동량에 의해서만 영향을 받는 상황이다.

$$Y = F(\overline{K},\ L)$$

보충학습 거시경제학에서의 단기와 장기

미시경제학에서는 단기와 장기를 고정투입요소의 유무로 구분하였다. 이러한 논의가 거시경제학에서도 완전히 달라지는 것은 아니지만, 거시경제학에서는 단기와 장기를 가격변수의 신축성 여부로 판단하기도 한다. 즉, 가격변수들이 완전신축적인 기간을 장기(long-run)라고 하며, 비신축적인 기간을 단기(short-run)로 구분한다. 그리고 경제성장이 발생하는 기간을 초장기(very long-run)라고 한다.

② 노동시장

단기에 총생산(GDP)은 노동량에 의해서만 영향을 받으므로 노동시장을 살펴봐야 한다. 균형
노동량은 노동시장의 수요와 공급에 의해 결정되기 때문이다. 상품의 수요와 공급에 의해
상품의 가격이 결정되듯, 노동의 수요와 공급에 의해 실질임금(w)이 결정된다. 이는 실질임금
이 높을수록 노동수요량이 감소하고 노동의 공급량은 늘어나게 됨을 의미한다. 따라서 노동수
요는 실질임금의 감소함수이고, 노동공급은 실질임금의 증가함수이다.

- 노동수요 : $L^d = L^d(w)$, $\dfrac{\triangle L^d}{\triangle w} < 0$

- 노동공급 : $L^s = L^s(w)$, $\dfrac{\triangle L^s}{\triangle w} > 0$

- 시장균형 : $L^d = L^s$

③ 균형국민소득의 결정

노동시장에서 노동수요와 공급에 의해 균형고용량과 균형임금이 결정되면 총생산함수와 결합
되어 경제 전체의 총생산이 결정된다. 이때 결정되는 균형고용량(L^e)은 완전고용량(L^f)이기
때문에 이로 인해 결정되는 균형총생산(Y^e)도 완전고용총생산(Y^f, 잠재 GDP)이다. 거시경
제학에서 총생산은 개별기업들의 생산량을 기준연도가격으로 평가하여 합산한 실질국민소득
(real GDP)을 의미한다. 이는 균형생산량이 개별기업의 생산량으로 표시되던 미시경제학과의
차이점이다. 이렇게 결정된 완전고용총생산(Y^f)은 자본량이 변하거나 기술수준이 변하는
경우에 가능하며, 이를 경제성장(economic growth)이라고 한다. 단기에는 경제성장이 일어
나는 것이 불가능하며 초장기(very long-run)에만 가능하다.

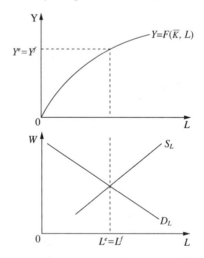

▲ 노동시장의 균형과 잠재 GDP의 산출

2. 케인즈의 균형국민소득 결정

(1) 등 장

존 메이너드 케인즈(John Maynard Keynes, 1883~1946)는 1936년에 출간된 ≪화폐, 이자 및 고용의 일반이론≫에서 유효수요창출이라는 정부의 새로운 역할을 강조하면서 경제학계에 '케인즈 혁명'이라 불릴 정도로 큰 충격을 주었다. 당시 세계 경제는 극심한 실업에 시달리고 있었다. 줄곧 3%에 머물던 실업이 1933년에 25%까지 치솟아 이후에도 10% 이상의 실업률이 유지되었다. 고전학파의 주장대로라면 노동시장에서의 초과공급(실업)을 노동시장에 맡겨두면 자율적인 수요 공급의 조정과정에 의해 완전균형을 회복해야 한다. 하지만 실제 현실에서 시장은 실업을 해결하지 못했다. 케인즈는 이를 총수요의 부족 탓이라고 주장했다. 총수요가 부족하면 기업에는 재고가 발생하게 되고, 재고의 누적은 생산의 감소로 이어져 실업이 발생하게 된다. 실업의 증가는 소비수요와 투자수요를 위축시켜 총수요는 더욱 감소되는 악순환이 발생한다는 것이다. 따라서 케인즈는 실업을 줄이고 경기를 회복시키기 위해서는 총수요를 증가시켜야 한다고 주장했다. 총수요를 늘리기 위해 공공사업과 같은 대규모 정부지출을 요구했고, 세금을 감면해 소비수요를 증가시키는 등 정부의 적극적인 역할을 강조했다. 정부의 소극적인 역할을 주장했던 고전학파와는 정반대의 의견이었던 것이다.

(2) 기본가정

케인즈 이론의 출발은 세이의 법칙을 부정하는 것에서 출발한다. 즉, 공급이 수요를 창출하는 것이 아니라 수요가 공급을 창출한다는 것이다. 즉, 현실에서는 공급능력은 충분하지만 수요가 부족하여 생산설비가 충분히 가동되지 못하고 놀고 있다는 것이다. 따라서 총수요만 회복되면 공급은 얼마든지 다시 늘어날 수 있다고 주장한다. 케인즈 모형에서는 총수요가 총공급에 미치지 못하는 상태이기 때문에 총수요가 증가해도 물가는 상승하지 않는다.

(3) 케인즈의 균형국민소득 결정 : 케인즈의 단순모형

① 지출국민소득과 총수요

「제2장 국가경제활동의 측정」의 GDP 삼면등가의 원칙에서 살펴본 바와 같이 GDP는 지출측면에서도 측정할 수 있다. 이는 최종소비자가 지출한 금액만을 대상으로 GDP를 계산하는 방법으로, 여기에서 최종소비자란 가계, 기업, 정부 그리고 해외부문을 의미한다. 거시경제학에서 의미하는 총수요가 바로 지출측면에서의 GDP이다. 총수요(aggregate demand)란 가계(C), 기업(I), 정부(G), 해외부문(NX)의 최종생산물에 대한 수요를 모두 합한 것으로 지출측면에서의 GDP와 일치한다.

$$Y = C + I + G + NX$$

② 총수요의 구성

총수요는 가계의 소비수요(C), 기업의 투자수요(I), 정부소비수요(G), 순수출(NX)로 구성된다. 케인즈의 단순모형에서는 가계와 기업만이 존재하는 상황을 가정한다.

ㄱ) 가계의 소비수요(민간소비지출)

최종생산물에 대한 가계의 지출을 의미한다. 총수요의 구성항목 중 가장 큰 비중을 차지한다. 소비는 노동의 재생산을 위해서 필요한 활동이기 때문에 안정적인 변수이다. 즉, 소득이 급격히 감소하여도 소비가 크게 떨어지지 않고, 소득이 급격히 증가할 때도 마찬가지이다. 케인즈는 이러한 소비가 소득에 가장 큰 영향을 받는다고 생각했다. 다른 요인들이 불변이라면 소비는 소득의 증가함수이다.

$$C = C(Y)$$

보충학습 평균소비성향과 한계소비성향

- 평균소비성향(Average Propensity to Consume ; APC) : 한 국가 국민이 국민소득 중 어느 정도를 평균적으로 소비하는지를 나타내는 개념이다. 민간소비를 국민소득으로 나누어 계산한다.

$$APC = \frac{C}{Y}$$

- 한계소비성향(Marginal Propensity to Consume ; MPC) : 소득 증가분 가운데 얼마만큼을 소비로 사용하는지를 나타내는 개념이다. 소비의 변화분을 소득의 변화분으로 나누어 계산한다. 일반적으로 한계소비성향은 0보다 크고 1보다 작다. 즉, 사람들이 소득이 증가하면 소비를 늘리지만, 그렇다고 해서 소득증가분 전체를 소비에 사용하지는 않는다는 의미이다.

$$MPC = \frac{\Delta C}{\Delta Y}$$

- 한계소비성향은 평균소비성향보다 항상 작다.

한편, 소비는 둘로 구분이 가능하다. 즉, 일상생활에서 소득과 무관하게 생존을 위해서 반드시 구입해야 하는 기초소비(basic consumption)와 소득에 따라 증가하는 일반소비(consumption)가 그것이다. 따라서 소비함수는 다음과 같이 표현가능하다(단, a는 기초소비, b는 한계소비성향을 의미한다).

$$C = a + bY, \ a > 0, 0 < b < 1$$

보충학습   b가 한계소비성향인 이유

소득이 ΔY만큼 증가할 때 소비가 ΔC만큼 증가한다면,

$$C + \Delta C = a + b(Y + \Delta Y) \iff \Delta C = b\Delta Y \iff b = \frac{\Delta C}{\Delta Y}$$

    ⓛ 기업의 투자수요

      케인즈의 균형국민소득 결정을 이해하기 위해서는 기업의 투자수요를 독립투자수요만 살펴보면 된다. 하지만 이후의 논의과정에서 유발투자수요가 다뤄지기 때문에 투자의 개념에 대한 이해가 필요하다. 경제학에서 투자(investment)란 새로운 기계를 구입하거나 새로운 공장을 구입하는 것을 의미한다. '새로운'이라는 형용사를 계속해서 사용하는 것은 GDP가 그 정의상 일정기간 동안 새롭게 창출된 최종생산물을 대상으로 계산되기 때문이다. 투자는 개념상 투자수요와 투자지출로 구분된다. 생산량 1,000개 중에 300개가 재고로 남을 것으로 예상했는데, 실제로는 500개가 재고로 남았다면 300개는 투자수요이고, 500개는 투자지출에 포함된다.

      ⓐ 투자수요(Investment demand) : 사전적으로 계획된 투자

$$I^D = \text{계획된 총고정자본형성} + \text{계획된 재고증가}$$

      ⓑ 투자지출(Investment expenditure) : 사후적으로 실현된 투자

$$I = \text{총고정자본형성} + \text{재고증가}$$

      한편, 투자는 일반적으로 이자율의 감소함수이고 소득의 증가함수이다. 하지만 소비의 기초소비와 같이 이자율이나 소득에 영향을 받지 않는 투자도 존재한다. 이를 독립투자수요(autonomous investment demand)라고 하며, 이자율 혹은 소득에 영향을 받는 투자수요를 유발투자수요(induced investment demand)라고 한다.

③ 균형국민소득의 결정

    ㉠ 균형의 형성

      케인즈의 단순모형에서 총수요를 구성하는 요인은 소비수요(Y^D)와 투자수요(I^D)이다. 소비수요는 민간의 소비(C)와 기업의 투자수요(I^D)의 합으로 구성된다. 케인즈는 이렇게 정의된 총수요를 계획된 총수요라는 의미에서 유효수요(effective demand)라고 명명했다.

한편, 케인즈의 단순모형에서 투자는 독립투자수요만을 의미한다. 그리고 케인즈는 경제에 공급은 충분하지만 총수요가 부족한 상태라고 진단했으므로, 케인즈의 단순모형에서는 국내총생산이 총수요 수준에 맞추게 된다. 따라서 균형상태에서 국내총생산(Y)과 총수요(Y^D)는 일치한다. 이러한 관계는 다음과 같이 표현가능하다.

- $Y^D = C + I^D \Leftrightarrow Y^D = a + bY + I_0 \ (a > 0, \ 0 < b < 1)$
- $Y = Y^D$

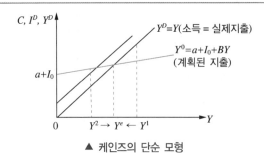

▲ 케인즈의 단순 모형

ⓛ 해 석

케인즈의 단순모형에서 총생산은 지출 측면에서 소비되거나 투자된다($Y = C + I$). 실제 경제상태는 Y와 Y^D의 비교를 통해 살펴볼 수 있다.

ⓐ Y^1에서는 실제국민소득(Y)이 균형국민소득(Y^e)보다 위에 있어 $I > I^D$가 성립한다 ($Y = C + I > Y^D = C + I^D$).

: 총수요(유효수요)보다 생산이 많은 상태로, 계획된 재고증가(I^D)보다 실현된 재고증가(I)가 커서 의도하지 않은 재고가 증가한 상태를 의미한다. 이때 늘어난 의도하지 않은 재고로 인해 생산이 감소하고 국민소득은 감소하여 균형수준에 이르게 된다($Y^1 \to Y^e$).

ⓑ Y^2에서는 실제국민소득(Y)이 균형국민소득(Y^e)보다 아래에 있어 $I < I^D$가 성립한다($Y = C + I < Y^D = C + I^D$).

: 총수요(유효수요)가 생산보다 많은 상태로 실현된 재고증가(I)보다 계획된 재고증가(I^D)가 커서 의도하지 않은 재고가 감소한 상태를 의미한다. 이 경우 (계획된)적정재고 수준을 유지하기 위해 생산이 증가하여 균형수준에 이르게 된다($Y^2 \to Y^e$).

ⓒ Y^e에서는 기업들은 더 이상 생산할 유인이 없다($Y = C + I = Y^D = C + I^D$). 45°선을 따라서 Y^e 이상으로 생산할 수 있지만 경제 내의 총수요가 Y^e 밖에 없으므로 굳이 생산할 필요가 없다. 즉, 경제 내에서 균형국민소득을 결정하는 것은 유효수요($Y^D = C + I^D$)라는 것이다.

④ 승수효과

　㉠ 정 의

　　승수효과(multiplier effect)는 국민소득의 변화를 가져올 수 있는 외생적인 요인이 변했을 때 그 최초의 변화분을 상회하는 수준으로 국민소득이 변화되는 효과를 의미한다. 앞서 살펴본 개념 가운데 기초소비와 독립투자수요는 국민소득이나 이자율과 무관하게 존재한다. 총수요의 구성항목 가운데 정부지출도 국민소득과 무관하다. 케인즈의 단순모형에서는 이러한 독립지출이 증가하면 국민소득은 독립지출의 증가분만큼 증가하는 것이 아니라 최초의 증가분을 훨씬 상회하여 몇 배 이상 증가하게 되는데 이를 승수효과라 한다. 이는 다음과 같이 표현할 수 있다.

$$승수 = \frac{균형국민소득증가분}{최초의 \ 총수요증가분}$$

　㉡ 승수의 도출

　　어떤 이유로 독립투자수요가 $\varDelta I_0$ 만큼 증가했다. 최초로 증가된 투자는 국민소득을 $\varDelta I_0$ 만큼 증가시킨다. 국민소득이 증가하면 소비가 증가한다. 이때 한계소비성향 $b(0 < b < 1)$ 이라고 하면 소득은 한계소비성향에 맞춰 $b \varDelta I_0$ 만큼 증가한다. $b \varDelta I_0$ 만큼 증가된 소득으로 인해 소비는 다시 $b^2 \varDelta I_0$ 만큼 증가한다. 이는 새로운 균형국민소득에 도달할 때까지 계속된다.

$$\begin{aligned} \varDelta Y &= \varDelta I_0 + b \varDelta I_0 + b^2 \varDelta I_0 + b^3 \varDelta I_0 + \cdots \\ &= (1 + b + b^2 + b^3 + \cdots) \varDelta I_0 \\ &= \frac{1}{1-b} \varDelta I_0 \end{aligned}$$

　㉢ 승수의 해석

　　이렇게 도출된 $\frac{1}{1-b}$ 를 투자승수(investment multiplier)라고 한다. 투자승수의 존재로 인해 최초의 독립투자 증가분($\varDelta I_0$)의 $\frac{1}{1-b}$ 배 만큼 국민소득이 증가한다. 또한 한계소비성향(b)이 클수록 투자승수는 크게 되고, 한계소비성향이 작을수록 투자승수는 작게 된다.

01 세이의 법칙이란 '공급은 스스로 수요를 창출한다'로 요약되며, 생산이 소득을 발생시키고 소득이 지출을 야기하며, 지출은 다시 생산의 기반이 되는 경제의 순환이 원활하게 이뤄질 수 있음 의미한다.

02 실질임금은 노동시장에서의 수요와 공급에 의하여 결정된다.

03 거시경제학에서 총생산은 개별기업들의 생산량을 당해연도 가격으로 평가하여 합산한 명목국민소득을 의미한다.

04 케인즈의 균형국민소득에서 총수요는 가계(C)와 기업(I)으로 이루어져 있다.

05 평균소비성향이란 소득 증가분 가운데 얼마만큼을 소비로 사용하는지를 나타내는 개념이다.

06 케인즈의 균형국민소득 모형에서 투자수요는 '계획된 총고정자본형성 + 계획된 재고증가'로 이루어진다.

07 승수효과란 국민소득의 변화를 가져올 수 있는 외생적인 요인이 변했을 때 그 최초의 변화분만큼 국민소득이 변화되는 효과를 의미한다.

08 단기의 총생산은 노동량에 의해서만 영향을 받는 것은 아니다.

09 거시경제학의 균형은 총수요와 총공급에 의해서 결정된다.

10 거시경제학에서 균형은 총수요와 총공급이 만나서 형성되며, 이를 통해서 균형가격과 균형생산량이 결정된다.

● 정답 및 해설

03 거시경제학에서 사용하는 총생산은 기준연도가격으로 평가한 실질국민소득이다.

04 케인즈의 균형국민소득 모형에서 총수요는 가계(C), 기업(I), 정부(G), 해외부문(NX)의 최종생산물에 대한 수요를 모두 합한 것이다.

05 평균소비성향이란 한 국가 국민이 국민소득 중 어느 정도를 평균적으로 소비하는지를 나타내는 개념이다. 소득 증가분 가운데 얼마만큼을 소비로 사용하는지를 나타내는 개념은 한계소비성향이다.

07 승수효과는 국민소득의 변화를 가져올 수 있는 외생적인 요인이 변했을 때 그 최초의 변화분을 상회하는 수준으로 국민소득이 변화하는 효과를 의미한다.

08 단기에는 노동만이 가변요소이다. 장기에서는 노동과 자본을 모두 고려하여야 한다.

10 균형가격과 균형생산량이 결정되는 것은 미시경제학의 수요-공급 모형의 경우이다. 거시경제학에서는 물가와 균형국민소득이 결정된다.

정답 01 O 02 O 03 X 04 X 05 X 06 O 07 X 08 X 09 O 10 X

#한계소비성향, #구축효과, #유동성 함정, #정부지출

Level 0

다음 중 정부지출 증가의 효과가 가장 작게 나타나는 상황으로 적절한 것은?

① 한계저축성향이 높다.
② 한계소비성향이 높다.
③ 정부지출의 감소로 물가가 하락한다.
④ 정부지출의 감소로 이자율이 하락한다.
⑤ 정부지출의 증가로 인해 유동성 함정이 발생했다.

> **해설** 한계저축성향과 한계소비성향의 합은 1이다. 경제학에서 모든 소득은 소비되거나 저축되기 때문이다. 한편, 정부지출의 증가가 총수요 증가에 미치는 영향이 작으려면 정부지출의 증가가 총수요 증가로 이어지는 고리가 끊어지거나 약해져야 한다. 일반적으로 정부지출 증가는 다음의 프로세스에 의해 움직인다.
>
> > G 증가 → AD 증가 → Y 증가 → C 증가 → AD 증가 → Y 증가 → C 증가 → $\cdots$
>
> 한편, 한계저축성향이란 소득 한 단위가 증가했을 때 저축을 늘리려는 경향을 의미한다. 따라서 한계저축성향이 높은 경우 가계소득의 증가가 가계소비의 증가로 이어지지 않는다.

오답 노트 ▪ 확장적 재정정책과 관련된 개념은 구축효과이며, 확장적 통화정책과 관련된 개념은 유동성 함정이다. 정부지출의 증가와 유동성 함정은 어울리지 않는 개념이다.

정답 ①

#한계소비성향과 소비승수, #투자승수, #조세승수

이자율이 고정되어 있고, 물가수준이 일정한 폐쇄경제를 가정하자. 총수요곡선을 가장 큰 폭으로 변화시키는 순서대로 나열한 것 중 옳은 것은?

> ㉮ 한계소비성향이 0.5이며 가계가 독립적(autonomous) 소비지출을 500억원 증가시킨다.
> ㉯ 한계저축성향이 0.25이며 기업들이 투자지출을 200억원 증가시킨다.
> ㉰ 한계소비성향이 0.6이며 정부가 세금을 500억원 감소시킨다.

① ㉮ > ㉯ > ㉰   ② ㉮ > ㉰ > ㉯
③ ㉯ > ㉮ > ㉰   ④ ㉯ > ㉰ > ㉮
⑤ ㉰ > ㉮ > ㉯

해설 한계소비성향, 한계저축성향, 한계투자성향을 통해 소비승수, 투자승수, 조세승수를 적용할 수 있는지 묻는 문제이다.

㉮ 한계소비성향이 0.5이면 소비승수는 2가 된다. 소비승수는 다음과 같이 결정된다. 따라서 소비지출이 500억원 증가하면 총수요는 1,000억원 증가한다.

$$\text{소비승수} = \frac{1}{1-b} = \frac{1}{1-0.5} = 2(b : \text{한계소비성향})$$

㉯ 한계저축성향이 0.25이면 한계소비성향은 0.75가 된다. 소득 중 소비하고 남은 것이 저축이기 때문에 소비와 저축의 합은 소득이며, 한계소비성향과 한계저축성향의 합은 1이기 때문이다. 투자승수는 다음과 같이 결정된다. 따라서 투자지출이 200억원 증가하면 총수요는 800억원 증가한다.

$$\text{투자승수} = \frac{1}{1-b} = \frac{1}{1-0.75} = 4(b : \text{한계소비성향})$$

㉰ 한계소비성향이 0.6이면 조세승수는 -1.5가 된다. 조세승수는 조세가 변했을 때 총수요가 얼마나 변하는지 나타내는 개념으로 다음과 같이 결정된다. 따라서 정부가 세금 500억원을 감소시킬 경우 총수요는 750억 증가한다.

$$\text{조세승수} = \frac{-b}{1-b} = \frac{-0.6}{1-0.6} = -1.5(b : \text{한계소비성향})$$

오답 노트 한계소비성향을 알면 소비승수, 투자승수, 조세승수를 구할 수 있게 된다는 것을 이해해야 한다. 독립지출의 변화는 총수요를 변화시켜 국민소득의 증가를 가져오고, 이는 소비의 증가로 연결되기 때문이다.

정답 ①

Level 0

다음 밑줄 친 ㉠, ㉡과 관련된 옳은 설명을 〈보기〉에서 모두 고른 것은?

> 한 나라의 경제성장은 수요 측면에서 또는 공급 측면에서의 문제로 어려움을 겪는다. 기업이 생산을 증가시켜 이윤을 낼 수 있을 정도로 충분한 수요가 없다면, 이 나라 경제성장은 어려움에 처하게 된다. 이를 ㉠ 수요제약형 성장이라고 한다. 한편, 충분한 수요가 있는 경제에서 설비, 자원, 기술 등이 부족하다면, 이 나라의 경제성장은 생산공급능력에 의해 제약을 받는다. 이를 ㉡ 공급제약형 성장이라고 한다.

〈 보기 〉

㉮ ㉠은 절약의 역설이 적용될 수 있는 상황이다.
㉯ ㉠과 같은 상황에서는 인플레이션이 발생할 수 있다.
㉰ ㉡의 상황을 타개하기 위해서는 저축의 증가가 도움이 된다.
㉱ ㉠은 후진국에서, ㉡은 선진국에서 주로 나타난다.

① ㉮, ㉯   ② ㉮, ㉰
③ ㉮, ㉱   ④ ㉯, ㉰
⑤ ㉰, ㉱

해설 ㉮ 수요제약형 성장은 총수요 < 총공급의 경우이고, 공급제약형 성장은 총수요 > 총공급의 경우라 할 수 있다. 절약의 역설은 너무 아껴서 소비가 축소되어 오히려 경제성장이 저해되는 경우를 의미하는 것이다. 이는 수요제약형 성장에 해당된다.
㉰ 공급제약형 성장을 해결하기 위해서 저축을 늘린다면 기업이 투자 재원을 마련하는 데 도움이 된다.

오답 노트 ㉯ 수요제약형 성장 상황에서는 총수요가 총공급에 미치지 못하는 상황이므로, 물가의 상승보다는 하락이 일어날 가능성이 높다.
㉱ 수요제약형 성장은 선진국에서, 공급제약형 성장은 후진국에서 나타난다.

정답 ②

#케인즈의 균형국민소득, #고전학파의 균형국민소득, #절약의 역설

절약의 역설에 관한 설명으로 옳은 것은?

① 소득이 증가하면 저축이 감소한다는 가설이다.

② 투자가 GDP와 정(+)의 상관관계를 가질 때에는 저축이 증가하면 소득이 증가한다는 가설이다.

③ 고전학파(Classical School)의 이론에서는 성립되지 않는 가설이다.

④ 저축의 증가는 투자를 증가시킴으로써 경제성장을 촉진시킨다는 가설이다.

⑤ 명목이자율의 상승이 인플레이션율을 하락시킨다는 가설이다.

[해설] 절약의 역설은 저축은 개인에게는 좋은 행위이나, 모든 사람들이 저축을 할 경우 국가경제 전체의 총수요가 감소해 국민소득이 하락할 수 있음을 나타내는 현상이다. 개인에게 저축은 미덕인 반면 국가경제 전체적으로는 미덕이 아니라는 의미에서 절약의 역설이라는 명칭이 생겼다. 이는 총수요가 총공급에 미치지 못하는 경기침체시기에 저축이 투자로 연결되지 않는 경우 발생하는 현상으로 언제나 균형을 달성한다는 고전학파 이론에서는 성립하지 않는다.

[오답노트] 한계소비성향을 알면 소비승수, 투자승수, 조세승수를 구할 수 있게 된다는 것을 이해해야 한다. 독립지출의 변화는 총수요를 변화시켜 국민소득의 증가를 가져오고, 이는 소비의 증가로 연결되기 때문이다.

정답 ③

02 | 출제예상문제

CHAPTER 03 균형국민소득의 결정

#균형국민소득 결정, #고전학파, #케인즈학파

01 다음 중 고전학파의 사상과 부합하는 설명으로 적합하지 않은 것은? 꼭 나오는 유형 *

> ㉠ 모든 가격변수는 완전 신축적이다.
> ㉡ 수요가 공급을 창출한다.
> ㉢ 국민소득의 결정에 있어서 중요한 것은 총수요이다.
> ㉣ 정부의 소극적 시장개입을 주장한다.

① ㉠, ㉡
② ㉠, ㉢
③ ㉡, ㉢
④ ㉠, ㉢, ㉣
⑤ ㉡, ㉢, ㉣

해설

고전학파는 케인즈 등장 이전에 주류를 형성했던 경제학파이다. 이들의 주장은 보이지 않는 손과 세이의 법칙으로 요약할 수 있다. 보이지 않는 손이란 자원의 배분을 시장 기구에 맡길 경우 자율적인 조정능력에 의해 개인의 이익이 증진되며 이는 국가의 이익과도 조화를 이루게 된다는 주장이다. 미시경제학은 전체적으로 보이지 않는 손을 가정하고 논의가 진행된다. 균형가격과 생산량이 수요와 공급에 의해 결정되며, 시장에 불균형(초과공급, 초과수요)이 발생하면 신축적인 가격의 움직임에 의해 저절로 해소되어 균형을 회복하기 때문이다. 고전학파는 거시경제의 균형에도 같은 논리를 적용한다. 한편, 고전학파는 세이의 법칙(Say's law)을 받아 들였다. 세이의 법칙은 공급은 스스로 수요를 창출한다로 요약된다. 이는 생산은 소득을 발생시키고 소득은 지출을 야기하며, 지출은 다시 생산의 기반이 되는 경제의 순환이 원활하게 이뤄질 수 있음을 의미한다. 이 과정에서 발생하는 초과수요나 공급은 신축적인 가격의 움직임으로 모두 해소된다는 것이다. 고전학파는 균형국민소득의 결정이 총공급에 의해 결정되며 총수요는 아무런 역할을 하지 못한다고 주장한다. 즉, 노동시장에서 노동의 수요와 공급에 의해 자율적으로 노동의 고용수준이 결정되면 이는 한 경제 전체의 생산함수와 결합되어 총공급이 결정된다. 그리고 이 총공급이 곧 국민소득의 규모를 결정한다는 것이다.

오답 노트

1930년대 대공황 시기에 등장한 케인즈는 세이의 법칙을 부정하면서 출발한다. 즉, 공급이 수요를 창출하는 것이 아니라 수요가 공급을 창출한다는 것이다. 현실에서의 공급능력은 충분하지만 수요가 부족하여 생산설비가 충분히 가동되지 못하고 놀고 있으므로 총수요만 회복되면 공급은 얼마든지 다시 늘어날 수 있다고 주장한다. 케인즈 모형에서는 총수요가 총공급에 미치지 못하는 상태이기 때문에 총수요가 증가해도 물가는 상승하지 않는다.

02 어떤 이유에 의해 노동수요가 증가했다. 고전학파의 균형국민소득 결정에 의할 경우 나타날 수 있는 다음의 현상 가운데 옳지 않은 것은 무엇인가?

① 1인당 실질 GDP가 증가한다.
② 고용량이 증가한다.
③ 실질임금이 상승한다.
④ 민간소비가 감소한다.
⑤ 가처분소득이 증가한다.

해설

고전학파는 총공급이 총수요를 창출한다는 세이의 법칙을 기본가정으로 한다. 따라서 균형국민소득 결정에 총수요는 아무런 역할을 할 수 없으며 총공급만이 균형국민소득을 결정할 수 있다. 따라서 고전학파의 균형국민소득은 노동시장부터 시작한다. 즉, 노동시장에서 노동의 수요와 공급에 의해 자율적으로 노동의 고용수준이 결정되면 이는 한 경제 전체의 생산함수와 결합되어 총공급이 결정된다. 그리고 이 총공급이 곧 국민소득의 규모를 결정한다는 것이다. 노동수요의 증가는 노동시장에서 수요곡선이 우측으로 이동해 고용량이 증가하고, 실질임금이 증가하게 된다. 다른 여타의 조건이 일정한 상황에서 고용량의 증가는 경제 전체의 실질 GDP와 1인당 실질 GDP가 모두 증가한다. 이는 가처분소득($Y - T$)의 증가로 이어져 민간소비의 증가로 이어진다.

오답 노트

가처분소득의 증가는 민간소비의 증가를 야기한다. 가처분소득(Disposable Income)이란 소득에서 세금을 제외한 소득으로 실제로 가계에서 사용할 수 있는 소득을 의미한다.

03 다음은 고전학파 모형에 대한 설명이다. 옳은 것은 무엇인가?

① 노동수요의 증가는 물가 하락으로 이어진다.
② 노동공급의 증가는 물가 상승으로 이어진다.
③ 통화량의 변화는 실질이자율에 아무런 영향을 줄 수 없다.
④ 통화량의 변화는 실질임금에 아무런 영향을 줄 수 없다.
⑤ 정부지출의 증가로 인해 실질소득이 변하지 않는다.

해설

노동공급이 증가하면 노동시장에서 노동의 공급곡선이 우측으로 이동한다. 이렇게 형성된 새로운 균형에서는 실질임금이 하락하고, 고용량은 증가한다. 노동공급의 증가로 인해 산출량이 증가하게 되고, 산출량의 증가는 물가를 하락시킨다. 다른 모든 조건이 일정한 상태에서 산출량의 증가는 물가의 하락으로 이어진다.

오답 노트

노동수요가 증가하면 노동시장에서 노동의 수요곡선이 우측으로 이동한다. 새로운 균형에서는 실질임금이 상승하고 고용량은 증가한다. 다른 여타의 조건이 일정한 상황에서 고용량의 증가는 물가를 상승시키고, 경제 전체의 실질 GDP를 증가시킨다. 한편, 고전학파 모형에서 이자율은 저축과 투자에 의해 결정된다. 따라서 고전학파의 시각에서 통화량의 변화와 실질이자율은 무관하다.

04

대부자금(loanable fund)의 공급이 실질이자율의 증가함수이고 대부자금의 수요는 실질이자율의 감소함수인 대부자금시장모형에서 정부가 조세삭감을 시행했을 때 소비자들이 조세삭감만큼 저축을 늘리는 경우 다음 중 옳은 것은?(단, 정부지출은 일정 수준으로 주어져 있다고 가정한다)

① 자금수요가 증가하고 균형이자율이 상승한다.
② 자금수요가 감소하고 균형이자율이 하락한다.
③ 자금공급이 증가하고 균형이자율은 하락한다.
④ 자금공급이 감소하고 균형이자율은 상승한다.
⑤ 균형이자율은 변하지 않는다.

해설

국가 전체의 저축은 민간저축과 정부저축으로 구분된다. 민간저축은 가처분소득 가운데 사용하지 않고 남은 금액이며, 정부저축은 조세수입 가운데 정부지출로 사용하지 않고 남은 부분이다. 따라서 정부의 조세삭감으로 인해 정부저축의 크기가 줄어든다. 이로 인해 대부자금 시장에서 공급곡선이 좌측으로 이동하게 된다. 한편, 소비자들이 조세삭감만큼 정확히 동일한 크기로 민간저축을 늘리면 대부자금의 공급곡선이 다시 우측으로 이동하므로 균형이자율은 변하지 않는다.

오답
노트

고전학파는 이자율이 대부자금 시장에서의 수요와 공급에 의해 결정된다고 생각했다. 대부자금 시장이란 자금을 빌릴 수 있는 시장을 의미한다. 대부자금 시장에 자금 공급 역할을 하는 것은 저축(saving)이다. 소비지출을 담당하는 가계와 정부가 사용하지 않고 남은 금액이 저축으로서 대부자금의 공급 역할을 담당한다. 한편, 투자(investment)는 대부자금의 수요 역할을 담당한다. 자금을 빌리는 이유는 미래의 수입 창출을 위해 즉, 투자하기 위해서라고 생각한 것이다. 자금을 공급하려는 힘과 수요하려는 힘이 만나서 이자율이 형성된다는 주장이 대부자금설이다.

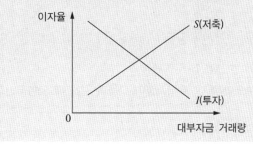

#케인즈의 단순모형, #투자수요(계획된 투자), #투자지출(사후적 투자)

05 다음은 케인즈 단순모형에 대한 설명이다. 옳지 않은 것은?

① 생산물시장의 초과수요가 존재해도 물가는 변하지 않는다.
② 계획되지 않은 재고변화는 유효수요에 포함되지 않는다.
③ 계획된 지출이 생산액보다 크면 이후에 생산이 증가한다.
④ 대규모 실업이 존재하는 경우에도 임금은 크게 변화하지 않는다.
⑤ 총공급이 균형국민소득 결정에 관여하지 못하는 것은 유휴설비 때문이다.

해설

케인즈는 세이의 법칙을 부정하면서 총수요가 총공급을 창출한다고 주장했다. 이는 1930년대 당시 엄청난 실업률이 지속되는 모습을 보면서 고전학파의 주장이 현실에 적용되지 않는다는 사실을 알게 되면서 이러한 주장이 가능했다. 즉, 현실에서는 공급능력은 충분하지만 수요가 부족하여 생산설비가 충분히 가동되지 못하고 놀고 있다는 것이다. 따라서 총수요만 회복되면 공급은 얼마든지 다시 늘어날 수 있다고 주장한다. 이러한 주장을 반영하여 만든 것이 케인즈의 균형국민소득 결정이다. 케인즈는 물가가 신축적이지 않고 고정된 것으로 간주하여, 계획된 지출이 생산액보다 큰 경우 초과공급으로 인해 재고가 발생하고, 재고가 발생하면 이후의 생산이 줄어들어 국민소득이 감소하게 된다.

**오답
노트** 케인즈는 고전학파와 달리 가격변수가 고정되어 있다고 생각했다. 가격변수가 신축적이라면 노동시장에서의 초과공급인 실업이 빠르게 사라져야 하지만, 실제로는 그렇지 않았기 때문이다. 한편, 유효수요에는 계획된 투자와 재고증가만이 포함된다고 주장했다. 케인즈는 계획된 총수요를 유효수요라고 했다.

#케인즈의 단순모형, #계획된 총수요(유효수요)

06 가계의 소비수요와 투자, 정부지출이 다음과 같을 때 균형국민소득은 얼마인가?

- 가계의 소비 : $C = 250 + 0.6Y$
- 투자 : $I = 600$
- 정부지출 : $G = 150$

① 1,500
② 2,000
③ 2,500
④ 3,000
⑤ 3,500

해설

케인즈의 단순모형에서 살펴본 바와 같이 균형국민소득은 경제주체의 수요의 크기로 결정된다. 문제에서 균형국민소득을 결정하는 것은 소비수요와 투자수요 그리고 정부지출수요의 합이다. 따라서 다음과 같이 균형국민소득을 도출할 수 있다.

$$총수요 : Y^D = 250 + 0.6Y + 600 + 150 = 0.6Y + 1000$$
$$균형조건 : Y = Y^D \implies Y = 0.6Y + 1000 \implies Y = 2,500$$

#케인즈의 균형국민소득, #총수요의 계산, #가처분소득

07 다음의 식을 토대로 계산한 균형국민소득은 얼마인가?

- 가계의 소비 : $C = 400 + 0.4(Y - T)$
- 투자 : $I = 300$
- 정부지출 : $G = 200$
- 순수출 : $NX = 100$
- 세금 : $T = 1000$

① 600   ② 800

③ 1,000   ④ 1,200

⑤ 1,400

해설

케인즈는 균형국민소득을 결정하는 것은 총공급이 아니라 총수요라고 주장했다. 총공급은 충분한데 총수요가 부족하기 때문에 균형을 형성하지 못한다고 설명했다. 따라서 케인즈의 단순모형에서는 국내총생산이 총수요 수준에 맞게 된다. 따라서 균형상태에서 $Y = Y^D$가 성립한다. 균형상태에서의 국내총생산 수준은 다음과 같이 계산되어 도출된다.

총수요 : $Y^D = C + I + G + NX = 400 + 0.4Y - 0.4T + 300 + 200 + 100 = 0.4Y + 600$
균형조건 : $Y = Y^D \Rightarrow Y = 0.4Y + 600 \Rightarrow 0.6Y = 600 \Rightarrow Y = 1,000$

08

가계와 기업만이 존재하는 케인즈의 단순모형에서 소비함수가 $C = 100 + 0.8Y$이고, 독립투자가 $I = 300$이다. 완전고용산출량 수준에서 계획하지 않은 100의 재고증가가 발생하다면 완전고용산출량은 얼마인가?

① 2,200
② 2,300
③ 2,400
④ 2,500
⑤ 2,600

해설

케인즈의 단순모형에서 균형은 $Y = Y^D$에서 형성된다. 따라서 계획되지 않은 재고증가가 발생하기 이전의 균형 국민소득은 $Y = 100 + 0.8Y + 300$인 수준에서 결정된다. 이때 국민소득은 $Y = 2,000$이다. 한편, 계획되지 않은 재고 100이 발생한 것은 계획된 투자수요가 100만큼 부족하다는 것을 의미한다. 예를 들어 생산량 가운데 400개가 재고로 남을 것으로 예상했는데 실제로 500개의 재고가 남은 상황이다. 따라서 독립지출을 100만큼 증가시키면 완전고용산출량 수준을 달성할 수 있게 된다. 한편, 문제의 상황에서 한계소비성향이 0.8이므로 승수는 5가 된다. 승수는 국민소득의 변화를 가져올 수 있는 외생적인 요인이 변했을 때 그 최초의 변화분을 상회하는 수준으로 국민소득이 변화되는 효과로서 다음과 같이 구해진다.

$$\text{승수} = \frac{1}{1-b}(b : \text{한계소비성향}) = \frac{1}{1-0.8} = 5$$

따라서 독립지출 100을 증가시키면 국민소득은 500만큼 증가하게 되어 완전고용산출량은 2,500이 된다.

오답 노트

독립지출의 변화는 케인즈의 단순모형에서 외생변수이다. 외생변수의 변화는 곡선의 이동을 야기하게 되어 유효수요곡선은 100만큼 평행이동하게 된다. 이때 균형점에서의 완전고용산출량은 승수의 크기에 의해 결정된다. 승수란 최초의 독립지출 증가분의 몇 배에 해당하는 크기로 균형국민소득이 증가하는지를 나타내는 개념이기 때문이다.

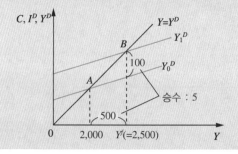

09 균형국민소득과 소비함수가 다음과 같을 때, 동일한 크기의 정부지출 증가, 투자액 증가 또는 감세에 의한 승수효과에 대한 설명으로 옳은 것은?

> • 균형국민소득결정식 : $Y = C + I + G$
> • 소비함수 : $C = B + a(Y - T)$ (단, $B > 0$, $0 < a < 1$)

① 정부지출 증가에 의한 승수효과는 감세에 의한 승수효과와 같다.
② 투자액 증가에 의한 승수효과는 감세에 의한 승수효과보다 작다.
③ 정부지출 증가에 의한 승수효과는 감세에 의한 승수효과보다 크다.
④ 투자액 증가에 의한 승수효과는 정부지출의 증가에 의한 승수효과보다 크다.
⑤ 모든 요인에 의한 승수효과는 동일하다.

해설

한계소비성향을 알면 이를 통해 소비승수, 투자승수, 조세승수를 도출할 수 있다. 소비승수와 투자승수, 조세승수는 다음과 같다. 따라서 소비승수는 투자승수와 크기가 같고 조세승수의 절대값보다 더 크다는 것을 알 수 있다.

> • 소비승수 $= \dfrac{1}{1-a}$ (a : 한계소비성향)
>
> • 투자승수 $= \dfrac{1}{1-a}$ (a : 한계소비성향)
>
> • 조세승수 $= \dfrac{-a}{1-a}$ (a : 한계소비성향)

거시 03 | 올해 세수 60조 부족할 듯 尹정부 재정지출 '비상'

2023.09.10. 매일경제

윤석열 정부가 건전 재정 기조를 강조하고 있지만 경기 부진으로 세수가 급감하며 올해 국세수입이 당초 정부 예상보다 약 60조원 부족할 것이라는 관측이 나온다. 반도체 경기 타격에 삼성전자 등 주요 기업 실적이 저조해 법인세가 덜 걷힌 데다 부동산 거래 감소로 양도소득세 등 자산 세수도 큰 폭으로 줄어든 탓이다.

10일 관가에 따르면 기획재정부는 금명간 법인세 중간예납 실적을 반영한 세수 재추계 결과를 공개한다. 세수 재추계는 현재 경제 상황을 반영해 세수 목표치를 변경하는 작업이다. 올해는 정부가 쓰기로 한 예산에 비해 실제 세수가 얼마나 부족할지를 추산하게 된다. 기재부에 따르면 올해 1~7월 국세수입은 217조 6,000억원으로 1년 새 43조 4,000억원 줄었다. 7월까지 세수 진도율은 54.3%로 지난해와 비교하면 11.6% 포인트 낮다. 경기 부진과 부동산 경기 침체가 이어지면서 7월까지 걷힌 세금이 애초 예상했던 규모에 크게 못 미치고 있는 것이다.

이 같은 추세를 고려하면 올해 세수 부족분은 50조~60조원에 달할 전망이다. 관가에서는 올해 국세수입 전망치가 400조 5,000억원에서 340조원으로 낮아지고 국세 수입 부족분이 60조원에 달할 것이라는 분석이 나온다. 기재부는 지난 1일 국회에 제출한 2024년도 국세수입 예산안에서 내년도 총 국세를 367조 4,000억원으로 전망했다. 올해 전망치(400조 5,000억원)보다 33조원가량 작은 규모다.

세수 재추계에서 올해 세수 부족분이 약 60조원으로 정해진다고 가정하면 기존 세입 예산 400조 5,000억원 대비 약 15%의 세수 오차율을 기록하게 된다. 2021년과 2022년에는 초과 세수로 인해 각각 17.8%, 13.3%의 세수 오차가 나타났다. 지난 53년간 세수 추계 평균 오차율은 5.7%였다. 올해도 15% 안팎의 세수 오차율이 현실화하면 1988~1990년 이후 처음으로 3년 연속 두 자릿수대 오차율이라는 불명예를 기록하게 된다.

정부 세수 오차율이 확대되면서 세수 추계 방식을 놓고 공방이 진행되고 있다. 앞서 용혜인 기본소득당 의원은 세수 추계 정확도를 높이기 위해선 정부가 추계 모형 전체를 공개해야 한다며 지난해 기재부를 상대로 정보 공개 소송을 냈다. 지난달 열린 첫 변론기일에서 담당 재판부인 서울행정법원 14부(재판장 송각엽)는 기재부에 '추계 모형 가운데 현재 공개 중인 부분과 비공개인 부분을 분류해 달라'고 요청한 것으로 알려졌다. 이에 기재부는 2차 변론기일에서 공개·비공개 부분을 분류한 결과를 발표할 것으로 보인다.

경기부진으로 세수가 급감하면서 올해 국세수입이 당초 정부 예상보다 약 60조원 부족할 것이라는 전망이다. 국세수입은 정부지출의 기반이 된다. 케인즈는 경기침체는 총수요의 부족에서 비롯되었으므로 정부가 지출을 늘려야 한다고 주장했지만, 오늘날 현실은 녹록하지 않다. 경기침체로 인한 세수의 부족은 경기침체를 극복할 무기가 점차 사라진다는 것을 의미한다. 보다 정확한 추계모형 설계에 대한 이야기가 나오지만, 중요한 것은 본질적인 세수의 증가이다. 이는 수요측면을 강조하는 케인즈식 처방과 공급을 중시하는 처방이 함께 조화를 이뤄야 하는 시기라는 것을 알 수 있다.

04 총수요와 총공급

01 총수요와 총수요곡선

1. 정 의

「제3장 균형국민소득의 결정」에서 살펴본 바와 같이 총수요(aggregate demand)란 가계(C), 기업(I), 정부(G), 해외부문(NX)의 최종생산물에 대한 수요를 모두 합한 것을 의미한다. 그리고 이를 실질 GDP(Y^D)−물가(P) 평면에 그림으로 나타낸 것이 총수요곡선이다. 즉, 총수요곡선 (aggregate demand curve)이란 물가와 가계, 기업, 정부, 해외부문 등의 경제주체에 의한 총생산물에 대한 실질 총수요 간의 관계를 보여주는 곡선이다.

$$Y^D(= 실질\ GDP) = C + I + G + NX$$

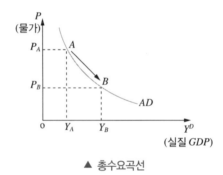

▲ 총수요곡선

2. 총수요곡선의 변화

(1) 총수요곡선상의 변화(총수요곡선이 우하향하는 이유)

미시경제학에서 수요곡선이 우하향하는 이유는 수요의 법칙 때문이었다. 거시경제학에 등장하는 총수요곡선도 미시경제학에서의 수요곡선과 유사해보이지만, 수요의 법칙으로 인해 우하향의 형태를 갖는 것은 아니다. 미시경제학에서의 수요곡선은 다른 모든 조건이 일정한 경우 재화의 가격이 변화했을 때 수요량 간의 관계를 나타내는 반면 거시경제학은 모든 최종생산물의 가격이 동시에 변할 때 재화와 서비스에 대한 총수요가 어떻게 바뀌는지를 나타내기 때문이다. 거시경제 학의 총수요곡선이 우하향하는 이유는 자산효과와 이자율 효과로 나눠볼 수 있다.

① 자산효과

자산효과(wealth effect)는 경제 전체의 물가가 변할 때 자산의 가치가 변동하여 소비수요에 미치는 영향을 의미한다. 1,000만원을 은행에 예금해두었다고 하자. 이때 물가가 50% 상승하면 1,000만원의 실질적인 가치는 절반으로 줄어들게 된다. 예전에 1,000만원짜리 자동차가 50%의 물가상승으로 인해 2,000만원으로 상승했기 때문이다. 물가상승으로 인해 실질적인 구매력이 감소하면 소비를 줄이게 된다. 즉, 물가가 상승하면($P_B \rightarrow P_A$) 경제전체의 균형은 B점에서 A점으로 바뀌는 것이다.

- P 상승 → 자산의 구매력 감소 → 소비(C) 감소 → 총수요량 감소
- P 하락 → 자산의 구매력 상승 → 소비(C) 증가 → 총수요량 증가

---

② 이자율 효과

이자율 효과(interest rate effect)란 경제 전체의 물가가 변할 때 소비자 혹은 기업이 보유한 화폐의 구매력에 영향을 미쳐 소비지출과 투자지출이 달라지는 현상을 의미한다. 물가가 상승하면 개인이나 기업이 보유하고 있는 화폐의 구매력이 떨어진다. 1,000만원을 보유하고 있는 상황에서 물가가 50% 상승하면 1,000만원은 물가 상승 전 500만원의 구매력밖에 갖지 못하기 때문이다. 따라서 더 많은 화폐를 보유하려고 하는데, 이를 위해서는 차입을 하거나 자산을 매각해야 한다. 차입에 대한 수요가 증가하면 이자율이 상승한다. 이자율이 상승할 경우 가계는 이전보다 더 많은 저축을 하려하기 때문에 소비가 줄어든다. 한편 기업에게 이자율은 차입비용이기 때문에 이자율의 상승은 투자를 감소시키는 요인으로 작용한다. 그 결과 경제전체의 총수요는 감소하게 되는 것이다.

- P 상승 ⇒ 화폐의 구매력 감소 ⇒ 차입 증가 ⇒ 이자율(r) 상승
  ⇒ (가계) 저축증가 → 소비(C) 감소, (기업) 차입비용증가 → 투자(I) 감소
  ⇒ 총수요량 감소
- P 하락 ⇒ 화폐의 구매력 상승 ⇒ 차입 감소 ⇒ 이자율(r) 하락
  ⇒ (가계) 저축감소 → 소비(C) 증가, (기업) 차입비용감소 → 투자(I) 증가
  ⇒ 총수요량 증가

---

(2) 총수요곡선의 도출

「제3장 균형국민소득의 결정」에서 살펴본 케인즈의 단순모형은 사실 총수요곡선이 내재되어 있는 모형이다. 케인즈의 단순모형에서 균형국민소득은 계획된 총지출($Y^D = a + bY + I_0$)과 실제지출($Y = Y^D$)인 45°선이 만나는 점에서 형성된다. 이 상황에서 물가가 하락하면($P_0 \rightarrow P_1$) 자산효과와 이자율 효과에 의해 실질 국내총생산 수준에서 계획된 총지출이 상승한다. 따라서 계획된 지출곡선은 위쪽으로 이동하게 된다($Y_0^D \rightarrow Y_1^D$). 한편, 새로운 균형점은 승수효과로 인해 B점에서 형성된다($A \rightarrow B$). 그 결과 실질 국내총생산은 Y_0에서 Y_1으로 증가한다. 이를 실질GDP–물가 평면에 옮기면 총수요곡선이 도출됨을 확인할 수 있다.

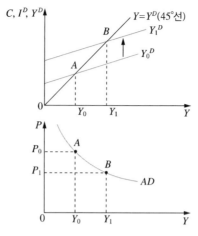

▲ 케인즈 단순모형과 총수요곡선

(3) 총수요곡선의 이동

미시경제학의 수요곡선의 이동에서 살펴보았듯이 내생변수인 가격의 변화는 수요곡선 상의 이동
으로 나타나고, 외생변수(선호, 관련재의 가격 변화, 기대가격 변화 등)의 변화는 수요곡선 자체의
이동 요인임을 배웠다. 실질 GDP–물가 평면에서 내생변수인 물가의 변화는 자산효과 혹은 이자율
효과로 인해 총수요곡선 상의 이동으로 나타난다. 한편, 물가 이외의 요인들로 인해 실질 GDP가
변할 수 있는데, 이는 총수요곡선 자체의 이동으로 나타난다. 대표적인 요인으로는 미래 경제
상황에 대한 기대, 자산 가치의 변화, 보유한 실물자본의 양, 재정 및 통화 정책 등이 있다.

① 미래 경제 상황에 대한 기대

가계와 기업은 미래 경제 상황이 낙관적인 경우 소비지출과 투자지출을 늘리게 된다. 낙관적인
경제 상황은 미래 소득이 증가할 것으로 예상하기 때문이다. 기업들 역시 미래에 판매수입이
증가할 것으로 예상되는 경우 계획된 투자지출을 늘리게 된다. 반대로 비관적인 미래가 예상되
는 경우 소비자와 기업은 지출을 줄이려고 노력한다.

② 자산가치의 변화

가계의 소비는 소득에 영향을 받지만 일부 부(wealth)의 가치에도 영향을 받는다. 즉, 자산의
구매력이 증가할 경우 소비가 증가하게 된다. 주식가격이 상승했을 때 한턱을 쓰는 경우가
자산가치의 변화로 인한 지출 증가의 예라고 할 수 있다. 대공황의 원인으로 1929년의 주가
대폭락을 꼽는 경우는 이와 반대되는 경우의 예가 된다.

③ 보유한 실물자본의 양

보유한 실물자본의 양이 많은 경우 신규 투자가 줄어들 가능성이 높다. 공장설비가 충분히
갖춰진 경우 아주 큰 폭의 총수요가 증가하지 않는 이상 더 이상의 공장설비를 확충할 유인이
없다. 반면에 보유한 실물자본이 적은 경우 신규 투자가 늘어나 총수요가 증가할 수 있다.

④ 재정정책과 통화정책

이후에 자세히 살펴보겠지만 재정정책과 통화정책은 총수요곡선을 이동시키는 중요한 요인이다. 재정정책은 정부지출과 조세를 활용해 경제를 안정화시키려는 정책을 의미한다. 정부지출을 증가시키거나 세금감면을 통한 소비증가는 총수요곡선을 우측으로 이동시킨다. 정부지출은 총수요 구성항목의 하나로서 총수요를 직접적으로 증가시키지만, 세금의 감면은 가처분소득(Disposable Income ; DI)을 증가시켜 소비에 영향을 미쳐 총수요를 간접적으로 증가시킨다.

$$DI = Y - T(Y : 총소득, \ T : 조세)$$

한편, 통화정책은 통화량과 이자율을 조정해 경제를 안정화시키려는 정부의 노력이다. 통화량이 증가하면 이자율이 감소하게 되고, 이는 투자를 증가시켜 각 물가수준에서 총수요곡선을 우측으로 이동시킨다. 재정정책의 주체는 정부이고, 통화정책의 주체는 중앙은행이다.

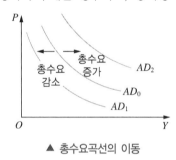

▲ 총수요곡선의 이동

총공급과 총공급곡선

1. 정 의

총공급(aggregate supply)은 일정기간 동안 한 국가 경제에서 생산활동을 하는 기업들이 팔고자 하는 총생산을 의미한다. 이를 실질 GDP-물가 평면에 옮겨 놓은 것이 총공급곡선(Aggregate Supply curve ; AS)이다. 거시경제학의 총공급곡선은 총생산함수로부터 도출되고, 총생산함수를 도출하기 위해서는 노동시장을 이해해야 한다. 「제3장 균형국민소득의 결정」에서 고전학파의 균형국민소득 결정을 학습하면서 살펴본 바 있다. 「제4장 총수요와 총공급」의 제2절 총공급곡선에서는 고전학파와 케인즈 간의 상이한 모양을 갖게 된다.

(1) 고전학파의 총공급곡선

「제3장 균형국민소득의 결정」에서 이미 한 차례 살펴보았기 때문에 자세한 설명은 생략한다. 중요한 것은 고전학파는 노동시장에서 불균형이 존재하는 경우 명목임금이 신축적으로 움직여 불균형이 해소되어 균형을 회복한다고 주장한다. 어떤 충격이 발생하더라도 노동시장은 완전고용

수준에서 균형이 형성되고, 이를 통해 경제 전체는 완전고용국민소득을 달성할 수 있다. 물가가 하락하면($P_0 \rightarrow P_1$) 실질임금은 상승하게 되고($\frac{W_0}{P_0} \rightarrow \frac{W_0}{P_1}$), 이는 노동시장에서 초과공급을 발생시킨다. 하지만 고전학파 모형에서는 초과공급을 해소하기 위한 임금의 조정이 신속하게 이뤄진다. 즉, 명목임금이 정확히 물가상승분만큼 하락($W_0 \rightarrow W_1$)하여 원래의 균형으로 되돌아오는 것이다($\frac{W_0}{P_0} \rightarrow \frac{W_1}{P_1}$). 물가의 하락이라는 충격에도 불구하고 경제는 다시 완전고용(L^f)과 완전고용국민소득(Y^f) 수준으로 돌아오는 것이다. 즉, 물가가 경제 전체의 생산량 변화에 어떠한 영향도 미치지 못하는 것이다. 따라서 고전학파의 총공급곡선은 완전고용국민소득 수준에서 수직의 형태이다.

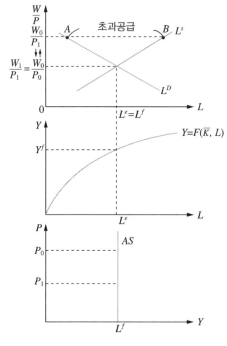

▲ 노동시장-총생산함수-총공급곡선

(2) 케인즈의 공급곡선

「제3장 균형국민소득의 결정」에서 언급한 바와 같이 케인즈는 균형국민소득의 결정을 총수요 측면에서 찾는다. 총수요의 부족으로 인해 생산시설이 충분히 가동되지 못하고 있기 때문에 필요한 경우 총공급은 얼마든지 증가시킬 수 있다고 보기 때문이다. 이러한 생각을 바탕으로 케인즈는 완전고용국민소득(Y^f) 수준 이하에서는 총수요의 크기가 총공급을 결정한다고 주장했다. 따라서 케인즈가 생각하는 총공급곡선은 완전고용국민소득에 도달하기 전까지는 물가 수준에서 수평이고, 완전고용국민소득에 도달하면 수직의 형태를 갖게 된다.

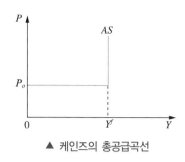

▲ 케인즈의 총공급곡선

(3) 절충안

경제학에서 거시경제 분석을 위해 사용하는 총공급곡선은 고전학파와 케인즈의 공급곡선을 절충하여 사용한다. 즉, 물가가 변하지 않는 단기에는 케인즈의 수평 형태의 공급곡선을, 물가가 완전 신축적으로 변할 수 있는 장기에는 고전학파의 수직 형태의 공급곡선을 사용한다. 하지만 실제 분석에 가장 많이 활용하는 것은 물가가 경직적이지만 약간은 변할 수 있음을 가정하고 도출한 우상향의 공급곡선이다.

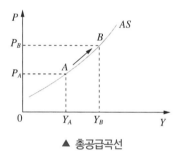

▲ 총공급곡선

2. 단기 총공급곡선의 변화

(1) 단기 총공급곡선 상의 변화(총공급곡선이 우상향하는 이유)

고전학파와 케인즈의 의견을 종합하였기 때문에 단기의 총공급곡선이 우상향한다고 이야기했지만, 조금 더 자세히 살펴보면 역시나 노동시장부터 논의를 시작해야 한다. 총공급은 총생산의 문제이고, 단기의 총생산은 노동시장에서 결정된 균형노동량에 의해 결정되기 때문이다.

① 현실의 임금은 계약임금

현실에서 임금은 경제상황에 따라 달라지지 않는다. 경영진과 근로자가 일정기간 동안 약속된 수준의 임금을 받고 노동력을 제공하기로 계약하기 때문이다. 경기가 좋아져도, 혹은 나빠지더라도 계약된 수준의 임금은 지급되어야 한다. 따라서 실제 현실에서 임금은 매우 경직적이게 된다.

② 단기에 경직적, 장기에 신축적

계약에 의해 임금이 경직적인 성격을 갖더라도 영원히 경직적일 수는 없다. 일정기간이 지나고 나면 임금 계약도 갱신되기 때문이다. 이때 경제상황의 변화를 감안하여 임금이 달라지기 때문에 오랜 시간이 지나면 임금도 신축적인 성격을 갖게 된다. 따라서 명목임금의 신축성은 단기와 장기를 구분하는 중요한 기준이 된다.

③ 물가의 변화와 공급량의 변화

물가가 상승하는 경우($P_A \rightarrow P_B$) 생산자는 더 많은 최종생산물을 판매하여 더 높은 판매수입을 올리고자 한다. 이때 단기적으로 임금이 고정되어 있기 때문에 기업은 이전보다 더 높은 이윤을 얻을 수 있다. 따라서 기업은 물가가 상승할 경우 더 많은 최종생산물을 판매하여 단위당 이윤을 높일 수 있다. 따라서 물가와 총생산 간에는 정의 상관관계가 존재한다($A \rightarrow B$).

(2) 단기 총공급곡선의 이동

총공급곡선 역시 총수요곡선과 마찬가지로 내생변수인 물가의 변화에 의해서는 총공급곡선 상의 이동이 나타나는 반면 외생변수의 변화, 즉 물가 이외의 요인이 변화하는 경우 총공급곡선 자체가 이동하게 된다. 총공급곡선의 이동에 영향을 미칠 수 있는 요인으로는 단위당 이윤이나 총생산에 영향을 미칠 수 있어야 한다. 총공급곡선은 국가 전체의 모든 기업의 의사결정이 반영되어 있기 때문이다.

① 원자재 가격의 변화

석유와 철광석과 같은 원자재의 가격 상승은 기업의 생산비용 상승으로 직결된다. 원자재는 기업의 생산비용에 차지하는 비중이 높기 때문이다. 따라서 각 물가수준에서 공급되는 총생산물을 감소시킬 수밖에 없다. 이는 단기 총공급곡선을 좌측으로 이동시킨다. 반면 원자재 가격의 하락은 기업의 생산비용 하락으로 연결되어 공급되는 총생산물을 증가시킨다. 이는 단기 총공급곡선의 우측 이동 요인이다.

② 명목임금의 변화

명목임금이 변화하면 생산비용의 변화가 발생한다. 단기에는 계약에 의해 고정되어 있지만, 일정기간이 지나면 계약의 갱신을 통해 명목임금의 변동이 발생한다. 임금은 기업의 생산비용에서 매우 많은 부분을 차지한다. 따라서 명목임금의 상승은 생산비용의 증가로 연결되어 각 물가수준에서 공급되는 총생산물을 감소시킬 수밖에 없다. 이는 단기 총공급곡선의 좌측이동으로 나타난다.

③ 기술발전 등 생산성 변화

기술이 발전하면 동일한 생산요소를 활용하여 이전보다 더 많은 총생산물을 공급할 수 있다. 혹은 동일한 생산물을 더 적은 생산요소의 투입으로 생산해낼 수 있다. 두 경우 모두 단위당 이윤이 증가됨을 의미한다. 따라서 각 가격수준에서 기업이 생산할 수 있는 총생산물의 양은 증가하게 된다. 이처럼 기술발전 등의 이유로 생산성이 개선되면 가격이 변하지 않아도 총생산물의 공급이 증가되고 이는 단기 총공급곡선의 우측 이동으로 나타난다.

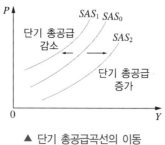

▲ 단기 총공급곡선의 이동

3. 장기 총공급곡선

장기는 모든 물가가 신축적으로 조정되는 기간이다. 중요한 것은 모든 물가 즉, 경제 내에 존재하는 모든 재화와 서비스의 가격이 신축적인 기간이라는 점이다. 모든 상품의 가격, 즉 물가가 절반으로 하락한 경우를 가정해보자. 이때 최종생산물의 가격이 10,000원에서 5,000원으로 감소하게 되는데, 모든 재화와 서비스의 가격이 신축적이기 때문에 상품을 생산하는데 투입되는 생산요소의 가격도 절반으로 감소하게 된다. 원유도, 철광석도, 임금도 모든 생산요소의 가격이 절반으로 떨어진다. 이렇게 경제 전체의 모든 재화와 서비스의 가격이 절반으로 떨어지면 총생산에는 아무런 변화가 발생하지 않는다. 단위당 이윤은 그대로이기 때문이다. 따라서 장기에는 완전고용국민소득 수준에서 수직선의 공급곡선을 갖게 된다. 이를 단기와 구분하여 장기 총공급곡선(Long-run Aggregate Supply curve)이라고 한다.

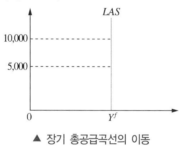

▲ 장기 총공급곡선의 이동

03 총수요-총공급 모형

1. 단기균형의 도출

미시경제학에서 수요와 공급이 만나 균형가격과 균형생산량을 도출하듯 거시경제학에서는 총수요와 총공급이 만나는 지점에서 단기 거시경제 균형이 형성된다. 이때 형성되는 물가를 균형물가(P_E)라 하고, 그 때의 총생산량을 균형총생산(Y_E)이라고 한다. 이때 형성되는 단기균형은 미시경제학에서와 마찬가지로 초과공급과 초과수요를 모두 청산하고 난 결과이다.

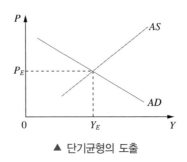

▲ 단기균형의 도출

2. 단기균형의 이동

(1) 총수요곡선의 이동

총수요곡선이 이동하면 균형이 달라진다. 총수요곡선을 이동시키는 현상을 수요측 충격이라고 한다. 앞서 살펴본 미래 경제 상황에 대한 기대, 자산 가치의 변화, 보유한 실물자본의 양, 재정 및 통화 정책은 대표적인 수요측 충격들이다. 수요측 충격은 총수요곡선이 오른쪽으로 이동하는 경우와 좌측으로 이동하는 경우로 나눠볼 수 있다. 두 경우 모두 총수요곡선의 이동으로 인한 단기균형은 물가와 총생산의 변화 방향이 일치한다.

① 양의 수요충격($AD_0 \rightarrow AD_1$)

총수요의 증가는 총수요곡선을 우측으로 이동시킨다. 다양한 요인들에 의해 총수요가 증가하지만 대표적인 요인은 소비, 투자, 정부지출, 순수출의 요인들이 증가할 때 총수요곡선은 우측으로 이동한다. 총수요곡선의 우측이동으로 인해 물가의 상승($P_0 \rightarrow P_1$)과 총생산의 증가($Y_0 \rightarrow Y_1$)가 발생한다. 단기적으로 경제가 호황을 경험하는 것이다. 1930년대 전례 없던 대공황을 탈출할 수 있었던 전략은 엄청난 규모의 정부지출 증가를 통한 총수요곡선의 우측이동이었다. 케인즈는 유효수요의 부족을 경기불황의 원인으로 진단하고, 정부지출을 통해 총수요의 증가를 처방한 것이다.

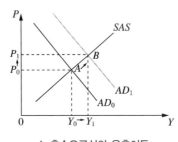

▲ 총수요곡선의 우측이동

② 음의 수요충격($AD_1 \rightarrow AD_2$)

총수요의 감소는 총수요곡선을 좌측으로 이동시킨다. 역시나 이동 촉발 요인은 소비, 투자, 정부지출, 순수출의 감소이다. 경기가 너무 과열되어 있다고 판단하는 경우 정부가 인위적으로 정부지출을 감소시키고, 이자율 상승을 통한 투자 감소를 야기하는 경우 총수요곡선은 좌측으로 이동한다. 총수요의 좌측이동으로 인해 물가의 하락($P_1 \rightarrow P_2$)과 총생산의 감소($Y_1 \rightarrow Y_2$)가 발생한다.

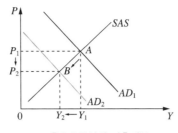

▲ 총수요곡선의 좌측이동

(2) 총공급곡선의 이동

총공급곡선이 이동하는 경우에도 균형이 달라진다. 총공급곡선을 이동시키는 현상을 공급측 충격이라고 한다. 생산요소의 가격변화, 생산성 변화 등이 대표적인 공급 측 충격들이다. 총공급곡선은 총수요곡선에 비해 정부가 인위적으로 이동시키기가 어렵다. 정부가 직접적으로 조절할 수 있는 것은 총수요측면이며, 총공급측면은 간접적으로 영향을 미칠 수 있을 뿐이다. 한편, 총공급곡선의 이동으로 인한 단기균형의 변화는 물가와 총생산을 서로 반대방향으로 이동시키는 특징이 있다.

① 양의 공급충격($SAS_0 \rightarrow SAS_1$)

총공급의 증가는 총공급곡선을 우측으로 이동시킨다. 1990년대 중반부터 이어진 인터넷 사용 증가와 IT의 발달은 근로자들의 생산성을 크게 증가시켰다. 이는 기업 생산성 향상으로 이어져 총공급을 증가시키는 요인으로 작용했다. 총공급곡선이 우측으로 이동하면 물가가 하락($P_0 \rightarrow P_1$)하고 국가 전체의 총생산은 증가($Y_0 \rightarrow Y_1$)한다.

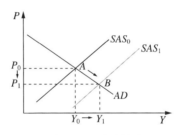

▲ 총공급곡선의 우측이동

② 음의 공급충격($SAS_1 \rightarrow SAS_2$)

총공급의 감소는 총공급곡선을 좌측으로 이동시킨다. 이에 따라 경제의 단기 균형도 달라진다. 즉, 총공급곡선의 좌측이동으로 인해 물가가 상승($P_1 \rightarrow P_2$)하고, 총생산은 감소($Y_1 \rightarrow Y_2$)한다. 즉, 인플레이션과 총생산의 감소가 동시에 발생하는 것이다. 이를 스테그플레이션(stagflation)이라고 한다. 과거 두 차례에 걸친 석유파동(oil shock)때 각국 경제는 심각한 스테그플레이션을 경험한 바 있다.

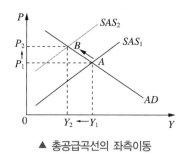

▲ 총공급곡선의 좌측이동

3. 장기균형의 도출

(1) 경제의 장기균형

경제가 단기의 상황을 지나 장기의 상황에 도달하면 총공급곡선의 형태가 변하게 된다. 즉, 장기에는 우상향의 총공급곡선이 아니라 완전고용국민소득(잠재생산량, Y^p) 수준에서 수직의 장기총공급곡선(LAS)을 갖게 된다. 경제의 장기균형은 총수요곡선(AD)과 단기총공급곡선(SAS), 그리고 장기총공급곡선(LAS)이 일치하는 지점에서 형성된다.

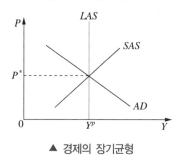

▲ 경제의 장기균형

(2) 수요측 충격과 경제의 장기균형

경제가 장기균형 상태에 도달한 상태에서 수요측 충격이 발생한 경우 단기균형이 변동한다. 하지만 장기에는 모든 변수가 신축적인 기간으로 스스로 균형을 찾아가기 때문에 총수요 충격은 단기에만 총생산에 영향을 미칠 뿐 장기에는 영향을 미치지 못한다.

① 양의 수요측 충격과 장기균형

경제가 장기균형 상태에 도달한 상태에서 양의 총수요 충격이 발생하면, 총수요곡선이 우측으로 이동($AD_0{\rightarrow}AD_1$)한다. 이로 인해 단기균형은 총수요곡선을 따라 형성($A{\rightarrow}B$)되며, 단기적으로 물가가 상승($P_1{\rightarrow}P_2$)하고, 총생산은 증가($Y^p{\rightarrow}Y_2$)한다. 이때 Y^p와 Y_2의 차이를 인플레이션 갭(inflationary gap)이라고 한다. 경제의 총생산이 잠재생산량을 상회하는 것이다. 문제는 단기에 경직적이었던 변수들이 장기에는 모두 신축적이라는 점에 있다. 물가의 상승은 근로자들로 하여금 임금 인상을 요구하도록 만들어 명목임금이 상승하게 된다. 임금의 상승은 기업의 입장에서 생산비용의 증가이기 때문에 기업은 생산량을 감소시키게 된다. 그 결과 단기 총공급곡선이 점차 좌측으로 이동한다. 그리고 이러한 총공급곡선의 이동은 세곡선이 교차하는 새로운 균형점 C에 도달할 때까지 계속된다. 그 결과 총생산은 다시 잠재생산량수준(Y^p)으로 돌아오지만 물가는 상승(P_3)하게 된다.

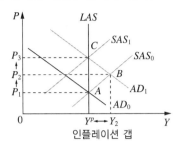

▲ 양의 수요측 충격과 장기균형

② 음의 수요측 충격과 장기균형

경제가 장기균형에 도달한 상태에서 음의 충격이 발생하면, 총수요곡선이 좌측($AD_1 \rightarrow AD_2$)으로 이동한다. 이로 인해 단기균형은 총수요곡선을 따라 형성($A \rightarrow B$)되며, 단기적으로 물가가 하락($P_1 \rightarrow P_2$)하고, 총생산도 감소($Y^p \rightarrow Y_2$)한다. 단기균형은 여기서 끝나지만, 모든 변수가 신축적인 장기에는 균형의 조정과정이 끝나지 않는다. 가격의 하락은 명목임금의 하락으로 이어진다. 이는 기업의 입장에서는 생산비용의 감소를 의미하기 때문에 생산을 증가시킨다. 따라서 단기총공급곡선은 우측($SAS_1 \rightarrow SAS_2$)으로 이동한다. 이러한 총공급곡선의 이동은 세 곡선이 교차하는 새로운 균형점 C에 도달할 때까지 계속된다. 그 결과 총생산은 다시 잠재생산량수준(Y^p)으로 돌아오지만 물가는 하락(P_3)하게 된다.

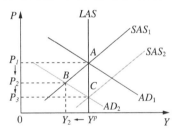

▲ 음의 수요측 충격과 장기균형

01 총수요곡선이란 물가와 가계, 기업, 정부, 해외부문 등의 경제주체에 의한 총생산물에 대한 실질총수요 간의 관계를 보여주는 곡선이다.

02 거시경제학에서 총수요곡선이 우하향하는 이유는 수요의 법칙 때문이다.

03 자산효과는 경제 전체의 물가가 변할 때 자산의 가치가 변동하여 소비수요에 미치는 영향을 의미한다.

04 가계의 소비는 소득에만 영향을 받고 부의 가치에는 영향을 받지 않는다.

05 재정정책이란 정부지출과 조세를 활용해 경제를 안정화시키려는 정책이며, 통화정책이란 통화량과 이자율을 조정해 경제를 안정화시키는 활동이다.

06 총공급은 일정기간 동안 한 국가 경제에서 생산활동을 하는 기업들이 팔고자하는 총생산을 의미한다.

07 고전학파에 의하면 단기에는 수평 형태의 공급곡선을 가지고 장기는 수직 형태의 공급곡선을 가진다.

08 원자재의 가격 상승으로 기업의 생산비용이 상승한 경우에는 총공급곡선이 좌측으로 이동시킨다.

09 기술이 발전하여 동일한 생산요소를 활용하여 이전보다 더 많은 총생산물을 공급할 수 있는 경우 총공급곡선은 우측으로 이동한다.

10 케인즈는 유효수요 부족을 경기불황의 원인으로 진단하고, 정부지출을 통해 총수요를 증가할 것을 제안하였다.

11 경제가 장기균형 상태에 도달한 상태에서 양의 총수요 충격이 발생하면, 총수요곡선이 우측으로 이동한다. 이로 인해 단기균형은 총수요곡선을 따라 형성되며, 단기적으로 물가가 상승하고, 총생산은 증가한다. 이때 발생하는 총생산량의 차이를 GDP 갭이라고 한다.

● 정답 및 해설

02 거시경제학에서 총수요곡선이 우하향하는 이유는 자산효과와 이자율 효과 때문이다.

04 부가 증가하여 구매력이 증가한 경우에도 소비가 증가하게 된다. 예를 들어 부동산 가격이나 주식가격이 상승한 경우에 즐거운 마음에 소비를 늘릴 수도 있다. 이는 자산가치의 변화로 인해서 지출이 증가한 예라고 할 수 있다.

07 고전학파의 총공급곡선은 장단기의 구분 없이 항상 수직의 형태이다. 고전학파는 물가가 항상 신축적으로 움직인다고 가정하기 때문이다.

11 위의 설명에서 발생한 차이는 GDP 갭이 아니라 인플레이션 갭이다.

정답 01 O 02 X 03 O 04 X 05 O 06 O 07 X 08 O 09 O 10 O 11 X

#총수요곡선의 이동, #총공급곡선의 이동, #수요충격

Level 0

우리나라 경기가 부진한 상황에서 해외의 경기 회복으로 인해 수요충격이 발생하였다. 이러한 수요 충격의 장·단기 효과를 총수요−총공급모형을 이용하여 설명하려고 할 때 다음 중 옳지 않은 것은?

① 단기적으로 실업률이 감소한다.
② 장기적으로 임금이 상승한다.
③ 장기적으로 물가수준이 증가한다.
④ 장기적으로 국민소득은 완전고용수준으로 회복된다.
⑤ 총수요곡선의 이동을 통해서 시장의 자기조정 메커니즘이 발생한다.

> **해설** 시장의 자기조정 메커니즘은 총공급곡선의 이동을 통해서 가능하다. 총수요는 충격요인으로 기능할 뿐 장기의 균형 상황은 총공급곡선의 이 동이 있어야 가능하다. 총수요가 증가하면 소득이 증가해 소비가 증가하는 승수효과의 이면에는 총공급이 완전고용생산량 수준으로 상승한다는 전제가 깔려 있다.

> **오답 노트**
> ① 우리나라 경기가 부진한 상황에서 해외 부문의 경기가 살아나면 수출의 증가로 인해 우리나라의 총수요가 확장된다. 이 경우 총수요곡선의 우측이동으로 단기적으로 실업률이 감소한다.
> ②·③ 실질 GDP가 증가해 장기적으로 물가와 임금이 상승한다.
> ④ 한편, 국민소득은 장기적으로 완전고용수준으로 회복된다.

정답 ⑤

#단기총수요곡선의 이동, #단기총공급곡선의 이동, #단기균형의 변화

총수요-총공급 모형에서의 단기균형상태에서 원유의 가격이 하락하고, 정부지출이 증가하였다. 단기균형은 어떻게 변하는지 고르시오.

① 물가수준은 상승하고, 국민소득은 감소한다.
② 물가수준은 상승하고, 국민소득은 불분명하다.
③ 물가수준은 하락하고, 국민소득은 불분명하다.
④ 물가수준과 국민소득 모두 불분명하다.
⑤ 물가수준은 불분명하고, 국민소득은 증가한다.

해설 생산요소 지출 가운데 상당한 비중을 차지하는 원유가격의 하락은 단기 총공급곡선을 우측으로 이동시키는 요인이다. 단기 총공급곡선의 우측 이동만 존재한다면 경제의 단기균형은 물가수준의 하락과 국민소득 증가로 나타난다. 하지만 정부지출의 증가가 동시에 일어나면, 총수요곡선도 우측으로 이동하기 때문에 단기균형은 달라진다. 단기균형의 결과는 다음의 세 가지 경우로 나누어 살펴볼 수 있다. 따라서 물가수준의 변화는 불분명하고, 국민소득은 증가한다는 것을 알 수 있다.

- 총공급곡선의 이동폭 > 총수요곡선의 이동폭 : 물가수준은 하락하고, 국민소득은 증가한다.
- 총공급곡선의 이동폭 < 총수요곡선의 이동폭 : 물가수준은 상승하고, 국민소득은 증가한다.
- 총공급곡선의 이동폭 = 총수요곡선의 이동폭 : 물가수준은 변하지 않고, 국민소득만 증가한다.

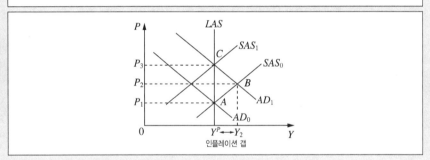

정답 ⑤

02 | 출제예상문제

CHAPTER 04 총수요와 총공급

#총수요곡선의 형태, #자산효과, #이자율 효과

01 다음 중 총수요곡선이 우하향하는 이유로 적절하지 않은 것을 모두 고르시오. 🟦 **나오는 유형** *

> ㉠ 물가가 상승할 때 소비자 자산의 구매력이 감소하여 소비지출이 감소한다.
> ㉡ 정부의 세금인하로 인해 소비자의 가처분소득이 증가하여 소비지출이 증가한다.
> ㉢ 물가하락으로 화폐의 구매력이 증가함으로 인해 이자율이 하락하여 소비지출과 투자지출이
>   늘어나는 효과 때문이다.

① ㉠   ② ㉡
③ ㉠, ㉢   ④ ㉡, ㉢
⑤ ㉠, ㉡, ㉢

해설

미시경제학에서 수요곡선이 우하향하는 이유는 수요의 법칙 때문이었지만, 거시경제학에서는 다르다. 수요의 법칙은 다른 모든 조건이 일정한 경우 가격의 변화와 수요량 간의 변화를 살펴보는 반면 거시경제학은 생산물의 가격이 동시에 변할 때 즉, 물가가 변할 때 재화와 서비스에 대한 총수요가 어떻게 바뀌는지를 살펴보기 때문이다. 거시경제학에서 총수요곡선이 우하향하는 이유는 크게 자산효과와 이자율 효과로 나눠볼 수 있다. 자산효과 (wealth effect)는 경제 전체의 물가가 변할 때 자산의 가치가 변동하여 소비수요에 미치는 영향을 의미한다. 이는 다음과 같이 표현할 수 있다.

> • P 상승 → 자산의 구매력 감소 → 소비(C) 감소 → 총수요량 감소
> • P 하락 → 자산의 구매력 상승 → 소비(C) 증가 → 총수요량 증가

한편, 이자율 효과(interest rate effect)란 경제 전체의 물가가 변할 때 소비자 혹은 기업이 보유한 화폐의 구매력에 영향을 미쳐 소비지출과 투자지출이 달라지는 현상을 의미한다.

> • P 상승 → 화폐의 구매력 감소 → 차입 증가 → 이자율(r) 상승
>   ⇒ (가계) 저축증가 → 소비(C) 감소, (기업) 차입비용증가 → 투자(I) 감소
>   ⇒ 총수요량 감소
> • P 하락 → 화폐의 구매력 상승 → 차입 감소 → 이자율(r) 하락
>   ⇒ (가계) 저축감소 → 소비(C) 증가, (기업) 차입비용감소 → 투자(I) 증가
>   ⇒ 총수요량 증가

오답 노트 : 정부의 세금인하에 따른 가처분소득의 증가로 인한 소비지출의 증가는 총수요곡선상의 이동이 아닌 총수 요곡선 자체의 이동요인이다. 내생변수와 외생변수는 거시경제학에서도 여전히 중요하다.

02 물가수준과 국내총생산(GDP)의 관계를 보여주는 총수요곡선이 우하향하는 이유로 옳은 것은?

① 물가가 하락할 때 실질임금이 상승하여 노동공급이 증가한다.
② 물가가 하락할 때 이자율이 하락하여 총수요가 증가한다.
③ 물가가 하락할 때 자국 통화의 가치가 상승하여 순수출이 감소한다.
④ 물가가 하락할 때 화폐의 실질가치가 하락하여 소비가 감소한다.
⑤ 물가가 하락할 때 소비자 자산의 구매력이 감소하여 소비지출이 감소한다.

해설

총수요곡선이 우하향하는 이유는 크게 자산효과와 이자율 효과로 구분되며, 여기에 경상수지 및 환율효과를 추가로 고려해볼 수 있다. 물가가 하락했을 때 자산의 구매력이 상승하여 소비가 증가하는 효과를 자산효과라고 한다. 물가가 하락하면 이전과 동일한 현금으로 더 많은 재화와 서비스를 구입할 수 있기 때문에 소비를 늘릴 수 있는 것이다. 한편, 이자율 효과란 경제 전체의 물가가 변할 때 소비자 혹은 기업이 보유한 화폐의 구매력에 영향을 미쳐 소비 및 투자지출이 달라지는 현상이다. 물가가 하락해 화폐의 구매력이 상승하면 현재 보유한 화폐의 양으로 더 많은 소비 및 투자지출이 가능해지므로 차입을 줄이게 되고, 이는 이자율 하락 요인으로 작용하여 투자의 증가로 연결된다. 즉, 물가의 하락은 총수요를 증가시키게 된다.

오답
노트
물가의 하락이 총수요와 관련된 어떤 측면을 자극시키는지 잘 살펴봐야 한다.
① 물가의 하락은 실질임금을 상승시키고, 이는 노동공급의 증가요인이다. 하지만 이는 총수요곡선이 아닌 총공급곡선과 관련된 요인이다.
③ 물가가 하락하면 우리나라 상품의 수출가격이 낮아지고, 이는 수출증가 요인이 된다. 따라서 순수출이 증가한다.
④ 물가가 하락하면 화폐의 구매력이 높아져 소비가 증가한다.

2 ② 정답

03 다음 중 총수요곡선의 우측이동과 무관한 요인은 무엇인가?

꼭 나오는 유형 ✦

① 물가의 상승
② 가계의 소비성향 증가
③ 기업의 독립투자 증가
④ 조세의 감소
⑤ 통화량 증가

해설

총수요곡선 상의 이동과 총수요곡선의 이동을 구분할 수 있는지 확인하는 문제이다. 총수요곡선이 그려지는 평면은 「국민소득(Y) – 물가(P)」 평면이다. 내생변수인 물가의 변화는 총수요곡선 상의 이동을 야기하는 반면, 물가 외의 요인들은 총수요곡선의 이동을 가져온다. 따라서 물가의 상승은 총수요곡선의 이동과는 무관하다. 이는 자산효과와 이자율 효과를 통해 총수요곡선 상의 이동으로 나타난다.

오답 노트

총수요곡선을 이동시키는 요인들은 총수요를 구성하는 항목들을 변화시키는 요인들로서 매우 다양하다. 보기에 제시되어 있는 요인들을 설명하면 다음과 같다.

① 한계소비성향은 소득 한 단위 증가시 이 중 얼마만큼을 소비에 사용하는가를 나타낸다. 한계소비성향이 0.6이라면 소득 100원 증가시에 60원은 소비하고, 40원은 저축한다는 것을 의미한다. 따라서 소비성향의 증가는 총수요의 증가로 이어진다.
③ 총수요는 경제 내에 존재하는 모든 경제주체의 수요를 합한 것으로 가계소비와 기업투자, 정부지출 그리고 순수출로 구성된다. 이 중 독립투자가 증가하면 총수요곡선은 독립투자만큼 우측으로 평행이동하게 된다.
④ 세금의 감소는 가계의 가처분소득을 증가시켜 소비를 증가시킨다. 가처분소득(Disposable Income ; DI)이란 총소득에서 세금을 제외한 금액이다.

$$DI = Y - T \,(\, Y : 총소득, \ T : 조세)$$

⑤ 통화량의 증가는 이자율을 감소시킨다. 이자율의 감소는 투자의 증가로 이어져 총수요를 증가시킨다.

04 다음 중 총수요곡선을 왼쪽으로 이동시키는 요인은 무엇인가?

① 저소득층에 대한 정부의 보조금 증가
② 정부의 조세감면으로 인한 민간투자의 증대
③ 조세증가로 인한 가처분소득의 감소
④ 통화량 증대로 인한 이자율의 감소
⑤ 재취업 프로그램의 활성화로 인한 실업률의 감소

해설

가처분소득은 소득에서 조세를 제외한 금액으로서 소비에 사용할 수 있는 소득이 된다. 따라서 조세의 증가로 인해 가처분소득이 증가하게 되면 소비에 사용할 수 있는 재원이 부족해짐을 의미하고, 이는 소비감소로 인한 총수요 감소요인이다. 총수요의 감소는 총수요곡선의 좌측이동으로 나타난다.

$$DI = Y - T(Y : 총소득, \ T : 조세)$$

오답 노트

총수요의 감소는 총수요곡선의 좌측이동, 총수요의 증가는 총수요곡선의 우측이동으로 나타난다.
① 보조금의 증가는 저소득층의 입장에서는 곧 가처분소득의 증가이다. 가처분소득의 증가는 소비에 활용할 수 있는 소득이 증가함을 의미하므로 이는 총수요의 증가요인이다.
② 정부의 조세감면은 가처분소득의 증가요인이다. 소득에서 세금을 뺀 값이 가처분소득이기 때문이다.
④ 통화량이 증가하면 이자율이 감소한다. 투자는 이자율의 감소함수이므로 이자율의 감소는 투자의 증가요인이 되고 이는 총수요의 증가요인이다.
⑤ 실업률의 감소는 노동시장과 관련된 이슈이다. 실업률의 감소는 총생산의 증가로 이어지고 이는 총공급곡선의 우측이동요인이다.

05 다음은 총수요-총공급 모형에 관한 설명이다. 옳은 설명을 고르시오.

① 독립투자의 증가는 총수요곡선을 좌측으로 이동시킨다.
② 정부지출의 증가는 총수요곡선을 좌측으로 이동시킨다.
③ 조세의 증가는 총수요곡선을 좌측으로 이동시킨다.
④ 통화공급의 증가는 총수요곡선을 좌측으로 이동시킨다.
⑤ 기술진보는 총공급곡선을 좌측으로 이동시킨다.

해설

조세의 증가는 가처분소득을 감소시키는 요인이다. 가처분소득은 소득에서 세금을 제외한 값으로 정의된다. 한편, 가처분소득의 크기가 클수록 소비가 커지기 때문에 조세의 증가는 총수요를 감소시켜 총수요곡선을 좌측으로 이동시킨다.

총수요를 구성하는 항목은 가계소비, 기업투자, 정부지출, 순수출이다. 따라서 독립투자 및 정부지출의 변화는 총수요를 변화시키는 요인이며, 이들의 증가는 총수요를 증가시켜 총수요곡선을 우측으로 이동시킨다. 한편, 투자는 이자율의 감소함수이다. 통화공급의 증가는 이자율을 감소시켜 투자를 증가시키고, 이로 인해 총수요가 증가하게 된다. 통화량의 증가는 총수요곡선의 증가요인이다. 한편, 기술의 진보는 총생산을 증가시키는 요인이므로 총공급곡선을 우측으로 이동시킨다.

#단기 총공급곡선, #장기 총공급곡선, #총공급곡선의 이동

06 총공급곡선의 이동과 관련된 다음 설명 중 적절하지 않은 것은?

① 자본스톡이 증가하면 장기 총공급곡선은 오른쪽으로 이동한다.
② 기술진보가 이루어지면 단기 총공급곡선은 오른쪽으로 이동한다.
③ 예상 물가수준이 하락하면 장기 총공급곡선은 오른쪽으로 이동한다.
④ 인구 고령화가 진행되어 노동인구가 감소하면 단기 총공급곡선은 왼쪽으로 이동한다.
⑤ 자연자원이 추가적으로 발굴되면 장기 총공급곡선은 오른쪽으로 이동한다.

해설

물가에 대한 예상변화는 노동자들의 예상실질임금을 변화시켜 노동시장에 변화를 초래한다. 즉, 물가에 대한 예상이 하락하면 노동자들의 예상실질임금이 증가되고, 이는 노동시장에서 노동의 공급증가요인으로 작용해 총생산이 증가한다. 그 결과 단기 총공급곡선이 우측으로 이동한다. 하지만 장기에 물가에 대한 예상변화는 물가만을 변화시킬 뿐 총생산은 완전고용국민소득 수준에서 변하지 않는다. 따라서 장기 총공급곡선과 물가에 대한 예상변화는 무관한다.

오답
노트
총생산에 영향을 미치는 요인들은 모두 단기 총공급곡선의 증가요인이다. 자본스톡의 증가, 기술진보, 인구 고령화 등이 모두 단기 총공급곡선의 증가요인이다. 한편, 석유 및 석탄과 같은 자연자원의 추가적인 발굴은 한 국가 경제의 잠재생산력 자체를 끌어올릴 수 있는 기회이므로 총공급곡선이 우측으로 이동할 수 있다.

#총수요와 예상변화, #총공급과 예상변화

07 총수요-총공급 모형에서 경제주체들의 예상이 경제에 미치는 영향에 대해 올바르지 않은 설명을 모두 고르면?

> ㉮ 물가에 대한 예상이 낮아질 경우, 가계의 현재 소비지출이 감소한다.
> ㉯ 소득에 대한 예상이 높아질 경우, 가계의 현재 소비지출이 증가한다.
> ㉰ 매출에 대한 예상이 낙관적일 경우, 기업의 현재 투자지출이 감소한다.
> ㉱ 물가에 대한 예상이 높아질 경우, 기업의 현재 노동수요가 증가한다.

① ㉮
② ㉰
③ ㉮, ㉯
④ ㉮, ㉱
⑤ ㉯, ㉰, ㉱

해설

경제학에서 예상(expected)은 매우 중요한 변수이다. 미래에 대한 예상이 현재의 행동에 변화를 초래하기 때문이다. 기업들이 매출에 대해 낙관적인 예상을 할 경우 기업들은 현재의 투자를 증가시킨다. 투자를 시행했다고 해서 수익이 즉각적으로 발생하는 것은 아니기 때문에 미래의 매출 증가에 대비해 현재의 투자를 늘리게 된다. 따라서 총수요곡선이 우측으로 이동하는 요인이다.

오답노트

물가에 대한 예상이 낮아지면, 기업들은 현재 소비지출을 줄인다. 소비를 미래로 미룰 경우 더 저렴하게 구입할 수 있기 때문이다. 반면 미래에 더 큰 소득을 얻을 것으로 예상되는 경우 일반적으로 사람들은 현재의 소비지출을 늘린다. 물가에 대한 예상이 높아지면 기업들은 미래 실질임금 증가를 예상한다. 실질임금이 증가하면 현재보다 적은 규모로 고용할 수밖에 없기 때문에 임금이 상승하기 전에 노동수요를 늘려 총생산을 증가시킨다. 이는 총공급곡선의 우측이동요인이다.

#총공급곡선, #단기와 장기의 총공급곡선, #고전학파의 이분성

08 거시경제의 장기 총공급곡선에 관한 설명 중 옳은 것은?   꼭 나오는 유형 *

① 장기적으로 한 나라 경제의 재화와 서비스 공급량은 그 경제가 보유한 노동에 의해서만 결정된다.
② 장기 총공급곡선과 고전학파의 이분성은 무관하다.
③ 확장적 통화정책으로 인한 통화량의 증가에도 장기 총공급곡선은 이동하지 않는다.
④ 장기 총공급량은 명목임금이 경직적이기 때문에 물가수준과 상관없이 변하지 않는다.
⑤ 장기 총공급곡선은 우상향의 형태이다.

해설

장기 총공급곡선은 완전고용국민소득 수준에서 수직이다. 장기의 경우에 확장적 통화정책은 물가만 상승시킬 뿐 총공급곡선을 이동시킬 수 없다. 화폐공급의 변화가 장기에 아무런 영향을 미치지 못하는 현상을 고전학파는 화폐의 중립성이라고 했다. 이를 고전적 이분성이라고도 한다.

#장기 총공급곡선의 의미, #오쿤의 법칙, #화폐의 중립성

09 장기 총공급곡선이 수직선이라는 사실은 다음 중 무엇을 의미하는가?

① 장기적으로 생산성의 변화가 실질 GDP에는 영향을 주지 않는다.
② 장기적으로 잠재적 실질 GDP의 변동이 고용수준에 영향을 주지 않는다.
③ 장기적으로 물리적 자본 보유량이 고용수준에 영향을 주지 않는다.
④ 장기적으로 이자율의 변화가 잠재적 명목 GDP에는 영향을 주지 않는다.
⑤ 장기적으로 물가수준의 변화가 잠재적 실질 GDP에는 영향을 주지 않는다.

해설

장기 총공급곡선은 완전고용국민소득 수준에서 수직의 형태이다. 이는 물가수준의 변화가 잠재적 실질 GDP에 영향을 주지 않는 것을 의미한다. 장기에는 모든 물가변수가 신축적이기 때문에 단기와 장기균형이 일치하는 지점에서 균형이 형성된다. 이는 장기에는 어떠한 통화 및 정책도 물가수준만 변화시킬 뿐 잠재적 실질 GDP에는 영향을 줄 수 없음을 의미한다. 고전학파는 이러한 현상을 두고 통화량의 변화는 물가만 변화시킬 뿐 실물에 영향을 미칠 수 없다는 화폐의 중립성을 주장했다.

오답
노트
장기적으로 생산성이 변하면 실질 GDP도 증가하게 된다. 생산성이란 동일한 생산요소의 투입으로 더 많은 재화 및 서비스를 생산할 수 있다는 의미이기 때문이다. 한편, 실질 GDP의 상승은 고용수준의 증가를 가져온다. 이를 경험적으로 설명한 경제학자가 오쿤이다. 그가 만들어 낸 오쿤의 법칙은 한 나라의 산출량과 실업 사이에 경험적으로 관찰되는 음의 상관관계로서, 총생산 갭(실제생산량−잠재생산량)과 실업률 간 역의 관계를 나타낸다. 즉, 총생산이 늘어나면 실업률이 감소한다는 것이다. 한편, 물리적 자본 보유량이 증가하면 생산이 증가할 수 있기 때문에 고용이 늘어나며, 장기적인 이자율의 변화는 물가의 변화를 수반함으로써 명목 GDP에도 영향을 미치게 된다.

10 다음 중 총공급곡선을 좌측으로 이동시키는 요인만을 모두 고른 것은?

> ㉠ 실질임금 하락   ㉡ 원자재 가격 상승
> ㉢ 전쟁으로 인한 기반시설 파괴   ㉣ 정부지출의 증가

① ㉠, ㉡   ② ㉠, ㉢
③ ㉡, ㉢   ④ ㉠, ㉡, ㉢
⑤ ㉡, ㉢, ㉣

해설

총공급곡선은 생산자의 의사결정이 합쳐진 공급곡선이다. 따라서 생산과 관련된 의사결정의 변동으로 인해 총공급곡선은 이동하게 된다. 대표적인 총공급곡선의 이동요인은 원자재 가격 변화, 명목임금 변화, 기술발전 등 생산성 변화 등이다. 전쟁으로 인한 기반시설 파괴는 생산에 투입할 수 있는 생산자원들의 감소이므로 장기 총공급곡선을 좌측으로 이동시킬 수 있는 요인이 된다.

오답 노트
실질임금의 하락은 기업들의 입장에서 더 많은 노동을 수요할 수 있는 요인이다. 따라서 이는 총공급곡선을 우측으로 이동시키는 요인이 된다. 한편 정부지출의 증가는 공급측 요인이 아니라 수요측 요인이다. 즉, 총수요곡선의 이동을 야기하는 대표적인 요인이다.

11 전국에 걸쳐 계속되는 가뭄으로 인해 농작물의 피해가 엄청나다. 총수요곡선과 총공급곡선을 활용해 이러한 가뭄의 단기적 효과를 분석한 것으로 적절한 것은?(단, 총수요곡선은 우하향하고 총공급곡선은 우상향한다)

① 물가수준은 상승하고, 실질 GDP는 감소한다.
② 물가수준은 하락하고, 실질 GDP는 감소한다.
③ 물가수준은 상승하고, 실질 GDP는 증가한다.
④ 물가수준은 상승하고, 실질 GDP는 불변이다.
⑤ 물가수준은 하락하고, 실질 GDP는 증가한다.

해설

전국에 걸쳐 극심한 가뭄이 계속되면 경제전체의 총생산이 감소할 수밖에 없다. 따라서 이는 단기 총공급곡선의 좌측이동 요인이다. 한편, 총공급곡선이 좌측으로 이동하게 되면 물가수준은 상승하고, 실질 GDP는 감소한다.

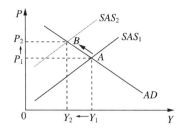

그래프를 해석할 때는 X축과 Y축의 변수들을 먼저 확인해야 한다. 거시경제학의 총수요-총공급 그래프의 X축은 실질 GDP, Y축은 물가수준이다. 실질 GDP를 실질국민소득이라고 읽기도 하는 것은 경제순환모형 에서 확인한 바와 같이 「총생산 = 총소득」이기 때문이다.

#거시경제의 단기균형, #경기침체갭, #경기침체와 실업

12 어떤 나라의 단기 총수요곡선이 $Y = -P + 70$, 단기 총공급곡선이 $Y = P + 10$으로 주어져 있 다고 한다. 완전고용국민소득이 50일 때 다음 설명 중 옳지 않은 것은?

① 단기균형 물가수준은 30이다.
② 경기침체 갭(recessionary gap)은 10이다.
③ 향후 명목임금은 하락할 것이다.
④ 향후 단기 총공급곡선은 좌측으로 이동할 것이다.
⑤ 장기균형 물가수준은 20으로 떨어질 것이다.

해설

단기 총수요곡선과 단기 총공급곡선이 주어지면 단기균형을 도출할 수 있다. 총수요곡선과 총공급곡선을 물가수 준(P)에 대해 정리하여 일치하는 지점을 살펴보면 다음과 같다.

- 총수요곡선 : $Y = -P + 70 \rightarrow P = -Y + 70$
- 총공급곡선 : $Y = P + 10 \rightarrow P = Y - 10$
- 단기균형 : $-Y + 70 = Y - 10 \rightarrow 2Y = 80 \rightarrow Y = 40, P = 30$

완전고용국민소득이 50이라면 단기균형과 10만큼의 경기침체 갭(완전고용국민소득 − 현재국민소득)이 존재한 다. 즉, 한 국가 경제가 달성할 수 있는 최대수준에 10만큼 미치지 못하고 있는 것이다. 이 같은 경기침체가 존재하면 실업이 발생한다. 실업은 노동시장에서의 초과공급을 의미하므로 장기적으로 임금이 하락하게 되고, 이에 따라 기업들은 점차 생산을 늘리게 된다. 이로 인해 단기 총공급곡선은 우측으로 이동하게 되어 결국 완전고 용국민소득 수준에서 단기와 장기의 균형이 형성된다. 완전고용국민소득인 $Y = 50$에서의 물가수준을 보면 $P = 20$으로 물가수준이 하락함을 확인할 수 있다.

단기균형과 경기침체 갭에 대한 이해가 선행되어야 해결할 수 있는 문제이다. 경기침체 갭 존재 시 경기가 침체되어 있고 이는 실업의 증가로 연결된다는 첫 번째 연결고리를 파악해야 문제 해결이 수월하다.

13 실제 GDP가 잠재 GDP 수준보다 낮은 경제 상태에 대한 설명으로 옳지 않은 것은?

① 경기침체 갭이 존재하는 상태이다.

② 실업률이 자연실업률보다 높다.

③ 노동시장에서 임금의 하락 압력이 발생한다.

④ 인플레이션 압력이 발생한다.

⑤ 단기 총공급곡선이 점차 오른쪽으로 이동하게 된다.

해설

실제 GDP가 잠재 GDP에 미치지 못하는 상태를 경기침체 갭(recession gap)이라고 하며 불황 갭이라는 표현을 쓰기도 한다. 생산요소를 모두 정상적으로 고용했을 때 달성할 수 있는 GDP 수준(잠재 GDP)에 실제 GDP가 미치지 못하는 경우를 경기가 침체된 상태로 정의하는 것이다. 이를 불황이라고 하며, 불황 시기에는 많은 노동자들이 실업상태에 머물게 된다. 이는 노동시장에서의 초과공급을 의미하고, 초과공급은 노동의 가격인 임금을 점차 하락시킨다. 하락된 임금으로 인해 기업들은 더 많은 노동을 수요할 수 있게 되고 이는 기업의 생산증가로 이어진다. 따라서 단기 총공급곡선은 우측으로 이동하게 되고, 이는 실질 GDP의 상승과 물가수준의 하락으로 나타난다.

오답 노트

경기침체 갭이 존재하는 경우 경제는 침체된 상태로, 생산이 잠재 GDP에 미치지 못해 기업들은 노동수요를 줄이게 된다. 이로 인해 실업이 발생하게 되어 모든 완전고용국민소득을 달성했을 때의 실업률 수준인 자연실업률보다 높은 실업률을 경험하게 된다. 한편, 실업은 노동시장에서의 초과공급을 의미한다. 따라서 노동의 가격인 임금은 하락 압력을 받게 된다. 임금의 하락은 기업의 입장에서는 생산요소 가격의 하락이다. 따라서 노동을 이전보다 더 많이 수요할 수 있게 되고, 이는 생산의 증가로 이어져 단기 총공급곡선은 우측으로 이동하게 된다.

14 다음은 단기 총공급곡선이 수평이고, 장기 총공급곡선이 수직일 때 통화공급의 증가에 미치는 장단기 효과에 대한 설명이다. 옳은 것을 고르시오.

① 단기에는 물가만 상승하고, 장기에는 소득만 증가한다.

② 단기에는 소득만 증가하고, 장기에는 물가만 상승한다.

③ 단기에는 물가와 소득이 모두 증가하고, 장기에는 물가만 상승한다.

④ 단기에는 물가와 소득이 모두 증가하고, 장기에는 물가와 소득에 모두 영향이 없다.

⑤ 단기에는 물가와 소득에 영향이 없지만, 장기에는 물가와 소득이 모두 증가한다.

해설

이자율은 화폐의 가격이다. 따라서 통화공급의 증가는 이자율의 하락을 가져온다. 한편, 투자는 이자율의 감소함수이기 때문에 이자율이 감소하면 투자가 증가하고, 이는 총수요곡선의 우측이동요인으로 작용한다. 단기 총공급곡선이 수평일 때 총수요곡선의 우측이동은 물가수준을 변화시키지 못하고 실질 GDP만 증가시킨다. 한편 장기 총공급곡선은 수직이기 때문에 총수요곡선이 어떻게 이동해도 실질 GDP를 변화시키지 못한다.

고전학파는 총공급이 총수요를 창출하기 때문에 총수요는 균형국민소득의 결정에 아무런 영향을 미치지 못한다고 생각했다. 따라서 총수요곡선이 아무리 이동해도 실질 GDP에 영향을 미치지 못하는 수직의 총공급곡선을 고안해냈다. 한편 케인즈는 문제는 총수요에 있다고 판단하고 총공급은 균형국민소득의 결정에 아무런 영향을 미치지 못한다고 주장했다. 따라서 총수요곡선의 변화에 따라 균형국민소득이 결정되는 수평의 총공급곡선을 주장했다. 두 개의 주장 모두 각기 다른 상황에서 설명력이 높은 모형이기 때문에 실제 거시경제의 분석에는 이 두 개의 의견이 절충된 우상향의 공급곡선이 사용된다.

거시 04

"중국 무슨 꿍꿍이로" …
경기 안 좋은데 데이터는 기습 공개, 왜

2024.03.25. 매일경제

**총리 · 인민은행장 · 상무부장 등
관료들, 경제 데이터 깜짝 공개
경기 반등 신호 심어주기 전략
공작회의 주문 따른 계산된 조치**

최근 중국이 자국 경제의 긍정적인 측면을 보여주는 데이터를 미리 공개하는 전략을 자주 사용하고 있다는 보도가 나왔다. 경기회복 둔화에 대한 우려를 불식시키고 대외적으로 경기 반등에 대한 자신감을 내비치려는 의도로 풀이된다.

25일(현지시간) 블룸버그는 중국 고위관료들이 공식 데이터를 예정된 공개 시간보다 더 일찍 발표해버리는 전략을 최근 들어 많이 사용하고 있다고 보도했다. 이같이 '호재성' 뉴스를 관료가 미리 공개함으로써 제로코로나 이후 불거진 경기둔화에 대한 서방의 우려를 불식시키려 한다는 것이다.

가장 최근의 사례는 지난 21일 랴오민 중국 재정부 부부장이 베이징에서 열린 언론 브리핑에서 예산 데이터를 1시간 일찍 공개한 것이다. 그는 1월과 2월 예산 지출이 거의 5년 만에 가장 빠르게 집행된 점을 강조하며 "경제 회복을 촉진하는 데 긍정적인 영향을 미칠 것으로 믿는다."라고 강조했다. 반면 1~2월 재정수입이 축소된 것에 대해선 "기저효과로 인한 것"이라고 일축했다.

행정부 격인 국무원 리창 총리도 지난 1월 다보스포럼에서 중국이 2023년 성장률 목표를 달성했다고 깜짝 발표했다. 당시 리 총리는 포럼 특별연설에서 "지난해 중국 경제는 반등에 성공했다."라며 "성장률이 당초 목표했던 5%보다 높은 5.2%에 이르는 것으로 추정된다."라고 밝혔다.

예상치를 상회하는 성장률을 사전에 발표한 것은 사실상 중국 경제 펀데멘탈을 서방에 과시한 것으로 분석된다. 중국이 대규모 부양책의 도움 없이도 경제성장을 이뤘음을 전 세계 재계 리더들에게 분명히 한 것이다.

그는 이 같은 발표와 함께 자국의 투자 환경이 개방적이라는 점도 강조했다. 리 총리는 "전체 14억명에 이르는 인구와 급속한 도시화 인구를 보유한 중국은 세계 총수요를 늘리는 데 중요한 역할을 할 것"이라며 "중국의 경제 개방을 확고한 의지를 갖고 유지하며 여러 기회를 공유할 수 있는 우호적 조건을 만들 것"이라고 강조했다.

판궁성 인민은행장도 지급준비율 인하가 시행되기 12일 전인 지난 1월 24일 은행의 지급준비율 인하를 직접 발표하는 이례적인 조치를 취했다. 지난 6일에 베이징 미디어센터에서 양회를 계기로 열린 중국 경제장관 합동 기자회견에서는 "현재 우리나라(중국) 은행업 지준율은 평균 7%로, 앞으로 계속 인하할 공간(여력)이 여전히 있다."라며 또 한 번 지급준비율 인하를 예고하기도 했다.

앞서 왕원타오 상무부장도 데이터 발표를 하루 앞두고 열린 6일 기자회견에서 중국의 1~2월 수출이 전년 대비 7.1% 증가했다고 미리 발표했다.

이 같은 전략은 지난해 12월 경제정책 방향을 결정하는 연례 회의인 '중앙경제공작회의'에서 중국 지도부가 "경제에 대한 낙관적인 메시지를 널리 퍼뜨려라"라고 요청한 것에 따른 것이라고 블룸버그는 전했다. 최고 지도부의 주문에 따른 계산된 조치라는 측면이 강하다는 것이다. CCTV에 따르면 중앙경제공작회의는 "경제 선전과 여론지도를 강화하고, 중국경제의 '광명론'(光明論)을 크게 외치라"라고 지시했다.

가베칼 드라고노믹스의 중국 연구 부책임자인 크리스토퍼 베드도르는 "최근 잇따른 깜짝 발언들에는 한 가지 공통된 메시지가 있다."라며 "경제 상황이 예상보다 좋거나 관리들이 상황을 개선하기 위한 조치를 취하고 있다는 메시지가 담겼다는 것"이라고 설명했다. 그는 이어 "이는 고위관료들도 어느 정도 정치적 압박을 느끼고 있음을 시사한다."라고 덧붙였다.

Tip

중국이 자국 경제의 긍정적인 측면을 보여주는 데이터를 공개했다는 소식이다. 이전에 침체되었던 경기상황은 일시적인 상황임을 강조하면서 전 세계 경제 성장에 중국경제가 큰 역할을 한다는 점을 설명했다. 특히 강조한 지점은 시장으로서의 중국이다. 중국은 14억 인구가 존재하는 거대한 소비시장으로서 세계 총수요 확장에 중대한 역할을 할 수밖에 없다는 내용이다. 중국의 위상이 미중 갈등으로 달라지고 있지만 생산지로서의 중국과 소비지로서의 중국은 구분해서 살펴볼 필요가 있다.

05 | 화폐와 국민경제

01 화폐의 정의 · 기능 · 종류

1. 화폐의 정의

경제학에서 이야기하는 화폐는 교환에 사용할 수 있는 자산을 의미한다. 현대 사회에서 물건을 구입하면서 그 대가로 자신이 기른 닭을 내놓는 사람은 없다. 현대는 물물교환의 시대가 아니기 때문이다. 그 대신 지폐나 동전을 물건 구입의 대가로 지급한다. 사실 경제학에서 화폐에 대한 딱 떨어지는 정의는 없다. 화폐의 본질을 무엇을 보느냐에 따라 그 정의가 달라지기 때문이다. 따라서 화폐를 이해하기 위해서는 화폐의 기능에 대해 살펴봐야 한다.

2. 화폐의 기능

(1) 교환의 매개수단

마트에서 물건을 구입하고 화폐를 꺼내는 장면은 화폐 교환의 매개수단(medium of exchange)으로서의 기능을 잘 설명해준다. 화폐는 그 자체로는 특수 잉크로 만든 하나의 종이일 뿐이다. 하지만 재화나 서비스의 교환을 위해 사용할 때는 교환의 가치를 가진 자산이 된다. 화폐는 이처럼 재화나 서비스의 교환 과정에 사용된다. 교환의 매개수단으로서의 화폐는 가장 본질적인 기능으로 평가된다.

(2) 가치의 저장수단

원하는 재화나 서비스를 구매할 때 화폐가 교환의 매개수단이 될 수 있는 것은 화폐 그 자체로 가치를 갖고 있기 때문이다. 즉, 화폐에는 일정한 구매력이 내재되어 있으며, 이 구매력은 상당기간 안정적으로 유지된다. 작년 설날에 세뱃돈으로 받은 10,000원의 지폐의 가치가 올해 갑자기 100원으로 떨어지지 않는다. 이를 가치의 저장수단(store of value)라고 한다.

(3) 회계의 단위

과거 중세시대에 새로운 왕이 등극하면 가장 먼저 실시했던 작업이 도량형의 통일이었다. 특히 토지의 크기와 수확물의 양을 측정하는 기준을 통일했다. 이는 경제의 효율성을 높이고 정확한 조세징수를 통해 왕권을 강화하기 위함이었다. 오늘날에도 마찬가지로 모든 재화와 서비스의 가치는 화폐로 표현된다. 소비자가 느끼는 가치와 생산자가 느끼는 가치가 다르면 효율적인 자원의 배분이 이뤄질 수 없기 때문이다. 상품의 가치가 모두 동일한 가격으로 표현될 때 비로소

상품 간의 가치 비교와 교환이 가능해진다. 따라서 화폐는 회계의 단위(unit of account)이며 이를 가치척도의 기능이라고 한다.

3. 화폐의 종류

화폐는 시대에 따라 상품화폐, 금속화폐, 지폐, 예금화폐, 전자화폐로 그 형태가 발전하고 있다. 물물교환 시대에는 상대방이 필요로 하는 상품이 화폐의 역할을 담당했고, 이후에는 운반과 보관이 용이한 금속화폐가 이를 대신했다. 한편, 경제가 고도화되면서 중앙은행이 등장하고, 화폐의 실제 가치보다는 액면상의 가치가 보다 중요해졌다. 이때부터 지폐가 등장한다. 지폐를 만드는 비용은 아주 작지만 지폐의 가치는 액면가만큼 거래에서 통용된다. 한편, 예금화폐는 금융기관에 맡긴 예금을 기초로 발행되는 화폐를 의미하는데 수표가 대표적인 예이다. 예금화폐는 법에서 정한 화폐가 아니기 때문에 거래 과정에서 거절할 수 있다.

보충학습　그레샴의 법칙, 악화가 양화를 구축한다.

그레샴의 법칙(Gresham's law)은 16세기 금융업자였던 토마스 그레샴의 이름을 본 따 만든 법칙이다. 이는 나쁜 돈이 좋은 돈을 몰아낸다는 의미로도 자주 쓰인다. 당시 영국은 금속화폐를 사용하고 있었다. 그리고 금속화폐가 100원에 통용된다면 실제 그 금속화폐는 100원 어치의 금이나 은으로 만들어졌다. 하지만 누군가 주화를 제조하면서 금과 함께 조금씩 불순물을 타기 시작했다. 금 100%에서 98%로 순도가 떨어져도 해당 금화는 계속해서 동일한 금액으로 통용되기 때문이다. 불순물을 섞는 이러한 행동은 점차 심해져 금의 순도가 2%까지 떨어지기에 이른다. 사람들은 이런 상황이 되자 예전 금 100%였던 동전은 집 금고에 보관하고 순도가 낮은 주화만 거래에 사용하기 시작했다. 그 결과 시장에는 순도가 낮은 주화만이 존재하게 되었다. 이러한 현상을 보고 그레샴은 악화가 양화를 구축한다(bad money drives out good money)고 표현했다.

02 화폐의 공급

1. 화폐공급 측정의 필요성

미시경제학과 거시경제학 초반에 살펴 본 바와 같이 경제는 화폐를 매개로 재화와 서비스가 각 경제주체 사이를 순환하게 된다. 화폐는 우리 몸의 혈액과 같은 역할인 것이다. 몸에 문제가 생겨 수술이 필요할 때 병원에서 반드시 확인하는 사항 중에 하나가 환자의 혈액형이다. 수술 중에 문제가 생겨 과다출혈로 체내에 혈액이 부족할 경우 수혈을 진행하기 위해서이다. 그만큼 우리 몸에 적당량의 혈액이 순환하는 것은 매우 중요하다. 화폐도 이와 같다. 한 경제 내에서 통용되는 화폐의 양이 너무 부족하면 원활한 거래가 될 수 없고, 반대로 너무 많은 화폐가 통용되면 화폐의 가치가 낮아 물가의 상승을 야기한다. 따라서 경제 내에 화폐가 얼마나 공급되어 있는지를 측정하는 일은 매우 중요하다.

2. 통화지표

경제 내에 공급되어 있는 화폐의 양을 측정하기 위해서 가장 먼저 고민해야 할 일은 어느 범위까지를 화폐로 정의할지 정하는 일이다. 이처럼 경제 내에 유통되는 화폐의 양을 측정하는 척도를 통화지표(currency index)라고 한다. 그리고 경제 내에 유통되는 화폐의 양을 통화량(money stock)이라고 한다. 그 명칭에서도 살펴볼 수 있듯이 통화량은 저량변수이다.

(1) 통화지표의 구분

우리나라의 한국은행은 1951년부터 통화지표를 공식적으로 편제하고 있다. 2002년부터는 IMF에서 2000년에 발간한 통화금융통계매뉴얼에 따라 통화지표로 협의통화($M1$), 광의통화($M2$), 금융기관유동성(Lf)을 편제하였고, 2006년에 IMF 매뉴얼 개정에 맞춰 광의유동성(L)도 포함하고 있다. 여기서 중요한 것은 협의통화($M1$)에서 광의유동성(L)으로 갈수록 유동성이 낮아진다는 것이다.

① 협의통화($M1$)

협의통화는 화폐의 교환의 매개수단으로서의 기능을 강조하는 지표이다. 이는 시중에 유통되는 현금과 예금취급기관의 결제성 예금을 합한 것으로 정의된다. 시중유통현금은 지폐와 동전을 의미하며, 결제성 예금은 입출금이 자유로워 즉각 현금과 교환이 될 수 있는 수표, 자동이체 서비스 등이다. 협의통화는 유동성이 매우 높은 결제성 단기금융상품으로 구성되어 있어 단기 금융시장의 유동성 수준을 파악하는데 적합하다.

$$M1 = 시중유통현금 + 결제성 \ 예금$$

② 광의통화($M2$)

광의통화는 협의통화보다 넓은 의미의 통화로 협의통화($M1$)에 예금취급기관의 각종 저축성 예금, 시장형 금융상품, 실적배당형 금융상품, 금융채, 거주자 외화예금 등을 더한 것이다. 여기에 유동성이 낮은 장기 금융상품(만기 2년 이상)은 제외한다. 이들은 협의통화에 비해 유동성은 떨어지지만 약간의 이자소득을 포기하면 언제든 현금화가 가능한 상품들이다.

$$M2 = M1 + 정기예적금, 시장형 \ 금융상품, 실적배당형 \ 금융상품, 기타예금 \ 및 \ 금융채$$

③ 금융기관유동성(Lf)

금융기관유동성은 광의통화에 만기 2년 이상 정기예적금, 금융채, 금전신탁 등과 생명보험회사의 보험계약준비금, 증권금융회사의 예수금 등 유동성이 상대적으로 낮은 금융상품까지 모두 포함한 개념이다.

$$Lf = M2 + 만기 \ 2년 \ 이상의 \ 장기금융상품 + 생명보험회사의 \ 보험계약준비금, 증권회사 \\ 의 \ 예수금$$

④ 광의유동성(L)

광의유동성은 한 나라의 경제가 보유하고 있는 전체 유동성의 크기를 측정하기 위한 지표이다. 금융기관유동성에 기업 및 정부 등이 발생하는 기업어음, 회사채, 국공채 등 유가증권이 포함된다.

$$L = Lf + 유가증권$$

▼ 우리나라의 통화 및 유동성 지표별 구성내역(2013년 12월 말 기준)

(단위 : 조원)

M1(협의통화) (515.6)	M2(광의통화) (1,920.8)	Lf(금융기관 유동성) (2,614.1)	L(광의유동성) (3,350.5)
			회사채, CP (215.7)
			국채, 지방채 (194.1)
		기타금융기관상품 (325.6)	
	생명보험계약준비금 및 증권금융예수금 (503.8)		
	2년 이상 장기금융펀드 등 (190.5)	Lf	
	기타 예금 및 금융채 (125.2)		
	실적배당형금융상품 (32.7)		
	시장형금융상품 (32.7)		
	정기예적금 (867.0)		
수시입출식예금 (336.3)	M2		
요구불예금 (126.0)			
현금통화 (53.3)			
M1			

※ 출처 : 한국은행, 「알기쉬운 경제지표해설(2014)」

(2) 통화지표의 결정

앞서 살펴본 통화지표들은 금융상품(financial instruments)과 통화 발행주체(money issuers) 그리고 통화보유주체(money holder)에 따라 결정된다.

① 금융상품

금융상품은 유동성과 가치저장의 기능 등을 기준으로 통화성 정도를 평가하여 통화지표로의 포함여부를 결정하게 된다. 즉, 얼마만큼 쉽게 현금화할 수 있는지가 기준이 되는 것이다.

② 통화발행주체

통화발행주체는 통화지표에 포함되는 금융상품을 발행한 주체로서, 일반적으로 예금취급을 통해 통화를 창출하는 기능을 보유한 예금취급기관을 의미한다.

③ 통화보유주체

통화보유주체는 예금취급기관과 중앙정부를 제외한 모든 거주자 단위가 포함된다. 즉, 공공 및 기타 비금융기업, 중앙정부 이외의 정부, 가계, 예금취급기관을 제외한 금융기관이 이에 해당한다.

우리나라의 금융기관

예금취급 기관	중앙은행	한국은행	–
		외국환평형기금	–
	기타예금취급 기관	예금은행	시중은행, 지방은행, 외국은행국내지점, 특수은행
		수출입은행	–
		종합금융회사	–
		자산운용회사 투자신탁계정	–
		신탁회사	은행, 증권사 종금계정 포함
		상호저축은행	–
		신용협동기구	상고금융, 새마을금고, 신용협동조합
		우체국예금계정	–
		증권사CMA계정	–
기타금융 기관	보험회사 및 예금기금	보험회사	생명보험회사, 손해보험회사
		연금기금	공무원연금, 군인연금, 사립학교교원연금, 대한교원공제회 등
	기타금융중개 기관	증권기관	증권금융회사, 증권회사
		투자회사	뮤추얼펀드
		여신전문금융기관	리스회사, 신용카드회사, 신기술금융할부금융회사 등
		유동화전문기관	유동화전문회사, 주택저당채권유동화회사
		공적금융기관 등	국민주택기금, 국민투자기금, 한국주택금융공사, 자산관리공사 등
	금융보조기관	자금중개회사 등	자금중개회사, 선물회사, 투자자문회 신용보증기관, 신용평가 회사 등

(3) 은행과 화폐의 공급

통화지표의 가장 기본이 되는 협의통화($M1$)은 시중유통현금과 요구불예금 그리고 수시입출식예금으로 구성되어 있다. 이 중 시중유통현금은 중앙은행인 한국은행에서 발행한 지폐와 동전을 의미한다. 그리고 협의통화의 나머지 요구불예금과 수시입출식예금은 모두 시중은행에 예금되어 있는 화폐이다. 광의통화($M2$)도 마찬가지이다. 이처럼 중앙은행의 발권과 시중은행예금은 통화공급의 핵심 중추라 할 수 있다.

① 시중은행과 부분지급준비제도

은행은 금융중개기관이다. 금융중개기관(financial intermediary)이란 저축자의 자금을 받아서 이를 필요한 기업에게 공급하는 역할을 하는 기관을 의미한다. 이처럼 자금이 필요로 하는 곳에 자금을 공급하는 행위를 대출이라고 한다. 하지만 은행은 예금액 전액을 대출하지 않는다. 예금한 모든 사람이 한날한시에 몰려와 자신의 예금을 인출하지는 않지만 산발적인 인출요구에 대응하기 위해서 예금액의 많은 부분을 보유하고 있어야 한다. 따라서 시중은행들은 예금의 일부는 은행 금고에 보관하고, 또 일부는 중앙은행 계좌에 예치하여 보관한다. 이러한 은행의 운영형태를 부분지급준비제도라고 하며, 오늘날 거의 모든 은행이 채택하고 있는 방식이다.

② 지불준비금과 지불준비율

지불준비금(bank reserve)은 은행이 부분지급준비제도를 운영하기 위해 대출에 사용하지 않고 남겨둔 예금액을 의미한다. 지불준비금은 은행에 예금형태로 보관(시재금, vault money)하거나 중앙은행 계좌에 예금으로 예치하는 형태(중앙은행 지급준비예치금)로 남겨두게 된다. 지불준비금은 유통 중인 현금으로 간주하지 않는다. 이는 누군가가 교환활동에 사용할 수 없기 때문이다. 한편, 국가에서는 전체 은행 예금 중에 최소한 얼마만큼을 지불준비금으로 남겨둘 것을 정하게 되는데 이를 법정지불준비율(reserve ratio)이라고 한다. 예를 들어 지불준비율이 20%라면 100만원의 총예금 가운데 20만원은 대출에 사용하지 않고 남겨둬야 하는 금액이 된다.

> • 지불준비금 = 은행에 남겨둔 예금(시재금) + 중앙은행 지급준비예치금
> • 지불준비율 = $\dfrac{\text{지불준비금}}{\text{총예금}} \times 100$

③ 증앙은행과 본원통화

화폐공급의 가장 기초가 되는 것은 중앙은행이 발권한 화폐이다. 중앙은행의 화폐공급을 이해하기 위해서는 본원통화를 이해해야 한다. 본원통화(Monetary Base)는 중앙은행 창구를 통해 밖으로 나온 현금이다. 중앙은행 밖으로 나온 현금의 일부는 민간이 보유하거나 아니면 은행으로 들어가 지불준비금 형태로 보유된다. 그리고 지불준비금은 앞서 살펴본 바와 같이 시재금과 중앙은행 지불준비예치금 형태로 보유된다. 한편, 화폐발행액은 본원통화에서 중앙은행 지급준비예치금을 뺀 것을 의미한다.

> 본원통화(MB) = 현금통화 + 지불준비금
>
> = 현금통화 + (시재금 + 중앙은행 지급준비예치금)
>
> = 화폐발행액 + 중앙은행 지급준비예치금

④ 시중은행의 화폐(신용)창조

만약에 화폐의 발권 기능만을 담당하는 중앙은행이 있고 시중은행이 존재하지 않는다면 화폐의 양은 중앙은행이 발권한 화폐의 양과 동일할 것이다. 하지만 부분지급준비제도를 운영하는 은행의 존재로 시중에 유통 중인 화폐의 양과 중앙은행이 발권한 화폐의 양은 동일할 수 없다. 앞서 살펴본 바와 같이 중앙은행에서 만들어져 밖으로 나와 은행으로 흘러들어간 지불준비금은 유통 중인 현금으로 간주하지 않기 때문이다. 한편, 실제 현실에서 은행은 예금액의 일부를 활용하여 대출활동을 수행한다. 대출된 자금은 대출자의 금고에 보관될 수도 있고, 다시 은행에 예금되어 예금액이 되기도 한다. 그리고 이렇게 대출을 통해 예금된 금액의 일부는 다시 대출자금이 된다. 따라서 시중에 유통 중인 현금은 중앙은행이 발권한 화폐양보다 훨씬 많게 된다. 이처럼 시중은행에 의한 화폐공급을 신용창조(credit creation)라고 한다.

㉠ 신용창조의 과정

시대국(國)의 법정지급준비율은 20%이다. 시대국에 있는 A은행에 최초로 1,000만원의 예금이 발생했다고 하자. A은행은 이중 20%인 200만원을 제외한 800만원을 김씨에게 대출한다. 800만원을 대출한 김씨는 800만원을 B은행에 예금한다. 800만원의 예금이 증가한 B은행은 이 중 160만원을 제외한 640만원을 이씨에게 대출해준다. 이씨는 대출받은 640만원을 C은행에 예금한다. C은행 역시 증가된 640만원의 예금액 중 20%인 128만원을 제외한 412만원을 D은행에 예금한다. 이러한 과정은 더 이상 대출을 할 수 없을 때까지 무한히 반복된다. 이를 수식으로 나타내면 초항이 1,000만원이고 공비가 0.8인 무한등비급수로 나타낼 수 있다. 이를 통해 최초의 1,000만원의 본원적 예금은 신용창조 과정을 거쳐 5,000만원으로 늘어나게 되는 것을 확인할 수 있다.

> 신용창조액 $= 1,000 + (1,000 \times 0.8) + (1,000 \times 0.8^2) + (1,000 \times 0.8^3) + \cdots$
>
> $= 1,000 \times \dfrac{1}{1-0.8} = 5,000$ 만원

㉡ 신용승수

신용승수(credit multiplier)는 본원통화에 비해 얼마나 많은 화폐공급이 존재하는지를 나타내는 개념이다. 현금의 누출이 없고, 초과지불준비금이 없다면 신용승수는 지급준비율의 역수이다. 초과지불준비금은 법정지급준비금을 초과하는 지불준비금을 의미한다. 본원적 예금(S)이 1,000만원이고, 법정지급준비율(r)이 0.2인 앞의 예를 바탕으로 신용승수를 구해보면 다음과 같다. 참고로 실제 유통 중인 현금은 본원통화의 대부분을 차지하는 반면 화폐공급의 절반 정도만을 차지한다. 그리고 신용창조를 통해 공급된 화폐량은 본원통화보다 훨씬 크다.

$$\text{신용승수} = S \times \frac{1}{r} = 1{,}000 \times \frac{1}{0.2} = 5{,}000 \text{만원}$$

03 화폐의 수요

1. 화폐를 수요하는 이유

화폐수요(money demand)란 특정 시점 보유하고자 하는 화폐량을 의미한다. 화폐는 그 자체로는 종이에 불과하고, 오래 보유한다고 해서 가치가 올라가지 않는다. 즉, 수익성이 없는 금융자산이다. 반면 주식이나 채권과 같은 금융자산은 수익성이 존재한다. 그리고 부동산, 금, 은과 같은 실물자산도 수익성이 존재한다. 그럼에도 사람들은 수익성 있는 금융자산과 실물자산만 보유하려 하지 않고 화폐를 보유하려 한다. 화폐수요이론은 이처럼 사람들이 화폐를 수요하려는 이유에 대해서 설명하는 이론이며, 고전학파와 케인즈는 이에 대해 서로 다른 의견을 제시한다. 고전학파의 화폐수요이론은 화폐수량설로, 케인즈의 화폐수요이론은 유동성 선호설로 대표된다.

2. 고전학파의 화폐수량설

고전학파의 화폐수량설(quantity theory of money)은 물가는 통화량에 의해 결정된다는 화폐수요이론이다. 통화공급이 통화수요보다 많아지면 화폐시장에서 초과공급이 발생하고, 많아진 통화량으로 인해 생산물에 대한 초과수요가 발생해 물가가 상승한다는 것이다. 화폐수량설은 교환방정식과 현금잔고방정식으로 구분된다.

> 화폐시장의 초과공급(통화공급 > 통화수요) → 생산물 시장의 초과수요 → 물가의 상승

(1) 피셔의 교환방정식

① 정 의

교환방정식(equation of exchange)은 교환의 매개수단으로서의 기능에 초점을 맞춘 것으로 일정기간 동안의 생산물 총거래액(좌변)은 그 기간의 화폐지불액(우변)과 같다는 것을 나타낸다. 이는 다음과 같이 표현할 수 있다.

> 물가(P) × 실질국내총생산(Y) = 통화량(M) × 화폐의 거래유통속도(V)

② 화폐의 거래유통속도

고전학파의 화폐수요 이론은 화폐의 거래유통속도(velocity of money)에서 출발한다. 화폐의 유통속도(V)는 경제 내의 화폐 한 단위가 일정기간 동안 평균적으로 몇 번이나 사용되었는지를 나타낸다. 한 해 동안 총 100만원의 거래가 있었고, 이때 경제 내의 화폐공급량이 10만원이라면 화폐유통속도(V)는 10이 된다. 화폐유통속도는 다음과 같이 표현할 수 있다. 한편, 고전학파는 화폐유통속도가 매우 안정적이라고 생각했다. 화폐의 유통속도는 금융기관의 발달정도, 화폐 사용 관습 등에 의존하는데, 해당 요인들은 단기간에 바뀔 수 있는 요인들이 아니기 때문에 안정적이라고 보았다. 참고로 케인즈는 화폐의 거래유통속도는 이자율에 민감하게 변하기 때문에 안정적이지 않다고 보았다.

$$\text{화폐의 거래유통속도}(V) = \frac{P \times Y}{M}$$

③ 교환방정식의 해설

교환방정식에서 화폐유통속도(V)가 안정적이기 때문에 산출량의 명목가치(명목GDP, PY)는 통화량(M)에 비례한다는 것을 의미한다. 한편, 실질 국내총생산(Y)은 요소부존량과 생산기술에 의해서 결정되는 변수이기 때문에 통화량과 무관하다. 따라서 중앙은행이 화폐의 공급량(M)을 늘리면 물가수준(P)이 비례적으로 상승한다. 이는 통화량 증가속도($\frac{\Delta M}{M}$)가 높아지는 만큼 물가의 상승속도($\frac{\Delta P}{P}$, 인플레이션)도 빨라진다는 것을 의미한다.

④ 화폐수량설과 교환방정식

  ㉠ 교환의 매개수단으로서의 화폐

   피셔의 화폐수량설에서 강조하는 화폐의 기능은 화폐가 가진 교환의 매개수단이다. 사람들은 명목국민소득이 증가함에 따라 일반적인 교환의 매개수단인 화폐를 더 많이 보유하려하고, 이로 인해 화폐수요가 증가한다는 것이다.

  ㉡ 암묵적으로 화폐수요를 설명

   교환방정식은 방정식 내에 화폐수요를 나타내는 변수를 사용하지 않고 암묵적으로 화폐수요를 설명한다.

(2) 마샬의 현금잔고방정식

① 정 의

현금잔고방정식(cash balance equation)은 교환방정식과 마찬가지로 물가와 통화량 간의 관계를 설명하고 있지만, 화폐수요를 나타내는 변수를 제시해 화폐수요를 직접적으로 설명한다. 마샬은 사람들이 화폐를 수요하려는 이유로 ㉠ 소득을 얻는 시점과 지출하는 시점이 다르다는 점, ㉡ 수익성있는 금융자산인 채권을 구입하기 위해서는 화폐가 필요하다는 점의 두 가지를 꼽았다. 이러한 이유로 명목국민소득의 일부를 화폐로 보유한다는 것이다. 현금잔고방정식을 표현하면 다음과 같다.

$$M^D = kPY$$

② 마샬의 k(Marshallian k)

현금잔고방정식에 의하면 실질화폐수요($\frac{M^D}{P}$)는 실질국민소득(Y)의 일정비율(k)로 결정된다. 그리고 마샬의 k는 명목국민소득(PY) 1원을 거래시키는데 필요한 통화량 혹은 명목국민소득 가운데 수요하고자 하는 화폐량을 의미한다.

$$k = \frac{M^D}{PY}$$

한편, 마샬은 k는 사회의 거래관습에 의해 결정되기 때문에 전쟁이나 천재지변이 일어나지 않는 한 크게 변하지 않아 일정하다고 보았다. 화폐시장의 균형에서는 화폐수요와 화폐공급이 일치($M^D = M^S$)하기 때문에 현금잔고방정식을 다음과 같이 표현할 수 있고, 이는 마샬의 k가 화폐유통속도의 역수로 표현할 수 있음을 보여준다.

$$M^D = M^S = kPY$$
$$M^S = \frac{1}{V}PY$$
$$\Rightarrow k = \frac{1}{V}$$

보충학습 실질화폐수요(실질통화잔고, real money balance)

실질화폐수요($\frac{M^D}{P}$)란 실제로 구입할 수 있는 재화와 서비스의 양으로 나타낸 통화량을 의미한다. 지갑에 들어있는 10,000원은 명목화폐수요이다. 한편, 10,000원으로는 한 잔에 2,500원인 아메리카노를 4잔 구입할 수 있다. 즉, 10,000원은 곧 아메리카노 4잔인 것이다. 이때 아메리카노 4잔이 곧 실질화폐수요(실질통화잔고)이다.

③ 현금잔고방정식의 해석

현금잔고방정식은 사람들이 명목소득(PY)의 일정부분(kPY)을 화폐로 보유한다고 설명한다. 그리고 사람들이 화폐를 보유하려는 이유는 소득을 얻는 시점과 지출시점이 다르다는 점과 수익성 있는 금융자산인 채권을 구입하기 위해서는 화폐가 필요하기 때문이라고 설명한다.

④ 현금잔고방정식과 교환방정식
  ㉠ 가치의 저장수단으로서의 화폐
    현금잔고방정식은 교환의 매개수단으로서의 화폐기능뿐만 아니라 가치의 저장수단으로서
    의 기능을 강조한다.
  ㉡ 화폐수요의 동기를 밝힌 최초의 이론
    교환방정식은 화폐수요의 동기를 직접적으로 밝히고 있지는 않은 반면, 현금잔고방정식은
    화폐수요의 이론을 직접적으로 밝히고 있다.

보충학습   교환방정식과 현금잔고방정식의 비교

- 화폐수요이론의 분석시각
  - 고전적 화폐수량설 : 교환방정식으로 대표되는 고전적 화폐수량설은 통화량이 증가하면 물가가 상승한다
    는 물가이론을 토대로 화폐수요이론을 도출한다. 즉, 통화량이 증가하면 화폐시장에서 초과공급이 발생
    하고, 화폐시장의 초과공급은 생산물시장의 초과수요로 이어져 물가가 상승한다는 것이다.
  - 현금잔고방정식(신고전학파) : 현금잔고방정식은 사람들이 소득을 얻는 시점과 지출하는 시점이 다르고
    수익성 금융자산인 채권을 구입하는데 화폐가 필요하기 때문에 명목소득의 일정 부분은 화폐로 보유한
    다고 설명한다.
- 화폐수요의 안정성 측면
  - 교환방정식과 현금잔고방정식 모두 화폐유통속도(V)와 현금보유비율(마샬의 k)은 일정하다고 주장한다.
  - 교환방정식과 현금잔고방정식 모두 화폐수요는 명목국민소득의 크기에 의해 결정된다고 설명한다.

---

3. 케인즈의 유동성 선호설

케인즈의 화폐수요이론인 유동성 선호설(theory of liquidity preference)은 사람들이 유동성
(liquidity)을 확보하기 위하여 화폐를 수요한다고 주장한다.

(1) 유동성의 정의

유동성(liquidity)이란 자산의 손실 없이 얼마나 빨리 교환의 매개수단으로 교환될 수 있는지를
나타내는 개념이다. 화폐는 유동성이 가장 높은 자산이다. 대신 화폐는 수익성이 존재하지 않는다.
반면 주식이나 채권, 부동산, 금과 은 등의 수익성 금융자산이나 실물자산들은 수익성이 있지만,
그 자체로 교환의 매개수단으로 활용할 수는 없다. 즉, 유동성이 낮은 자산들이다. 케인즈는 사람
들이 화폐가 지닌 유동성을 확보하기 위하여 화폐를 수요한다고 주장하며, 유동성을 확보해야
하는 이유로 거래적 동기와 예비적 동기 그리고 투기적 동기의 세 가지를 들고 있다.

(2) 유동성 선호의 이유

① 거래적 동기

현실에서 월급은 매달 말에 들어오지만 지출은 매일매일 발생한다. 사람들은 이처럼 소득을 얻는 시점과 지출시점의 시차를 메우고 소득이 발생하지 않는 시점에도 거래를 하기 위해 화폐를 보유한다. 일반적으로 소득이 증가하면 거래 규모도 커져 화폐수요는 소득의 증가함수이다.

② 예비적 동기

일반적으로 사고나 질병 등 예상하지 못한 지출에 대비하기 위해 화폐를 보유한다. 기업도 마찬가지이다. 미리 예측하기 어려운 일에 대비하여 화폐를 보유한다. 이처럼 가계와 기업이 예비적 동기에 의해 화폐를 수요하는 것을 예비적 화폐수요라고 한다.

③ 투기적 동기

현실에서 사람들은 거래적, 예비적 동기에 의해 필요한 화폐량보다 더 많은 화폐를 보유한다. 케인즈는 이러한 현상을 보고 수익성이 있는 자산에 투자하기 위해서라고 이야기한다. 즉, 수익성이 있는 채권을 구입하기 위해 화폐를 보유한다는 것이다. 채권이 저렴할 때 구입해 비쌀 때 되팔아야 차익을 얻을 수 있는데, 채권이 비쌀 경우 사람들은 채권의 가격이 낮아질 때까지 일시적으로 화폐를 보유한다고 케인즈는 설명한다. 이를 투기적 동기에 의한 화폐수요라고 한다.

ㄱ 채권의 가격과 이자율, 투기적 동기에 의한 화폐수요

채권의 가격과 이자율은 역의 관계를 갖는다. 채권의 가격이 높으면 이자율이 낮고, 채권의 가격이 낮으면 이자율이 높다. 따라서 이자율이 높을 경우 투기적 동기에 의한 화폐수요는 감소하고, 이자율이 낮을 경우는 그 반대이다. 즉, 투기적 화폐수요는 이자율의 감소함수이다. 투기적 동기에 의한 화폐수요에 의할 경우 이자율은 화폐보유에 따른 기회비용인 셈이다.

> • 이자율이 낮을 때(= 채권의 가격이 높을 때) → 투기적 동기에 의한 화폐수요 증가
> • 이자율이 높을 때(= 채권의 가격이 낮을 때) → 투기적 동기에 의한 화폐수요 감소

보충학습 채권가격과 이자율이 역의 관계인 이유

이자(r) 10%를 합쳐 1년 후에 총 100만원을 갚기로 했다고 가정하자. 그렇다면 현재 얼마를 빌려줘야 하는지는 다음과 같이 구해진다. 따라서 현재 빌려주는 돈은 약 90.9만원($= \frac{100}{1.1}$) 가량이 된다.

$$A \times (1+r) = A \times (1+0.1) = 100만원$$

한편, 누군가 이러한 내용이 담긴 증서를 90만 9천원에 구입한다면, 10%의 이자를 지급받는 증서를 구입한 셈이 된다. 이처럼 미래의 특정시점에 얼마의 금액을 주기로 약속하는 증서가 바로 채권(bond)이고 90만 9천원은 채권의 가격이 된다. 즉, 채권의 가격은 다음과 같이 구해진다.

$$P_B = \frac{\text{미래에 지급하기로 한 금액}}{1+r}$$

이자 20%를 지급하여, 1년 후에 총 100만원을 지급하는 채권이 있다면 채권의 가격은 약 83만원($=\frac{100}{1.2}$)이 된다. 이처럼 이자율이 증가할수록 채권의 가격은 낮아지게 된다.

ⓛ 투기적 동기에 의한 화폐수요와 유동성 함정

한편, 케인즈는 사람들이 더 이상 오르지 않고 혹은 더 이상 낮아지지 않을 것으로 예상하는 이자율 수준이 존재한다고 생각했다. 이자율이 더 이상 오를 수 없다고 생각하는 가장 높은 수준(r_0)에서는 채권 가격이 가장 낮게 되므로 이때의 투기적 동기에 의한 화폐수요는 0이다. 반면에 더 이상 낮아질 수 없다고 생각하는 가장 낮은 수준(r_1)에서는 모든 채권을 팔아서 화폐 형태로 보유하게 된다. 따라서 이자율 r_1일 때는 투기적 화폐수요가 이자율에 대한 무한 탄력적이게 되는데, 케인즈는 이를 유동성 함정(liquidity trap)이라고 했다.

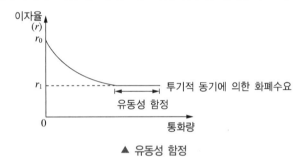

▲ 유동성 함정

(3) 케인즈의 화폐수요 함수

케인즈는 사람들이 유동성을 보유하기 위해 화폐를 수요하며 유동성을 보유하는 이유를 거래적, 예비적, 투기적 동기에서 찾았다. 이 중 거래적, 예비적 동기에 의한 화폐수요는 소득에 비례하고, 투기적 동기에 의한 화폐수요는 이자율이 반비례한다. 따라서 케인즈의 화폐수요는 다음과 같이 표현할 수 있다. 즉, 케인즈에 의하면 화폐수요는 소득(실질국민총생산)이 증가하거나 이자율이 감소하면 증가한다.

$$M^D = P \cdot L(Y, r)$$

① 실질 국내총생산(Y)의 증가함수, 이자율(r)의 감소함수

케인즈에 의할 경우 다른 조건이 같다면($\overline{P}, \overline{Y}$) 화폐수요는 이자율과 역의 관계를 갖기 때문에 「통화량-이자율 평면」에서 우하향하는 모양의 그래프를 갖게 된다. 이는 다른 조건이 같다면 이자율이 상승할 경우 채권의 가격이 낮아지기 때문에, 이때 화폐를 보유하는 것은 화폐보유의 기회비용이 상승함을 의미하고 따라서 사람들은 화폐수요량을 줄이게 된다. 반대로 이자율

이 하락하면 채권의 가격이 높아 화폐보유의 기회비용이 작으므로 사람들은 화폐수요량을 증가시키게 된다.

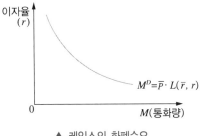

▲ 케인스의 화폐수요

② 화폐수요곡선의 이동
　㉠ 물가(P)의 변화
　　물가가 상승하면 모든 재화와 서비스의 가격이 증가하게 되어 거래를 위해서는 더 많은 화폐를 보유해야 한다. 즉, 다른 모든 조건이 같은 상황에서 물가가 10% 상승하면 각 이자율 수준에서 화폐수요량도 10% 증가하게 된다. 따라서 화폐수요곡선이 우측으로 이동(M_0^D→M_1^D)하게 된다. 물가가 하락하는 경우는 반대로 화폐수요곡선이 좌측으로 이동한다.
　㉡ 실질 국내총생산(Y)의 변화
　　실질 국내총생산의 증가는 한 국가 경제에 판매되는 재화와 서비스의 양이 증가했다는 것을 의미한다. 그리고 이는 각 가계와 기업의 소득과 이윤이 증가했다는 것을 의미한다. 따라서 각 경제주체들은 더 큰 만족을 얻기 위해 재화와 서비스의 소비를 늘리게 되고, 그 과정에서 화폐를 더 많이 수요하게 된다. 따라서 화폐수요곡선은 우측으로 이동(M_0^D→M_1^D)한다.
　㉢ 신용카드사용의 증가
　　신용카드의 등장으로 인해 사람들은 화폐를 보유하지 않아도 얼마든지 재화와 서비스를 거래할 수 있게 되었다. 따라서 화폐수요가 감소하는 경향이 있다. 신용카드 외에도 현금자동인출기의 증가, 인터넷 머니 등 새로운 지불수단의 등장은 화폐수요를 감소시키는 요인이다. 이 경우 화폐수요곡선은 좌측으로 이동(M_0^D→M_2^D)한다.

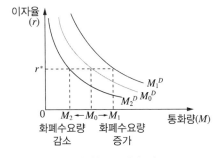

▲ 화폐수요곡선의 이동

04 균형 이자율의 형성

1. 화폐시장의 수요와 공급

케인즈는 이자율이 화폐시장에서의 수요와 공급에 의해 결정된다고 주장했다. 화폐의 공급은
이자율과 무관하게 중앙은행이 독자적으로 결정한다. 따라서 중앙은행이 공급하고자 하는 화폐량
수준에서 수직의 모양을 갖는다. 한편 화폐수요는 이자율에 대해 감소함수이기 때문에 통화량-이
자율 평면에서 우하향의 모양을 갖는다. 따라서 화폐시장에서 균형 이자율(r^*)은 다음과 같이
결정된다.

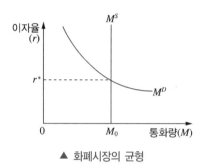

▲ 화폐시장의 균형

2. 화폐수요와 공급의 변화

화폐수요 혹은 공급이 변할 경우 균형 이자율이 달라진다. 물가가 상승하거나 실질국민총생산이
증가하는 경우 화폐수요는 증가하여 화폐수요곡선이 우측으로 이동($M_0^D \rightarrow M_1^D$)하면 이자율이
상승($r_0 \rightarrow r_1$)하게 된다. 반면 중앙은행이 어떤 이유로 화폐공급을 증가($M_0^S \rightarrow M_1^S$)시키면 수직
의 화폐공급곡선이 우측으로 이동해 이자율은 하락($r_0 \rightarrow r_2$)하게 된다.

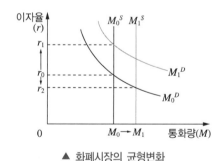

▲ 화폐시장의 균형변화

01   경제학에서 지폐, 동전과 같은 것들을 화폐로 정의한다.

02   화폐의 기능에는 교환의 매개수단, 가치의 저장수단, 회계의 단위 등이 있다.

03   경제 내에 유통되는 화폐의 양을 측정하는 척도를 '통화지표'라고 하며, 경제 내에 유통되는 화폐의
      양을 '통화량'이라고 한다.

04   협의통화(M1)에서 광의유동성(L)으로 갈수록 유동성이 높아진다.

05   통화보유주체는 예금취급기관과 중앙정부를 제외한 모든 거주자 단위가 포함된다.

06   지불준비금은 은행이 부분지급준비제도를 운영하기 위해 대출에 사용하지 않고 남겨준 예금액을
      의미한다.

07   법정준비율이 10%인 A국에서 A은행에 최초로 100만원의 예금이 발생했다면 신용창조액은 900만
      원이다.

08   교환방정식은 교환의 매개수단으로서의 기능에 초점을 맞춘 것으로 일정기간 동안의 생산물 총거래
      액은 그 기간의 화폐지불액과 같다는 것을 나타낸다.

09   유동성이란 얼마나 자산을 빨리 증가하는지를 나타내는 개념이다.

10   케인즈가 말한 유동성 선호의 이유에서 예비적 동기란 수익성이 있는 자산에 투자하기 위해서라고
      주장하였다.

● 정답 및 해설

01   경제학에서 화폐에 대한 딱 떨어지는 정의는 없으며, 화폐의 본질을 무엇으로 보느냐에 따라 그 정의가 다르다.

04   협의통화(M1)에는 시중유통현금과 결제성 예금으로 정의되고, 광의유동성(L)은 여기에 정기예적금, 시장성 금융
      상품, 실적배당형 금융상품, 기타예금 및 금융채, 만기 2년 이상의 장기금융상품, 생명보험회사의 보험계약준비
      금, 증권회사의 예수금, 유가증권 등이 포함된다. 즉, 광의유동성으로 갈수록 유동성이 낮아지는 것들도 화폐에
      포함된다.

07   신용창조액은 최초예금발생액 $\times \dfrac{1}{1-법정지급준비율}$ 으로 정의되므로, 이를 계산하면 약 111만원이다.

09   유동성이란 자산의 손실 없이 얼마나 빨리 교환의 매개수단으로 교환될 수 있는지를 나타내는 개념이다.

10   케인즈가 주장한 유동선 선호의 이유에는 거래적 동기, 예비적 동기, 투기적 동기가 있다. 거래적 동기란 소득을
      얻는 시점과 지출시점의 시차를 메우고 소득이 발생하지 않는 시점에도 거래를 하기 위함이다. 예비적 동기는
      예상치 못한 지출에 대비하기 위해 화폐를 보유하는 것이고, 투기적 동기는 수익성이 있는 자산에 투자하기 위해서
      이다.

정답 01 X 02 O 03 O 04 X 05 O 06 O 07 X 08 O 09 X 10 X

01

확인학습문제

#본원통화, #통화승수, #중앙은행, #지급준비예치금

Level 0

본원통화에 대한 다음의 설명 중 옳지 않은 것은?

① 본원통화는 화폐발행액과 일치한다.

② 국제수지가 적자이면 본원통화가 줄어든다.

③ 통화량은 본원통화에 통화승수를 곱해야 한다.

④ 중앙은행이 예금은행에 대한 대출을 늘리면 본원통화가 증가한다.

⑤ 중앙은행이 공개시장에서 국공채를 매각하면 본원통화가 감소한다.

해설 본원통화는 화폐발행액과 중앙은행 지급준비예치금으로 구분된다. 화폐발행액은 민간이 보유한 현금통화와 은행이 보유한 시재금의 합을 의미한다.

오답 노트

② 국제수지의 적자는 수입이 수출보다 크다는 것을 의미한다. 해외에 수입 대금을 지급하기 위해서는 외화시장에서 외화를 확보하기 위해서는 원화를 외화로 환전해야 하므로 본원통화가 줄어든다.

③ 본원통화가 1단위 공급되었을 때 통화량이 얼마나 증가하는지를 보여준다. 본원통화에 통화승수를 곱하면 통화량이 된다.

④ 중앙은행이 대출을 늘리면 본원통화의 정의에 의해 본원통화가 증가한다.

⑤ 중앙은행이 공개시장에 국공채를 매각하면, 시장에서는 국공채를 매입하면서 그 대가로 통화를 중앙은행에 지급하므로 시중의 본원통화는 감소한다.

정답 ①

#지급준비금, #초과지불준비금, #시재금

A은행의 초과지급준비금이 0인 상황에서 甲은행이 A은행에 예치했던 요구불예금 5,000만원의 인출을 요구하자 A은행은 보유하고 있는 시재금을 활용하여 지급하였다. 이 경우 A은행의 상황으로 옳은 것은?(단, 요구불예금에 대한 법정지급준비율은 15%이다)

① 고객의 요구불예금 잔고가 750만원 감소한다.
② 고객의 요구불예금 잔고가 4,250만원 감소한다.
③ 지급준비금이 법정기준보다 750만원 부족하게 된다.
④ 지급준비금이 법정기준보다 4,250만원 부족하게 된다.
⑤ 지급준비금에 변화가 발생하지 않는다.

해설 지불준비금은 실제지불준비금과 초과지불준비금의 합계이다. 실제지불준비금은 은행에 남겨둔 예금(시재금)과 중앙은행예치금의 합계이다. 그리고 초과지불준비금은 지불준비금에서 법정지불준비금을 제외한 금액이다. 이를 정리하면 다음과 같다.

- 지불준비금 = 실제지불준비금 + 초과지불준비금
  = (시재금 + 중앙은행 예치금) + (지불준비금 − 법정지불준비금)
- 초과지불준비금 = 0원 ⇒ 지불준비금 − 법정지불준비금 = 0
  ⇒ 지불준비금 = 법정지불준비금
- 지불준비금 = (시재금 + 중앙은행 예치금) + (지불준비금 − 법정지불준비금)
  ⇒ 법정지불준비금 = 시재금 + 중앙은행 예치금

이러한 상황에서 요구불예금 5,000만원이 인출되었고, 이를 시재금에서 지급했다. 따라서 시재금은 5,000만원이 감소하게 된다. 한편, 5,000만원의 인출로 법정지불준비금도 변하게 된다. 5,000만원의 15%에 해당하는 750만원만큼 법정지불준비금을 덜 보유해도 되기 때문이다. 법정지불준비금의 감소는 초과지불금도 변화시킨다. 즉, 초과지불준비금이 「지불준비금 − 법정지불준비금」으로 계산되기 때문이다. 따라서 초과지불준비금은 750만원만큼 증가된다. 결과적으로 지불준비금은 법정지불준비금보다 4,250만원 부족하게 된다. 이 과정은 다음과 같이 표현가능하다.

- 지불준비금 = (시재금 + 중앙은행 예치금) + (지불준비금 − 법정지불준비금)
  ⇒ 법정지불준비금 = 시재금+중앙은행 예치금
- 예금액 5,000만원 인출 ⇒ 시재금 5,000만원 감소
- ⊿법정지불준비금 = −750만원(= 5,000만원 × 15%)
- ⊿초과지불준비금 = ⊿(지불준비금 − 법정지불준비금) = +750만원
- 지불준비금 = (시재금 + 중앙은행 예치금) + 초과지불준비금
- ⊿지불준비금 = −5000 + 750 = −4,250만원

정답 ④

Level 0

다음은 전통적 화폐수량설에 관한 문제이다. A국은 우유와 빵만을 생산하며 그 생산량과 가격은 아래 표와 같다. 2021년도의 통화량이 20억원이면 2022년도의 통화량은?(단, 통화의 유통속도는 2021년도와 2022년도에 동일하다)

연 도	우 유		빵	
	가격(원/병)	생산량(백만병)	가격(원/개)	생산량(백만개)
2021년	250	40	200	10
2022년	300	40	400	15

① 20억원
② 25억원
③ 30억원
④ 35억원
⑤ 40억원

해설 전통적 화폐수량설은 고전학파의 교환방정식을 의미한다. 이는 교환의 매개수단으로서의 기능을 강조한 이론으로서 암묵적으로 화폐수요의 이유를 설명하고 있다. 한편 교환방정식에 따르면 물가의 상승은 통화량의 증가에 의해서 가능하게 된다. 고전학파의 교환방정식을 표현하면 다음과 같다.

$$\text{물가}(P) \times \text{실질 국내총생산}(Y) = \text{통화량}(M) \times \text{화폐의 거래유통속도}(V)$$

한편, 문제에서 각 연도의 명목 GDP($P \times Y$)를 구할 수 있는 정보와 통화량 정보가 주어져 있기 때문에 2022년의 화폐유통속도(V)를 구할 수 있다. 2021년도와 2022년도의 명목 GDP를 구한 다음 2021년도의 화폐유통속도를 기준으로 2022년도의 화폐유통속도를 살펴보면 다음과 같다.

- $nominal \; GDP_{2021} = (250 \times 40) + (200 \times 10) = 120$억원
- $nominal \; GDP_{2022} = (300 \times 40) + (400 \times 15) = 180$억원
- 화폐유통속도(V_{2021}) $\Rightarrow$ 120억원 = 20억원 $\times V_{2021} \Rightarrow V_{2021} = 6$
- 화폐유통속도(V_{2022}) $\Rightarrow$ 180억원 = $M_{2022} \times V_{2022} = M_{2022} \times 6 \Rightarrow M_{2022} = 30$억원

정답 ③

A국가의 명목 GDP는 40,000달러이고, 통화량은 16,000달러이다. 이 나라의 물가수준이 20% 상승하고, 통화량이 10% 증가하며 실질 GDP가 10% 증가할 경우 화폐유통속도는 얼마인가?

① 2   ② 2.5

③ 3   ④ 3.5

⑤ 4

해설 고전학파의 교환방정식에 따르면 화폐유통속도는 명목 GDP를 통화량으로 나눈 것과 같다. 즉, 화폐유통속도는 다음과 같이 표현되므로, 우리 문제의 조건인 명목 GDP(PY) 40,000달러, 통화량 16,000달러의 조건에서는 화폐유통속도(V)는 2.5이다.

$$\text{화폐의 거래유통속도}(V) = \frac{P \times Y}{M} \rightarrow \frac{40,000}{16,000} = 2.5$$

한편, 물가수준이 20%, 통화량이 10%, 실질 GDP가 10% 상승할 경우의 화폐유통속도는 다음과 같이 구해진다. 즉, 화폐유통속도는 20% 상승한다. 기존 화폐유통속도 2.5에서 20% 증가한 화폐유통속도는 3이 된다.

$$MV = PY \Rightarrow \frac{\Delta M}{M} + \frac{\Delta V}{V} = \frac{\Delta P}{P} + \frac{\Delta Y}{Y} = 10\% + \frac{\Delta V}{V} = 20\% + 10\% \Rightarrow \frac{\Delta V}{V} = 20\%$$

정답 ③

#지불준비금의 정의, #본원통화의 정의, #본원통화의 증가

01 다음은 중앙은행의 본원통화와 관련된 설명이다. 옳지 않은 것을 고르시오.

① 재정적자가 증가하면 본원통화는 증가한다.
② 중앙은행의 예금은행에 대한 대출이 증가하면 본원통화가 감소한다.
③ 수출이 증가하면 본원통화가 증가한다.
④ 외채 상환액이 증가하면 본원통화는 감소한다.
⑤ 중앙은행의 유가증권 매입액이 증가하면 본원통화는 증가한다.

해설

본원통화는 중앙은행의 창구를 통해 밖으로 나온 현금이다. 이러한 현금의 일부는 민간이 보유하거나 아니면 은행으로 들어가 지불준비금의 형태로 보유된다. 지불준비금은 고객의 인출요구에 대응하기 위하여 예금액의 일부를 대출에 사용하지 않고 남겨두는 예금액으로서 은행에 예금형태로 보유(시재금)되거나 중앙은행 계좌에 예치(중앙은행 지급준비예치금)하는 형태로 남겨진다. 본원통화는 이처럼 현금통화와 지불준비금의 합계를 의미한다.

- 지불준비금 = 은행에 남겨둔 예금(시재금) + 중앙은행 지급준비예치금
- 본원통화(MB) = 현금통화 + 지불준비금
  = 현금통화 + (시재금 + 중앙은행 지급준비예치금)
  = 화폐발행액 + 중앙은행 지급준비예치금

중앙은행이 예금은행에 대한 대출을 증가시키면 예금은행의 대출여력은 높아지고, 이로 인해 예금액이 늘어나 지불준비금도 함께 증가하게 된다. 따라서 중앙은행의 예금은행에 대한 대출 증가는 본원통화의 증가요인이 된다.

오답노트

재정적자는 정부의 조세수입 대비 정부지출이 더 많은 상태를 의미한다. 일반적으로 재정적자가 증가할 경우 화폐발행을 통해 이를 해결하게 되고, 이는 본원통화의 증가요인이 된다. 한편, 수출이 증가하면 외국으로부터 달러가 유입되고, 이러한 달러가 원화로 교환되는 과정에서 본원통화가 증가하게 된다. 그리고 외채 상환액이 증가하면 달러가 유출되므로 본원통화는 감소하게 된다. 한편, 중앙은행의 유가증권 매입액이 증가하면 중앙은행이 시중은행에 유가증권 매입에 따른 대가로 지급하는 화폐가 증가해 본원통화 역시 증가하게 된다.

02 다음 중 본원통화를 증가시키는 경우에 해당하는 것을 모두 고르시오.

> ㉠ 중앙은행이 법정지급준비율을 인하하는 경우
> ㉡ 중앙은행이 통화안정증권을 매입하는 경우
> ㉢ 중앙은행이 시중은행에 대출을 하는 경우
> ㉣ 중앙은행이 외환시장에서 외환을 매입하는 경우
> ㉤ 우리나라의 대외무역거래 중 수출의 감소
> ㉥ 외채 상환액의 증가

① ㉠, ㉡, ㉢　　　　　　　　　　② ㉡, ㉢, ㉣
③ ㉠, ㉢, ㉣　　　　　　　　　　④ ㉢, ㉤, ㉥
⑤ ㉠, ㉡, ㉢, ㉣

해설

본원통화는 중앙은행 창구 밖으로 나온 현금으로서 화폐발행액과 중앙은행 지급준비예치금의 합계를 의미한다. 중앙은행이 통화안정증권을 매입하면 그 대가로 시중은행에 현금을 지급한다. 따라서 시중은행에 현금이 많아지게 되고 이는 본원통화의 증가로 연결된다. 한편, 중앙은행이 시중은행에 대출하는 경우도 마찬가지이다. 시중은행이 보유하는 현금이 많아지면 본원통화는 증가한다. 한편, 중앙은행이 외환시장에서 외환을 매입하는 경우 매입대가로 현금을 지급하여 본원통화가 증가하게 된다.

오답노트

법정지급준비율은 예금액의 일정부분을 예금자의 인출요구에 대비하기 위해 의무적으로 남겨둬야 하는 비율을 의미한다. 이 비율이 낮을수록 시중은행은 대출에 활용할 수 있는 자금이 많아지고, 높을수록 대출에 활용 가능한 자금이 적어진다. 하지만 법정지급준비율의 인하는 통화(신용)승수에 영향을 미친다. 통화승수란 신용창조의 과정을 통해 본원통화에 비해 통화량이 몇 배로 증가하는지를 나타낸다. 통화승수는 법정지급준비율의 역수로 구해지며 다음과 같이 표현가능하다. 즉, 법정지급준비율의 인하는 본원통화가 아닌 통화승수를 증가시켜 통화량을 증가시킨다.

$$신용승수 = S \times \frac{1}{r}$$

03 A씨는 현금 1,000만원을 은행에 예금했다. 통화량 증가에 미치는 영향으로 옳은 것은?

꼭 나오는 유형 ✱

① 통화량은 즉시 1,000만원 증가한다.
② 통화량은 즉시 1,000만원 감소한다.
③ 통화량의 즉각적인 변화는 없지만, 이후에 통화량 1,000만원보다 증가한다.
④ 통화량의 즉각적인 변화는 없지만, 이후에 통화량 1,000만원보다 감소한다.
⑤ 통화량의 즉각적인 변화도, 이후의 변화도 존재하지 않는다.

해설

통화량이란 현금통화와 예금통화의 합을 의미한다. 현금통화는 일반적인 법정통화를 의미하고, 예금통화는 신용 창조에 의해 예금되어 있는 요구불예금을 의미한다. 따라서 현금통화 1,000만원을 예금하면 현금통화 1,000만원 이 감소하고 예금통화 1,000만원이 증가한다. 따라서 전체 합계 통화량은 변화가 없다. 그러나 예금은행이 1,000 만원을 대출하면 신용창조과정을 통해 더 많은 통화량이 창조되므로 이후의 통화량은 1,000만원보다 증가하게 된다.

오답 노트

신용창조란 시중은행이 담당하는 화폐창조를 의미한다. 시중은행이 없다면 중앙은행이 발권한 화폐와 시중에 유통 중인 현금의 규모는 동일할 수밖에 없다. 하지만 부분지급준비제도를 운영하는 시중은행의 존재로 인해 이 둘은 같을 수가 없다. 신용창조는 대출을 통해 발생한다. 대출된 자금은 대출자의 금고에 보관될 수도 있고, 다시 은행에 예금되어 예금액이 되기도 한다. 그리고 이렇게 대출을 통해 예금된 금액의 일부는 다시 대출자금이 된다. 따라서 시중에 유통 중인 현금은 중앙은행이 발권한 화폐양보다 훨씬 많게 된다. 이처럼 시중은행에 의한 화폐공급을 신용창조(credit creation)라고 한다.

04 현재 은행의 초과지불준비금이 10조원이다. 이때 법정지급준비율이 10%에서 20%로 상승하면 예금창조액은 얼마만큼 변화하는가?

① 25조원 증가
② 25조원 감소
③ 50조원 증가
④ 50조원 감소
⑤ 변화없음

해설

초과지불준비금은 예금액 가운데 법정지급준비율만큼 남겨두고 남은 예금액을 의미한다. 즉, 대출에 사용할 수 있는 예금액을 의미한다. 따라서 신용승수의 크기를 구하면 초과지불준비금의 몇 배에 해당하는 통화량이 신용창조되는지를 살펴볼 수 있다. 신용승수는 법정지급준비율의 역수로 구해지므로, 신용창조액의 규모는 법정 지급준비율이 10%일 때와 20%일 때 각각 다음과 같다. 따라서 예금창조액 규모는 100조원에서 50조원으로 50조원만큼 감소한다.

- 법정지급준비율(r) 10% : 신용승수 $= \dfrac{1}{r} = \dfrac{1}{0.1} = 10$
- 법정지급준비율(r) 20% : 신용승수 $= \dfrac{1}{r} = \dfrac{1}{0.2} = 5$

05 본원적 예금이 5,000만원이고, 은행의 법정지급준비율이 20%인 경우 총예금창조액 규모는 얼마인가?

① 5천만원
② 1억원
③ 1억 5천만원
④ 2억원
⑤ 2억 5천만원

해설

신용승수는 초과지불준비금의 몇 배가 신용 창조되는지를 알려주는 개념이다. 신용승수는 법정지급준비율의 역수로 구해진다. 법정지급준비율이 20%일 때 신용승수는 다음과 같다. 따라서 본 문제에서 초과지불준비금은 4,000만원(5,000만원 − 1,000만원)이 되고, 신용창조액은 4,000만원의 5배인 2억원이 된다.

> • 법정지급준비율(r) 20% : 신용승수 $= \dfrac{1}{r} = \dfrac{1}{0.2} = 5$

오답노트

> 신용승수는 초과지불준비금의 몇 배가 신용창조되는지를 나타내는 개념이다. 부분지급준비금제도 하에서는 본원적 예금 전체가 대출에 활용될 수 있는 것이 아니기 때문에 본원적 예금에 신용승수를 곱해 신용창조액을 구해서는 안 된다.

06 다음 중 교환방정식에 대한 설명으로 옳은 것은?

① 화폐공급량 ÷ 화폐 유통속도 = 명목 GDP
② 화폐공급량 ÷ 화폐 유통속도 = 실질 GDP
③ 화폐공급량 × 명목 GDP = 화폐유통속도
④ 화폐유통속도 × 화폐공급량 = 명목 GDP
⑤ 화폐유통속도 × 화폐공급량 = 실질 GDP

해설

교환방정식(equation of exchange)은 교환의 매개수단으로서의 기능에 초점을 맞춘 것으로 일정기간 동안의 생산물 총거래액(좌변)은 그 기간의 화폐지불액(우변)과 같다는 것을 나타낸다. 이는 다음과 같이 표현할 수 있다.

> 물가(P) × 실질 국내총생산(Y) = 통화량(M) × 화폐의 거래유통속도(V)

교환방정식에서 화폐유통속도(V)가 안정적이기 때문에 산출량의 명목가치(명목 GDP, PY)는 통화량(M)에 비례한다는 것을 의미한다. 한편, 실질 국내총생산(Y)은 요소부존량과 생산기술에 의해서 결정되는 변수이기 때문에 통화량과 무관하다. 따라서 중앙은행이 화폐의 공급량(M)을 늘리면 물가수준(P)이 비례적으로 상승한다. 이는 통화량 증가속도($\dfrac{\Delta M}{M}$)가 높아지는 만큼 물가의 상승 속도($\dfrac{\Delta P}{P}$, 인플레이션)도 빨라진다는 것을 의미한다.

고전학파의 화폐수요 이론은 화폐의 거래유통속도(velocity of money)에서 출발한다. 화폐의 유통속도(V)는 경제 내의 화폐 한 단위가 일정기간 동안 평균적으로 몇 번이나 사용되었는지를 나타낸다. 한 해 동안 총 100만원의 거래가 있었고, 이때 경제 내의 화폐공급량이 10만원이라면 화폐유통속도(V)는 10이 된다. 화폐유통속도는 다음과 같이 표현할 수 있다. 한편, 고전학파는 화폐유통속도가 매우 안정적이라고 생각했다. 화폐의 유통속도는 금융기관의 발달정도, 화폐 사용 관습 등에 의존하는데, 해당 요인들은 단기간에 바뀔 수 있는 요인들이 아니기 때문에 안정적이라고 보았다. 참고로 케인즈는 화폐의 거래유통속도는 이자율에 민감하게 변하기 때문에 안정적이지 않다고 보았다.

$$화폐의\ 거래유통속도(V) = \frac{P \times Y}{M}$$

#화폐수량설, #화폐유통속도, #화폐의 중립성

08 다음은 화폐수량설에 따른 화폐수량방정식($M \times V = P \times Y$)이다. 이에 관한 설명으로 옳은 것을 고르시오(단, M은 통화량, V는 화폐유통속도, P는 산출물의 가격, Y는 산출량이다).

① 장기적으로 화폐의 중립성이 성립하지 않는다는 것을 보여준다.
② 화폐유통속도는 관습과 제도에 의해 결정되기 때문에 안정적이다.
③ 중앙은행의 통화량 증가는 물가의 변화와 무관함을 보여준다.
④ 중앙은행이 통화량을 증가시키면 장기적으로 산출량이 증가함을 보여준다.
⑤ 중앙은행이 통화량을 증가시키면 산출량이 비례적으로 증가한다.

해설

고전학파의 화폐수요이론은 화폐수량설이다. 이는 물가는 통화량에 의해 결정된다는 이론이다. 통화공급이 통화수요보다 많아지면 화폐시장에서 초과공급이 발생하고, 많아진 통화량으로 인해 생산물에 대한 초과수요가 발생해 물가가 상승한다는 것이다. 교환방정식은 화폐수량설의 대표적인 예이다. 교환방정식은 교환의 매개수단으로서의 화폐 기능에 초점을 맞춘 것으로서, 일정기간 동안의 생산물 총거래액(좌변)은 그 기간의 화폐지불액(우변)과 같다는 것을 나타낸다. 이를 표현한 것이 문제에 제시된 화폐수량방정식($M \times V = P \times Y$)이다. 한편, 고전학파는 화폐의 거래유통속도는 제도와 관습에 의해 결정되기 때문에 매우 안정적이라고 보았다. 화폐유통속도(V)란 경제 내의 화폐 한 단위가 일정기간 동안 평균적으로 몇 번이나 사용되었는지를 나타내는 개념이다. 한 해 동안 총 100만 원의 거래가 있었고, 이 때 경제 내의 화폐공급이 10만원이라면 화폐유통속도(V)는 10이 된다는 의미를 내포한다.

고전학파의 화폐수량설은 물가의 변화는 통화량의 변화에 의해 결정된다고 설명함으로써 통화량의 변화가 실물에 영향을 미치지 못한다는 것을 설명하고 있다. 이를 화폐의 중립성이라고 한다. 고전학파의 화폐수량설은 교환의 매개수단으로서의 화폐기능을 강조하며 암묵적으로 화폐수요를 설명하는 반면, 현금잔고방정식은 교환의 매개수단과 가치저장수단으로서의 화폐를 강조하며, 직접적으로 화폐수요의 동기를 밝히고 있는 이론이다. 현금잔고방정식은 다음과 같이 표현가능하다.

$$M^D = kPY$$

09 다음을 읽고 ㉠~㉢에 들어갈 말로 알맞은 것을 고르시오.

> 케인즈는 화폐수요를 거래적 동기, 예비적 동기 그리고 투기적 동기로 분류하면서 거래적 동기 및 예비적 동기는 (㉠)에 의존하고, 투기적 동기는 (㉡)에 의존한다고 주장했다. 특히 (㉡)이 낮을 때 채권가격이 (㉢), 투자자의 채권투자 의욕이 낮은 상황에서 투기적 동기에 따른 화폐수요가 (㉣)고 하였다.

	㉠	㉡	㉢	㉣
①	소득	이자율	높고	작다
②	소득	이자율	높고	크다
③	이자율	소득	높고	크다
④	이자율	소득	낮고	작다
⑤	소득	이자율	낮고	크다

해설

케인즈는 사람들이 유동성을 선호하기 때문에 화폐를 수요한다고 주장했다. 유동성이란 자산의 손실없이 얼마나 빨리 교환의 매개수단으로 사용할 수 있는지를 나타내는 개념이다. 화폐는 유동성이 가장 높은 대신 수익성이 존재하지 않는 자산이다. 케인즈는 유동성을 선호하는 이유를 거래적, 예비적, 투기적 동기로 설명했다. 거래적 동기는 소득을 얻는 시점과 지출시점의 시차를 메우고 소득이 발생하지 않는 시점에도 거래를 하기 위해 화폐를 보유하는 것으로 소득이 커지면 거래규모도 커지기 때문에 소득의 증가함수이다. 예비적 동기는 예측하기 어려운 미래를 대비하기 위한 것으로 역시나 소득의 증가함수이다. 한편 투기적 동기는 수익성 있는 채권을 구입하기 위해서 화폐를 보유한다는 내용으로, 채권이 저렴할 때 되팔아야 차익을 얻을 수 있기 때문에 채권의 가격이 낮아질 때까지 일시적으로 화폐를 수요한다는 것이다. 채권의 가격은 이자율과 역의 관계를 갖기 때문에 투기적 동기는 이자율에 의존하게 된다.

10 케인즈의 이자율 결정에 관한 설명으로 옳은 것은?

① 소득수준이 상승하면 화폐수요가 감소한다.
② 화폐수요가 감소하면 이자율은 상승한다.
③ 통화당국이 화폐공급을 증대시키면 이자율이 하락한다.
④ 통화량이 증가하면 총수요가 감소한다.
⑤ 이자율은 화폐수요와 공급과 무관하게 외생적으로 결정된다.

해설

케인즈는 이자율이 화폐시장에서의 화폐수요와 공급에 의해 결정된다고 설명했다. 화폐의 공급은 이자율과 무관하게 중앙은행이 독자적으로 결정하기 때문에 중앙은행이 공급하고자 하는 화폐량 수준에서 수직의 형태를 갖는다. 한편 화폐수요는 이자율의 감소함수이기 때문에 통화량-이자율 평면에서 우하향의 모양을 갖는다. 따라서 통화당국이 화폐공급을 증대시키면 화폐시장에서 초과공급이 발생해 화폐의 가격인 이자율이 감소하게 된다.

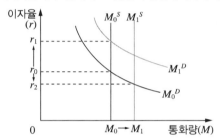

오답 노트

케인즈는 소득수준이 상승하면 소비규모가 늘어나기 때문에 화폐에 대한 수요가 증가한다고 주장했다. 화폐수요가 증가하면 화폐시장에서 화폐수요곡선이 우측으로 이동해 이자율이 상승하게 된다. 한편, 총수요를 구성하는 항목 중 투자는 이자율의 감소함수이다. 이자율의 상승은 투자의 원천이 되는 차입금의 대가가 커진다는 것을 의미하기 때문에 이자율이 상승하면 투자가 감소하기 때문이다. 따라서 화폐수요의 증가는 투자의 감소를 야기해 총수요를 감소시키게 된다. 그러나 화폐시장에서 통화량의 증가는 화폐공급곡선을 우측으로 이동해 이자율을 감소시켜, 총수요의 증가요인으로 작용한다. 이처럼 케인즈의 이론에서 이자율은 화폐의 수요와 공급에 의해 결정된다.

11 다음을 읽고 (   ) 안에 들어갈 알맞은 말로 옳게 짝지어진 것은? 🔴 나오는 유형 *

> 채권가격이 더 이상 상승할 수 없을 정도로 높은 경우, 채권가격이 하락할 것으로 예상되어 자산을 화폐형태로 보유하려고 한다. 따라서 화폐공급량이 증가하여도 채권가격은 더 이상 (㉠)하지 않고 (㉡)만 그만큼 증가한다. 즉, 화폐수요의 이자율 탄력도가 무한대가 되는 (㉢)에 빠진다.

	㉠	㉡	㉢
①	상승	화폐수요량	유동성 함정
②	하락	화폐수요량	유동성 함정
③	상승	화폐보유	정책함정
④	하락	화폐보유	정책함정
⑤	하락	화폐보유	유동성 함정

해설

케인즈는 사람들이 더 이상 오르지 않고 혹은 더 이상 낮아지지 않을 것으로 예상하는 이자율 수준이 존재한다고 생각했다. 이자율이 더 이상 오를 수 없다고 생각하는 가장 높은 수준(r_0)에서는 채권 가격이 가장 낮게 되므로 이때의 투기적 동기에 의한 화폐수요는 0이다. 반면에 더 이상 낮아질 수 없다고 생각하는 가장 낮은 수준(r_1)에서는 모든 채권을 팔아서 화폐 형태로 보유하게 된다. 따라서 이자율 r_1일 때는 투기적 화폐수요가 이자율에 대한 무한 탄력적이게 되는데, 케인즈는 이를 유동성 함정(liquidity trap)이라고 했다.

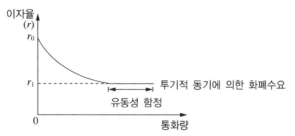

한편 채권가격과 이자율의 역의 관계를 갖는다. 이자율이 상승하면 채권가격이 낮아지고, 이자율이 하락하면 채권가격이 높아진다. 이를 표현하면 다음과 같다. 따라서 화폐공급량이 증가하여 이자율이 하락하여도 채권가격은 더 이상 증가하지 않고 화폐수요량만 그만큼 증가한다. 이를 화폐수요의 이자율 탄력도가 무한대인 유동성 함정이라고 한다.

$$P_B = \frac{\text{미래에 지급하기로 한 금액}}{1+r}$$

오답 노트 ▪ 정책함정은 경기를 부양하기 위한 통화 및 재정정책의 시행에도 불구하고 경기가 좋아지지 않는 현상으로 정책이 함정에 빠진 것과 같이 무력하다는 의미에서 붙여진 현상이다.

12 다음 글의 밑줄 친 ⊙~ⓒ에 들어갈 알맞은 말을 고르시오.

> 사람들은 통화당국이 통화공급을 늘리게 되면 채권을 (⊙)하므로 이자율이 (ⓒ)하고, 투자와 소득이 (ⓒ)한다.

	⊙	ⓒ	ⓒ
①	매각	상승	감소
②	매입	상승	감소
③	매각	하락	증가
④	매입	하락	증가
⑤	매각	하락	감소

해설

통화공급이 증가하면 화폐시장에서 화폐공급곡선이 우측으로 이동한다. 그 결과 현재의 이자율 수준에서 초과공급이 발생하게 된다. 사람들은 이때 화폐를 이전보다 덜 보유하기를 원하기 때문에 채권을 매입하게 된다. 채권을 매입하게 되면 채권시장에서 채권의 수요가 증가해 채권의 초과수요가 발생한다. 이는 채권가격의 상승으로 이어지고, 채권가격의 상승은 이자율의 하락을 야기한다. 그 결과 투자가 증가하여 총수요가 증가하게 되고 이는 소득을 상승시키는 결과를 초래한다.

오답 노트 ▪ 통화공급이 증가할 때 현재 이자율 수준에서 화폐의 초과공급이 발생해 사람들이 채권을 매입하고 싶어 한다는 것을 이해해야 한다. 화폐의 초과공급과 채권 매입의 관계 정립이 잘못 이루어지면 이후의 연결고리가 모두 끊기게 된다.

13

교환방정식과 피셔방정식이 성립하고, 화폐유통속도가 관습과 제도에 의해 결정되는 경제에서 실질경제성장률이 2%, 통화량 증가율이 4%, 명목이자율이 8%라면 실질이자율은 얼마인가?

① 2%

② 3%

③ 4%

④ 5%

⑤ 6%

해설

교환방정식은 통화량의 증가가 물가상승을 야기한다는 것을 나타내며, 피셔방정식은 명목이자율(i)은 실질이자율(r)과 물가상승률(π)의 합으로 정의된다는 내용이다. 이를 표현하면 다음과 같다.

- 교환방정식 : $P \times Y = M \times V$
- 피셔방정식 : $i = r + \pi$

교환방정식을 증가율로 변환해서 살펴보면 다음과 같이 표현가능하며, 화폐유통속도는 제도와 관습에 의해 결정되므로 그 증가율이 0이라 할 수 있다. 따라서 문제에서 물가상승률은 2%임을 알 수 있다. 이를 피셔방정식에 활용하면 실질이자율은 6%이다.

- 교환방정식 : $P \times Y = M \times V \Rightarrow \dfrac{\Delta M}{M} + \dfrac{\Delta V}{V} = \dfrac{\Delta P}{P} + \dfrac{\Delta Y}{Y}$

  $\Rightarrow 4\% + 0\% = \dfrac{\Delta P}{P} + 2\% \Rightarrow \dfrac{\Delta P}{P} = 2\%$

- 피셔방정식 : $i = r + \pi \Rightarrow 8\% = r + 2\% \Rightarrow r = 6\%$

🔍 신문기사를 통해 경제·경영학적인 시야 기르기!

거시 05

금리인하에 美 소비자 심리 6개월 만에 최대

2024.10.26. 매일경제

금융당국과 내년 4분기 시행
은행 토큰, 상품권처럼 사용

최근 미국 연준(FRB)의 금리 인하로 미국 소비자들의 경제 심리도 개선되고 있는 것으로 나타났다.

25일(현지시간) 미국 미시간대학은 미국 경기에 대한 소비자들의 자신감을 반영하는 미시간대의 10월 소비자심리지수가 70.5로 지난 4월 이후 6개월 만에 가장 높은 수준을 기록했다고 밝혔다. 미시간대 소비자심리지수는 지난 8월부터 3개월 연속 상승세를 나타내고 있다.

금리 인하 등 여파로 대출이나 할부금융 등을 필요로 하는 내구재의 구매 여건이 완만하게 개선된 게 소비자 심리 개선에 기여한 것으로 나타났다.

미시간대 소비자심리지수 집계를 관장하는 조안 슈 디렉터는 "주택이나 내구재, 차량 등을 구매할 때 높은 금리를 부정적인 요인으로 언급하는 소비자 비중이 감소했다."라고 말했다.

이번 소비자심리가 개선됐다는 조사 결과는 미국 경제 상황에 대한 다른 설문조사나 경제지표와도 방향을 같이 하고 있다.

지난 17일 발표된 미국의 9월 소매 판매는 7,144억 달러로 전월 대비 0.4% 증가, 전문가 전망치를 웃돌았다.

미국 연준은 지난 23일 발표한 10월 경기 동향 보고서(베이지북)에서 미국 내 12개 지역 연방준비은행(연은) 담당 지역에서 경제활동 둔화세가 감지되지 않았다고 진단했다.

금리 인하의 효과를 확인할 수 있는 기사이다. 금리는 투자활성화를 꾀하기도 하지만 소비를 확대시키는 역할도 크다. 소비는 지출측면의 거시경제요인에서 가장 큰 부분을 차지한다. 미국에서도 금리인하로 인해 소비자심리지수가 급상승했다는 소식이다. 소비가 늘어나면 기업의 매출이 증가하고 이는 다시 근로자 소득 증가로 이어져 경기가 활성화된다. 일자리 증가로도 이어질 수 있다. 금리인하가 경제에 미치는 영향을 여실히 확인할 수 있는 대목이다.

06 │ 재정정책과 통화정책

01 총수요관리정책

1. 정 의

총수요관리정책(aggregate demand management policy)은 경제상황에 맞게 지출을 조절하는 정책을 의미한다. 이는 단기에 경제를 조절하는 정책이다. 단기에는 경제의 생산능력이 크게 변하기 어렵기 때문에 고정되어 있다고 간주해도 무방하다. 하지만 이러한 단기에는 지출이 생산능력을 초과하거나 생산능력에 미치지 못하는 경우가 발생한다. 따라서 경기가 과열되었을 때는 지출을 줄이고, 경기가 침체되었을 때는 지출을 늘리는 방식으로 경제상황에 따라 총수요를 조절하는 정책을 사용하는데, 이를 경기안정화정책(stabilization policy)이라고 표현하기도 한다.

2. 총수요관리정책의 종류

총수요관리정책은 재정정책과 통화정책으로 나눠볼 수 있다. 재정정책은 세율이나 정부지출을 사용해 경제의 총지출을 관리하는 정책을 의미하고, 통화정책은 이자율과 통화량을 조절해 경제 전체의 총지출에 영향을 미치는 정책을 의미한다. 모두 단기에 경제상황에 맞게 지출을 조정해 경제를 안정적으로 성장하도록 도와주는 정책들이다.

02 재정정책

1. 재정정책의 정의

(1) 정부와 정부지출

재정정책(fiscal policy)은 정부가 세금이나 총수요 항목 중 정부지출(G)을 조절해 경제 전체의 총수요를 변화시키는 정책을 의미한다. 「제3장 균형국민소득의 결정」에서 살펴본 바와 같이 케인즈의 단순모형은 지출국민소득의 측면에서 살펴본 GDP로부터 출발한다. 균형 상태에서는 GDP와 총수요가 일치($Y = Y^D$)하기 때문이다. 따라서 총수요를 다음과 같이 GDP를 표현했다. 즉, 총수요는 소비지출(C), 투자지출(I), 정부지출(G), 순수출(NX)로 구성된다.

$$Y = C + I + G + NX$$

이 중 정부지출(G)은 정부가 직접적으로 통제할 수 있는 변수이다. 정부는 총수요의 구성요소 중 하나인 정부지출의 크기를 변화시켜 총수요를 증가시킬 수 있을 뿐만 아니라 소비와 투자에도 영향을 미쳐 총수요를 변화시킬 수 있다.

(2) 재정정책을 시행하는 이유

케인즈는 단순모형을 통해서 경제가 잠재생산량 수준에서 벗어나는 이유는 총수요(유효수요)가 부족하거나 너무 많기 때문이라고 설명했다. 즉, 단기적으로 총수요가 증가해 총생산이 잠재생산량보다 많이 이뤄진다면 인플레이션 갭이 발생해 물가를 상승시키게 된다. 이때 정부가 정부지출을 감소시켜 총수요곡선을 좌측으로 이동시키면 경제의 총생산은 잠재생산량 수준으로 감소되고, 물가도 안정적으로 낮출 수 있다. 반면 단기적으로 총수요가 부족해 잠재생산량에 미치지 못하는 경우 경기가 침체된다. 이때 총수요곡선을 우측으로 이동시키면 경제의 총생산은 잠재생산량 수준을 회복하여 경제가 정상적인 상태로 돌아오게 된다. 이처럼 재정정책을 통해 단기적으로 왜곡이 발생한 경제를 바로 잡을 수 있는 것이다.

2. 확장적 재정정책과 긴축적 재정정책

(1) 확장적 재정정책

① 의 미

확장적 재정정책(expansionary fiscal policy)은 총수요의 부족으로 한 경제의 총생산이 잠재생산량에 미치지 못하는 경우 실시하는 재정정책이다. 즉, 총수요의 구성항목 중 정부지출(G)을 증가시켜 총수요곡선을 우측으로 이동시켜 거시경제의 균형이 잠재생산량 수준에서 결정될 수 있도록 조정하는 정책이다.

② 확장적 재정정책의 수단

확장적 재정정책을 위해서는 일반적으로 정부지출 증가, 정부이전지출 증가, 조세감소의 세 가지 방법 가운데 한 가지를 선택하게 된다.

㉠ 정부지출(G)의 증가

정부지출은 정부가 직접 구입하는 재화와 서비스의 지출규모를 늘려 총수요를 증가시키는 가장 일반적인 재정정책의 방법이다.

㉡ 이전지출의 증가

정부의 이전지출(transfer expenditure)은 정부가 다른 경제주체에게 일방적으로 지급하여, 수급자의 수입의 일부를 보전해주는 것을 의미한다. 사회보장급여 등이 대표적이다. 정부의 이전지출이 증가할 경우 경제주체는 소득이 증가한 것과 같으므로 소비지출(C)을 늘리게 되어 총수요가 증가한다.

ⓒ 조세의 감소

조세의 감소는 소비지출 증가와 투자지출 증가 모두에 영향을 미친다. 일반적으로 세금의
감소는 가처분소득(Disposable Income ; DI)을 증가시킨다. 가처분소득은 소득에서 세금
을 제외한 나머지 금액으로 정의되기 때문이다. 그리고 가처분소득은 모두 지출되거나
저축된다. 따라서 소득이 증가하므로 소비지출(C)이 증가해 총수요가 증가하게 된다.

$$DI = Y - T$$

한편, 기업에 부과되는 세금을 감면하는 경우 투자지출(I)도 증가할 수 있다. 투자세액공제
제도는 대표적인 예이다. 우리나라는 신기술 개발, 생산성 향상, 에너지 절약 등 특별히
국가적 관점에서 투자를 촉진할 필요가 있는 사업분야에 투자했을 때 투자액의 일정 비율에
해당하는 금액을 산출세액에서 공제하는 제도를 운영하고 있다. 이처럼 투자세액공제 제도
를 실시할 경우 기업의 투자지출(I) 증가를 통한 총수요 확대가 가능하다.

③ 확장적 재정정책의 효과

정부지출 증가, 이전지출의 증가, 조세의 감소 등의 방법을 통해 총수요를 증가시키면 총수요
곡선이 우측($AD_0 \rightarrow AD_1$)으로 이동한다. 그 결과 경제의 단기균형점도 이동($A \rightarrow B$)하여,
생산량이 완전고용국민소득(잠재생산량) 수준으로 회복($Y_0 \rightarrow Y^*$)된다. 생산량이 완전고용
국민소득 수준에 도달한다는 것은 거시경제의 장기균형도 달성할 수 있음을 의미한다.

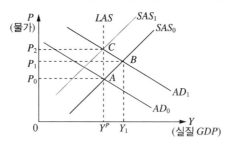

▲ 확장적 재정정책의 시행

(2) 긴축적 재정정책

긴축적 재정정책(contractional fiscal policy)은 총수요가 잠재생산량보다 높은 수준에서 이뤄지
고 있는 경우 경기 과열을 막기 위해 실시하는 재정정책이다. 그 방법은 확장적 재정정책과 반대이
다. 즉, 정부지출의 감소, 이전지출의 감소, 조세의 증가 등의 방법을 통해 총수요를 감소시켜
총수요곡선의 좌측이동($AD_0 \rightarrow AD_2$)을 야기시킨다. 그 결과 단기균형도 이동($A \rightarrow C$)하여 생산
량은 완전고용국민소득 수준으로 감소($Y_0 \rightarrow Y^*$)하고 물가도 하락($P_0 \rightarrow P_2$)한다. 해당 지점에
도달하면 거시경제의 장기균형도 도달할 수 있다.

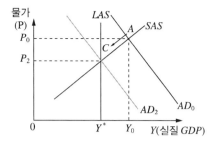

▲ 긴축적 재정정책의 시행

3. 정부지출 증가와 승수효과

(1) 정부지출의 승수효과

「제3장 균형국민소득의 결정」에서 살펴본 케인즈의 단순모형에서 이미 한 차례 승수효과에 대해 살펴본 바 있다. 승수효과(multiplier effect)는 국민소득의 변화를 가져올 수 있는 외생적인 요인이 변했을 때 그 최초의 변화분을 상회하는 수준으로 국민소득이 변화되는 효과를 의미한다. 즉, 정부지출이 100만큼 증가했다면 실질국민소득은 100을 얼마만큼 상회하여 증가하는지를 나타내는 개념이다. 정부지출의 승수효과는 다음과 같이 표현할 수 있다.

$$정부지출\ 승수\ =\ \frac{균형국민소득증가분}{정부지출\ 증가에\ 따른\ 총수요증가분}$$

(2) 승수효과의 발생원인

① 정부지출과 승수효과

승수효과가 발생하는 이유는 정부지출의 증가($G\uparrow$)가 소비지출의 증가($C\uparrow$)를 자극하여 연쇄적인 총수요의 증가가 발생하기 때문이다. 정부가 정부지출 증가를 위해 대규모 교량을 건설로 1,000억원(ΔG)을 지출했다. 이는 다리 건설 회사의 수입증가로 이어져, 다리 건설 회사와 그 종업원들의 (가처분)소득이 증가하게 된다. 이는 각 가계의 소비지출 증가로 이어진다. 그리고 증가된 소비지출은 기업들로 하여금 더 활발히 생산하도록 하는 유인이 된다. 이는 다시 각 가계의 가처분소득을 증가시켜 소비지출이 증가하는 과정이 반복된다. 이러한 연쇄효과로 인해 최초의 정부지출 증가분 1,000억원 보다 더 큰 실질 GDP의 증가가 발생하는 것이다. 아래의 그림은 한계소비성향(MPC)을 0.5로 가정한 것이다.

$$\Delta Y = \Delta G_0 + MPC\Delta G_0 + MPC^2 \Delta G_0 + MPC^3 \Delta G_0 + \cdots$$
$$= (1 + MPC + MPC^2 + MPC^3 + \cdots)\Delta G_0$$
$$= \frac{1}{1-MPC}\Delta G_0\ (MPC : 한계소비성향,\ 0 < MPC < 1)$$

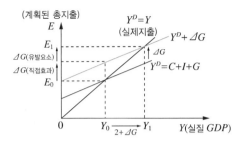

▲ 정부지출과 승수효과

② 조세징수(정액세)와 승수효과

정액세(lump-sum taxes)는 소득수준과 무관하게 일정액을 징수하는 세금을 의미한다. 조세액이 T로 일정한 상황에서 세금이 ΔT만큼 감소하면 가처분소득은 ΔT만큼 증가하고 이에 따라 소비는 $MPC\Delta T$만큼 증가한다. 이로 인해 소득은 다시 $MPC^2\Delta T$만큼 증가하고, 이는 새로운 균형에 도달할 때까지 계속된다. 따라서 조세감소에 따른 소득과 소비의 연쇄효과를 다음과 같이 표현할 수 있다.

$$
\begin{aligned}
\Delta Y &= MPC\Delta T + MPC^2\Delta T + MPC^3\Delta T + \cdots \\
&= (MPC + MPC^2 + MPC^3 + \cdots)\Delta T \\
&= \frac{MPC}{1-MPC}\Delta T \ (MPC : \text{한계소비성향}, \ 0 < MPC < 1)
\end{aligned}
$$

③ 승수의 비교(정부지출 증가 vs 조세감면)

정부지출을 증가했을 때에 비해 조세감면의 승수효과가 더 작다$\left(\frac{1}{1-MPC} > \frac{MPC}{1-MPC}\right)$. 정부지출의 경우 소득($Y$)을 즉각적으로 증가시키지만, 조세감면의 경우는 가처분소득($Y-T$)의 증가가 먼저 발생하고, 가처분소득의 일부는 소비되지 않고 저축되기 때문이다.

④ 현실의 조세, 자동안정화장치

현실에는 정액세보다는 소득이 증가함에 따라 조세부담도 커지는 비례세의 비중이 훨씬 크다. 기업의 판매세도 마찬가지이다. 실질 국내총생산이 증가하면 개인들의 소득이 증가해 세금을 많이 내지만, 이 경우 기업들도 판매수입이 증가해 판매세를 많이 내게 된다. 즉, 정부는 실질 국내총생산이 높을 때 많은 세금을 징수하는 반면 낮을 때는 조세수입이 감소하게 된다. 이처럼 실질 국내총생산에 조세징수액이 연동되는 경우 승수는 작아지게 된다. 조세징수는 가처분소득을 변화시키고, 가처분소득의 변화는 소비를 변화시켜 총수요에 영향을 미치게 되는데, 조세 징수액이 실질 국내총생산에 연동되어 있을 때 세금이 없었을 때나 정액세가 부과될 때에 비해 소비의 증가분이 작기 때문이다. 한편, 경제학자들은 조세의 승수효과는 작은 것이 좋다고 주장한다. 실질 국내총생산이 증가할 때 경제가 과하게 팽창하는 것을 막을 수 있고, 실질 국내총생산이 감소하는 경기 불황 시기에는 총수요 감소로 인한 부정적 영향이 작아지기 때문이다. 이러한 체계를 자동안정화장치라고 한다.

1. 통화정책의 정의

통화정책(monetary policy)은 독점적 발권력을 지닌 중앙은행이 통화량이나 이자율에 영향을 미쳐 물가안정, 금융안정 등을 달성함으로써 경제가 지속가능한 성장을 이룰 수 있도록 하는 정책을 말한다(※ 출처 : 한국은행, 「한국의 통화정책」, 2012, p.5). 한 국가의 경제가 안정적으로 성장하기 위해서는 장기적인 총공급의 확대와 함께 총수요의 증가가 반드시 필요하다. 장기적인 총공급의 확대가 경제성장이라면 총수요는 단기에 조절이 가능하다. 단기에 총공급은 변하기 어려워 주어진 것으로 간주한다. 보다 구체적으로 통화정책은 단기에 통화량이나 이자율을 조절하여 총수요를 변화시키는 정책을 의미한다.

2. 통화정책의 파급경로

중앙은행이 통화량 및 이자율에 영향을 미칠 수 있는 수단은 최종목표에 직접적으로 영향을 미치지 못한다. 재정지출을 늘리면 그 자체로도 총수요 증가에 기여할 뿐만 아니라 소비와 투자까지 증가시켜 그 효과가 즉각적인 재정정책과는 다르다. 통화정책은 다양한 요소들의 영향을 받는 가운데 여러 경로를 통해 총수요에 영향을 미치게 된다. 따라서 정책수단과 최종목표 사이에 거리가 존재하기 때문에 최종목표와 밀접한 연관을 맺는 통화량, 환율, 물가상승률 등의 지표 가운데 하나를 선택하여 해당 지표의 변화수준을 목표로 통화정책을 수행한다. 이를 중간목표 (intermediate target)라고 한다. 물론 이들 중간목표도 중앙은행이 직접 조절할 수 있는 변수들이 아니다. 따라서 정책수단(공개시장조작, 재할인율정책, 지급준비율 정책)을 활용하여 중간목표를 달성할 수 있도록 노력한다. 이때 중앙은행이 다른 변수의 영향을 받지 않고 직접적으로 제어할 수 있는 지표를 운용목표(operating target)라고 한다. 운용목표는 중앙은행이 통제할 수 있고 중간목표 또는 최종목표를 예측할 수 있는 영향력을 가진 지표여야 한다. 일반적으로 단기시장금리나 지급준비금이 선택된다. 이를 그림으로 요약하면 다음과 같다.

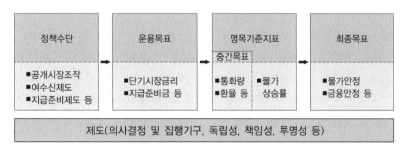

※ 출처 : 한국은행, 「한국의 통화정책」, 2012, p.7

3. 통화정책의 수단(※ 참고 : 한국은행, 「한국의 통화정책」, 2012, p.91~123)

통화정책의 수단으로는 공개시장조작과 지급준비율 정책, 재할인율 정책의 세 가지가 대표적이다. 이 중 많은 나라들이 주된 통화정책의 수단으로 활용하는 것은 공개시장조작이다.

(1) 공개시장조작

공개시장조작(open market operations)은 중앙은행이 공개시장(단기 금융시장, 채권시장 등 구매의사와 구매력만 있으면 누구나 참여하여 상품과 서비스를 구입할 수 있는 시장)에서 금융기관을 상대로 국공채 등의 유가증권을 사고파는 행위를 통해 이들 기관의 유동성을 변화시킴으로써 본원통화량 혹은 초단기금리를 조절하는 정책수단이다.

① 공개시장에서 채권 매입

중앙은행이 공개시장에서 금융기관에게 채권 등의 유가증권을 매입(구입)하면, 유가증권 매입의 대가로 현금을 지급하기 때문에 금융기관이 보유하게 되는 화폐량은 증가한다. 일반적으로 중앙은행이 유가증권의 매입을 통해 시중은행들에게 유동성을 공급할 경우, 시중은행은 늘어난 유동성을 활용하여 개인이나 기업에 대한 대출을 늘리게 된다. 이는 신용창조(승수과정)를 통해 시중의 통화량을 증가시키고, 그 결과 화폐시장에서 화폐공급이 증가되어 이자율이 감소하게 된다.

② 공개시장에서 채권 매각

중앙은행이 시중은행에게 유가증권을 매각(판매)하는 경우, 유가증권 판매의 대가로 시중은행의 유동성을 흡수하게 된다. 시중은행은 줄어든 유동성으로 인해 개인과 기업에게 대출을 줄이게 되고, 이로 인해 신용창조의 규모가 작아지게 되고, 이는 화폐시장에서 화폐공급의 감소로 나타난다. 화폐공급의 감소로 인해 이자율은 상승하게 된다.

③ 변화하지 않는 유동성 규모

중앙은행이 공개시장에서 채권을 매입·매각하는 경우 모두 유동성의 전체 규모는 변하지 않는다. 유동성의 보유주체만이 바뀔 뿐 전체규모는 변하지 않는다는 특징이 있다.

(2) 지급준비율 정책

「제5장 화폐와 국민경제」에서 살펴본 바와 같이 지불준비금 제도는 시중은행이 예금자의 인출요구에 대응할 수 있도록 예금의 일정 부분을 대출에 사용하지 못하고 남겨두는 제도이다. 이때 금융기관이 고객의 지급요구에 부응하기 위해 남겨둔 금액을 지급(지불)준비금(reserve)라 하고, 총예금 대비 지불준비금의 비중을 지불준비율(reserve ratio)이라고 한다. 1930년대 이 지급준비율을 변경하여 본원통화를 조절하면 신용승수효과를 통해 통화량에 영향을 준다는 사실이 밝혀지면서 지급준비제도는 중앙은행의 통화정책 수단으로 위상이 높아졌다.

① 지급준비율 상승

총예금액 가운데 대출하지 못하고 남겨둬야 하는 예금액의 비중을 높이면, 시중은행들은 대출에 활용할 예금액의 규모가 작아지게 된다. 따라서 신용창조를 통한 통화 공급량이 줄어들게 되고, 이는 화폐시장에서 통화공급의 감소로 이어져 이자율이 상승하게 된다.

② 지급준비율 하락

지급준비율의 하락은 시중은행의 대출 여력 증가로 이어진다. 총예금액 가운데 대출할 수 있는 예금액의 규모가 증가하면서, 신용창조를 통한 통화공급 또한 증가할 수 있는 것이다. 따라서 화폐시장에서 통화공급이 증가하여 이자율이 하락하게 된다.

③ 지급준비율 정책의 한계

과거에는 지급준비율 정책이 매우 효과적인 통화정책의 수단으로 각광을 받았으나, 최근 들어 지급준비율은 통화정책의 수단으로서 한계를 나타내고 있다. 그 한계는 다음과 같다.

㉠ 규제로서의 지급준비율 정책

지급준비율의 수준은 중앙은행이 시중은행에게 강제적으로 시행 및 하달하는 성격이 짙어 시중 금융기관의 입장에서는 자율적인 자금운영을 제약하는 규제로서 인식된다. 금융기관에 행해지는 규제가 완화되거나 철폐되는 글로벌 경제의 흐름에는 역행하는 조치로 여겨질 수 있다.

㉡ 미세조정 불가

최근의 중앙은행은 운용목표로서 단기 시장금리를 정책금리 수준에 접근시키기 위한 미세조정(fine tuning)을 수행하는 경우가 많다. 하지만 지급준비율은 조금만 변화시켜도 신용창조 과정을 거쳐 큰 폭의 이자율 변화가 발생할 수 있기 때문에 최근의 정책 트랜드에 걸맞지 않는 수단이라는 한계가 존재한다.

(3) 재할인율 제도(중앙은행 여수신제도)

재할인율 제도(중앙은행 여수신제도)는 중앙은행이 은행의 은행으로서의 역할을 수행하는 것을 의미한다. 즉, 중앙은행이 금융기관을 대상으로 대출 및 예금을 통해 자금의 수급을 조절하는 정책을 의미한다. 중앙은행 제도가 등장했던 초기에 중앙은행은 상업은행이 기업에 할인해 준 어음을 다시 할인·매입하는 형식으로 자금을 지원했기 때문에 재할인이라는 명칭이 붙었다. 즉, 재할인(rediscount)이란 예금은행이 자금을 대출하면서 기업으로부터 받은 상업어음을 은행에 제시하여 자금을 차입하는 것을 의미한다. 이때 중앙은행이 시중은행에 적용하는 이자율을 재할인율(rediscount rate)이라고 한다. 중앙은행은 이 재할인율을 조절함으로써 시중의 통화공급을 조절할 수 있다.

① 재할인율의 인상

재할인율의 인상은 시중은행이 중앙은행으로부터 자금을 차입할 때 발생하는 이자비용이 높아진다는 것을 의미한다. 재할인율 20%일 때는 기업에게 받은 100억원 짜리 어음을 중앙은행에 제시하면서 80억원을 빌릴 수 있다. 하지만 재할인율이 40%로 높아지면 이제는 60억원밖에 빌릴 수가 없게 된다. 중앙은행으로부터 차입규모가 감소하면, 은행의 대출여력이 감소하여 신용창조를 통한 화폐공급은 감소하게 된다. 따라서 화폐시장에서는 화폐공급의 감소로 인해 이자율이 상승하게 된다.

② 재할인율의 인하

재할인율의 인하는 시중은행의 대출규모의 증가로 이어진다. 재할인율의 인하는 더 많은 자금을 중앙은행으로부터 차입할 수 있음을 의미하기 때문에 신용창조를 통한 화폐공급이 증가해 화폐시장에서는 이자율이 하락하게 된다.

(4) 통화정책 수단의 평가

공개시장조작, 지급준비율 정책 그리고 재할인율 정책 가운데 가장 많은 나라들에서 자주 활용하고 있는 것은 공개시장조작이다. 이는 다음과 같은 장점을 지니고 있기 때문이다.

① 미세조정이 가능

중앙은행이 아주 약간의 유동성 규모를 조절하고 싶은 경우 필요한 규모의 채권을 매매하면 되기 때문에 섬세한 조절이 가능하다. 조금만 변경해도 큰 폭의 이자율 변화가 발생하는 지급준비율 정책과 대비되는 특징이다.

② 직접적인 조절이 가능

공개시장조작을 통해 중앙은행은 독립적, 직접적으로 시중 유동성을 조절할 수 있다. 다른 정책들의 경우 공개시장조작 보다는 간접적으로 통화정책을 수행할 수 있을 뿐이다.

③ 신속한 시행이 가능

채권의 매매는 중앙은행이 직접 시중은행을 상대로 시행하면 되기 때문에 번거로운 행정절차도 존재하지 않는다. 더욱이 전산시스템을 구축할 경우 보다 신속하고 직접적으로 수행할 수 있는 통화정책 수단이 된다.

4. 확장적 통화정책과 긴축적 통화정책

(1) 확장적 통화정책과 단기균형 변화

중앙은행이 통화량을 증가시키거나 공개시장에서 채권을 매입하는 경우 그리고 지급준비율 혹은 재할인율을 낮추는 경우 화폐시장에서는 화폐공급의 증가로 인해 이자율이 하락하는 모습을 살펴보았다. 한편, 다른 조건이 일정하다면 실물시장에서 투자는 이자율의 감소함수이다. 따라서 이자율의 하락은 투자를 증가시켜 총수요가 증가하게 된다. 그 결과 총수요곡선이 우측으로 이동하여 단기에 거시경제는 확대될 수 있다. 이처럼 확장적 통화정책(expansionary monetary policy)은 총수요를 증가시키는 통화정책을 의미한다.

(2) 긴축적 통화정책과 단기균형 변화

중앙은행이 통화량을 감소시키거나 이자율이 상승하는 방향으로 통화정책의 수단을 운용하는 경우 총수요가 감소하게 된다. 즉, 중앙은행이 공개시장에서 채권을 매각하거나 지급준비율 혹은 재할인율을 상승시키는 경우 신용창조를 통한 통화공급이 감소하여 이자율은 상승하게 되고, 이로 인해 투자가 감소해 총수요는 감소하게 된다. 이처럼 긴축적 통화정책(contractional monetary policy)은 총수요를 감소시키는 통화정책을 의미한다.

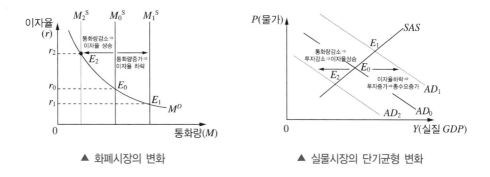

▲ 화폐시장의 변화　　　　　　　　　▲ 실물시장의 단기균형 변화

(3) 장기균형의 변화

① 실물시장의 변화

장기간 영향을 미칠 수 있는 현실적인 요인은 중앙은행이 화폐공급을 계속해서 늘리는 것이다. 이 경우 거시경제의 장기균형에 어떤 영향을 미치는지 살펴봐야 한다. 먼저 최초의 A점은 거시경제의 단기와 장기의 균형을 모두 달성하는 점이다. 완전고용국민소득(잠재생산량, Y^*)을 달성하며 단기 총공급곡선과 장기 총공급곡선 모두에 위치해 있기 때문이다. 이 때 중앙은행이 화폐공급을 증가시켰다고 하자. 화폐공급의 증가로 화폐시장에서 이자율이 낮아지기 때문에 실물시장에서 투자가 증가해 총수요가 증가하고, 이는 총수요곡선의 우측이동($AD_0 \rightarrow AD_1$)으로 나타난다. 따라서 단기균형은 B점으로 이동하며, 이때 총생산은 잠재생산을 상회($Y^P \rightarrow Y_1$)하며, 물가도 상승($P_0 \rightarrow P_1$)한다. 한편 단기적으로 총생산이 잠재생산량 수준을 상회하여 물가가 상승하기 때문에 시간이 점차 흐름에 따라 노동자들은 명목임금의 상승을 요구하게 된다. 이는 기업의 입장에서는 생산비용의 증가요인으로 생산의 감소요인이 된다. 따라서 거시경제 전체의 총공급은 감소하게 된다. 이러한 총공급의 감소는 경제가 다시 잠재생산량 수준으로 회복될 때까지 계속된다. 그 결과 단기 총공급곡선은 장기 총공급곡선과 만나 새로운 균형을 형성할 때까지 좌측으로 이동($SAS_0 \rightarrow SAS_1$)하게 된다. 그 결과 새로운 균형은 C점에서 형성되며, 이때 C점은 단기 총공급곡선과 장기 총공급곡선 위에 위치하므로 거시경제의 단, 장기 균형을 모두 충족한다. 결국 확장적 통화정책은 장기에는 실질 국내총생산에는 아무런 영향을 미치지 못하고 물가만 상승시키는 것($P_1 \rightarrow P_2$)이다. 긴축적 통화정책의 경우도 같은 논리로 물가만 하락시킬 뿐 실질 국내총생산에는 아무런 영향을 미치지 못한다. 이처럼 화폐공급의 변화가 장기에 아무런 영향을 미치지 못하는 현상을 화폐의 중립성(monetary neutrality)이라고 한다.

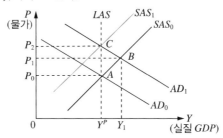

② 화폐시장의 변화

장기의 화폐공급 변화가 경제에 아무런 영향을 미치지 못하는 현상은 화폐시장에서의 이자율 변화를 통해서도 확인할 수 있다. 화폐시장의 최초 균형점은 A점이다. 이때 중앙은행이 화폐 공급을 늘리면 단기적으로는 화폐공급이 증가($M_0^S \rightarrow M_1^S$)해 이자율이 하락($r_0 \rightarrow r_1$)하지만, 물가의 상승($P^0 \rightarrow P^2$)으로 인해 화폐수요가 증가하게 된다. 따라서 화폐수요곡선이 우측으로 이동($M_0^D \rightarrow M_1^D$)하게 되는데, 새로운 화폐공급곡선과 만나 균형을 형성할 때까지 우측으로 이동하게 된다. 따라서 새로운 균형은 C점에서 형성되고, 이때의 이자율은 화폐공급 증가 이전과 일치한다. 따라서 장기에는 화폐공급의 변화가 이자율에 아무런 영향을 미치지 못하게 된다.

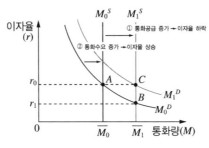

▲ 장기의 화폐시장 변화

01 총수요관리정책은 재정정책과 통화정책으로 나눠볼 수 있다. 재정정책은 세율이나 정부지출을 사용해 경제의 총지출을 관리하는 정책이며, 통화정책은 이자율과 통화량을 조절하는 정책이다.

02 단기적으로 총수요가 부족해 잠재생산량에 미치지 못하는 경우 경기가 침체된다. 이때 총수요곡선을 좌측으로 이동시키면 경제가 정상적인 상태로 돌아오게 된다.

03 확장적 재정정책의 수단에는 공개시장조작, 지급준비율조정, 재할인율 제도 등이 있다.

04 한계소비성향이 0.7인 경우 정부가 100억원의 정부지출을 늘렸을 때 실질 GDP의 증가량은 약 333억원이다.

05 통화정책의 경우는 정책수단과 최종목표 사이에 거리가 존재하기 때문에 최종목표와 밀접한 연관을 맺는 통화량, 환율, 물가상승률 등의 지표 가운데 하나를 선택하여 해당 지표의 변화수준을 목표로 통화정책을 수행하며, 이를 '중간목표'라 한다.

06 재할인율 제도란 총예금액 가운데 대출하지 못하고 남겨둬야 하는 예금액의 비중을 조정하는 것을 의미한다.

07 중앙은행이 통화량을 증가시켜서 이자율이 하락한 경우, 이자율의 하락은 투자를 증가시켜 총수요가 증가하게 된다.

08 확장적 통화정책은 장단기 모두에 걸쳐서 실질 국내총생산을 증가시킨다.

09 통화정책은 재정정책의 비해 정책효과가 나타나는 데에는 시간이 걸리지만, 신속한 집행이 가능하다.

10 긴축적 통화정책은 총수요를 감소시키는 통화정책을 의미한다.

● 정답 및 해설

02 경기침체기에는 총수요곡선을 우측으로 이동시켜야 하며, 우측으로 이동시키기 위해서는 정부지출을 증가시켜야 한다.

03 문제의 설명은 재정정책의 수단이 아니라 통화정책의 수단이다. 재정정책에는 정부지출, 이전지출, 조세조정 등이 있다.

06 보기의 설명은 지급준비율 제도이다. 재할인율 제도란 중앙은행이 시중은행에 적용하는 이자율을 조절하는 것을 말한다.

08 확장적 통화정책은 단기에는 실질소득을 증가시키지만, 장기적으로 물가만 상승시킨다.

정답 01 O 02 X 03 X 04 O 05 O 06 X 07 O 08 X 09 O 10 O

01 | 확인학습문제

#재정정책, #재정정책의 수단

Level 0

어느 나라에서 오랜 기간 위축된 총수요로 인해 실질 GDP가 지속적으로 감소하였다. 이를 거시경제정책을 통해 해결하고자 할 때 다음 중 알맞은 정책은?

① 증세정책

② 흑자예산 편성

③ 재할인율 인상

④ 지급준비율 인상

⑤ 공개시장에서 채권매입

> **해설** 총수요 감소로 인한 실질 GDP 하락이 지속된 경우 확장적 총수요 정책이 필요하다. 즉, 민간소비 증가, 투자 증진, 정부지출 향상, 순수출 증가가 필요하다.
> ⑤ 공개시장에서 채권을 매입할 경우 시중에 통화량이 증가하게 되어 이자율이 감소하고 이로 인해 투자가 증가한다. 투자의 증가는 총수요를 야기하므로 실질 GDP가 증가한다.

> **오답노트**
> ① 증세는 경제주체의 가처분 소득(=소득−세금)을 감소시켜 소비와 투자를 낮추므로 확장적인 총수요관리정책과 어울리지 않는다.
> ② 흑자예산은 세입대비 세출이 더 작은 상태이므로 정부의 지출을 줄인다는 것을 의미한다. 즉 정부지출(G)을 줄이는 것으로 총수요확장정책과 반대이다.
> ③ 재할인율을 인상하면 시중은행이 중앙은행으로부터 받는 대출규모를 줄이게 되고, 이는 신용창조 규모를 줄여 통화량이 감소한다. 통화량의 감소는 이자율 상승으로 이어져 투자와 소비가 위축된다.
> ④ 지급준비율을 인상하게 되면 대출에 활용하지 못하는 예금액이 늘어난다. 이는 신용창조 규모의 감소로 이어져 이자율이 상승하고 이는 투자와 소비의 위축으로 이어진다.

정답 ⑤

#통화정책, #재정정책, #거시경제의 단·장기 균형

다음의 폐쇄경제 총수요-총공급 모형의 각 점에서 경기상황과 정책당국의 안정화 정책 및 이에 따른 균형점의 이동에 대한 다음 설명 중 옳은 것은?

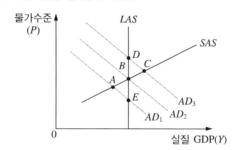

	경기상황	안정화 정책	균형점 이동
①	C : 호황	이전지출 증가	C → A
②	A : 불황	재할인율 하락	A → B
③	C : 호황	공개시장 매각	C → D
④	A : 불황	정부지출 증가	A → E
⑤	C : 호황	조세 삭감	C → B

해설 장기 총공급곡선(LAS)은 완전고용국민소득 수준에서 수직이다. 즉, 한 경제가 달성할 수 있는 최대 생산량(= 잠재 GDP) 수준에서 수직의 형태를 갖는 것이다. 따라서 장기 총공급곡선이 위치한 실질 GDP 수준을 기준으로 각 균형점에서 달성되는 실질 GDP 상태를 보고 경제의 호황 및 불황 여부를 판단할 수 있다. 이를 기준으로 할 때 A점은 불황, C점은 호황임을 알 수 있다.

• A점 : 경제가 불황상태에 놓여 있기 때문에 확장적인 경기안정화 정책이 필요하다. 보기에 나와 있는 안정화 정책 가운데 확장적 성격의 경기안정화 정책은 이전지출 증가, 재할인율 하락, 정부지출 증가, 조세 삭감이다. 재할인율 하락은 통화정책, 이전지출과 정부지출 증가, 조세 삭감은 재정정책이다. 확장적 경기안정화 정책의 실시는 총수요곡선을 우측으로 이동시켜 균형점이 A점에서 B로 이동한다.

• C점 : 경제가 호황상태에 놓여 있기 때문에 긴축적인 경기안정화 정책이 필요하다. 공개시장 매각은 보기 가운데 유일한 긴축적 정책이다. 공개시장에 채권을 매각하면 시중은행은 채권을 매입하는 대가로 중앙은행에 현금을 지급하기 때문에 시중 통화량이 감소한다. 통화량의 감소는 이자율을 증가시켜 투자가 감소하고, 이는 총수요의 감소로 이어진다. 이는 총수요곡선을 좌측으로 이동시켜 균형점이 C에서 B로 이동한다.

오답노트 통화정책은 공개시장조작, 재할인율 정책, 지급준비율 정책이다. 재할인율은 시중은행이 중앙은행에 대출을 할 때 적용받는 이자율이다. 따라서 재할인율이 하락하면 더 많은 대출이 가능하므로 시중 통화량이 증가하고, 이는 이자율의 감소요인이 되어 투자가 증가한다. 한편, 지급준비율은 예금액의 일부를 대출하지 않고 남겨둬야 하는 비율을 의미한다. 지급준비율이 감소하면 더 많은 금액을 신용창조의 과정에 사용할 수 있으므로 시중 통화량이 증가해 투자가 증가하고 총수요를 증가시키는 요인이다.

정답 ②

Level
0 다음을 보고 물음에 답하시오.

그림은 갑국의 경제성장률, 실업률, 인플레이션율의 전년 대비 증감을 표시하고 있다(단, 2018년의 경제성장률은 2%, 실업률은 6%, 인플레이션율은 2%이다).

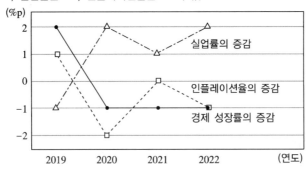

※ %p는 %의 차를 측정하는 단위이다. 예를 들어 실업률이 6%에서 7%로 바뀌면 실업률이 1%p 높아진 것이다.

위 그림의 2022년 상황에서 갑국이 하나의 정책을 취한다고 할 때 적절한 정책을 〈보기〉에서 골라 묶은 것은?

─── 〈 보기 〉 ───

㉠ 법인세 인상   ㉡ 재할인율 인상
㉢ 국공채 매입   ㉣ 재정지출 증대

① ㉠, ㉡   ② ㉠, ㉢

③ ㉡, ㉢   ④ ㉡, ㉣

⑤ ㉢, ㉣

해설 2022년의 상황을 살펴보면 경제성장률은 1%이다. 2018년의 경제성장률이 2%였으므로 증감율에 따라 계산해 보면 2%(2018년) → 4%(2019년) → 3%(2020년) → 2%(2021년) → 1%(2022년)임을 알 수 있다. 한편 2022년의 실업률은 10%이다. 이 역시 동일한 방식으로 계산 가능하며, 6%(2018년) → 5%(2019년) → 7%(2020년) → 8%(2021년) → 10%(2022년)임을 알 수 있다. 두 정보를 바탕으로 경제성장률이 가장 낮은 해에 실업률이 가장 높으며, 확장적 정책이 필요한 시점임을 파악할 수 있다. 보기에서 확장적 성격의 정책은 국공채 매입과 재정지출 증대이다. 국공채 매입은 중앙은행이 공개시장에서 국공채를 사들이고 화폐를 지급함으로써 시중의 통화량을 증가시키는 확장적 통화정책이다. 통화량의 증가는 이자율을 감소시켜 투자를 확대시키고, 이는 총수요의 증가로 이어진다. 한편, 재정지출의 증대는 확장적 재정정책이다. 정부지출을 증가시켜 총수요를 증가시키고 이는 가계의 소득증가로 이어져 가계의 소비지출이 증가하는 확장적 순환이 반복되어 경기가 활성화될 수 있는 것이다.

오답 노트 법인세 인상과 재할인율 인상은 긴축적인 정책이다. 법인세의 인상은 투자를 위축시키고 재할인율의 인상은 통화량을 감소시켜 투자를 위축시키기 때문이다. 2022년의 시기는 확장적 정책이 필요한 시기이다.

정답 ⑤

#확장적 통화정책, #확장적 재정정책, #공개시장조작, #재할인율, #지급준비율

코로나19 팬데믹으로 인해 중앙은행은 다양한 경기부양책을 쏟아냈다. 그 결과 과도한 유동성으로 인해 인플레이션 위험이 나타나자 이를 사전에 막기 위한 다양한 정책들이 제시되었다. 이러한 정책으로 적절한 것을 모두 고르시오.

> ㉠ 중앙은행의 국채 매각   ㉡ 정부의 법인세율 인하
> ㉢ 중앙은행의 재할인율 인상   ㉣ 중앙은행의 법정지급준비율 인하

① ㉠, ㉡   ② ㉠, ㉢
③ ㉡, ㉢   ④ ㉡, ㉣
⑤ ㉢, ㉣

해설 코로나19 팬데믹으로 인한 경제위기를 막기 위해 풀린 막대한 유동성은 인플레이션 문제를 발생시키기 시작했다. 이를 사전에 막기 위해서는 긴축적 정책이 필요하다. 총수요곡선을 다시 왼쪽으로 이동시키는 정책이 필요한 것이다. 중앙은행의 국채 매각과 재할인율 인상은 대표적인 긴축적 통화정책이다. 중앙은행이 국채를 매각할 경우 시중은행으로부터 그 대가로 화폐를 지급받으므로 시중 통화량이 흡수되어 통화량이 감소하고 이는 이자율의 상승으로 나타나 투자가 위축된다. 따라서 총수요가 감소한다. 한편 재할인율을 인상하면 시중은행이 중앙은행으로부터 차입하는 자금의 규모가 감소하므로 시중 통화량이 감소하고 이 역시 이자율을 상승시켜 투자위축, 총수요 감소를 야기한다. 따라서 두 정책 모두 총수요곡선을 좌측으로 이동시킨다.

오답 노트 정부의 법인세율 인하와 지급준비율 인하는 모두 확장적 정책이다. 먼저 법인세율 인하는 확장적 재정정책으로서 기업들의 투자를 증가시키는 요인이다. 세금을 낮춰줌으로써 보다 많은 투자를 통해 총수요를 진작시킬 수 있는 것이다. 지급준비율은 예금액의 일정 부분은 신용창조 과정에 투입하지 못하고 남겨둬야 하는 비율을 의미한다. 지급준비율 정책은 대표적인 확장적 통화정책이다. 지급준비율을 낮출 경우 신용창조를 통해 창출되는 통화량이 많아지므로 이자율이 낮아지고 투자가 증가해 총수요가 늘어난다.

정답 ②

#화폐의 중립성, #고전학파의 총공급곡선, #케인즈의 총공급곡선

01 다음 중 화폐의 중립성에 대한 설명으로 옳지 않은 것은?

① 케인즈학파는 화폐의 중립성이 단기에 성립한다고 주장한다.
② 고전학파는 화폐의 중립성이 장기에는 물론 단기에도 성립한다고 주장한다.
③ 통화공급이 변할 때 실질변수가 영향을 받지 않는 경우를 의미한다.
④ 임금을 비롯한 가격변수가 경직적인 경우에 성립하지 않는다.
⑤ 화폐의 중립성과 수직의 총공급곡선은 일맥상통한다.

> **해설**

고전학파는 완전고용국민소득 수준에서 수직인 총공급곡선을 가정하기 때문에 확장적 통화정책은 실질변수의 변화에 아무런 영향을 미치지 못하고 물가만 상승시킬 뿐이라고 주장했다. 이를 화폐의 중립성(monetary neutrality)라고 한다. 이는 임금을 비롯한 가격변수가 신축적이기에 가능한 현상이다. 중앙은행이 화폐공급을 증가시켰다고 하자. 화폐공급의 증가로 화폐시장에서 이자율이 낮아지기 때문에 실물시장에서 투자가 증가해 총수요가 증가하고, 이는 총수요곡선의 우측이동($AD_0 \rightarrow AD_1$)으로 나타난다. 따라서 단기균형은 B점으로 이동하며, 이때 총생산은 잠재생산을 상회($Y^P \rightarrow Y_1$)하며, 물가도 상승($P_0 \rightarrow P_1$)한다. 한편 단기적으로 총생산이 잠재생산량 수준을 상회하여 물가가 상승하기 때문에 시간이 점차 흐름에 따라 노동자들은 명목임금의 상승을 요구하게 된다. 이는 기업의 입장에서는 생산비용의 증가요인으로 생산의 감소요인이 된다. 따라서 거시경제 전체의 총공급은 감소하게 된다. 이러한 총공급의 감소는 경제가 다시 잠재생산량 수준으로 회복될 때까지 계속된다. 그 결과 단기 총공급곡선은 장기 총공급곡선과 만나 새로운 균형을 형성할 때까지 좌측으로 이동($SAS_0 \rightarrow SAS_1$)하게 된다. 그 결과 새로운 균형은 C점에서 형성되며, 이때 C점은 단기 총공급곡선과 장기 총공급곡선 위에 위치하므로 거시경제의 단·장기 균형을 모두 충족한다. 결국 확장적 통화정책은 장기에는 실질 국내총생산에는 아무런 영향을 미치지 못하고 물가만 상승시키는 것($P_1 \rightarrow P_2$)이다.

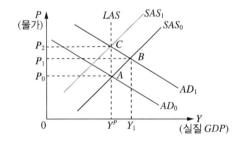

> **오답 노트** ▪ 케인즈는 균형국민소득의 결정에 총공급은 아무런 영향을 미치지 못하고 총수요만이 영향을 미친다고 주장했다. 따라서 수평의 총공급곡선을 가정했다. 이는 단기와 장기에 모두 확장적 통화정책이 실물에 영향을 미칠 수 있음을 의미한다.

02 고전학파와 케인즈의 거시경제관에 대한 설명으로 옳은 것은?

① 고전학파는 수요가 공급을 창출한다고 본다.

② 고전학파는 화폐가 베일(veil)에 불과하다고 보는 반면 케인즈학파는 화폐가 실물경제에 영향을 미친다고 본다.

③ 케인즈는 저축과 투자가 같아지는 과정에서 이자율이 중심적인 역할을 한다고 보는 반면 고전학파는 국민소득이 중심적인 역할을 한다고 본다.

④ 고전학파는 실업문제 해소에 대해 케인즈와 동일하게 금융정책이 가장 효율적이라고 생각한다.

⑤ 케인즈는 경기불황의 원인을 총공급 측면에서 찾는다.

해설

고전학파는 기본적으로 공급이 수요를 창출한다는 세이의 법칙에 이론적 토대를 두는 반면 케인즈는 총공급은 충분하지만 유효수요가 부족하여 경기가 불황 상태에 머문다고 주장했다. 이러한 생각의 차이는 총공급곡선을 정의할 때 두드러진다. 고전학파는 모든 가격변수의 신축성을 가정하여 장기의 총공급곡선이 완전고용국민소득 수준에서 수직인 총공급곡선을 가정하는 반면에 케인즈는 총공급이 아닌 총수요에서 문제의 원인을 찾았다. 따라서 총공급은 실제로 아무런 역할을 하지 못하고 총수요가 중요하다고 생각해 수평의 총공급곡선을 가정하였다. 이로 인해 고전학파는 확장적 통화정책이 실물경제에는 아무런 영향을 미치지 못하고 물가만을 상승시킨다는 화폐의 중립성을 주장하며 화폐가 베일에 불과하다고 주장했다. 한편, 케인즈는 확장적 통화정책이 이자율을 하락시켜 실물변수인 투자에 영향을 미쳐 총수요를 증가시키므로 실질변수에 영향을 미칠 수 있다고 주장했다.

오답노트

고전학파는 이자율이 저축과 투자가 같아지는 지점에서 결정된다고 주장한 반면 케인즈는 이자율이 화폐시장에서의 화폐수요와 공급에 의해 결정된다고 보았다. 그리고 화폐공급은 중앙은행이 독립적으로 결정하기 때문에 특정 통화량 수준에서 수직의 공급곡선을 갖는다고 주장하였다. 한편, 화폐수요곡선은 이자율의 감소함수를 가정해 우하향의 모양을 갖는다고 주장하였다. 또한 실업문제의 해소에 있어서도 의견이 나뉜다. 고전학파는 임금변수가 신축적이기 때문에 노동시장에서의 초과공급인 실업이 발생하는 것은 일시적인 현상이며 임금변수가 하락하여 다시 균형이 형성된다고 주장했다. 반면 케인즈는 현실에서 임금은 경직적인 변수이므로 시장의 자율조정기능에 의해 균형이 달성되지 않으며, 따라서 확장적인 재정 및 통화정책을 활용해야 한다고 주장했다.

03 단기 총공급곡선이 단기적으로 우상향하는 이유로 적절하지 않은 것은?

① 임금이 경직적이면 물가상승에 따라 실질임금이 하락하므로 기업이 노동수요를 늘려서 생산이 증가한다.

② 개별 기업이 물가상승을 자기 상품의 상대가격이 상승한 것으로 착가하여 생산을 증가시킨다.

③ 노동자가 명목임금의 상승을 실질임금이 상승한 것으로 착각하여 노동공급을 증가시키므로 생산이 증가한다.

④ 상품가격이 경직적이면 물가상승 시 상대가격이 하락하여 수요가 증가하므로 기업의 생산이 증가한다.

⑤ 물가가 상승하면 자산가격이 하락하여 화폐의 구매력이 감소하게 된다.

해설

물가가 상승할 때 보유자산의 가격이 하락하여 화폐의 구매력이 감소하는 것은 총수요곡선이 우하향하는 이유를 설명할 수 있는 요인이다. 이를 자산효과라고 한다. 자산효과(wealth effect)는 경제 전체의 물가가 변할 때 자산의 가치가 변동하여 소비수요에 미치는 영향을 의미한다. 자산효과 외에도 총수요곡선이 우하향하는 이유를 설명가능한 요인은 이자율 효과이다. 이자율 효과(interest rate effect)란 경제 전체의 물가가 변할 때 소비자 혹은 기업이 보유한 화폐의 구매력에 영향을 미쳐 소비지출과 투자지출이 달라지는 현상을 의미한다.

- 자산효과 : P 상승 → 자산의 구매력 감소 → 소비(C) 감소 → 총수요량 감소
- 이자율효과 : P 상승 ⇒ 화폐의 구매력 감소 ⇒ 차입 증가 ⇒ 이자율(r) 상승
  ⇒ (가계) 저축증가 → 소비(C) 감소, (기업) 차입비용증가 → 투자(I) 감소
  ⇒ 총수요량 감소

오답
노트

임금이 신축적이지 않을 경우 물가상승에 따라 실질임금이 하락하므로 기업은 노동수요를 늘리게 된다. 이로 인해 생산이 증가할 수 있다. 이를 비신축적 임금모형이라고 한다. 또한 가격은 기업의 입장에서 판매수입이다. 물가의 상승으로 인해 모든 생산물의 가격이 증가했는데, 이를 자기 상품의 상대가격이 상승한 것으로 착각하여 더 큰 수입을 얻기 위해 생산을 증가시킬 수 있는데 이를 불완전 정보모형이라고 한다. 한편, 노동자들은 물가상승에 의한 명목임금의 상승으로 실질임금이 상승한 것으로 착각한다. 물가와 동일한 비율로 명목임금이 상승해 실질임금은 변하지 않았는데도 불구하고 이를 실질임금의 증가로 착각해 노동공급을 늘려 총생산이 증가하게 된다. 이를 노동자 오인모형이라고 한다.

04 다음 중 총공급곡선의 이동과 관련해 옳은 설명을 고르시오. 🏷️ 나오는 유형 *

① 자본스톡의 증가와 장기 총공급곡선의 이동은 무관하다.
② 기술진보로 인해 단기 총공급곡선의 좌측이동이 가능하다.
③ 예상 물가수준이 상승하면 장기 총공급곡선은 왼쪽으로 이동한다.
④ 인구 고령화로 인해 노동인구가 감소하면 단기 총공급곡선은 오른쪽으로 이동한다.
⑤ 자연자원의 추가적인 발굴은 장기 총공급곡선의 우측이동을 가져온다.

해설

총공급곡선은 미래경제상황에 대한 기대, 자산가치의 변화, 보유한 실물자본의 양, 재정정책과 통화정책, 생산요소 가격 하락, 기술진보 등에 의해 이동한다.

오답노트 예상 물가수준은 장기 총공급곡선에 아무런 영향을 미칠 수 없다. 예상물가가 상승하면 단기 총공급곡선은 왼쪽으로 이동한다. 하지만 모든 가격변수가 신축적이라면 다시 장기 총공급곡선 상에서 단기와 장기의 균형이 형성된다.

05 케인즈의 경기부양 정책이 효과를 나타내기 어려운 경우는 어느 경우인가?

① 불황으로 생산설비의 가동률이 완전하지 않은 경우
② 노동자들의 임금이 장기계약에 묶여 오랜 기간 변하지 않는 경우
③ 재화시장에서 수량의 변화보다는 가격의 변화가 훨씬 빠른 경우
④ 총공급곡선이 수평인 경우
⑤ 필립스곡선의 기울기가 완만한 경우

해설

케인즈는 1930년대 대공황을 경험하면서 엄청난 실업률이 해소되지 않고 오랜 기간 지속되는 현상을 목격하면서, 임금의 경직성을 주장했다. 임금 변수가 신축적이지 않기 때문에 노동시장에서 발생한 초과공급을 해소하지 못해 실업이 장기간 지속된다는 것이었다. 한편, 경제가 완전고용국민소득을 달성하지 못하는 것은 생산의 문제가 아니라 총수요가 부족해서라고 주장했다. 경제의 생산능력은 충분한데 총수요가 부족해 공장의 가동률이 낮다고 주장했다. 따라서 총공급은 균형국민소득 결정에 아무런 영향을 미치지 못하고 총수요만이 균형국민소득을 결정한다고 주장했다. 따라서 수평의 총공급곡선을 가정하고 총수요의 증가를 통해 실질 GDP를 증가시켜야 한다는 경기안정화정책을 주장했다.

오답노트 재화시장에서 수량의 변화보다 가격의 변화가 훨씬 빠른 경우는 총공급곡선이 수직의 형태에 가까울 때이다. 수직의 총공급곡선에서는 총수요가 변하더라도 물가의 변화만 발생할 뿐 수량의 변화는 일어나지 않기 때문이다. 이러한 수직의 총공급곡선은 고전학파가 주장하는 공급곡선의 형태이다.

#고전학파, #케인즈, #고전적 이분성

06 다음은 거시경제의 단기균형과 장기균형에 대한 설명이다. 옳지 않은 것을 고르시오.

① 물가가 하방경직적일 때 총수요는 단기적으로 실질 GDP에 영향을 미친다.
② 통화정책과 재정정책은 단기에 실질 GDP에 영향을 미친다.
③ 고전적 이분성은 장기에 성립한다.
④ 물가와 임금은 단기에 경직적, 장기에 신축적이다.
⑤ 통화정책은 단기적으로는 명목 GDP에 영향을 미치며 장기적으로는 실질 GDP에 영향을 미친다.

> **해설**
>
> 고전학파가 주장하는 완전고용국민소득 수준에서 수직인 총공급곡선은 장기의 현실을 설명해준다. 한편 단기에는 고전학파와 케인즈의 견해를 절충한 우상향의 총공급곡선을 가정한다. 이는 현실적으로 단기에 물가와 임금이 경직적일 수 있으나 장기에는 신축적이게 된다는 점을 반영한다. 따라서 통화정책은 단기에 명목 GDP와 실질 GDP 모두에 영향을 미칠 수 있다. 하지만 장기에는 수직의 장기총공급곡선으로 인해 통화량의 변화는 물가만 변화시켜 명목 GDP에 영향을 미칠 뿐이며 실질 GDP에는 아무런 영향을 미칠 수 없다. 이를 화폐의 중립성이라고 하며, 실물부분과 화폐부문이 완전히 분리되어 서로 영향을 미칠 수 없다는 것이 고전학파가 주장하는 고전적 이분성이다.

> **오답**
> **노트**
> 물가가 하방경직적일 때 즉, 총공급곡선이 우상향의 기울기를 갖을 때 총수요가 증가하면 실질 GDP가 증가한다. 한편 통화정책과 재정정책은 물가와 임금이 경직적인 단기에는 실질 GDP에는 영향을 미칠 수 있으나 총공급곡선이 완전고용국민소득 수준에서 수직인 장기에는 실질 GDP에 영향을 미칠 수 없다. 이를 고전학파가 주장하는 고전적 이분성이라 하고 이는 장기에 성립하는 개념이다.

#재정정책, #통화정책, #거시경제의 단기 균형

07 그림에서 A~D는 국민 경제의 균형점 이동 방향을 나타낸다. 이에 대한 설명으로 옳지 않은 것은?

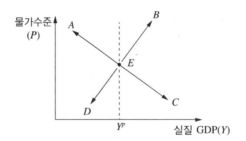

① 재정정책을 실시하면 A 또는 C로 이동한다.
② A로 이동할 때 스태그플레이션 현상이 나타날 수 있다.
③ B로의 이동은 주로 경기가 상승 국면에 있을 때 나타난다.
④ C로 이동할 때 일반적으로 고용 수준이 향상된다.
⑤ D로 이동할 때 경기적 실업이 나타날 수 있다.

경기안정화 정책은 크게 활용 수단에 따라 재정정책과 통화정책으로 구분된다. 재정정책은 정부지출이나 조세를 조정하여 경제의 총수요를 조절하는 정책을 의미한다. 한편 통화정책은 통화량과 이자율을 수단으로 경제의 총수요를 조절한다. 경기안정화 정책은 확장적 혹은 긴축적 방향으로 실시된다. 한 국가 경제의 현 상태가 완전고용국민소득(= 잠재 GDP)에 미치지 못할 때는 총수요를 진작시켜 경제의 총생산이 잠재 GDP 수준을 회복할 수 있도록 돕고, 잠재 GDP를 상회하는 경우 즉, 경제가 과열된 경우에는 경제의 총생산이 잠재 GDP 수준으로 진정될 수 있도록 총수요를 감소시킨다. 문제에서 균형점은 이러한 확장적 혹은 긴축적 활동의 결과물이다. 경기안정화 정책은 정부가 조절 가능한 총수요곡선을 대상으로 이뤄지기 때문에 우상향의 단기 총공급곡선을 따라 B 혹은 D방향으로 움직인다. A와 C방향은 총공급의 변화가 발생했을 때 가능한 균형점이다.

스태그플레이션은 단기 총공급곡선이 좌측으로 이동해 실질 GDP가 감소하면서 물가가 상승하는 현상이다. 오쿤의 법칙에 의해 실질 GDP의 감소는 실업의 증가를 야기한다. 즉, 경제주체가 고통을 느낄 수 있는 물가의 상승과 실업의 증가가 동시에 발생하는 것이다. 이러한 스태그플레이션이 발생하는 균형점은 A이다. 균형이 B점에서 형성되는 경우는 총수요곡선이 우측으로 이동하는 경우이다. 이는 경기가 상승국면에 있음을 의미하는 것으로, 이러한 상승국면이 지속될 경우 인플레이션이 발생할 수 있다. 한편, 균형점이 C에서 형성되기 위해서는 단기 총공급곡선이 우측으로 이동해야 한다. 이는 생산요소의 가격 하락, 기술수준 발전 등과 같은 요인이 존재하여 총생산이 증가할 때 가능한 일이다. 따라서 고용 수준의 향상이 동반된다. 한편, 경기적 실업은 경기 침체로 인해 발생하는 현상이다. 균형점 D에서는 완전고용국민소득 수준보다 더 낮은 상태에서 실질 GDP가 결정되기 때문에 이때는 경기침체로 인해 발생하는 경기적 실업의 발생이 우려된다.

#통화정책의 수단, #공개시장조작, #재할인율, #지급준비율

08 다음 중 총수요의 증가를 야기하는 요인들로 바르게 짝지은 것은?

> ㉠ 재할인율 인상
> ㉡ 중앙은행의 공채 매입
> ㉢ 법정지불준비율의 인하
> ㉣ 세금의 감소

① ㉠
② ㉠, ㉡
③ ㉡, ㉢
④ ㉡, ㉢, ㉣
⑤ ㉠, ㉡, ㉢, ㉣

통화정책의 수단으로는 대표적으로 공개시장조작, 재할인율, 지급준비율 정책이 존재한다. 공개시장조작은 중앙은행이 시장에서 공채를 매입 혹은 매각함으로써 통화량을 조절하여 총수요를 관리하는 정책이다. 즉, 중앙은행이 시중에서 공채를 매입하면서 공채 매입의 대가로 시중에 화폐를 지급하면 시중 통화량이 증가해 이자율이 감소하고, 이는 투자의 증가로 이어져 총수요가 증가되는 것이다. 재할인율은 시중은행이 중앙은행으로부터 대출할 때 적용받는 이자율이다. 재할인율이 낮을수록 시중은행이 더 많은 차입을 할 수 있으므로 시중 통화량이 증가하게 된다. 한편 지급준비율은 예금액의 일부를 신용창조 과정에 사용하지 못하고 의무적으로 남겨둬야하는 비율을 의미한다. 해당 비율이 낮을수록 신용창조를 통해 발생하는 통화량이 증가하므로 총수요의 증가요인이 된다. 한편, 재정정책은 정부지출 혹은 세금을 조절하여 총수요를 관리하는 정책이다. 세금의 감소는 가계의 가처분소득을 증가시켜 소비를 진작시키므로 총수요를 확장시키는 재정정책으로 기능한다.

오답 노트 ▪ 재할인율을 인상하면 예금은행의 대출이 감소하게 되고, 이는 본원통화를 감소시켜 통화량이 감소한다. 따라서 이자율이 상승해 투자가 위축되고, 이는 총수요의 감소 요인으로 작용한다.

[09~10] 다음 자료를 읽고 물음에 답하시오.

갑국 정부는 경기 안정을 위해 아래 시기 동안 목표 경제성장률과 목표 물가상승률을 모두 4%로 일정하게 설정하였다. 그림은 갑국의 실제 경제성장률과 물가상승률이 목표치와 얼마나 차이가 있었는지를 시기별로 나타낸다(단, 물가상승률은 시기별 평균이다).

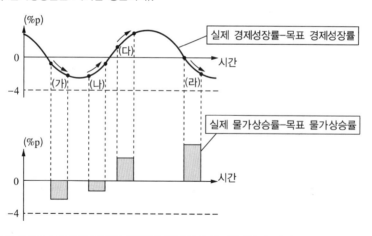

09 (가)~(라)시기에 대한 설명으로 가장 적절한 것은?

① (다)시기에 총수요곡선만 왼쪽으로 이동했을 것이다.
② (라)시기에 총공급곡선만 오른쪽으로 이동했을 것이다.
③ (가)에 비해 (나)시기의 물가가 낮았을 것이다.
④ (나)에 비해 (다)시기의 실업률이 높았을 것이다.
⑤ (다)에 비해 (라)시기의 명목 GDP가 컸을 것이다.

경제성장률을 실질 GDP의 증가로 측정되는데, 실질 GDP는 기준연도 물가를 활용해 측정함으로써 명목 GDP에서 물가상승 요인을 제거한 개념이다. 이는 증가율로 나타내면 명목 GDP의 증가율에서 물가상승률을 차감하여 계산할 수 있다. 즉, 다음과 같이 표현가능하다.

> 경제성장률 = 명목 GDP 증가율 − 물가상승률

한편, 문제에서 목표 경제성장률과 목표 물가상승률 모두 4%로 설정되어 있다. 그리고 「실제 경제성장률 − 목표 경제성장률」과 「실제 물가상승률 − 목표 물가상승률」이 모두 −4%p보다 크게 나타나고 있다. 이는 실제 경제성장률과 실제 물가상승률이 모두 양의 값을 갖는다는 것을 의미한다.

- 실제 경제성장률(a)−목표 경제성장률(b) > −4%p ⇒ $a - 4 > -4$, $a > 0$
- 실제 물가상승률(c)−목표 물가상승률(d) > −4%p ⇒ $c - 4 > -4$, $c > 0$

두 개의 정보를 종합하면 명목 GDP 증가율은 경제성장률에 물가상승률을 더한 값으로 나타나고, 물가상승률은 양수라는 결론을 얻을 수 있다. 따라서 (라) 시기의 명목 GDP가 (다) 시기에 비해 크다는 점을 두 그림을 통해 확인할 수 있다.

#통화정책의 수단, #지급준비율 정책, #공개시장조작 정책

10 (가)~(라) 시기별 통화 정책의 영향에 대해 옳은 추론을 〈보기〉에서 고른 것은?

─〈 보기 〉─

⊙ (가) 시기에 지급준비율을 인상했다면 실제 경제성장률과 목표치의 차가 확대되었을 것이다.
ⓛ (나) 시기에 국공채를 매각했다면 실제 물가상승률과 목표치의 차가 확대되었을 것이다.
ⓒ (다) 시기에 국공채를 매입했다면 실제 경제성장률과 목표치의 차가 축소되었을 것이다.
ⓔ (라) 시기에 지급준비율을 인하했다면 실제 물가상승률과 목표치의 차가 축소되었을 것이다.

① ⊙, ⓛ   ② ⊙, ⓒ
③ ⓛ, ⓒ   ④ ⓛ, ⓔ
⑤ ⓒ, ⓔ

지급준비율을 인상하면 신용창조를 통해 창출되는 통화량이 감소하게 되어 이자율이 상승하고 이는 총수요의 감소로 나타난다. 지급준비율이란 예금액의 일정부분을 신용창조 과정에 사용하지 못하고 남겨둬야 하는 예금액의 일정 비율을 의미한다.

(가) 시기는 실제 경제성장률이 계속해서 하락하는 시기이다. 이 시기에 지급준비율을 인상한다면 실제 경제성장률이 더 큰 폭으로 낮아져 「실제 경제성장률 − 목표 경제성장률」은 더욱 커졌을 것이다. 한편, 공개시장조작은 중앙은행이 시중은행에 국공채를 매입 혹은 매각하여 통화량을 조절하는 통화정책이다. 중앙은행이 국공채를 매각할 경우 시중의 통화량이 흡수되기 때문에 이자율이 상승하여 투자가 위축되고, 총수요가 감소한다.

(나) 시기는 경제가 상승국면에 있는 모습이다. 해당 시기에 국공채를 매각하는 공개시장조작을 시행할 경우 실제 물가상승률이 낮아져 「실제 물가상승률 − 목표 물가상승률」도 커졌을 것이다.

[11-12] 다음은 갑국의 자료이다. (가)는 여러 가지 경제 지표들의 추이를 나타낸 것이고, (나)는 재정정책과 통화정책의 방향을 A~D로 나타낸 것이다. 물음에 답하시오.

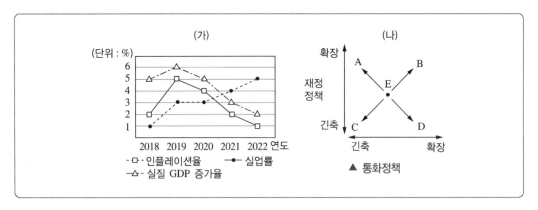

#고통지수, #증가율, #실업률

11 (가)에 대한 옳은 분석을 〈보기〉에서 고른 것은?

〈 보기 〉

㉠ 2018년 이후에 실질 GDP는 지속적으로 증가하고 있다.
㉡ 인플레이션율과 실업률의 합계인 국민고통지수는 2019년에 가장 크다.
㉢ 2019년과 2020년의 실업자 수는 같다.
㉣ 인플레이션율과 실업률은 반비례 관계이다.

① ㉠, ㉡
② ㉠, ㉢
③ ㉡, ㉢
④ ㉡, ㉣
⑤ ㉢, ㉣

해설

2018년 이후 실질 GDP 증가율은 계속해서 양의 값을 유지함으로써 지속적으로 증가하고 있음을 알 수 있다. 증가율이 5%(2018년) → 6%(2019년) → 5%(2020년) → 3%(2021년) → 2%(2022년)로 하락하는 것은 실질 GDP의 증가 폭이 둔화되는 것이지 실질 GDP가 증가하고 있지 않은 것은 아니다. 한편, 고통지수는 인플레이션율과 실업률의 합계로 나타난다. 고통지수의 추이를 살펴보면 3%(2018년) → 8%(2019년) → 7%(2020년) → 6%(2021년) → 6%(2022년)로 2020년에 가장 크게 나타난다.

오답 노트 2019년과 2020년의 실업률이 같다고 해서 실업자 수의 절대 수준이 같다고 단정지을 수 없다. 실업률은 경제활동인구 가운데 실업자의 수로 정의되는데 경제활동인구의 변화폭과 실업자 수의 변화폭이 같아도 실업률은 동일해지기 때문이다. 한편, 주어진 자료만으로는 인플레이션율과 실업률 사이의 반비례 관계를 확정짓기 어렵다.

12 (나)에서 2022년 현재 정책 조합이 E점에 위치하고 있다면 향후 취해야 할 정책 방향 및 수단으로 가장 적절한 것은?

꼭 나오는 유형 *

① A : 소득세 인하, 재할인율 인하
② B : 법인세 인하, 지급준비율 인상
③ B : 사회 간접 자본 시설 확충, 국채 매입
④ C : 법인세 인상, 보유 외환 매각
⑤ C : 소득세 인하, 금융권의 대출 한도 축소

해설

갑국의 경제는 2018년 이후 계속해서 증가세가 둔화되고 있고, 실업률은 지속적으로 상승하고 있다. 그리고 인플레이션은 소폭 증가세를 유지하고 있다. 전반적으로 경기가 침체되는 방향으로 움직이는 것을 확인할 수 있다. 따라서 확장적인 경제 정책 처방이 필요한 상황이다. 확장적 경기안정화 정책은 총수요곡선을 우측으로 이동시킨다. 따라서 균형점의 방향은 B점에서 형성된다. 총수요 확장정책은 재정 및 통화정책으로 가능하다. 사회 간접 자본 시설의 확충은 재정지출의 증가로서 확장적 재정정책이며, 국채를 매입하는 활동은 시중의 통화량 공급을 늘리는 확장적 통화정책으로, 이자율을 감소시켜 투자증가를 유도해 총수요를 증가시킨다.

오답 노트

A와 D 방향으로 균형점이 형성되기 위해서는 총공급곡선의 이동이 발생해야 한다. 총공급곡선은 정부가 주도적으로 변화시킬 수 없다. 생산을 담당하는 기업부문에서의 노력이 수반되어야 하는 부분이다. 한편 C방향은 긴축적인 정책이 이뤄질 때 달성되는 균형이다. 현재 갑국의 경제 상황과 맞지 않는 처방이다. 지급준비율 인상 역시 긴축적인 통화정책으로서, 갑국의 상황과 어울리지 않는다.

🔍 신문기사를 통해 경제·경영학적인 시야 기르기!

거시 06

"튀르키예 물가 곧 잡힌다 … 2026년 한자릿수 상승률 예상"

2024.09.23. 매일경제

'도약하는 튀르키예' 세션
파티흐 카라한 중앙銀 총재
"인구·지정학 이점 살려 극복"

"튀르키예 경제는 젊은 노동인구·지정학적 위치 등 잠재력이 뛰어나다. 튀르키예 경제의 발목을 잡고 있는 인플레이션은 곧 극복할 수 있다."

지난 11일 오전 인천 영종도 인스파이어 엔터테인먼트 리조트에서 열린 '제25회 세계지식포럼'에서 '도약하는 튀르키예'를 주제로 개최된 세션에 연사로 나선 파티흐 카라한 튀르키예 중앙은행 총재는 이같이 말했다.

이날 세션에서 카라한 총재는 튀르키예 경제의 잠재력과 현재 인플레이션을 극복 중인 튀르키예 경제 상황에 대해 수차례 강조했다.

카라한 총재는 본격적인 긴축재정을 시작한 지난해 6월 이후 주요 거시경제 지표를 근거로 제시했다. 그는 "지난해 6월 약 950억달러이던 튀르키예의 법정준비금이 긴축재정을 시작한 이후 올해 8월 1,500억달러 이상으로 개선됐다."라고 말했다. 이어 "2024년 2월 70% 수준으로 높았던 소비자 인플레이션율이 올해 8월 약 52%로 개선됐으며, 이에 튀르키예는 무디스 등 글로벌 주요 신용평가사로부터 B3에서 B1으로 두 단계 상향 조정된 신용등급을 획득했다."라고 덧붙였다. 카라한 총재는 "올해 말까지 인플레이션율이 40%대로 낮아질 것으로 예상한다."라며 "2026년에는 한 자릿수로 떨어질 것"이라고 말했다.

세션에 참여한 티에리 드 몽브리알 프랑스국제관계연구소(IFRI) 회장은 "인플레 문제를 겪고 있지만 튀르키예 경제 펀더멘털은 좋은 편"이라며 "그동안 높은 경제성장률을 기록하고 있었고, 인근 지역 및 글로벌 무역 파트너와 적극적인 경제활동을 펼치고 있는 국가"라고 말했다.

몽브리알 회장은 "튀르키예가 인플레 위기를 극복하고 지속 가능한 경제를 갖춰나갈 수 있을 거라 믿는다."라고 말했다.

Tip

튀르키예의 긴축 재정에 관한 기사이다. 물가상승으로 인해 경제 활력을 잃어가던 튀르키예 정부는 긴축재정 기조를 통해 경제를 정상화시키고 있다는 내용이다. 이처럼 긴축재정은 총수요곡선을 좌측으로 이동시켜 물가를 낮출 수 있다. 다만 이 경우 실질 GDP도 함께 감소하기 때문에 경기가 전반적으로 위축될 수 있어 물가와 경기침체 간의 트레이드 오프 관계를 면밀하게 살펴 정책을 조절해야 한다.

07 | 인플레이션과 실업

01 인플레이션

1. 인플레이션의 의미

인플레이션(inflation)이란 물가가 지속적으로 상승하는 현상을 의미한다. 흔히들 인플레이션이 발생하면 경제주체들이 경제적 어려움을 겪는다고 말한다. 물가가 지속적으로 상승한다는 것은 구입해야 할 재화와 서비스의 전반적인 가격이 상승했음을 의미하기 때문이다. 하지만 인플레이션이 발생했을 때 경제주체들이 고통을 받는 진짜 이유는 화폐의 구매력 감소에 있다. 인플레이션이 발생하여 1,000원짜리 공책이 2,000원이 된다면 기존의 10,000원으로 10권을 살 수 있었던 공책을 이제는 5권밖에 살 수 없기 때문이다. 인플레이션으로 인해 공책의 수량으로 표현되는 10,000원의 가치는 10권에서 5권으로 감소하게 된다는 것을 알 수 있다.

2. 인플레이션의 원인

인플레이션의 발생 원인은 총수요 측면과 총공급 측면에서 살펴볼 수 있다. 총수요 측면에서 발생하는 인플레이션을 수요견인 인플레이션(demand-pull inflation), 총공급 측면에서 발생하는 인플레이션을 비용인상 인플레이션(cost-push inflation)이라고 한다. 그리고 현실에서는 이 두 측면이 각각 발생하는 것이 아니라 동시에 물가상승의 원인이 되기도 한다.

(1) 총수요 측면 : 수요견인 인플레이션

① 통화량 증가

「제5장 화폐와 국민경제」에서 살펴본 바와 같이 고전학파의 화폐수요이론은 교환방정식과 현금잔고방정식이다. 특히 고전학파는 교환방정식에서 화폐유통속도(V)는 사회적 관습이나 거래제도에 의해서 결정되기 때문에 매우 안정적이며, 실질국민소득(Y)은 요소부존량과 생산기술에 의해서 결정되는 변수로 통화량과 무관하게 결정되는 변수이기 때문에 통화량의 증가는 물가의 상승을 야기한다고 주장했다. 마샬의 현금잔고방정식도 화폐수요를 직접적으로 언급한 점을 제외하면 그 내용은 대동소이하다. 즉, 통화량의 증가는 물가의 상승을 야기한다는 것이다. 다음은 앞서 살펴보았던 교환방정식과 현금잔고방정식이다.

- 교환방정식 : 물가(P)×실질 국내총생산(Y) = 통화량(M)×화폐의 거래유통속도(V)
- 현금잔고방정식 : $M^D = kPY$

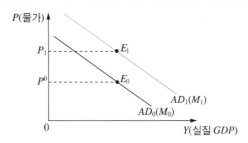

▲ 통화량 증가와 인플레이션(고전학파)

② 확장적 재정정책

케인즈는 확장적 재정정책을 실시하여 총수요곡선을 우측으로 이동시킬 경우 물가가 상승하는 인플레이션이 발생한다고 주장했다. 총수요의 부족으로 총생산을 완전고용국민소득(잠재생산량) 수준으로 끌어올리기 위해서는 어쩔 수 없이 총수요곡선을 우측으로 이동시켜야 하지만, 이를 위해서는 물가 상승이라는 대가를 지불해야 한다는 것을 의미한다.

③ 양(+)의 수요충격

통화량 증가, 확장적 재정정책 이외에도 총수요곡선을 우측으로 이동시키는 요인들이 발생하면 수요견인인플레이션이 발생한다. 소비지출이 급격히 증가하거나 기업의 투자가 증가하는 경우 등이 이에 속한다. 이처럼 갑작스럽게 발생하는 수요견인 인플레이션을 예상하지 못한 인플레이션(unanticipated inflation)이라고 한다.

(2) 총공급 측면 : 비용인상 인플레이션

① 생산요소비용의 증가

기업에게 비용으로 인식되는 요인들이 상승하면 기업들은 생산을 감소시키므로 경제 전체의 총공급은 감소하게 된다. 노동자의 임금이 상승하거나 석유와 같은 에너지나 원재료의 가격이 상승하면 총공급이 감소한다. 총공급의 감소로 총공급곡선이 좌측으로 이동해 물가가 상승한다.

② 노동생산성의 하락

노사분류로 인한 파업, 태업 등과 같이 노동생산성이 하락하는 요인들 역시 총공급의 감소요인이다. 노동생산성의 하락은 노동 한 단위당 생산비용의 증가를 의미하기 때문에 기업의 입장에서는 생산요소 비용의 증가와 동일하기 때문이다. 이 경우에도 총공급곡선이 좌측으로 이동해 물가가 상승한다.

(3) 혼합형 인플레이션

① 비용인상 인플레이션 + 확장적 재정정책 = 물가 급등

혼합형 인플레이션(mixed inflation)은 총수요 요인과 총공급 요인이 모두 작용하여 발생하는 인플레이션을 의미한다. 일반적으로 노동조합의 과도한 임금인상이나 석유파동과 같은 원자재 가격의 상승은 비용인상 인플레이션을 촉발시킨다. 비용인상 인플레이션의 가장 큰 문제는 물가의 상승과 함께 실질 GDP의 감소가 함께 나타난다는 것이다. 실질 GDP의 감소는 총생산의 감소이고, 총생산의 감소는 곧 실업의 증가를 의미한다. 문제는 이러한 상황에서 정부가 침체된 경제를 활성화시키기 위해 확장적 재정정책을 사용할 때 나타난다. 비용인상 인플레이션이 발생한 상황에서 확장적 재정정책을 통해 총수요곡선을 우측으로 이동시키면 보다 큰 폭의 물가상승이 일어나고, 이는 다시 명목임금 상승으로 이어져 총공급곡선은 다시 왼쪽으로 이동해 물가가 상승하고, 실질 GDP가 감소하게 된다. 이에 정부가 다시 확장적 재정정책을 사용하면 물가는 더 큰 폭으로 상승하게 된다.

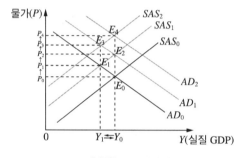

▲ 혼합형 인플레이션

② 통화량 증가와 혼합형 인플레이션

혼합형 인플레이션의 악순환은 반드시 통화량 증가가 수반된 확장적 재정정책이어야만 발생한다. 비용인상 인플레이션만으로는 물가상승이 임금상승을 야기하고, 다시 물가가 상승하는 악순환이 발생하지 않는다. 일반적으로 물가가 오르면 총수요가 감소하고, 이는 실업의 증가로 이어진다. 실업의 증가는 각 가계의 소득감소로 이어져 소비가 감소하게 되고 이는 총수요의 감소로 이어진다. 총수요가 감소하는 상황에서 인플레이션이 발생할 수는 없다. 따라서 혼합형 인플레이션의 악순환은 통화량 증가로 인한 총수요곡선의 우측이동이 있을 때 발생하게 된다.

보충학습　오쿤의 법칙(Okun's law)

오쿤의 법칙은 한 나라의 산출량과 실업 사이에 경험적으로 관찰되는 음의 상관관계로서, 총생산 갭(실제생산량–잠재생산량)과 실업률 간 역의 관계를 나타낸다. 보다 구체적으로는 실업률이 1% 증가할 때마다 국민총생산이 2.5%의 비율로 감소하는 것을 발견했는데 이같은 실업률과 국민총생산의 밀접한 관계를 오쿤의 법칙이라 한다.

③ 스태그플레이션
　㉠ 정 의
　　스태그플레이션(stagflation)이란 그 명칭에서 살펴볼 수 있듯이 경기침체(stagnation)와
　　인플레이션(inflation)이 동시에 발생하는 것을 의미한다. 단기 총공급곡선이 좌측으로
　　이동하는 비용인상 인플레이션이 발생하는 경우 새로운 균형점에서는 물가만 상승하는
　　것에 그치지 않는다. 총공급곡선이 좌측이동으로 인해 실질 GDP(Y)가 감소하여 총생산의
　　감소가 동반된다. 실질 GDP의 감소는 총생산의 감소이고, 총생산의 감소는 곧 실업이
　　발생하게 된다는 것을 의미한다.
　㉡ 비용인상 인플레이션 ≠ 스태그플레이션
　　하지만 비용인상 인플레이션 자체를 스태그플레이션이라고 부르지는 않는다. 앞서 「통화
　　량 증가와 혼합형 인플레이션」에서 살펴 본 바와 같이 비용인상 인플레이션만 발생한 경우
　　단기에는 총수요의 감소로 인해 물가가 계속해서 상승할 수 없기 때문이다. 따라서 스태그
　　플레이션은 비용인상 인플레이션과 함께 통화량 증가가 수반된 총수요곡선의 우측이동이
　　함께 동반되어야 발생하는 현상이다. 즉, 보다 정확하게는 통화량 증가가 동반된 혼합형
　　인플레이션의 상황이 스태그플레이션을 야기한다고 이야기할 수 있다.

3. 인플레이션의 부정적 영향

인플레이션은 보유한 화폐의 구매력 하락을 의미하기 때문에 경제주체에게 부정적인 영향을 미친
다. 하지만, 인플레이션을 경제주체가 예상했는지 여부에 따라 부정적인 영향이 조금씩 달라진다.

(1) 예상하지 못한 인플레이션

① 부의 재분배와 인플레이션 조세
　1년 후에 100만원을 갚을 것을 약속하고 돈을 빌려주었다. 불행하게도 1년 사이에 전혀 예상하
　지 못했던 인플레이션 10%가 발생했다. 이 경우 채권자는 1년 후 채무자로부터 100만원의
　돈을 돌려받겠지만, 그 자체로 손해가 발생한다. 1년 전의 100만원의 구매력과 1년 후의 100만
　원의 구매력은 다르기 때문이다. 한편, 채무자는 이득을 보게 된다. 10%의 인플레이션으로
　인해 실질적으로 90만원만 갚은 것과 같은 결과이기 때문이다. 이처럼 예상하지 못한 인플레이
　션은 부를 재분배한다. 이처럼 부를 소유한 사람은 인플레이션으로 인해 그 가치가 증발해버리
　게 되는데, 이를 두고 마치 소득의 일부를 정부가 가져가는 세금과 같다고 하여 이를 인플레이
　션 조세(inflation tax)라고 한다.

② 생산과 고용의 변동
　예상하지 못한 인플레이션이 존재하는 경우 단기적으로 생산을 증가시킬 수 있다. 인플레이션
　으로 인해 물가가 상승하면 기업은 더 많은 물건을 만들어 시장에 판매하고자 한다. 하지만
　노동자들은 단기에 명목임금이 고정되어 있는데 더해 인플레이션을 전혀 예상하지 못하기

때문에 기존과 같은 임금으로 계속해서 고용되어 생산활동을 진행한다. 기업 입장에서 이는 실질 생산비용의 감소이고, 이로 인해 고용을 늘리고 더 많은 생산을 할 수 있게 된다.

③ 안정적인 경제생활의 어려움

예상하지 못한 인플레이션의 존재는 경제 내의 불확실성을 높이고, 이로 인해 경제주체들은 안정적인 소비 및 투자 계획을 세우지 못한다. 이러한 비효율 역시 예상하지 못한 인플레이션으로 인해 발생하는 악영향이라 할 수 있다.

(2) 예상한 인플레이션

① 피셔효과

인플레이션을 예상하게 되면 채권자와 채무자 사이에 부의 재분배가 일어나지 않는다. 1년 후에 100만원을 갚겠다는 채권-채무계약을 체결할 때 인플레이션 10%가 예상되면 계약 과정에서 1년 후에 이자 10%를 더해서 갚을 것을 요구하기 때문이다. 이를 피셔효과(fisher effect)라고 한다. 즉, 피셔효과는 명목이자율은 실질이자율과 인플레이션율의 합계로 결정되며, 다음과 같이 표현할 수 있다.

$$i = r + \pi^e$$
(명목이자율 = 실질이자율 + 예상 인플레이션율)

② 구두창 비용과 메뉴판 비용

예상할 수 있는 인플레이션으로 인해 발생하는 거래비용을 빗대어 표현한 용어이다. 인플레이션이 예상되면 화폐를 보유하기 보다는 그 가치가 안정적인 부동산이나 금과 은 등을 보유하려고 한다. 따라서 이들 자산들을 보러 다니는 과정에서 구두창이 닳게 되어 자주 갈아줘야 하는데 이때 발생하는 구두창 교환 비용을 구두창 비용(shoe-leather cost)라고 한다. 한편, 인플레이션을 예상할 수 있으면 식당 주인의 경우 메뉴판의 가격을 인플레이션율에 맞춰 조정해야 한다. 10%의 인플레이션이 예상되면 8,000원 짜리 된장찌개 가격을 8,800원으로 변경한 메뉴판을 새롭게 제작해야 하는데 이때 발생하는 비용이 바로 메뉴판 비용(menu cost)이다.

02 디플레이션

1. 디플레이션의 의미

디플레이션(deflation)이란 물가가 지속적으로 하락하는 현상을 의미한다. 인플레이션의 반대 개념이다. 인플레이션도 경제를 어렵게 만드는 요인이지만, 일각에서는 디플레이션이 더 큰 어려움을 초래할 수 있다고 이야기한다. 실제로 글로벌 금융위기 이후 우리나라를 비롯한 많은 국가에서 우려하고 있는 현상은 인플레이션이 아니라 디플레이션이다.

2. 디플레이션의 영향

인플레이션과 마찬가지로 디플레이션도 예상된 디플레이션과 예상하지 못한 디플레이션으로 나누어 볼 수 있다.

(1) 예상하지 못한 디플레이션

예상하지 못한 디플레이션으로 인해 인플레이션의 경우와 마찬가지로 부의 재분배가 일어난다. 하지만 그 방향이 인플레이션과는 반대이다. 즉, 채무자로부터 채권자로 부의 재분배가 일어나는 것이다. 1년 후에 1,000만원을 갚기로 하고 빌려간 1,000만원은 1년 후에 그 실질가치가 훨씬 상승하게 된다. 디플레이션으로 인해 1,000만원의 구매력이 훨씬 커졌기 때문이다. 1년 전에는 1,000만원으로 100만원짜리 PC 10대 구입할 수 있었지만, 1년 사이 발생한 50%의 디플레이션으로 인해 PC 가격이 50만원으로 감소해 20대를 구입할 수 있게 되었다. 문제는 일반적으로 채무자가 채권자보다 여유가 없다는 점에 있다. 디플레이션으로 인해 채무자의 부채 부담이 증가할 경우 채무자는 소비를 큰 폭으로 감소시켜 경기침체의 골이 깊어질 우려가 있다.

(2) 예상된 디플레이션

① 0의 명목이자율

예상된 인플레이션과 마찬가지로 예상된 디플레이션의 상황에서도 부의 재분배가 발생하지 않는다. 디플레이션의 경우에도 피셔효과가 발생하기 때문이다. 문제는 명목이자율이 마이너스($-$)로 떨어지는 경우이다. 피셔효과에 의해 실질이자율(r)이 3%이고, 예상되는 디플레이션율($- \pi^e$)이 5%라고 하자. 이 경우 명목이자율은 $-2\%(= 3\% - 5\%)$가 된다. 이처럼 명목이자율이 되면 돈을 빌려주는 사람이 돈을 빌리는 사람에게 이자를 지급해야 한다는 다소 황당한 결론에 이르게 된다. 하지만 현실에서는 예상된 디플레이션으로 인해 명목이자율이 마이너스로 떨어지게 되면 아무도 돈을 빌려주려고 하지 않는다. 돈을 빌려줄 유인이 없기 때문이다. 따라서 명목이자율은 0% 이하로 내려가지 않는다.

② 0의 명목이자율과 유동성 함정

경제가 극도로 침체되고 정부지출을 증가시키기도 여의치 않는 경우 중앙은행은 통화량 증가에 따른 이자율 감소를 통해 투자를 증가시켜 총수요를 진작시키고자 한다. 문제는 명목이자율이 0인 상황에서는 중앙은행이 이자율을 더 이상 낮출 수 없다는 점에 있다. 이자율을 더 이상 낮출 수 없다는 것은 총수요를 증가시킬 수 없다는 의미이다. 만약 디플레이션마저 예상되는 경우 현금을 은행에 예금해 놓기만 하더라도 양의 실질이자율을 얻을 수 있기 때문에 누구도 현금을 사용하려 하지 않는다. 따라서 이자율을 낮추려는 통화정책의 노력이 아무런 효과를 얻을 수 없는데 이를 유동성 함정(liquidity trap)이라고 한다.

1. 실업의 정의

실업(unemployment)이란 일할 의사와 일할 능력이 있음에도 불구하고 일자리를 얻지 못하는 상태를 의미한다. 우리나라의 경우 통계청의 경제활동인구조사를 통해 매달 15일이 포함된 주에 실업률이 조사되고 있다. 참고로 경제활동인구조사에서 실업자는 조사대상주간에 수입이 있는 일을 하지 않았고, 지난 4주간 일자리를 찾아 적극적으로 구직활동을 하였던 사람으로서 일자리가 주어지면 즉시 취업이 가능한 자로 정의된다(※ 참고 : 통계청, 보도자료 「2015년 11월 고용동향」, p.49).

2. 실업의 측정

실업을 측정하기 위해서는 생산가능인구, 경제활동인구, 취업자와 실업자가 정의되어야 한다.

① 생산가능인구와 경제활동인구, 경제활동참가율

생산가능인구는 만 15세 이상의 인구를 의미한다. 생산가능인구의 기준을 만 15세로 정한 것은 의무교육기간이 끝나고 취업이 가능한 나이가 만 15세이기 때문이다. 한편, 경제활동인구는 만 15세 이상의 인구 가운데 일할 의사가 없는 학생이나 주부 그리고 일할 능력이 없는 환자 등을 제외한 민간인을 의미한다. 경제활동참가율이란 생산가능인구 가운데 경제활동인구의 비율로 정의된다.

$$경제활동참가율 = \frac{경제활동인구}{생산가능인구}$$

② 취업자와 실업자, 취업률과 실업률

㉠ 취업자와 실업자

경제활동인구는 다시 취업자와 실업자로 구분된다. 취업자는 수입을 목적으로 주당 1시간 이상 일하거나 동일가구 내 가족이 운영하는 농장이나 사업체의 수입을 위하여 주당 18시간 이상 일한 무급가족종사자, 그리고 직업 또는 사업체를 가지고 있으나 일시적인 병 또는 사고, 연가, 교육, 노사분규 등의 사유로 일하지 못한 일시휴직자를 의미한다(※ 참고 : 통계청, 보도자료 「2015년 11월 고용동향」, p.49). 실업자는 경제활동인구에서 취업자를 제외하면 나머지이다.

ⓛ 취업률과 실업률

취업률과 실업률은 거시경제의 고용상태를 살펴볼 수 있는 지표이다. 취업률은 생산가능인구 가운데 취업자의 수로 정의되며, 실업률은 경제활동인구 가운데 실업자의 수로 정의된다.

$$\bullet \text{ 취업률} = \frac{\text{취업자}}{\text{생산가능인구}} \times 100$$

$$\bullet \text{ 실업률} = \frac{\text{실업자}}{\text{경제활동인구}} \times 100$$

ⓒ 실업률의 한계

우리나라의 2021년 8월 실업률은 3.3%이다. 수치만을 기준으로 하면 우리나라의 실업률은 완전고용수준에 가깝다. 완전고용은 일할 의사와 능력이 있는 거의 모든 사람이 일자리를 찾았다는 것을 의미한다. 하지만 이는 쉽게 납득되지 않는다. 우리 주변만 살펴봐도 좁은 취업문으로 인해 힘들어하는 취준생들이 너무나 많기 때문이다. 즉, 실업률 지표가 현실을 올바르게 반영하지 못하고 있는 것이다. 이처럼 실업률이 현실을 올바르게 반영하지 못하는 이유는 대표적으로 다음의 두 가지에서 원인을 찾을 수 있다.

ⓐ 구직단념자의 존재

구직단념자(discouraged worker)란 오랫동안 구직활동을 했지만 일자리를 찾지 못해 구직을 포기한 사람들을 의미한다. 실망노동자라고도 한다. 이런 구직단념자들은 일할 의사가 없는 사람들로 분류되어 아예 경제활동인구에서 제외되어 실업률 통계에 반영되지 않는다. 일반적으로 구직단념자가 증가할수록 실업률이 떨어지는 것으로 나온다.

ⓑ 임시근로자의 존재

우리나라 실업률 통계는 주당 1시간 이상만 수입을 얻기 위해 일을 하면 모두 취업자로 간주되어 실업자로 분류되지 않는다. 그렇다보니 단순 아르바이트나 비정규 근로자들이 모두 취업자로 분류되면서 실업자의 규모가 작게 측정되는 한계가 존재한다.

ⓡ 취업률(고용률), 실업률의 보조지표

실업률이 구직단념자를 반영하지 못하고, 주당 1시간 이상만 수입을 얻기 위해 노력하는 사람까지 취업자로 간주하면서 실제 현실을 제대로 반영하지 못하고 있다. 이로 인해 최근 실업률의 보조 지표로 각광을 받고 있는 지표가 고용률이다. 고용률은 15세 이상 인구(생산가능인구) 가운데 취업자의 비율을 살펴본다. 즉, 비경제활동인구까지 포함하여 살펴봄으로써 실업률의 한계를 보완하고 있다.

3. 실업의 종류

(1) 자발적 실업(마찰적 실업)

자발적 실업이란 일할 능력이 있음에도 불구하고 현재의 임금수준에서는 일할 의사가 없는 실업을 의미한다. 자발적 실업은 구체적으로 마찰적 실업이라고 한다. 마찰적 실업(fractional unemployment)은 보다 더 좋은 조건의 일자리로 옮겨가는 과정에서 발생하는 실업을 의미한다. 원래 다니던 직장에서 다른 직장으로 단 하루의 공백도 없이 이직을 하면 더할 나위 없이 좋겠지만, 이직을 위해서는 현재 다니던 직장을 그만두고 다른 직장과 조건 등을 탐색해보는 것이 일반적이다. 이때 자발적으로 실업을 선택하여 일을 하지 않는 기간을 마찰적 실업이라고 하며, 이를 탐색적 실업(search unemployment)이라고도 한다. 이러한 마찰적 실업은 탐색으로 인해 자발적으로 존재하는 실업이므로, 구직자와 기업 간의 정보비대칭성을 해소시켜주면 보다 빠르게 새로운 직장을 찾을 수 있어 마찰적 실업이 감소하게 된다.

(2) 비자발적 실업

비자발적 실업이란 일할 능력과 일할 의사가 있음에도 불구하고 실업상태에 놓이게 되는 경우를 의미한다. 비자발적 실업에는 경기적 실업과 구조적 실업이 있다.

① 경기적 실업

⑦ 정 의

경기적 실업(cyclical unemployment)은 경제가 좋지 않아 발생하는 실업이다. 경기가 침체되면 총수요가 감소하고, 이로 인해 기업은 생산을 줄이게 된다. 줄어든 총생산은 곧 실업을 의미하는데, 이때 발생하는 실업을 경기적 실업이라고 한다.

ⓒ 대 책

경기적 실업은 총수요의 부족으로 시작되기 때문에 확장적인 총수요관리정책을 통해 해소할 수 있다. 그럼에도 불구하고 시장경제체제의 특성상 경제의 호황과 불황은 반복되기 때문에 경기적 실업은 끊임없이 발생하게 된다.

② 구조적 실업

⑦ 정 의

구조적 실업(structural unemployment)은 기술의 발전으로 특정 산업이 도태되면서 해당 산업의 종사자들이 실업 상태에 놓이게 되는 경우를 의미한다. 즉, 산업 부문 간 노동수급의 불균형으로 인해 발생하는 실업으로, 경제 전체에 총수요가 충분하더라도 구조적 실업은 발생할 수 있다.

ⓒ 대 책

구조적 실업이 발생하는 또 하나의 이유는 노동자의 교육수준, 연령, 성별 등에 따라 사양 산업에 새로운 산업으로 이직하지 못하기 때문이다. 다시 말해 특정 산업에서의 노동의 초과공급이 노동에 대한 초과수요가 존재하는 다른 산업으로 이동하지 못하는 것이다. 따라서 구조적 실업을 해결하는 방법 가운데 하나는 교육과 훈련을 통해 변화된 산업구조에 노동자들이 적응할 수 있도록 돕는 것이다.

4. 학파별 실업의 대책

(1) 케인즈

① 케인즈 시각의 노동시장

케인즈는 실업을 자발적 실업과 비자발적 실업으로 구분하였다. 그리고 경기침체 시에 임금의 경직성으로 인해 노동시장의 초과공급, 즉 비자발적 실업이 발생한다고 주장했다. 경기가 침체하면 총수요의 부족으로 총수요곡선이 좌측으로 이동해 물가가 하락($P_0 \rightarrow P_1$)하게 된다. 물가의 하락은 실질임금의 상승($\frac{W_0}{P_0} \rightarrow \frac{W_0}{P_1}$)을 초래한다. 단기에 명목임금은 경직($\overline{W_0}$)되어 있으므로 물가 하락에 맞춰 명목임금이 낮아지지 않기 때문이다. 노동의 가격인 실질임금이 상승하면, 노동수요는 감소하고 노동공급은 증가한다. 즉, 노동시장에서 초과공급이 발생하게 되는 것이다.

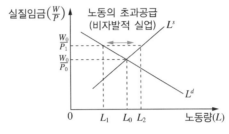

▲ 케인즈 시각의 노동시장

② 케인즈의 대책

결국 노동시장에서의 초과공급을 야기한 것은 총수요 부족에 따른 물가의 하락이므로 케인즈는 실업을 줄이기 위해서는 확장적 재정 및 통화정책을 사용하여 총수요를 회복시켜야 한다고 주장했다. 이와 함께 노동시장의 유연성과 경쟁도를 높여 산업 간 이동이 자유로워야 구조적 실업에 빠지지 않을 수 있다고 강조했다. 최근 경제5단체(전국경제인연합회, 대한상공회의소, 한국무역협회, 중소기업중앙회, 한국경영자총협회)에서 '노동시장 유연성을 높이는 개혁이 고용 창출의 길'이라고 주장한 것도 이와 맥락을 함께 한다.

(2) 고전학파(통화주의자, 새고전학파 포함)

① 고전학파 시각의 노동시장

㉠ 자발적 실업만이 존재

고전학파 계통의 경제학자들은 기본적으로 실업은 모두 자발적 실업이라고 분류한다. 총수요가 부족해 실업상태에 빠졌든, 산업 구조의 변화로 실업상태에 처했는지와는 무관하게 거리에 나와서 군고구마라도 팔거나 허드렛일이라도 해야 하는데 자발적으로 이런 일을 하지 않기 때문에 실업에 빠졌다고 보는 것이다. 즉, 경기적 실업이나 구조적 실업 모두 일할능력과 일할의사가 있음에도 불구하고 현 임금수준에서는 일을 하지 못해 실업상태에 놓이는 것이라고 주장한다.

ⓛ 신축적인 명목임금과 확장적 재정 및 통화정책의 반대

고전학파는 총수요의 부족으로 실업이 발생하더라도 확장적 재정 및 통화정책의 시행을 반대한다. 이유는 총수요의 부족으로 물가가 하락하더라도 명목임금이 신축적으로 조절되기 때문에 다시 균형을 회복한다고 보기 때문이다. 이때 확장적 재정 및 통화정책의 시행은 인플레이션을 발생시킬 뿐이라고 주장한다. 즉, 경기가 침체하면 총수요의 부족으로 총수요곡선이 좌측으로 이동해 물가가 하락($P_0 \rightarrow P_1$)하게 된다. 물가의 하락은 실질임금의 상승($\frac{W_0}{P_0} \rightarrow \frac{W_0}{P_1}$)을 초래한다. 하지만 고전학파의 시각에서 명목임금은 신축적으로 조절되기 때문에 물가의 하락에 맞춰 명목임금도 하락($W_0 \rightarrow W_1$)한다. 명목임금의 하락은 물가하락으로 인한 실질임금의 상승분을 상쇄할 때까지 계속되어 결국 실질임금은 물가 하락 이전과 동일해진다($\frac{W_0}{P_0} = \frac{W_1}{P_1}$).

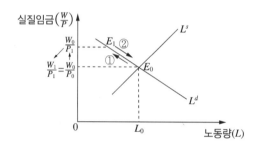

▲ 고전학파 시각의 노동시장

② 고전학파(통화주의자)의 자연실업률 이론

현실에서 어떤 기업은 사람을 뽑아야 함에도 불구하고 필요한 능력을 가진 사람을 찾지 못하는 경우도 있고, 어떤 사람은 능력이 출중함에도 불구하고 적당한 일자리를 찾지 못하는 경우가 있다. 경제 전체적으로는 이러한 기업과 구직자가 혼재되어 있기 때문에 각 산업에서 모두 완전고용이 일어나기란 불가능에 가깝다. 따라서 통화주의자들은 고전학파의 이러한 가정을 완화하여 경제 전체의 일자리 수와 구직자 수가 일치하면 특정 산업에서 불균형이 존재한다하더라도 완전고용이라고 해석했다. 이처럼 경제 전체의 일자리 수와 구직자 수가 일치하는 경우의 실업률을 자연실업률(natural rate of unemployment)이라고 한다. 하지만 현실적으로 경제 전체의 일자리 수를 파악하기란 어렵기 때문에 자연실업률을 인플레이션을 가속화시키지 않는 수준의 실업률, 즉, 물가안정실업률(Non-Accelerating Inflation Rate of Unemployment, NAIRU)이라고 한다.

01　인플레이션이란 물가가 지속적으로 상승하는 현상을 의미한다.

02　인플레이션의 발생 원인으로는 총수요 측면에서 발생하는 수요견인 인플레이션과, 총공급 측면에서 발생하는 인플레이션인 비용인상 인플레이션이 있다.

03　혼합형 인플레이션은 총수요 요인과 총공급 요인이 모두 작용하여 발생하는 인플레이션을 의미한다.

04　스태그플레이션이란 경기침체와 인플레이션이 동시에 발생하는 것으로 비용인상 인플레이션과 동일한 개념이다.

05　예상하지 못한 인플레이션은 부를 재분배하거나 생산과 고용의 변동을 일으킨다. 또한, 안정적인 경제생활을 방해한다.

06　피셔효과란 명목이자율은 실질이자율과 인플레이션율의 합계로 결정된다는 내용이다.

07　실업이란 '일할 의사'와 '일할 능력'이 있음에도 불구하고 일자리를 얻지 못하는 상태를 의미한다.

08　학교를 졸업한 상태에서 공기업에 가기 위해 시험 준비를 하고 있는 A군은 실업자로 분류된다.

09　비자발적 실업에는 경기적 실업과 구조적 실업이 있다.

10　경제 전체의 일자리 수와 구직자의 수가 일치하는 경우에는 실업자가 존재하지 않는다.

● 정답 및 해설

04　비용인상 인플레이션 자체는 스태그플레이션이 아니다. 비용인상 인플레이션만 발생한 경우 단기에는 총수요의 감소로 인해 물가가 계속적으로 상승할 수 없기 때문이다.

08　실업자가 되기 위해서는 단순히 '일할 의사'가 있어야 되며, 4주간 일자리를 찾아 적극적으로 구직활동을 하였던 사람이어야 한다. 좋은 직장을 가기 위해서 단순히 시험준비를 하고 있는 A군은 실업자에 포함되지 않는다.

10　경제 전체의 일자리 수와 구직자의 수가 일치하는 경우에도 산업 간 불균형으로 인해 실업이 존재할 수 있으며, 이를 '자연실업률'이라고 한다.

정답　01 O　02 O　03 O　04 X　05 O　06 O　07 O　08 X　09 O　10 X

Level
0

#인플레이션의 영향, #화폐의 가치

인플레이션의 영향에 대한 설명으로 타당하지 않은 것은?

① 채무자에게 유리하고, 채권자에게 불리하게 소득분배가 이루어진다.

② 완만한 인플레이션은 경기활성화에 도움이 될 수 있다.

③ 국제수지에 악영향을 준다.

④ 개인의 현금보유비용을 감소시킨다.

⑤ 가계의 실질구매력을 감소시킨다.

해설 인플레이션은 화폐의 가치를 하락시켜 현금보유의 기회비용을 증가시킨다. 현금을 보유하지 않고 은행에 예금했을 경우 얻을 수 있는 이자 수익은 대표적인 현금보유의 기회비용이다. 인플레이션이 발생하면 더 많은 화폐가 필요해지므로 포기해야 하는 이자수익이 증가한다. 이를 현금보유 비용이 증가한다고 표현할 수 있다.

오답 노트
① 예상하지 못한 인플레이션은 채무자에게 유리하고, 채권자에게는 불리하게 소득분배가 이루어진다.
② 총수요곡선의 점진적인 이동은 완만한 인플레이션과 실질 GDP의 완만한 증가가 이뤄진다. 실질 GDP 증가의 대가가 인플레이션이지만 완만한 실질 GDP의 증가는 완만한 인플레이션의 증가를 야기한다.
③ 인플레이션의 발생으로 인해 국내 물가가 국제 물가에 비해 상대적으로 비싸지기 때문에 수출이 감소한다. 이는 국제수지에 악영향을 준다.
⑤ 인플레이션은 화폐가치의 하락을 의미한다. 이는 가계의 실질구매력 감소를 의미한다.

정답 ④

#예상된 인플레이션, #예상하지 못한 인플레이션, #화폐의 중립성

인플레이션의 비용에 대한 설명으로 옳지 않은 것은?

① 예상과 다른 인플레이션이 발생하면 채무자가 느끼는 부채에 대한 실질적 부담이 감소하여 효율성이 증가한다.

② 인플레이션으로 인해 현금보유를 줄이고 은행 예금이 증가하는 현상으로 인해 거래비용이 증가한다.

③ 인플레이션으로 인한 명목비용 상승이 즉각적으로 가격에 반영되지 못함으로써 상대가격의 왜곡이 발생한다.

④ 누진소득세 체제에서는 인플레이션으로 인해 기존과 동일한 실질 소득을 얻더라도 세후 실질소득이 하락할 수 있다.

⑤ 화폐의 중립성이 성립하면 인플레이션으로 인한 실질적인 구매력의 변화는 발생하지 않는다.

해설 인플레이션의 영향은 인플레이션을 예상했는지 여부에 따라 달라진다. 예상하지 못한 인플레이션으로 인해 발생하는 대표적인 현상은 부의 재분배이다. 1년 전에 빌린 100만원은 인플레이션으로 인해 그 실질적 가치가 낮아졌기 때문에 1년 후 상환 시에는 실질적으로 100만원보다 적은 금액을 상환하는 셈이 된다. 이를 채권자에서 채무자로의 부의 재분배라고 한다. 그렇다고 해서 언제나 채무자가 이득을 보는 것은 아니다. 당초 예상했던 인플레이션보다 실제 인플레이션이 낮게 나타나면 채무자가 느끼는 실질적인 부담은 증가하는 셈이기 때문이다. 무엇보다 예상하지 못한 인플레이션의 발생은 경제 내의 불확실성을 높여 안정적인 소비 및 투자계획을 세우지 못하게 한다. 이는 경제의 비효율성을 증가시키는 결과를 초래한다.

오답노트 예상된 인플레이션이 발생하더라도 비용이 발생한다. 인플레이션이 예상되면 그만큼 많은 현금이 필요하기 때문에 은행에 가서 자주 현금을 찾아와야 하고 이 과정에서 구두창이 닳게 되는 비용이 발생한다. 또한 식당 주인은 인플레이션에 맞춰 메뉴판의 가격을 변동시켜야 하기 때문에 메뉴판 교체 비용이 자주 발생한다. 이러한 두 비용은 구두창 비용과 메뉴판 비용이라 하며 예상된 인플레이션으로 인한 거래비용을 의미한다. 한편, 화폐의 중립성이란 통화량의 변화가 실질변수에 아무런 영향을 미치지 못하는 현상을 의미한다. 따라서 화폐의 중립성이 성립하면 물가의 상승은 실질적인 구매력 변화와 무관하게 된다.

정답 ①

Level

0

다음 중 실업자의 범위에 포함되는 것은?

① 전업주부

② 취직을 포기한 옆집 형

③ 수능을 앞둔 고3

④ 대학을 졸업한 취업준비생

⑤ 새 직장을 찾는 경력사원

해설 일시적 휴직자는 취업자에 포함된다. 실업자에 포함되기 위해서는 우선 경제활동인구에 포함되어야 한다. 경제활동인구란 일할 능력과 일할 의사가 있는 사람들을 의미한다. 따라서 주부, 구직단념자, 학생, 취업준비생은 경제활동인구가 아니다. 일할 의사 혹은 능력 가운데 한 요소가 없기 때문이다.

오답 노트

① 전업주부는 일할 의사가 없기 때문에 실업자의 범위에 포함되지 않는다.

② 취직을 포기한 옆집 형은 일할 의사가 없기 때문에 실업자의 범위에 포함되지 않는다.

③ 학생은 일할 의사가 없다고 간주되어 비경제활동인구에 포함된다.

④ 비경제활동인구로 분류된다.

정답 ⑤

#자연실업률, #실업의 종류, #자발적 실업

실업에 관한 다음의 설명 가운데 옳은 것끼리 묶인 것은?

> ㉠ 자연실업률은 마찰적 실업과 경기적 실업에 해당하는 부분이다.
> ㉡ 실업률이 증가할 때 통상적으로 청년들과 미숙련 노동자들의 실업률이 상승한다.
> ㉢ 적절한 통화정책으로 자연실업률을 낮출 수 있다.
> ㉣ 경제활동참가율이 떨어지면 실업률이 하락할 수도 있다.
> ㉤ 일자리에 대한 정보가 많을수록 자연실업률은 낮아질 수 있다.
> ㉥ 구직단념자는 비경제활동인구로 분류된다.

① ㉠, ㉡, ㉢, ㉣   ② ㉠, ㉢, ㉣, ㉤
③ ㉡, ㉢, ㉣, ㉤   ④ ㉡, ㉢, ㉤, ㉥
⑤ ㉡, ㉣, ㉤, ㉥

해설 경제활동인구란 일할 능력과 의사가 모두 존재하는 사람들을 의미한다. 한편 실업률은 경제활동인구 가운데 실업자의 수로 정의되는데 구직단념자와 같이 비경제활동인구에 포함되는 사람들의 수가 늘어나면 실업률 전체 크기가 감소할 수 있다. 한편, 자연실업률은 자발적인 실업만이 존재할 때의 실업률을 의미한다. 실업의 종류 가운데 자발적 실업은 마찰적 실업이다. 마찰적 실업은 더 좋은 조건에서 일하기 위해 자발적으로 실업상태에 머무르는 과정에서 발생하는 실업이다. 이처럼 새로운 조건을 찾는 과정을 탐색기간이라고 하며 탐색기간으로 인해 발생하는 실업이 마찰적 실업이다. 마찰적 실업은 직장에 대한 정보를 얼마나 쉽게 파악할 수 있느냐에 따라 그 크기가 줄어든다. 따라서 일자리에 대한 정보가 많게 되면 자발적 실업인 마찰적 실업이 감소하게 되고, 이로 인해 자연실업률을 줄일 수 있다.

오답 노트 자연실업률은 경기적 실업이 없는 실업률 수준을 의미한다. 한편, 자연실업률 가설에 의하면 자연실업률은 한 경제의 구조적 요인에 의해 결정되는 장기적 변수이기 때문에 재정 및 통화정책으로 변화시킬 수 없다.

정답 ⑤

출제예상문제

#인플레이션의 원인, #수요견인인플레이션, #비용인상인플레이션

01 **다음 중 수요견인 인플레이션에 대한 설명으로 옳지 않은 것은?** 꼭 나오는 유형

① 다른 조건이 일정불변일 때, 수출이 증가하면 수요견인 인플레이션이 발생한다.
② 다른 조건이 일정불변일 때, 통화량이 증가하면 수요견인 인플레이션이 발생한다.
③ 다른 조건이 일정불변일 때, 원자재 가격이 상승하면 수요견인 인플레이션이 발생한다.
④ 다른 조건이 일정불변일 때, 정부지출이 증가하게 되면 수요견인 인플레이션이 발생한다.
⑤ 다른 조건이 일정불변일 때, 민간소비가 증가하면 수요견인 인플레이션이 발생한다.

해설

인플레이션은 총수요 측면과 총공급 측면으로부터 발생한다. 이 중 총수요 측면에 의해 발생하는 인플레이션을 수요견인 인플레이션이라고 한다. 수요견인 인플레이션은 총수요곡선의 우측이동하면서 물가수준이 상승하는 현상으로 인해 발생하는 인플레이션이다. 따라서 총수요곡선을 우측으로 이동시키는 요인들이 수요견인 인플레이션의 요인이 된다. 원자재 가격의 상승은 총공급 측면의 요인으로 총공급 측면에서 발생하는 인플레이션을 이를 비용인상 인플레이션이라고 한다.

오답노트

수요견인 인플레이션은 일반적으로 통화량이 증가하거나 확장적 재정정책이 발생한 경우 그리고 양(+)의 수요충격이 있는 경우 발생한다. 양의 수요충격이란 소비지출이 급격히 증가하거나 기업의 투자가 증가하는 경우 등이 이에 속한다. 한편 통화량의 증가와 수요견인 인플레이션은 고전학파의 화폐수요이론에서 근거를 찾을 수 있다. 교환방정식에서는 화폐유통속도(V)는 사회적 관습이나 거래제도에 의해서 결정되기 때문에 매우 안정적이며, 실질국민소득(Y)은 요소부존량과 생산기술에 의해서 결정되는 변수이기 때문에 통화량과 무관하게 결정되는 변수이므로 통화량의 증가는 물가의 상승을 야기한다고 주장했다.

- 교환방정식 : 물가(P) × 실질 국내총생산(Y) = 통화량(M) × 화폐의 거래유통속도(V)
- 현금잔고방정식 : $M^D = kPY$

1 ③ 정답

#총공급곡선의 이동, #총수요곡선의 이동, #거시경제의 단기균형

02 국제 원자재 가격의 상승과 임금의 상승으로 인플레이션이 심화되었다. 정부가 이러한 인플레이션을 완화하기 위하여 이자율을 높이는 통화긴축정책을 실시했을 때 케인즈학파 경제학자들이 예상하는 결과로 적절한 것은?

① 인플레이션이 진정되고 실업률은 감소하였다.
② 인플레이션이 심화되고 실업률은 증가하였다.
③ 인플레이션이 진정되고 실업률은 증가하였다.
④ 인플레이션이 심화되고 실업률은 감소하였다.
⑤ 인플레이션과 실업률 모두 변화 없다.

해설

국제 원자재 가격의 상승은 총공급곡선의 좌측 이동요인이다. 생산요소 가격의 상승은 기업의 입장에서 생산비용의 증가이므로 생산량을 감소시키는 방법으로 이에 대응하게 된다. 임금의 상승 역시 마찬가지이다. 원자재와 노동력 모두 기업의 입장에서는 생산요소이다. 생산요소의 가격 상승은 총공급곡선의 왼쪽 이동요인이다. 이때 정부가 이자율을 높여 투자를 위축시키는 긴축적 정책을 사용하면 총수요곡선이 좌측으로 이동하게 된다. 총수요곡선과 총공급곡선의 이동폭에 따라 그 정도는 달라지지만 새로운 균형에서 물가수준과 실질 GDP는 인플레이션이 진정되는 방향으로 움직이고 실질 GDP는 더 큰 폭으로 감소하게 된다. 실질 GDP의 감소는 곧 실업의 증가를 의미한다.

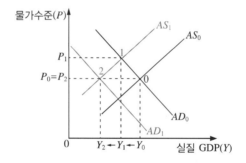

#예상하지 못한 인플레이션, #예상된 인플레이션, #인플레이션 조세, #구두창 및 메뉴판 비용

03 인플레이션의 효과에 대한 설명으로 옳은 것은?

① 인플레이션이 완전히 예견될 수 있다면 이로 인해 손해 보는 사람은 없을 것이다.
② 현금을 보유하고 있는 사람은 인플레이션 조세(inflation tax)를 내는 효과가 발생한다.
③ 예상치 못한 인플레이션이 발생할 경우 미리 계약된 임금을 지급하는 기업은 손해를 본다.
④ 예상치 못한 인플레이션이 발생할 경우 자연실업률이 하락한다.
⑤ 예상치 못한 인플레이션으로 인해 구두창 비용과 메뉴판 비용이 발생한다.

해설

인플레이션은 물가수준의 지속적인 상승을 의미하는 용어로서, 보유한 화폐의 구매력 하락을 의미하기 때문에 경제주체에게 부정적인 영향을 미치지만, 인플레이션에 대한 예상 여부에 따라 미치는 영향이 다르다. 하지만 인플레이션이 예상되었다고 해서 아무런 손해가 발생하지 않는 것은 아니다. 예상된 인플레이션 하에서는 구두창 비용과 메뉴판 비용이 발생한다. 이는 예상할 수 있는 인플레이션으로 인해 발생하는 거래비용을 빗대어 표현한 용어이다. 인플레이션이 예상되면 화폐를 보유하기 보다는 그 가치가 안정적인 부동산이나 금과 은 등을 보유하려고 한다. 따라서 이들 자산들을 보러 다니는 과정에서 구두창이 닳게 되어 자주 갈아줘야 하는데 이때 발생하는 구두창 교환 비용을 구두창 비용(shoe-leather cost)라고 한다. 한편, 인플레이션을 예상할 수 있으면 식당 주인의 경우 메뉴판의 가격을 인플레이션율에 맞춰 조정해야 한다. 10%의 인플레이션이 예상되면 8,000원 짜리 된장찌개 가격을 8,800원으로 변경한 메뉴판을 새롭게 제작해야 하는데 이때 발생하는 비용이 바로 메뉴판 비용(menu cost)이다.

**오답
노트**
인플레이션을 예상하지 못했을 때 보다 큰 손해가 발생한다. 대표적인 것이 채권자에서 채무자로의 부의 재분배와 인플레이션 조세이다. 1년 후에 100만원을 갚을 것을 약속하고 돈을 빌려주었다고 가정하자. 불행하게도 1년 사이에 전혀 예상하지 못했던 인플레이션 10%가 발생했다. 이 경우 채권자는 1년 후 채무자로부터 100만원의 돈을 돌려받겠지만, 그 자체로 손해가 발생한다. 1년 전의 100만원의 구매력과 1년 후의 100만원의 구매력은 다르기 때문이다. 한편, 채무자는 이득을 보게 된다. 10%의 인플레이션으로 인해 실질적으로 90만원만 갚은 것과 같은 결과이기 때문이다. 이처럼 예상하지 못한 인플레이션은 부를 재분배한다. 이처럼 부를 소유한 사람은 인플레이션으로 인해 그 가치가 증발해버리게 되는데, 이를 두고 마치 소득의 일부를 정부가 가져가는 세금과 같다고 하여 이를 인플레이션 조세(inflation tax)라고 한다.

04 인플레이션 조세에 관한 설명으로 옳지 않은 것을 〈보기〉에서 모두 고른 것은?

───〈 보기 〉───

ⓕ 물가가 상승함에 따라 납세자들이 더 높은 세율 등급을 적용받아 납부하는 소득세이다.
ⓛ 물가가 상승함에 따라 보유하고 있는 통화의 실질가치가 상승할 때 발생한다.
ⓒ 인플레이션으로 인한 화폐의 구매력 상실을 의미한다.
ⓔ 정부가 정부채권을 시중 금융기관으로부터 매입함으로써 발생한 이자율 하락으로 인한 금융자산 가격하락을 의미한다.
ⓜ 정부가 통화량을 증가시켜 재정자금을 조달할 때 발생한다.

① ㉠, ㉡
② ㉠, ㉢
③ ㉠, ㉡, ㉣
④ ㉡, ㉢, ㉣
⑤ ㉢, ㉣, ㉤

해설

인플레이션 조세(inflation tax)란 인플레이션의 발생으로 인해 보유하고 있던 화폐의 구매력이 증발해버리는 현상을 의미한다. 마치 세금을 납부한 것과 같이 소득이 사라져버리는 것과 유사하다는 점을 빗대어 표현한 것이다. 이는 정부가 통화량을 증가시켜 재정자금을 조달할 때 발생한다. 고전학파의 화폐수량설에서 확인한 바와 같이 통화량의 증가는 물가의 상승을 야기한다. 따라서 통화발행을 통해 재정자금을 조달할 때 물가의 상승이 동반되어 인플레이션 조세가 발생한다.

05 실업률과 관련된 다음의 용어 가운데 옳지 않은 것을 모두 고르시오.

> ⊙ 구직단념자의 증가는 실업률을 감소시킨다.
> ⓒ 생산가능인구는 만 15세 이상 인구를 의미한다.
> ⓒ 실업률은 경제활동인구 가운데 실업자가 차지하는 비중이다.
> ⓔ 비경제활동인구에는 전업학생, 전업주부, 은퇴자 등이 포함된다.
> ⓜ 경제활동인구는 생산가능인구 중 경제활동에 참가하고 있는 인구를 의미한다.

① ⊙, ⓒ, ⓒ ② ⓒ, ⓒ, ⓔ
③ ⓒ, ⓒ, ⓔ, ⓜ ④ ⊙, ⓒ, ⓒ, ⓔ
⑤ 정답없음

해설

한 국가의 경제인구는 15세 이상 인구를 기준으로 생산가능인구 여부를 구분한다. 만15세 이상의 인구를 생산가능인구라고 하고 생산가능인구는 다시 경제활동인구와 비경제활동인구로 구분한다. 이때 경제활동인구는 실업자와 취업자로 구분하며 생산가능인구 가운데 경제활동인구의 비중을 경제활동참가율이라고 한다.

$$경제활동참가율 = \frac{경제활동인구}{생산가능인구}$$

한편, 실업률은 경제활동인구 가운데 실업자 수로 정의된다. 이를 표현하면 다음과 같다.

$$실업률 = \frac{실업자}{경제활동인구} \times 100$$

여기서 생산가능인구란 일할 의사와 일할 능력이 있는 만15세 이상의 인구를 의미한다. 따라서 일할 의사가 없는 구직단념자, 학생, 주부, 은퇴자 등은 경제활동인구에 포함되지 않는다. 그 결과 구직단념자의 존재는 실업률을 감소시킨다.

06 생산가능인구가 10,000만명, 실업률이 3%, 경제활동참가율이 30%라고 할 때 취업자의 수는 얼마인가?

① 1,800만명 ② 1,900만명
③ 2,840만명 ④ 2,910만명
⑤ 2,950만명

생산가능인구는 경제활동인구와 비경제활동인구로 나눠지고, 경제활동인구는 다시 실업자와 취업자로 구분된다. 여기서 경제활동참가율이란 생산가능인구 가운데 경제활동인구의 비율이다. 따라서 경제활동인구는 3,000만명임을 알 수 있다.

$$경제활동참가율 = \frac{경제활동인구}{생산가능인구} \Rightarrow \frac{경제활동인구}{10,000} = 0.3 \Rightarrow 경제활동인구 = 3,000만명$$

한편, 실업률은 경제활동인구 가운데 실업자의 수로 정의된다. 문제에서 실업률이 3%이므로 실업자의 수는 90만명임을 알 수 있다. 따라서 취업자는 경제활동인구 3,000만명에서 실업자 90만명을 제외한 2,910만명이 된다.

#경제활동인구, #실업자, #실업률, #실업의 종류

07 실업과 관련된 다음 설명 중 옳은 것을 고르시오.

⊙ 새로운 직장에 곧 취업하게 될 사람은 실업자가 아니다.
ⓒ 1주일에 한 시간씩 일하고 그 대가를 받는 사람은 실업자가 아니다.
ⓒ 직장을 구하다 구직활동을 포기한 사람이 많아지면 실업률은 높아진다.
ⓔ 자연실업률은 경기적 실업이 0인 상태를 의미한다.
ⓜ 아르바이트를 그만두고 학업에 전념하는 대학생이 많아지면 실업률은 낮아진다.

① ⊙, ⓜ
② ⓒ, ⓔ
③ ⓒ, ⓒ, ⓔ
④ ⊙, ⓒ, ⓒ, ⓜ
⑤ ⊙, ⓒ, ⓒ, ⓔ, ⓜ

실업자의 조사는 조사 대상 기간 중에 주당 1시간 이상 일하는 사람은 취업자로 분류하므로 실업자가 아니다. 한편, 자연실업률은 경기적 실업이 존재하지 않는 실업상태를 의미한다. 마찰적 실업과 구조적 실업만이 존재하는 완전고용 상태를 의미한다.

오답 노트

새로운 직장에 곧 취업하게 될 사람은 아직은 실업자이다. 조사 대상 기간 중에 1시간 이상 일을 하는 사람만이 취업자로 분류된다. 한편, 경제활동인구란 일할 능력과 일할 의사 모두가 존재하는 사람을 의미한다. 실업률은 이러한 경제활동인구 가운데 실업자가 몇 명인지를 나타낸다. 즉, 일할 의사와 능력이 있음에도 일하지 못하는 사람의 비율을 살펴보는 것이다. 하지만 구직단념자는 일할 의사가 없는 사람으로서 경제활동인구에 포함되지 못하고, 구직단념자의 규모가 커질수록 실업률 전체가 낮아질 수 있다. 학업에 전념하는 대학생 역시 일할 의사가 없는 사람들로 분류하여 구직단념자와 같이 경제활동인구에서 제외된다. 하지만 아르바이트를 하는 학생은 경제활동인구에 포함되는 취업자이므로 아르바이트를 그만두고 학업에 전념하면 취업자는 감소하여 실업률은 높아지게 된다.

$$실업률 = \frac{실업자}{경제활동인구} = \frac{실업자}{취업자 + 실업자}$$

08 실업 혹은 실업률에 관한 설명으로서 가장 타당하지 않은 것은?

① 실업률은 실업자 수를 경제활동인구로 나눈 값이다.
② 실망실업자들이 많아질수록 통계상 실업률은 진정한 실업률을 과소평가하게 된다.
③ 자연실업이란 근로자들의 구직과정에서 발생하는 마찰적 실업을 뜻한다.
④ 완전고용 상태에서는 자연실업률도 0이다.
⑤ 실업급여 수준이 높을수록 자연실업률은 높아진다.

해설

완전고용상태에서의 실업률을 자연실업률이라고 한다. 자연실업률은 경기적 실업이 존재하지 않는 상태를 의미한다. 따라서 완전고용상태라 하더라도 실업률을 완전히 0으로 만들 수는 없다. 어떤 사회와 경제라 하더라도 마찰적 실업과 구조적 실업은 경제의 역동성 하에서 존재할 수밖에 없다.

오답노트

실업률은 경제활동인구 가운데 실업자의 수로 정의된다. 한편, 실망실업자와 같이 실업자 상태로 있다가 구직을 단념한 사람들은 일할 의사를 상실하여 경제활동인구에 포함되지 않는다. 경제활동인구란 일할 의사와 능력이 있는 사람들로 정의되기 때문이다. 이런 실망실업자가 늘어날수록 실업률 자체가 하락하여 현실의 실업상태를 과소평가하게 된다. 또한 실업급여 수준이 높을수록 자발적으로 실업상태에 놓이려는 사람들이 늘어나게 되므로 자연실업률이 상승하게 된다.

09 고용과 실업에 관한 다음 설명 중 올바르지 않은 것은?

① 대학생은 실업자에 포함되지 않는다.
② 성장산업 인력에 대한 초과수요와 사양산업 인력의 초과공급이 병존하는 구조적 실업으로 설명이 가능하다.
③ 장기적 관점에서 가장 효과적인 실업구제책은 생산증대정책이다.
④ 새케인즈학파가 주장하는 이력현상이란 일단 실업률이 높은 수준으로 올라가면 경기확장정책을 쓰더라도 실업률이 다시 원래 수준까지 내려오기 어려운 현상을 의미한다.
⑤ 정부가 지출하는 실업대책비는 유휴노동력을 이용하므로 기회비용이 0이다.

해설

정부가 지출하는 실업대책비는 다른 국책사업에 예산을 투입할 수 있는 기회를 포기한 결과이다. 따라서 유휴노동력을 이용한다는 이유로 기회비용이 0이라 할 수 없다.

오답노트

대학생은 일할 의사가 없는 사람들로서 경제활동인구에 포함되지 않는다. 따라서 실업자에도 포함되지 않는다. 한편, 구조적 실업은 성장산업에서의 초과수요와 사양산업에서의 초과공급이 원활하게 전환되지 않아 발생한다. 노동유연성을 높이려는 일련의 노력들은 이러한 구조적 실업을 해결하기 위한 정책들이다. 이력현상은 경기침체 등으로 일시적으로 증가했던 실업이 경기가 회복되어도 그대로 높은 상태에 머물러 있는 현상을 의미한다. 새케인즈학파는 장기에도 높은 실업률이 계속되는 현상을 이력현상으로 설명했다.

10 마찰적 실업의 원인으로 적절하지 않은 것은?

> ㉠ 노동자들이 자신에게 가장 잘 맞는 직장을 찾는데 시간이 걸리기 때문이다.
> ㉡ 기업이 생산성을 제고하기 위해 시장균형임금보다 높은 수준의 임금을 지불하는 경향이 있기 때문이다.
> ㉢ 노동조합의 존재로 인해 조합원의 임금이 생산성보다 높게 설정되기 때문이다.

① ㉠   ② ㉡

③ ㉢   ④ ㉠, ㉡

⑤ ㉡, ㉢

해설

마찰적 실업은 자발적 실업으로서 자신에게 더 잘 맞는, 더 좋은 조건에서 일하기 위해 직장을 찾는 과정에서 발생하는 실업이다. 직장을 구하기 위해서는 새로운 직장에 대한 정보를 탐색해야 하는데 이 기간에 실업상태에 머물게 되어 발생하는 실업이다. 이 기간을 탐색기간이라고 한다.

오답 노트

실업은 마찰적 실업과 같이 자발적으로 발생하기도 하지만 비자발적인 실업의 경우가 더 많이 발생한다. 보기 ㉡에 제시된 상황도 비자발적인 실업이다. 기업이 시장균형임금보다 높은 임금을 지불함으로써 노동시장에 초과공급이 발생하게 되어 비자발적 실업이 발생하는 것이다. 한편, 노동조합의 존재 역시 노동시장에 초과공급 발생 요인이다. 이들의 존재로 인해 시장균형임금보다 높은 임금이 책정되어 노동수요보다 공급이 많아져 실업이 발생하는 것이다.

"정년연장 곳곳서 목소리 높아지는데" … 20대 10명 중 4명은 비정규직

2024.10.27. 매일경제

고령화 및 국민연금 개시 연령에 따른 소득 공백을 최소화하기 위한 정년연장 논의가 곳곳에서 나오는 가운데 20대 임금근로자 10명 중 4명은 비정규직으로, 비중이 역대 최고인 것으로 나타났다.

10년간 시간제 비중이 2배로 늘어나면서 이러한 추세를 이끌었다는 평가다.

이러한 상황으로 정년연장과 청년의 일자리 문제가 갈수록 부각이 될 전망이다.

27일 통계청 국가통계포털(KOSIS)에 따르면 지난 8월 기준 20대 임금근로자 가운데 비정규직은 146만 1,000명이었다.

20대 임금근로자 338만 9,000명 중 43.1%로, 관련 통계 작성이 시작된 2003년 이후 8월 기준 역대 최고 비중이다.

반면 정규직은 같은 달 기준 2014년 227만 5,000명에서 2018년 235만 3,000명까지 늘었다가 2020년 211만 6,000명 등으로 감소해왔다. 올해는 192만 9,000명으로 통계 작성 이후 처음 200만명을 밑돌았다.

10년간 정규직은 34만 6,000명 줄었는데 비정규직은 39만 2,000명 늘어났다.

20대 고용률은 58.2%에서 올해 61.7%로 높아져 관련 통계 작성 이후 8월 기준 가장 높았다. 비정규직 증가가 이와 같은 고용 호조를 이끈 셈이다.

임금근로자 중 시간제 근로자가 차지하는 비중도 같은 기간 12.4%에서 24.1%로 2배 가까이로 높아졌다.

시간제 근로자는 동일 사업장에서 같은 일을 하는 근로자의 소정 근로시간보다 1시간 이상 짧게 일하는 근로자를 말한다.

전체 비정규직 중 비정규직 일자리를 자발적으로 택했다는 비중은 66.6%로 관련 통계 작성 이후 가장 높았다. 자발적으로 비정규직을 선택하는 경우가 늘고 있는 것이다.

고용 시장이 신입보다 경력직, 정기 공채보다는 수시 채용을 선호하는 경향도 영향을 미쳤을 것으로 보인다. 청년들이 관련 경력을 쌓기 위해 비정규직에 이전보다 많이 뛰어드는 것으로 분석된다.

지난 5월 기준 취업한 경험이 있는 청년(15~29세) 가운데 첫 일자리가 계약기간 1년 이하의 임금 근로 일자리였던 청년이 31.4%를 차지해 관련 통계가 공표된 이후 역대 가장 높았다. 계약 기간 1년은 상대적으로 양질의 일자리인 상용직과 임시·일용직을 구분하는 기준으로 쓰인다.

청년층 눈높이에 맞는 양질의 일자리 부족이 비정규직의 증가로 이어졌을 가능성을 시사하는 것이다.

20대 '쉬었음'은 지난 8월 43만 8천명으로 역대 최다였다.

반면 다른 연령대는 비정규직 비중이 감소하는 경향을 보였다.

비정규직 비중이 역대 최고였던 때를 보면 8월 기준으로 30대는 2004년(32.2%), 40대는 2005년(36.3%), 50대는 2004년(43.4%)이었다. 60세 이상은 2021년(73.7%)이었다.

김지연 한국개발연구원(KDI) 전망총괄은 "그간 높았던 취업자 등의 증가세가 조정되는 모습이 보이고 있는데, 통상 이럴 때 20대가 가장 민감하게 반응한다."라며 "비정규직 비중이 늘어나는 것을 그러한 맥락에서도 볼 수 있을 것 같다."라고 말했다.

Tip

통계청 발표에 따르면 20대 임금근로자 가운데 비정규직이 146만명으로 전체의 43%를 차지한다. 통계 작성 이후 20대 정규직 근로자가 가장 적은 시기라는 것이다. 이는 노동시장의 패러다임이 변하고 있음을 의미한다. 유연한 노동정책에 대한 필요성을 확인할 수 있는 대목이다.

08 | 필립스곡선

01 실업과 인플레이션

1. 고통지수

고통지수(misery index)는 인플레이션율과 실업률의 합계에서 실질 국내총생산의 증가율을 뺀 수치로 정의된다. 이는 1970년대 중반 1차 오일쇼크 직후 미국 브루킹스 연구소의 경제학자 오쿤 (Arthur Okun)이 최초로 주장했다. 현재는 미국의 와튼계량경제연구소와 IMF에서 인플레이션율 과 실업률의 합을 매년 측정해 고통지수로 발표하고 있다. 우리나라는 LG경제연구원에서 생활경 제고통지수(Economic Misery Index)를 작성해 발표하고 있다.

2. 실업과 인플레이션의 상충관계

「제7장 인플레이션과 실업」에서 살펴본 인플레이션과 실업은 고통지수라고 표현될 만큼 경제주체 에게 부정적인 영향을 미치는 요인들이다. 문제는 인플레이션과 실업을 동시에 해결하기가 어렵다 는 점에 있다. 총수요의 부족으로 인해 발생하는 경기침체 시에 확장적 재정정책을 사용하면 총수요를 회복시켜 실질 GDP가 증가한다는 것을 살펴보았지만, 그 대가로 물가가 상승하는 것도 아울러 확인할 수 있었다. 한편, 수요측 인플레이션 요인인 수요견인 인플레이션이 발생했을 때 물가안정을 위해 긴축적인 재정 및 통화정책을 사용하면 물가는 안정되지만, 총생산(실질 GDP)은 감소하는 것을 확인할 수 있었다. 총생산의 감소는 곧 실업을 의미한다. 이처럼 실업과 인플레이션 은 동시에 해결하기가 어려운데 이 두 변수 간의 상충관계를 찾아낸 사람이 바로 뉴질랜드 출신의 경제학자 필립스(Arthur W. Phillips)이다.

1. 필립스곡선의 의미와 기원

필립스곡선(phillips curve)은 인플레이션율(π)과 실업률(u) 간의 상충관계(역의 상관관계)를 나타내는 곡선이다. 1958년 Economica에 발표된 논문에서 1861~1957년 사이의 영국의 명목임금 상승률과 실업률 간에 역의 상관관계가 있다는 것을 발견했다고 설명했다. 이는 실업률이 낮은 해에는 임금상승률이 높고, 실업률이 높은 해에는 임금상승률이 낮다는 것을 의미한다. 1960년대에 경제학자 새뮤얼슨과 솔로우에 의해 비슷한 상충관계가 미국의 실업률과 물가상승률 사이에도 존재함을 확인하여, 이 곡선을 필립스곡선이라 이름 지었다. 이후의 경제학자들은 이러한 역의 상관관계는 단기에 존재한다고 하여 실업률-인플레이션율 평면에서 우하향하는 그래프를 단기 필립스곡선(Short-run Phillips Curve, SPC)이라고 구분한다.

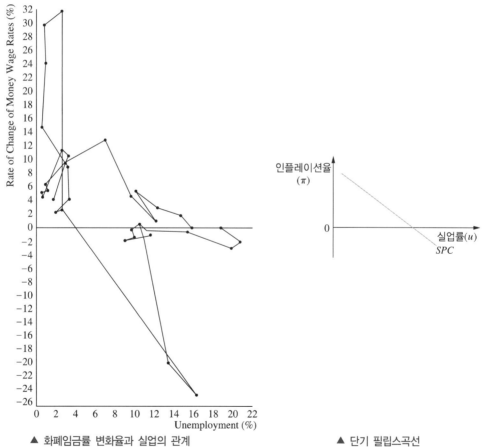

▲ 화폐임금률 변화율과 실업의 관계

▲ 단기 필립스곡선

※ 출처 : 위키피디아(https://ko.wikipedia.org)

2. 단기 필립스곡선의 도출

단기 필립스곡선은 총수요-총공급곡선을 이용한 단기균형의 변화와 오쿤의 법칙을 결합하여 도출가능하다. 최초의 A점은 거시경제의 단기와 장기의 균형이 모두 달성되는 점이다. 따라서 이때의 생산량은 완전고용국민소득(잠재생산량, Y_P)이 된다. 따라서 A점에서의 총수요 갭 (= 실제생산량 – 잠재생산량)은 0이다. 한편, 총수요곡선이 우측($AD_0 \rightarrow AD_1$)으로 이동하게 되면 거시경제의 단기균형은 B점으로 이동하게 된다. B점에서는 실제생산량이 잠재생산량을 넘어선 수준에서 생산이 이뤄지고 있으며, 물가도 상승($P_0 \rightarrow P_1$)한다. 즉, B점에서는 총생산 갭(= $Y_1 - Y_P$)이 존재한다. 오쿤의 법칙에 의하면 실업률이 1% 늘어날 때 국민총생산이 2.5% 감소한다. 총생산 갭은 실질 GDP가 증가했음을 의미하고, 오쿤의 법칙에 의해 실업률이 감소한다는 것을 의미한다. 따라서 총수요곡선의 우측이동은 실업률의 하락과 인플레이션을 야기하게 된다. 이를 실업률-인플레이션율 평면에 그리면 다음과 같다.

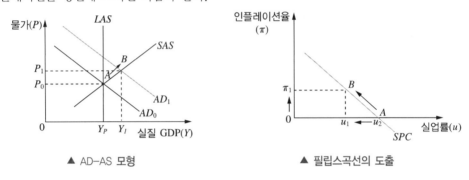

▲ AD-AS 모형   ▲ 필립스곡선의 도출

3. 스태그플레이션과 단기 필립스곡선의 이동

(1) 배 경

필립스곡선의 존재로 인해 경제학자들은 1960년대 말까지는 실업률과 인플레이션율 간에 예측가능하고 안정적인 상관관계가 존재한다고 생각하여, 정책을 입안하는 과정에서 필립스곡선을 사용하기도 했다. 하지만 1970년대 들어 미국 경제는 1960년대에 비해 몇 배나 높은 실업률과 인플레이션율을 경험하기 시작했다. 실업률이 높아지면 인플레이션율이 낮아지고, 실업률이 낮아지면 인플레이션율이 높아져야 하는데, 두 변수 모두 높아지는 현상이 나타난 것이다. 더 이상 실업률과 인플레이션율 간에 역의 상관관계는 존재하지 않는다고 주장하는 학자들도 나왔다.

(2) 단기 필립스곡선의 이동

① 음의 공급충격

1970년대에는 제1차 석유파동(oil shock)이 발생해 원유 가격이 무려 4배 이상 증가했다. 이로 인해 경제 내의 거의 모든 재화와 서비스의 가격이 상승했다. 즉, 음(-)의 공급충격이 발생한 것이다. 석유와 같은 원자재의 급격한 가격상승은 기업들의 생산비용을 빠르게 증가시키기 때문에 경제 전체의 생산이 단시간 내에 큰 폭으로 감소하게 된다. 그 결과 단기총공급곡선이 좌측으로 급격히 이동하게 된다. 즉, 최초의 단기와 장기의 균형을 모두 달성하고 있던 균형점 A에서 C점으로 이동하게 되는 것이다. C점에서는 총생산(실질 GDP)이 감소하고, 물가도 상승하게 된다. 즉, 스태그플레이션이 발생한 것이다. 이로 인해 필립스곡선은 다음과 같이 우상방으로 이동하게 된다.

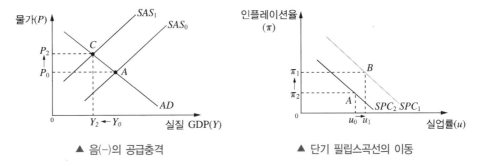

▲ 음(-)의 공급충격   ▲ 단기 필립스곡선의 이동

② 스태그플레이션 해결의 어려움

「제7장 인플레이션과 실업」에서 살펴보았듯이 스태그플레이션은 물가의 상승과 총생산의 감소가 함께 발생한다. 이는 스태그플레이션을 해결하기 어렵게 만드는 요인으로 작용한다. 상승한 물가를 잡기 위해 긴축적인 재정 및 통화정책을 사용하면 총생산이 더 크게 위축되어 실업이 급증하게 되고, 감소한 총생산을 회복시키기 위해 확장적인 재정 및 통화정책을 사용하면 인플레이션이 가속화되기 때문이다. 따라서 음의 공급충격에 의한 필립스곡선의 이동이 발생할 경우 그 해결이 용이하지가 않다. 한편, 스태그플레이션을 해결하는 가장 이론적이고, 모범적인 해결책은 R&D를 통한 기술발전을 통해 음의 공급충격으로 인해 좌측으로 이동한 단기 총공급곡선을 다시 우측으로 이동시키는 방법이다. 이러한 해결책이 이론적인 이유는 R&D를 통한 기술발전은 상당히 오랜 시간이 걸리기 때문이다. 정책당국자 및 정치인들은 그저 기술발전을 기다리며 높은 실업률과 인플레이션율에 고통 받고 있는 국민들을 바라보고만 있을 수 없을 것이다.

4. 장기 필립스곡선

고전학파 계통의 통화론자인 펠프스(Edmund Phelps)와 프리드먼(Milton Friedman)은 '인플레이션은 언제 어디서나 화폐적 현상'이라고 주장했다. 즉, 「제5장 화폐와 국민경제」의 교환방정식과 현금잔고방정식에서 살펴본 바와 같이 물가의 상승은 통화량 증가가 원인이라는 것이다. 한편, 고전학파는 확장적 통화정책은 장기에 실질 GDP에 아무런 영향을 미치지 못한다는 화폐의 중립성을 주장했고, 이에 따라 장기 총공급곡선은 완전고용국민소득(잠재생산량 = 자연산출량)수준에서 수직으로 나타났다. 이에 따르면 총수요−총공급곡선과 오쿤의 법칙에 의해 도출되는 필립스 곡선 역시 수직의 형태를 갖게 되어, 단기에 존재했던 실업률과 인플레이션율 간의 상충관계는 사라지게 된다.

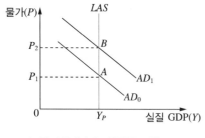
▲ 장기의 총수요-총공급 모형

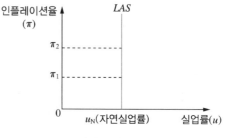
▲ 장기의 필립스곡선

5. 단기와 장기의 필립스곡선

(1) 예상 인플레이션과 장·단기의 필립스곡선

단기의 필립스곡선은 우하향하는 반면 장기의 필립스곡선은 자연실업률 수준에서 수직의 형태이다. 이처럼 필립스곡선이 단기와 장기가 다른 이유는 예상 인플레이션율(π^e)에서 찾을 수 있다. 예상 인플레이션율은 명목임금 수준에 영향을 미쳐 고용규모를 변화시키기 때문이다.

(2) 명목임금의 경직성 하에서의 인플레이션과 실업률

① 근로자의 입장

근로자는 인플레이션이 예상되는 경우 임금계약 체결 시 이를 반영하고자 한다. 지금까지 받던 연봉이 5천만원이라면, 향후 10%의 인플레이션이 예상되는 경우 내년도 연봉 계약의 최소금액은 5,500만원이 된다. 그리고 이렇게 결정된 임금은 다음 계약이 체결될 때까지 변경되지 않는다.

② 기업의 입장

기업의 입장에서는 근로자와의 계약을 통해 결정된 명목임금(W)을 기준으로 고용량을 결정하는 것이 아니라 물가 상황을 고려한 실질임금($\frac{W}{P}$)을 기준으로 고용규모를 결정한다. 즉, 기업은 노동의 수요자로서 노동의 가격인 실질임금이 상승하면 고용량을 줄이고, 실질임금이 하락하면 고용량을 증가시킨다.

③ 인플레이션율(π)과 예상 인플레이션율(π^e)

예상 인플레이션율(π^e)은 근로자의 노동공급 규모 결정의 기준이 되고, 실제 인플레이션율(π)은 근로자의 노동수요 규모 결정의 기준이 된다. 만약 근로자들의 인플레이션 예상이 실제보다 높으면 기업의 입장에서는 실질임금이 예상보다 상승하고 이는 기업으로 하여금 고용의 규모를 감소시키는 원인으로 작용한다. 고용규모의 감소는 곧 총생산의 감소이다. 반대로 근로자들의 인플레이션율 예상이 실제보다 낮으면 실질임금이 예상보다 크게 하락하게 되어 기업은 고용규모를 늘려 총생산이 증가하게 된다. 즉, 예상하지 못한 인플레이션율($\pi^e-\pi$)만이 고용규모에 영향을 미칠 수 있는 것이다.

- 예상 인플레이션율(π^e) > 실제 인플레이션율(π) ⇒ 당초 예상 대비 실질임금 상승
  ⇒ 고용규모 감소 ⇒ 총생산 감소
- 예상 인플레이션율(π^e) < 실제 인플레이션율(π) ⇒ 당초 예상 대비 실질임금 하락
  ⇒ 고용규모 증가 ⇒ 총생산 증가

(3) 예상 인플레이션율의 변화와 단기 필립스곡선

① 단기 필립스곡선상의 이동

최초에 인플레이션율이 2%, 실업률 7%인 A점에서 거시경제의 단기와 장기 균형이 달성되고 있다. 이는 근로자들의 예상 인플레이션과 실제 인플레이션이 모두 2%임을 의미한다. 한편, 이때 확장적 재정 및 통화정책이 시행되면 총수요곡선이 우측으로 이동하게 되고, 그 결과 실질 GDP(총생산)가 증가하고, 그 결과 물가가 상승하게 된다. 따라서 인플레이션율의 상승과 실업의 감소가 나타난다. 새로운 균형점 B에서는 인플레이션율 5%와 실업률 5.5%가 달성된다고 하자. 즉, 인플레이션율과 실업률 간의 상충관계가 나타난다. 이는 실제 인플레이션($\pi = 5\%$)이 예상인플레이션($\pi^e = 2\%$)보다 높아 실질임금이 예상보다 하락해 고용규모가 증가한 결과이다. 즉, 고용규모 증가를 이끈 것은 예상하지 못한 3%의 인플레이션율이다.

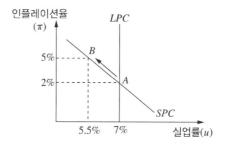

▲ 단기 필립스곡선상의 이동

② 단기 필립스곡선의 이동

당분간 경제가 B점에 머물면서 사람들이 예상하는 인플레이션율은 5%에 맞춰진다. 따라서 거시경제의 균형은 C점에서 형성된다. 이 때 근로자들은 기업들과 새로운 명목임금 계약을 체결할 때 실제 발생한 인플레이션율 5%를 예상 인플레이션율으로 여기고 임금계약 체결 시 반영한다. 이에 따라 기업들은 다시 고용규모를 줄이게 되어 실업률은 7% 수준으로 상승하게 된다. 이 경우에 실업률을 5.5% 수준으로 낮추기 위해서는 예상 인플레이션율이 2%로 낮을 때에는 실제 인플레이션율이 5%만 되더라도 가능했으나, 예상 인플레이션율이 5%로 상승한 이후에는 실제 인플레이션율이 8%가 되어야만 실업률을 5.5%로 낮출 수 있다. 즉, 실업률과 인플레이션율 간의 상충관계가 우측으로 이동한 필립스곡선 상에서 발생하는 것이다. 이를 통해 예상 인플레이션율의 상승(2% → 5%)은 단기 필립스곡선의 우측이동($SPC_0 \rightarrow SPC_1$)으로 나타난다는 것을 확인할 수 있다.

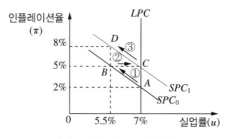

▲ 단기 필립스곡선의 이동

(4) 단기와 장기의 필립스곡선

① 단기의 상황

최초의 균형 A점은 거시경제의 단기와 장기 균형이 모두 충족되는 지점이다. 거시경제의 단·
장기 균형이 일치하는 지점에서는 예상 인플레이션율(π^e)과 실제 인플레이션율(π)이 일치한
다. 이러한 상황에서 총수요가 확대되면 실제 인플레이션율이 높아지면서 예상 인플레이션율
을 상회하여 실질임금이 낮아지고, 그 결과 고용규모가 확대되어 실업률이 감소한다. 따라서
균형은 A점에서 B점으로 이동하여 인플레이션율과 실업률 간에 상충관계가 성립한다.

② 장기의 상황

예상보다 높은 인플레이션율이 발생하고 자연실업률 이하의 실업률을 겪으면서 사람들의 예상
인플레이션율이 점차 상승한다(B → C점). 따라서 단기의 필립스곡선은 우상방으로 이동하고,
실업률은 다시 자연실업률 수준으로 회귀한다. C점은 단기와 장기의 균형을 모두 충족하는
점이므로 예상 인플레이션율과 실제 인플레이션율이 일치한다.

6. 디스인플레이션

(1) 디스인플레이션의 의미

디스인플레이션(disinflation)이란 짧은 기간에 인플레이션율을 크게 낮추는 것을 의미한다. 인플
레이션의 반대인 물가의 하락을 의미하는 디플레이션(deflation)과 종종 혼동될 수 있기 때문에
다른 의미임을 유념해야 한다. 디스인플레이션의 문제는 단기에 존재하는 인플레이션율과 실업률
간의 상충관계로 인해 발생한다. 짧은 기간 인플레이션율을 크게 낮추면 실업률이 크게 증가하기
때문이다.

(2) 희생률

희생률(sacrifice ratio)은 인플레이션율을 낮추는 과정에서 발생하는 일시적인 경기침체와 실업
률의 증가를 측정하는 개념이다. 보다 구체적으로 인플레이션율 1%p 낮추기 위해 포기해야 하는
연평균 GDP의 감소분이다.

- 연 평균 생산량(Y) : 1000
- 인플레이션율(π) : 10%
- 5년 간 인플레이션율 5%p 하락(10 → 5%p)
- 5년 간 생산량변화 : 990 → 980 → 970 → 960 → 950(누적 생산 감소량 : 150)
- 희생률 $= \dfrac{150}{5} = 30$

(3) 디스인플레이션의 정책효과

① 긴축적 통화정책의 시행

지나친 물가 상승이 우려된 중앙은행이 물가 상승을 억제하기 위해 통화량 증가율을 낮추고, 이자율을 높이는 긴축적 통화정책을 시행하는 경우를 생각해보자. 이 경우 총수요곡선은 좌측으로 이동하여 새로운 단기균형점에서 물가는 하락하고 경제의 생산량도 감소한다. 즉, 인플레이션율은 감소하지만 실업률이 증가하는 것이다. 이에 따라 단기 필립스곡선상의 이동이 일어나 균형점이 변화($E_0 \rightarrow E_1$)한다.

② 예상 인플레이션율의 감소

이제 사람들은 예상 인플레이션율을 종전보다 낮추게 된다. 실제 인플레이션율이 낮게 나타나는 기간이 계속되기 때문이다. 이로 인해 단기 필립스곡선이 좌측으로 이동하면서 E_1 점에서 새로운 거시경제균형이 형성된다. 즉, 장기에 경제는 자연실업률 수준으로 회복하면서 낮은 인플레이션율을 달성하게 된다.

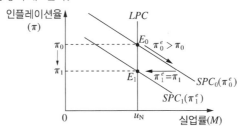

▲ 디스인플레이션의 과정

(4) 디스인플레이션의 비용, 합리적 기대와 적응적 기대

긴축적 통화정책 시행 초기에는 실제 인플레이션율(π)이 예상 인플레이션율(π^e) 보다 낮아지면서 단기 필립스곡선 상의 이동($E_0 \rightarrow E_1$)이 발생한다. 새로운 균형점에서는 자연실업률을 상회하는 높은 실업률이 발생한다. 이때 실업률이 자연실업률 수준으로 낮아지면서 인플레이션율도 낮아지기 위해서는 인플레이션율에 대한 예상이 실제 인플레이션율 수준으로 낮아져야 한다. 따라서 디스인플레이션의 비용은 얼마나 빨리 새로운 장기균형으로 이동($E_1 \rightarrow E_2$)하는가에 달려 있다. 인플레이션율에 대한 예상이 빨리 낮아져야 단기 필립스곡선이 좌하 방으로 이동해 자연실업률 수준에서 실업률이 형성되고 인플레이션율도 낮아지기 때문이다. 합리적 기대와 적응적 기대는 사람들이 인플레이션율에 대한 예상을 어떤 방식으로 조정하느냐를 설명하는 이론이다.

① 적응적 기대이론

적응적 기대(adaptive expectation)는 사람들이 미래에 대한 기대를 형성할 때는 과거를 기준점으로 삼는다는 것이다. '과거에 부동산 투자는 실패한 적이 없었기 때문에 미래에도 그럴 것이다.'라고 생각하는 것이 적응적 기대이다. 적응적 기대가 형성될 경우 $E_1 \rightarrow E_2$ 점으로 이동하는데 상당한 시간이 소요된다. 사람들은 바로 직전에 발생한 실제 인플레이션율을 바로 다음에 있을 인플레이션율로 예상하기 때문이다. 따라서 $E_1 \rightarrow E_2$ 점으로 이동하는 과정에서 계속해서 체계적인 오차를 반복하게 된다. 따라서 적응적 기대가 형성되는 경우 경제는 상당히 오랜 시간 동안 자연실업률을 상회하는 높은 실업률을 경험하게 된다. 즉, 디스인플레이션의 비용이 크게 된다.

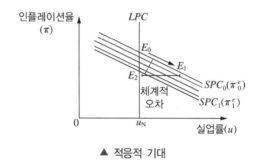

▲ 적응적 기대

② 합리적 기대이론

합리적 기대(rational expectation)는 사람들이 미래에 대한 기대를 형성할 때 사용할 수 있는 모든 정보를 활용해 미래를 예측한다는 것이다. 적응적 기대처럼 과거의 경험에만 의존하는 것이 아니라 미래의 예상치와 연관된 모든 정보를 활용하여 미래를 살펴보는 것이다. 따라서 긴축적인 통화정책이 시행되는 순간 사람들은 실제 인플레이션율이 낮아지게 될 것을 예상할 수 있고, 이에 따라 예상 인플레이션율을 재빨리 낮아진 실제 인플레이션율에 맞추게 된다. 즉, 단기 필립스곡선 상의 이동($E_0 \rightarrow E_1$)이 발생할 틈이 없는 것이다. 합리적 기대에 의한 사람들의 예상이 정확하다면, 긴축적 통화정책으로 인해 발생하게 될 실제 인플레이션율에 예상 인플레이션율을 맞추기 때문에 확장적 재정정책은 실업에 영향을 주지 않고 인플레이션율만 낮추게 된다. 이를 확장적 통화정책의 경우로 살펴보면, 실업은 줄이지 못하고 인플레이션율만 높이게 된다는 결론에 도달하게 된다.

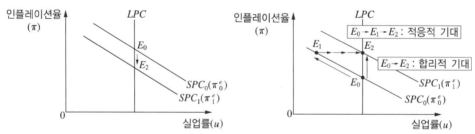

▲ 긴축적 통화정책과 합리적 기대   ▲ 확장적 통화정책과 적응적, 합리적 기대

01   고통지수란 인플레이션율과 실업률의 합계에서 실질 국내총샌산의 증가율을 뺀 수치로 정의된다.

02   실업과 인플레이션은 상충관계에 있으며 이를 나타낸 곡선이 필립스곡선이다.

03   실업과 인플레이션의 역의 상관관계는 장단기에 걸쳐 모두 나타난다.

04   스태그플레이션을 해결하는 방법중 하나는 기술발전을 통한 총공급곡선의 우측 이동이다.

05   단기와 장기에서 필립스곡선의 형태가 다른 것은 '예상 인플레이션율'에서 찾을 수 있다.

06   '디스인플레이션'이란 물가가 지속적으로 하락하는 현상을 의미한다.

07   희생률이란 인플레이션율을 낮추는 과정에서 발생하는 일시적인 경기침체와 실업률의 증가를 측정하는 개념이다.

08   적응적 기대란 사람들이 미래에 대한 기대를 형성할 때 사용할 수 있는 모든 정보를 활용해 미래를 예측한다는 것이다.

09   지나친 물가 상승이 우려된 중앙은행에서 물가상승을 억제하기 위해서 통화량 증가율을 낮추고, 이자율을 높인다면, 새로운 단기균형에서는 물가는 하락하고 경제의 생산량도 감소한다.

10   연평균 생산량이 100만원이며, 인플레이션율은 5%이다. 인플레이션율을 3%로 떨어뜨리기 위해서는 연평균 생산량이 90만원으로 감소한다. 이 경우는 희산비율은 30이다.

─── ● 정답 및 해설

03   실업과 인플레이션의 역의 상관관계는 단기에 나타나며 장기에는 필립스곡선도 수직의 형태를 가진다.

06   디스인플레이션이란 짧은 기간에 인플레이션율을 크게 낮추는 것을 의미한다. 이는 물가의 하락을 의미하는 디플레이션과는 다른 개념이다.

08   적응적 기대는 사람들이 미래에 대한 기대를 형성할 때는 과거를 기준점으로 한다. 보기의 설명은 적응적 기대가 아니라 합리적 기대이다.

10   희생률은 인플레이션율 1%p낮추기 위해서 포기해야 하는 연평균 GDP감소분이다. 따라서 희생률은 10/2 = 50이다.

정답   01 ○   02 ○   03 X   04 ○   05 ○   06 X   07 ○   08 X   09 ○   10 X

01

확인학습문제

#자연실업률가설, #필립스곡선, #장기·단기의 필립스곡선

Level 0 **자연실업률 가설에 대한 설명으로 가장 적절하지 않은 것은?**

① 경제안정화정책이 매우 효과적이다.

② 기대물가상승률을 고려한다.

③ 단기에는 화폐환상이 존재할 수 있지만 장기에는 존재하지 않는다.

④ 장기에 필립스곡선은 자연실업률 수준에서 수직이 된다.

⑤ 단기적으로 실업률과 물가상승률 사이에 상충관계가 나타날 수 있지만 장기에는 나타나지 않는다.

> **해설** 자연실업률 가설에 따르면 경제안정화정책의 효과는 일시적이다. 필립스곡선은 장기에 자연실업률 수준에서 수직이 되기 때문에 예상하지 못한 인플레이션이 발생했을 때 잠시나마 효과를 발휘할 뿐 다시 자연실업률 수준으로 회귀한다. 그 결과 실업률 수준은 변화시키지 못하면서 물가만 상승한다. 따라서 자연실업률 가설에 의하면 경제안정화정책은 효과적이지 못한 정책이다.

> **오답 노트**
> ②·③ 프리드먼은 화폐공급의 예기치 못한 증가는 단기적으로는 예상 인플레이션율과 현실적 인플레이션율의 괴리를 야기시키지만, 장기적으로는 노동자와 사용자 사이에서 예상 인플레이션율이 현실적 인플레이션율과 합치하도록 조정되므로 실업률은 자연실업률에 수렴된다.
> ④ 장기의 필립스곡선은 자연실업률 수준에서 수직이다.
> ⑤ 자연실업률 수준에서 수직인 필립스곡선은 단기에 나타나는 실업률과 물가상승률 사이에 상충관계가 나타나지 않는다.

정답 ①

#단기와 장기의 필립스곡선, #인플레이션율과 실업률 간의 상충관계

국제유가 상승과 같은 공급충격이 우리나라 경제에 미치는 영향에 대한 다음 설명 중 옳은 것은?

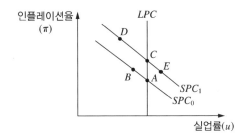

① 경제가 $A \rightarrow B \rightarrow C$로 움직일 것이다.
② 경제가 $A \rightarrow E \rightarrow C$로 움직일 것이다.
③ 경제가 $C \rightarrow B \rightarrow A$로 움직일 것이다.
④ 경제가 $C \rightarrow D \rightarrow A$로 움직일 것이다.
⑤ 경제가 $C \rightarrow E \rightarrow A$로 움직일 것이다.

해설 국제유가의 상승은 총수요–총공급 모형에서 총공급곡선의 좌측이동요인이다. 총공급곡선의 좌측이동은 물가수준의 상승과 실질 GDP의 하락을 동반한다. 이는 오쿤의 법칙과 결합하여 인플레이션율의 상승과 실업률의 증가로 나타난다. 한편 단기 필립스곡선이 내포하는 바는 인플레이션율과 실업률 간의 단기적 상충관계이다. 하지만 유가 상승으로 인해 인플레이션율과 실업률 모두 상승했으므로 이는 단기 필립스곡선 상의 이동이 아닌 단기 필립스곡선의 이동으로 볼 수 있다. 즉, 유가의 상승으로 인해 단기 필립스곡선은 우측으로 이동한다. 따라서 새로운 단기균형은 E점에서 형성된다. 장기에 도달하면 실업률은 다시 자연실업률 수준으로 돌아가기 때문에 장기균형은 C점에서 형성된다. 따라서 경제는 $A \rightarrow E \rightarrow C$로 움직인다.

정답 ②

Level 0

적응적 기대가설에 기초한 필립스곡선에 관한 설명으로 옳지 않은 것은?

① 정부지출이 증가하면 단기적으로 경제의 균형은 필립스곡선을 따라 실업률이 더 낮고 인플레이션율이 더 높은 점으로 옮겨간다.

② 통화량이 증가하면 장기적으로 경제의 균형은 필립스곡선을 따라 실업률은 변하지 않고 인플레이션율만 더 높은 점으로 옮겨간다.

③ 유가상승과 같은 공급충격은 단기적으로 필립스곡선을 왼쪽으로 이동시켜 경제의 균형은 실업률과 인플레이션율이 모두 낮은 점으로 옮겨간다.

④ 예상인플레이션율이 더 높을수록 단기 필립스곡선은 더 높은 곳에 위치한다.

⑤ 프리드만에 의하면 장기적으로 실업률과 인플레이션율 사이에 상충관계가 성립하지 않는다.

> **해설** 적응적 기대(adaptive expectation)는 사람들이 미래에 대한 기대를 형성할 때는 과거를 기준점으로 삼는다는 것이다. '과거에 부동산 투자는 실패한 적이 없었기 때문에 미래에도 그럴 것이다.'라고 생각하는 것이 적응적 기대이다. 적응적 기대가 형성될 경우 A → C점으로 이동하는데 상당한 시간이 소요된다. 사람들은 바로 직전에 발생한 실제 인플레이션율을 바로 다음에 있을 인플레이션율로 예상하기 때문이다. 한편 유가충격과 같은 공급측 충격은 필립스곡선을 왼쪽 상방으로 이동시켜 실업률과 인플레이션율이 모두 높아지게 된다.

오답 노트

예상 인플레이션율(π^e)은 근로자의 노동공급 규모 결정의 기준이 되고, 실제 인플레이션율(π)은 근로자의 노동수요 규모 결정의 기준이 된다. 만약 근로자들의 인플레이션 예상이 실제보다 높으면 기업의 입장에서는 실질임금이 예상보다 상승하고 이는 기업으로 하여금 고용의 규모를 감소시키는 원인으로 작용한다. 고용규모의 감소는 곧 총생산의 감소이다. 반대로 근로자들의 인플레이션율 예상이 실제보다 낮으면 실질임금이 예상보다 크게 하락하게 되어 기업은 고용규모를 늘려 총생산이 증가하게 된다. 즉, 예상하지 못한 인플레이션율($\pi^e - \pi$)만이 고용규모에 영향을 미칠 수 있는 것이다.

- 예상 인플레이션율(π^e) > 실제 인플레이션율(π) ⇒ 당초 예상 대비 실질임금 상승 ⇒ 고용규모 감소 ⇒ 총생산 감소
- 예상 인플레이션율(π^e) < 실제 인플레이션율(π) ⇒ 당초 예상 대비 실질임금 하락 ⇒ 고용규모 증가 ⇒ 총생산 증가

최초에 인플레이션율이 2%, 실업률이 7%인 A점에서 확장적 재정정책이 실시되었다고 하자. 이때 새로운 균형은 B점에서 형성된다. 이때 B점에서는 실제 인플레이션($\pi = 5\%$)이 예상인플레이션($\pi^e = 2\%$)보다 높아 실질임금이 예상보다 하락해 고용규모가 증가한 결과이다. 당분간 경제가 B점에 머물면서 사람들이 예상하는 인플레이션율은 5%에 맞춰진다. 따라서 거시경제의 균형은 C점에서 형성된다. 이때 근로자들은 기업들과 새로운 명목임금 계약을 체결할 때 실제 발생한 인플레이션율 5%를 예상 인플레이션율으로 여기고 임금계약 체결 시 반영한다. 이에 따라 기업들은 다시 고용규모를 줄이게 되어 실업률은 7% 수준으로 상승하게 된다.

이 경우에 실업률을 5.5% 수준으로 낮추기 위해서는 예상 인플레이션율이 2%로 낮을 때에는 실제 인플레이션율이 5%만 되더라도 가능했으나, 예상 인플레이션율이 5%로 상승한 이후에는 실제 인플레이션율이 8%가 되어야만 실업률을 5.5%로 낮출 수 있다. 즉, 실업률과 인플레이션율 간의 상충관계가 우측으로 이동한 필립스곡선 상에서 발생하는 것이다. 이를 통해 예상 인플레이션율의 상승($\pi^e = 2\% \rightarrow 5\%$)은 단기 필립스곡선의 우측이동($SPC_0 \rightarrow SPC_1$)으로 나타난다는 것을 확인할 수 있다.

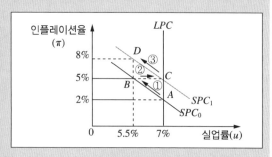

정답 ③

#필립스곡선의 정의, #자연실업률 가설, #합리적 기대, #스태그플레이션

다음은 필립스곡선에 대한 설명이다. 옳지 않은 것을 고르시오.

① 실업률과 물가상승률 간 상충관계를 나타낸다.

② 장기의 필립스곡선은 수직의 형태이다.

③ 예상 물가상승률이 낮아지면 필립스곡선은 좌하방으로 이동한다.

④ 합리적 기대 하에서는 어떠한 경우에도 단기적으로 실업률을 변화시킬 수 없다.

⑤ 1970년대 스태그플레이션은 필립스곡선의 불안정성을 입증했다.

해설 필립스곡선(phillips curve)은 인플레이션율(π)과 실업률(u) 간의 상충관계(역의 상관관계)를 나타내는 곡선이다. 1958년 Economica에 발표된 논문에서 1861~1957년 사이의 영국의 명목임금상승률과 실업률 간에 역의 상관관계가 있다는 것을 발견했다고 설명했다. 한편, 필립스곡선에서 예상 물가상승률은 중요하다. 한편, 합리적 기대(rational expectation)는 사람들이 미래에 대한 기대를 형성할 때 사용할 수 있는 모든 정보를 활용해 미래를 예측한다는 것이다. 적응적 기대처럼 과거의 경험에만 의존하는 것이 아니라 미래의 예상치와 연관된 모든 정보를 활용하여 미래를 살펴보는 것이다. 따라서 긴축적인 통화정책이 시행되는 순간 사람들은 실제 인플레이션율이 낮아지게 될 것을 예상할 수 있고, 이에 따라 예상 인플레이션율을 재빨리 낮아진 실제 인플레이션율에 맞추게 된다. 그럼에도 불구하고 예상하지 못한 정책의 시행은 단기적으로 실업률에 영향을 미칠 수 있다. 일시적으로 예상물가보다 실제물가가 더 높아지면 실업률을 일시적으로 자연실업률 이하로 낮출 수 있다.

오답노트 예상 인플레이션율은 명목임금 수준에 영향을 미쳐 고용규모를 변화시키기 때문이다. 예상 인플레이션율(π^e)은 근로자의 노동공급 규모 결정의 기준이 되고, 실제 인플레이션율(π)은 근로자의 노동수요 규모 결정의 기준이 된다. 만약 근로자들의 인플레이션 예상이 실제보다 높으면 기업의 입장에서는 실질임금이 예상보다 상승하고 이는 기업으로 하여금 고용의 규모를 감소시키는 원인으로 작용한다. 고용규모의 감소는 곧 총생산의 감소이다. 반대로 근로자들의 인플레이션율 예상이 실제보다 낮으면 실질임금이 예상보다 크게 하락하게 되어 기업은 고용규모를 늘려 총생산이 증가하게 된다. 즉, 예상하지 못한 인플레이션율($\pi^e - \pi$)만이 고용규모에 영향을 미칠 수 있는 것이다.

> • 예상 인플레이션율(π^e) > 실제 인플레이션율(π) ⇒ 당초 예상 대비 실질임금 상승
>   ⇒ 고용규모 감소 ⇒ 총생산 감소
> • 예상 인플레이션율(π^e) < 실제 인플레이션율(π) ⇒ 당초 예상 대비 실질임금 하락
>   ⇒ 고용규모 증가 ⇒ 총생산 증가

한편, 1970년대의 스태그플레이션은 인플레이션율의 증가와 실업률의 증가를 동반해 필립스곡선의 불안전성을 입증한 계기가 되었다.

정답 ④

02 | CHAPTER 08 필립스곡선
출제예상문제

#단기의 필립스곡선, #장기의 필립스곡선, #공급곡선과 필립스곡선

01 실업률과 인플레이션율 간의 관계에 대한 설명으로 가장 적절한 것은?

① 단기적으로는 정(+)의 상관관계를 갖는다.

② 장기적으로는 부(−)의 상관관계를 갖는다.

③ 양자 간의 관계는 장기적으로도 안정적으로 유지된다.

④ 재정적자 확대로 실업률과 인플레이션율이 모두 하락하면서 양자 간의 관계가 발생한다.

⑤ 장기적으로 실업률은 자연실업률 수준에 머물지만 인플레이션율은 통화량 증가율에 따라 높거나 낮거나 할 수 있다.

해설

고전학파는 물가를 변화시킬 수 있는 것은 통화량의 증가 밖에 없다고 주장했다. 따라서 고전학파의 총공급곡선은 완전고용국민소득수준에서 수직의 형태로 통화량의 변화는 물가만을 변화시킬 뿐 실물변수에 아무런 영향을 미치지 못하였다. 이는 자연실업률 수준에서 수직인 장기필립스곡선으로 나타난다. 통화량의 변화가 물가만 변화시킬 뿐 실물변수를 변화시킬 수 없어 실업률은 언제나 자연실업률 수준에서 머물기 때문이다.

오답노트

필립스곡선(phillips curve)은 인플레이션율(π)과 실업률(u) 간의 상충관계(역의 상관관계)를 나타내는 곡선이다. 따라서 단기적으로는 양자 사이의 부의 상관관계를 갖게 된다. 한편, 장기의 필립스곡선은 자연실업률 수준에서 수직의 모양을 갖는다. 고전학파 계통의 통화론자인 펠프스(Edmund Phelps)와 프리드먼(Milton Friedman)은 '인플레이션은 언제 어디서나 화폐적 현상'이라고 주장했다. 즉, 「제5장 화폐와 국민경제」의 교환방정식과 현금잔고방정식에서 살펴본 바와 같이 물가의 상승은 통화량 증가가 원인이라는 것이다. 한편, 고전학파는 확장적 통화정책은 장기에 실질 GDP에 아무런 영향을 미치지 못한다는 화폐의 중립성을 주장했고, 이에 따라 장기 총공급곡선은 완전고용국민소득(잠재생산량 = 자연산출량)수준에서 수직으로 나타났다. 이에 따르면 총수요−총공급곡선과 오쿤의 법칙에 의해 도출되는 필립스곡선 역시 수직의 형태를 갖게 되어, 단기에 존재했던 실업률과 인플레이션율 간의 상충관계는 사라지게 된다.

#단기와 장기의 필립스곡선, #총공급곡선과 필립스곡선, #예상 인플레이션

02 적응적 기대가설 하에서 필립스곡선에 대한 설명으로 옳지 않은 것은?

① 필립스곡선은 단기에 인플레이션율과 실업률 간의 음(−)의 상관관계를 나타낸다.
② 밀턴 프리드만에 의하면 필립스곡선은 장기에 수직이다.
③ 예상인플레이션율이 상승하면 단기 필립스곡선은 우측으로 이동한다.
④ 단기적으로 실업률이 자연실업률보다 클 경우 물가가 상승한다.
⑤ 적응적 기대는 미래에 대한 기대형성의 기준이 과거인 경우를 의미한다.

해설

필립스곡선(phillips curve)은 인플레이션율(π)과 실업률(u) 간의 상충관계(역의 상관관계)를 나타내는 곡선이다. 일반적인 필립스곡선은 단기의 필립스곡선으로서 인플레이션율과 실업률 간의 음의 상관관계를 나타낸다. 따라서 실업률이 자연실업률보다 큰 경우 경기침체로 인해 물가는 하락하게 된다. 실업률이 자연실업률보다 크다는 것은 경제의 실질 GDP가 잠재 GDP에 미치지 못하고 있음을 의미한다.

오답노트

고전학파 및 통화론자에 의한 필립스곡선은 자연실업률 수준에서 수직이다. 이들은 통화량의 변화는 실물변수에 영향을 미치지 못하고 물가만을 상승시킨다고 주장하며 장기에 수직의 총공급곡선을 주장했다. 이로 인해 장기에는 실업률과 인플레이션율 간에 상충관계가 깨지게 되고, 필립스곡선도 장기에 자연실업률 수준에서 수직의 형태를 갖는다. 한편 예상 인플레이션율이 상승하게 되면 필립스곡선이 우측으로 이동한다. 이는 예상 인플레이션율이 실제 인플레이션율보다 커지면서 당초 예상 대비 실질임금이 상승하게 된다. 이는 고용규모의 감소로 이어져 총생산이 감소하게 된다. 한편 사람들의 인플레이션에 대한 예상이 다시 높아져 실제 인플레이션과 일치하게 되면 경제는 장기균형을 회복하게 되고, 이때 단기 필립스곡선은 우측으로 이동한다.

#오쿤의 법칙, #GDP 갭, #필립스곡선

03 다음 중 오쿤의 법칙에 대한 설명으로 옳은 것은?

① 실질 GDP와 인플레이션 간의 역의 관계를 나타낸다.
② 실질 GDP와 부가가치와의 관계를 의미한다.
③ 실질 GDP의 백분율 변화와 인플레이션 간의 관계를 말한다.
④ 실질 GDP의 백분율 변화와 명목 GDP와의 관계를 말한다.
⑤ 해당 사항 없음

해설

오쿤의 법칙(Okun's law)이란 GDP 갭과 실업률 간의 상관관계를 의미한다. 경제학자 오쿤은 한 나라의 실업률과 실업 사이에 경험적으로 관찰되는 음의 상관관계로서, 총생산 갭과 실업률 간의 역의 관계를 밝혀냈다. 즉 실제생산량과 잠재생산량의 차이와 실업률은 역의 관계가 있다는 것으로 GDP 갭이 양수일 때 실업률은 감소하고, GDP 갭이 음수일 때 실업률은 증가한다는 것이다.

오답노트

실질 GDP와 인플레이션율 간의 역의 관계를 나타내는 것은 필립스곡선이다. 필립스곡선(phillips curve)은 인플레이션율(π)과 실업률(u) 간의 상충관계(역의 상관관계)를 나타내는 곡선이다. 1958년 Economica에 발표된 논문에서 1861~1957년 사이의 영국의 명목 임금상승률과 실업률 간에 역의 상관관계가 있다는 것을 발견했다고 설명했다.

04 다음은 필립스곡선에 대한 설명으로 옳은 것은?

꼭 나오는 유형 *

① 합리적 기대이론에 따르면 기대 인플레이션율이 0%인 경우에만 단기 필립스곡선은 수직이 된다.

② 자연실업률가설에 따르면 통화정책에 의해서 장기적으로 자연실업률을 변화시킬 수 있다.

③ 적응적 기대가설 하에서 정부의 재량적 안정화정책은 단기적으로 실업률을 낮출 수 있다.

④ 자연실업률 가설에 따르면 단기 필립스곡선은 수직이다.

⑤ 자연실업률 가설에 따르면 장기 필립스곡선은 우하향의 곡선이다.

해설

적응적 기대(adaptive expectation)는 사람들이 미래에 대한 기대를 형성할 때는 과거를 기준점으로 삼는다는 것이다. '과거에 부동산 투자는 실패한 적이 없었기 때문에 미래에도 그럴 것이다'라고 생각하는 것이 적응적 기대이다. 적응적 기대가 형성될 경우 체계적인 오차를 계속해서 반복하게 된다. 이러한 체계적 오차로 인해 단기의 정부의 재량적 안정화정책은 실업률을 낮출 수 있다.

오답 노트

합리적 기대(rational expectation)는 사람들이 미래에 대한 기대를 형성할 때 사용할 수 있는 모든 정보를 활용해 미래를 예측한다는 것이다. 적응적 기대처럼 과거의 경험에만 의존하는 것이 아니라 미래의 예상치와 연관된 모든 정보를 활용하여 미래를 살펴보는 것이다. 따라서 긴축적인 통화정책이 시행되는 순간 사람들은 실제 인플레이션율이 낮아지게 될 것을 예상할 수 있고, 이에 따라 예상 인플레이션율을 재빨리 낮아진 실제 인플레이션율에 맞추게 된다. 즉, 단기 필립스곡선 상의 이동이 발생할 틈이 없는 것이다. 합리적 기대에 의한 사람들의 예상이 정확하다면, 긴축적 통화정책으로 인해 발생하게 될 실제 인플레이션율에 예상 인플레이션율을 맞추기 때문에 확장적 재정정책은 실업에 영향을 주지 않고 인플레이션율만 낮추게 된다. 이를 확장적 통화정책의 경우로 살펴보면, 실업은 줄지 못하고 인플레이션율만 높이게 된다는 결론에 도달하게 된다. 하지만 기대 인플레이션율과 실제 인플레이션율이 일치하는 경우 합리적 기대 하에서의 단기 필립스곡선도 수직선이 된다.

05

단기의 총공급곡선이 우상향하고 필립스곡선은 우하향하고 장기에는 모두 수직이라고 할 때 다음 중 옳지 않은 것은?

① 총공급곡선이 우상향하는 이유는 메뉴비용, 장기계약, 불완전 정보 등으로 설명할 수 있다.

② 필립스곡선이 수직에 가깝다면 인플레이션율을 1% 하락시키기 위한 국민소득 감소분으로 표현되는 희생비율이 크다.

③ 우상향하는 총공급곡선과 우하향하는 필립스곡선은 모두 총수요관리정책을 통하여 국민소득 안정화정책이 가능함을 의미한다.

④ 장기총공급곡선과 장기필립스곡선하에서는 화폐의 중립성이 성립한다.

⑤ 경제주체들이 실제 인플레이션을 정확히 예측하면 단기에도 필립스곡선은 수직이 될 수 있다.

해설

필립스곡선이 수직에 가깝다면 긴축적 안정화정책으로 인플레이션율을 낮추더라도 실업률에는 거의 영향을 미치지 않는다. 총수요–총공급 평면에서 총수요곡선이 좌측으로 이동하더라도 완전고용국민소득 수준에서 수직인 장기총공급곡선을 따라 균형이 형성되기 때문이다. 이는 실질 GDP가 잠재 GDP 수준에 고정되어 있음을 의미한다. 즉, GDP 갭이 발생하지 않기 때문에 실업률의 변화도 발생하지 않는다. 따라서 장기의 필립스곡선은 장기의 총공급곡선과 같이 완전고용실업률(= 자연실업률) 수준에서 수직인 형태를 갖는다. 따라서 희생하는 국민소득은 0이다.

오답 노트
총공급곡선이 우상향하는 이유는 메뉴비용, 장기계약, 불완전 정보 등으로 임금과 가격 변수가 경직적이기 때문이다. 해당 변수가 완전 신축적이라면 총공급곡선은 완전고용국민소득의 수준에서 수직이 된다. 한편, 우상향하는 총공급곡선의 상황에서는 단기에 총수요관리정책을 통해 국민소득에 영향을 미치는 것이 가능하다. 단기적으로 가격과 임금이 경직적이기 때문에 총생산에 영향을 미칠 수 있기 때문이다. 이는 단기의 필립스곡선에서도 동일하게 나타난다. 총생산의 변화로 인해 실질 GDP와 잠재 GDP의 차이인 GDP 갭이 변화하면 실업률이 달라지기 때문이다. 이처럼 GDP 갭과 실업률 간의 음의 상관관계를 정의한 것을 오쿤의 법칙이라고 한다. 한편 장기에는 총공급곡선이 완전고용국민소득 수준에서 수직이다. 이 경우 모든 물가 및 임금 변수가 신축적이기 때문에 총수요관리정책이 물가만 변화시킬 뿐 실질 GDP에 영향을 미치지 못한다. 이처럼 통화량의 증가가 물가만 변화시킬 뿐 실물변수에 영향을 미치지 못하는 현상을 화폐의 중립성이라고 한다.

06 다음 필립스곡선에 대한 설명 중 옳은 것은?

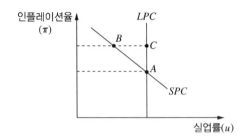

① 경제가 B에 있는 경우 기대인플레이션은 실제 인플레이션율과 같다.
② 경제가 A에 있는 경우 적응적 기대 하에서 확장적 통화정책은 단기적으로 경제를 A에서 B로 이동시키다.
③ 경제가 A에 있는 경우 합리적 기대 하에서 예상치 못한 확장적 통화정책은 단기적으로 경제를 A에서 C로 이동시킨다.
④ 기대인플레이션율의 상승은 단기 필립스곡선을 왼쪽으로 이동시킨다.
⑤ 1970년대 스태그플레이션은 단기 필립스곡선 상의 움직임으로 나타낼 수 있다.

해설

적응적 기대(adaptive expectation)는 사람들이 미래에 대한 기대를 형성할 때는 과거를 기준점으로 삼는다는 것이다. '과거에 부동산 투자는 실패한 적이 없었기 때문에 미래에도 그럴 것이다'라고 생각하는 것이 적응적 기대이다. 적응적 기대가 형성될 경우 체계적인 오차를 계속해서 반복하게 된다. 적응적 기대하에서는 이 체계적 오차 덕분에 확장적 총수요관리정책이 단기적으로 효과를 볼 수 있게 된다.

**오답
노트**
장기 필립스곡선 위의 점들이 실제 인플레이션율과 예상 인플레이션율이 일치하는 점들이다. 한편, 합리적 기대가 형성되어 있더라도 예상하지 못한 정책은 효과를 단기적으로 효과를 발휘할 수 있다. 따라서 단기적으로 경제는 A에서 B로 이동하게 된다. 또한 기대 인플레이션의 상승하는 경우 실제 인플레이션 보다 높아져 당초 예상 대비 실질임금이 상승하게 된다. 이는 고용의 감소와 총생산의 감소로 이어져 단기 필립스곡선은 우측으로 이동하게 된다. 한편 스태그플레이션은 단기 필립스곡선의 좌측 이동으로 나타난다.

#실제 인플레이션율, #예상 인플레이션율, #단기 필립스곡선의 이동, #장기 필립스곡선

07 아래 그림에서 어떤 경제가 점 B에 있다고 하자. 다음 설명 중 옳은 것은?

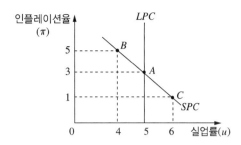

① 기대인플레이션율과 실제인플레이션율이 같다.
② 이 경제에서는 잠재 GDP가 달성되고 있다.
③ 기대인플레이션율은 3%이다.
④ 자연실업률은 4%이다.
⑤ 기대인플레이션율의 하락은 B에서 A로의 이동을 가져온다.

해설

경제가 현재 B점에 존재한다면 실제 인플레이션율이 5%이고, 이때의 기대 인플레이션율은 장기 필립스곡선과 만나는 3%이다. 즉, 「실제 인플레이션율 > 예상 인플레이션율」이다. 이 경우 기업의 입장에서는 근로자들에게 지급하는 임금이 줄어들게 된 셈이다. A점에서 인플레이션율 3%에 맞춰 명목임금을 계약했는데, 실제 인플레이션율이 5%로 증가하면서 기업은 명목임금을 덜 지급하고 있는 셈이기 때문이다. 따라서 기업은 고용규모를 늘리고 총생산을 늘리게 된다. 그 결과 단기 균형은 A점에서 B점으로 이동한다. 하지만 곧 근로자들도 실제 인플레이션율이 5%라는 것을 눈치챈다. 따라서 기대 인플레이션율이 3%에서 5%로 증가하고 이는 필립스곡선의 우측이동으로 나타난다. 새로운 기대 인플레이션율 하에서의 단, 장기균형은 B점에서 우측으로 수평이동 하여 장기 필립스곡선과 만나는 점에서 형성된다.

오답 노트
장기 필립스곡선은 자연실업률 수준에서 수직이다. 해당 경제는 5%에서 수직의 장기 필립스곡선이 형성되어 있으므로 5%가 자연실업률이 된다. 한편, B점에서는 잠재 GDP보다 실제 GDP가 더 높다. 단기적으로 실제 인플레이션율과 예상 인플레이션율의 괴리가 발생하면서 실제 GDP가 잠재 GDP를 상회하여 실업률이 자연실업률 이하로 떨어져 있다. 하지만 실제 인플레이션율과 예상 인플레이션율이 같아지면 다시 자연실업률 수준으로 돌아오게 된다. 한편, 기대 인플레이션의 하락은 단기 필립스곡선의 좌측 이동이다.

🔍 신문기사를 통해 경제 · 경영학적인 시야 기르기!

파월 "고용시장 냉각 원치 않아 … 모든 조치 다하겠다."

2024.08.24. 매일경제

23일(현지시간) 제롬 파월 미국 연방준비제도(Fed · 연준) 의장이 다음 달 기준금리 인하를 사실상 선언한 배경에는 인플레이션이 연준 기대에 맞게 하강하는 가운데 고용시장 냉각이 예사롭지 않다는 판단에 기인한 것으로 분석된다.

파월 의장은 "우리의 목표는 물가 안정을 회복하는 동시에 강한 노동시장을 유지하는 것"이라며 "이는 실업률의 갑작스러운 상승을 피하는 것"이라고 말했다. 그는 "이 업무가 아직 끝나지 않았지만 우리는 목표를 향해 상당한 진전을 이뤘다."라고 덧붙였다.

파월 의장은 앞서 실업률이 상승한 원인으로 더 많은 개인이 고용시장에 참여하고 채용 속도가 줄어든 것을 꼽은 바 있다. 고용시장 악화에 따른 해고를 원인으로 보지는 않았다.

다만 그는 다음 달 연방공개시장위원회(FOMC) 회의에서 금리를 얼마나 내릴지에 대해서는 언급을 삼갔다. 자칫 시장에서 바라고 있는 빅컷을 시사했다간 인플레이션 재발 우려를 키울 수 있기 때문이다.

파월 발언에 나오자 시장은 환호했다. 뉴욕 증시 3대 주요 지수는 0.5~0.8% 상승에서 모두 1%대로 뛰었다. 미국 10년물 국채금리는 0.05% 포인트 하락한 3.79%에 거래됐다. 기준금리에 민감한 2년물 국채금리는 0.09% 급락한 3.92%에 거래되고 있다.

전날 전야 만찬 때부터 잭슨홀 미팅에서는 이미 'cut'과 'pivoting'이라는 단어가 들릴 정도로 금리 인하론에 힘이 실리는 분위기였다.

참가자들은 연준의 9월 기준금리 인하가 사실상 확정된 것으로 간주하고 인하폭과 향후 경로, 시장 영향에 대해 집중 논의했다. 대체적으로 빅컷보다는 베이비컷(0.25% 포인트 인하)에 더 무게를 두는 분위기였다.

연준 위원 중 대표적인 중도파이자 연준 여론의 방향타로 꼽히는 수전 콜린스 보스턴 연방준비은행 총재는 22일 매일경제와 만나 "곧 통화정책을 완화하는 것이 적절하다."면서 "다만 금리 인하는 '점진적으로' 시작해야 한다."라고 강조했다. 자칫 급하게 인하했다가는 인플레이션이 재발할 위험이 있기 때문이다.

패트릭 하커 필라델피아 연은 총재 역시 언론 인터뷰에서 "9월에 인하를 시작해야 한다."면서 "다만 우리는 체계적으로(methodically) 내려야 한다."고 강조했다. 하커 총재는 인하폭을 결정하려면 더 많은 데이터가 필요하다고 덧붙였다. 고용시장이 예상보다 급속히 냉각한다면 빅컷도 가능하다는 것으로 해석된다.

다만 참가자들은 연준이 다음 달 기준금리를 내리기에 경제금융 상황이 충분히 무르익었고 시장도 이를 반영했기 때문에 금리 인하에 따른 달러 약세 전환 등 시장 충격은 미미할 것으로 전망했다. '금융시장과 통화정책 전파' 세션 발표자인 에릭 스완슨 캘리포니아대(어바인) 교수도 매일경제와 만나 "시장은 연준의 기준금리 인하를 기대하므로 외환 트레이더들은 이미 금리 인하 효과를 달러값에 반영했다."라며 "이것은 연준이 실제 기준금리를 내리더라도 달러값에 충격은 거의 없을 것이라는 뜻"이라고 분석했다.

미국 경제는 견조 하며 침체 가능성은 낮다는 게 잭슨홀 미팅 참가자들의 대체적인 진단이었다. 스완슨 교수는 "경기 침체는 상당한 경제적 충격에 의해서 야기되는데, 현재 타격에 가까운 것은 전혀 일어나지 않고 있다."라고 밝혔다. 하지만 애닐 캐시앱 시카고대 교수는 "우리가 현재 침체에 있지는 않지만 침체는 발생하고 나서야 알 수 있다."라며 "올해 말 침체가 찾아올 수도 있다."라고 경고했다.

뉴욕 연은 출신인 가우티 에거트슨 브라운대 교수는 '2020년대 인플레이션 급등의 교훈' 세션 발표 보고서에서 필립스 곡선 데이터를 분석한 결과 팬데믹 시기를 거치면서 기준금리 인하가 인플레이션 재발에 미치는 영향력이 더 커졌기 때문에 조심스러운 완화정책이 필요하다고 지적했다.

24일까지 사흘간 열리는 잭슨홀 미팅에는 파월 의장 외에 앤드루 베일리 영란은행 총재, 이다 볼덴 바체 노르웨이은행 총재, 호베르투 캄푸스 네투 브라질은행 총재, 필립 레인 유럽중앙은행 통화정책 위원 등 주요국 중앙은행 총재가 집결했다. 이들은 자국 사례를 바탕으로 향후 통화정책 방향 전환에 대해 논의한다.

Tip

미국 경제의 인플레이션과 실업률 상황에 대한 내용이다. 미국 경제의 기준금리 인하 필요성이 꾸준히 제기되던 시기에도 중앙은행은 인플레이션을 이유로 기준금리에 소극적이었다. 문제는 인플레이션이 조금씩 내려가는 상황에서도 고용시장 냉각이 예사롭지 않았다는 점이다. 미국경제 회복을 위해 기준금리를 내릴 수밖에 없었다는 설명이다. 인플레이션과 실업률을 동시에 잡을 수 없다는 필립스곡선의 시사점이 더욱 강해지고 있음을 알 수 있는 대목이다.

PART 3

국제경제

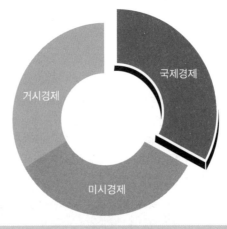

교수님 Talk!

☑ 국제경제학은 거시경제학의 논의를 해외부문으로 확장한 분야입니다. 각 국은 왜 다른 국가와 무역을 하는지, 우리나라와 다른 국가 간의 통화 교환 비율은 어떻게 결정되고 어떤 의미를 갖는지에 대해 이해해야 합니다. 전자가 무역이론이며 후자는 환율이론입니다. 최근에 논란이 되고 있는 관세 문제도 국제경제학의 이슈입니다. 자유무역 중심이었던 세계 경제가 보호무역 이슈가 대두되면서 살펴봐야 하는 이슈입니다. 시사와도 연관이 깊어 국제경제학에 대한 이해는 시사이슈에 대한 이해도 도움이 됩니다.

01 | 국제무역이론

01 무역이론

1. 무역을 하는 이유

오늘날 많은 국가들은 다른 국가들과 재화와 서비스를 거래하며 살아가고 있다. 우리나라 역시 많은 국가들과 FTA를 체결해 경제적 영토를 넓히고 있다. 우리나라는 현재 칠레, EFTA, ASEAN, 인도, EU, 페루, 미국, 터키, 호주, 캐나다, 호주, 중국, 뉴질랜드, 베트남 등 51개국과 FTA를 발효하여 운영 중이다. 한편 최근에는 역내포괄적경제동반자협정(Regional Comprehensive Economic Partnership ; RCEP) 협상을 진행하고 있다. 국가 간 무역을 하는 이유는 다른 무엇보다 서로가 가진 재화와 서비스를 다른 국가와 교환함으로써 각국의 이득이 증진되기 때문이다. 직관적으로 생각해봤을 때, 희소성으로 인해 어떤 국가도 모든 물건을 만들어 낼 수가 없다. 사람들이 더 많은 소비를 통해 더 높은 수준의 효용을 느낄 수 있기 때문에, 무역으로 인해 접해보지 못했던 재화와 서비스를 경험하는 일 자체가 이득이라 할 수 있다. 각국이 경험하게 되는 이러한 이득이 어디에서부터 시작되었는지를 이해하기 위해서는 먼저, 수출이 발생하는 이유에 대해 살펴봐야 한다.

2. 절대우위론과 비교우위론

(1) 의 의

① 기본가정 : 노동가치설, 국가 간 상이한 생산기술

절대우위론과 비교우위론은 고전적 무역이론으로서 노동가치설을 신봉하고, 국가 간에 생산기술의 차이가 존재한다고 가정한다. 노동가치설이란 상품의 가격은 투입된 노동시간에 비례한다는 것을 의미하고, 국가 간에 생산기술의 차이가 존재한다는 것은 국가 간에 다른 생산함수를 갖는다는 것을 의미한다. 생산자이론에서 살펴본 바와 같이 생산함수란 생산요소와 기술이 산출량 수준을 결정짓는 관계를 의미한다.

> **보충학습** 노동가치설(labor theory of value)
>
> 상품의 가치는 해당 상품을 생산한 노동이 형성하고, 가치의 크기는 그 상품을 생산하는 데 필요한 노동시간이 결정한다는 이론이다. 노동가치설의 가정은 다음과 같다.

> * 각 재화의 생산에는 노동만이 유일한 생산요소이다.
> * 모든 노동의 질은 동일하다.
> * 재화 1단위를 생산하는 데 필요한 노동의 투입량은 재화의 생산량과 관계없이 일정하다. 즉, 재화의 생산함수가 규모에 대한 수익불변의 특징을 갖는다.

② 절대우위론

　㉠ 의 미

　　절대우위론(theory of absolute advantage)은 아담 스미스의 절대생산비설에 따른 무역이론이다. 아담 스미스는 그의 책「국부론(The Wealth of Nations)」에서 각국이 적은 생산비용으로 생산할 수 있는 상품생산에 특화하게 되면, 전 세계적으로 산출량이 증가하기 때문에 국가 간에 자발적인 거래로 양국 모두 이득을 누릴 수 있다고 주장했다.

　㉡ 절대우위와 절대열위

　　절대우위(absolute advantage)란 한 경제주체가 어떤 경제활동을 다른 경제주체보다 절대적으로 잘할 때 절대우위를 갖는다고 이야기한다. 한편, 절대우위를 가질 때의 상대방은 절대열위(absolute disadvantage)에 있다고 표현한다. 다음의 표가 보여주는 영국과 프랑스의 사례에서 절대우위와 절대열위를 확인할 수 있다. 영국은 섬유 1단위를 생산하기 위해 노동자 7명이 투입되는 반면, 포르투갈은 15명이나 투입되어야 한다. 이 경우 영국은 섬유생산에 절대우위를 갖는다고 이야기한다. 반면 영국은 포도주 1병을 생산하기 위해서는 노동자 5명의 투입이 필요하지만, 포르투갈은 4명을 투입하면 생산가능하다. 즉, 영국은 섬유생산에, 포르투갈은 포도주 생산에 절대우위가 있는 것이다.

섬유 및 포도주 생산에 필요한 노동자 수

국가＼상품	섬 유	포도주
영 국	7	5
포르투갈	15	4

　㉢ 절대우위론에 의한 무역의 발생

　　절대우위론에 의하면 절대우위에 있는 상품을 수출하고, 절대열위에 놓은 상품을 수입하면 무역으로 인해 이득을 볼 수 있다. 즉, 영국은 포르투갈에 섬유를 수출하고, 포르투갈은 영국에게 포도주를 수출하면 양국 모두 무역으로 인해 이득을 볼 수 있다는 것이다.

③ 비교우위론

　㉠ 등장배경

　　절대우위론에 의하면 절대우위 상품이 존재해야 교역이 이뤄지게 된다. 만약 한 국가의 생산품이 다른 국가에 비해 모두 절대열위에 놓여 있다면 절대우위론에 의할 경우 교역이 일어나지 않게 된다. 하지만 현실에서는 다음과 같이 어떤 국가에서 생산하는 모든 상품이 절대열위에 놓여 있는 경우에도 무역이 발생하는 현상이 목격된다. 절대우위론으로는 설명할 수 없는 교역이 존재하는 것이다. 경제학자 데이비드 리카르도(David Ricardo, 1772~1823)는 이를 비교우위론으로 설명할 수 있다고 주장했다.

모든 상품이 절대열위인 경우

상품 국가	섬 유	포도주
영 국	7	3
포르투갈	15	4

ⓛ 비교우위와 비교열위

비교우위론(theory of relative advantage)이란 어떤 경제주체가 다른 경제주체보다 상대적으로 잘할 때 비교우위를 갖는다고 이야기한다. 한편, 비교우위를 가질 때의 상대방은 비교열위(relative disadvantage)에 있다고 표현한다. 한편, 다른 경제주체보다 상대적으로 잘한다는 것의 경제학적 의미는 어떤 활동을 다른 경제주체에 비해 더 적은 기회비용으로 수행할 수 있음을 의미한다. 결국 비교우위론은 기회비용의 관점에서 무역의 발생 원인을 설명하는 이론이라 할 수 있다. 예를 들어, A국이 쌀 1단위 생산에 8명의 노동력이 필요하고, 밀 1단위 생산에 1명의 노동력이 필요하다면 A국이 쌀을 생산하지 않고 밀을 생산하면 밀 8단위를 생산할 수 있다. 즉, 쌀 1단위 생산의 기회비용은 밀 8단위인 셈이다. 앞선 영국과 포르투갈의 예를 기회비용의 관점에서 살펴보면 다음과 같다.

기회비용의 관점

상품 국가	섬 유	포도주
영 국	$\dfrac{7}{3}$	$\dfrac{3}{7}$
포르투갈	$\dfrac{15}{4}$	$\dfrac{4}{15}$

ⓒ 비교우위론에 의한 무역의 발생

앞선 예에서 영국은 섬유와 포도주의 생산비가 7:3이다. 그리고 포르투갈은 섬유와 포도주의 생산비가 15:4이다. 이를 바탕으로 각국의 생산을 기회비용의 관점에서 표현할 수 있다. 즉, 영국은 섬유 생산비용 대비 약 43%의 비용으로 포도주 생산이 가능한 반면 포르투갈은 섬유 대비 약 27%의 비용으로 생산가능하다. 이를 통해 포르투갈이 포도주 생산에 비교우위가 있음을 알 수 있다. 비교우위의 관점에서 포르투갈은 영국에 포도주를, 영국은 포르투갈에 섬유를 수출하여 양국이 모두 이득을 누릴 수 있다.

- 영국(England) : 섬유$_{Eng}$: 포도주$_{Eng}$ = 7 : 3 ⇒ 포도주$_{Eng}$ = $\dfrac{3}{7}$섬유$_{Eng}$

- 포르투갈(Portugal) : 섬유$_{Por}$: 포도주$_{Por}$ = 15 : 4 ⇒ 포도주$_{Por}$ = $\dfrac{4}{15}$섬유$_{Por}$

ㄹ 비교우위가 발생하는 원인

ⓐ 기후의 차이

신은 모든 국가에 동일한 환경을 제공하지 않았다. 어떤 나라는 기온이 높고, 또 어떤 나라는 기온이 낮다. 어떤 나라는 사계절이 뚜렷한 반면 어떤 국가는 사계절이 뚜렷하지 않아 여름만 혹은 겨울만 존재한다. 이런 기후의 차이로 인해 국가마다 적은 생산비용으로 재배 가능한 작물들이 존재한다. 기후의 차이는 비교우위를 발생시키는 첫 번째 요인이다.

ⓑ 요소부존량의 차이

국가마다 역사적, 지리적인 이유로 생산요소의 부존량이 다르다. 가까운 나라 일본에서는 조림 사업이 가능하여 임업산업이 발전한 반면 이웃나라인 우리나라는 조림 사업을 하기에 적절하지 않은 환경을 갖고 있다. 이러한 생산요소의 차이도 비교우위가 나타나는 중요한 요인이다. 이를 설명하는 무역이론이 헥셔-오린이론(Heckscher-Ohlin model)이다. 헥셔-오린이론에서는 한 국가는 그 국가가 풍부하게 보유하고 있는 요소를 집약적으로 사용한 재화 생산에 비교우위를 갖는다고 설명한다. 반도체 산업과 같이 자본집약적 산업과 농업과 같은 노동집약적 산업을 비교할 때 노동자 1인당 자본량은 반도체 산업이 훨씬 높을 것이다. 반면, 농업은 자본 1단위당 노동자 투입량이 훨씬 높을 것이다. 이처럼 생산하는 재화에 따라 많이 쓰이는 생산요소가 달라지는데, 이를 요소집약도(factor intensity)라고 한다.

ⓒ 기술의 차이

1980~90년대 일본이 세계 반도체 시장을 휩쓸 수 있었던 것은 기후의 영향도, 요소부존량의 차이도 아니다. 반도체를 만들기 위한 기후환경이나 생산요소의 부존량은 기타 선진국과 큰 차이가 없었다. 그럼에도 불구하고 반도체 시장에서 비교우위를 누릴 수 있었던 것은 동일한 생산요소를 생산에 사용하는 기법, 즉 기술이 뛰어났기 때문이다.

(2) 헥셔-오린 이론

① 등장배경

헥셔-오린 이론(Heckscher-Ohlin)모형은 국가 간의 자원이 다르기 때문에 무역이 발생한다고 주장하는 이론이다. 리카르도가 비교우위론을 통해 국가 간 기술의 차이로 인해 무역이 발생한다는 주장과 차별화되는 이론이다. 스승과 제자 관계인 헥셔와 오린은 1880~1914년 사이 기간에 증기선과 철도와 같은 운송수단의 획기적 발전이 국제무역에 크게 기여하는 점을 주목했다. A국과 B국 사이에서 상품을 연결해주는 운송수단은 A국과 B국에게 동일하게 적용되는 요인이기 때문에 기술의 차이라고 할 수 없음에도 불구하고 무역이 급증한 것이다. 이러한 현실을 토대로 무역이 발생하는 원인은 국가 간 자원의 불균형한 분포 때문이라고 생각한 것이다.

② 기본가정

헥셔-오린 모형은 2개의 국가와 2개의 상품(산업) 그리고 2개의 생산요소를 가정한다 (2-2-2-모형). 그리고 이들 생산요소는 두 산업 간에 자유롭게 이동할 수 있다는 것을 전제로 한다. 헥셔-오린 모형의 기본가정은 다음과 같다.

　㉠ 산업 간 이동이 자유로운 2개의 생산요소

　　이는 반도체와 사과를 생산하는 두 산업에서 생산요소인 노동과 자본의 가격이 모두 동일하다는 것을 의미한다. 만약에 반도체 산업에서는 노동의 사용에 시간당 5만원을 지급하고, 농업 분야에서는 시간당 5천원을 지급한다면 모든 노동력이 반도체 산업으로 이동할 것이기 때문이다. 이러한 요인을 제거하기 위해 노동과 같은 생산요소는 모든 산업에서 동일한 임금(대가)을 받는다고 가정한다.

　㉡ 산업에 따라 요소집약도가 다르다.

　　요소집약도(factor intensity)는 어떤 재화 생산에 있어서 다른 생산요소에 비해 더 많이 생산되는 생산요소가 무엇인지를 나타낸다. 농업은 생산요소 가운데 노동을 더 많이 사용하고, 반도체 산업은 자본을 더 많이 사용한다. 이러한 요소집약도의 차이에 의해 농업을 노동집약적, 반도체 산업을 자본집약적 산업이라고 한다.

　㉢ 자국은 자본이 풍부하고, 외국은 노동이 풍부하다.

　　국가마다 다양한 지리적 환경, 인구, 상이한 발전단계 등으로 인해 노동, 자원 등 생산자원의 부존량이 다르다. 헥셔-오린 모형에서는 왜 부존량이 다른가에 초점을 맞추지는 않고, 이러한 상이한 부존량으로 인해 무역이 발생한다고 주장하면서, 자국은 자본이 풍부한 국가로, 외국은 노동이 풍부한 국가로 가정하고 논의를 진행한다.

　㉣ 최종재는 국가 간에 자유로운 이동이 가능하지만, 생산요소는 이동하지 못한다.

　　헥셔-오린 모형에서는 최종 생산물에 대한 교역은 인정하지만, 생산요소는 국가 간에 자유롭게 이동하지 못한다고 가정한다.

　㉤ 두 상품의 생산기술은 동일하다.

　　리카르도가 비교우위론에서 두 국가 간에 무역이 발생하는 이유는 기술수준의 차이라고 했던 주장과 정반대의 주장이다. 헥셔-오린 이론에서는 기술수준에는 차이가 없고 생산요소의 부존량의 차이로 인해 무역이 발생한다고 주장한다.

　㉥ 소비자의 기호는 국가마다 동일하며, 선호는 소득수준에 영향 받지 않는다.

③ 헥셔-오린 이론 : 무역 발생 이전의 균형

　㉠ 생산가능곡선과 무차별곡선 : 기본가정 ㉡과 ㉥

　　생산가능곡선은 한 국가가 보유한 생산자원을 모두 활용해 달성할 수 있는 X재(반도체)와 Y재(사과)의 조합을 나타낸다. 자국은 자본이, 외국은 노동이 풍부하다는 것을 가정(가정 ㉢)했기 때문에 「반도체-사과」평면에서 자국은 반도체 생산이 더 많고 사과 생산이 적은 완만한 기울기의 생산가능곡선을 갖는 반면 외국은 이와는 반대인 가파른 기울기의 생산가능곡선을 갖게 된다. 한편 양국의 선호가 동일하다고 가정(가정 ㉥)했기 때문에 두 국가는 동일한 무차별곡선을 갖게 된다. 따라서 교역이 발생하지 않았을 때 자국과 외국의 균형점은 다음과 같이 형성된다.

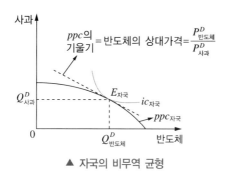

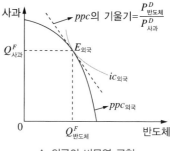

▲ 자국의 비무역 균형   ▲ 외국의 비무역 균형

ⓒ 해 석

자국의 무차별곡선($ic_{자국}$)과 외국의 무차별곡선($ic_{외국}$)은 가정 ⑪에 의해 동일한 무차별 곡선이다. 소비자이론에서 살펴본 바와 같이 소비자의 효용은 무차별곡선의 기울기와 예산 선의 기울기가 일치할 때 극대화된다. 여기서 생산가능곡선은 한 국가의 소비자가 느끼는 선호의 제약으로서의 역할을 하므로 예산선과 같음을 알 수 있다. 따라서 생산가능곡선과 무차별곡선이 일치하는 점에서 자국과 외국의 효용이 극대화되는 반도체와 사과 조합이 도출된다. 자국의 경우 균형점 $E_{자국}$에서 $Q^D_{반도체}$와 $Q^D_{사과}$ 만큼 생산한다. 한편 외국의 경우 균형점 $E_{외국}$에서 $Q^F_{반도체}$와 $Q^F_{사과}$ 만큼을 생산한다. 중요한 것은 자국과 외국에서 의 반도체 상대가격이다. 무차별곡선의 기울기는 두 재화 간의 상대가격을 나타내며 특히 수평축에 놓인 재화의 상대가격을 나타낸다. 즉, 자국의 경우 반도체의 상대가격이 낮고, 외국의 경우 반도체의 상대가격이 높다. 이처럼 무역 발생 이전의 균형에서 두 국가의 상대가격이 다른 것은 자국과 외국의 노동과 자본량이 다르기 때문이다. 이로 인해 자국은 사과 한 단위를 더 생산하기 위해 외국보다 더 많은 반도체를 포기해야 한다. 반면 외국은 반도체 한 단위를 더 생산하기 위해 외국보다 더 많은 사과 생산을 포기해야 한다. 이는 자국은 반도체 생산에, 외국은 사과 생산에 더 적합하다는 것을 의미한다.

④ 헥셔-오린 이론 : 무역 발생 이후의 균형

㉠ 균형점의 변화

ⓐ 자국의 경우

자국과 외국 사이에 무역이 시작되면 반도체의 상대가격은 무역 발생 이전의 자국에서 의 상대가격과 외국에서의 상대가격 사이가 될 것이다. 자국에서는 반도체의 상대가격 이 낮기 때문에 무역이 시작되면 자유무역 균형가격은 이보다 상승하게 된다. 교역이 발생하여 반도체의 상대가격이 상승하면 자국은 더 많은 반도체를 생산하여 공급한다. 따라서 사과의 생산을 줄이고 반도체 생산을 늘리게 된다. 따라서 균형점은 $E_{자국}$에서 $B_{자국}$으로 이동한다. 한편, 자국은 교역이 발생하고 난 이후의 세계가격에서 얼마든지 교역을 할 수 있기 때문에 세계 가격선 위의 어떤 점도 선택할 수가 있다. 따라서 자국의 효용은 $C_{자국}$에서 가장 높다.

ⓑ 외국의 경우

자국과 외국 사이에 무역이 시작되면 반도체의 상대가격은 무역 발생 이전의 자국에서의 상대가격과 외국에서의 상대가격 사이가 될 것이다. 외국의 경우 무역 발생 이전의 반도체 상대가격은 자국의 경우보다 높았기 때문에 교역 발생 이후 반도체 상대가격은 낮아지게 된다. 그 결과 사과의 상대가격은 높아졌기 때문에 사과를 더 많이 생산하고 반도체 생산을 줄이게 된다. 따라서 균형점은 $E_{외국}$에서 $B_{외국}$으로 이동한다. 한편, 외국은 교역이 발생하고 난 이후의 세계가격에서 얼마든지 교역이 가능하기 때문에 세계 가격선 위의 어떤 점도 선택할 수 있다. 따라서 외국의 효용은 $C_{외국}$에서 가장 높게 된다.

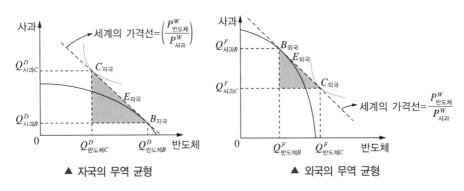

▲ 자국의 무역 균형   ▲ 외국의 무역 균형

ⓛ 해 석

ⓐ 자국의 경우

외국과 교역을 진행한 이후 자국 반도체의 상대가격은 상승했다. 따라서 자국은 반도체 생산에 이전보다 더 특화하게 되고, 그 결과 자국의 생산점은 $B_{자국}$으로 이동한다. 한편, 교역 진행 이후 반도체의 상대가격은 세계가격 수준으로 높아졌기 때문에 자국의 소비점은 $C_{자국}$에서 형성된다. 따라서 반도체의 생산량은 $Q_{반도체B}^{D}$에서 결정되고, 소비는 $Q_{반도체C}^{D}$에서 이뤄지기 때문에 $(Q_{반도체B}^{D} - Q_{반도체C}^{D})$만큼이 반도체 수출량이 된다. 한편, 사과의 상대가격은 이전보다 하락한다. 교역을 진행하자 사과의 상대가격은 세계가격 수준으로 낮아지게 된다. 그 결과 사과의 생산은 $Q_{사과B}^{D}$에서 결정되고, 소비는 $Q_{사과C}^{D}$에서 이뤄지기 때문에 $(Q_{사과C}^{D} - Q_{사과B}^{D})$이 사과의 수입량이 된다. 이때 형성되는 붉은 삼각형을 무역삼각형이라고 한다.

ⓑ 외국의 경우

외국은 교역을 진행한 이후 외국에서의 사과의 상대가격은 상승한다. 따라서 외국은 사과의 생산에 이전보다 더 특화하고, 그 결과 외국의 생산점은 $B_{외국}$으로 이동한다. 한편, 교역을 진행한 이후 사과의 상대가격이 세계가격 수준으로 높아졌기 때문에 외국에서의 사과 소비점은 $C_{외국}$으로 줄어든다. 즉, 사과의 생산량은 $Q_{사과B}^{F}$에서 결정되고, 소비량은 $Q_{사과C}^{F}$에서 이뤄진다. 따라서 $(Q_{사과B}^{F} - Q_{사과C}^{F})$이 사과의 수출량이 된다. 한편, 반도체의 상대가격은 이전보다 하락한다. 교역을 진행하자 반도체의 상대가격이 세계가격수준으로 낮아지게 되어 반도체의 생산은 $Q^F_{반도체 B}$에서 결정되고, 소비는 $Q^F_{반도체 C}$에서 이뤄지기 때문에 ($Q^F_{반도체 C} - Q^F_{반도체 B}$)만큼의 반도체가 수입된다. 외국의 경우도 역시 무역삼각형이 형성된다.

⑤ 헥셔-오린 이론 : 세계 균형 가격의 결정(반도체의 경우)

  ㉠ 자국의 반도체 수출

  무역 발생 이전의 반도체 상대가격($\dfrac{P^D_{반도체}}{P^D_{사과}}$)에서는 수출되는 반도체 수량이 존재하지 않는다. 자국 내에서 효용이 극대화되는 소비점에서 생산과 소비가 모두 발생하기 때문이다. 하지만 무역 발생 이후의 반도체 상대가격($\dfrac{P^W_{반도체}}{P^W_{사과}}$)에서는 반도체의 수출량이 ($Q^D_{반도체 B} - Q^D_{반도체 C}$)만큼 발생한다.

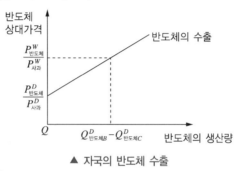

▲ 자국의 반도체 수출

  ㉡ 외국의 반도체 수입

  무역 발생 이전의 반도체 상대가격($\dfrac{P^F_{반도체}}{P^F_{사과}}$)에서는 수입되는 반도체 수량이 존재하지 않는다. 자국 내에서 효용이 극대화되는 소비점에서 생산과 소비가 모두 발생하기 때문이다. 하지만 무역 발생 이후의 반도체 상대가격($\dfrac{P^W_{반도체}}{P^W_{사과}}$)에서는 반도체의 수입량이 ($Q^F_{반도체 C} - Q^F_{반도체 B}$)만큼 발생한다.

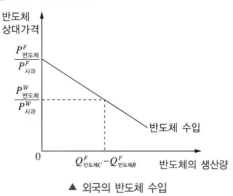

▲ 외국의 반도체 수입

ⓒ 자유무역의 세계균형의 달성

자유무역에서 세계균형은 자국의 수출곡선과 외국의 수입곡선이 만나는 지점에서 달성된다. 해당 균형점에서 자국이 수출하고자 하는 반도체의 양과 외국이 수입하고자 하는 반도체의 양이 일치하게 된다.

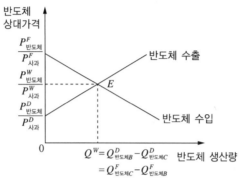

▲ 자유무역의 세계균형

⑥ 헥셔-오린 이론의 시사점 : 요소부존도에 따른 수출과 수입

자국과 외국이 무역을 시작하면 무역 발생 이전의 반도체의 상대가격은 자유무역 이후에 세계 상대가격 수준으로 상승하게 되고, 이로 인해 자국에서는 반도체 생산증가의 유인이 존재한다. 한편, 높아진 가격으로 인해 반도체에 대한 자국의 소비는 감소하나 해외부문에서의 수요가 존재하기 때문에 수출이 발생한다. 이처럼 자유무역이 이뤄질 경우 자국은 풍부한 생산요소인 자본을 집약적으로 사용해 반도체를 생산하여 수출하고, 외국은 노동을 집약적으로 생산에 사용하는 사과를 수출한다.

⑦ 레온티에프의 역설

㉠ 주요내용

경제학자 레온티에프(Wassily Leontief)는 1947년의 미국 자료를 바탕으로 헥셔-오린 이론을 검증했다. 전 세계의 다른 국가에 비해 미국은 자본집약도가 높은 국가라고 여겼기 때문에 미국은 자본집약적인 상품을 수출하고 노동집약적인 상품을 수입할 것으로 예측했다. 하지만 레온티에프의 검증 결과는 정반대로 나타났다. 미국의 수입에서 노동 대비 자본이 차지하는 비율이 수출에서 보다 높았다. 이를 레온티에프의 역설(Leontief's paradox)라고 한다.

㉡ 원 인

ⓐ 미국의 광활한 토지를 고려하지 않음

레온티에프는 생산요소를 노동과 자본만을 고려하고 미국에 광활한 토지가 존재한다는 사실을 간과했다. 노동과 자본만을 비교하면 자본이 풍부하지만, 토지를 고려할 경우 토지를 집약적으로 사용하는 농업제품들이 많이 생산되어 수출되었을 것이다.

ⓑ 고기술 노동과 저기술 노동을 구분하지 않음

생산요소 가운데 노동이라고 해서 모두 저기술 노동만을 의미하지는 않는다. 최첨단 상품을 생산하기 위해서는 고기술 노동력이 필요하다. 따라서 생산성을 기준으로 노동력을 측정하면 실질적인 생산요소로서의 노동력은 단지 사람 수를 세는 것보다 훨씬 크게 나타난다. 이러한 시각에서 볼 때 미국은 자본집약국이 아닌 노동집약국일 수 있는 것이다.

02 국제무역의 이득

1. 리카르도의 국제무역모형

생산가능곡선에서 살펴본 바와 같이 X재 생산을 위해 포기해야 하는 Y재가 X재의 기회비용이다. 이는 보다 구체적으로 이야기하면 X재 생산을 위해 포기해야 하는 Y재화의 생산능력이 X재 생산의 기회비용이다. 미국과 멕시코가 각각 반도체와 사과를 생산하는 경우, 멕시코는 미국처럼 첨단기술과 고기술 노동자가 많지 않기 때문에 반도체로 표시한 사과 1개 생산의 기회비용은 멕시코가 미국보다 낮다. 앞서 살펴본 바와 같이 한 국가에서 어떤 재화를 생산하는 기회비용이 다른 국가들보다 낮으면 그 국가가 해당 재화 생산에 비교우위를 갖는다고 이야기한다. 즉, 멕시코가 미국에 비해 사과 생산에 비교우위를 갖는 것이다. 경제학자 데이비드 리카르도(David Ricardo)는 비교우위에 의한 교역의 이득을 국제무역모형(Ricardian model of international trade)을 통해 구체적으로 설명한다. 이는 양국의 생산가능곡선을 직선의 형태로 가정하여 기회비용이 일정하다는 가정에서 출발하는 모형이다.

① 무역 발생 이전

ㄱ) 양국의 생산가능곡선

무역이 발생하기 전에 생산가능곡선은 양국의 부존자원량과 기술수준에 따라 결정된다. 즉, 미국의 경우 모든 생산요소를 반도체 생산에만 집중할 경우 반도체 4,000개를 만들어 낼 수 있고, 반대로 모든 생산요소를 사과 생산에만 집중할 경우 사과 2,000개를 재배할 수 있다. 한편, 멕시코의 경우 모든 생산요소를 사과에 투입할 경우 사과 4,000개 혹은 반도체 생산에 투입할 경우 반도체 2,000개를 만들어 낼 수 있다. 그리고 다른 국가들과 무역을 하지 않는 경우 미국은 사과와 반도체를 (1,000개, 2,000개) 소비하고, 멕시코는 (2,000개, 1,000개) 소비한다. 한편, 미국과 멕시코의 생산가능곡선으로부터 미국은 반도체 생산에, 멕시코는 사과 생산에 비교우위가 있음을 알 수 있다. 생산가능곡선의 기울기에서 살펴볼 수 있는 바와 같이 사과를 생산하는 기회비용이 미국은 2인 반면 멕시코는 0.5에 불과하기 때문이다.

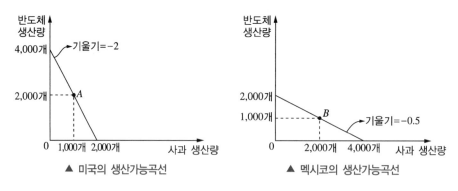

▲ 미국의 생산가능곡선 　　　　▲ 멕시코의 생산가능곡선

ⓛ 양국의 생산과 소비량

무역이 존재하지 않는 경우 미국은 사과와 반도체를 (1,000개, 2,000개) 생산하여 모두 소비하고, 멕시코는 (2,000개, 1,000개) 생산하여 모두 소비한다. 전 세계에 미국과 멕시코 만 존재한다고 가정할 때 전 세계의 사과 생산은 3,000개이고 반도체 생산은 3,000개이다. 그리고 생산량은 모두 소비된다.

구 분	미 국		멕시코		전 세계	
	생 산	소 비	생 산	소 비	생 산	소 비
사과 생산량	1,000	1,000	2,000	2,000	3,000	3,000
반도체 생산량	2,000	2,000	1,000	1,000	3,000	3,000

② 무역 발생 이후

㉠ 양국의 생산가능곡선

생산가능곡선의 기울기는 반도체로 표시한 사과 생산의 기회비용을 나타낸다. 따라서 미국 의 생산가능곡선의 기울기인 -2는 사과 1개 생산을 위해 반도체 2개를 포기해야 함을 나타 내고, 멕시코의 생산가능곡선의 기울기인 $-\dfrac{1}{2}$ 은 사과 1개 생산을 위해 반도체 0.5개를 포기해야 함을 의미한다. 이는 미국은 반도체 생산에, 멕시코는 사과 생산에 비교우위가 있음을 나타내고, 이에 따라 미국은 반도체 생산에 특화해 반도체를 수출하고, 멕시코는 사과 생산에 특화해 사과를 수출한다. 그 결과 미국은 반도체만을 생산해 4,000개를 생산 하고, 멕시코는 사과만을 생산해 사과 2,000개만을 생산한다. 각국이 비교우위를 갖는 상품생산에 특화해 서로 교역을 하게 되면 양국은 이전보다 더 많은 반도체와 사과를 소비 할 수 있게 된다. A'점과 B'점은 교역 이후 양국이 선택할 수 있는 사과와 반도체 소비량을 나타낸다. A점과 B점은 무역발생 이전의 양국의 생산 및 소비점을 의미하고, A'과 B'점 은 무역발생 이후의 양국의 소비점, 그리고 C와 D점은 무역발생 이후 양국의 생산점이다.

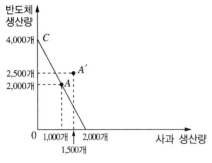

▲ 무역 발생 이후 미국의 생산가능곡선

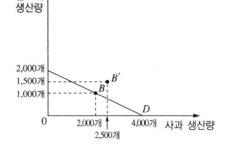

▲ 무역 발생 이후 멕시코의 생산가능곡선

ⓒ 양국의 생산과 소비량

양국이 각자의 비교우위 상품에 특화하여 교역을 할 경우 양국 모두 무역 이전보다 더 많은 사과와 반도체의 소비가 가능하다. 즉, 미국은 사과와 반도체를 (1,500개, 2,500개) 소비하는 반면 멕시코는 (2,500개, 1,500개)를 소비할 수 있다. 미국은 사과 1,500개를 멕시코로부터, 멕시코는 반도체 1,500개를 미국으로부터 수입한 결과이다. 따라서 전 세계의 사과와 반도체 소비량은 각각 4,000개가 된다. 이처럼 비교우위에 근거한 특화와 무역을 할 경우 무역발생 이전보다 생산량과 소비량 모두가 증가하게 된다.

구 분	미 국		멕시코		전 세계	
	생 산	소 비	생 산	소 비	생 산	소 비
사과 생산량	0	1,500	4,000	2,500	4,000	4,000
반도체 생산량	4,000	2,500	0	1,500	4,000	4,000

2. 국제무역과 소비자 및 생산자잉여

(1) 수입과 소비자 및 생산자잉여

미국과 멕시코가 자유무역을 통해 반도체와 사과를 거래하면, 두 국가 간에 통용되는 반도체와 사과의 가격이 형성된다. 즉, 미국과 멕시코 모두 같은 가격에 반도체와 사과를 구입할 수 있다는 의미이다. 즉, 미국은 국제적으로 형성된 가격에서 사과를 얼마든지 수입할 수 있다. 사과는 멕시코에서 생산되어 미국으로 수출되므로 미국이 사과를 생산할 때보다 낮은 세계 사과 가격이 형성된다. 따라서 미국의 수입업자들은 멕시코에서 사과를 수입해 미국 시장에 판매하게 된다. 이는 미국 시장에서 사과의 공급증가를 가져와 미국 시장에서 사과의 가격을 낮추게 되고, 이는 미국 시장에서 판매되는 사과의 가격이 세계 사과 가격과 일치할 때까지 낮아진다. 따라서 사과 수입으로 인한 소비자잉여 및 생산자잉여는 다음과 같이 표현할 수 있다.

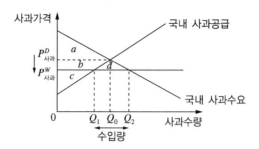

▲ 사과 수입으로 인한 미국의 소비자와 생산자잉여

① 무역 발생 이전의 소비자잉여 및 생산자잉여

　　㉠ 소비자잉여

　　　소비자잉여는 수요곡선 아래의 영역이면서 가격선 위쪽의 영역이다. 당초의 가격은 $P^D_{사과}$
　　　이므로 소비자잉여는 a가 된다.

　　㉡ 생산자잉여

　　　생산자잉여는 공급곡선 위쪽의 영역이면서 가격선 아래의 영역이다. 새로운 가격수준에서
　　　생산자잉여는 $b + c$이다.

② 무역 발생 이후의 소비자잉여 및 생산자잉여

　　㉠ 소비자잉여

　　　소비자잉여는 수요곡선 아래의 영역이면서 가격선 위쪽의 영역이다. 새로운 가격은 $P^W_{사과}$
　　　이므로 소비자잉여는 $a + b + d$가 된다.

　　㉡ 생산자잉여

　　　생산자잉여는 공급곡선 위쪽의 영역이면서 가격선 아래의 영역이다. 새로운 가격수준에서
　　　생산자잉여는 c이다.

③ 소비자잉여 및 생산자잉여의 변화

　　무역의 발생으로 인해 미국시장에서 판매되는 사과의 가격이 하락함으로 인해 소비자잉여는
　　$b + d(= a + b + d - a)$만큼 증가하고, 생산자잉여는 $- b(= c - b - c)$만큼 줄어든다. 그리고
　　$Q_2 - Q_1$에 해당하는 만큼의 사과가 수입된다. 사과의 수입으로 인해 생산자는 손해를 보고
　　소비자는 이득을 보지만, 소비자의 이득이 더 크기 때문에 사회 전체의 잉여는 증가한다.

(2) 수출과 소비자 및 생산자잉여

　　미국과 멕시코의 자유무역을 통해 반도체의 세계 가격도 동일해진다. 교역이 존재할 경우 세계
　　가격은 무역이 존재하기 이전보다 높은 가격에서 형성된다. 교역을 통해 양국 간에 결정된 가격이
　　기 때문에 해당 세계 가격에서 얼마든지 반도체를 판매할 수 있다. 이제 수출업자들은 국내에서
　　반도체를 구입하여 멕시코에 판매한다. 국내의 반도체 가격이 세계 가격보다 낮기 때문에 차익을
　　얻을 수 있기 때문이다. 이렇게 미국 시장 내에서 반도체 수요가 증가해 반도체 가격이 증가하고,
　　이는 세계 가격과 일치할 때까지 계속해서 상승한다.

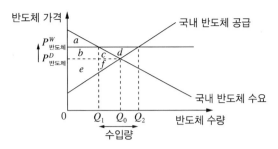

▲ 반도체 수출로 인한 미국의 소비자와 생산자잉여

① 무역 발생 이전의 소비자잉여 및 생산자잉여

　㉠ 소비자잉여

　　소비자잉여는 수요곡선 아래의 영역이면서 가격선 위쪽의 영역이다. 당초의 가격은 $P^{D}_{반도체}$ 이므로 소비자잉여는 $a+b+c$가 된다.

　㉡ 생산자잉여

　　생산자잉여는 공급곡선 위쪽의 영역이면서 가격선 아래의 영역이다. 당초의 가격수준에서 생산자잉여는 $e+f$이다.

② 무역 발생 이후의 소비자잉여 및 생산자 잉여

　㉠ 소비자잉여

　　소비자잉여는 수요곡선 아래의 영역이면서 가격선 위쪽의 영역이다. 새로운 가격은 $P^{W}_{반도체}$ 이므로 소비자잉여는 a가 된다.

　㉡ 생산자잉여

　　생산자잉여는 공급곡선 위쪽의 영역이면서 가격선 아래의 영역이다. 당초의 가격수준에서 생산자잉여는 $b+c+d+e+f$이다.

③ 소비자잉여 및 생산자잉여의 변화

　무역의 발생으로 인해 미국시장에서 판매되는 반도체의 가격이 상승함으로 인해 소비자잉여는 $-b-c(=a-a-b-c)$만큼 감소하고, 생산자잉여는 $b+c+d(=b+c+d+e+f-e-f)$ 만큼 증가한다. 그리고 $Q_2 - Q_1$에 해당하는 만큼 반도체가 수출된다. 한편, 반도체의 수출로 소비자는 손해를 보고 생산자는 이득을 보지만, 생산자의 이득이 더 크기 때문에 사회 전체적으로 이득을 본다.

03 보호무역

1. 자유무역과 보호무역

19세기 초 경제학자들은 자유무역을 통한 양국의 이익 증진을 강조했다. 당시의 경제학자들은 자유무역을 주장하며, 각국의 정부가 각국의 수요와 공급에 의해 결정되는 수출 혹은 수입의 규모를 인위적으로 조절하려 개입하면 자원의 효율적인 배분이 왜곡된다고 주장했다. 하지만 19세기 중반 독일의 경제학자 리스트(Georg Friedrich List, 1789~1846)는 독일의 경제발전을 위해서는 보호 무역 정책(trade protection)을 시행해야 한다고 주장했다. 그는 그의 책「정치경제의 국민적 체계(1930)」에서 다음과 같이 보호무역을 주장했다.

> 사다리를 타고 정상에 오른 사람이 그 사다리를 걷어차 버리는 것은 다른 이들이 그 뒤를 이어 정상에 오를 수 있는 수단을 빼앗아 버리는 행위로, 매우 잘 알려진 교활한 방법이다. …… 보호 관세와 항해 규제를 통해 다른 국가들이 감히 경쟁에 나설 수 없을 정도로 산업과 운송업을 발전시킨 국가의 입장에서는 정작 자신이 딛고 올라온 사다리(정책, 제도)는 치워 버리고 다른 국가들에게는 자유 무역의 장점을 강조하면서, 지금까지 자신이 잘못된 길을 걸어왔다고 …… 참회하는 어조로 선언하는 것보다 현명한 일을 없을 것이다.
>
> ※ 참고 : 프리드리히 리스트, 《정치경제의 국민적 체계》, 장하준의 《사다리 걷어차기》에서 재인용

2. 보호무역의 수단

① 관세장벽(관세부과)의 정의

관세(tariff)는 수입상품에 부과하는 조세를 의미한다. 수입 상품에 관세를 부과하게 되면 수입 상품의 가격이 국내 상품의 가격보다 높게 되어 국내 시장에서 총소비량은 감소하게 된다. 이는 국내 생산업자들과 정부에게는 이득이 되지만, 더 저렴하게 다양한 상품을 이용하지 못하는 소비자들에게는 손실이 된다. 따라서 사회 전체적인 자중손실이 발생한다.

② 관세부과의 경제적 효과

관세부과의 핵심은 국내 시장에서 거래되는 수입 가격을 높여 국내 생산자들을 보호하는 데 있다. 미국에서 수입하는 사과의 가격이 개당 10달러인데, 여기에 개당 5달러의 관세가 부과되면 미국 국내에서 사과의 가격은 15달러로 상승한다. 15달러 이상으로 사과 가격이 형성되지 않으면 미국의 사과 수입업자들이 손해를 보기 때문이다. 따라서 관세를 부과하게 되면 관세 전보다 사과 수입규모가 작아지고, 미국 국내에서 거래되는 사과 가격도 상승하게 된다. 그 결과 수입량은 자유무역이 이뤄질 때의 수입량 $(Q_1 - Q_0)$에서 $(Q_1^T - Q_0^T)$로 감소하게 된다.

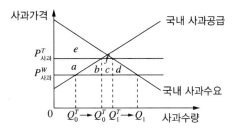

▲ 관세부과의 효과

㉠ 소비자잉여의 변화

당초의 소비자잉여는 $P_{사과}^W$ 수준에서 결정되며, $a+b+c+d+e+f$였지만, 관세부과 이후의 소비자잉여는 $P_{사과}^T$ 를 기준으로 결정되어 $e+f$가 된다. 따라서 소비자잉여의 변화는 $-(a+b+c+d)$가 된다.

㉡ 생산자잉여의 변화

당초의 생산자잉여는 $P_{사과}^W$ 수준에서 결정되며, $a+e$였지만, 관세부과 이후에는 $P_{사과}^T$ 를 기준으로 결정되어 e가 된다. 따라서 소비자잉여의 변화는 a가 된다.

㉢ 사회적 총잉여의 변화

소비자잉여는 $a+b+c+d$만큼 감소하고, 생산자잉여는 a만큼 증가하여 사회적 총잉여는 $b+c+d$만큼 감소하게 된다. 즉, 보호무역을 실시하면 자유무역일 때보다 사회적으로 바람직하지 않은 결과를 초래하게 된다.

③ 관세장벽의 종류

㉠ 반덤핑관세

반덤핑관세(Anti-dumping Duty)은 수출국의 수출업자가 자국 내에서 통상적으로 거래되는 가격보다 낮은 가격으로 외국으로 수출하여 수입국이 실질적인 피해를 입었거나 입을 우려가 있는 경우 국내 산업을 보호하기 위해 덤핑차액 이하의 관세를 부과하는 조치를 의미한다.

㉡ 상계관세

상계관세(Countervailing Duty)는 상대국이 산업을 보호할 목적으로 보조금을 지급한 경우 이로 인한 자국의 피해를 막기 위해 관세를 부과한다. 생산물의 제조, 생산 혹은 수출에서 직간접적으로 부여된 보조금을 상쇄할 목적으로 부과되는 특별과세이다.

㉢ 보복관세

보복관세(Retaliatory Duty)란 자국 상품에 대해 차별적인 혹은 부당한 조치를 취함으로써 손실이 발생하였다고 판단되는 경우 피해액의 범위 내에서 부과하는 보복 성격의 관세를 의미한다.

④ 비관세장벽의 종류(※ 참고 : 거시경제학(크루그먼), 국제무역론(강기천, 최용석))

　㉠ 수입할당제

　　수입할당제(import quota)는 재화와 서비스의 수입량을 제한하는 보호무역의 조치이다. 정부가 미국산 반도체를 매년 일정 규모 이상은 수입하지 못하도록 제한하는 조치로, 정부가 각 기업에게 일정 수입량을 허가해줌으로써 결정된다.

　㉡ 수출자율규제

　　수출자율규제(voluntary export restraint)란 수출국이 자율적으로 수출물량을 일정 수준 이하로 억제하도록 하는 제도이다.

01 노동가치설이란 상품의 가격은 투입된 노동시간에 비례한다는 것을 의미한다.

02 절대우위란 한 경제주체가 어떤 경제활동을 다른 경제주체보다 절대적으로 잘할 때 절대우위를 갖는다고 말한다.

03 비교우위론이란 어떤 경제주체가 다른 경제주체보다 상대적으로 잘할 때 비교우위를 갖는다고 말한다. 비교우위를 가질 때의 상대방은 비교열위에 있다고 표현한다.

04 한 국가가 모든 상품에 대해서 비교우위를 가지는 것은 충분히 가능한 일이다.

05 헥셔-오린 이론 모형은 국가 간의 자원이 다르기 때문에 무역이 발생한다고 주장하는 이론이다.

06 헥셔-오린 이론에 의하면 자본 부존량이 높은 국가가 자본집약적인 상품을 수출하고 노동 부존량이 높은 국가가 노동집약적인 상품을 생산한다.

07 보호무역의 수단으로는 크게 관세를 부가하거나 혹은 수입할당제를 시행하는 방법 등이 있다.

08 두 국가 간 무역을 하는 경우 소비자의 잉여는 항상 감소하지만, 생산자의 잉여는 항상 증가한다.

09 헥셔-오린의 이론에 따라서, 미국과 같은 자본집약도가 높은 국가는 자본집약적인 상품을 수출할 것이다. 실제로 레온티에프에 의해서 미국은 자본집약도가 높은 상품을 수출한다는 것이 밝혀졌다.

10 반덤핑관세란 수출국의 수출업자가 자국 내에서 통상적으로 거래되는 가격보다 낮은 가격으로 외국으로 수출하여 수입국이 실질적인 피해를 입었거나 입을 우려가 있는 경우 국내 산업을 보호하기 위해 덤핑차액 이하의 관세를 부과하는 조치를 의미한다.

● 정답 및 해설

04 한 국가가 모든 상품에 대해 절대우위를 가질 수는 있지만, 비교우위를 가질 수는 없다.

08 소비자의 잉여는 항상 감소하지는 않는다. 만약 A국가가 B국가에서 더 낮은 가격으로 X재화를 수입해 온다면, A국가의 X재 생산자의 잉여는 감소하지만 소비자의 잉여는 증가하게 된다.

09 레온티에프에 의하면 미국이 오히려 노동집약적인 상품 수출이 자본집약적 상품 수출보다 더 많았으며, 이를 레온티에프의 역설이라고 한다.

정답 01 O 02 O 03 O 04 X 05 O 06 O 07 O 08 X 09 X 10 O

Level
0
#생산가능곡선, #생산가능곡선의 기울기, #기회비용, #비교우위

A국과 B국은 자동차와 냉장고를 생산하고 있으며, 아래는 각국의 생산가능곡선이다. 처음에는 두 나라 모두 시간을 정확히 반씩 나누어 자동차와 냉장고를 생산하고 있었으나, 최근 두 나라는 비교우위에 따라서 특화하고 자동차 3단위와 냉장고 3단위를 교환하기로 무역협정을 체결하였다. 다음 설명 중 옳은 것은?

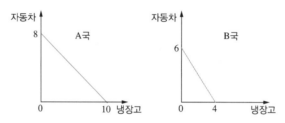

① 비교우위에 따라 A국은 자동차, B국은 냉장고에 특화한다.
② B국은 1단위의 자동차와 3단위의 냉장고를 소비할 수 있고, 이 소비점은 B국의 생산가능곡선 안에 있다.
③ B국은 3단위의 자동차와 3단위의 냉장고를 소비할 수 있고, 이 소비점은 B국의 생산가능곡선 밖에 있다.
④ A국은 5단위의 자동차와 3단위의 냉장고를 소비할 수 있고, 이 소비점은 A국의 생산가능곡선 상에 있다.
⑤ A국은 5단위의 자동차와 7단위의 냉장고를 소비할 수 있고, 이 소비점은 A국의 생산가능곡선 밖에 있다.

해설 생산가능곡선이란 한 국가가 보유하고 있는 모든 생산요소를 정상적으로 사용해 생산할 수 있는 상품의 조합을 의미한다. 한편, 생산가능곡선의 기울기는 X재 생산을 위해 포기해야 하는 Y재, 즉 기회비용을 나타낸다. 문제에서는 A국은 모든 생산요소를 냉장고 생산에 투입할 경우 냉장고 10대, 자동차 생산에 투입할 경우 자동차 8대를 생산할 수 있다. 한편, B국은 모든 생산요소를 냉장고 혹은 자동차 생산에 투입할 경우 냉장고 4대, 자동차 6대를 생산할 수 있다. 따라서 A국의 기울기는 $\frac{8}{10}$ 이고, B국의 기울기는 $\frac{6}{4}$ 가 된다. 이는 A국은 냉장고 생산에 있어 자동차 0.8대를 포기해야 하고, B국은 자동차 1.5개를 포기해야 한다는 의미이다. 따라서 A국은 냉장고에, B국은 자동차에 비교우위가 존재한다. 이로 인해 A국은 냉장고 생산에만 특화하여 10대의 냉장고를 생산하게 되고, B국은 6대의 자동차만을 생산한다. 교역이 이뤄지고 나면 A국은 이전보다 냉장고 소비는 줄어들고 자동차 소비가 증가한다. B국은 이와 반대이다. 그리고 교역 이후에는 양국 모두가 효용이 증가하기 때문에 생산가능곡선 밖에서 소비점이 형성된다. 이 조건을 충족하는 보기는 ②번이다. A국이 3단위의 냉장고를 B국에 수출하고, B국으로부터 3단위의 자동차를 받아오기 때문에 B국은 냉장고 3단위(0→3)와 자동차 3단위(6→3)를 소비할 수 있다.

정답 ③

#비교우위, #기회비용, #비교우위의 원인

다음은 A와 B국의 생산을 1단위당 노동투입량으로 나타낸 것이다. 비교우위론에 의하면 무역의 흐름은 어떻게 될 것인가?

구 분	X재	Y재
A국	6	10
B국	6	2

① A국은 B국으로 X재와 Y재 모두 수출한다.
② B국은 A국으로 X재와 Y재 모두 수출한다.
③ A국은 B국으로 Y재를 수출하고, B국은 A국으로 X재를 수출한다.
④ B국은 A국으로 Y재를 수출하고, A국은 B국으로 X재를 수출한다.
⑤ A국이 두 상품 모두에 비교우위가 있기 때문에 무역이 발생하지 않는다.

해설 비교우위는 다른 국가보다 상대적으로 효율적인 생산을 달성 할 수 있는 재화의 생산에 특화해 수출하면, 양국이 모두 이득을 볼 수 있다는 무역이론이다. 여기에서 '상대적으로 효율적인'이라는 것은 기회비용의 관점에서 보다 저렴하게 생산할 수 있는 상품을 의미한다. 따라서 어느 국가가 어떤 상품의 생산에 비교우위가 있는지 살펴보기 위해서는 각 상품의 기회비용을 계산해봐야 한다. X재와 Y재 생산에 있어 X재 생산의 기회비용은 포기한 Y재 생산량이며, Y재 생산의 기회비용은 포기한 X재 생산량이다. 각국의 기회비용은 다음과 같다. 기회비용의 관점에서 A국은 X재 생산에 B국은 Y재 생산에 비교우위를 갖는다. 그 결과 A국은 B국에 X재를, B국은 A국에 Y재를 각각 수출하면 양국의 이득이 증진될 수 있다.

구 분	X재	Y재
A국	$\frac{6}{10}$	$\frac{10}{6}$
B국	$\frac{6}{2}$	$\frac{2}{6}$

오답 노트 X재 생산의 기회비용은 Y재의 단위로 표시된다. A국에서 X재 1단위 생산의 기회비용은 Y재 $\frac{6}{10}$ 개인 것이다. 이러한 계산이 가능한 것은 노동투입에 비례하여 가격이 결정된다고 가정하기 때문이다. 노동이 더 많이 투입된 재화는 더 비싸게 팔리게 된다는 가정이 비교우위의 계산에는 반영되어 있다. 이러한 비교우위는 기후와 요소부존량, 기술의 차이에 의해 발생한다는 점도 추가적으로 알아둬야 한다.

정답 ④

Level 0

A국과 B국으로 구성된 경제를 고려하자. 자동차에 대한 양국의 수요함수와 공급함수가 아래와 같이 주어져 있을 때 다음 설명 중 옳지 않은 것은?(단, P는 가격, Q는 수량을 나타낸다)

> • A국 : 수요함수 $Q = 30 - P$, 공급함수 $Q = 10 + P$
> • B국 : 수요함수 $Q = 30 - P$, 공급함수 $Q = 16 + P$

① 폐쇄경제하에서 A국의 균형가격은 10이다.
② 폐쇄경제하에서 A국의 균형가격은 B국의 균형가격보다 더 높다.
③ 자유무역을 하게 되면 균형가격은 10보다 낮다.
④ A국에서 자동차 수입에 대해 관세를 부과하게 되면 B국에서의 균형가격은 7보다 낮다.
⑤ 자유무역을 할 때 A국의 수입량은 3이다.

해설 무역이 발생하지 않을 때의 각국의 균형은 위의 수요 및 공급함수를 P에 대해 정리해서 살펴보면 $P_A = 10$, $Q_A = 20$ 그리고 $P_B = 7$, $Q_B = 23$임을 알 수 있다.

> • $P_A = -Q_A + 30$, $P_A = Q_A - 10$ → $Q_A = 20$, $P_A = 10$
> • $P_B = -Q_B + 30$, $P_B = Q_B - 16$ → $Q_B = 23$, $P_B = 7$

B국의 가격이 A국보다 낮으므로 B국이 자동차를 생산해 A국에 수출하게 된다는 것을 알 수 있으며, 무역이 발생한 이후의 자동차 세계가격(P_W)은 7과 10 사이에서 형성된다. 따라서 관세를 부과하는 경우 균형가격이 10보다 커질 수는 있어도 7보다 낮아질 수는 없다. 관세 부과 이후의 가격이 7보다 낮아지면 세계가격(P_W)이 국내가격보다 낮아 수출의 유인이 존재하지 않기 때문이다.

오답 노트 무역이 발생한 이후의 세계 균형은 A국과 B국의 수요와 공급을 수평합하여 결정된다. 즉, 세계 전체의 수요 및 공급함수는 다음과 같다. 이를 그래프로 표현하면 다음과 같다. 따라서 A국의 수입량과 B국의 수출량은 모두 3이 된다.

> • 수요함수 : $Q_W = -2P_W + 60$
> • 공급함수 : $Q_W = 2P_W + 26$
> • 세계가격 : $P_W = 8.5$
> • A국의 무역이후균형 : $P_W = 8.5$, $Q_A^S = 18.5$, $Q_A^D = 21.5$
> • B국의 무역이후균형 : $P_W = 8.5$, $Q_B^S = 24.5$, $Q_B^D = 21.5$

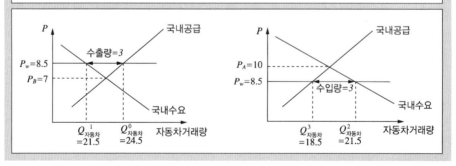

정답 ④

#비교우위, #소비자잉여, #생산자잉여, #사회적 총잉여

다음 그림은 시장 개방 전후에 소규모 경제국인 A국의 X재 시장균형 상태를 보여준다. 개방 이전 국내 시장에서 X재는 P_0 가격에 X_0 만큼 거래되고 있으며, 세계시장 가격은 P_1 이다. A국이 X재 시장을 개방할 때 X재 시장에서 A국의 총잉여 변화의 크기는?(단, 시장개방으로 인해 A국의 국내수요곡선과 국내공급곡선은 변하지 않는다)

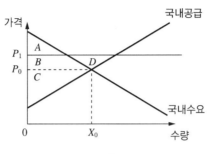

① 변화없다.　　　　　　　　　　　② A
③ B+D　　　　　　　　　　　　　④ D
⑤ A+B+C+D

해설　무역이 발생하기 이전에 가격이 P_0 이고, 무역이 발생한 이후에 직면하는 가격이 이보다 높은 P_1 이라면 이 국가는 수출국임을 의미한다. 상승한 P_1 수준에서의 세계가격에서 얼마든지 판매할 수 있기 때문에 생산자에게는 유리한 반면, 소비자에게는 불리해진다. 하지만 소비자의 손실분보다 생산자의 혜택이 더 커 사회 전체적인 총잉여는 증가하게 된다. 무역 발생 이전과 이후의 소비자잉여를 비교하면 다음과 같다. 따라서 총잉여는 D만큼 증가한다.

구 분	무역 발생 전	무역 발생 후	차 이
소비자잉여	A + B	A	−B
생산자잉여	C	B + C + D	B + D
총잉여	A + B + C	A + B + C + D	D

정답 ④

#비교우위론, #절대우위론, #절대우위와 비교열위

01 다음 중 비교우위론에 관한 설명으로 옳지 않은 것은?

① 변호사가 집안일을 하지 않고 가사도우미를 쓰는 것은 비교우위론의 이론에 부합한다.
② 모든 산업이 절대열위에 놓이더라도 하나 이상의 산업에서 비교우위를 가질 수 있다.
③ 비교우위는 국가의 부존자원이나 인간에 대한 투자에 의해 변할 수 있다.
④ 모든 산업이 비교열위에 놓이는 경우도 존재한다.
⑤ 국가 간의 무역뿐만 아니라 개인 간의 교역을 설명하는 데에도 응용된다.

해설

비교우위론(theory of relative advantage)이란 어떤 경제주체가 다른 경제주체보다 상대적으로 잘할 때 비교우위를 갖는다고 규정하는 무역이론이다. 다른 경제주체보다 상대적으로 잘한다는 것의 경제학적 의미는 어떤 활동을 다른 경제주체에 비해 더 적은 기회비용으로 수행할 수 있음을 의미한다. 결국 비교우위론은 기회비용의 관점에서 무역의 발생 원인을 설명하는 이론이라 할 수 있다. 비교우위는 상대적인 개념이기 때문에 절대적인 수준에서 다른 국가에 비해 모두 절대열위에 놓이더라도 최소한 하나 이상의 산업에서 비교우위에 놓일 수 있다. 아무리 발전 단계가 뒤쳐진 국가라 하더라도 모든 산업에서 비교열위에 놓일 수는 없다.

오답 노트

변호사가 집안일을 직접 하지 않고 가사도우미를 쓰는 것은 비교우위론의 입장에서 타당하다. 집안일에 대한 기회비용이 변호사가 가사도우미에 비해 크기 때문이다. 한편, 비교우위론은 기회비용의 관점에서 살펴보기 때문에 모든 산업이 절대열위에 놓이더라도 적어도 하나 이상의 산업에서 비교우위를 가질 수 있다. 이러한 비교우위론은 국가뿐만 아니라 개인 간의 교역을 설명하는 데에도 응용된다.

02 다음은 국가 간 교역이 이뤄지는 기본원리에 대한 설명이다. 옳지 않은 것을 고르시오.

꼭 나오는 유형 *

> ㉠ 각국은 기회비용이 작은 재화를 생산한다.
> ㉡ 한 나라가 모든 재화에 절대적인 우위가 있는 교역은 성립하지 않는다.
> ㉢ 교역이 이뤄지면 한 나라가 이득을 보면 다른 나라는 손해를 본다.
> ㉣ 기회비용의 크기가 비교우위를 결정한다.

① ㉠, ㉡   ② ㉠, ㉣
③ ㉡, ㉢   ④ ㉡, ㉣
⑤ ㉢, ㉣

해설

비교우위와 절대우위를 이해하고 있는지를 묻는 문제이다.

㉡ 한 국가의 모든 산업이 절대열위에 놓이더라도 최소한 하나 이상의 산업은 절대우위를 갖는다.

㉢ 자유무역으로 인한 교역이 지속적 될 수 있는 이유는 양국 모두가 이득을 보기 때문이다. 리카르도의 국제무역 모형은 무역 발생 이전보다 무역 발생 이후에 사회 전체적인 잉여가 양국 모두에 있어서 증가한다는 것을 보여준다.

오답 노트

비교우위는 기회비용 관점에서 바라본 무역의 발생 원인이다. 즉, 절대적인 생산비의 차이가 무역을 발생 시키는 것이 아니라 상대적으로 저렴하게 생산할 수 있는 산업에 비교우위에 형성된다는 것이다. 각국은 이처럼 생산의 기회비용이 작은 산업에 특화하여 다른 국가에 수출함으로써 이득이 증대된다는 것이다.

03 A재 1단위를 생산하기 위해서는 한국에서는 노동시간으로 20시간, 미국에서는 10시간이 필요하다. 그리고 B재 1단위를 생산하기 위해서는 한국에서는 노동시간으로 15시간, 미국에서는 5시간이 필요하다. 다음 중 옳은 것은?

① 미국에서 A재 1단위를 생산하기 위한 기회비용은 B재 $\frac{1}{2}$ 이다.

② A재는 미국에, B재는 한국에 절대우위가 있다.

③ 한국은 미국에 비하여 B재에 비교우위가 있다.

④ 한국에서 B재 1단위를 생산하기 위한 기회비용은 노동 15단위이다.

⑤ 교역을 하면 교역조건은 B재 1단위에 대해서 A재 $\frac{1}{2}$ 단위와 $\frac{3}{4}$ 단위 사이에서 결정된다.

비교우위의 문제는 생산량 1단위 생산하는데 투입되는 노동의 양으로 주어질 수도 있고, 노동 1단위 투입으로 인해 생산할 수 있는 상품의 수량으로 주어질 수도 있다. 어느 경우이든 비교우위의 의미를 이해하면 비교우위를 파악하기 위한 계산과정은 크게 다르지 않다. 본 문제를 표로 정리해보면 다음과 같다.

구 분	A재	B재
한 국	20	15
미 국	10	5

이는 생산량 1단위를 생산하기 위해 필요한 노동투입량이다. 노동투입량이 많을수록 높은 가격이 책정된다. A재 1단위 생산을 위해서는 B재 1단위 생산을 포기하는 것이고, 이는 B재 생산에 투입되는 노동 15단위를 A재에 투입하게 됨을 의미한다. 따라서 기회비용을 계산해보면 다음과 같다. 따라서 한국은 A재 생산에, 미국은 B재 생산에 비교우위가 있다. 리카르도의 국제무역모형에서 살펴본 바와 같이 양국이 교역을 한다면 양국 모두에게 이득이 되는 B재의 가격은 $\frac{5}{10}$ 와 $\frac{15}{20}$ 사이에서 결정된다.

구 분	A재	B재
한 국	$\frac{20}{15}$	$\frac{15}{20}$
미 국	$\frac{10}{5}$	$\frac{5}{10}$

오답 노트

기회비용 및 비교우위가 결정되면 보기에 대한 판단이 가능하다.

① 미국에서 A재 1단위 생산의 기회비용은 B재 2개($=\frac{5}{10}$)이다.

② 미국은 A재, B재 모두에 절대우위가 있다.

③ 한국은 A재에 비교우위가 있다.

④ 한국에서 B재 1단위 생산의 기회비용은 A재 0.75개($=\frac{15}{20}$)이다.

#비교우위, #상대가격비, #기회비용

04 생산요소가 하나뿐인 A국과 B국은 X재와 Y재만을 생산한다. X재 1단위와 Y재 1단위 생산에 필요한 노동투입량이 다음과 같을 때, 무역이 발생하기 위한 Y재에 대한 X재 상대가격 조건은?

구 분	X재	Y재
A국	3	6
B국	18	9

① $\frac{P_X}{P_Y} \leq 2$

② $1.5 \leq \frac{P_X}{P_Y} \leq 6$

③ $0.5 \leq \frac{P_X}{P_Y} \leq 2$

④ $2 \leq \frac{P_X}{P_Y}$

⑤ $\frac{P_X}{P_Y} \leq 6$

리카르도의 국제무역모형에 의하면 두 나라가 교역을 통해 모두 이득을 누리기 위해서는 수출품의 교역가격이 두 국가의 상대가격 사이에서 결정되는 경우이다. 그리고 각 국의 상대가격은 각 재화생산의 기회비용으로 결정된다. 따라서 상대가격을 파악하기 위해서는 기회비용을 먼저 살펴봐야 한다. 양국의 X재 및 Y재 생산의 기회비용은 다음과 같다. 따라서 Y재에 대한 X재의 상대가격은 0.5와 2 사이임을 확인할 수 있다.

구 분	X재	Y재
A국	$\dfrac{3}{6}$	$\dfrac{6}{3}$
B국	$\dfrac{18}{9}$	$\dfrac{9}{18}$

#헥셔-오린 모형, #비교우위론, #동일한 생산함수, #요소부존량

05 다음은 헥셔-오린 정리의 가정이다. 옳지 않은 것을 고르시오. 꼭 나오는 유형 *

① 두 나라의 생산함수는 상이하다.
② 두 나라의 선호체계를 반영하는 사회후생함수는 동일하다.
③ 두 나라의 요소부존도는 동일하다.
④ 두 나라의 생산요소는 노동 한 가지이고, 한 국가 내의 노동의 이윤은 자유롭다.
⑤ 두 나라, 두 개의 재화, 두 개의 생산요소를 가정한다.

해설

헥셔-올린 모형은 2개의 국가와 2개의 상품(산업) 그리고 2개의 생산요소를 가정한다(2-2-2-모형). 그리고 이들 생산요소는 두 산업 간에 자유롭게 이동할 수 있다는 것을 전제로 한다. 헥셔-오린 모형의 기본가정은 산업간 이동이 자유로운 2개의 생산요소, 산업에 따라 다른 요소집약도, 자국은 자본풍부국이며, 외국은 노동풍부국이라는 가정, 최종재는 국가 간에 자유로운 이동이 가능하지만, 생산요소는 이동하지 못한다는 가정, 두 상품의 생산기술이 동일하다는 가정, 소비자의 기호는 국가마다 동일하며 선호는 소득수준에 영향을 받지 않는다는 가정 등이다.

오답 노트

헥셔-오린 이론과 리카르도의 비교우위론의 결정적인 차이는 생산함수이다. 리카르도는 국가마다 상이한 기술수준을 보유하고 있다고 가정한 반면 헥셔-오린 모형에서는 국가마다 동일한 기술수준 즉 생산함수를 가정했다. 이렇게 생산기술에 따른 차이를 배제한 것은 요소부존량이 비교우위를 결정한다는 사실을 확인하고 싶었기 때문이다. 이처럼 생산함수는 헥셔-오린과 비교우위론을 구분하는 기준이 된다.

06 다음 중 괄호 안에 들어갈 적절한 내용으로 짝지어진 것은?

(㉮) 정리에 따르면 각국은 상대적으로 풍부한 요소를 집약적으로 사용하여 생산하는 재화를 수출하게 된다. 그러나 (㉯)가 미국의 수출입자료를 이용하여 실증분석을 해 본 결과 자본풍부국으로 여겨지는 미국이 오히려 자본집약재를 수입하고 노동집약재를 수출하는 현상을 발견하였는데 이를 (㉰) 역설이라고 한다.

	㉮	㉯
①	레온티에프	헥셔-오린
②	레온티에프	립진스키
③	립진스키	헥셔-오린
④	헥셔-오린	레온티에프
⑤	립진스키	레온티에프

해설

헥셔-오린 정리는 요소집약도에 의해 수출하는 품목들이 결정된다고 보았다. 하지만 레온티에프가 미국의 자료를 분석한 결과 자본이 풍부해 자본집약국으로 분류되는 미국에서 오히려 자본집약재를 수입하고 노동집약재를 수출하는 현상을 발견했는데, 이를 레온티에프 역설이라고 한다.

오답노트 립진스키 정리에 따르면 어떤 생산요소를 집약적으로 사용하는 재화생산은 증가하지만 공급이 고정된 생산요소를 집약적으로 사용하는 재화생산은 감소한다. 즉, 천연가스 부존량이 증가하면 천연가스를 많이 사용하는 부문의 생산은 증가하지만 공급이 고정된 다른 생산요소를 집약적으로 사용하는 부문의 생산은 감소한다.

#헥셔-오린이론, #비교우위, #요소집약도

07

다음은 자유무역하에서 어느 국가의 생산점(P)과 소비점(C)을 생산가능곡선과 사회무차별곡선을 사용하여 나타낸 것이다. 다음 중 헥셔-오린 무역이론의 입장에서 볼 때 옳지 않은 것은?(단, X재는 노동집약적 재화, Y재는 자본집약적 재화이다)

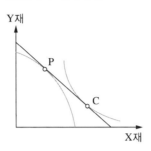

① 이 국가는 상대적으로 자본이 풍부한 국가이다.
② 교역 후 이 국가에서는 Y재의 상대가격이 상승하였다.
③ 교역 후 이 국가에서는 자본의 상대가격과 실질소득이 상승하였다.
④ 교역 후 이 국가에서는 Y재 생산의 자본집약도가 상승하였다.
⑤ 이 국가의 무역수지는 균형을 이루고 있다.

해설

무역이 발생하고 난 이후의 균형이 P(생산점)점과 C(소비점)점이라면 해당 국가는 Y재에 비교우위가 존재하는 국가임을 알 수 있다. 생산량과 소비량의 차이만큼 수출과 수입이 이뤄지는데 Y재의 경우 생산점이 소비점보다 높아 생산량과 소비량의 차이만큼 수출을 하게 되고, X재의 경우는 해당 크기만큼 수입이 이루어지기 때문이다. 이로부터 무역 발생 이전에는 Y재의 소비량이 현재보다 많고 X재의 소비량은 현재보다 적었을 것으로 유추해 볼 수 있다. 그리고 국내에서 상대가격비도 무역발생 이전이 더 높았을 것이다. 한편, 무역이 발생하고 난 이후에 자본의 상대가격은 상승하고 노동의 상대가격은 하락했다. 따라서 상대적으로 비싸진 자본의 투입을 줄이고 상대적으로 저렴해진 노동의 투입을 늘리게 되므로 요소집약도($\frac{K}{L}$)는 하락하게 된다.

**오답
노트**

생산가능곡선상의 생산점과 소비점을 통해 다양한 사실을 확인할 수 있다.
① 해당 국가는 Y재 생산에 비교우위가 있는 국가이므로 헥셔-오린 이론에 의할 경우 자본이 풍부한 국가임을 알 수 있다.
② 해당 국가는 Y재에 특화하여 Y재를 수출하고 X재를 수입하므로 교역 이후에 이 국가에서 Y재의 상대가격이 상승했을 것이다. 그 결과 Y재의 소비가 이전보다 줄어들고, X재의 소비가 늘어나게 된다.
③ 무역 발생 이후에 자본집약재인 Y재의 생산이 증가하게 되므로 Y재 생산을 위한 고용이 증가하고 이로 인해 자본의 상대가격이 상승한다. 이러한 자본 사용의 증가는 실질소득의 증가로 이어진다.
⑤ 자유무역이 이뤄지면 두 나라의 수출액과 수입액이 같아지므로 무역수지는 균형을 이룬다.

신문기사를 통해 경제·경영학적인 시야 기르기!

국제 01

8월 경상수지 66억弗 … 넉달째 흑자

2024.10.08. 매일경제

반도체·휴대폰 수출 호조
중동발 유가 급등이 변수

반도체와 휴대폰 수출 호조로 경상수지가 넉 달째 흑자를 이어갔다. 미국 경제 연착륙과 중국의 대규모 경기 부양책으로 당분간 수출 여건이 호조를 보일 것으로 예상되는 가운데 중동 지역 분쟁 격화에 따른 유가 급등 가능성이 올해 말 경상수지 변수로 작용할 전망이다.

8일 한국은행이 발표한 국제수지 잠정 통계에 따르면 지난 8월 경상수지는 66억달러(약 8조 9,000억원)를 기록했다. 앞서 지난 4월 외국인 배당 증가에 따른 적자 후 한 달 만에 바로 반등에 성공한 뒤 4개월 연속 흑자를 이어간 것이다.

세부적으로 살펴보면 수출은 575억달러, 수입은 509억달러로 집계됐다. 수출은 전년 동기 대비 7.1% 증가한 액수다. 이로써 올해 들어 8월까지 경상수지 흑자는 총 536억달러를 기록했는데, 이는 한은이 제시한 올 한 해 흑자 전망치(730억달러)의 73.4% 수준이다.

수출 호조를 이끈 것은 역시 대표 수출 상품인 반도체와 휴대폰이었다. 반도체는 121억달러로 전년 동기보다 38.3%, 전기전자제품은 202억달러로 30.4%, 정보통신기기는 45억달러로 44% 증가한 것으로 나타났다.

다만 화학공업제품(-4.4%), 승용차(-3.6%), 철강제품(-0.2%) 등 정보기술(IT) 품목을 제외한 여타 산업군 중에선 수출 증가세가 꺾인 경우가 적잖았다.

우리나라의 경상수지가 넉 달째 흑자라는 소식이다. 미국과 중국의 총수요확장정책으로 인해 한국이 얻을 반사이익까지 생각하면 당분간 경상수지 흑자가 예상된다. 긍정적인 점은 경상수지 흑자를 견인한 상품이 반도체와 휴대폰이라는 점이다. 정보기술을 제외한 품목에서는 수출 증가세가 꺾인 경우가 많다는 점에서 앞으로의 전략수립의 방향성을 보여준다고 할 수 있다.

02 | 국제수지와 환율

01 국제수지

1. 국제금융거래

국제금융거래는 크게 국제무역과 국제자산거래로 나눠볼 수 있다. 국제무역은 한 국가에서 생산된 재화와 서비스를 국가 간에 거래하는 일이며 국제자산거래는 국가 간에 발생하는 금융자산의 재산권 이전을 의미한다. 우리나라 사람이 미국의 아이폰을 구입하는 일은 국제무역에 해당하며, 위험은 크지만 수익이 높을 것으로 여겨지는 중국 주식을 구입하는 일은 국제자산거래에 해당한다.

2. 국제수지

국제수지(balance of payments)란 자국과 외국의 거주자들 사이에 발생한 모든 금융거래를 집계한 것을 의미한다. 즉, 자국의 국민이 외국의 재화와 서비스를 구입한 것이나 자국의 국민이 외국의 실물 및 금융 자산을 구입한 것을 집계한 것이다. 이 과정에서 우리나라로부터 외국으로 돈이 유출되기도 하고, 외국으로부터 우리나라로 돈이 유입되기도 한다. 이를 하나의 표로 정리한 것을 국제수지 혹은 국제수지표라고 한다. 국제수지는 크게 국제무역을 기록하는 경상계정과 국제자산거래를 기록하는 자본 및 금융계정으로 구분된다.

① 경상계정

경상계정(current account)이란 거주자와 비거주자 간에 일어나는 재화와 서비스에 대한 수출과 수입을 기록한 국제수지의 한 부분이다. 경상계정은 국제수지표에서 가장 중요하게 관찰되는 항목이다. 이는 생산활동, 고용, 국민소득 등 국민경제에 직접적인 영향을 미칠 뿐만 아니라 금융거래에도 영향을 미치기 때문이다. 이러한 경상계정은 상품수지, 서비스수지, 본원소득수지, 이전소득수지로 구성된다. 이 가운데 상품수지와 서비스수지를 합한 것을 재화와 서비스수지 그리고 본원소득수지와 이전소득수지를 합한 것을 소득수지라고 한다.

㉠ 상품수지

상품수지는 상품의 수출액과 수입액의 차이를 의미한다. 수출이 수입보다 커서 수지가 (+)가 되면 흑자, 반대로 수입이 수출보다 크면 수지가 (−)가 되어 적자가 된다.

ⓛ 서비스수지

서비스수지는 외국과의 서비스거래로 수취한 돈(= 서비스 수입)과 지급한 돈(= 서비스 지급)의 차이를 의미한다. 우리나라의 선박 혹은 항공기가 상품을 운송하고 외국으로부터 받은 운임, 외국 관광객이 한국에서 쓴 돈, 국내 기업이 외국기업으로부터 받은 특허권 사용료 등이 서비스 수입이 된다. 반대로 우리나라가 외국에 지급한 운임, 우리나라 관광객이 해외에서 지출한 경비, 삼성전자가 애플에 지급한 특허료 등은 모두 서비스 지급으로 나타난다.

ⓒ 본원소득수지

본원소득수지는 급료 및 임금 수지와 투자수지로 구성된다. 급료 및 임금 수지는 거주자가 외국에 단기간(1년 미만) 머물면서 일한 대가로 받은 돈과 국내에 단기로 고용된 비거주자에게 지급한 돈의 차이이다. 한편 투자소득수지는 거주자가 외국에 투자하여 벌어들인 배당금·이자와 국내에 투자한 비거주자에게 지급한 배당금·이자의 차이를 의미한다.

ⓔ 이전소득수지

이전소득수지는 거주자와 비거주자 사이에 아무런 대가없이 주고받은 거래의 차이를 말한다. 이전소득수지에는 해외에 거주하는 교포가 국내의 친척 등에게 보내는 송금이나 정부 간의 무상원조 등이 기록된다.

② 자본계정

자본계정에는 자본이전 및 비생산·비금융자산 거래가 기록된다. 자본이전은 자산 소유권의 무상이전, 채권자에 의한 채무면제 등을 포함한다. 한편 비생산·비금융자산에는 브랜드 네임, 상표 등 마케팅자산과 기타 양도 가능한 무형자산의 취득과 처분이 기록된다.

③ 금융계정

금융계정은 거주자의 입장에서 자산 또는 부채 여부를 판단하는 국제수지표의 항목으로 직접투자, 증권투자, 파생금융상품, 기타투자 및 준비자산으로 구성된다.

ⓐ 직접투자

직접투자는 직접투자 관계에 있는 투자자와 투자대상기업 간에 일어나는 대외거래를 기록한다. 직접투자에는 직접투자자와 직접투자대상기업의 관계를 발생시키는 최초의 거래는 물론 직접투자자와 직접투자대상기업 간의 차입, 대출 등 후속거래도 포함된다.

ⓛ 증권투자

증권투자는 거주자와 비거주자 간에 이루어진 주식, 채권 등에 대한 투자를 말하는 것으로 이 가운데 직접투자 또는 준비자산에 해당되는 주식, 채권 등의 거래는 제외된다.

ⓒ 파생금융상품과 기타투자

파생금융상품은 파생금융상품거래로 실현된 손익 및 옵션 프리미엄 지급·수취를 기록한다. 한편, 기타투자에는 직접투자, 증권투자, 파생금융상품 및 준비자산에 포함되지 않는 거주자와 비거주자 간의 모든 금융거래를 기록한다. 대출·차입, 상품을 외상으로 수출하거나 수입할 때 발생하는 무역신용, 현금 및 예금 등의 금융거래가 기록된다.

㉣ 준비자산

통화당국의 외환보유액 변동분 중 거래적 요인에 의한 것만 포함한다. 외환보유액은 운용 수익 발생 등 거래적 요인뿐만 아니라 환율변동 등 비거래적 요인에 의해서도 변동하는데 국제수지표의 준비자산에는 거래적 요인에 의한 외환보유액 변동분만 계상된다.

국제수지표의 구성

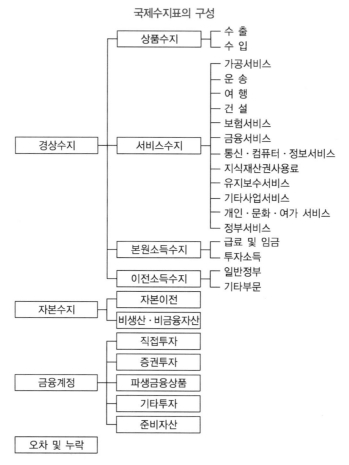

※ 출처 : 알기 쉬운 경제지표해설(2014, 한국은행), p.92

02 환 율

1. 환율의 필요성

국제금융거래는 자국의 화폐로 다른 나라의 재화나 서비스 혹은 금융 및 실물 자산을 구입하는 것을 의미한다. 한 국가 내에서 서울 사람이 전라도의 특산물을 구입할 때에는 동일한 통화를 사용하기 때문에 거래에 있어 큰 문제가 발생하지 않지만, 우리나라 원화로 미국의 달러 표시 자산을 구입할 때는 문제가 달라진다. 통화의 단위가 다르기 때문에 이를 원화 혹은 달러로 일치시켜야 거래가 발생할 수 있기 때문이다. 이때 한 나라의 통화와 다른 나라의 통화 간의 교환비율을 환율(exchange rate)이라고 한다. 즉, 외화 1단위를 얻기 위해 필요한 자국 화폐의 양이 곧 환율이다.

2. 통화가치와 환율

① 통화가치의 의미

환율은 자국 및 외국화폐의 가치를 나타낸다. 외국화폐 1단위를 얻기 위해 필요한 자국화폐의 양이 많아지면 이는 자국화폐의 가치 하락이고, 반대로 그 양이 작아지면 자국화폐 가치의 상승이라 할 수 있다. 환율의 상승은 외국화폐 1단위를 얻기 위해 필요한 자국화폐의 양이 많아졌음을 의미하기 때문에 자국화폐 가치의 하락을 나타내고, 환율의 하락은 같은 이유로 자국화폐 가치의 상승을 의미한다.

㉠ 평가절상

평가절상(appreciation)은 자국통화의 가치가 상승하는 현상을 의미한다. 우리나라와 미국의 환율이 1$ 당 1,000원에서 2,000원으로 상승한 경우를 가정해보자. 이는 1$를 얻기 위해, 즉 1$를 구입하기 위해 필요한 돈이 1,000원에서 2,000원으로 증가했음을 의미한다. 즉, 달러의 가치가 상승한 것이고, 이는 우리나라 원화의 가치가 하락했다는 것과 동의어이다. 따라서 환율의 상승은 곧 평가절상이고, 자국통화 가치의 하락을 의미한다.

㉡ 평가절하

평가절하(depreciation)은 자국통화의 가치가 하락하는 현상을 의미한다. 환율이 1$ 당 2,000원에서 1,000원으로 하락한 경우를 살펴보자. 이는 1$의 가격이 낮아졌음을 의미한다. 즉, 달러 가치가 하락했음을 의미하고 이는 원화가치의 상승과 동의어이다. 따라서 환율의 하락은 곧 평가절하이고, 자국통화 가치의 상승을 의미한다.

② 환율의 결정

이자율이 화폐의 가격이듯 환율은 외환의 가격이다. 모든 가격은 시장에서의 수요와 공급에 의해 결정된다. 따라서 환율도 외환시장에서 외환의 수요와 공급에 의해 결정되는 변수이다.

⊙ 외환의 수요

환율이 낮아질수록 외환에 대한 수요량은 증가한다. 1\$ 당 2,000원에서 1,000원으로 환율이 하락한 경우를 생각해보자. 환율 하락 이전에는 원화 2,000원이 있어야 1\$짜리 미국 상품을 구입할 수 있었다. 하지만, 이제는 1,000원만 있어도 종전에 구입했던 물건을 구입할 수 있다. 따라서 사람들은 더 많은 달러를 보유해 저렴해진 미국 상품의 소비를 늘리고자 한다. 따라서 환율과 외환의 수요는 역의 상관관계를 갖게 된다. 이는 우하향의 외환수요곡선으로 나타난다.

⊙ 외환의 공급

환율이 높아질수록 외환에 대한 공급량은 증가한다. 1\$ 당 1,000원에서 2,000원으로 환율이 상승한 경우를 생각해보자. 한국에 놀러온 미국인 관광객은 환율 상승 이전에는 보유한 1\$로 우리나라 상품 1,000원짜리를 구입할 수 있었지만, 이제는 2,000원짜리 상품을 구입할 수 있다. 따라서 달러화를 더 많은 원화로 바꿔서 더 많은 원화 표시 상품을 구입하고자 한다. 이로 인해 외환시장에서는 외환인 달러화의 공급이 증가하게 된다. 따라서 환율이 높아질수록 외환공급량도 증가한다. 이는 우상향의 외환공급곡선으로 나타난다.

⊙ 균형환율의 도출과 균형변화

외환시장에서 외환수요와 외환공급이 만나는 점에서 균형환율과 균형외환거래량이 결정된다. 한편, 이러한 균형은 외환수요 혹은 외환공급이 변하는 요인이 발생하면 균형 역시 변하게 된다. 대표적인 요인들은 다음과 같다.

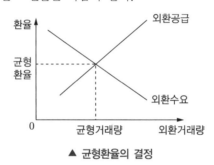

▲ 균형환율의 결정

ⓐ 선호의 변화

여타의 다른 모든 조건이 일정할 때 수입 제품에 대한 국내 선호가 상승하면 해당 제품을 구입하기 위해 더 많은 외환을 수요하고자 하고, 그 결과 환율이 상승하게 된다. 아이폰에 대한 선호가 커지면, 아이폰 구입을 위해 외환을 보유하려는 사람들이 많아지고 이는 외환수요곡선을 우측으로 이동시켜 환율을 상승시킨다.

ⓑ 국가 간 상대소득의 변화

한 국가의 소득이 다른 국가에 비해 빠르게 증가하면 자국 상품은 물론이거니와 외국 상품에 대한 소비를 늘리게 된다. 이 과정에서 외국산 제품에 대한 소비가 늘어나게 되고, 외국산 제품의 소비를 위해서는 외환이 필요하게 된다. 이는 외환수요의 증가로 이어져 환율이 상승하게 된다.

ⓒ 국가 간 인플레이션율의 변화

한 국가의 물가수준이 다른 국가에 비해 빠르게 상승하면 큰 폭의 화폐가치 하락이 발생한다. 이 경우 해당 국가의 국민들은 가격이 상대적으로 저렴한 외국의 상품에 대한 수요를 늘리게 되고, 이는 외국 통화에 대한 수요증가로 이어져 환율이 상승하게 된다.

ⓓ 균형 이자율의 변화

이자율은 투자에 대한 수익률이다. 한 국가의 이자율이 다른 국가에 비해 높으면, 투자 수익을 얻기 위해 해당 국으로 다른 국가의 자금들이 유입된다. 즉, 외환시장에 외환의 공급이 증가하게 된다. 이는 외환공급곡선을 우측으로 이동시켜 환율이 하락하는 요인으로 작용한다.

01　국제수지란 자국과 외국의 거주자들 사이에 발생한 모든 금융거래를 집계한 것을 의미한다.

02　서비스 수입이란 서비스 거래로 지급한 돈을 의미하며 서비스 지급이란 서비스 거래로 수취한 돈을 의미한다.

03　외화 1단위를 얻기 위해 필요한 자국 화폐의 양을 환율이라고 한다.

04　평가절상은 자국통화의 가치가 상승하는 현상을 의미하며, 평가절하란 자국통화의 가치가 하락하는 현상을 의미한다.

05　외환의 공급이 늘어나면 환율이 올라가며, 반대로 외환의 공급이 줄어들면 환율이 내려간다.

06　외국 상품에 대한 수요의 증가는 외환에 대한 수요를 불러 일으키며, 이에 따라서 환율이 올라간다.

07　한 국가의 물가수준이 다른 국가에 비해 빠르게 상승하면, 자국의 화폐가치는 더욱더 높아진다.

08　직접투자 및 증권투자와 같은 거래는 자본계정에 포함되는 항목이다.

09　경상계정이란 거주자와 비거주자 간에 일어나는 재화와 서비스에 대한 수출과 수입을 기록한 국제수지의 한 부분이다.

● 정답 및 해설

02　서비스 수입은 서비스 거래로 수취한 돈이며 서비스 지급은 서비스 거래로 지급한 돈을 의미한다.

05　외환의 공급이 늘어나면 시장에 외화가 많아지며, 이는 자국통화가치의 절상되는 것을 의미한다. 즉 환율이 내려간다. 반대로 외환의 공급이 줄어들면 자국통화가치는 절하되며, 환율이 올라간다.

07　국가의 물가수준이 다른 국가보다 빠르게 상승하면, 화폐가치가 하락하게 된다. 따라서 해당 국가의 국민들은 가격이 상대적으로 저렴한 외국의 상품에 대한 수요를 늘리게 되며, 이는 외국 통화에 대한 수요증가로 이어져 환율이 상승하게 된다.

08　직접투자와 증권투자는 금융계정에 속하는 항목이다. 자본계정에 속하는 항목은 '자본이전' 및 '비생산·비금융자산' 거래가 있다.

정답　01 O　02 X　03 O　04 O　05 X　06 O　07 X　08 X　09 O

01 확인학습문제

CHAPTER 02 국제수지와 환율

Level 0

#통화가치와 환율, #국가 간 통화가치의 비교

원화와 엔화가 달러화에 비해 모두 강세를 보이고 있다. 그런데 원화의 강세가 엔화에 비해 상대적으로 더 강하다고 할 때 나타나는 현상에 대한 설명 중 옳지 않은 것은?

① 일본에 여행하는 우리나라 관광객의 부담이 줄어들었다.

② 미국이 한국과 일본에서 수입하는 제품의 가격이 올라갔다.

③ 일본산 부품을 사용하는 우리나라 기업의 생산비용은 증가하였다.

④ 미국에 수출하는 우리나라 제품의 가격경쟁력은 일본에 비해 떨어졌다.

⑤ 엔화표시 채무를 가지고 있는 우리나라 기업의 원리금 상환부담은 감소하였다.

해설 원화와 엔화가 달러화에 비해 강세를 보인다는 것은 원화 환율과 엔화 환율이 모두 낮다는 것을 의미한다. 한편, 원화의 강세가 엔화의 강세에 비해 강하다는 것으로 보아 원화의 가치가 현재 가장 높은 상황임을 알 수 있다. 따라서 통화가치의 크기는 원화, 엔화, 달러화 순으로 평가되는 상황이다.

③ 엔화 대비 원화의 가치가 높다는 것은 100엔 당 1200원에서 1000원으로 명목환율이 낮아진 상황을 예로 들 수 있다. 이 때 일본산 부품을 사용하는 우리나라 기업의 생산비용은 감소한다. 과거에는 100엔짜리 부품을 구입하기 위해서 1200원이 필요했지만, 이제는 1000원만 있어도 구입가능하기 때문이다. 따라서 생산비용이 감소한다.

오답 노트 통화가치의 상승은 명목환율의 하락이고, 통화가치의 하락은 명목환율의 상승을 의미한다.

① 100엔 당 1,200원에서 1,000원으로 감소한 경우 우리나라 사람의 일본 여행 경비는 감소한다. 예전에 일본에서 100엔짜리 우동 한 그릇을 먹기 위해서는 원화 1,200원이 필요했지만, 이제는 1,000원만 있으면 동일한 우동을 사먹을 수 있기 때문이다.

② 달러화의 가치는 현재 가장 낮다. 즉, 1달러 당 1,200원이었던 것이 현재 1,000원으로 하락하고 1달러 당 120엔이었던 환율이 100엔으로 떨어진 것이다. 따라서 미국의 입장에서 과거 1달러로 구입할 수 있었던 한국 혹은 일본의 물건을 이제는 1.2배 더 지급해야 구입할 수 있으므로 미국이 수입하는 한국 및 일본 제품의 가격은 상승한 셈이 된다.

④ 미국에 수출하는 우리나라 제품의 가격경쟁력은 일본에 비해 떨어진다. 우리나라의 통화가치가 가장 높기 때문에 우리나라에서 미국산 제품의 가격은 낮은 반면 미국에서 우리나라의 제품은 비싸진다. 한편 일본은 원화와 달러화의 중간 정도의 가치를 갖기 때문에 미국에 수출하는 우리나라의 가격경쟁력은 일본에 비해 떨어진다.

⑤ 우리나라 통화는 엔화에 대해서도 강세이기 때문에 환율은 100엔 당 1,200원에서 1,000원으로 낮아진 상황이다. 따라서 예전에 100엔의 채무를 갖고 있는 기업은 이제 1,000원만 상환하면 되기 때문에 채무부담이 낮아진 셈이 된다.

정답 ③

#균형환율의 형성, #외화의 수요와 공급, #통화가치와 환율

다음 중 원화가치를 상승시키는 요인을 모두 고르면?

> ㉠ 국내 기업의 해외 부동산 취득 확대
> ㉡ 국내 자동차 산업의 자동차 수출 증가
> ㉢ 국내 주식시장으로 해외 자본의 급격한 유입
> ㉣ 원유가격 상승으로 원유 수입 금액의 급격한 증가

① ㉠, ㉣   ② ㉡, ㉢

③ ㉡, ㉣   ④ ㉢, ㉣

⑤ ㉠, ㉡, ㉢

해설 원화가치의 상승은 외화가치의 하락이고, 이는 명목환율의 하락으로 나타난다.

㉡ 국내 자동차 수출이 증가하면 우리나라에 외화의 공급이 증가한다. 외화의 공급증가는 환율의 하락으로 이어지고, 이는 원화가치의 상승을 의미한다.

㉢ 국내 주식시장으로 해외자본이 급격히 유입될 경우 외화의 공급이 증가하고 이는 환율의 하락으로 이어진다. 이는 원화가치의 상승을 의미한다.

오답 노트 국내기업이 해외부동산 취득을 확대하기 위해서는 외환이 필요하다. 따라서 외환에 대한 수요가 증가하게 되고 이는 환율의 상승으로 나타나 원화가치가 하락하게 된다. 한편, 원유가격의 상승으로 원유 수입 금액이 급격히 상승하면 이를 구입하기 위한 외화의 수요가 증가하게 되고, 이는 환율의 상승으로 이어져 원화가치가 하락하게 된다.

정답 ②

Level 0

다음 그림은 최근 3개월 간 환율의 추이를 보여주고 있다. 8월 30일 이후의 환율 추이가 지속될 것으로 가정할 경우에 예상되는 것으로 옳지 않은 것은?

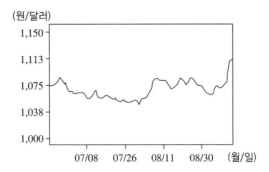

① 미국 여행시기를 앞당기는 것이 유리할 것이다.
② 달러화에 대한 원화의 가치가 하락할 것이다.
③ 미국산 수입 농산물의 국내 가격은 상승할 것이다.
④ 국내 기업의 대미 수출품 가격 경쟁력이 약화될 것이다.
⑤ 미국에서 공부하는 한국인 유학생의 경제적 부담이 커질 것이다.

해설 원/달러 환율 추이를 보면 약간의 등락을 거듭하다가 8월 30일 이후에 급격히 증가하는 모습을 볼 수 있다. 이는 원/달러 명목 환율의 증가로서 원화가치가 달러화에 비해 하락하고 있음을 의미한다.
④ 원달러 명목환율의 상승은 1달러 당 1,000원에서 1,200원이 되었음을 의미한다. 즉, 미국 시장에서 우리나라 상품 1,000원짜리가 1달러의 가격표를 달고 팔리고 있었는데, 이제는 1,200원짜리가 1달러의 가격표를 달게 됨으로써 과거의 1,000원짜리는 1달러보다 낮은 가격이 되는 것이다. 이는 미국시장에서 우리나라 상품의 경쟁력 강화로 연결된다.

오답노트 환율의 상승은 1달러의 가격이 계속해서 높아진다는 것을 의미한다. 이는 미국 여행 경비가 계속해서 높아진다는 것을 의미한다. 따라서 환율의 상승 기조가 유지될 것으로 예상되는 경우 미국 여행시기를 앞당기는 것이 유리하다. 한편, 미국 농산물의 경우 우리나라 시장에서 가격 경쟁력이 약화된다. 과거에는 한국 돈 1,000원으로 미국 농산물 1달러어치를 구입할 수 있었지만, 이제는 1,200원이 있어야 과거와 동일한 양을 구입할 수 있기 때문이다. 이는 미국산 수입 농산물의 가격이 상승했음을 의미하는 것이다.

정답 ④

#균형환율의 형성, #환율과 국제수지

최근 우리나라 원/달러 환율이 달러 당 1,400원으로 급등했다. 일반적으로 환율상승이 우리 경제에 미치는 영향으로 옳지 않은 것은?

① 국내물가가 상승한다.
② 국내총생산이 감소한다.
③ 무역에서 수출이 증가한다.
④ 우리나라화폐의 구매력이 감소한다.
⑤ 무역에서 수입이 감소한다.

해설 환율의 상승은 외국시장에서 우리나라 상품의 가격경쟁력이 좋아진다는 의미이다. 환율이 달러당 1,000원에서 1,400원으로 상승한 경우 과거에는 미국시장에서 우리나라 상품 1,000원짜리가 1달러에 팔리고 있었는데, 이제는 1,400원이 1달러에 팔리기 때문에 과거의 1,000원짜리 상품은 1달러 이하의 가격으로 낮아지게 된다. 따라서 미국 시장에서 가격경쟁력이 높아진다. 이는 우리나라 상품의 수출 증가로 이어진다. 수출은 경제의 총수요를 구성하는 중요항목으로서 수출의 증가는 GDP의 증가로 이어진다.

오답노트 총수요를 구성하는 요인은 가계소비, 투자지출, 정부지출, 순수출이다. 총수요와 총공급이 만나 균형국민소득(GDP)과 물가가 결정된다. 따라서 가계소비, 투자지출, 정부지출, 순수출은 모두 외생변수로서 이들 요인들이 변하면 총수요곡선이 이동하게 된다. 수출의 증가는 순수출(수출－수입)을 증가시키는 주요 요인이다. 따라서 총수요곡선이 우측으로 이동해 실질 GDP가 증가하고, 물가가 상승하게 된다. 한편, 물가의 상승은 화폐의 구매력 감소를 초래한다. 화폐의 명목가치가 그대로인 상황에서 재화 및 서비스의 가격이 상승하면 구입할 수 있는 재화와 서비스의 실제 양이 줄어들기 때문에 화폐의 구매력이 감소한다. 또한 환율의 상승은 우리나라 시장에서 수입품의 가격 상승으로 이어지기 때문에 수입이 감소하게 된다.

정답 ②

02 | CHAPTER 02 국제수지와 환율
출제예상문제

01 다른 모든 조건이 일정할 때, 다음 중 국내통화 가치를 하락시키는 것은?

① 국내 기업이 해외에 설립했던 공장 운영을 중단한다.
② 외국인들이 국내 주식을 매입한다.
③ 수입자동차에 대한 관세가 인상된다.
④ 정부가 외국산 전투기를 대규모로 구매한다.
⑤ 금융통화위원회가 기준금리 인상을 단행한다.

해설

환율이란 우리나라 화폐와 다른 나라 화폐와의 교환비율로서, 다른 나라의 화폐 1단위를 구입하기 위해 필요한 자국 화폐의 양을 의미한다. 통화가치와 환율은 반대로 움직인다. 즉, 통화가치의 상승은 명목환율의 하락이고, 통화가치의 하락은 명목환율의 상승이다. 통화가치가 상승하는 것을 평가절상이라고 하며, 이는 자국통화 가치의 상승을 의미한다. 한편 통화가치가 하락하는 것을 평가절하라고 한다. 환율은 외환의 가격이기 때문에 외환시장에서의 수요와 공급으로 결정된다. 따라서 외환의 초과수요가 발생하면 명목환율이 상승하고, 초과공급이 발생하면 환율이 상승하게 된다.

④ 정부가 외국산 전투기를 대규모로 구매할 경우 외환수요가 증가해 환율이 상승하게 된다. 이로 인해 통화가치가 하락하게 된다.

오답노트

통화가치와 명목환율의 움직임은 반대이고, 환율은 외환시장에서 외환의 수요와 공급에 의해 결정된다.
① 국내기업이 해외에 설립했던 공장운영을 중단하면, 외환수요가 감소하게 되고, 이는 명목환율의 하락으로 나타난다. 즉 이는 우리나라 통화가치의 상승을 의미한다.
② 외국인들이 국내 주식을 매입하는 경우 우리나라 외환시장에 외환공급이 증가한다. 따라서 명목환율이 감소하게 되고, 이는 통화가치의 상승으로 나타난다.
③ 수입자동차에 대한 관세가 인상되면 우리나라 시장에서 수입자동차에 대한 수요가 감소한다. 따라서 수입이 감소하게 되고 이는 외환수요의 감소로 나타난다. 외환수요의 감소는 명목환율의 하락으로 이어져 통화가치가 상승하게 된다.
⑤ 한 국가의 이자율은 곧 자본의 수익률이기도 하다. 따라서 금융통화위원회의 이자율 상승은 해외 자본의 입장에서 수익률이 높아졌음을 의미하고, 이에 따라 많은 외화들이 우리나라에 유입된다. 이로 인해 우리나라 외환시장에서는 통화의 공급이 증가해 환율이 하락하게 된다. 이는 우리나라 통화 가치의 상승을 의미한다.

02 국제수지의 항목에 관한 설명 중 옳지 않은 것은?

① 준비자산 증감은 경상수지, 자본수지, 오차 및 누락을 합한 절대값과 같고 부호도 같다.
② 자본수지는 투자수지와 기타자본수지를 합한 것이다.
③ 경상수지는 상품 및 서비스수지, 소득수지, 경상이전수지를 합한 것이다.
④ 국제수지계정은 크게 경상계정과 자본계정으로 구분되고 복식부기 원리에 따라 작성된다.
⑤ 오차 및 누락, 준비자산의 변화가 없고 경상수지가 100억 달러 흑자이면 자본수지는 100억 달러 적자가 된다.

해설

국제수지는 일정기간 한 나라의 거주지와 외국거주자 사이에 이루어지는 모든 경제적 거래를 체계적으로 분류하여 집계한 것을 의미한다. 국제수지는 경상수지와 자본수지, 금융계정과 오차 및 누락으로 구성된다. 한편 「경상수지 + 자본수지 + 오차 및 누락 + 준비자산증감 = 0」이 된다. 따라서 경상수지와 자본수지, 오차 및 누락의 합계와 준비자산 증감은 절대값은 같고 부호는 반대이다.

오답 노트

경상계정은 국제수지표에서 가장 중요하게 관찰되는 항목이다. 이는 생산활동, 고용, 국민소득 등 국민경제에 직접적인 영향을 미칠 뿐만 아니라 금융거래에도 영향을 미치기 때문이다. 이러한 경상계정은 상품수지, 서비스수지, 본원소득수지, 이전소득수지로 구성된다. 이 가운데 상품수지와 서비스수지를 합한 것을 재화와 서비스 수지 그리고 본원소득수지와 이전소득수지를 합한 것을 소득수지라고 한다. 자본수지는 자본이전 및 비생산·비금융자산 거래가 기록된다. 자본이전은 자산 소유권의 무상이전, 채권자에 의한 채무면제 등을 포함한다. 한편 비생산·비금융자산에는 브랜드 네임, 상표 등 마케팅자산과 기타 양도 가능한 무형자산의 취득과 처분이 기록된다.

03 국제수지표에 외자도입에 따른 이자지급은 어느 항목에 기록되는가?

① 경상거래의 수취   ② 경상거래의 지급
③ 자본거래의 수취   ④ 자본거래의 지급
⑤ 어느 항목에도 기록되지 않음

해설

본원소득수지는 급료 및 임금 수지와 투자수지로 구성된다. 급료 및 임금 수지는 거주자가 외국에 단기간(1년 미만) 머물면서 일한 대가로 받은 돈과 국내에 단기로 고용된 비거주자에게 지급한 돈의 차이이다. 한편 투자소득수지는 거주자가 외국에 투자하여 벌어들인 배당금·이자와 국내에 투자한 비거주자에게 지급한 배당금·이자의 차이를 의미한다. 따라서 경상거래의 본원소득수지에 기록된다.

오답 노트

자본계정에는 자본이전 및 비생산·비금융자산 거래가 기록된다. 자본이전은 자산 소유권의 무상이전, 채권자에 의한 채무면제 등을 포함한다. 한편 비생산·비금융자산에는 브랜드 네임, 상표 등 마케팅자산과 기타 양도 가능한 무형자산의 취득과 처분이 기록된다.

#외화수요, #외화공급, #균형환율의 결정, #통화가치와 환율

04 다음 중 원·달러 환율을 상승시키는 요인으로 옳지 않은 것은?

> ㉠ 최근 외국인들이 우리나라에서 받은 배당금을 본국에 많이 송금하고 있다.
> ㉡ 한국은행이 국내경기부양을 위하여 기준금리를 인하하였다.
> ㉢ 최근 국내 금융기관들이 해외금융시장에서 외화표시 채권을 잇달아 성공적으로 발행하였다.

① ㉠, ㉡　　　　　　　　　　　② ㉡, ㉢

③ ㉠, ㉢　　　　　　　　　　　④ ㉠, ㉡, ㉢

⑤ ㉢

해설

원·달러 환율의 상승은 원화가치의 하락을 의미한다. 통화가치와 환율은 반대로 움직인다. 통화가치의 상승을 평가절상, 하락을 평가절하라고 한다.

㉢ 국내 금융기관이 해외에서 외화표시 채권 발행에 성공할 경우 국내에 유입되는 외환의 공급이 증가하기 때문에 외환시장에서 균형 환율이 낮아진다.

오답 노트　외국인들이 우리나라에서 받은 배당금을 본국에 송금할 경우 우리나라의 외환시장에서 외환 공급은 감소하게 되고, 이는 환율의 상승 요인으로 작용한다. 한편, 한국은행의 기준금리 인하는 외국 자본의 입장에서 수익률의 감소이기 때문에 우리나라로 유입되는 외환의 공급이 감소하고, 이는 우리나라 외환시장에서 외환의 공급을 감소시켜 환율이 상승하는 요인으로 작용한다.

#원화 표시 환율, #달러 표시 환율, #환율의 결정

05 우리나라 주식시장에서 외국인의 주식 투자 확대로 외국 자본 유입이 크게 늘어난다면 어떤 경제 현상을 초래할 가능성이 높은가?(단, 다른 조건은 일정하다)

① 달러/원 환율상승과 수출감소

② 달러/원 환율하락과 수출감소

③ 달러/원 환율상승과 수출증가

④ 달러/원 환율하락과 수출증가

⑤ 환율과 수출 모두 변화없음

해설

외국인이 우리나라 주식에 투자를 늘리면 외국 자본의 유입이 크게 늘어나게 되고, 이는 우리나라 외환시장에서 외환의 공급증가로 연결된다. 외환의 공급증가는 명목환율을 낮추게 된다. 이는 원/달러 환율의 하락을 의미한다. 원/달러 환율의 하락은 외국시장에서 수출경쟁력을 약화시킨다. 1\$ 당 1,200원에서 1,000원으로 하락한 경우를 생각해보자. 미국시장에서 1,200원짜리 한국 상품이 1\$에 팔리고 있었는데, 이제는 1,000원짜리 한국 상품이 1\$에 팔려야 하므로, 우리나라 상품 1,200원짜리는 이제 1.2\$의 가격표를 붙이게 된다. 즉, 외국시장에서의 가격경쟁력 상실을 의미하고, 이는 우리나라 상품의 수출감소로 이어진다. 한편, 원/달러 환율의 하락은 곧 달러/원 환율의 상승을 의미한다. 1\$ 당 1,200원에서 1,000원으로 하락한 것은 1원 당 $\frac{1}{1,200}$ 달러에서 $\frac{1}{1,000}$ 달러로 상승한 것과 동의어이기 때문이다. 따라서 원/달러 환율은 하락, 달러/원 환율은 상승, 수출은 감소하게 된다.

06 다음 중 나머지 경우와 다른 방향으로 대미 달러 환율에 영향을 미치는 것은?

① 국내 기업에 의한 해외직접투자가 증가한다.

② 정부가 외환시장에 개입하여 달러화를 매도한다.

③ 경상수지 흑자폭 증가세가 지속된다.

④ 외국인 관광객들의 국내 지출이 큰 폭으로 증가한다.

⑤ 외국인 투자자들이 국내 주식을 매수하는 추세가 지속된다.

해설

환율은 외환의 가격이다. 가격이라는 것은 시장에서 결정되고, 시장은 수요와 공급이 존재하는 유·무형의 공간을 의미한다. 따라서 환율은 외환시장에서 외환수요와 외환공급에 의해 결정된다.

① 국내 기업에 의한 해외직접투자가 증가하면, 외국에 투자하기 위해 외환에 대한 수요가 증가한다. 이는 외환시장에서 외환수요곡선을 우측으로 이동시켜 명목환율을 상승시키는 결과를 가져온다.

오답
노트

외환수요와 공급의 변화 방향에 따라 균형환율이 상승 혹은 하락한다.

② 정부가 외환시장에 개입하여 달러화를 매도할 경우 외환시장에 달러화 공급이 증가하기 때문에 환율은 하락한다.

③ 경상수지 흑자는 수출이 수입보다 많음을 의미한다. 이는 수출대금의 결제를 위한 외환이 우리나라에 많이 유입됨을 의미하기 때문에 외환공급의 증가로 이어지고 이는 환율의 하락요인으로 작용한다.

④ 외국인 관광객의 국내 지출 증가는 외환공급의 증가이다. 외국인 관광객이 우리나라 시장에서 지출하기 위해 원화에 대한 수요가 증가하고, 원화수요 충족을 위해 달러화를 원화로 바꾸기 때문에 외환시장에서 공급이 증가한다. 이로 인해 환율이 감소한다.

⑤ 외국인 투자자들이 국내 주식을 매수하게 되면 그 대가로 달러를 지급하기 때문에 우리나라 외환시장에서 외환공급이 증가한다. 그 결과 환율이 감소한다.

07 환율에 대한 구매력 평가설에 대해 다음 설명으로 적합하지 않은 것은?

① 환율 변화율은 양국의 물가상승율 차이로 나타낼 수 있다고 설명한다.

② 단기적인 환율의 움직임을 잘 나타내고 있다는 평가를 받고 있다.

③ 두 나라 화폐 간의 명목환율은 두 나라의 물가수준에 의해 결정된다고 설명한다.

④ 어떤 물건의 가격이 어디에서든지 같아야 한다는 일물일가의 법칙을 국제시장에 적용한 것이다.

⑤ 빅맥지수가 대표적인 구매력 평가설에 의한 환율지수이다.

구매력 평가설은 단기 환율 움직임을 잘 나타내지 못하고, 장기적인 환율의 변화를 잘 반영하는 것으로 알려져 있다. 이는 다양한 현실적인 요인으로 단기에는 잘 맞지 않기 때문이다.

오답노트

① 일물일가의 법치에 의해 양국의 물가상승률의 차이로 환율을 설명하는 이론이다.
③ 두 나라의 화폐간의 명목환율이 물가수준에 의해 결정된다는 이론으로 일물일가의 법칙에 토대를 두고 있다.
④ 일물일가의 법칙이란 동일한 상품은 동일한 가치를 가져야 한다는 것으로, 해당 개념이 국제시장에 적용된 것이 구매력평가설이다.
⑤ 빅맥지수, 스타벅스 라떼 지수 등이 대표적이다.

#변동환율제도, #환위험

08 다음 중 변동환율제도의 장점을 모두 고른 것은?

> ㉠ 중앙은행은 환율을 일정하게 유지하기 위하여 외화시장에 개입하지 않아도 되므로, 통화정책을 독립적으로 사용하여 거시경제의 안정을 도모할 수 있다.
> ㉡ 통화정책을 적극적으로 실행하지 않더라도 시장에서 환율이 신속하게 조정되어 대내외 균형이 유지될 수 있다.
> ㉢ 환율변동에 따른 환위험을 최소화할 수 있다.

① ㉠, ㉡   ② ㉡, ㉢
③ ㉠, ㉢   ④ ㉠, ㉡, ㉢
⑤ ㉢

㉠ 변동환율제도는 시장의 수요, 공급에 균형 환율의 결정을 맡기기 때문에 중앙은행이 특별히 개입할 여지가 없다. 또한 균형이 저절로 회 복되기 때문에 독립적인 통화정책의 활용이 가능해 거시경제의 안정을 도모할 수 있다.
㉡ 변동환율제도에서는 별다른 조정 없이도 시장의 수요, 공급에 의해 균형을 회복한다.

오답노트

㉢ 변동환율제도에서는 외부변화를 중앙은행이 통제할 수 없기 때문에 환율변동에 따른 환위험 발생이 가능하다.

🔍 신문기사를 통해 경제·경영학적인 시야 기르기!

국제 02

1,400원대 위협받는 원화값
"다음 금리 결정때 환율 고려"

2024.10.27. 매일경제

이창용 총재 워싱턴 간담회
예상보다 급락해 곤혹
"올 성장률 2.2~2.3% 될 것"

이창용 한국은행 총재(사진)가 달러당 원화 값 급락이 향후 기준금리를 결정하는 데 변수로 작용할 수 있다는 점을 시사했다. 이에 따라 기준금리 추가 인하 시점이 예상보다 늦어질 수 있다는 전망이 나온다.

이 총재는 25일(현지시간) 미국 워싱턴DC에서 기자들과 만나 "환율이 지금 우리가 원하는 것보다는 굉장히 높고 상승 속도도 빠르다"라며 "지난번(10월 금융통화위원회)에는 고려 요인이 아니었던 환율이 다시 고려 요인으로 들어왔다."라고 말했다. 그러면서 "미국이 '피벗'(통화정책 방향 전환)을 하면 환율이 안정적인 방향으로 가겠구나 했는데 지난 2주간 달러가 강해졌다."라고 말했다.

이 총재는 일각에서 제기된 금리 조정 실기론에 대해서는 "금리를 많이 올려서 자영업자를 더 힘들게 만들고 부동산 프로젝트파이낸싱을 망가뜨린 다음 금리를 낮춰 '이제 좀 덜 힘들지?'라고 말하라는 것이냐"라고 반박했다.

목표 달성에 적신호가 켜진 경제성장률과 관련해서는 통화정책 방향에서 고려할 사항이 아니라고 했다. 이 총재는 "4분기(성장률)가 안 나온다고 해도 지금까지 추세를 보면 올해 성장률은 잠재성장률 2%보다는 반드시 높을 것"이라며 "성장률이 갑자기 망가져서 경기를 부양해야 하는 상황은 아니다."라고 했다. 이어 "(올 경제성장률은) 2.2%나 2.3% 정도 될 것"이라고 말했다.

금통위는 지난 11일 기준금리 인하를 결정하며 3년 2개월간 이어져온 긴축 기조를 완화했다. 향후 3개월 내 금리 수준 전망에선 금통위원 6명 중 5명이 기준금리를 현행 3.25%에서 유지하는 게 적절하다고 봤다.

이 총재는 국제통화기금(IMF) 연차 총회 참석 차 미국을 방문했다.

한국은행의 금리 인하로 원화가치가 급락하자 당황하는 내용을 담은 기사이다. 금리는 많은 정책변수에 영향을 미친다. 이자율의 인하로 투자 활성화의 근거가 되기도 하지만, 이는 글로벌 자본이 해외로 빠져나가는데 영향을 주기 때문에 명목환율이 상승하기도 한다. 즉 원화가치가 하락한다는 의미다. 이처럼 모든 정책결정은 얻는 것이 있으면 잃는 것이 있다. 이를 세밀하게 관리하기 위해서는 다양한 정책적 판단이 필요하다.

아이들이 답이 있는 질문을 하기 시작하면
그들이 성장하고 있음을 알 수 있다.

－존 J. 플롬프－

매경 TEST

실전단기완성

경영편

시대에듀
(주)시대고시기획

PART 4

경영

출제비율

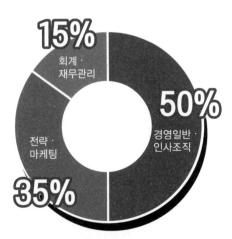

15%
회계 ·
재무관리

50%
경영일반 ·
인사조직

전략 ·
마케팅

35%

교수님 Talk!

☑ 경제학이 완전경쟁을 통해 효율성 증진에 관심을 갖는다면, 경영학은 **독점**에 관심을 갖습니다.
어떻게 하면 독점화에 성공해 **기업의 이익을 극대화**할 수 있을까에 관심을 갖는 분야입니다.
경영학은 경영자를 위한 학문입니다. **경영자의 시각**에서 이론을 바라볼 수 있어야 합니다.
경영전략과 조직, 마케팅 주제가 중요한 이유입니다. **회계와 재무**는 정의를 중심으로 한 기초적
인 수준의 이해가 필수적임을 기억해야 합니다.

01 | 경영학의 기초

01 경영학을 공부해야 하는 이유

1. 기업의 운영 원리에 대한 이해

골프 스윙을 배우기 위해 골프 연습장에 회원 등록을 하면 가장 먼저 알려주는 것은 그립을 잡는 방법이다. 그립을 잡고 발의 위치는 어떻게 해야 하는지, 시선은 어디에 둬야 하는지를 먼저 알려준다. 이 지루한 과정을 상당 기간 반복하고 나서도 옆 레인의 다른 사람들처럼 경쾌하게 채를 휘두르지 못한다. 다음 과정은 골프채를 지상에서 조금 더 들어 올리는 데에 불과한 하프스윙이다. 이 하프스윙을 상당기간 연습하여 골프채로 공을 맞추는 감각을 끌어올린 이후에 비로소 풀 스윙을 배우게 된다. 모든 운동은 머리가 아닌 몸이 기억해야 좋은 결과가 나온다. 그럼에도 불구하고 이렇게 지루하기만 한 기본동작을 자꾸만 강조하는 이유는 무엇일까? 이는 마치 하나의 동작처럼 보이는 골프 스윙이 사실은 다양한 구분동작과 세밀한 원리들로 이루어져 있음을 이해할 때 더 좋은 스윙을 완성할 수 있기 때문이다. 경영학의 각종 원리들을 배워야 하는 이유도 이와 같다. 경영학은 기업을 경영하는 데 필요한 다양한 분야를 모아놓은 응용학문이다. 우리가 일하게 될 조직 현장의 운영 원리를 미리 공부해 둔다면 실제 비즈니스 현장에서 보다 여유롭게 다양한 측면을 살펴볼 수 있을 것이다. 물론 골프 기본 원리와 이론을 잘 배웠다고 해서 스윙도 좋으리란 보장은 없다. 이를 실제 스윙에 반영하는 것은 또 다른 문제이기 때문이다. 하지만 적어도 원리를 아는 사람은 자신이 무엇을 잘못하고 있는지 파악하고, 수정할 수 있는 힘이 존재한다. 우리가 경영학을 배워야 하는 이유도 바로 여기에 있다. 회사는 무엇이고, 어떤 논리에 따라 운영되는지를 미리 알고 비즈니스 현장에 나간다면 더 다양한 상황에서 보다 여유롭게 대처할 수 있는 힘을 가질 수 있게 된다. 취업 과정에서 경영학과가 아닌 학생이 경영학을 복수전공한 경우, 취업 전 인턴쉽 경험이 있는 경우에 더 높은 점수를 주는 것도 이러한 이유 때문이다.

2. 경제학과 경영학

2020년을 막 시작한 지금의 시점에는 이공계 우대 현상이 두드러지지만, 불과 몇 년 전만 하더라도 분야를 막론하고 각 기업의 공채 공고문 한편에 쓰여 있던 문구는 상경계열 우대였다. 또한 전공 시험을 치르는 각종 공기업의 시험과목에도 빠지지 않고 등장하는 것이 경제학과 경영학이다. 이처럼 상경계열을 대표하는 두 학문을 사기업이든 공기업이든 기업이라는 조직에서 모두 필요로 하는 이유는 기업 환경을 분석하고, 이를 활용하는데 꼭 필요한 학문들이기 때문이다.

(1) 경영환경을 읽을 수 있는 눈, 경제학

경제학을 통해서는 기업을 둘러싼 환경을 읽을 수 있는 시각을 키울 수 있다. 기업은 필연적으로 시장을 필요로 하고, 국가 경제와 맞닿아 있다. 따라서 시장의 작동 원리를 이해해야 하고, 국가 경제의 변화가 미칠 영향을 분석할 수 있어야 한다. 현상과 원인에 대한 올바른 진단이 전제되어야 정확한 대안을 제시할 수 있기 때문이다.

(2) 기업의 운영원리를 이해할 수 있는 눈, 경영학

경제학을 통해 기업이라는 하나의 큰 조직이 놓여있는 환경을 이해했다면, 경영학을 통해서는 기업이 어떤 원리에 의해 운영되는지를 이해할 수 있다. 아무리 기업이 놓인 시장과 거시적 환경을 분석하고 대안을 제시했다하더라도 기업 내부에서 이를 실행할 능력이 없다면 아무런 소용이 없다. 제시된 대안을 실현해낼 수 있을 때 기업의 경쟁력이 높아지고, 경쟁력이 높아져야 시장을 창출하고 이윤을 극대화할 수 있다.

02 경영학 공부 방법

1. 다양한 개념에 익숙해지자

경영학을 공부하는 방법을 크게 두 가지이다. 실제 기업 현장에서 경영자로서 혹은 관리자로서 역할을 하며 체득하는 방법과 기업 현장 밖에서 개념을 습득하는 방법이다. 이 두 방법을 통해서 배울 수 있는 경영학은 완전히 다른 차원의 것이다. 하지만 이 두 방법은 서로를 보완해준다. 관리자로서 이론을 배우는 일도, 비즈니스 현장 밖에서 배운 이론을 관리자가 되었을 때 활용하는 일 모두 기업 경영이라는 활동으로 완성되기 때문이다. 매경TEST의 경영학 공부는 책을 통해 기업 현장 밖에서 개념을 공부하는 과정이다. 실제 비즈니스 현장에 진출했을 때 활용할 수 있도록 최대한 많은 개념들을 이해해두자.

2. T자형 학습방법을 익히자

경영학 공부는 경제개념을 공부하는 방법과는 다르다. 경제개념은 정확한 이해가 바탕이 되어야 다른 개념에 대한 이해가 함께 깊어지지만, 경영학은 그렇지 않다. 개념을 정확히 이해할 필요가 없다는 것이 아니라 일차적으로 수험에 초점을 맞춘 학습에서는 경영학은 보다 많은 개념을 얕고 넓게 공부하자. 해외 유수의 MBA 과정을 밟는 경영관리자들도 모든 분야를 공부하지 않는다. 대부분의 영역을 얕고 넓게 공부하다가 자신의 관심분야에만 집중하여 세분화하는 방법으로 공부한다. 즉 경영학 학습에 있어서는 흔히들 이야기하는 T자형 공부방법이 필요하다.

1. 경제학에서의 기업

경제학에서 기업은 국민경제에서 생산을 담당하는 주체이다. 국민경제의 순환 과정에서 기업은 가계로부터 생산요소를 제공받고, 기업은 생산요소 제공의 대가인 임금, 이자, 임대료를 지급한다. 이는 가계의 소득이 되어 소비의 원천이 되고, 가계는 다시 이를 기업이 생산한 재화와 서비스 구입에 사용하게 되어 기업의 생산이 지속되도록 역할을 한다.

2. 국민경제와 기업

경제학의 재정정책과 통화정책을 통해 살펴본 바와 같이 한 국가경제 내에서 기업의 역할은 매우 중요하다. 총수요가 부족해 경기가 침체될 때에도 그 중심에는 기업이 있다. 총수요의 부족이 기업의 생산을 위축시켜 경기가 침체되기 때문이다. 한편, 국민경제의 선순환 과정의 중심에도 기업이 있다. 기업의 생산이 증가하면 이에 따라 국민소득이 증가하고, 이는 생산물에 대한 수요 증가로 이어지기 때문이다. 수요의 증가가 다시 생산의 증가로 이어지는 것은 물론이다.

3. 기업이 존재하는 목적

미시경제학의 생산자이론 편에서 학습한 바와 같이 경제학에서 기업은 이윤을 극대화하는 주체로 묘사된다. 물론 기업이 존재하는 목적을 설명하는 다양한 이론들이 존재하긴 하지만, 이윤 극대화만으로는 설명할 수 없는 현실과의 간극을 메워주는 역할을 할 뿐이라고 설명한 바 있다. 혹자는 이를 마치 천박한 속물적인 이유라고 간주하기도 한다. 하지만 기업은 너무나 당연히 이윤을 추구하는 존재이다. 어떤 기업도 잠시만 활동하고 사라지고 싶은 기업은 없기 때문이다. 지속가능한 생산을 위해서는 반드시 이윤이 필요하다. 기업의 존재 목적은 다음과 같이 이윤의 추구, 아이디어의 판매로 나눠볼 수 있다.

(1) 이윤 추구

경제학에서 배운 바와 같이 이윤이란 생산을 통해 벌어들인 수입에서 생산과정에 생산요소를 제공한 사람들에게 대가를 지급하고 남은 금액이다. 기업은 이렇게 벌어들인 이윤으로 주주와 채권자에게 보상을 하고, 직원, 협력업체에게 대가를 지급한다.

① 주주와 채권자

기업 활동에서 가장 먼저 이해해야 하는 이해관계자는 주주와 채권자이다. 기업을 운영하기 위해서는 무엇보다 자금이 필요하다. 모아 놓은 저축으로 시작할 수도 있지만, 기업 운영에 막대한 자금이 필요하다는 점을 생각해보면 비현실적이다. 현실에서 기업들은 주변 사람들이나 은행에서 돈을 빌려 사업자금을 마련하는 경우가 많다. 기업에게 돈을 빌려준 사람들은 주주 혹은 채권자가 된다. 이들은 자신들의 자금 지원에 대한 투자 혹은 이자소득을 얻기를 바라기 때문에 기업은 이들의 기대에 부응할 수밖에 없으며, 그 과정에서 필연적으로 이윤을 창출해야만 한다.

㉠ 주 주

주주란 자금을 빌려주면서 해당 기업에 대한 소유권의 일부를 갖는 사람들이다. 주주들은 기업이 좋은 성과를 창출했을 때 그 기업이 거둔 이익의 일부를 배당금의 형태로 지급받는다. 주주가 빌려준 기업자금은 곧 해당 기업에 대한 투자였던 셈이다. 따라서 주주는 이익의 일정부분을 자신이 투자한 지분만큼 가져가게 된다.

㉡ 채권자

채권자는 빌려준 자금에 대해 상환을 받을 권리만 가질 뿐 소유권을 갖지 않는 사람들이다. 채권자는 원금과 함께 정해진 이자를 받을 뿐이다. 따라서 똑같이 돈을 빌려줬더라도 기업이 잘되었을 때 주주는 큰 대가를 얻는 반면 채권자는 그렇지 못한다. 반면에 기업의 성과가 좋지 않을 때 주주는 투자한 돈만큼도 얻을 수 없지만, 채권자는 그렇지 않다. 기업의 주주들이 기업의 중요성과에 대해 궁금해 하고, 경영상태에 대해 보고를 받는 것도 이 때문이다. 기업들 마다 연초에 공개되는 Annual Report가 바로 주주에 대한 서면 보고인 셈이다.

② 직원과 협력업체

기업에는 많은 직원들이 존재한다. 만약 이윤의 창출이 지속적이지 못하면, 이들에게 월급을 지급하지 못한다. 경제학에서 배운 것처럼 이윤이란 판매수입에서 모든 대가지급을 제외하고 남은 금액이지만, 이 크기가 적자라면 지속적인 기업 활동이 어렵게 되고, 이는 생산 활동에 자신의 노동력을 제공한 직원들에게 적당한 대가를 지급하지 못하는 결과로 이어지게 된다. 한편, 협력업체에게도 마찬가지다. 기업은 혼자서만 모든 활동을 할 수는 없으며 다양한 분야의 기업들과 협력하게 된다. 구내식당에서 아침, 점심, 저녁을 만들어 줄 기업과 계약을 체결한다거나, 회사의 보안을 보안전문기업에게 의뢰하는 등의 모습이다. 만약 해당 기업이 이윤을 창출하지 못하면 이들 협력업체와도 지속적인 관계를 이어갈 수 없게 된다.

③ 기업 이윤 추구의 의미

이처럼 기업이 이윤을 추구하는 이유가 주주와 채권자의 기대에 부응하고, 직원의 노력에 걸 맞는 대우를 하기 위해서이며, 협력업체와 상생하기 위해서이다. 직원에게 월급을 지급하지 못하면 직원 가족의 생계가 문제가 된다. 협력업체도 마찬가지다. 지속적인 관계를 유지하지 못하면 협력업체의 이윤도 감소해 동일한 문제가 협력업체 내에서 발생하게 된다. 이처럼 기업이 도대체 왜 이윤을 존재의 목적으로서 삼는지를 살펴보면 이윤을 추구한다는 의미가 단지 돈을 번다는 것에 그치지 않는다. 기업에 이윤을 추구하는 것은 일종의 책임감인 셈이다.

(2) 아이디어의 판매

기업의 목적으로 생각해 볼 수 있는 것은 아이디어의 판매이다. 내가 가진 아이디어를 내 친구와 가족과 공유할 수도 있다. 하지만 창업을 통하면 더 많은 사람들과 내가 가진 아이디어를 공유할 수 있다. 중국 시장 진출을 노리고 있는 스마트 빨래 건조대도 처음에는 허리를 굽히지 않고 빨래를 널 수 없을까 하는 고민에서 주변 지인들과 만들어 사용하던 빨래 건조대를 창업을 통해 더 많은 소비자들에게 어필할 수 있게 되었다. 애플의 매킨토시, 마이크로소프트의 윈도우즈 모두 처음에는 친구 몇몇과 공유하던 제품일 뿐이었지만, 기업을 만들어 공유하는 범위를 점차 넓히자, 전 세계적인 상품이 될 수 있었다. 이처럼 기업은 자신이 가진 독창적인 아이디어를 판매하기 위해서 존재한다고 할 수 있다.

4. 기업의 종류

기업은 기업을 운영하기 위한 자금의 출처에 따라 크게 사기업과 공기업으로 구분된다. 사기업 (Private Enterprise)은 영리를 추구할 것을 목적으로 개인이 출자한 기업인 반면 공기업 (State-owned Enterprise)은 공익을 목적으로 국가 및 공공기관이 출자한 기업이다. 우리나라의 상법에서는 기업의 종류를 합명, 합자, 유한책임, 주식회사와 유한회사의 5종류로 구분하고 있다. 이는 출자자의 수에 따른 분류라 할 수 있다.

> **보충학습** 상법 제3편 회사
>
> 제169조(회사의 의의) 이 법에서 "회사"란 상행위나 그 밖의 영리를 목적으로 하여 설립한 법인을 말한다.
> 제170조(회사의 종류) 회사는 합명회사, 합자회사, 유한책임회사, 주식회사와 유한회사의 5종으로 한다.

분류 기준			기업형태
사기업	단독기업		개인기업
	공동기업	인적 공동기업	합명회사
			합자회사
		물적(자본적) 공동기업	유한책임회사
			유한회사
			주식회사
공기업			국영기업, 지방공익기업, 공사, 공단
공사공동기업			특수회사

※ 출처 : 「생활 속의 경영학(제5판)」, 장영광·정기만, 신영사, 2014

(1) 개인기업

개인기업은 개인 1인이 출자하여 경영을 하는 기업으로 영리추구를 목적으로 한다. 개인기업이 포함된 사기업은 경제적 이익을 목적으로 설립되어 이윤 극대화를 위해 노력하고, 그 과실을 구성원이나 사원(주주)개인에게 배분하는 것을 기본원리로 한다.

(2) 인적 공동기업

① 합명회사

합명회사는 혈연관계에 있는 2인 이상의 출자로 이뤄지며, 사원은 회사의 채무에 대해 변제할 무한책임을 진다. 사원 구성 후 정관을 작성하여 설립등기를 하면 회사가 설립되고, 출자에 있어서 재산출자뿐만 아니라 노무 및 신용출자도 인정된다. 입사 및 사원의 지위 양도는 다른 사원의 승낙을 필요로 하나 퇴사가 자유롭고 제명제도가 존재한다. 원칙적으로 모든 사원이 업무집행권 및 대표권한을 갖는다.

② 합자회사

합자회사는 무한책임사원과 유한책임사원으로 구성되는 복합적 조직의 회사이다. 무한책임 사원은 회사를 경영하고 유한책임사원은 자본을 제공하여 사업 활동의 이익을 분배받는다. 합자회사는 무한책임사원이 존재한다는 측면에서는 합명회사와 같으나 출자액의 한도 내에서 만 책임을 지는 유한책임사원이 있다는 면에서 차이가 난다. 합자회사는 사원 간의 개인적인 신뢰를 바탕으로 하기 때문에 인적회사에 속한다.

(3) 물적 공동기업

① 유한회사

유한회사는 출자자의 수가 2~50인인 회사로서, 사원 전원이 출자의무를 지지만, 출자금액의 한도로만 유한책임을 진다. 사원의 수가 많지 않아도 되고, 출자금액도 소액이어서 중소기업에 적당한 기업형태이다. 주식회사와 유사해보이나, 설립절차와 운영방법이 주식회사에 비해 간단하다는 점과 지분의 양도가 자유롭지 못하다는 점은 주식회사와의 차이점이다. 유한회사 는 1인 또는 다수의 이사를 두어야 한다.

② 유한책임회사

회사의 정관이나 상법에 다른 규정이 존재하지 않으면 유한책임회사에 대해서는 합명회사에 관한 규정을 준용한다. 그러나 합명회사는 무한책임 사원으로만 구성된 반면 유한책임회사는 출자자가 자신의 출자금액 한도 내에서만 책임은 지도록 한다. 반면 기존 유한회사와의 차이점 은 이사나 감사를 두지 않아도 되고 사원이 아닌 사람도 회사의 업무집행자가 될 수 있다는 점이다. 유한책임회사는 합명회사처럼 설립 및 운영은 쉽게 할 수 있지만, 출자자의 책임한도 를 출자금액까지로 제한해줌으로써 부담 없이 창업할 수 있도록 유도하기 위한 회사 형태이다. 신생 벤처기업, 기술형 신생기업 등이 이에 속한다.

③ 주식회사

가장 많은 회사들이 취하고 있는 기업형태이다. 출자한 한도 내에서 유한책임을 지는 1인 이상의 출자자에 의해 설립되는 기업형태로서 대규모 기업에 적당하다. 최소 1주 이상은 주식을 발행해야 하며 상법상 1주 당 액면가액은 100원 이상이다. 자본을 출자하는 주주의 수가 많아지고 주식분산이 고도화될수록 경영에 관여하지 않고 주가상승차익이나 배당과 같은 이익 획득에만 관심이 높아진다. 따라서 전문경영인에게 경영을 맡기게 되어 소유와 경영이 분리되는 특징이 있다. 주식회사의 특징을 정리하면 다음과 같다.

ㄱ. 자본의 증권화

소액단위의 균일한 주식을 발행하여 자금 출자를 쉽게 하고, 이를 증권시장에서 사고파는 것이 가능하도록 하여 소유권의 이전 역시 쉽게 하였다. 이는 시장의 단기자금을 기업의 장기고정자본으로 전환하는 역할을 담당한다.

ㄴ. 소유와 경영의 분리

자기자본비율에 의해 회사의 소유권을 갖지만 경영은 전문경영인을 고용하여 맡긴다.

ㄷ. 유한책임성

출자자는 출자의 범위 내에서만 책임을 진다. 즉, 개인의 자본능력에 따라 책임의 한계가 결정된다.

ㄹ. 규모의 경제실현

소액단위의 자본이 결합하여 대규모의 자본을 형성함으로써 생산원가의 절감, 정보수집 비용의 감소, 시장지배력의 강화를 도모할 수 있다.

(4) 공기업과 공사공동기업

공기업은 국가나 지방자치단체가 공익을 목적으로 출자하는 기업형태이다. 공사공단기업은 공기업과 사기업을 혼합한 기업형태로 공익을 추구하면서 경영효율을 동시에 추구하기 위한 기업형태이다.

(5) 협동조합

① 의 미

협동조합이란 공동의 목적을 가진 5인 이상이 모여 조직한 사업체로서 그 사업의 종류에는 금융 및 보험업을 제외하고는 제한이 없다. 기존의 협동조합으로는 정책적 필요성에 의하여 국가 주도로 만들어졌다. 농업협동조합(농협), 신용협동조합(신협), 수산업협동조합, 엽연초 협동조합, 산림조합, 중소기업협동조합, 소비자생활협동조합, 새마을금고의 8개가 대표적인 협동조합이다.

② 협동조합기본법 개정

주요 8개의 협동조합 이외에도 실질적으로는 협동조합이지만, 법적인 제도가 존재하지 않아 개인사업자나 주식회사 또는 사단법인 형태로 운영되는 조직이 전국에 8, 9천개에 이르는 것으로 추산되어 2012년 12월에 이러한 조직들도 협동조합의 지위를 얻을 수 있도록 협동조합 기본법이 개정되었다. 즉, 협동조합기본법은 법인격 부재로 인한 애로사항을 해소하고 새로운 경제사회 발전의 대안모델로 주목받고 있는 협동조합의 설립과 운영을 규정함으로써 경제사회적 수요를 반영하기 위한 것이다.

협동조합기본법 개정의 기대효과

구 분	법시행 전		법시행 후	기대효과
법 령 (설립분야)	농협·수협 등 8개 분야에 한정된 개별법	→	모든 분야를 포괄하는 일반법	• 『협동조합기본법』 • UN '협동조합의 해'에 맞춰 법제정(2012년) • 개도국 파급효과(일본 등 도입 못함)
법인격	법인격 부재 회사(상법), 사단법인(민법) 형태로 사업	→	법인격 부여 (영리·비영리법인)	• '대안적 기업모델' 도입 • 4,000~8,000 단체이상 법인격 획득(초기)
최소설립인원 (조합원수 기준)	100~1000명 이상	→	5인 이상	• 다양한 협동조합 설립 활성화 • 경제사회적 파급효과
복지정책	'복지'와 '일자리' 정책 연계성 한계	→	'복지정책' 보완	• '일하는 복지' 구현 • 복지사업 보완(사회적기업, 자활 등) • 복지전달체계 개선
신규창업 (일자리)	설립 제한 (협동조합 설립 제한)	→	사실상 모든 경제사회분야 설립	• 소액·소규모 창업 활성화(청년창업 등) • 새로운 일자리 창출 • 다양한 경제수요 충족
노동자 협동 조합(조합원=직원)	설립 제한	→	설립 가능	청소·택배·퀵서비스·재활용·대리운전 등 협동조합 설립
특수형태 근로자 보호	특수형태 근로자 보호 취약 (법인격단체 설립 제한)	→	특수형태 근로자 협동조합 설립 가능	캐디·학습지교사돌봄근로자 등 보호 강화 (4대보험 혜택 등)
자영업자 경쟁력 제고(영세상인, 상공인 등)	자영업자간 법인격 단체 설립 제한	→	자영업자(개인· 법인) 협동조합 설립 가능	• 자영업자 경쟁력 제고(협력·협업·공동구매 등) • 재래시장상인 지원 • 지역경제 활성화 등

※ 출처 : 협동조합 홈페이지(www.coop.go.kr)

③ 협동조합의 종류

협동조합은 영리의 추구여부에 따라 협동조합과 사회적 협동조합으로 구분된다.

㉠ 협동조합

협동조합은 영리법인으로서 수익의 배당이 가능한 협동조합이다. 시도지사에 신고행위를 통해 설립되며 금융 및 보험업을 제외하면 업종 및 분야의 제한이 없다. 법인의 청산은 정관에 따라 잔여재산을 처리함으로써 이뤄진다.

㉡ 사회적 협동조합

사회적 협동조합은 비영리법인으로 배당이 불가능하다. 기획재정부(관계부처)의 인가로 설립되며, 지역사회 재생, 주민권익 증진, 취약계층 사회서비스, 일자리 제공 등 공익증진사업을 40% 이상 수행해야 한다. 사회적 협동조합의 청산은 국고 귀속 등의 형태로 마무리 된다.

협동조합과 사회적 협동조합의 비교

구 분	협동조합	사회적 협동조합
법인격	(영리)법인	비영리법인
설 립	시도지사 신고	기획재정부(관계부처) 인가
사 업	•업종 및 분야 제한 없음 •금융 및 보험업 제외	•공익사업 40% 이상 수행 − 지역사회 재생, 주민 권익 증진 등 − 취약계층 사회서비스, 일자리 제공 − 국가·지자체 위탁사업 − 그 밖의 공익증진 사업
법정적립금	잉여금의 10/100 이상	잉여금의 30/100 이상
배 당	배당 가능	배당 금지
청 산	정관에 따라 잔여재산 처리	비영리법인·국고 등 귀속

※ 출처 : 협동조합 홈페이지(www.coop.go.kr)

5. 기업의 변화

우리나라에서 현재 100년 이상 유지되고 있는 기업은 동화약품과 두산, 신한은행 등 7개에 불과하다. 기록상으로는 1896년에 창업한 두산을 최고령 기업으로 보기도 하지만, 두산은 1896년 박승직 상점으로 시작했다가 1945년 문을 닫은 이후 1946년 두산상사로 재출발한 역사를 갖고 있다. 따라서 두산이 아닌 부채표 활명수로 유명한 동화약품을 최고령 기업으로 꼽는 학자들도 있다. 기업은 살아있는 유기체와 같은 모습을 갖는다. 100년이 넘게 장수하는 기업이 있는가하면 창업 이후 쥐도 새도 모르게 사라지는 기업도 있고, 다른 기업과의 인수로 갑자기 규모가 커지는 기업도 존재한다. 이러한 기업의 변화에서 대표적으로 살펴볼 수 있는 것은 M&A로 알려진 기업의 인수·합병과 기업의 분할이다.

(1) 기업의 인수·합병

기업의 인수·합병(Merger and Acquisition ; M&A)은 기업의 외적성장을 이끄는 주요 수단이다. 기업의 인수·합병은 인수와 합병으로 구성된다. 합병(Merger)은 기업지배권 획득을 목적으로 두 개 이상의 기업이 하나로 통합되어 단일 기업이 되는 것을 의미하고, 인수(Acquisition)는 특정기업이 다른 기업의 주식 또는 자산을 취득하여 경영권을 획득하는 것을 의미한다.

① 인수·합병의 방법

  ㉠ 기업합병

  기업합병은 두 개 이상의 회사가 법률적으로 하나의 기업이 되는 기업결합수단이다. 가장 강한 형태의 인수합병으로 흡수합병과 신설합병으로 나뉜다.

ⓐ 흡수합병

흡수합병은 존속기업이 소멸기업의 모든 영업활동과 자산, 채무를 인계 받는 기업합병 방법이다.

ⓑ 신설합병

합병을 하려는 모든 기업들이 일단 해산되고, 이들이 새로운 기업을 설립하는 형태의 기업합병이다. 새롭게 설립된 기업이 해산기업들의 자산, 채무, 영업이익을 인계받는다.

ⓛ 주식취득

주식취득은 취득기업이 피취득기업의 주식 일부 혹은 전부를 주주로부터 취득하는 방법이다. 기업합병과의 차이점은 기업합병은 기업의 일부 혹은 전부가 소멸되지만, 주식취득은 해당기업이 개별기업으로 계속해서 존재한다는 점이다.

ⓒ 자산취득

한 기업이 상대기업 자산의 일부를 인수하는 것을 의미한다. 표면적으로 매각기업의 기업구조나 주주들의 주식소유권에는 영향이 없다.

② 인수 · 합병의 효과

㉠ 매출의 증대

두 기업이 인수 · 합병으로 하나의 기업이 되면 유통망, 브랜드 등과 같은 기업의 자원이 풍부해지기 때문에 이종산업 간의 결합에서는 시장 다변화, 제품 다변화, 사업영역 확대로 매출의 증대를 기대할 수 있게 되고 동종산업 간의 결합에서는 시장점유율의 확대로 지배적 위치의 확보를 기대할 수 있다.

㉡ 비용절감

기업의 인수 · 합병으로 규모의 경제가 발생할 수 있다. 즉, 인수 · 합병으로 다양한 자원을 활용할 수 있게 됨으로써 생산 및 유통과정에서의 효율성을 높여 원가를 절감할 수 있는 것이다.

㉢ 위험감소

기업의 인수 · 합병으로 이종산업 간의 결합이 이루어지면 공동으로 활용 가능한 자원이 많아져 각종 비용이 절감된다. 한편 한 분야에서의 손실을 다른 분야에서의 이득으로 상쇄할 수 있어 영업위험이 분산되고 수익안정화를 달성할 수 있다.

③ 인수 · 합병의 공격과 방어

㉠ 공격방법

인수 · 합병을 위해 실시하는 공격방법은 대표적으로 공개매수, 그린메일, 파킹, 흑기사, 토요일 밤 기습작전 등이 있다.

ⓐ 공개매수(Tender Offer ; TOB) : 경영권 지배를 목적으로 특정기업의 주식을 주식시장 밖에서 공개적으로 매수하는 적대적 M&A방식이다. 주식의 매입기간, 간격, 수량 등을 미리 홍보하여 증권시장 밖에서 불특정다수를 대상으로 매수하는 것으로 다른 기업 매수에 효과적이다. 영국에서는 TOB(Take Over Bid)라고 하며, 미국에서는 Tender Offer라고 한다.

ⓑ 그린 메일(Green mail) : 경영권이 취약한 대주주에게 보유주식을 높은 가격에 팔아 프리미엄을 챙기는 투자자를 그린 메일러(Green mailer)라고 한다. 이때 보내는 판매 의사를 밝히는 편지를 대주주에게 보내게 되는데, 이 편지를 달러의 색에 비유해 그린 메일(Green mail)이라고 한다. 공갈・갈취를 의미하는 블랙메일(Black mail)과 달러 의 색인 녹색(Green)의 합성어이다.

ⓒ 파킹(Parking) : 기업매수와 관련해 주식을 구입한 사실이 시장에 알려지면 주가가 상승하기 때문에 이를 사전에 방지하기 위하여 주식매집자가 매집사실을 감추기 위하여 주식을 브로커나 증권회사에 맡겨 놓은 것을 의미한다.

ⓓ 흑기사(Black Knight) : 적대적 M&A를 시도하는 기업이나 개인이 단독으로 필요한 주식을 취득하기 어려울 때 우호적인 제3자의 도움을 청하게 되는데 이때 경영권 탈취에 도움을 주는 개인이나 기업을 의미한다.

ⓔ 토요일 밤의 기습(Saturday Night Special) : 기업을 인수하는 측이 매수당하는 기업에 게 방어할 시간을 주지 않기 위해서 공휴일인 토요일 저녁에 공개매수를 선언하는 경우 를 의미한다. 1980년대 미국에서 빈번히 발생하였다.

ⓛ 방어방법

ⓐ 백기사(White Knight) : 적대적 M&A의 공격을 받고 있으나 스스로 방어할 자본이 부족할 때 우호적인 제3세력을 찾아 도움을 청하게 되는데, 이때의 개인이나 기업을 백기사라고 한다. 흑기사의 반대편에 선 제3자라 할 수 있다.

ⓑ 황금낙하산(Golden Parachute) : M&A를 당하는 기업의 최고경영자가 인수로 인하여 임기 전에 사임하게 될 경우를 대비하여 거액의 퇴직금, 스톡옵션, 일정기간 동안 보수 와 보너스 등을 받을 권리를 사전에 고용계약서에 기재하여 안정성을 확보하고 동시에 기업의 인수 비용을 높이는 방법이다.

ⓒ 팩맨(Pac Man) : 극단적 M&A의 반격 전략이다. 어떤 기업이 적대적 M&A를 시도하면 매수대상 기업이 이에 대항하여 자신이 오히려 매수기업을 인수하겠다는 역매수 계획을 발표하고 매수기업 주식의 공개매수 등을 시도하는 방법이다. 이를 통해 매수대상 기업 은 매수 희망기업이 자사에 대한 적대적 M&A를 포기하도록 유도한다.

ⓓ 독약처방(Poison Pill Plan) : 적대적 M&A에 대한 방어전략의 일종으로 가장 강력하고 적극적인 M&A 방어수단이다. 주주에게 보통주로 전환할 수 있는 우선주나 특정한 권리를 행사할 수 있는 증권(독약처방)을 대가없이 배부한 뒤 특정 조건을 만족시키는 상황이 되면 권리를 행사하도록 한다. 주주에게 전환사채를 배당의 형태로 무상으로 배부하고, 인수하려는 세력이 주식을 매집하면 배당 받은 주식을 고가에 되파는 권리를 부여하는 방식이 가장 대표적이다.

ⓔ 왕관보석(Crown Jewel) : M&A 대상이 되는 회사의 가장 가치 있는 자산을 처분함으로 써 대상 회사의 가치 및 매력을 감소시켜 M&A를 방지하는 것을 의미한다.

ⓕ 초다수결의제(Supermajority Voting) : 상법상에 규정된 특별결의 요건보다 더 가중된 요건을 정관으로 규정함으로써 적대적 M&A에 대하여 경영권을 방어하는 수단이다. 예를 들어 현행 상법에서는 정관의 변경에 대한 특별결의 요건으로 출석한 주주의 의결권의 3분의 2 이상과 발행 주식 총수의 3분의 1이상으로 규정하고 있는데, 초다수결의제에서는 출석한 주주 의결권의 90% 이상, 발생주식 총수의 70 이상 등의 방식으로 결의 요건을 높여 사실상 적대적 M&A가 이루어질 수 없도록 하는 것이다.

(2) 기업의 분할

기업분할(Division)은 기업의 인수·합병과 반대이다. 기존 회사의 사업부에 기업의 재산 즉, 자본금과 부채를 나눠준 후 새로운 기업을 만드는 것을 의미한다. 기업의 분할은 물적분할과 인적분할로 나눠진다.

① 물적분할

물적분할(Physical Division)은 분할주체가 신설회사의 주식을 100% 소유해 주주들은 종전과 같은 지분가치를 누릴 수 있다. 즉, 영업부문의 일부만을 자회사에 이전시키고 주식은 모회사가 모두 보유하여 자회사의 주식 취득 없이 물적으로만 분리하는 경우를 의미한다.

② 인적분할

인적분할은 기존 회사의 주주들이 지분율만큼씩 신설 법인의 주식을 나눠 갖는 것이다. 즉, 모회사가 영업부문의 일부를 신설된 회사로 이전시키면서 모회사의 주주가 주식을 취득하는 경우로서 인적으로 분할되는 경우를 의미한다.

보충학습　기업쪼개기 '인적분할'이 대세

코스맥스, LS전선 등 최근 사업 시너지 극대화를 위해 기업 분할에 나선 상장회사들이 인적 분할 방식을 선호하고 있어 주목된다.

1일 금융감독원 전자공시 시스템에 따르면 올 하반기부터 현재까지 실행된 기업 분할은 총 22건으로 집계돼 지난해 같은 기간 14건과 2011년 12건에 비해 증가 폭이 눈에 띄게 커졌다. 특히 인적 분할 비중은 더욱 증가해 2011년에는 3건에 그쳤지만 올해는 15건 발생했다.

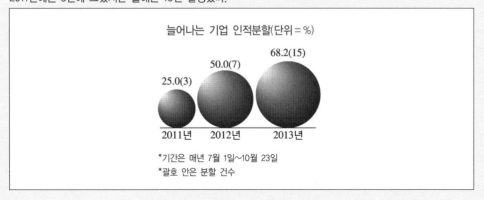

늘어나는 기업 인적분할(단위＝%)

25.0(3) 2011년　　50.0(7) 2012년　　68.2(15) 2013년

*기간은 매년 7월 1일~10월 23일
*괄호 안은 분할 건수

시장에서는 최근 인적 분할이 늘어나는 이유로 △사업영역의 확실한 경계 △정부의 인적 분할 시 신규 출자 허용 △재무구조 개선 등을 꼽고 있다.

지난달 코스맥스가 화장품 사업을 강화하기 위해 인적 분할을 택한 이유는 사업 영역 간 경계를 확실히 하기 위한 전략이다. 코스맥스는 이번 기업 분할로 화장품 ODM 사업을 총괄할 법인 코스맥스가 신설되고, 기존 코스맥스는 코스맥스BTI(가칭)로 사명을 변경해 지주회사 역할과 비(非)화장품 부문 사업을 총괄한다.

지난달 21일 LS전선이 부동산개발 부문과 자회사인 사이프러스를 인적 분할해 'LS아이앤디(LS I&D)'라는 회사를 신설한 것은 재무구조 개선을 위한 긍정적인 신호였다.

굿컴퍼니인 'LS전선'과 배드컴퍼니 'LS아이앤디'로 분할해 부진을 면치 못했던 부동산 및 해외투자사업 부문을 구분하고 주력사업인 전선의 경쟁력을 강화한 것이다. 최문선 한국투자증권 연구원은 "이번 인적 분할은 LS 전선의 빠른 상장을 위한 최선의 선택이었다"며 "LS전선은 이자지급 차입금이 1조8000억원에서 1조2000억원으로 감소해 연간 이자비용이 500억원 절감된다"고 밝혔다.

※ 출처 : 2013년 11월 1일, 「기업쪼개기 '인적분할'이 대세」, 매일경제신문

(3) 기업의 집단화

① 의미와 목적

㉠ 의 미

기업은 이익을 위해 집단화를 하려는 성향이 있다. 기업의 집단화는 둘 이상의 기업이 결합하여 보다 큰 경제단위로 결합하는 것을 의미한다. 미시경제학의 과점시장에서 공부했던 카르텔도 기업집단화의 대표적인 예다. 기업의 집단화와 기업의 인수·합병은 완전히 별개의 개념이 아니다. 기업의 집단화 개념 가운데 일부는 기업의 인수·합병과 중복된다.

㉡ 목적과 종류

기업집단화의 목적은 동종기업 간 경쟁회피, 생산공정이나 유통의 합리화, 출자관계 형성을 통한 기업지배 등의 이유로 행해진다.

② 종 류

기업집단화의 대표적인 유형은 카르텔, 트러스트, 콘체른이다.

㉠ 카르텔

카르텔(Cartel)은 법률적, 경제적으로 완전히 독립되어 있는 동종 또는 유사업종 기업 간에 수평적으로 맺는 협정을 의미한다. 이는 공정경쟁에 위배되기 때문에 법으로 금지하고 있는 기업집단화 형태이다. 이를 현실에서는 담합이라고 한다. 가장 흔한 형태의 카르텔은 가격이나 판매조건, 수량 등을 조절하는 것이다. 카르텔의 형성을 통해 기업들이 추구하는 바는 바로 시장의 독점화이다.

㉡ 트러스트

트러스트(Trust)는 두 개 이상의 기업이 법률적, 경제적인 독립성을 상실하고 하나의 통일된 단일기업을 형성하는 기업의 집단화이다. 이를 기업합동이라고 부른다. 이는 각 기업의 독립성을 완전히 상실하기 때문에 가장 강력한 형태의 기업집단화이다. 기업의 인수·합병(M&A)의 기업합병이 트러스트이다. 트러스트를 형성하는 목적은 대자본의 형성이다.

ⓒ 콘체른

　콘체른(Konzern)은 자본이 결합하는 집단화 형태로서 지배되는 기업은 법률적으로 독립성을 유지하지만 자본적으로는 독립성을 상실하고 지배를 받는다. 우리나라의 재벌 기업들이 주로 활용하는 기업집단화 방법이다. 즉, OO홀딩스라고 이름붙은 지주회사가 바로 콘체른이다. 자주회사(holding company)란 자회사 주식의 일부 혹은 전부를 소유해 자회사의 경영권을 지배하는 회사를 의미한다. 콘체른은 인수·합병(M&A)의 주식취득과 유사하다.

04 　기업과 경영자

1. 경영자의 정의 및 중요성

(1) 경영자의 정의

　경영이란 조직이 추구하는 목표를 달성하기 위하여 계획을 수립하고 이를 실행하며, 그 결과를 평가하는 일련의 과정을 의미한다. 하지만 경영활동이 이뤄지는 기업은 인격체가 아니기 때문에 스스로 경영활동을 수행할 수 없다. 따라서 기업 내에는 이를 수행할 주체가 있어야 하는데 이들이 바로 경영자이다.

(2) 경영자의 중요성

　경영자는 기업 구성원의 역할 및 행동을 규정하고, 경영을 총괄하며 경영에 대한 책임을 지게 된다. 기업이라는 조직은 공동의 목표를 달성하기 위해 다양한 사람들이 모인 조직이고, 이 조직의 행동 방향을 결정하는 사람이 경영자이기 때문에 조직에서 경영자는 매우 중요한 존재이다.

2. 경영자의 유형

(1) 소유와 경영의 분리에 따른 구분

① 소유경영자

　소유경영자(owner manager)는 작은 기업을 소유하면서 운영하는 사람을 의미한다. 다른 표현으로 기업가(entrepreneur)라고도 한다. 미국에서는 기업가라는 단어는 주로 소기업의 소유경영자를 의미한다. 혹은 기업의 소유권을 가지고 있으나 운영에는 참여하지 않는 자를 의미한다. 하지만 대기업을 소유하고 있는 경영자를 기업가라고 표현하지 않는다. 직접 관리를 하면서 혁신을 담당하는 기업가의 자세를 의미하는 기업가 정신이라는 단어도 여기서 파생되어 나온 것이다. 하지만 이는 우리나라의 상황과는 맞지 않는다. 미국의 경우 대기업은 소유와 경영이 거의 분리되어 있지만, 우리나라 대기업은 소유와 경영이 분리되지 않은 경우가 많기 때문이다. 독일이나 일본 등도 마찬가지이다. 따라서 각 국가의 기업 상황에 따라 소유경영자의 의미를 규모와 상관없이 이해해야 한다.

② 고용경영자

고용경영자는 소유경영자에게 경영기능의 일부 혹은 전부를 위탁받아 소유경영자의 이해관계를 위해 일하는 대리인으로서의 경영자를 의미한다. 기업의 규모가 커지고 전문화될수록 소유경영자가 모든 것을 통제하지 못하게 된다. 따라서 보다 효율적인 경영을 위해 전문성을 가진 고용경영자에게 경영기능의 일부를 위탁하게 되는 것이다. 이러한 고용경영자는 경영의 전문성을 지니며, 실질적인 기능에 있어서는 소유경영자와 거의 동일하다.

③ 전문경영자

전문경영자는 소유와 경영이 분리된 운영체제, 즉 자본과 경영이 분리된 경영체제에서 독립적인 전문성을 인정받으며 경영활동을 수행하는 사람이다. 엄격한 의미에서 우리나라는 전문경영인이 존재하지 않는다. 소유와 경영의 분리가 거의 이뤄지지 않았기 때문이다. 하지만 오늘날에는 소유와 경영이 분리되어 있지 않아도 어느 정도의 자율성을 보장받으며 경영활동을 하는 사람들을 전문경영자라고 한다.

(2) 위계수준에 따른 구분

① 최고경영층

최고경영층은 기업의 장기적인 목표와 전략을 수립하고, 이사회에서 결정된 기본방침을 실천에 옮기는 경영자이다. 일반적으로 이사급 이상의 임원에 해당한다. 경영관리활동의 계획, 지휘, 조정 및 통제를 담당한다.

② 중간경영층

중간경영층(middle management)은 부장, 차장, 과장에 해당하는 경영자를 의미한다. 이들은 최고경영층이 정한 방침을 위임받은 권한 내에서 구체적으로 실시하는 역할을 담당한다. 이들은 최고경영층의 의사를 하위경영층에게 전달함으로서 최고경영층과 하위경영층 중간에서 의견을 조정하고 원활한 의사소통을 돕는 역할을 수행한다.

③ 하위경영층

하위경영층은 현장에서 직접 작업을 담당하는 근로자나 사무원을 지휘 감독하는 경영층으로서, 생산현장의 조장, 반장 등의 감독자와 사무직의 계장 또는 대리에 해당한다.

(3) 직무범위에 따른 구분

① 전반경영자

기업 전체를 총괄적인 차원에서 경영하는 사람을 지칭한다. 최고경영층에 해당하는 사람들로서 총괄경영자라고도 한다. 직능경영자로부터 발생하는 이해관계를 조정·통합하는 역할을 담당한다.

② 직능경영자

각 부문의 책임자로서 부문관리자라고도 한다. 각 부문은 구체적으로 생산, 마케팅, 재무, 인사 등이다. 중간경영층과 하위경영층이 직능경영자에 해당한다.

3. 경영자의 기능

공동의 목표를 달성하기 위해 모인 기업조직에 있어서 경영이 중요한 이유는 효율성 때문이다. 효율성의 다른 이름은 생산성이다. 즉, 경영이란 생산성을 추구하는 과정이라 할 수 있다. 경영자의 기능도 생산성에 초점을 맞추고 이뤄진다. 경영자의 기능은 일반적으로 계획화, 조직화, 지휘와 통제로 구분된다. 이중 무엇보다 중요한 것은 계획화이다.

(1) 계획화

계획화(Planning)는 기업조직이 설정한 공동의 목표를 어떻게 달성할 것인지를 디자인하는 과정이다. 즉, 장래에 달성하고자 하는 상태를 위해 다양한 대안들을 선택하는 과정이라 할 수 있다. 성공적인 계획화 과정은 미래의 불확실성을 줄일 수 있다. 또한 구성원들로 하여금 목표와 업무를 체계적으로 인식하고 수행할 수 있도록 도와준다.

(2) 조직화

조직화(Organizing)는 계획화 과정에서 수립한 계획을 수행하기 위해 기업 내의 자원을 배치하고 분배하는 과정이다. 이러한 조직화는 구성원들이 담당할 역할을 의도적으로 설정하는 경영관리의 한 분야이다.

(3) 지 휘

지휘(Leading)란 구성원들이 조직으로부터 부여받은 임무를 원활하게 수행할 수 있도록 의욕을 불어 넣어주고 영향력을 행사하는 경영자의 기능이다. 즉, 리더로서의 역할이라 할 수 있다. 이는 구성원들의 능력을 부여된 임무에 맞게 효과적으로 사용할 수 있도록 격려하고 돕는 활동으로, 경영목표 달성을 위해 매우 중요한 활동이다.

(4) 통 제

통제(Controlling)는 계획과 실제 성과에 대한 차이를 인식하고, 이를 줄이기 위한 활동이다. 즉, 구성원들의 행동이 계획에 일치하도록 활동을 측정하고 수정하는 일이다. 따라서 통제활동은 일반적으로 목표달성의 측정과 관련이 깊다.

4. 경영자의 역할

경영학자 민츠버그(Henry Mintzberg)는 경영자들이 어떻게 시간을 소비하며, 어떠한 일을 하느냐에 따라 대인적, 정보적, 의사결정적 역할을 수행한다고 설명한다.

(1) 대인적 역할

대인적 역할(Interpersonal Role)은 경영자가 기업을 원만하게 경영하기 위해 필요한 역할이다. 즉, 기업 내외부의 다양한 사람들과 관계를 유지하는 역할을 의미한다. 대인적 역할은 구체적으로 기업의 외형적 대표자로서의 역할과 리더로서의 역할, 연락자로서의 역할 3가지로 구분할 수 있다. 외형적 대표자로서의 역할은 일정 단위의 장으로서의 경영자 역할로서 방문자 접견, 고객 접대, 직원 경조사 참여 등의 역할이다. 그리고 리더로서의 역할은 조직 구성원을 채용하고 훈련하며 동기부여를 가능하게 하는 역할이다. 마지막으로 연락자로서의 역할은 내부의 동료나 외부의 이해관계자들과 연결하는 역할을 의미한다.

(2) 정보적 역할

정보적 역할(Informational Role)은 경영자가 올바른 의사결정을 위해 다양한 정보를 수집하고 전달하는 것과 관련된 역할이다. 정보적 역할은 구체적으로 청취자로서의 역할, 전파자로서의 역할 그리고 대변인으로서의 역할로 구분된다. 청취자(Monitor)로서의 역할은 조직 내외부의 다양한 정부를 입수하고, 조직 구성원의 시야 밖에 있는 정보들을 수집하는 역할이다. 그리고 이렇게 수집된 정보를 하위계층에게 전달해주는 역할이 전파자(Disseminator)로서의 역할이다. 한편, 수집된 정보는 기업 외부의 사람들에게 전달되기도 하는데 이를 대변인(Spokesperson)으로서의 역할이라고 한다.

(3) 의사결정적 역할

의사결정적 역할(Decisional Role)은 수집된 정보를 바탕으로 의사결정을 내리고 그 결과에 대해 책임지는 역할이다. 이는 기업가로서의 역할, 분쟁해결자로서의 역할, 자원배분자로서의 역할, 그리고 협상자로서의 역할로 구분된다. 기업가(Entrepreneur)로서의 역할은 경영자가 기업 발전을 위해 노력하는 일련의 활동을 의미한다. 한편, 분쟁해결자(Disturbance Handler)는 노사분규나 계약위반과 같은 기업 내외부 문제에 대한 해결사로서의 역할이다. 그리고 자원배분자(Resource Allocation)로서의 역할은 높은 경영성과를 위해 기업의 자원을 어떻게 누구에게 분배할 것인지의 문제이며 협상자(Negotiator)로서의 역할은 공급자 혹은 노동조합과 견해 차이를 해소하기 위해 노력하는 역할을 의미한다.

민츠버그의 경영자 역할

구 분	세부역할	내 용
대인적 역할	외형적 대표자	방문객의 영접, 법적 서류 서명 등 상징적인 대표자로서 법률적 내지 사교적 성질의 정형적 임무를 수행한다.
	지도자	직무가 적절히 수행되도록 종업원의 채용, 배치, 훈련, 동기부여와 활성화 등과 같은 종업원과 관련된 모든 활동을 수행한다.
	연락자	정보를 제공하는 정보제공자와 수평적 외부접촉을 통해 자기개발과 네트워크를 유지한다.
정보적 역할	모니터	조직과 환경의 이해를 도모하기 위해 다양하고 광범위하게 정보를 탐색(정기간행물 구독과 개인적 접촉 유지)하여 경영활동을 수행하는 과정에서 유리하게 활용될 수 있는 정보를 꾸준히 탐색하는 신경망 센터로서 활동하는 것이다.
	전파자	외부 또는 종업원들로부터 받은 사실 또는 해석이 포함된 필요한 정보를 조직구성원에게 전달(정보를 중계하기 위한 모임 개최 등)해 주는 역할을 한다.
	대변인	조직의 계획, 정책, 행동, 결과 등 조직과 관련해 수집한 정보의 일부를 기업 외부의 사람들에게 전달(언론기관에 정보제공 등)해 주는 역할이다
결정적 역할	기업가	기업성장과 발전을 위해 솔선수범하며, 창의적 노력을 기울이는 활동을 말한다. 변화를 초래할 '개선 프로젝트'를 창조하고 기회포착을 위해 조직과 환경을 탐색(전략구성과 신규 계획개발 모임 개최 등)한다.
	분쟁 해결가	파업, 고객파산, 계약위반 등 기업 내외에서 발생하는 각종 애로사항에 대해 적극적인 해결 방안을 모색하는 활동이다. 중요하고 예기치 못한 분쟁을 조정할 책임을 지게(분쟁과 위기를 포함한 활동 반성) 된다.
	자원 배분자	기업의 인적 · 물적 · 금전적 자원을 어떻게 그리고 누구에게 배분할 것인지를 결정하는 것을 말한다. 조직이 갖고 있는 모든 종류의 자원 배분에 책임(일정계획과 종업원 직무설계 등)이 있다.

#인수·합병의 정의, #인수·합병의 공격

01 다음 중 그린메일(green mail)에 대한 설명으로 옳은 것은? `꼭 나오는 유형 *`

① 그린메일을 받게 되는 대주주들을 그린메일러(Green Mailer)라고 한다.

② 대주주의 지분이 낮은 기업을 대상으로 한다.

③ 대주주에게 협박을 하면서 주식을 매입하라고 강요한다.

④ 기업사냥꾼이 대주주에게 주식을 매각하기 위해 보내는 편지이다.

⑤ 그린메일러는 대주주에게 보유주식을 합리적인 가격으로 대량 판매한다.

해설

기업의 인수·합병(Merger and Acquisition ; M&A)은 기업의 외적성장을 이끄는 주요 수단이다. 그린메일은 인수·합병의 대표적인 공격방법이다. 그린메일에서 경영권이 취약한 대주주에게 보유주식을 높은 가격에 팔아 프리미엄을 챙기는 투자자를 그린 메일러(Green Mailer)라고 한다. 이때 보내는 판매 의사를 밝히는 편지를 대주주에게 보내게 되는데, 이 편지를 달러의 색에 비유해 그린 메일(Green Mail)이라고 한다. 공갈·갈취를 의미하는 블랙메일(Black Mail)과 달러의 색인 녹색(Green)의 합성어이다.

오답
노트 대주주의 지분율이 낮은 기업을 대상으로 하며, 협박이 아니라 제안을 하는 형식이다. 한편, 그린메일을 보내는 사람이 그린메일러이다.

#적대적 M&A의 수단, #황금주, #베어허그

02 다음 중 적대적 M&A와 관련이 없는 것은?

꼭 나오는 유형 *

① 황금주
② 펀드런
③ 베어허그
④ 포이즌필
⑤ 파 킹

해설

펀드런은 펀드수익률 악화를 우려한 펀드투자자들이 투자한 돈을 회수하기 위해 한꺼번에 몰리는 대규모 환매사태를 일컫는 용어이다. 경제학에서 공부한 뱅크런과 유사한 개념이다.

**오답
노트**

적대적 M&A와 관련한 용어로는 다음과 같은 개념이 있다.

① 황금주 : 보유한 주식의 수량이나 비율에 관계없이 기업의 주요한 경영 사안에 대하여 거부권을 행사할 수 있는 권리를 가진 주식을 말한다.

③ 베어허그 : 곰의 포옹이라고도 하며, 매수자가 매수를 목표로 삼은 기업의 이사들에게 급작스럽게 매수를 제의하는 편지를 보내고 빠르게 의사를 결정할 것을 요구하는 공개매수전략이다. 매수자는 목표한 기업의 이사들이 매수를 반대할 수 없도록 매수가격과 조건 등을 제시하기 때문에 만약 이사들이 매수를 반대할 경우 주주들의 저항에 부딪히게 된다.

④ 포이즌 필 : 적대적 M&A에 대한 방어전략의 일종으로 가장 강력하고 적극적인 M&A 방어수단이다. 주주에게 보통주로 전환할 수 있는 우선주나 특정한 권리를 행사할 수 있는 증권(독약처방)을 대가없이 배부한 뒤 특정 조건을 만족시키는 상황이 되면 권리를 행사하도록 한다. 주주에게 전환사채를 배당의 형태로 무상으로 배부하고, 인수하려는 세력이 주식을 매집하면 배당 받은 주식을 고가에 되파는 권리를 부여하는 방식이 가장 대표적이다.

⑤ 파킹(Parking) : 기업매수와 관련해 주식을 구입한 사실이 시장에 알려지면 주가가 상승하기 때문에 이를 사전에 방지하기 위하여 주식매집자가 매집사실을 감추기 위하여 주식을 브로커나 증권회사에 맡겨 놓은 것을 의미한다.

03 시너지 효과란 무엇을 의미하는가?

① 경영활동 상 단독행동보다는 여러 행동을 동시에 전개함으로써 효과를 높이는 것을 말한다.
② 일정기간 동안 광고활동을 수행함으로써 얻게 되는 판매효과를 의미한다.
③ R&D 활동의 성공적인 수행에서 얻는 수익효과를 말한다.
④ 새로운 설비를 도입함으로써 얻는 설비 증산 효과를 의미한다.
⑤ 1+1=2가 되는 현상으로 요약할 수 있다.

해설

기업의 집단화, 기업분할 등은 모두 시너지 효과를 극대화하기 위한 기업행동이다. 시너지 효과란 하나의 기능이 다중으로 이용될 때 생성되는 효과로, 상승효과라고도 한다. 경영다각화 전략을 추진할 때 추가되는 새로운 제품이 단지 그 제품값만큼이 아닌 더 큰 이익을 가져올 때를 의미한다.

오답노트

기업분할(Division)은 기업의 인수·합병과 반대이다. 기존 회사의 사업부에 기업의 재산 즉, 자본금과 부채를 나눠준 후 새로운 기업을 만드는 것을 의미한다. 기업의 분할은 물적분할과 인적분할로 나눠진다. 한편 기업은 이익을 위해 집단화를 하려는 성향이 있다. 기업의 집단화는 둘 이상의 기업이 결합하여 보다 큰 경제단위로 결합하는 것을 의미한다. 미시경제학의 과점시장에서 공부했던 카르텔도 기업집단화의 대표적인 예이다. 기업의 집단화와 기업의 인수·합병은 완전히 별개의 개념이 아니다.

04 다음은 전문경영자에 대한 설명이다. 가장 적절한 것은?

① 전문적 기능훈련을 받은 경영자
② 기업을 소유하지 않으면서 경영실권을 행사하는 경영자
③ 고용경영자과 같은 의미이다.
④ 경영윤리를 잘 지키는 경영자
⑤ 기업을 소유하고 있는 경영자

해설

전문경영자는 소유경영자에게 고용되어 있는 것이 아니라 자본과 경영이 분리된 전문경영 체제 하에서 독립적으로 자신의 전문적 지식과 계획을 바탕으로 경영활동을 수행하는 사람들을 의미한다.

오답노트

고용경영자는 소유경영자로부터 경영관리기능의 일부 혹은 전부를 위탁받아서 소유경영자의 이득을 위해 일하는 대리인으로서의 경영자를 의미한다. 이들은 경영관리의 전문적 지식과 기술을 지니고 있지만 자본가나 기업가의 이익을 대변할 뿐 실질적으로는 소유경영자와 크게 다르지 않다. 한편, 소유경영자(Owner Manager)는 작은 기업을 소유하고 운영하는 사람이라는 의미로, 기업가(Entrepreneur)라고도 한다. 미국에서는 일반적으로 '기업가'라는 표현은 기업소유권을 갖고 있으나 운영에 참여하지 않는 자나 대기업을 소유하고 있는 경영자에게는 사용할 수 없다. 다만 우리나라에서는 대기업의 경우에도 소유와 경영이 분리되지 않는 경우가 많기 때문에 대기업의 소유경영자에게도 기업가라는 표현을 사용한다.

05 다음은 민츠버그가 정의한 경영자의 역할이다. 올바르지 않은 것을 고르시오. 🎯 나오는 유형 *

① 대인적 역할은 올바른 정보를 수집하는 역할이다.
② 리더로서의 역할, 연락자로서의 역할은 모두 대인적 역할에 해당한다.
③ 정보적 역할은 대변인으로서의 역할을 포함한다.
④ 의사결정적 역할은 수집된 정보로 최종 결정을 내리는 역할이다.
⑤ 정보적 역할 가운데 청취적 역할도 리더로서 중요한 역할이다.

해설

대인적 역할(Interpersonal Role)은 경영자가 기업을 계속적으로 원만히 운영하기 위해 필요한 역할로서, 외형적 대표자로서의 역할, 리더로서의 역할, 연락자로서의 역할이 여기에 해당한다. 외형적 대표자로서는 기업 방문자의 접견, 고객접대 등의 외형적인 역할을 의미하고, 리더로서의 역할은 종업원의 채용, 훈련, 동기유발 등을 담당하는 지휘자로서의 역할이다. 그리고 연락자로서의 역할은 대내외적인 이해관계자와 접촉하는 역할을 의미한다. 올바른 정보의 수집은 정보적 역할에 해당한다.

오답 노트

정보적 역할(Informational Role)은 올바른 정보를 수집하고 전달하는 역할이다. 여기에는 청취자로서의 역할, 전파자로서의 역할, 대변인으로서의 역할이 포함된다. 청취자로서의 역할은 조직 안팎으로 정확한 정보를 신속·정확하게 수집하는 역할이고, 전파자로서의 역할은 기업내부의 하위계층에게 주요 정보를 전달하는 역할을 의미한다. 그리고 대변인으로서의 역할은 수집한 정보의 일부를 대내외 사람들에게 전달해주는 역할이다. 그리고 의사결정적 역할은 수집된 정보를 바탕으로 다양한 문제에 대해 최종적인 결정을 내리는 역할이다. 기업가로서의 역할과 분쟁해결자로서의 역할, 자원분배자로서의 역할 그리고 협상자로서의 역할이 여기에 해당한다.

경영 01

사회적 가치 평가 지표 왜곡 많아 … 투자 주의를

2021. 08. 26 매일경제

코로나19와 함께 ESG 경영(환경 · 책임 · 투명경영)이 기업의 화두가 됐다. 기업들은 앞다퉈 이사회에 ESG 위원회를 설치하고 '사회적 가치'를 평가하는 방안을 마련하는 등 ESG 경영에 도태되지 않기 위한 방안을 찾고 있다. 하지만 ESG 경영에 대한 평가 기준은 모호한 상황이다. 제23회 한국경영학회 융합학술대회에서 '매경 최우수논문상'과 '매경 신진학자논문상'을 수상한 논문들은 이처럼 최근 기업 경영의 가장 큰 화두가 되고 있는 주제에 대한 해답을 찾고 있다. 수상한 저자들에게 직접 연구 과정과 의미를 들어봤다.

최동범 서울대 교수와 정성준 서울대 박사과정생 연구진은 '사회적 가치에서 좋은 평가를 받은 기업이 실제로 사회적 책무를 이행했는가'라는 제목의 논문을 통해 사회적 책무와 관련해 높은 등급을 받은 기업들이 실제로도 같은 행동을 하는지를 살펴봤다.

최근 기업들의 ESG 경영 혹은 사회적 책무에 관심이 고조된 반면, 사회적 가치의 창출이라는 성과물에 대해서는 객관적 평가의 어려움이 지적되고 있다. 최 교수는 "진정으로 이해관계자를 위하는 것이 아닌 단순하게 좋은 평가 등급을 받는 것을 목표로 하는 ESG 워싱, 그린 워싱 등의 문제가 대두되고 있다"라며 "이에 평가 기관으로부터 좋은 등급을 받은 기업들이 과연 실제로도 더 많은 사회적 가치를 창출했느냐라는 의문에서 출발한 연구"라고 설명했다. 연구진은 미국 서브프라임 위기 당시 은행들의 대출 행태를 분석해 사회적 가치 부문에서 우수 등급을 받은 은행들이 자금난을 겪는 소상공인 및 중소기업으로부터 오히려 적극적으로 자금을 회수한 것을 발견했다. 최 교수는 "은행의 가장 중요한 사회적 책무는 사회 적재적소에 필요로 하는 자금을 공급하는 것"이라며 "사회적 등급과 반대되는 일이 발생한 것"이라고 말했다.

연구진에 따르면 이러한 평가 등급은 많은 경우 눈에 보이는 요인들을 반영한다. 가령 기부활동을 활발하게 하거나 과도한 직원 복리후생을 제공하면 사회적 가치의 창출과 큰 연관이 없더라도 평가기관으로부터 좋은 점수를 얻는 데 도움이 된다. 최 교수는 "경기가 좋을 때 과도한 비용을 집행해서 좋은 평가를 받았다가 막상 경기가 좋지 않아 소상공인이 정말 돈이 필요할 때 이를 회수하는 일이 발생한다면 이런 기업은 오히려 사회적으로 무책임하다"라며 "단순한 자선활동, 혹은 본업과 관계가 먼 영역에서의 사회적 활동은 오히려 진정한 사회적 가치 창출을 저해할 수 있다"고 말했다.

최근 화두가 되고 있는 ESG 경영도 이와 비슷하다. 전국경제인연합회가 매출 500대 기업을 대상으로 조사한 결과, 최고경영자(CEO)의 66.3%는 ESG에 관심이 높은 것으로 조사됐지만 기관마다 평가 방식도 달라 경영전략 수립에 애를 먹고 있다는 조사가 나왔다. 소위 '사회적 책임 투자'는 많은 부분 이러한 평가 기관의 등급에 기초해 이뤄지고 있다. 최 교수는 "만일 관련 등급이 부정확하다면 우리는 실제로는 사회적 가치의 창출과 거리가 먼 기업에 투자하고 있는 것일 수 있다. 이 같은 왜곡을 막기 위해서는 기업의 사회적 가치

성과를 정확하게 측정할 수 있는 평가지표의 개발이 중요한 전제 조건"이라며 "적절한 지표 없이는 경영진의 모럴해저드(도덕적 해이)를 악화시키거나 자원의 배분을 왜곡시킬 수 있다"고 덧붙였다.

Tip

최근 화두인 ESG 지표에 왜곡이 많다는 기사이다. 하지만 소유와 경영이 분리된 오늘날 전문경영인이 ESG 로 인한 도덕적 해이가 높아질 수 있다고 설명한다. 기관마다 다른 평가 방식으로 인해 경영전략 수립이 어렵고, 적절한 지표가 없어 경영진의 도덕적 해이를 악화시키는 용도로 활용될 수 있다는 것이다. 오늘날 모든 측면에서 강조되는 ESG 이지만 명확한 실체가 등장해야 할 시점이다.

02 | 조직과 리더쉽

01 조직이론

1. 조직의 발생

자연의 산물이 아닌 모든 것은 필요에 의해 누군가에 의해 만들어진 것들이다. 조직 역시 어떤 필요에 의해 탄생한 산물일 것이다. 조직이 생겨난 이유에 대해서는 크게 두 가지 관점에서의 해석이 존재한다(※출처 : 임창희, 조직론 이해(2판). 학현사, 2015). 노동의 분업을 통한 효율성 증진을 위해 조직이 생겨났다는 관점과 거래비용을 줄이기 위한 필요에 의해서 조직이 생겨났다는 관점이다.

(1) 노동분업설

조직은 공통된 목적을 위해 사람들이 모인 집단으로서 조직에서의 업무는 결국 노동과 밀접한 관련이 있다. 예나 지금이나, 정신적이거나 육체적이거나 노동은 고통스러운 것이다. 따라서 어떻게 하면 적은 노동으로 큰 효과를 얻을 수 있을지를 고민했다. 이러한 고민은 원시시대부터 시작됐다. 도구의 사용은 이러한 고민의 흔적이다. 맨 손으로 사냥을 하던 원시인들은 뾰족한 나무를 사냥도구로 사용하기 시작했고, 저 높은 곳에 매달린 탐스러운 열매를 따기 위해 돌맹이를 던지기도 했다. 조금 더 똑똑해진 인류는 분업을 시작했다. 얌체 같은 원시인들은 다른 원시인이 사냥을 나간 사이 사냥감을 훔쳐갔다. 이를 막기 위해 두 명 이상이 한 팀이 되어 한 사람은 사냥을, 한 사람을 사냥감을 지키는 분업을 시작했다. 사냥에 나가 더 많은 수확물을 바라는 마음을 담아 그린 동굴의 벽화에서도 분업의 흔적은 나타난다. 누군가는 그림을 그리고, 누군가는 어두운 동굴 안을 횃불로 밝히고 있었을 것이다. 이처럼 아주 오래 전부터 시작된 분업은 다음과 같은 위력이 존재함을 알 수 있다.

① 분업의 효과

원시시대부터 오늘날까지 계속 이어지는 분업은 업무 효율에 큰 기여를 한다. 무엇보다 적은 노동과 큰 성과가 가능하다는 것이 분업의 장점이다. 분업의 장점을 열거하면 다음과 같다 (※출처 : S.P. Robins and T.A. Judge, *Organizational Behavior*, 12th ed., NJ: Prentice Hall, 2007, pp.478–481; E, Cannan, *An Inquiry into the Nature and Causes of the Wealth of Nations*, 1976.).

ㄱ 분업을 통해 정해진 업무만을 반복해서 수행하기 때문에 숙련도가 높아져, 효율성이 높아진다.

ㄴ 동일한 작업의 반복을 통해 새로운 작업방법에 대한 아이디어가 도출된다.

ⓒ 정해진 업무만을 수행하면 되기 때문에 노동자 한 사람이 다양한 생산자원을 보유할 필요가 없다.

ⓔ 노동자는 자신이 잘 할 수 있는 한 가지 작업만을 수행하면 되기 때문에 인적자원의 적재적소 배치가 가능하다.

② 분업과 조직

하나의 조직목표를 달성하기 위해 분업을 하기 위해서는 사람들이 모여야 했을 것이다. 이들이 모여 상호작용을 하면서 분업의 효과는 극대화되었을 것이다. 처음에는 생존을 위해 동굴이나 숲, 바닷가에 조직이 형성되고, 그 조직은 점차 체계화되어 촌락이나 국가의 형태로 발전했을 것이다.

③ 현대의 조직

현대의 조직은 분업을 이유만으로 발생하지는 않는다. 현대의 조직이 그 목표를 달성하기 위해서는 다양한 자원이 필요하기 때문이다. 특히 현대의 조직은 다양한 사람들이 필요하다. 전통 봉건사회에서는 사람들이 종속관계로 묶여 있었지만 근대로 넘어가면서 봉건사회의 종속성이 해체되었고, 이로 인해 사회의 부가 다양한 조직으로 흩어졌다. 따라서 원하는 목적을 달성하기 위해서는 다양한 곳으로 흩어진 부와 자원을 한 곳으로 모아야 했다. 오늘날 조직 가운데 기업이 특히 많은 것도 기업이 필요로 하는 자원이 충분한 사회이기 때문이다.

(2) 거래비용설

거래비용(transaction cost)이란 어떤 행위를 하기 위해 추가적으로 발생하는 비용을 의미한다. 미시경제학의 이론들은 완전경쟁시장을 가정한다. 다수의 구매자와 판매자, 완전한 시장정보, 완전히 동질적인 상품, 일물일가, 시장으로의 자유로운 진입과 탈퇴 등이 그 특징이다. 하지만 실제 현실은 완전경쟁시장과는 다르다. 판매자가 하나이거나 소수인 독점 혹은 과점의 상황이 발생하기도 하고, 정보의 비대칭성으로 인해 역선택이나 도덕적 해이가 발생하기도 한다. 이를 경제학에서는 시장실패(market failure)라고 설명한다. 시장실패가 발생하면 거래에 있어 추가적인 비용이 발생한다. 정보의 비대칭으로 인해 구매자는 속지 않으려고 노력해야 하고, 판매자가 제시하는 가격을 믿을 수 없어 값을 깎기 위해 시간과 에너지를 소비해야 한다. 경우에 따라서는 내가 얻는 재화나 서비스의 가치보다 더 많은 비용을 지불하기도 한다. 그럼에도 불구하고 꼭 필요한 재화나 서비스라면 이러한 거래비용을 감수하고서라도 해당 물건을 구입할 수밖에 없다.

① 조직을 통한 거래비용의 감소

결국 거래비용은 시장에서 거래 상대방과의 관계에서 발생하는 비용이다. 이러한 거래비용은 불확실성이 클수록, 거래 당사자들 사이에 정보의 비대칭성이 높을수록 거래비용은 커지기 마련이다. 그럼에도 불구하고 시장에서 재화와 서비스를 교환하지 않을 수 없기 때문에 사람들은 조직을 구성하기 시작했다. 조직을 구성하게 되면 모든 거래를 시장에 맡기지 않고 조직 내부로 끌어들여 불확실성을 줄이고 안정성을 확보할 수 있다(※출처 : J. Galbraith, *Designing Complex Organizations*, Addison Wesley, 1973.). 조직을 통해 거래비용을 감소시키는 것은 구체적으로 다음과 같은 이점이 있다.

⑦ 합리성의 확장

인간의 합리성이란 제한되어 있기 마련이다. 이로 인해 교환 과정에서 잘못된 결정을 내리기도 혹은 아예 결정을 내리지 못할 수도 있다. 이 경우 조직을 구성해 일정한 규칙과 제도를 만들어 놓고 구성원들끼리 이에 따라 행동하기로 약속한다면 그 결과를 예측할 수 있다. 이러한 제도화와 관료화로 인해 인간의 제한된 합리성을 극복할 수 있다.

⑥ 불확실성의 감소

개인들이 시장에서 상대하는 거래 상대방과 정보의 비대칭성이 너무 크거나, 거래 당사자들의 수가 너무 적은 경우 불확실성이 높아지게 된다. 거래 가능한 상대방이 많을 경우 어떤 거래당사자가 자신을 속일 경우 다른 거래 상대방을 찾으면 되지만, 거래 상대방이 소수인 경우 이것이 불가능하기 때문이다. 이런 경우 거래 과정에서 높은 불확실성으로 인해 거래비용이 높아지기 마련이다. 이 경우 조직을 구성해 규칙을 정하고 법적 계약을 통해 협상을 확실히 하는 거래를 한다면 불확실성을 줄일 수 있게 된다. 공급업체를 흡수하거나 기업 간의 합병이 발생하는 경우가 좋은 예이다. 거래 관계에서 양 당사자가 모두 완전한 정보를 가지고 있고 기타 교환 과정에서 거래비용이 거의 발생하지 않는다면 상대방과의 장기계약도, 규칙도, 강제적인 유대관계도 필요하지 않을 것이다. 그러나 거래 상대방이 교환 과정에서 기회주의적인 모습을 보이거나 약속을 어기는 행동을 거듭한다면 시장실패가 발생하게 된다. 기업들은 이러한 불확실성을 줄이기 위해 공급처를 내부로 흡수하여 조직의 규모를 키우게 되는 것이다.

② 거래비용 vs 조직비용

거래비용을 줄이기 위해 조직이 탄생했다는 거래비용설은 크게 두 가지 비판에 직면한다. 첫 번째는 거래비용을 줄이기 위해 조직화를 달성했다고 하더라도 실제 거래비용이 완전히 사라지는 것이 아니라는 점이다. 기존 거래 당사자와의 거래비용은 조직화를 통해 줄일 수 있지만 이내 새로운 거래비용에 직면할 수 있다는 비판이다. 현실에서 한 기업과의 결합을 통해 큰 조직을 만들면 환경 변화에 유연하게 대응하지 못해 새로운 거래비용이 발생할 수 있다는 것이다. 더 나은 거래 상대방이 등장한 경우가 대표적인 예이다. 기업 결합을 통해 조직화를 달성한 기존 기업과 거래를 중단할 수가 없는 새로운 거래비용이 발생하는 것이다. 두 번째는 조직의 비대화로 인한 비용의 발생이다. 조직규모가 너무 커지면 조직 내부의 부서나 업무의 종류가 많아진다. 이 경우 부서 간의 업무나 갈등을 조정하는 데 비용을 발생하기 마련이다. 자칫하면 거래비용을 줄이는 이득보다 조직화로 인한 조직비용이 더 커질 수도 있게 된다. 즉 거래비용은 조직 밖에서만 존재하는 것이 아니라 조직 안에서도 존재하는 것이다.

2. 조직이란

(1) 정 의

조직의 발생에서 살펴 본 바와 같이 인간은 효율성을 위해 분업을 하고, 분업을 위해서 함께 모여 있기 시작했다. 이러한 이유로 조직은 두 명 이상의 사람들이 모인 집단이라 할 수 있다. 하지만 단순히 모여 있다고 해서 조직이라고 이름 붙일 수 있는 것은 아니다. 이들 사이의 공통적인 무엇인가가 존재해야만 조직이라 정의내릴 수 있다. 그리고 그 무언가를 위해 조직원들 간의 상호작용이 있어야 조직이라 할 수 있다. 공통의 목적을 가진 사람들이 모여 서로 상호작용을 할 때 혼자서 할 때 들어가는 몇 십 배의 노력을 줄일 수 있기 때문이다. 조직(organization)의 어원이 유기체를 의미하는 라틴어(organisatio)에서 유래되었다는 점에서도 이를 엿볼 수 있다. 조직에 대한 다양한 정의가 존재하지만 조직이란 사람들의 단순한 결합체가 아니라 어떤 목적을 달성하기 위해 상호작용하는 구성원들로 구성된 집단이라는 것이다.

보충학습　다양한 조직의 정의

- 공동의 목표를 추구하기 위해 모인 단체(J.G. March)
- 공동목표를 달성하기 위해 노력을 바칠 의욕을 가진 두 사람 이상의 인간들이 커뮤니케이션 하는 집합체 (C.I. Barnard)
- 일련의 개인들 사이의 연결된 행위들로 이루어진 개방시스템(D. Katz and R.L. Kahn)
- 계속적으로 환경에 적응하면서 공동의 목표를 달성하기 위해 공식적 · 비공식적 관계를 유지하는 사회적 구조 (P. Selznick)
- 특정목표를 추구하여 의도적으로 구성되고 다시 재구성되는 사회적 단위(A. Etzioni)
- 사람들이 조직의 목적을 달성하기 위하여 수행해야 할 직무의 성질을 명백히 규정하고 권한과 책임을 명확하게 위양함으로써 상호관계를 설정하는 과정(M. Allen)

---

(2) 조직의 기본속성

조직의 기본속성은 크게 공동목표(common Goal), 업무의 분담(division of Labor), 상호관계 (coordination), 권한체계(hierarchy of Authority)의 4가지로 구분된다.

① 공동목표

조직의 가장 큰 특징이다. 조직의 공동목표는 조직을 만든 목적이며, 구성원들이 공유하며 함께 달성하기 위해 노력해야 하는 것이다. 조직의 목표는 개인이 달성하기 어렵거나 비효율적이기 때문에 여러 사람이 함께 달성해야 한다. 그리고 조직의 규칙과 규정을 만들어 조직원을 통제하고 관리하는 기준이나 이유가 된다. 공동목표가 사라지면 조직은 해체된다.

② 업무의 분담(조직의 체계성)

조직은 공동목표 달성을 위해 다양한 사람들이 모인 집단이기 때문에 구성원들이 각자의 이익만을 위해 행동한다면 조직이 지속될 수 없다. 따라서 조직에서는 공동목표를 달성하기 위해 업무를 각 부서에 분담하고, 구성원의 역할과 구성원 간의 관계를 규정한다. 이러한 체계화된 조직 속에서 각자 업무를 분담하여 조직의 목표를 달성하기 위해 노력한다.

③ 권한체계

조직 안에는 공동목표를 달성하기 위한 업무의 분담과는 다른 조직 구성원의 구분이 존재한다. 바로 권한과 지휘체계이다. 이는 일을 나누고 지시하고 연결하고 통제하는 역할이다. 이러한 권한과 지휘체계 없이는 일을 나누고 지시할 수도 없으며 이해관계를 조정하지도 못한다. 즉, 권한체계는 공동목표를 달성하기 위한 조직 구성원의 업무 효율성을 위해 반드시 필요한 조직의 기본 요소이다.

④ 상호관계

조직은 공동목표를 위해 사람들이 모인 집단이지만, 다른 환경과 무관하게 존재하는 것은 아니다. 조직은 목표를 달성하기 위해 다양한 환경과 끊임없이 상호작용을 해야 성장·발전할 수 있게 된다. 환경변화에 적응하지 못한 생물이 진화 과정에서 도태되었듯 조직도 이를 둘러싼 내·외부 환경과 밀접히 상호관계를 하며 적응해야 오랜 생명력을 가질 수 있다.

보충학습　조직의 핵심요인 : 조직원

조직과 조직원의 관계란 법적으로는 고용계약서로 대변된다. 하지만 조직이해능력에서 다루는 조직과 조직원과의 관계는 법률적 관계뿐만 아니라 다양한 비공시적인 관계를 포괄하는 심리적 계약(Psychological Contract)을 의미한다(※ 출처 : Robinson, S. L., & Rousseau, D. M. 1994, Violating the psychological contract: Not the exception but the norm, *Journal of Organizational Behavior*, 15, 245-259). 이는 조직이 조직원에게 요구하는 내용과 조직원이 조직에게 기대하는 사항이 충족되면 발전적인 관계가 성립하지만 그렇지 못할 경우 부조화의 관계가 성립된다는 것을 의미한다. 조직과 조직원 사이의 발전적인 관계를 갖지 못할 경우 부정적인 결과가 초래되기 마련이다.

① 사회적 교환이론(Social Exchange Theory)

사회적 교환이론은 조직과 조직원 사이의 관계를 설명할 수 있는 이론이다. 조직에 근무하는 조직원은 조직과 계속해서 교류하면서 서로의 관계를 발전시키게 된다. 보다 구체적으로는 조직과 조직원 중 어느 한 쪽이 다른 한 쪽에 혜택을 베풀면, 혜택을 받은 쪽이 보답을 하게 된다. 이를 사회적 교환이라고 한다. 이러한 교환행위가 반복되면서 생겨나는 의무감이 양자 간의 관계를 발전시키는 원동력으로 작용하게 된다. 결국 이러한 사회적 교환행위는 교환 → 혜택 → 관계로 요약해볼 수 있다. 즉, 서로에게 혜택을 줄 수 있는 호혜적 교환이 발생하고, 이러한 교환이 장기간에 걸쳐 반복됨으로써 조화로운 관계가 형성되어야 한다는 것이다.

② 조직과 조직원 관계의 유형

조직과 조직원 사이의 관계는 조직의 혜택과 조직원의 기여가 일치하는 유형, 조직이 제공하는 혜택이 조직원의 기여보다 큰 유형, 그리고 조직이 제공하는 혜택이 조직원의 기여에 미치지 못하는 유형의 세 가지로 구분할 수 있다. 가장 이상적인 유형은 물론 조직의 혜택과 조직원의 기여가 일치하는 첫 번째 유형이다. 하지만 사람이란 복잡한 존재들이다. 내가 받은 것은 작아 보이고 준 것은 크게 보이는 것이 사람이다. 따라서 조직과 조직원 사이의 관계에서 조직원들이 자신이 기여한 것보다 더 나은 혜택을 받았다고 느낄 수 있도록 보상과 혜택을 제공할 필요가 있다.

---

3. 조직의 유형

조직이라고 하면 가장 먼저 기업을 떠올리게 되지만, 현대 사회는 수많은 조직으로 구성되어 있다. 학교, 병원, 군대뿐만 아니라 동호회도 하나의 조직이다. 다양한 형태의 조직을 학자들은 다음과 같이 정의하고 있다. 이 가운데 에치오니(A. Etzioni)는 조직이 구성원을 통제하는 근본 원리를 기준으로 조직을 몇 가지로 분류한다. 그리고 블로우(P.M. Blau)와 스콧트(W.R. Scott)는 조직이 만들어내는 산출물의 수혜자가 누구인지에 따라 조직의 유형을 구분한다. 그리고 카츠(Katz)와 칸(Kahn)은 조직이 가지는 사회적 목적이나 기능에 따라서 조직을 구분한다.

(1) 에치오니의 분류

조직의 정의와 기본속성에서 살펴본 바와 같이 조직이란 공동목표를 달성하기 위해 다양한 사람들이 모인 집단이기 때문에 개인의 이익만을 위해 행동할 수 없다. 따라서 조직은 규칙과 규정을 만들어 권력을 행사하고, 조직원은 이를 받아들이게 된다. 에치오니는 이 권력생사와 조직원의 순응 정도에 따라 조직을 다음과 같은 9가지 유형으로 구분했다.

에치오니의 조직 유형

구 분	강제적 권력	보상적 권력	규범적 권력
소외적	유형 1 : 강압적 조직 (학교, 감옥 등)	유형 2	유형 3
계산적	유형 4	유형 5 : 영리조직 (기업, 음식점 등)	유형 6
도덕적	유형 7	유형 8	유형 9 : 규범적 조직 (교회, 정당 등)

※ 출처 : Schein, E.(1980), *Organization Psychology*, 3rd ed.(Englewood Cliffs, NJ: Prentice-Hall), p.46

① 권력형태에 따른 구분
　㉠ 강제적 권력에 의한 순응
　　강제적 권력(Coercive Power)은 권력의 원천이 무력이나 형벌에 있는 경우이다. 조직원은 무력이나 형벌이 무서워 조직의 지시에 순응하게 된다.
　㉡ 보상적 권력에 의한 순응
　　보상적 권력(Remunerative Power)은 권력의 원천이 물질적 보상에 있는 경우이다. 권력의 순응 대가를 바라고 조직의 지시에 순응하는 경우이다.
　㉢ 규범적 권력에 의한 순응
　　규범적 권력(Normative Power)은 권력의 원천이 감정적 혹은 도덕적 가치에 있는 경우이다. 존경스러운 상사의 지시, 자신의 업무를 가치 있는 것으로 여기는 마음으로 인해 조직의 지시에 순응하는 것을 당연하게 여기는 경우이다.

② 몰입형태에 따른 구분
　㉠ 소외적 몰입
　　소외적 몰입(Alienative Involvement)은 권력에 순응하는 방법 외에는 선택의 여지가 없기 때문에 복종하지 않는 경우를 의미한다. 이는 복종하지 않을 경우 조직에서 소외될 수 있기 때문에 몰입하는 경우이다.
　㉡ 계산적 몰입
　　계산적 몰입(Calculative Involvement)은 보상이 적정하다고 판단하는 범위 내에서 이뤄지는 복종이다.

ⓒ 도덕적 몰입

　　도덕적 몰입(moral involvement)은 조직이 부여한 업무를 가치 있는 것으로 받아들여 조직에 순응하는 태도를 의미한다.

(2) 블로우와 스콧트의 분류

블로우와 스콧트는 조직을 조직 산출물의 수혜자를 기준으로 분류하였다. 일반적으로 조직 산출물의 수혜자는 조직구성원, 조직의 소유자 혹은 경영자, 조직의 거래 상대방 혹은 고객, 일반 대중 등이다. 블로우와 스콧트는 크게 4가지로 조직 유형을 구분하였다.

① 결사단체(호혜적 조직, mutual benefit associations)

　　조직을 구성한 조직원들이 주된 수혜자인 조직이다. 정당, 노동조합, 학회, 각종 협회 등이 대표적이다. 이러한 조직은 조직 내에서 구성원들의 참여와 구성원에 의한 자율적 통제를 보장하는 절차가 매우 중요하다. 이들은 주로 민주적으로 운영되면서 구성원들의 의견을 수렴하고 반영하여 그들 자신의 상호이익을 도모하기 위해 존재하는 조직이다.

② 기업조직(영리조직, profit organizations)

　　조직의 소유자가 주된 수혜자인 조직이다. 영리를 추구하는 모든 조직이 이에 속한다. 기업조직은 돈을 벌기 위해 만든 조직이므로 그 수혜자는 소유자나 경영자가 된다. 이들의 운영원리는 경쟁을 극복하고 조직운영의 능률을 극대화하는 것이다.

③ 봉사조직(service organization)

　　봉사조직은 이용 고객이 주된 수혜자인 조직이다. 병원, 학교, 사회사업 기관 등이 봉사조직에 해당한다. 봉사조직은 봉사 서비스를 받는 고객의 만족이 중요하므로, 고객이 만족하는 서비스를 제공해야만 조직의 지속적인 존립이 가능해진다.

④ 공공조직(공익조직, commonwealth organization)

　　공공조직은 일반 국민이 조직 활동의 수혜자가 되는 조직이다. 행정기관, 군대, 경찰, 공기업 등이 공공조직의 대표적인 예이다. 이들 조직은 국민에 의한 통제가 가능하도록 제도적 장치를 갖추어야 한다. 조직을 구성한 소유주가 없고, 정기적으로 거래하는 특정한 거래자가 존재하는 것도 아니기 때문이다. 이러한 특성 탓에 공공조직은 조직운영자와 구성원의 자율이 높은 조직이다.

(3) 카츠와 칸의 분류

카츠와 칸은 조직이 수행하는 사회적 목적 혹은 기능에 따라 조직을 네 가지 유형으로 분류한다.

① 경제적 조직

　　경제적 조직은 경제적 생산을 지향하는 조직이다. 즉, 사회에서 소비되는 재화 및 서비스를 생산하여 일반 국민에게 공급하며, 해당 조직을 위해 일하는 구성원들에게 보상을 제공하는 조직이다.

② 관리적·정치적 조직

관리적 및 정치적 목적의 조직이다. 이는 권력의 창출과 분배를 통해 사회가 바라는 목적을 달성하는 기능을 수행한다. 국가행정기관, 노동조합, 정당 등이 여기에 해당한다.

③ 유지 기능적 조직

유지 기능적 조직은 조직 및 사회생활에서 담당해야 할 역할을 충실히 수행할 수 있도록 교육함으로써 사회의 규범적 통합을 확보하고 유지하는 기능을 담당한다. 학교와 교회, 보건, 복지기관 등이 여기에 속한다.

④ 적응적 조직

적응적 조직은 새로운 지식을 창출하고 이론을 검증하며, 현실의 문제에 이론을 적용하는 기능을 수행한다. 대학이나 연구기관 등이 여기에 해당한다.

4. 조직화의 정의

조직화(organizing)란 계획수립을 통해 설정된 목표를 달성하기 위해 조직을 설계하고 유지하는 관리과정을 말한다. 즉, 직무의 내용을 명확히 설정하고, 해당 직무 수행에 관한 권한과 책임을 명확히 함으로써 상호관계를 설정하는 과정이다.

5. 경영조직의 의의

조직이란 목적 달성을 위해 의식적으로 조정된 두 사람 이상의 인간 활동 및 그 체계로서 사람들 사이의 협동체계이다. 같은 맥락에서 경영조직이란 경영의 각 구성원이 협동적 활동을 하고 경영목적을 더욱 효과적으로 달성하기 위하여 각 구성원들이 수행해야 할 역할과 각 구성원과의 관계를 규정하는 것으로서 구성원의 책임과 직무 간의 상호관계를 규정해야 한다고 이야기했다.

보충학습 현대사회와 조직

1. 조직을 이해해야 하는 이유

조직을 구성하는 요인들과 조직을 둘러싼 환경을 매우 다양하다. 그리고 조직원들은 조직이 자신에게 부여한 일을 성공적으로 수행하기 위해 조직과 끊임없이 상호작용을 하면서 업무를 수행한다. 이때 조직의 목적이나 구조, 경영전략 등을 올바르게 이해하지 못하면 효과적인 업무수행이 불가능하다. 따라서 직업인으로서의 조직원들은 효과적이고 효율적인 업무 처리를 위해 조직의 구성요인은 물론 조직을 둘러싼 국제동향을 이해하는 조직이해능력을 높여야 할 필요가 있다.

소규모 조직의 경우 조직의 구조와 전략을 이해하고 공통의 목적을 추구하는 과정이 조직에 대한 별도의 이해 노력 없이 이뤄질 수도 있다. 하지만 대규모 조직의 경우 구성원 간의 정보를 공유하고, 조직 전체의 목표를 기억하는 일이 쉽지 않을 수도 있다. 많은 대기업들이 신입사원 선발 이후 약 3개월간은 실무에 투입하지 않고 회사 전반에 대한 교육을 하는 것도 조직에 대한 이해를 통해 업무 전반에 대한 효율성을 높이고자 하는 조직 차원에서의 노력이다.

2. 조직의 중요성

다른 무엇보다 조직을 이해해야 하는 가장 단순하고 자명한 이유는 태어나서 죽을 때까지 조직과 분리되어서 살아갈 수 없다는 점에 있다. 조직이 중요하며 우리 생활에 반드시 존재하는 이유를 네 가지로 정리하면 다음과 같다.

① 목표달성의 도구

어떤 목표는 혼자의 힘으로 달성할 수 있지만, 보다 큰 목표일수록 혼자힘으로 달성가능하지 않다. 설령 혼자서 달성할 수 있다하더라도 많은 시간과 자원이 소모된다. 조직은 자원을 결합하는 능력이 있다. 따라서 조직을 형성하여 다양한 자원들을 결합하고 조립하면 보다 효율적으로 목표를 달성할 수가 있다.

② 가치창출의 도구

가치창출은 이익추구가 목적인 주주의 입장에서 매우 중요한 영역이다. 현대 조직의 대부분을 차지하고 있는 기업은 다양한 활동을 통해 주주와 고객 및 종업원을 위한 가치를 창출해야 한다. 이처럼 조직은 가치창출의 도구로서의 의미를 갖는다.

③ 혁신의 도구

조직을 형성하면 환경변화에 적응이 용이하다. 기업들은 상품과 서비스를 보다 효율적으로 생산하고 공급하기 위해 끊임없이 새로운 혁신적인 방법을 찾는다. 또한 이 과정에서 일어나는 조직구조 및 관리방법의 재정비는 효율성 증진의 주요한 수단으로 기능한다. 이처럼 조직은 매우 빠른 속도로 변화하는 경쟁 환경 속에서 혁신의 도구로 작용한다.

④ 효율적인 생산의 도구

현대조직의 많은 부분을 차지하고 있는 기업은 무엇보다 생산의 주체이다. 즉, 국민경제가 필요로 하는 재화와 서비스를 생산하는 주체로서의 역할을 수행해야 한다. 따라서 기업조직은 인간의 삶을 윤택하게 만들기 위한 재화와 서비스를 합리적인 가격에 생산하기 위해 노력한다.

6. 조직화의 기본요소

(1) 사람의 집합체

다양한 사람들이 공동의 목표를 위해 노력할 때 개별적으로 행동할 때 보다 더 큰 이득을 얻는다. 이를 시너지 효과(synergy effect)라고 한다.

(2) 분 업

분업은 조직 효율화 달성의 기본이다. 조직의 업무는 개인과 집단에게 전문화된 과업이 분할되고 할당될 때 그 성과가 커진다.

(3) 집단작업

분업을 통해 분할되고 할당 된 업무는 시너지 효과 달성을 위해 조정되어야 한다. 집단작업을 통해 시너지 효과를 달성할 수 없다면 조직의 공동목표를 달성할 수 없다.

(4) 공동목적

경영조직의 기본요소 중 가장 중요한 요소이다. 경영조직이 조직화를 통해 얻게 되는 이점으로는 명확한 업무의 흐름, 개인별 직무 지침의 제공, 직무의 중복과 업무에 대한 갈등 방지 등이다.

7. 조직구조의 구분, 공식 및 비공식 조직

조직구조(organization structure)는 개인과 집단의 과업을 통해 공동의 목적을 수행하기 위해 분화되고 조정하는 직무관계의 공식적 체계이다. 높은 생산성은 적합한 자원의 배치와 활용을 포함하는 조직구조의 설계에서 시작된다. 조직구조는 크게 공식적, 비공식적 조직구조로 구분된다.

(1) 공식적 조직구조

① 정 의

회사의 조직도는 대표적인 공식적 조직구조이다. 조직도에 명시되어 있는 다양한 직위와 부서들은 해당 기업의 목표를 달성하기 위해 필요한 업무의 분담과 책임관계를 공식적으로 명확하게 표시해 놓은 것이다.

② 특 징

㉠ 직무의 분할

공식적 조직구조를 살펴보면 직무가 어떻게 분할되어 형성되는지 확인할 수 있다. 재무, 인사, 영업팀 등이 공식적인 직무분할의 예이다. 공식적인 조직구조는 개인 창업자나 소기업, 중견기업, 대기업 여부에 따라 상이하게 설계된다.

㉡ 상하관계

공식적 조직구조 내에 나타나있는 팀원 관계도를 통해 상사와 부하종업원 사이의 권한관계를 확인할 수 있다. 이는 누구에게 보고할 것인지를 나타낸다.

㉢ 과업종류

조직도에 나와 있는 직위 명은 해당 담당자에게 할당된 과업의 성격을 나타낸다.

㉣ 하부단위

조직도는 경영자를 중심으로 각 하부단위들이 어떻게 집단화되어 있는지를 보여준다. 이를 부문 또는 부서라고 한다.

㉤ 관리단계

전형적인 조직도는 조직의 기본적인 분업체계와 이를 연결시키는 공식적 권한체계를 보여준다. 즉, 업무의 기능상 분업뿐만 아니라 전체적인 권한단계에서의 관리적 체계를 아울러 보여주는 것이다. 이는 상사—부하관계에 따라 직무가 부과되고, 지휘와 통제가 이루어지는 관리계층을 형성하게 된다.

(2) 비공식적 조직구조

① 정 의

조직 내부의 산악회, 와인동호회 등과 같이 같은 취미를 가진 구성원들이 모여 조직을 형성하는 경우가 비공식적 조직구조의 대표적인 예이다. 모든 조직은 이처럼 공식적인 조직 구조 이면에 비공식적인 조직을 갖고 있다. 비공식적 조직은 조직도 상에 나타난 공식적 구조와 함께 존재하지만, 문서화되지 않은 조직이다.

② 비공식적 조직의 장점과 단점

㉠ 장 점

공식적 조직이 아무리 설계가 잘 되었다하더라도 모든 문제를 해결할 수 있는 것은 아니다. 비공식적 조직은 공식적 조직이 갖는 공백을 채워주는 역할을 담당한다. 즉, 비공식 조직의 존재로 인해 조직 내의 의사소통을 원활하게 하고, 조직구성원들이 서로 지원하고 보호하도록 도와준다. 그리고 개인의 사회적 욕구를 만족시켜주고, 일체감과 소속감을 형성시킬 수 있다.

㉡ 단 점

비공식적 조직도 한계가 존재하기 마련이다. 대표적인 한계로는, 공식적인 권한 밖에 존재한다는 그 존재의 특성 탓에 때로는 독립적이고 조직 전체의 최상위 목표와 반대로 움직이기도 한다. 그리고 비공식적 조직을 통한 의사소통으로 인해 공식적인 구조의 권한과 의사소통을 벗어나는 경우가 종종 존재한다.

8. 조직구조의 분화

(1) 조직분화의 의미

조직의 분화(departmentalization)란 어떤 조직이 수행해야 할 업무 전체를 세부단위별로 파악하여 이를 유사하거나 상호연관 되어 있는 것끼리 묶은 다음 이들 묶음 간의 관계를 설정하는 것이다. 조직의 분화에는 수평적 분화와 수직적 분화가 있다.

(2) 조직분화의 종류

① 수평적 분화

수평적 분화란 조직의 업무 가운데 기능, 제품, 지역, 고객, 업무과정 등과 같이 상호 대응되는 수준의 업무단위를 묶는 것을 의미한다.

㉠ 기능에 의한 분화

기능에 의한 수평적 분화는 조직에서 수행하는 기본기능을 중심으로 분화하는 것이다. 인사, 생산, 마케팅, 재무 등의 기능을 중심으로 분화하는 것을 의미한다. 일반적인 조직에서 볼 수 있는 조직분화라 할 수 있다.

㉡ 제품에 의한 분화

제품에 의한 수평적 분화는 제품 그 자체에 의해 분화하기도 하고 제품라인에 따라서 분화하기도 한다. 가정용가구, 주방용가구, 사무용가구 등으로 조직을 묶는 것을 의미한다.

ⓒ 지역에 의한 분화

지역에 의한 수평적 분화는 지리학적인 요소에 근거하여 조직을 분화하는 방법이다. 국내 여행부, 해외 여행부, 크루즈 사업본부 등으로 구분하는 것이 이에 해당한다.

ⓔ 고객에 의한 분화

고객에 의한 수평적 분화는 제품이나 서비스에 대한 수요자를 기준으로 분류하여 조직이 이에 대응하도록 묶는 것이다. 은행의 경우 개인고객본부, 기업고객본부, 중소기업고객본부, 기관고객본부 등으로 조직을 묶는 것이 이에 해당하는 예이다.

ⓜ 업무과정에 의한 분화

업무과정에 의한 조직의 분화는 상품이나 서비스를 고객에게 판매하는 과정까지의 일련의 순서에 따라 분화하는 방법이다. 철강이 나오는 순서에 따라 조형부, 제관부, 가공부, 조립부로 조직을 묶는 것이 업무과정에 의한 분화의 대표적인 예이다.

② 수직적 분화

수직적 분화는 조직의 상하로 이어지는 계층의 수를 구분하는 것이다. 쉽게 이야기해 사장-전무-상무-부장-차장-대리-사원으로 이어지는 계층을 의미한다. 수직적 분화 단계가 많아질수록 의사결정의 속도가 늦어져 환경변화에 신속한 대응이 어려워진다. 최근 많은 기업들이 팀제를 도입한 것은 이러한 수직적 분화의 한계를 보완하기 위한 시도이다.

9. 권한의 집중형태에 따른 조직 구분 – 집권화와 분권화

(1) 집권화와 분권화의 정의

집권화와 분권화는 권한이 어느 계층에 집중되어 있는지 여부로 나눈 기준이다. 집권적 관리조직이란 의사결정권과 관리통제권이 상위 특정계층에 집중되어 있는 조직이며, 분권적 관리조직은 권한위임의 원칙에 따라 상대적으로 하위계층이 권한을 행사하는 조직이다.

(2) 집권화와 분권화의 결정요소

① 의사결정의 중요성

의사결정내용이 중요하여 대외적인 공개가 어려운 경우 집권화되어야 하며, 일상적인 의사결정의 경우 분권화되는 경향이 있다.

② 업무특성

업무가 동적이고 상황의 변화에 따라 변화의 폭이 클수록 분권화되는 경향이 존재한다.

③ 일관성의 필요성

업무가 조직 전체적으로 동일한 방향으로 진행되어야 효율적인 경우 집권화가 필요하다.

④ 경영자의 관리능력과 교육의 필요성

우수한 경영자가 존재하는 경우 분권화되더라도 실질적인 관리의 어려움이 크지 않기 때문에 분권화되며, 관리자 양성을 추구하는 조직일수록 분권화된다.

⑤ 소유와 경영의 분리 여부

우리나라와 같이 가족경영이 일반적인 경우 집중화되며, 미국과 같이 소유와 경영의 분리가 일반적일수록 분권화되는 경향이 존재한다.

(3) 집권화 및 분권화의 장단점

① 집권화의 경우

집권화의 가장 큰 장점은 통일된 정책으로 인한 안정성이다. 그리고 우수한 경영자의 지식과 경험을 통해 조직 운영의 효율성을 높일 수 있다. 한편, 이는 단점으로 작용할 수도 있다. 즉 집권화의 경우 우수한 경영자의 존재로 인해 최고경영자의 독재성이 강하게 나타날 수 있으며, 하위계층의 최고경영자에 대한 의존도가 심화되어 창의력 개발이 어렵다. 또한 집권화 조직의 경우 의사결정 속도가 느릴 수 있다.

② 분권화의 경우

분권화 조직의 경우 의사결정의 신속함이 가장 큰 장점이다. 좋은 경영자를 계속해서 양성할 수 있으며, 경영의 합리화를 기대할 수 있다는 점도 장점이다. 반면 부서 간의 이해관계가 대립한다거나 공동비용의 발생으로 각종 비용이 발생할 수 있다는 점은 단점이다.

10. 조직의 형태

조직은 전통적 조직과 동태적 조직으로 구분된다. 전통적 조직은 기능별, 부문별 조직이 있으며, 동태적 조직에는 프로젝트팀 조직, 매트릭스 조직, 가상조직, 무경계조직 등이 있다.

(1) 전통적 조직

① 기능별 조직

㉠ 의 미

기능별 조직(functional organization)은 가장 전통적이고 기본적인 조직으로서, 업무내용이나 기능의 유사성을 기준으로 묶어 놓은 조직 형태를 의미한다. 기능별 조직형태는 업무의 일관성이 유지되어 빠른 업무 수행 및 문제해결이 가능하고 각 기능 내에서 심도 있는 훈련이 가능하다. 한편, 자원의 효율적인 활용으로 규모의 경제를 실현시킬 수 있다. 이러한 장점에도 불구하고 개별 기능이 아닌 조직 전체에 해당하는 문제가 발생했을 때는 책임소재를 명확하게 구분해내기가 어려우며, 기능을 중심으로 구분한 부서 간의 의사소통 문제가 발생할 수 있다. 또한 부서 이기주의도 기능별 조직에서 발생할 수 있는 문제점이다.

㉡ 특 징

기능조직의 특징은 부서와 부서 간의 의존성이 크고 상호작용이 많이 필요하다는 점이다. 구매부가 재무부와의 협력 없이 일을 진행할 수 없고, 영업부가 생산부와의 상호작용 없이 업무를 수행할 수 없다. 따라서 업무의 유사성을 중심으로 구분된 기능조직은 부서와 부서 간의 연결과 조정이 더욱 요구된다. 이러한 기능조직은 조직의 규모가 비교적 작고 업무

내용이 단순한 경우, 사업 분야가 한정적인 경우, 안정된 환경에서 고도의 전문화가 요구되는 경우에 필요한 조직형태이다.

ⓒ 장점과 단점

기능조직의 장점은 무엇보다 규모의 경제성(economic of scale)이다. 유사한 업무를 담당하는 사람들끼리 같은 부서에 모아 놓음으로써 전문적으로 일할 수 있는 분위기를 만들어주고, 정보축적이 쉽게 일어난다. 또한 관련 분야의 새로운 지식을 습득하는 데에도 매우 효율적이다. 반면에 단점은 경영규모가 커질 때 두드러진다. 조직규모가 커지면 기능별로 구분된 조직의 상호연결성이 떨어지기 때문이다. 상호연결이 어려울수록 갑작스런 외부환경에 반응하는 속도가 현저히 떨어지게 된다. 문제는 이러한 상호연결성의 저하가 조직 전체에 악영향을 미친다는 점이다. 한편, 기능조직을 운영하면 관리자의 양성이 어렵게 되는 단점이 있다. 경영자의 핵심자질 중의 하나가 통합적 관리능력인데, 유사한 업무끼리 구분해놓은 기능조직에서는 자신의 업무에만 한정하여 전문적으로 일을 처리하기 때문에 넓은 시야를 가질 기회가 많이 주어지지 않는다.

② 부문별 조직

㉠ 의 미

부문별 조직(divisional organization)은 동일한 제품, 지역, 고객, 업무과정을 중심으로 조직을 분화하여 만든 조직을 의미한다. 부문별 조직이 구성되면 부문별 조직 내에서 기능별 조직이 형성될 수 있다는 점은 부문별 조직의 중요한 특징이다. 서울 사무소, 부산 사무소, 세종 사무소 등으로 지역별로 부문별 조직을 만들더라도 각 사무소 내에는 총무, 인사, 재무팀 등이 별도로 존재하는 형태가 부문별 조직 내의 기능별 조직구성이라 할 수 있다. 이러한 부문별 조직은 제품별, 지역별, 고객별로 보다 특화된 영업활동을 할 수 있다는 장점과 함께 책임소재가 명확하고 환경변화에 유연하다는 특징을 갖는다. 그러나 각 부문에 동일한 부서가 중복되어 많은 비용이 발생해 규모의 경제 실현이 어렵고 전체 조직의 목표와는 상반된 부문별 조직의 움직임이 나타날 수 있다.

㉡ 특 징

부문별 조직의 특징은 무엇보다 최종 산출물을 기준으로 조직을 설계해 제품과 지역, 시장으로 구분된다는 점이다. 이들 구분단위는 모두 독립채산제를 실시할 수 있는 분권적 조직이다.

ⓐ 제품별 부문화

제품별 부문화(product departmentalization)는 제품의 생산과 판매, 연구개발 등 다양한 기능이 한 부서 내에 속한 조직구조이다. 냉장고, TV 사업부로 나눠진 제품별 부문화 조직 내부에는 생산, 마케팅, 인사, 재무 부서가 각각 존재하고, 각 부서의 담당자는 관련 업무를 제품관련 경영자에게 보고해야 한다. 제품별 부문화 조직 내부에 기능조직을 품고 있는 형태이다. 그리고 제품관련 경영자가 생산, 마케팅, 인사, 재무 등과 같은 기능에 대한 포괄적인 의사결정권과 책임을 갖는다. 그리고 냉장고 사업부와 TV 사업부는 독립적으로 수입과 지출을 자율적으로 결정할 수 있는 독립채산제로 운영된다.

ⓑ 지역별 부문화

지역별 부문화(place departmentalization)는 조직이 사업을 운영하는 지역을 중심으로 부문화하는 방법이다. 이는 사업의 성격상 지역별 여건의 특수성을 고려해야 하는 경우에 진행되는 부문화이다. 이러한 지역별 부문화는 다양한 사업을 수행하는 조직에서 기능별·제품별 부문화의 효율적 운영을 위한 보조적인 수단으로 사용되기도 한다. 그리고 다양한 지역에서 유사한 서비스를 제공하는 경우에도 흔히 볼 수 있는 조직구조 유형이다. 은행, 우체국, 세무서, 전기·가스·수도 등의 서비스가 대표적이다. 이처럼 유사한 서비스를 제공하는 경우 지역별 조직은 해당 지역에서는 서비스를 제공하고, 홍보나 인사훈련과 같은 조직 전체에 공통적인 업무는 본사에서 수행하게 된다. 무엇보다 지역별 부문화의 강점은 각 지역의 상황 변화에 따라 신속하고 유연한 대응이 가능하다는 점이다.

ⓒ 고객별 부문화

고객별 부문화는 기업이 다양한 계층의 고객을 상대하고, 이들 고객들의 욕구가 상이할 때 채택하는 조직구조이다. 은행이 기업고객과 일반 개인고객을 구분하여 조직을 부문화하는 것이 대표적인 예이다. 고객지향적인 조직구조이지만, 경우에 따라서는 제품별 부문화와 차이가 없는 경우도 존재한다.

ⓒ 장점과 단점

부문별 조직의 장점은 외부환경에 대한 유연한 대응이다. 각각의 사업부가 하나의 조직 전체와 유사하기 때문에 사업부 내에서 기능 간의 연결과 조정이 원활하게 이뤄지기 때문이다. 그리고 각 사업부에서 수행하기 어려운 인사, 훈련, 홍보 등은 본사에서 일괄적으로 담당하여 조직 효율성도 높다. 또한 중앙의 통제를 상대적으로 적게 받기 때문에 의사결정 권한이 분권화되어 조직의 유연성과 변화를 촉진할 수 있다. 반면에 단점은 규모의 경제로 인한 이득을 기대하기 어렵다는 것이다. 부문별로 사업부가 나눠져 있기 때문에 중복투자의 문제가 발생하기 때문이다. 그리고 또 하나의 단점은 사업부 간의 협조가 어렵다는 점이다. 각 사업부가 하나의 독립된 조직으로 사업부 내에서의 기능 간 연결과 조정은 원활하지만, 사업부는 서로 경쟁관계에 놓여 있기 때문에 협조가 어렵다.

(2) 동태적 조직

① 팀 조직

㉠ 의 미

팀제는 1990년대에 들어서부터 본격화되기 시작한 조직구조이다. 팀(team)이란 구성원들이 상호보완적인 능력(기술 및 지식)을 가지고 공통의 성과목표를 위해 몰입하며 자신들이 공동으로 책임을 지는 집단이라고 정의할 수 있다. 따라서 팀(team)은 집단(group)과 차이가 존재한다. 이를 성과 및 책임 소재 그리고 목적의 측면에서 살펴보면 다음과 같다. 집단의 성과는 개별 구성원의 직무에 달려 있으나, 팀의 성과는 팀 구성원의 공동작업의 결과이다. 그리고 집단에서는 감독자가 개별구성원들의 직무에 대해 책임을 지지만, 팀에서는 구성원 각자가 자신의 직무에 대한 책임을 든다. 그리고 집단은 경영자에 의해 정규적으로 부과된 직무를 수행하도록 요구받으나, 팀은 경영층의 간섭 없이 직무를 스스로 통제하는 자율적 특성을 갖는다.

ⓛ 유 형

ⓐ 기능팀

기능팀(functional team)은 기능부서에서 상호의존적 과업을 일상적으로 함께 수행하는 개인집단을 의미한다.

ⓑ 문제해결팀

문제해결팀(problem solving team)은 특정문제 해결을 위해 다양한 부서에서 선발된 사람들이 일정기간 함께 일하는 팀을 의미한다. 문제해결 팀은 특수한 문제해결에 초점을 두며, 근본적으로 관리자의 역할을 바꾸거나 일을 재구성하는 역할은 맡지 않는다. 그리고 문제해결에 필요한 의사결정 권한을 위임받게 된다.

ⓒ 교차기능팀

교차기능팀(cross-functional team)은 조직 목표 달성을 위한 공동의 문제해결을 위해 각 부서로부터 구성원을 선발하여 구성한다. 이들은 서로 다른 전문분야나 기능분야의 사람들로 구성되고, 목표를 달성하기 위해 부서와 기능 분야를 넘어 문제를 처리한다. 일반적으로 교차기능팀은 해결하고자 하는 문제가 해결되면 해체되는 것이 일반적이다.

ⓓ 자기통제팀

자기통제팀(self-managed team)은 제품 혹은 중요 부품을 생산하거나 고객에게 총괄적인 서비스를 제공하기 위해 매일 효과적으로 함께 일해야 하며, 매우 상호의존적인 구성원들로 이뤄진 팀을 의미한다. 이들은 기본적으로 직무를 조직화하고 상위층의 리더십을 실행방법을 변화시켜 생산성과 품질수준 향상에 커다란 영향을 미친다.

ⓔ 글로벌팀

글로벌팀(global team)은 다양한 국가에서 모인 구성원들로 이뤄진 집단이다. 글로벌 팀은 기능팀, 문제해결팀, 교차기능팀, 자기통제팀, 가상팀 중 어떤 형태로든 운영될 수 있다. 글로벌팀은 그 조직의 특성상 업무의 상당부분을 가상 팀으로 수행한다. 이러한 글로벌팀은 다양한 국가에 맞는 상품과 서비스를 개발하기 위해 필요하다. 그리고 현지 시장의 고유한 욕구와 요구조건을 만족시킬 수 있는 상품과 서비스를 개발할 필요가 있을 때 글로벌 팀이 구성된다. 한편, 글로벌 팀을 운영함으로 인해 다른 나라에 있는 전문가들을 최대한으로 활용할 수 있으며, 생산 및 마케팅을 위해 글로벌 팀을 운영하기도 한다.

② 프로젝트팀 조직

프로젝트팀 조직(project team)은 테스크포스팀(Task Force Team)이라고도 한다. 즉, 일시적으로 발생한 특정 과제를 해결하기 위해 구성된 팀이다. 따라서 새롭게 구성되기 보다 기존 팀에서 해당 문제해결에 필요한 능력을 갖춘 사람이라고 판단되는 조직 구성원들이 모여 팀을 형성하게 되고, 한시적·동태적이라는 특징을 갖는다. 해당 과제가 마무리 되면 다시 본 팀으로 복귀하게 된다. 프로젝트팀의 경우 고정적인 조직을 만들지 않아도 되기 때문에 유연한 조직운영이 가능하다는 것이 무엇보다 큰 장점이다. 그리고 단기적인 목표가 주어지기 때문에 목표달성 여부를 정확히 확인할 수 있다. 반면 임시적인 조직이다 보니 본래 소속 팀과의 갈등을 겪을 수 있으며 다양한 부서의 사람들이 모인 팀이다 보니 팀 내의 조화가 어려울 수도 있다.

③ 매트릭스 조직
　㉠ 의 미

매트릭스 조직(matrix organization)은 프로젝트팀 조직에 기능별 조직 혹은 부문별 조직 형태를 결합시킨 형태이다. 매트릭스 조직은 기능별 혹은 부문별로 구성된 기본 조직에서 특정 프로젝트 수행을 위한 일부 사람들을 뽑아 새롭게 조직을 구성하는 형태이다. 따라서 매트릭스 조직에서 구성원은 최소 두 개 이상의 부서에서 근무하게 된다. 다국적기업에서 해당국 실정에 맞는 조직 운영을 위해 국가별·지역별로 기본조직을 만든 다음에 신제품 개발, 정보화 추진 프로젝트팀을 운영하는 형태가 매트릭스 조직에 해당한다. 매트릭스 조직은 급변하는 환경 속에서도 성장을 추구하는 조직체에 응용되는 조직유형이다. 이러한 매트릭스 조직은 정보가 활발히 공유되어 문제해결에 있어 매우 효율적이라는 장점을 갖는다. 반면 두 명 이상의 팀장 즉, 명령계통의 이원화로 우선순위 결정에 문제가 발생할 수 있으며, 업무처리에 시간과 돈이 많이 필요하다는 단점이 있다.

　㉡ 특 징

매트릭스 조직은 기능적 부문과 프로젝트 부문의 장점을 살리고 단점을 보완한 조직이다. 보다 구체적으로는 부서를 사업별 혹은 제품별(냉장고, TV 등)로 나누고 이를 다시 기능별(생산, 판매, 인사 등)로 나눈 다음 묶어 놓은 형태이다. 매트릭스 조직에서 횡적 및 종적 관리자가 모두 동등한 권한을 갖는다. 즉, 제품관리자와 기능관리자가 동등한 권한을 갖기 때문에 두 상급자의 지시를 받아 보고하게 된다. 매트릭스 조직은 환경의 불확실성이 높고, 조직의 목표가 기능부문과 제품부문을 모두 중요시 하는 경우 기술이 비일상적이며 각 기능 간 혹은 기능 내부의 상호의존성이 존재하는 경우에 적합하다. 특히 회사의 사업영역이 복잡하고 불확실한 경우 사업부 간 조정과 정보처리가 필요하다면 매트릭스 조직 구조가 가장 효율적이다. 매트릭스 조직은 종적 및 횡적인 연결로 인해 복잡하고 전문화된 의사결정의 신속한 처리가 가능하기 때문에 우주개발, 신제품 개발과 같은 복잡한 사업 분야에서 널리 채택되고 있다.

　㉢ 장점과 단점

매트릭스 조직은 유연성이 높은 조직으로 외부환경에 대한 적응력이 높아 제품이나 시장의 변화에 신속하게 대응할 수 있다. 그리고 고객이 요구하는 이중적 요구사항을 충족시킬 수 있으며 인력과 시설 등의 중앙자원을 사용할 수 있는 장점이 있다. 조직 구성원들 역시 창의성 및 능력을 발휘할 기회가 주어지고 자신의 관심사에 따라 노하우를 익히며 특수제품 혹은 고객층에 대한 시야를 확대할 수 있어 전략적 사고를 갖출 수 있다. 한편, 단점으로는 이중보고체계로 인한 의사소통의 혼선이다. 제품 관리자와 기능 관리자 모두의 지시를 받기 때문이다. 그리고 매트릭스 조직에서는 관리자들이 정보와 권력을 공유하기 때문에 조정과 토의가 많이 필요한 만큼 토론과 회의에 많은 시간과 노력이 소모된다.

④ 가상조직 및 네트워크 조직

가상조직(virtual organization)은 전통적 조직의 핵심요소를 갖고 있으나 일부에 있어서는 전통적 조직의 경계와 구조가 없는 조직을 의미한다. 가상조직은 네트워크 조직(network organization) 혹은 모듈조직(module organization)이라고도 불린다. 보다 구체적으로 전통적 조직의 핵심요소인 인적, 물적자원은 조직 내에 두지만, 나머지 요인들은 모두 아웃소싱하는 형태의 조직을 의미한다.

⑤ 무경계 조직

무경계 조직(boundaryless organization)은 조직 내외부의 조직끼리 연계함으로써 경계를 허무는 조직을 의미한다. 쉽게 말해 부나 과를 연결하여 경계를 없애는 것이다. 이 역시 프로젝트 팀과 같이 일시적으로 형성되는 조직이다. 기존 조직에서 경계가 허물어지는 경우 내부 무경계 조직(internal boundaryless organization)이라하고 일시적으로 외부조직과 연계하는 경우를 외부 무경계 조직(external boundaryless organization)이라 한다.

11. 조직의 의사결정

(1) 의 미

조직에서의 의사결정은 최고 경영층에서만 행해지는 것이 아니다. 최고경영층과 중간관리층 그리고 하위경영층 모두 각자의 의사결정을 수행한다. 최고경영층이 경영 전반의 목적이나 방침을 결정하면 중간관리층은 이를 실현하기 위한 부문별 목표와 활동계획을 결정하여 하위 경영층에게 전달한다. 하위 경영층은 일상적인 업무수행 활동에 대해 결정하게 된다. 따라서 의사결정은 모든 조직계층에서 효율적인 경영관리를 수행하기 위해 필요한 과정이다. 이러한 의사결정에 대해 다양한 정의가 존재한다. 대표적인 정의를 소개하면 다음과 같다.

보충학습 의사결정의 정의

- 의사결정이란 문제를 규명하고 정보를 수집하여 해결대안을 창출하며 행동방향을 선택하는 과정 (Hellriegel & Slocum)
- 의사결정이란 경영자가 조직의 문제를 찾아내고 이를 해결하려고 시도하는 과정(Bartol & Martin)

의사결정의 의미와 정의를 종합해볼 때 의사결정이란 조직 내부의 문제를 인식하고, 문제 해결을 위한 최적의 대안을 선택하는 과정이라고 일반화할 수 있다.

(2) 의사결정의 중요성

의사결정은 결국 문제를 인식하고 해결하여 기업의 성과를 높이는 과정이다. 따라서 의사결정은 경영관리활동의 매우 중요한 부분이라 할 수 있다. 의사결정의 중요성은 다음과 같은 이유로 요약해볼 수 있다.

① 경영성과와 밀접한 연관

의사결정은 경영관리의 계획단계부터 통제단계에 이르기까지 전 단계에서 시행되며, 이들에 밀접한 영향을 미친다. 따라서 매 단계의 올바르지 않은 의사결정은 낮은 경영성과로 이어지게 된다.

② 경영활동의 필수 활동

의사결정은 최고 경영자에게만 한정된 것이 아니다. 조직계층의 수준과 무관하게 중간 및 하위 경영자가 의사결정을 내려야 한다. 모든 경영자는 각자의 역할 수행을 위해 의사결정과 무관할 수 없기 때문이다.

③ 의사결정과 이해관계자 집단

경영 의사결정과 개인 의사결정의 차이는 의사결정에 영향을 받는 사람들에게 있다. 개인의 의사결정이 잘못되는 경우 개인을 둘러싼 아주 한정적인 범위의 사람들에게만 영향이 미치지만, 경영 의사결정이 잘못될 경우 조직 내부는 물론 조직과 상호관계를 맺고 있는 수많은 이해관계자들에게 부정적 영향을 미치게 된다.

(3) 의사결정의 기본모형

의사결정은 경영자의 활동에 있어 매우 본질적인 부분이다. 성공적인 의사결정을 통해 문제를 효과적으로 해결하지 못하면 경영자로서의 성과 역시 높을 수 없기 때문이다. 이러한 경영자의 의사결정은 접근 방법에 따라 합리성 모형과 제한된 합리성 모형, 정치적 모형 그리고 직관적 모형의 네 가지로 구분할 수 있다.

① 합리성 모형

합리성 모형(rationality model)은 정확한 정보에 기초를 둔 합리성이 전제 된 의사결정을 의미한다. 즉, 의사결정이란 문제를 정확히 인식하고 대안을 탐색하여 가장 바람직한 대안을 선택하는 과정을 의미하는데, 이 과정에 합리성이 전제되어야 한다는 것이다. 여기에서 말하는 합리성이란 문제 해결을 위한 대안의 평가 혹은 분석에 도움이 되는 정보가 존재하는 경우를 의미한다. 다시 말해 모든 정보와 추구하는 목표를 비교해 대안을 분석하고 평가할 수 있어야 한다는 것이다.

② 제한된 합리성 모형

합리성 모형은 이론적 정합성은 높으나 현실에서 좀처럼 찾아보기 어려운 의사결정 모형이다. 의사결정의 과정과 결과는 다양한 내·외부의 환경적 요인의 영향을 받기 때문이다. 제한된 합리성 모형은 1978년 경제조직(economic organization) 내에서의 의사결정 과정에 대한 공로로 노벨 경제학상을 수상한 사이먼(Herbert A. Simon)에 의해 소개된 이론이다. 그는 사람들은 동일한 정보를 보유하고 있음에도 불구하고 서로 다른 의사결정을 내리는 이유는 의사결정자가 불완전한 정보에 의해 의사결정을 내려야 하는 현실적인 이유가 존재하며 경영자는 변화하는 내·외부의 환경 속에서 의사결정의 요인과 결과 사이의 명확한 인과관계를 규명할 수 없기 때문이라고 설명했다. 이처럼 제한된 시간과 정보 속에서 어떤 의사결정을 내려야 하는 인간의 공통된 특성 탓으로 인해 완전히 합리적인 의사결정을 내리는 것은 어렵다고 주장한다. 결국 의사결정자는 최선의 대안을 찾기 위해서 무한정 탐색과정을 수행할 수 있는 것이 아니며 한정적으로 탐색하여 적당한 수준에서 만족을 해야 한다는 것이다.

③ 정치적 모형

현실에서의 경영 의사결정은 독립적으로 이뤄질 수 있는 것은 아니다. 어떤 결정은 누군가에게 이득이 되기도 하지만, 누군가에게는 손해가 될 수도 있기 때문이다. 이와 관련하여 정치적 모형(political model)은 조직 내·외부의 이해관계자 간에 발생하는 이해상충을 정치적으로 해결하려는 의사결정 과정을 의미한다. 보다 구체적으로는 권력이 강한 이해당사자의 관심과 목표를 고려하여 행하는 의사결정이다. 정치적 모형에 의한 의사결정은 합리성 모형과는 많은 부분 차이가 있다. 예를 들어 합리성 모형에서는 문제를 인식한 이후에 해결책 탐색 과정에서 의사결정에 참가하는 사람들에게 모두 공개하지만, 정치적 모형에서는 의사결정의 영향력이 있는 일부 집단에게만 공개한다. 자기 집단에 유리한 의사결정이 이뤄져야 하기 때문이다.

④ 직관적 모형

직관은 논리적인 추론 과정 없이 경험을 바탕으로 판단하는 과정을 의미한다. 따라서 직관에 의한 의사결정은 임의적이고 비논리적이다. 이를 휴리스틱(heuristic) 접근법이라고도 한다. 비논리적이고 임의적이어서 올바른 의사결정을 방해할 것만 같은 휴리스틱 접근법은 최근 들어 실무와 학계에서 각광을 받고 있다. 상황에 따라 합리적인 의사결정에 도움을 주는 증거들이 자주 나타나기 때문이다. 특히 급성장하는 기업의 경영자에게 직관력은 분석력보다 훨씬 중요한 요소로 작용한다.

(4) 조직 의사결정의 실제적 모형

앞서 살펴본 바와 같이 의사결정과 관련한 다양한 모형(합리성 모형, 제한된 합리성 모형, 정치적 모형, 직관적 모형)이 존재한다. 하지만 현실에서의 의사결정은 어느 한 가지 모형에 부합되는 형태로 이뤄지는 것이 아니라 의사결정에 영향을 미치는 내·외적인 요인들을 종합적으로 고려하여 의사결정이 이뤄진다.

① 경영과학 모형

경영과학 모형은 제2차 세계대전 중에 등장했다. 규모가 크고 매우 긴급한 군사적인 의사결정을 위해 수학과 통계기법을 활용한 의사결정이 이뤄지기 시작한 것이다. 양질의 데이터가 많이 주어지더라도 전쟁과 같은 긴급한 상황에서 수동적인 분석으로는 정확성과 의사결정의 신속도가 떨어지기 마련이다. 이때 컴퓨터를 활용한 분석을 수행할 수 있다면 적시에 정확한 분석이 가능할 것이다. 선형계획법, PERT, ERP 시스템 등이 모두 경영과학으로 인해 탄생한 의사결정의 모형들이다. 하지만 단점도 존재한다. 경영과학 모형이 효과적이기 위해서는 의사결정에 근간을 이루는 변수들이 모두 측정 가능한 형태여야 한다. 만약 소비자의 만족, 경쟁자의 반응과 같이 주관적인 요소들이 측정 대상이라면 의사결정 과정에 경영과학 모형을 사용할 수가 없다.

② 카네기 모형

카네기 모형(carnegie decision model)은 제한된 합리성 모형을 이론적 근간으로 한다. 카네기-멜론 대학의 연구팀이 제안한 본 모형은 조직에서의 의사결정을 면밀히 살펴보면, 최고 경영자에 의해 내려지는 의사결정은 실제적으로는 관리자들의 연합인 연합집단(coalition)에 의해 이뤄지고 있다는 사실을 찾아냈다. 연합집단은 조직 내부의 이해관계자 집단으로서 문제해결 및 대안선택 과정에 다차원적으로 영향을 미치는 집단들이다. 따라서 카네기 모형에서는 연합집단을 형성하여 합의를 도출하는 것이 매우 중요하다. 관리자는 대안의 검토 과정은 짧으면서 가급적 많은 사람들이 만족하는 대안을 찾기를 바란다. 물론 인지된 문제가 이전에도 반복적으로 발생되었던 익숙한 문제이고, 문제해결을 위한 규정과 절차가 명확히 규정되어 있다면 연합집단의 형성이나 이들의 역할은 작아질 수밖에 없다. 하지만 새롭게 발생한 문제라면 조직 구성원들 간에 갈등이 많아지고 정치적인 게임도 많아진다. 따라서 경영자들은 조직을 운영함에 있어 핵심부서의 관리자들을 세력집단으로 끌어들이는 일이 무엇보다 중요하다. 이 과정이 원활하게 이뤄지지 못하면 의사결정의 지지 세력이 없어 의사결정 과정에 어려움을 겪게 된다.

카네기-멜론 대학의 연구팀이 찾아낸 연합집단의 역할은 다음과 같다.

㉠ 명확한 목표 설정에 기여

조직의 목표가 불명확할 때 현안을 중심으로 연합집단이 형성되고, 형성된 연합집단은 조직목표를 기준으로 문제를 명확하게 형성하는 역할을 담당한다.

㉡ 정보공유 및 의사결정

현실에서 인식되는 문제는 대안이 확실하지 않은 경우가 많다. 이런 경우 최고 경영자는 명확한 결정을 내리지 못해 의사결정이 답보상태에 빠지게 되는데, 이를 미연에 방지하기 위하여 연합집단들은 서로 정보를 교환하고 자신들의 이해관계가 반영되도록 결정을 유도한다.

㉢ 최선이 아닌 만족대상자가 많은 대안을 선택

연합집단의 활동은 조직의 장기적인 발전보다는 현실적으로 현재 관리자들의 책임을 피하고, 자신들의 역할을 내세울 수 있는 단기적인 대안을 선택할 가능성이 높다.

③ 점진적 의사결정모형

점진적인 의사결정모형(incremental decision process model)은 의사결정의 과정을 행동 순서에 맞춰 구조화 한 모형이다. McGill 대학교의 연구팀은 25개의 의사결정이 완성되는데 무려 1년이 넘는 시간이 필요했다는 사실을 발견했다. 무엇보다 이 의사결정 과정이 한 번에 이뤄진 것이 아니라 수많은 작은 의사결정이 모여 점진적으로 최종 대안에 접근하게 되었음을 확인했다. 이러한 점진적 의사결정 모형은「확인단계 → 개발단계 → 선택단계」로 구성된다.

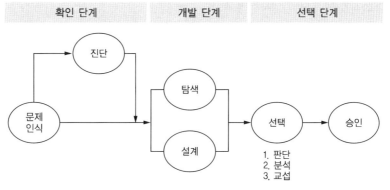

| 확인 단계 | 개발 단계 | 선택 단계 |

▲ 점진적 의사결정모형

㉠ 확인단계(인식과 진단)

첫 번째 단계는 문제를 인식하고 진단하는 단계이다. 확인단계의 첫 번째는 인식단계이다. 즉 관리자가 문제가 무엇인지 깨닫기 시작하는 단계이다. 두 번째 단계는 진단단계이다. 진단단계에서는 단순히 인식하는 수준에 그치지 않고 문제 해결을 위해 필요한 데이터를 수집하고 분석하게 된다.

㉡ 개발단계(탐색과 설계)

개발단계는 본격적인 해결방법을 찾는 단계이다. 해결방법을 찾는 방법은 크게 탐색과 설계 두 방법으로 구분된다. 탐색은 과거의 경험이나 선례를 통해 해결방법을 찾는 단계로서 동일하거나 유사한 문제가 과거에 있었는지를 살피고 이를 활용해 문제의 대안을 모색한다. 한편, 과거에 유사하거나 동일한 문제가 없었다면 새로운 해결책을 만들어야 하는데 이를 설계라고 한다.

㉢ 선택단계(대안의 선택)

선택단계는 탐색 혹은 설계된 다양한 대안 가운데 최적의 대안을 찾는 과정이다. 대안의 선택에는 판단, 분석, 교섭에 의한 세 가지 방법이 있다.

• 판단 : 최종 경영자의 의사결정에 의해 대안이 선택되는 방법이다.
• 분석 : 경영과학 분석 기법에 의해 체계적인 분석을 통해 대안을 선택하는 방법이다.
• 교섭 : 대안의 선택으로 인해 피해를 보는 이해관계집단이 존재하는 경우 교섭을 통해 선택 대안을 결정하는 방법이다. 이해관계집단 간 거래와 양보가 필요하다.

④ 쓰레기통 모형

㉠ 정 의

쓰레기통 모형(garbage can model)은 조직에서의 의사결정은 합리성을 거의 찾아볼 수 없는 무정부상태에서 이루어진다는 것이다. 이를 주장하는 M. Cohen, J. March, J. Olsen 등은 조직을 정의함에 있어서 명확한 공동의 목표를 갖고 업무가 체계적으로 분담된 집단이라고 보지 않았다. 조직 자체가 불확실한 목표를 갖고 비합리적인 사람들이 모여 있는 마치 쓰레기통과 같은 곳으로 간주했다. 이를 무정부 조직이론(organized anarchy model)이라고도 부른다.

ⓛ 쓰레기통 모형의 의사결정 특징

쓰레기통 모형을 주장하는 J. Olsen 등은 합리성이라고는 찾아볼 수 없는 쓰레기통과 같은 조직의 의사결정은 다음과 같은 세 가지의 특징을 갖는다고 설명한다.

- 우선순위의 불명확성

  조직과 조직 구성원의 목표가 뚜렷하지 않고, 서로 상이하기 때문에 대안이 나열되어도 최적 대안을 선택할 수가 없다. 즉, 공동목표가 불분명하여 대안의 우선순위를 설정할 수가 없는 것이다.

- 지식과 경험의 부족

  앞서 합리성 모형을 살펴보면서 합리성이란 문제 해결을 위한 대안의 평가 혹은 분석에 도움이 되는 정보가 존재하는 경우를 의미한다고 설명한바 있다. 하지만 쓰레기통 모형에서는 합리성이 거의 존재하지 않기 때문에 목표달성을 위한 정보수집을 어디서 어떻게 해야 하는지 전혀 알지 못한다.

- 잦은 의사결정자의 교체

  쓰레기통 조직에서는 의사결정자들의 교체 혹은 이동이 잦고, 문제 해결을 책임져야 할 사람들도 정해져 있지 않고 제한적이다.

ⓒ 쓰레기통 의사결정 모형의 실제

사실 이 정도로 합리성이 존재하지 않는 조직이라면 아무런 의사결정을 하지 않는 편이 나을지도 모른다. 하지만 문제해결을 위한 의사결정이 필요한 순간들에 직면하게 되는 것이 현실이다. 쓰레기통 조직에서 나온 대안들은 문제 해결에 도움이 되지 않는 경우가 많고, 해결이 되더라도 일련의 의사결정 과정을 통해 이뤄지기 보다는 우연한 아이디어에 의해 해결되는 경우도 존재한다. 쓰레기통 모형을 통한 조직에서의 의사결정의 실제 모습은 다음과 같이 정리해볼 수 있다.

- 조직의 의사결정이 운이나 우연으로 이뤄진다.
- 솔루션이 존재하면 문제의 발생 여부와 무관하게 도입한다.
- 문제를 해결하기 위한 대안이 아닌 엉뚱한 대안이 선택된다.
- 어차피 선택된 대안이 문제 해결에 기여할 수 없기 때문에 조직이 아닌 자신에게 최선인 대안을 선택한다.
- 문제를 해결하는 데 많은 노력이 투입될 것으로 예상되는 경우 문제를 해결하지 않고 미뤄둔다.
- 급한 문제가 눈앞에 놓여 있더라도 이슈가 될 만한 문제에 무조건 높은 우선순위를 설정한다. 중요성이 낮은 문제에 의사결정자들이 관심을 덜 갖기 때문이다.

(5) 의사결정의 과정

합리적인 의사결정의 과정은 다음의 일곱 단계로 이뤄진다. 즉 「문제의 진단과 규명」 → 「목표 설정」 → 「대안의 탐색」 → 「대안의 비교 및 평가」 → 「대안의 선택」 → 「선택 대안의 실행」 → 「결과의 평가 및 통제」가 그것이다.

① 문제의 진단과 규명

문제의 본질과 원인을 파악하는 단계이다. 해당 단계에서는 환경의 인식, 문제의 이해, 조직목표와의 연계라는 문제 진단기술이 필요하다. 이 세 가지 문제 진단 기술 가운데 어느 하나라도 정확한 파악이 어렵다면 올바른 문제의 진단이 이뤄질 수 없다.

> **보충학습** 세 가지의 문제 진단 기술
>
> - 환경의 인식(noticing) : 조직을 둘러싼 내·외부의 환경 가운데 문제 발생에 직·간접적으로 영향을 미치는 환경적 요인을 확인하는 단계
> - 문제의 이해(interperting) : 직접적인 환경요인을 확인하는 단계
> - 조직목표의 연계(incorporating) : 환경의 인식과 문제의 이해를 통해 살펴본 문제를 조직의 목적과 연관해 해결책을 찾는 과정

② 목표 설정

문제가 정확히 진단되고 규명되면 이제 이를 해결한 세부적인 목표를 설정할 단계이다. 최고경영자는 인식된 문제를 해결하기 위해 중간 및 하위관리층에게 각자가 달성해야 할 상세한 목표를 제시해야 한다.

③ 대안의 탐색

문제해결을 위한 대안을 찾는 과정이다. 이 과정에서 정보를 수집하고, 전문가와 상의하는 등 최선의 대안을 찾기 위한 노력을 기울여야 한다. 다양한 방법을 통해서 대안을 탐색한 결과 문제해결을 위한 적절한 대안을 찾기 어려운 경우에는 목표를 수정하는 방안도 검토해봐야 한다.

④ 대안의 비교·평가

의사결정자는 다양한 대안들 가운데 최선의 대안을 선택해야 하며, 이때 효과와 수행가능성, 그리고 조직 전체에 미치는 결과에 대해서 판단해야 한다. 대안의 효과는 해당 대안을 통해 얼마나 효과적으로 문제를 해결할 수 있는지에 대한 내용이며, 수행가능성은 실제 실현가능성이라 할 수 있다. 아무리 문제해결에 직접적인 도움이 되는 대안이라 하더라도 조직 능력에 따라 동원할 수 있는 자원의 한계 등으로 실현할 수 없다면 해당 대안은 고려하지 않는 것이 옳다. 한편, 효과성과 실현가능성에 대한 판단이 끝나면 해당 대안의 채택으로 인해 조직 전체에 불필요한 악영향을 미치지는 않을지에 대해서도 검토해봐야 한다. 이처럼 대안을 비교하여 평가하는 일은 조직 전반에 걸쳐 종합적인 시각에서 진행되어야 한다.

⑤ 선택 대안의 실행

최종적으로 대안이 선택되었다고 해서 문제가 해결되는 것은 아니다. 해당 대안을 올바르게 실행할 수 있어야 목표를 달성할 수 있다. 따라서 대안이 선택되고 나면 이제는 구체적인 행동 계획을 수립할 수 있어야 한다. 선택된 대안이 문제해결에 어느 정도 도움이 되었는지는 바로 실행 단계를 통해서 결정되는 것이다.

⑥ 결과의 평가 및 통제(피드백)

의사결정 과정의 마지막 단계는 결과를 평가하는 일이다. 이를 통해 문제인식과 대안이 올바르게 매칭 되었는지를 확인할 수 있다. 만약 대안의 실행 이후에도 여전히 문제가 해결되지 못했다면 문제의 인식 및 진단이 잘못되었거나 아니면 최선의 선택을 선택하지 못했을 가능성 등을 다시 처음으로 돌아가 살펴봐야 한다.

(6) 집단의사결정 기법

집단의사결정은 개인의 의사결정에 비해 고려해야 할 사항들이 많다. 그 과정에서 비합리적이고 효율적이지 않은 요인들도 고려해야 할 필요가 생겨나게 된다. 특히 창의성이나 적극적인 사고가 개입될 여지가 개인의 의사결정에 비해 부족한 것이 사실이다. 이러한 집단의사결정 과정의 한계를 보완하고 특성상 의사결정의 질을 높이기 위해서는 다양한 방법을 통해 집단 의사결정 과정을 진행하는 것이 좋다. 대표적으로 명목집단법, 델파이기법, 브레인스토밍, 변증법적 토의, 캔 미팅 방법 등을 들 수 있다.

① 명목집단법

명목집단법(norminal group technique)은 조직에서 지명된 사람들이 회의에 참석하여 자신의 생각을 제시하고, 제출된 모든 아이디어를 대상으로 장점과 단점에 대한 토론을 진행한 뒤 투표를 통해 최종안을 선택하는 기법이다. 이는 공개토의가 갖는 단점을 보완하기 위해 등장한 기법이다. 즉, 공개토의가 이루어지면 실질적으로 문제 해결에 도움이 되는 발언보다는 상급자의 눈치를 보며 발언을 하게 되고 그 결과 먼저 의견을 제시한 사람의 의견에 다음 의견이 영향을 받기 마련이다. 따라서 명목집단법은 누가 의견을 제시했는지 알지 못하게 하여 문제해결에 도움이 되는 아이디어를 확인하고 이에 대해 검토해보는 방법이다.

> **보충학습** 명목집단법의 진행 단계
>
> ㉠ 약 10명 내외의 구성원이 토론 없이 자신의 아이디어를 작성하여 제출한다.
> ㉡ 이 중 한 사람이 아이디어를 취합해 다른 구성원들과 공유한다. 여기서 핵심은 아이디어의 주인이 누구인지 모르게 하는 것이다.
> ㉢ 제안된 모든 아이디어에 대해 장점과 단점, 실현가능성 등 종합적인 측면에 대해 토의한다.
> ㉣ 투표를 통해 가장 많은 표를 받은 아이디어를 선정한다.

② 델파이기법

델파이기법은 명목집단법이 가진 한계를 극복하기 위해 만들어진 집단의사결정 기법이다. 명목집단법은 상사의 눈치를 보지 않고 자유롭게 솔직한 의견을 개진할 수 있다는 장점은 있지만, 상호 토의를 통한 아이디어의 발전을 가져올 수 없다. 토의 과정에서 자신의 생각을 수정할 수 있고, 이를 통해 더 나은 아이디어의 도출이 가능하지만 명목집단법에서는 이러한 가능성이 원천적으로 막혀 있는 것이다. 델파이기법은 이러한 한계를 극복하기 위해 고안되었다. 델파이기법(delphi technique)은 무기명 방식을 유지하며 토론을 진행하여 더 나은 아이디어가 도출되도록 하는 집단의사결정 방법이다. 먼저 전문가에게 문제의 해결책에 대한 의견을 묻는 질문서를 배부한다. 전문가가 이 질문서에 대한 답변을 보내오면 그 결과를 수집·요약하여 새로운 질문서를 다시 보낸다. 해당 전문가는 처음 제시한 의견에 대한 결과를 바탕으로 새로운 질문서에 대한 의견을 보낸다. 이러한 과정을 문제해결을 위한 적절한 대안이 제시될 때까지 계속해서 반복하는 것이다. 즉 델파이기법은 전문가패널(panel)의 합의를 바탕으로 한 의사결정 기법이라 할 수 있다.

③ 브레인스토밍

브레인스토밍(brainstorming)은 문자 그대로 뇌에 폭풍을 일으킨다는 의미이다. 미국 광고회사 부사장인 오즈번(A.F. Osborn)이 만들었고 그의 저서 「독창력을 신장하라(1953)」에서 널리 소개 되었다. 머릿속에 폭풍을 일으키는 방법으로는 10명 이내의 사람들이 시간을 정해놓고 특정 주제에 대해 자유연상을 통해 대량의 아이디어를 쏟아 놓고, 이 아이디어에 대해 비판을 금지하고, 아이디어가 많을수록 질적으로도 우수한 아이디어가 나올 가능성이 높다는 원칙하에 아이디어를 전개시켜 나가는 방법이다.

보충학습 브레인스토밍의 장점과 단점

- 장점 : 적극적 태도, 동기부여, 창의적 태도 배양, 문제해결력 향상 등
- 단점 : 시간과 비용의 문제, 단순한 의사결정만 가능, 창의적 아이디어의 결합 방법 부재 등

④ 변증법적 토의

변증법적 토의란 특정 사안에 대하여 찬성 및 반대 그룹으로 나누어 상호 토론하게 함으로써 각 대안의 장점과 단점을 모두 이해한 다음 토의를 하는 방법을 의미한다. 찬성과 반대 집단이 공개적으로 구분되어 있기 때문에 의견을 개진하는데 부담이 없다는 것이 장점이다. 또한 반대가 비판적 반대가 아닌 발전적 반대이기 때문에 더 나은 의견을 개진하는데 도움이 된다는 인식이 자리 잡고 있어서 반대 의견을 개진하는데 아무런 부담이 없다.

변증법적 토의 방법은 집단 구성원들을 찬성과 반대로 나누어 각자의 의견을 개진한 다음 이에 대해 양 집단이 토론하여 두 가지 의견들의 장점과 단점을 모두 다룬다. 토론 과정에서 걸러져 남은 대안들의 장점들을 모아 의견을 종합하여 선택한다.

⑤ 캔 미팅

개인 의사결정과 달리 집단 의사결정은 다양한 사람들이 모여 있으므로 혼자만의 생각을 자유롭게 밝히기 어렵다. 특히 상사가 있을 경우, 혹은 나의 의견으로 인해 피해를 보게 될 사람이 있을 경우는 더욱 의견을 개진하기가 힘들어진다. 캔 미팅은 이러한 집단 의사결정의 단점을 보완하기 위한 집단 의사결정 방법이다. 여기서 말하는 캔은 흔히 말하는 깡통(can)을 의미한다. 캔의 특징은 윗 부분과 바닥 부분 그리고 몸통의 재질이 모두 동일하다는 것이다. 즉, 캔 미팅은 집단 의사결정과정에서 집단을 캔과 같이 모두 직급이 동일하다고 가정하는 것이다. 그리고 캔의 또 다른 특징은 우수한 밀봉력이다. 이와 같이 캔 미팅에서 나온 내용들은 해당 회의장 밖으로는 절대 누설되지 않는 것을 원칙으로 하는 방식이다. 이러한 제도적인 장치를 마련해둠으로써 자유로운 분위기 속에서 회의가 이뤄질 수 있도록 하는 집단 의사결정방식이 바로 캔 미팅(can meeting)이다.

1. 조직 지휘의 필요성

조직이 목표를 수립하고 이를 달성하기 위한 계획이 수립되면, 조직을 구성할 수 있다. 이처럼 외형이 갖춰지고 나면 지휘라는 관리활동이 이뤄져야 한다. 즉, 지휘(directing)란 조직의 목표를 달성하기 위하여 조직구성원들이 적절한 방향으로 움직일 수 있도록 방향을 제시하는 과정이라 할 수 있다. 리더십(leadership)이란 조직을 지휘하기 위해 경영자가 갖춰야 할 능력이며, 이를 통해 조직구성원 전체에게 목표 달성을 위한 동기를 불어 넣어줄 수 있어야 한다.

2. 리더십의 의의

리더십(leadership)이란 목표달성을 위해 사람들의 행동에 영향을 미치는 과정이다. 즉, 전체 목표를 달성하기 위해 다른 사람을 움직이게 할 수 있는 능력을 의미한다. 이러한 리더십을 연구하는 리더십 이론은 특성이론과 행위이론 그리고 상황이론의 3가지 측면에서 발전되었다. 특성이론(trait theory)은 어떤 사람이 리더십이 있는가에 초점을 맞춘 것으로써 리더의 공통적인 특성을 살펴보고자 하는 이론이며, 행위이론은 어떤 행동이 리더십을 발휘하는 것일까를 중심으로 전개되는 이론이다. 즉, 리더의 행동양식에 초점을 맞춘 이론이다. 마지막으로 상황이론(contingency theory)은 어떤 상황에서 리더의 어떤 행동이 리더십을 발휘할까를 연구하는 이론이다. 리더가 처한 상황과 리더의 행동양식을 연계하여 연구하는 이론이다.

3. 동기부여 이론

(1) 동기부여의 정의

동기부여(motivation)란 어떤 목적의 달성을 위해 특정 방향으로 개인의 행동을 유도하는 것이다. 조직구성원들의 욕구를 정확히 파악할 수 있다면 이들을 리더가 원하는 방향으로 이끄는데 보다 수월할 수 있다. 동기부여이론은 크게 내용이론과 과정이론 그리고 강화이론으로 구분된다.

(2) 동기부여 이론

① 동기부여의 내용이론

동기부여의 내용이론(content Theory)은 사람들이 어떤 것 때문에 동기 부여되는지를 연구하는 동기부여 이론이다. 동기부여의 내용이론은 매슬로의 욕구단계론과 알더퍼의 ERG 이론으로 보다 구체적으로 살펴볼 수 있다.

⊙ 매슬로(매슬로우)의 욕구단계론

욕구단계론은 인간이 느끼는 욕구는 단계가 존재하며, 하위단계가 충족되어야 상위단계의 욕구를 느낀다는 전제에서 출발한다. 따라서 동기부여를 위해서는 하위단계의 욕구충족이 되지 않은 상태에서 상위단계의 욕구를 충족해주어도 동기부여가 되지 않는다고 주장한다. 매슬로는 욕구를 낮은 단계에서 높은 단계의 욕구로 다음과 같은 욕구를 제시했다.

1단계	생리적 욕구	인간의 생명유지에 최소한으로 필요한 욕구(음식, 물, 공기 등)
2단계	안전욕구	안정이나 안전을 추구하는 목표로서, 병이나 위협을 회피하려는 욕구이다.
3단계	소속욕구	우정이나 사랑, 소속감을 느끼고자 하는 욕구이다.
4단계	존경욕구	다른 사람들로부터 인정과 존경을 받고자 하는 욕구이다.
5단계	자아실현 욕구	자기만족 및 자아실현에 대한 욕구이다.

⊙ 알더퍼의 ERG이론

ERG이론은 인간의 욕구를 3단계로 단순화하여 추상화한 것이다. ERG이론에서는 인간이 느끼는 욕구가 일방향이 아니라고 전제한다. 즉, 매슬로의 욕구단계론과 달리 하위 단계에서 상위 단계로 이어지는 만족–진행(satisfaction–progression)의 과정만이 아니라 상위 단계에서 하위 단계로의 좌절–퇴행(frustration–regression)의 과정도 보인다는 것이다. 이는 상위욕구가 만족되지 않았을 때에는 하위 욕구가 더 커진다는 것이다. 즉 매슬로는 한 사람의 욕구는 단계적으로 한 단계에 대한 욕구만 강조되지만, 알더퍼는 인간이 동시에 둘 이상의 욕구도 추구 가능한 존재로 설명했다.

1단계	존재욕구 (E : Existence needs)	인간으로서 존재하기 위해 필요한 물리적·생리적 욕구로 매슬로의 1단계와 2단계 욕구 중에 물리적인 욕구에 해당하는 것이다.
2단계	관계욕구 (R : Relatedness needs)	사회생활과 관련된 욕구이다. 매슬로가 정의한 욕구 중 2단계 타인과 관련된 욕구와 3단계 소속욕구 그리고 4단계 존경욕구가 혼합된 욕구이다.
3단계	성장욕구 (G : Growth needs)	자아실현 및 성장과 관련된 욕구이다. 매슬로의 욕구 중 4단계 존경욕구와 5단계 자아실현 욕구에 해당하는 욕구이다.

② 동기부여의 과정이론

동기부여의 과정이론(process theory)은 사람은 어떤 과정을 거치면 동기가 부여되는지를 연구하는 학문이다. 대표적인 과정이론에는 공정성 이론과 기대 이론이 있다.

⊙ 공정성 이론

공정성 이론(equity theory)은 사람이 자신이 일한 것에 대한 대가비율과 타인이 일한 것에 대한 대가비율을 비교하여 동기부여가 일어난다는 이론이다. 자신이 일한 것에 대한 대가비율과 타인이 일한 것에 대한 대가비율은 다음과 같이 결정된다. 자신비율이 타인비율보다 크면 일에 대한 자신의 노력 투입을 늘리고 내가 남들보다 더 많은 대가를 받는 것이 당연하다는 식으로 자신의 생각을 바꾸게 된다. 반대의 경우에는 자신의 노력 투입을 줄이면서 내가 대가를 적게 받는 것이 당연하다고 생각을 바꾼다.

$$\bullet \text{ 자신비율} = \frac{\text{자신이 일한 것에 대한 대가}}{\text{자신의 노력 투입}}$$

$$\bullet \text{ 타인비율} = \frac{\text{타인이 일한 것에 대한 대가}}{\text{타인의 노력 투입}}$$

ⓛ 기대이론

동기부여의 기대이론(expectancy theory)는 인간의 욕구가 행동을 유발한다는 전제에서 출발한다. 따라서 행동을 하려는 욕구의 정도인 동기의 강도에 의해 동기부여 정도가 좌우된다고 이야기한다. 동기의 강도는 다음과 같이 결정된다.

동기의 강도 = 행동 결과에 대한 인식가치 × 결과의 실현 인식가능성 정도

③ 동기부여의 강화이론

㉠ 이론의 의미

동기부여의 강화이론(reinforce theory)은 사람의 행동은 환경적인 요인에서 결정된다는 전제에서 출발한다. 즉, 효과의 법칙(low of effect)에 근거를 둔 이론으로서 어떤 결과가 즐거우면 해당 행동이 반복된다는 것을 중심에 둔 이론이다. 강화이론에서는 스키너의 강화이론이 대표적이다.

㉡ 스키너의 강화이론

스키너는 효과의 법칙을 응용하여 조직의 행동수정(Organizational Behavior Modification ; OB Mo)이라는 개념을 만들었다. 조직의 행동수정의 목표는 조직구성원의 바람직한 행위는 강화하고 그렇지 않은 행위는 제거하기 위하여 강화의 원칙을 활용하는 것이다. 다음의 4가지 강화전략을 활용해 조직의 행동수정의 목표를 달성한다. 즉, 긍정적 및 부정적 강화는 바람직한 행동을 강화시키고자 하는 목적이며 처벌과 소멸은 바람직하지 않은 행동을 감소시키려는 전략이다.

ⓐ 긍정적·적극적 강화 : 어떤 일에 대한 칭찬, 금전 지급 등을 통해 자신의 행동이 즐거운 결과를 초래했다고 느끼게 하여 바람직한 행동을 계속하도록 만드는 방법이다.

ⓑ 부정적·소극적 강화 : 어떤 일에 대해 바람직하지 않은 결과가 발생하는 것을 피하게 만들어 리더가 원하는 행동을 강화하려는 방법이다. 업무를 열심히 하는 사람에게는 잔소리를 하지 않음으로서 업무를 열심히 하도록 하는 방법이다. 업무를 열심히 하면 잔소리를 회피할 수 있는 것이다.

ⓒ 처벌 : 종업원의 바람직하지 않은 행동에 불쾌한 결과가 초래될 수 있음을 보여줌으로써 바람직하지 않은 행동을 줄이게 하는 방법이다.

ⓓ 소멸 : 바람직한 행동을 했을 때 받을 수 있는 칭찬이나 보상을 바람직하지 않은 행동을 했을 때 하지 않음으로써 바람직하지 않은 행동을 줄이게 하는 방법이다.

#조직이론, #조직의 기본요소

01 다음은 조직에 대한 설명이다. 옳지 않은 것은?

① 조직이란 두 사람 이상이 공동의 목표를 달성하기 위해 의식적으로 구성된 상호작용과 조정을 행하는 행동의 집합체이다.

② 비공식적 조직은 인간관계에 따라 형성된 자발적 조직으로 조직의 규모와 기능이 조직화된 조직을 의미한다.

③ 직업인으로서의 조직은 직장을 의미하며, 직장은 사람들이 일을 하는데 필요한 물리적·심리적 장소이다.

④ 직장인들의 대표적인 조직은 기업이며, 기업은 최소의 비용으로 최대의 효과를 얻음으로써 이윤을 극대화하기 위해 만들어진 조직이다.

⑤ 공식조직은 조직의 구조와 기능, 규정 등이 조직화되어 있는 조직이다.

> **해설**
>
> 공식조직(Formal Organization)과 비공식조직(Informal Organization)은 조직의 공식화 정도에 따른 구분이다. 공식조직은 조직의 구조와 기능, 규정 등이 조직화되어 있는 조직을 의미하며, 비공식조직은 개인들의 협동과 상호작용에 따라 형성된 자발적인 집단 조직을 의미한다. 즉, 비공식조직은 인간관계에 따라 형성된 것으로, 조직이 발달해 온 역사를 보면 비공식조직으로부터 공식화가 진행되어 공식조직으로 발전해 왔다. 조직의 규모가 커지면서 점차 조직 구성원들의 행동을 통제할 장치를 마련하게 되었고, 이는 공식화하게 된다. 한편 공식조직 내에서 인간관계를 지향하면서 비공식조직이 새롭게 생성되기도 한다.

#조직구조의 구분, #공식적 조직, #비공식적 조직

02 다음은 조직의 유형이다. 옳지 않은 것은?

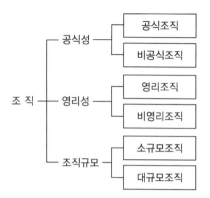

① 공식조직 - 정부조직
② 비공식조직 - 회사 내 탁구 동아리
③ 영리조직 - 공기업
④ 비영리조직 - 대학
⑤ 비영리조직 - NGO

해설

조직은 공식성과 영리성, 그리고 조직규모에 따른 구분이 가능하다. 이 중 영리성 기준에 따르면 영리조직과 비영리조직으로 구분할 수 있다. 영리조직은 기업과 같이 이윤을 목적으로 하는 조직이며, 비영리조직은 정부조직을 비롯하여 공익을 추구하는 병원, 대학, 시민단체, 종교단체 등이 해당한다. 영리조직과 비영리조직의 차이점을 비교하면 다음과 같다.

구 분	영리조직	비영리조직
조직의 목적	이익추구	사회 후생복지 증진 및 공익서비스의 제공
자원조달 방법	자기자본 또는 타인자본의 조달	조세, 수수료, 현금, 기부금, 보조금, 회비
자원의 활용	자유시장의 경쟁원칙에 따라 자유롭게 활용	법규, 규칙, 정관 등에 따라 자원 활용에 제약
주요 정보이용자와 주요 재무정보	• 주주, 채권자 • 미래 현금흐름의 시기 및 금액, 불확실성	• 자원의 제공자 • 서비스를 지속적으로 제공할 수 있는 능력

03 다음 중 조직구조와 관련된 기술 중 가장 적절하지 않은 것은?

① 기능별 조직(functional organization)은 환경이 비교적 안정적일 때 조직관리의 효율을 높일 수 있다.

② 기능별 조직은 각 기능별로 규모의 경제를 얻을 수 있다는 장점이 있다.

③ 제품 조직(product organization)은 사업부 내의 기능 간 조정이 용이하다.

④ 제품 조직은 시장특성에 따라 대응함으로써 소비자의 만족을 증대시킬 수 있다.

⑤ 매트릭스 조직(matrix organization)은 많은 종류의 제품을 생산하는 대규모 조직에서 효율적으로 기능한다.

해설

대규모 조직에 적합한 조직구조는 부문별 조직(divisional structure)이다. 매트릭스 조직은 소규모 혹은 중규모 조직에 적합한 형태이다.

**오답
노트**

매트릭스 조직은 프로젝트팀 조직에 기능별 혹은 부문별 조직형태를 결합시킨 형태이다. 매트릭스 조직은 기능별 혹은 부문별로 구성된 기본 조직에서 특정 프로젝트 수행을 위한 일부 사람들을 뽑아 새롭게 조직을 구성한다. 따라서 매트릭스 조직에서 구성원은 최소 두 개 이상의 부서에서 근무하게 된다. 다국적기업에서 해당국 실정에 맞는 조직 운영을 위해 국가별 · 지역별로 기본조직을 만든 다음에 신제품개발, 정보화추진프로젝트팀을 운영하는 형태가 매트릭스 조직에 해당한다. 매트릭스 조직은 급변하는 환경 속에서도 성장을 추구하는 조직체에 응용되는 조직유형이다. 즉, 다양한 제품을 생산하는 중소규모의 조직에서 보다 효율적으로 기능하는 조직형태이다. 이러한 매트릭스 조직은 정보가 활발히 공유되어 문제해결에 있어 매우 효율적이라는 장점을 갖는다. 반면 두 명 이상의 팀장 즉, 명령계통의 이원화로 우선순위 결정에 문제가 발생할 수 있으며, 업무처리에 시간과 돈이 많이 필요하다는 단점이 있다.

04 조직구조에 관한 다음의 설명 중 가장 적절하지 않은 것은?

① 매트릭스 조직은 제품과 기능 또는 제품과 지역이 동시에 강조될 때 적합한 조직구조이다.

② 부문별 조직은 모든 의사결정이 최고경영진에 집중되어 있는 집권화된 구조이다.

③ 기능 조직은 각 기능부서 내에서 규모의 경제 효과를 달성할 수 있다는 장점이 있다.

④ 수평적 조직에서는 기능부서 간 경계가 없기 때문에 종업원들은 특정 부서의 목표에 집중하기보다는 폭넓은 관점에서 조직의 전체 목표를 추구한다.

⑤ 네트워크 조직은 전통적 조직의 경계를 초월하여 수평적 조정과 협력의 개념을 조직외부로 확장하는 구조이다.

해설

조직구조는 개인과 집단의 과업을 통해 공동의 목적을 수행하기 위해 분화되고 조정하는 직무관계의 공식적 체계이다. 높은 생산성은 적합한 자원의 배치와 활용을 포함하는 조직구조의 설계에서 시작된다. 조직구조는 권한의 집중형태에 따라 구분이 가능한데, 집권화와 분권화가 대표적인 구분이다. 이 중 의사결정이 최고경영진에 집중되어 있는 조직은 집권화 조직이다.

오답노트

집권화의 가장 큰 장점은 통일된 정책으로 인한 안정성이다. 그리고 우수한 경영자의 지식과 경험을 통해 조직 운영의 효율성을 높일 수 있다. 한편, 이는 단점으로 작용할 수도 있다. 즉, 집권화의 경우 우수한 경영자의 존재로 인해 최고경영자의 독재성이 강하게 나타날 수 있으며, 하위계층의 최고경영자에 대한 의존도가 심화되어 창의력 개발이 어렵다. 또한 집권화 조직의 경우 의사결정 속도가 느릴 수 있다.

05 동기부여(motivation)이론 중 매슬로우의 욕구이론(need theory)에 관한 서술 중에 옳은 것으로만 묶은 것은?

> ㉠ 하나의 욕구가 충족되면 그 다음 상위단계의 욕구를 충족시키려 한다.
> ㉡ 상위욕구의 충족이 좌절되면 그보다 하위단계의 욕구를 충족시키려 한다.
> ㉢ 생리적 욕구 – 안전욕구 – 존경욕구 – 사회적 욕구 – 자아실현욕구의 순서로 단계가 나누어진다.
> ㉣ 사회적 욕구는 위생요인으로, 생리적 욕구와 안전욕구는 동기요인으로 분류하였다.
> ㉤ 매슬로우의 5가지 욕구 중 존경(Esteem)욕구, 관계(Relatedness)욕구, 성장(Growth)욕구 3가지만을 고려하여 ERG이론을 만들었다.

① ㉠

② ㉠, ㉡, ㉢

③ ㉠, ㉤

④ ㉠, ㉢

⑤ ㉣, ㉤

해설

욕구단계론은 인간이 느끼는 욕구는 단계가 존재하며, 하위단계가 충족되어야 상위단계의 욕구를 느낀다는 전제에서 출발한다. 따라서 동기부여를 위해서는 하위단계의 욕구충족이 되지 않은 상태에서 상위단계의 욕구를 충족해주어도 동기부여가 되지 않는다고 주장한다.

오답노트

매슬로우의 욕구단계론은 하위단계의 욕구에서 상위단계로 일방향으로만 움직인다. 상위단계의 욕구가 좌절될 경우 하위단계의 욕구가 커지는 것은 ERG 이론이다. 한편 욕구는 생리적 욕구, 안전욕구, 사회적 욕구, 존경욕구, 자아실현 욕구의 5단계로 나누어진다. 그리고 사회적 욕구는 동기요인으로, 생리적·안전욕구는 위생요인으로 분류하였다. ERG 이론은 매슬로우 이론의 5가지 욕구를 3가지로 재분류하였다.

경영 02

美 빅테크 "코로나 끝나도 전면출근 없다"

2021. 08. 10 매일경제

구글 사옥들이 넓게 펼쳐져 있는 캘리포니아 마운틴뷰 인근에는 구글의 통근버스들이 오가기 시작했다. 건물 출입구 곳곳에서 '당신이 여기에 있어서 기쁘다'는 문구가 눈에 들어온다. 구글은 오는 10월 1년 넘게 실시해 온 전면 재택근무를 멈춘다. 대신 출퇴근과 재택근무가 혼합된 하이브리드 근무를 준비하고 있다.

매일경제가 10일 미국 나스닥 상장사 시가총액 상위 30개사의 근무 방식을 조사한 결과 이 중 57%인 17개사 가 코로나19 종식 이후에도 하이브리드 근무 체제를 유지할 방침인 것으로 나타났다. 코로나19 장기화로 직 원들의 정상 출근이 지연되는 상황에서 빅테크 기업이 하이브리드 근무를 통해 팬데믹 이전에 발견하지 못했 던 생산성 향상 요소들을 확인하며 전통적 근무 방식을 과감히 버리고 있는 것으로 풀이된다.

통상 하이브리드 근무는 재택근무 비중이 전체 근무시간의 25~75%를 차지하는 분산형 업무 방식을 가리킨 다. 대표적으로 구글은 직원들이 사무실에 복귀하는 시점을 10월 19일로 못 박았지만 이후 '6-2-2 시스템' 을 도입하기로 결정해 다른 기업들의 주목을 받고 있다.

전체 직원 중 60%는 사무실에서, 20%는 집에서 근무하며 20%는 다른 사무실에 분산 배치하는 방식이다. 특히 매니저 승인을 얻을 경우 1년에 최대 4주간 본사가 아닌 다른 장소에서 자율근무를 할 수 있도록 규정 했다.

순다르 피차이 구글 최고경영자(CEO)는 직원에게 보낸 이메일에서 "직원들은 사무실에서 약 3일을 보내고 그들이 가장 일을 잘할 수 있는 곳에서 이틀을 보내는 하이브리드 근무를 시작할 것"이라며 "우리는 일과 삶을 모두 향상시키는 완전히 새로운 방법으로 함께할 것"이라고 강조했다.

오는 10월 4일 직원들을 다시 사무실로 출근시키기로 방침을 정한 마이크로소프트도 재택근무를 유지하고자 국가별·팀별 출퇴근 일정과 필요사항을 검토하고 있다. 또 메타버스 회사로 탈바꿈을 선언한 페이스북은 향후 5~10년 내에 직원 50%를 원격근무화하는 방안을 추진 중이다. 미국과 한국에서 두 법인을 운영하는 어메이즈VR의 이승준 대표는 "한국법인은 컴퓨터 그래픽 작업이 많고 고가 장비를 다뤄 출근이 기본이었다" 면서도 "하지만 하이브리드 근무를 도입하니 미국과 한국 팀원 간 미팅이 자유롭고 효율적으로 일을 할 수 있었다"라고 설명했다.

일반 기업도 하이브리드 근무 도입에 나섰다. 펩시콜라를 생산하는 펩시코의 로날트 스헬러컨스 최고인사책 임자는 "재택근무는 더 큰 성공을 달성하는 데 필요한 유연성을 제공한다"라고 말했다.

근무형태가 바뀌고 있다. 코로나19로 인한 유연근무가 정착되면서 코로나19의 위기 상황이 없더라도 근무형태는 계속 유지하겠다는 기업이 늘어나고 있다. 하지만 마냥 좋은 것은 아니다. 출근하지 않으면 조금 더 편안한 환경과 높은 생산성을 추구할 수 있다고 생각할 수 있지만 오히려 집중력이 낮아질 수 있다. 또한 눈에 보이지 않기 때문에 오로지 성과만으로 직원을 평가할 수 있다. KPI는 보다 명확해질 것이고, 객관화될 것이다. 근로자 입장에서는 보다 강한 통제에 직면하는 셈이 될 수도 있다. 재택근무라는 새로운 근무형태가 어떤 변화를 가져올지 귀추가 주목된다.

03 경영전략

01 전략적 경영

1. 전략적 경영의 의미 및 필요성

(1) 의미

전략적 경영(strategic management)란 조직이 적절한 전략을 수립하고 실행함으로써 이득을 얻는 과정을 의미한다. 여기서 전략(strategy)이란 장기적인 목표 달성을 위해 개발된 일반적인 계획이라고 정의된다. 일반적으로 전략적 경영의 출발은 환경에 대한 분석에서 시작된다. 환경분석은 조직에 영향을 미칠 수 있는 환경요인을 찾는 것이 목적이다. 전략적 경영은 다음의 5단계를 통해 이뤄진다.

> 1단계 : 환경분석 → 2단계 : 조직의 방향설정 → 3단계 : 전략수립
> → 4단계 : 전략 실행 → 5단계 : 통제

(2) 필요성

기업이 놓인 환경에 대한 분석이 필요한 이유는 무엇보다 가치창출을 위해 외부와 밀접한 연관을 맺고 있기 때문이다. 새로운 가치를 창출하는 과정에서 모든 자원을 내부에서 조달할 수 있는 기업은 존재하지 않는다. 생산자로서의 기업일지라도 외부 시장에서 자원을 구입하여 새로운 가치를 창출하는 재료로 사용된다. 이렇게 창출한 가치를 외부시장과 고객이 받아들이지 않으면 기업은 자원 조달을 통한 새로운 가치 창출이라는 과정을 지속할 수 없게 된다.

보충학습 포드의 부활과 멀럴리 회장의 환경 분석

미국의 3대 자동차 회사는 포드와 GM, 크라이슬러이다. 이 중 GM과 크라이슬러는 글로벌 금융위기로 인해 주저앉았다가 정부의 구제로 인해 간신히 살아남은 이력이 있다. 흥미로운 것은 당시 포드의 전략이다. 포드는 글로벌 금융위기의 직격탄을 맞은 이후에도 정부의 도움 없이 스스로의 역량으로 다시 일어섰다.
멀럴리 회장은 글로벌 컨설팅 기업 맥킨지(McKinsey)와의 인터뷰에서, 포드를 재건하기 위해 매주 BPR(Business Plan Review) 회의를 개최했다고 밝혔다. 본 회의에서는 포드를 둘러싼 환경을 중심으로 전략을 수립하는 컨셉의 회의였다. 즉, 최근 정치·경제적 상황, 기술의 트랜드, 인구통계학적 변화 추이, 정부의 정책 변화 등을 파악하여 이에 맞는 대책을 수립하였다. 이때의 회의를 통해 원유가격의 상승을 예측했고, 이러한 변화에 맞게 디젤과 천연가스, 하이브리드 자동차를 개발하고 공급을 확대했다.

이러한 멀럴리 회장의 전략은 적중하여 2006년 취임 당시 127억 달러였던 적자를 해소하고 글로벌 금융위기 극복은 물론 미국 3대 자동차 회사 중 독보적인 위치를 차지할 수 있었다. 이처럼 기업이 놓인 환경에 대한 분석은 기업의 생존을 위해 필수적인 활동이라 할 수 있다.

2. 전략의 유형

환경분석 결과 조직의 미션과 비전을 설정했다면 이제는 이를 실행할 전략을 수립해야 한다. 전략은 크게 조직 위계 단계별 전략, 성장 및 축소 전략, 경쟁력 강화 전략으로 구분된다.

(1) 조직 위계 단계별 전략

조직 위계 단계는 크게 전사적 전략, 사업 전략, 기능적 전략 등이 있다. 전사적 전략은 기업 전체의 장기적인 방향을 결정하는 전략이며 사업 전략은 특정 산업이나 특정 시장 내에서 경쟁하기 위한 전략적 의도를 담은 전략이다. 그리고 기능적 전략은 사업 전략의 원활한 수행을 위해 조직의 자원을 어떻게 사용할 것인지에 대한 가이드라인을 제시한다.

① 전사적 전략

전사적 전략(corporate strategy)은 기업 전체의 장기적인 방향을 설정하는 전략이다. 이는 기업 전체의 자원 배분의 지침과 방향을 결정하는 것이라 할 수 있다. M&A, 사업부 분할 및 매도 등 기업활동에 대한 자원의 배분이 전사적 전략의 중요 내용이다.

② 사업 전략

사업 전략(business strategy)은 단일의 사업 혹은 생산라인과 관련된 전략이다. 여기서는 주로 제품이나 서비스 믹스 결정, 신기술 도입 등과 같은 의사결정이 이뤄진다.

③ 기능적 전략

기능적 전략(functional strategy)은 사업 전략의 원활한 수행을 위해 조직의 자원을 어떻게 사용할 것인지에 대한 가이드라인을 제공한다. 기능적 전략의 핵심은 효용이 극대화되도록 자원을 배분할 방법을 찾는 것이다.

(2) 성장 전략

성장 전략(growth strategy)은 기업이 장기적인 경쟁에서 살아남기 위한 방편으로서 현재의 영업 활동 범위와 크기를 키우는 전략이다. 집중화 성장 전략, 다각화 성장 전략이 있다.

① 집중화 성장 전략

집중화 성장전략은 기준 제품이나 시장에 집중하거나 동일 사업영역 내에서의 확장을 통한 성장을 추구하는 전략이다.

② 다각화 성장 전략

다각화 성장 전략은 새로운 제품이나 시장에 진출하여 성장을 추구하는 전략이다. 이는 관련다각화와 비관련다각화로 구분된다. 관련다각화는 현재의 사업영역과 관련 있는 새로운 분야에 진출하는 것이고, 비관련다각화는 전혀 관계가 없는 분야에 진출하는 것이다. 관련다각화에 성공할 경우 기존 기업의 자원을 활용할 수 있는 장점이 있고, 비관련다각화의 성공은 사업위험을 분산시킬 수 있는 장점이 있다.

③ 수직적 통합화 전략

수직적 통합화 전략이란 제품의 생산 및 유통경로상에서 공급자와 수요자를 통합하는 전략이다. 공급자를 통합하는 전략을 후방수직통합이라 하고 수요자를 통합하는 전략을 전방수직통합이라고 한다. 과자 제조업체가 밀가루 업체와 통합하면 후방수직통합이고 과자 제조업체가 과자 유통업체와 통합하면 전방수직통합이 된다. 수직적 통합화 전략도 일종의 다각화 성장전략이라 할 수 있다.

(3) 축소 및 현상유지 전략

기업의 정상적인 경영이 어려울 경우 조직 생존을 위하여 축소 전략을 활용해야 할 때도 존재한다.

① 리스트럭처링

리스트럭처링(restructuring)은 조직의 효율성을 높이고 성과를 개선하기 위해 조직의 규모나 사업구조, 운용내용을 바꾸는 전략이다. 경영자의 입장에서 리스트럭처링은 경영의 실패로 보일 수 있으나, 최근에는 미래의 불투명한 경영환경에 대처하고자 리스트럭처링을 미리 실시하기도 한다.

② 다운사이징

다운사이징(downsizing)은 비용절감 및 영업효율을 목표로 조직의 규모를 줄이는 것이다. 일반적으로 많이 행해지는 다운사이징은 인력의 감축이다. 다운사이징도 리스트럭처링의 한 종류이다.

③ 영업양도

영업양도(divestiture)는 핵심 사업에 집중하고, 영업효율성 개선 및 비용 절감을 목적으로 사업의 일부를 매각하는 것이다. 지나친 다각화로 산만해진 사업을 핵심사업 위주로 재편하는 리스트럭처링이라 할 수 있다.

④ 현상유지 전략

현상유지 전략(stability strategy)은 위험부담을 줄이기 위해 현재의 시장점유율을 유지하는 수준의 영업활동을 시행하려는 안정화 전략이다. 하지만 기업이 오랜 기간 동일한 상태를 유지하는 것은 불가능하기 때문에 단기적인 전략이라 할 수 있다.

(4) 경쟁력 강화 전략

① 전략적 제휴

전략적 제휴(Strategic Alliances)는 두 개 이상의 기업이 서로 간의 이익을 도모하기 위해 동반자 관계를 맺는 전략이다. 전략적 제휴의 형태는 다양하다. 공급제휴, 분배제휴 등이 대표적이다. 공급제휴는 좋은 품질의 부품이나 원재료를 공급받기 위한 제휴이며, 분배제휴는 공동생산과 공동판매를 위한 것이다.

② e-비즈니스 전략

e-비즈니스 전략(e-business strategy)은 인터넷과 같은 정보통신기술을 활용해 경쟁우위를 점하는 전략이다. B2B 모형과 B2C 모형이 대표적이다. B2B는 Business To Business의 약자로 기업 간의 전자상거래를 의미하며 B2C는 Business To Customer의 약자로 기업과 고객 간의 전자 상거래를 의미한다. 최근에는 정부도 대형 거래처로 부상하면서 B2G, 즉 Business To Government라는 용어도 생겨났다.

02 경쟁전략

1. 경쟁우위 전략의 요소

기업이 경쟁우위를 점하기 위해서는 원가와 품질, 새로운 아이디어, 진입장벽, 자본 등을 고려해야 한다. 경쟁전략은 이러한 요소들을 다양하게 고려하는 경영의 전략들이다. 경쟁우위 전략은 전사적 전략과 사업 전략으로 나눠볼 수 있으며 전사적 전략에는 포트폴리오 방법, 점진적 조정법이 대표적이고, 사업 전략에는 포터의 본원적 전략법과 제품수명주기법이 대표적이다.

2. 전사적 전략

(1) 포트폴리오 방법

하나의 제품으로 하나의 사업만을 운영하는 기업에서는 자원배분문제가 발생하지 않는다. 그러나 사업 영역이 두 개 이상으로 확장되면 자원 배분과 관련된 문제는 매우 중요해진다. 우리나라의 대기업을 보면 다양한 사업부를 가진 경우가 많다. 삼성의 경우 삼성전자를 중심으로 삼성생명, 삼성중공업, 삼성 엔지니어링 등 다양한 사업부를 보유하고 있다. 이 경우 기업의 최고경영자는 기업이 보유한 자원을 어떻게 투자할 것인지에 대한 의사결정을 해야 한다. 달걀을 한 바구니에 담지 말라는 주식투자의 조언과 같이 제한된 기업의 자원을 다양한 사업부에 어떻게 나눌 것인지 판단해야만 한다. 즉 가능성 있는 사업부에 많은 자원을 투입하고, 현재 성과가 좋은 사업부라 하더라도 향후 장래성이 낮은 사업부에는 자원 투입을 줄여야 하는 것이다. 포트폴리오 관리 전략에는 대표적으로 BCG 매트릭스와 GE 매트릭스 그리고 ADL 매트릭스가 있다.

① BCG 매트릭스

　㉠ 의 미

　　BCG 매트릭스는 보스톤 컨설팅 그룹(Boston Consulting Group ; BCG)의 창시자인 브루스 핸더슨이 개발한 모형이다. BCG 매트릭스는 시장성장률과 상대적 시장점유율을 토대로 각 사업부의 상황을 파악해 자원의 투입 전략을 수립할 수 있도록 도와주는 도구이다. 여기서 시장성장률은 전년대비 올해 몇 % 더 성장할 것인지에 대한 정보를 의미하고, 상대적 시장점유율은 자사 매출이 가장 큰 경쟁업체 대비 몇 퍼센트인지를 산출한 값이다. 우리 회사 매출이 100억원이고, 가장 큰 경쟁사의 매출이 1,000억원이라면 상대적 시장점유율은 0.1이 된다. 상대적 시장점유율의 기준은 1이다.

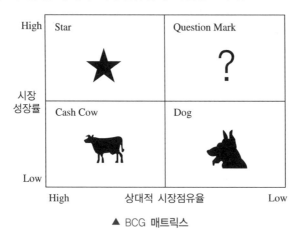

▲ BCG 매트릭스

　　한편, 시장 성장률은 중간지점에 대한 판단이 산업의 종류에 따라 다르다. 한 기업이 보유한 사업부가 어떤 산업이냐에 따라 통상 10%의 성장률을 기준으로 하거나, GDP 성장률을 기준으로 한다. 시장 성장률을 판단할 때는 기업의 상황에 따라 유동적으로 판단해야 한다. 시장 성장률과 상대적 시장점유율을 토대로 각 사업부의 위치가 정해지면 전략의 방향을 설정할 수 있다. 성장률도 점유율도 높은 스타 사업부(Star)는 높은 수익을 보장해주기 때문에 투자를 확대하는 것이 바람직하다. 시장점유율을 더 확보할 수 있도록 노력해야 하며 마케팅 전략도 적극적으로 펼칠 필요가 있다. 정반대는 개 사업부(Dog)이다. 개 사업부는 시장 성장률과 상대적 시장점유율 모두 낮은 사업부로, 자원의 투입을 중단하는 방안을 고려해야 한다. 즉, 투자의 축소나 철수가 필요한 사업부이다. 스타 사업부와 개 사업부 중간에는 캐시카우 사업부(Cow)와 물음표 사업부(Question mark)가 있다. 캐시카우 사업부는 현재 큰 수익을 주지만 향후 성장률은 떨어지는 사업부를 의미하고, 물음표 사업부는 장래의 성장성은 높지만 현재의 시장 점유율이 낮은 사업부를 의미한다. 즉, 물음표 사업부는 잠재적 성장 동력인 셈이다. 따라서 캐시카우 사업부에는 현재의 수익을 유지할 정도의 소극적인 투자를 유지하면서 여기에서 발생한 수익은 물음표 사업부에 투자하는 것이 바람직한 포트폴리오 전략이다. 이러한 사업부의 배치를 통해 한정된 기업의 자원을 성장하는 분야에 투자해 효율적인 자원 활용을 가능하게 할 수 있으며, 이를 통해 현재 수익성이 높은 사업부와 미래 수익성이 높은 사업부 간에 균형을 유지하며 안정적인 사업 활동을 전개할 수 있다.

> - 별 : 높은 시장성장률과 높은 시장점유율이 대응되는 영역이다. 확장되는 시장에서 효과적으로 활동하고 있기 때문에 많은 수익을 내고 있으며, 새로운 성장전략을 위해 많은 투자자금이 필요하다.
> - 물음표 : 높은 시장성장률과 낮은 시장점유율이 대응되는 영역이다. 시장은 확장되고 있으나 경쟁력이 떨어져 수익은 낮다. 따라서 경쟁력이 확보되는 영역에만 집중하고 나머지는 과감히 철수해야 한다.
> - 현금젖소 : 낮은 시장 성장률과 높은 시장점유율이 대응되는 영역이다. 많은 수익을 내는 영역이다. 시장이 더 이상 확대되지는 않으므로 시장유지전략이 필요하며, 여기서 얻은 수익을 별 및 물음표에 투자해야 한다.
> - 개 : 낮은 시장성장률과 낮은 시장점유율이다. 시장의 확장가능성도, 수익도 모두 낮다. 사업에서 철수해야 하는 영역이다.

ⓛ 한 계

BCG 매트릭스의 한계는 기준이 되는 사업성장률은 예측하기 어렵다는 단점이 있다. 단기적으로는 예측이 가능하지만, 중장기적으로 정확한 예측이 어렵다. 유행이나 제도의 변화로 인해 사업성장률이 매우 낮고 상대적 시장점유율도 낮은 개 사업부에 속한 사업이 어느 날 갑자기 스타 사업부로 발전하기도 한다. 무엇보다 BCG 매트릭스에 대한 큰 비판 중 하나는 BCG 매트릭스를 물음표 → 스타 → 캐시카우 → 개 순으로 배열하면 이는 제품수명주기와 같은 의미를 갖는다는 점이다. 제품수명주기(Product Life Cycle)란 제품은 도입기 → 성장기 → 성숙기 → 쇠퇴기를 갖는다는 점이다. 즉 기존 이론의 반복에 그치지 않는다는 평가이다.

② GE 사업심사법

㉠ 의 미

맥킨지 매트릭스라고 불리는 GE 사업심사법(GE business screen)은 사업경쟁력 정도와 산업의 매력도를 대응시켜 전략을 수립한다. 대부분의 시장에서는 두 개 이상의 사업을 담당하지만 하나의 제품 또는 시장 각각을 분석 대상으로 삼는 BCG 매트릭스의 한계를 보완할 수 있는 전략으로 평가받는다. 사업경쟁력 정도는 시장점유율, 기술적 우위의 정도, 제품이나 서비스의 품질, 원가, 가격경쟁력 등이 종합적으로 고려되는 변수이고, 산업의 매력도는 시장크기, 시장성장률, 경쟁강도 등에 의해서 결정되는 변수이다. 이렇게 형성되는 9개의 셀에서 우월한 사업과 물음표 사업에서는 투자를 계속하는 전략이, 평균적인 사업과 수익창출사업에서는 현상유지 전략이, 실패한 사업에는 철수전략이 사용된다.

		우월한 사업 (성장추구)	우월한 사업 (성장추구)	물음표 (성장추구)
산업의 매력도	높음	우월한 사업 (성장추구)	우월한 사업 (성장추구)	물음표 (성장추구)
	중간	우월한 사업 (성장추구)	평균적인 사업 (계속 유지)	실패한 사업 (철수(매각))
	낮음	수익창출 사업 (계속 유지)	실패한 사업 (철수(매각))	실패한 사업 (철수(매각))
		강함	평균	약함

▲ 사업경쟁력 정도(경쟁상의 위치)

ⓛ 한 계

GE 매트릭스는 BCG 매트릭스에 비해 더 많은 요인들을 고려하여 사업부를 평가함으로써 보다 유연하다는 장점이 있다. 하지만 BCG 매트릭스와 마찬가지로 산업매력도라는 기준이 다양한 요인을 고려한다고 해서 논리적으로 측정 가능한 요인인지에 대해서는 여전히 비판적이다. 또한 가중치를 부여하는 방식과 기준에 따라 기준이 달라진다는 점도 한계라 할 수 있다. 즉, 객관성 측면에서 한계는 BCG 매트릭스와 마찬가지로 GE 매트릭스에서도 존재하는 것이다.

③ ADL 매트릭스

ADL 매트릭스는 제품수명주기와 경쟁지위를 기준으로 포트폴리오를 관리하는 툴이다. BCG 매트릭스 및 GE 매트릭스와 기본적으로는 유사하지만, 경쟁지위와 제품수명주기가 각각 5단계와 4단계로 세분화되어 총 20가지의 전략대안을 설정할 수 있다는 점에서 보다 세부적이다. 하지만 여전히 사업부 간의 시너지 효과를 고려하기 어렵다는 단점이 존재한다.

		Industry Life Cycle Stage			
		Embryonic	Growth	Mature	Aging
Competitive Position	Dominant	All out push for share. Hold Position	Hold Position. Hold Share.	Hold Position. Grow with industry.	Hold Position.
	Strong	Attempt to improve position. All out push for share.	Attempt to improve position. push for share.	Hold Position. Grow with industry.	Hold Position or Harvest.
	Favorable	Selective or all out put for share. Selective attempt to improve position.	Attempt to improve position. Selective push for share.	Custodial or maintenance. Find niche and attempt to protect it.	Harvest, or phased out withdrawal.
	Tenable	Selectively push for position.	Find niche and protect it.	Find niche and hang on, or phased out Withdrawal.	Phased out withdrawal, or Abandon.
	Weak	Up or out.	Turnaround or abandon.	Turnaround, orphaned out withdrawal.	Abandon.

▲ ADL 매트릭스

(2) 점진적 조정법

점진적 조정법(incrementalism strategy)은 오랜 시간 동안 조금씩 기존의 전략을 수정하는 전략이다. 경영자는 장기적인 목표를 염두에 두면서 단기의 문제를 극복하며 업무환경 변화에 대응해 나간다. 긴 시간에 걸친 조정으로 유연성을 확보하는 경영전략이다.

3. 환경분석을 통한 경쟁전략

(1) PEST 분석

PEST는 정치와 법률(Politics&Legal), 경제(Economics) 사회와 문화(Social&Culture), 기술(Technological)을 의미한다. 즉, PEST 분석은 기업을 둘러싼 정치, 경제, 사회 및 기술 요인들을 살펴보고 기업에 영향을 미치는 주요 요인이 무엇인지 추출하여 경영전략 방향의 계기를 마련해준다는 점에서 의미가 있다. 한편, PEST 분석의 4가지 요인은 서로 겹치지 않고, 이들 요소를 모두 합치면 전체를 설명할 수 있다. 따라서 PEST 분석은 복잡하게 얽혀 있는 거시환경을 분절적이고 독립적으로 분석할 수 있다는 장점이 있다. 한편, PEST 분석은 특정 시기에만 이뤄지는 것이 아니라 상시적으로 이뤄져야 효과가 있다. 특히 역동적인 환경에 놓여 있을 경우는 관심의 수준 역시 훨씬 높아야 한다. 일반적으로 조직에서는 외부 환경 변화에 대한 대책보다는 내부 부서 간 의견 조율에 훨씬 많은 시간을 투입한다. 포드 사례에서 볼 수 있는 바와 같이 외부환경에 대해 보다 민감한 촉을 갖는 경우 더 큰 기회를 얻을 수 있을 것이다. PEST 분석의 각 요인들에 해당하는 구체적인 항목들을 살펴보면 다음과 같다.

① 정치와 법률

　정부의 정책, 주요 정책결정자들의 지배적 이념, 정부조직의 변화, 정치적 안정성, 규제동향, 경제정책의 방향, 노동, 환경, 지적재산권 등의 법률 동향, 계약 및 거래 관련 법규 동향 등

② 경 제

　경제성장률, 정부의 지출, 고용정책, 세금 정책, 금리 및 통화정책, 글로벌 경제정책, 경기순환 단계, 물가 및 주가 동향 등

③ 사회와 문화

　인구통계학적 변화, 소득 수준 동향, 인구성장률, 교육 수준, 복지, 사회적 의식, 소비성향, 문화 트랜드 등

④ 기 술

　기술 트랜드, 정부기술 변화, 인터넷 및 모바일 기술 변화, 융합기술 트랜드 등

(2) 산업구조의 분석 : 5 Forces 모델

① 의 미

5 Forces 모델은 하버드 대학의 마이클 포터 교수가 1980년에 출간한 〈경쟁전략〉에서 처음으로 선보인 산업구조의 분석 툴이다. 산업이란 동종의 상품을 생산하는 기업들의 집단을 의미한다. 삼성과 LG는 전기전자산업에 포함되어 있고, 롯데와 신세계는 유통산업에서 서로 경쟁한다. 기업이 어느 산업에 포함되어 있느냐는 매우 중요한 문제이다. 속한 산업의 성격에 따라 수익률과 경쟁이 달라지기 때문이다. 이를 분석하기 위해 경제학자들은 SCP 모형을 개발했다. SCP란 산업의 구조(Structure)가 경제주체의 행동(Conduct)을 결정하고, 이렇게 결정된 행동이 성과(Performance)를 결정한다는 내용의 이론이다. 하지만 포터교수는 이를 역(逆)으로 해석했다. 즉, 좋은 성과를 내기 위해서는 특정 행동이 필요하고, 이러한 특정 행동은 산업구조에서 도출된다는 것이다. 마이클 포터 교수는 산업의 수익성을 결정하는 요인으로 산업 내 경쟁, 대체재의 위협, 구매자의 힘, 공급자의 힘, 진입장벽의 5가지를 제시했다.

㉠ 산업 내 경쟁

산업 내 경쟁의 강도는 산업 전체의 수익성에 영향을 미칠 수 있다. 경쟁이 심한 산업 영역에서는 R&D 투자를 높여 제품의 차별성은 높이거나, 마케팅 활동을 강화해야 한다. 이는 경쟁에서 승리할 수 있는 방법들이지만, 수익성에는 부정적인 요인들이다. 경쟁의 강도는 다음의 원인들에 의해 영향을 받는다.

ⓐ 산업의 집중도

산업의 집중도(concentration)란 산업에 기업들이 얼마나 집중되어 있는지를 나타내는 지표이다. 우리나라의 이동통신 시장과 같이 몇몇 업체가 시장의 거의 대부분을 차지하는 경우 집중도가 높다고 표현하고, 치킨집 같이 다양한 업체들이 시장을 나눠 갖는 경우 분절된 사업 구조를 갖는다고 이야기한다. 다른 조건이 일정하다고 가정할 때 집중도가 높은 산업의 경우 경쟁도가 낮아진다.

ⓑ 경쟁자의 동질성

경쟁자의 동질성은 경쟁기업이 나와 유사하거나 동일한 제품 혹은 서비스를 제공하는 경우이다. 산업에 기업이 많다고 하더라도 만약 모든 기업이 다른 제품을 판매한다면 경쟁의 강도는 낮아질 수 있다. 하지만, 동질적인 상품을 판매한다면 경쟁은 강해지기 마련이다. 즉, 나와 유사한 경쟁자가 많을수록 경쟁은 심화되고, 규모 혹은 영향력 측면에서 차이가 크면 경쟁 강도가 약해진다.

ⓒ 퇴출장벽

퇴출장벽은 퇴출의사결정이 어려운 다양한 이유와 상황을 의미한다. 고정 생산설비를 다른 생산에 사용하기 어려운 경우, 설비의 철거에 막대한 비용이 발생하는 경우 등이 대표적인 경우이다. 이런 경우 기업들은 산업에서 빠져 나가지 못하고 계속해서 조업 활동을 하게 되고 이는 경쟁을 심화시키는 요인으로 작용한다.

ⓓ 산업성장률

일반적으로 성장률과 경쟁은 음의 상관관계가 있다. 즉, 성장률이 낮아질수록 경쟁이 치열해지는 것이다. 성장률이 낮아지는 경우 기업들은 경쟁자의 시장점유율을 조금이라도 더 뺏어오기 위해 노력하며 이는 가격 경쟁으로 이어지게 된다. 따라서 경쟁의 양상이 매우 치열하게 전개된다. 또한 산업이 성숙되어 경쟁률이 낮아지는 경우 고속 성장기에 갖춰 놓은 설비가 가동하지 못하고 남게 된다. 이를 유휴설비라고 한다. 유휴설비의 존재로 인해 기업은 어떻게든 설비를 조금이라도 더 가동하려고 하기 때문에 경쟁이 치열해지기도 한다.

ⓔ 제품차별화

산업의 특성에 따라 차별화된 상품을 만드는 것이 불가능한 경우가 존재한다. 휘발유나 시멘트가 대표적이다. 이처럼 현재 차별화의 수준이 낮은 경우 이후의 차별화 강도가 높아지면 산업의 경쟁강도가 높아질 확률이 존재한다.

ⓕ 고정비용 비율

총 생산비에서 고정비용이 차지하는 비중이 높을수록 경쟁이 치열해진다. 호텔이나 항공사가 대표적인 경우라 할 수 있다. 호텔을 짓고 비행기를 구입하는데 많은 비용을 이미 지불했기 때문에 고객이 아예 존재하지 않는 경우 보다 아주 낮은 가격을 책정해서 한 명이라도 더 많은 고객을 유치하는 것이 이득이다. 여행 비수기에 아주 저렴한 항공권이나 호텔을 발견할 수 있는 것도 이러한 이유 때문이다. 따라서 고정비용이 차지하는 비율이 높을수록 경쟁이 치열해진다.

ⓛ 진입장벽

진입장벽은 신규 기업이 산업으로 진입하는 것을 막는 상황을 의미한다. 진입장벽이 높을수록 경쟁기업의 수가 많지 않기 때문에 기존 기업은 경쟁우위를 점할 수 있게 된다. 일반적으로 진입장벽의 높이를 결정짓는 요인으로 다음의 7가지 요인을 거론한다.

ⓐ 규모의 경제

규모의 경제(economics of scale)는 생산량이 많아질수록 원가가 낮아지는 현상을 의미한다. 철강이나 자동차 산업의 경우 대량 생산을 통한 원가우위를 점하는 것이 경쟁력을 갖출 수 있는 요인 중 하나이다. 이는 새로운 경쟁자가 쉽사리 산업으로 진입하지 못하도록 만드는 진입장벽으로 작용한다. 삼성이 자동차 시장에서 실패한 이유도 여기에 있다.

ⓑ 네트워크 효과

네트워크 효과(network effect)는 고객의 수 자체가 다른 수요자들의 선택에 영향을 미치는 경우를 의미한다. 카카오톡(Kakao Talk)이 대표적이다. 많은 사람들이 사용하기 때문에 아직 사용하지 않는 사람들도 카카오톡을 사용할 수밖에 없는 것이다. 최근 우리은행에서 출신한 위비톡도 마찬가지이다. 위비톡을 설치한 사용자에게 환전우대, 수수료 할인과 같은 혜택을 제공했는데 이 역시 네트워크 효과를 누리기 위함이다. 네트워크 효과를 확보하지 못할 경우 메신저 시장에 신규로 진입하기가 어렵다.

ⓒ 전환비용

전환비용은 사용하던 제품을 바꿀 때 발생하는 비용이다. 피처폰을 쓰다가 스마트폰으로 바꾸던 시기에 많은 사람들이 제품 사용법을 새로 배워야 했고, 기존 제품에서 느끼던 익숙함에서 벗어나 심리적인 불안감을 느낄 수도 있다. 전환비용은 제조업뿐만 아니라 서비스업에서도 발생한다. 음식점이나 카페, 영화관 등에서 포인트 제도를 운영하는 것이 대표적인 예이다. 포인트가 누적되어 있던 음식점이나 영화관을 변경할 경우 포인트를 잃어버리기 때문에 전환비용이 높아지게 되어 다른 업체를 이용하는 것을 망설이게 된다. 이처럼 포인트제도 역시 전환비용을 높이려는 일종의 장치인 셈이다.

ⓓ 유통망

유통망도 진입장벽을 형성하는 주요 요인이다. 중국시장의 경우 짝퉁(모방품)의 문제도 있지만 유통망을 확보하지 못해 시장에 진입하지 못하는 경우가 있다. 아세안 신흥시장도 마찬가지이다. 양질의 제품일지라도 유통망을 확보하지 못하면 시장에 진입할 수 없게 되어 유통망은 진입장벽을 형성하는 주요한 요인이 된다.

ⓔ 기존 업체의 강점

시장에 기존에 진입한 업체들이 쌓아놓은 장점들도 진입장벽을 형성하는 요인이 된다. 과거 유럽에서 프랑스, 이태리, 영국 등은 화장품, 섬유 시장에 먼저 진입하여 브랜드 입지를 높여 놓은 탓에 후발국가인 독일이 해당 시장으로 진입하지 못했다. 이러한 진입장벽으로 인해 독일은 최종재가 아닌 최종재에 들어가는 중간재에 국가적 자원을 투입하기 시작했고, 오늘날 금융위기에도 흔들리지 않는 제조 강국으로 성장할 수 있었다.

ⓕ 정부의 강점

가용할 수 있는 자금이 아무리 많아도 전기나 가스, 수도와 같은 공공사업에 진출할 수는 없다. 국가 전체의 효율을 위해 국가가 진입을 규제하기 때문이다. 많은 국가의 정부가 금융, 통신, 안보 등과 관련된 산업은 까다롭게 진입을 규제하고 있다. 정부의 규제는 가장 강력한 진입장벽의 하나이다.

ⓖ 기존 업체의 보복

신규 진입자가 등장했을 때 기존 업체들이 보복행위를 할 경우 경쟁자가 진입을 망설이게 된다. 경쟁자의 등장에 기존 업체들이 가격을 대폭 인하하거나 마케팅을 몇 배로 강화하는 경우가 이에 해당한다. 이 외에도 언론을 이용하기도 한다. 이러한 보복 행위는 기존 업체의 현금유동성이 높은 경우, 고정비가 높은 산업의 경우에 두드러지게 나타난다.

ⓒ 공급자의 힘

공급업체 간의 경쟁은 산업의 수익성에 직접적인 영향을 미친다. 기업의 구매자는 공급업체끼리 경쟁을 붙인다. 경쟁이 심화될수록 단가가 낮아지고, 대체재가 많아질수록 기업은 협상 과정에서 우위를 점할 수 있기 때문이다.

ⓐ 공급업체 집중도

공급업체가 하나인데 수요하고자 하는 업체가 여러 곳이라면 공급업체가 제시하는 가격을 받아들일 수밖에 없다. 하지만 경쟁자가 한 기업이라도 존재하는 경우에는 공급자의 힘이 독점일 때에 비해 확연하게 떨어진다. MicroSoft는 전 세계에서 오피스 프로그램을 거의 독점적으로 제공하는 공급자이다. 하지만 한국 시장에서만큼은 한글 소프트웨어로 인해 다른 국가에서 누리는 만큼의 독점적 지위를 누리지 못하고 있다. 이는 MS 오피스의 가격에서 엿볼 수 있다. 한글 소프트웨어의 존재로 인해 다른 국가들보다 MS 오피스의 가격이 저렴한 것이다.

ⓑ 구매량

수요자의 힘이 강할수록 공급자의 힘은 약화된다. 대형마트의 경우 구매물량이 막대하기 때문에 공급자에게 가격 인하 압력을 행사할 수 있다. 이러한 강력한 수요자가 존재하는 경우 공급자의 힘은 약화될 수밖에 없다.

ⓒ 제품차별화

다른 경쟁업체와 차별화된 제품을 판매하는 공급업체는 그렇지 않은 공급자에 비해 더 큰 영향력을 행사할 수 있다. 따라서 차별화된 기술 혹은 제품을 보유하고 있는 기업은 큰 수익을 가져다줄 수 있다.

ⓓ 대체채의 존재 여부

기존 업체의 제품이나 서비스를 대체할 수 있는 재화나 서비스를 공급할 수 있다면 우위를 점할 수 있다.

ⓔ 수직통합 가능성

양계, 축산물 가공 판매 및 사료 제조업체인 하림은 원가에서 차지하는 운송비용이 높게 나타나자 아예 해운업체인 STX를 인수했다. 양계 및 축산물 가공업체는 사료 및 기타 원재료들을 해외에서 당연히 운송 받는다는 통념에 도전한 하림은 많은 비용을 절감할 수 있었다. 이처럼 운송 서비스를 공급하는 업체를 인수해버리는 후방수직통합의 가능성이 높다면 운송서비스 공급업체들의 교섭력은 약화된다. 직접 해당 서비스를 실시할 가능성이 서비스 공급업체의 입장에서는 큰 위협으로 다가오기 때문이다. 따라서 공급업체가 너무 많은 이익을 얻거나, 비용부담이 큰 경우 수직통합으로 이어질 수 있다.

ⓛ 구매자의 힘

공급자의 힘과 구매자의 힘은 동전의 앞뒷면과 같다. 구매자의 구매물량이 적다면 구매자의 힘이 약화되고, 구매자가 구입하는 제품이 다른 제품과 차별화되어 있지 않다면 구매자는 언제든지 대체 상품을 구입할 수 있기 때문에 구매자의 힘은 강력해진다.

ⓜ 대체재의 위협

대체재란 동일한 만족을 가져다 줄 수 있는 재화와 서비스를 의미한다. 고객의 입장에서는 해당 제품이나 서비스를 대신하여 선택할 수 있는 상품 전체를 의미한다. 따라서 영화관의 대체재는 놀이공원이 될 수 있고, 모바일 러닝의 대체재는 미드가 될 수도 있다. 기술의 발전은 대체재의 종류를 보다 복잡하게 만든다. 대체재는 다음과 같은 상황에서 훨씬 많아진다.

ⓐ 대체재의 가격과 성능

대체재의 가치가 고객에게 더 크게 느껴질 경우 대체재의 위협은 보다 빨리 현실화
된다. 휴대폰 단말기로 보는 만화책이 유행하면서 동네 만화 책방은 모두 사라진 경우가
대표적인 사례라 할 수 있다.

ⓑ 전환비용

하나의 제품이나 서비스를 다른 제품이나 서비스로 쉽게 변화시킬 수 있는지도 매우
중요하다. 만약 전환하는데 비용이 많이 든다면 대체재로부터 오는 위협의 크기는 상대
적으로 작아진다.

(3) 다이아몬드 모델

① 등장배경

다이아몬드 모델은 하버드 대학의 마이클 포터 교수가 5 Forces 모델을 개발하고 10년 뒤에
만든 모델이다. 그는 이번에는 산업이 아닌 국가경쟁력에 초점을 맞췄다. 국가 간에 자유무역
이 왕성해지면서 각국은 자신들의 경쟁우위를 바탕으로 수출을 한다. 일반적으로 잉여자원을
활용한 수출이 목격된다. 사우디는 석유를, 핀란드는 목재를 수출하는 것이 좋은 예이다. 하지
만 잉여자원으로 설명되지 않는 국가들도 많다. 부존자원이 부족한 한국이 반도체를 수출한다
거나 눈으로 뒤덮인 국가 스위스에서 시계를 수출하는 경우가 대표적이다. 포터 교수는 이러한
현상을 주목하며 전 세계 10개국의 100개 업종을 집중 분석해 국가 경쟁력 확보에 영향을
미치는 변수 5개를 찾아내 이를 다이아몬드로 배치했다.

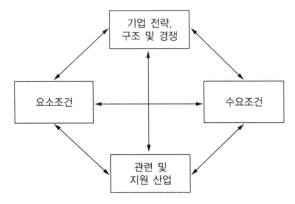

▲ 마이클 포터의 다이아몬드 모델

② 국가경쟁력에 영향을 미치는 다섯 가지 요인

㉠ 생산조건

생산조건은 국제경쟁력과 매우 직접적인 연관을 갖는 요인이다. 그리고 생산조건은 기초요
인(basic factor)과 고급요인(advanced factor)으로 구분된다. 기본요인은 토지, 자원 등
과 같은 요인들이며, 고급요인은 기술을 의미한다. 국가경쟁력은 고급요인이 결정한다고
설명한다. 기본요인이 아무리 풍부해도 고급요인이 존재하지 않으면 새로운 부가가치를
창출하는데 한계가 존재할 수밖에 없기 때문이다. 중국이나 러시아, 브라질, 인도 등이

미국이나 캐나다와 같은 선진국과 비슷한 자연조건임에도 불구하고 발전 단계가 낮은 경우와 석유 한 방울 나오지 않는 한국의 정유 산업이 국제적으로 유명한 것은 좋은 예이다.

ⓛ 수요조건

일반적으로 인구가 많을수록 수요가 높기 마련이다. 하지만 마이클 포터 교수는 수요의 크기보다 수요의 질에 초점을 맞췄다. 이탈리아의 의류 산업이 발전할 수 있는 것은 인구가 많아서가 아니라 패션에 민감한 이탈리아 소비자의 성향에서 원인을 찾아야 한다는 것이다. 최근에는 세계화로 인해 전 세계 시장을 상대로 공급을 할 수 있게 되어 수요조건의 확보가 어렵지 않게 되었다. 우리나라 기업도 패션에 까다로운 이탈리아 소비자를 끌어들일 수 있게 된 것이다.

ⓒ 연관 산업

자동차산업의 경우 철강이나 금융 산업 등이 발전하지 않으면 성공하기 어렵다. 비슷한 업종 내에서 다른 기능을 수행하는 기업들이 한 곳에 모여 있는 이유도 이러한 이유 때문이다. 어떠한 산업도 혼자만의 힘으로 이뤄질 수는 없기 때문이다. 최근 구글, facebook과 같은 세계적인 IT 기업이 미국에서 많이 등장하는 이유도 실리콘 밸리라는 클러스터가 형성되어 있기 때문이다. 연관 기업의 지원과 합작은 국제적인 경쟁력을 확보할 수 있는 중요한 요인이다.

ⓔ 국가경영 여건

마이클 포터 교수는 국가도 경영 모델이 존재한다고 설명했다. 독일은 제조업을, 미국은 재무 및 회계 분야를 강조하는 경영 모델을 갖고 있다. 그리고 이러한 경영 모델이 국가의 산업과 일치할 때 경쟁우위를 가져올 수 있다고 이야기한다. 경쟁도 중요한 경영여건이다. 국가경쟁력을 확보한 국가들의 내면을 살펴보면 자국 내에서 치열한 경쟁을 통해 경쟁력을 확보하고 있음을 확인할 수 있다.

ⓜ 정부정책과 운

생산조건과 수요조건, 연관 산업, 경영여건 모두 내생변수라면 정부정책과 운은 통제가 어려운 외생변수라 할 수 있다. 경쟁기업의 갑작스런 도산으로 기회를 얻기도 하고, 우연한 계기에 산업이 발전하기도 한다. 정부정책 역시 외생변수이다. 정부의 정책은 앞선 4가지 요인에 모두 영향을 미칠 수 있다.

③ 5 Forces 모델과 다이아몬드 모델

다이아몬드 모델에 10년 앞서 등장한 5 Forces 모델은 경쟁의 강도를 낮추는 것이 산업에 도움을 준다고 설명한다. 하지만 다이아몬드 모델에서 경쟁은 국가경쟁력을 향상시키는 중요한 요인이다. 또한 공급업체의 교섭력이 약화되어야 좋다고 주장했던 5 Forces 모델과는 달리 다이아몬드 모델에서는 공급업체가 강해져야 연관 산업이 강해져 국가의 산업 경쟁력이 높아질 수 있다고 설명한다. 그리고 수요측면에서도 반대이다. 5 Forces 모델에서는 고객의 힘을 약화시키는 것이 바람직하지만, 다이아몬드 모델에서는 오히려 수요자가 까다로워야 국가경쟁력이 강화된다.

(4) SWOT 분석

① 의 미

기업환경을 분석함에 있어 외부 환경과 내부 환경을 파악하는 일을 무엇보다 중요하다. 많은 경영분석전략가들은 이렇게 파악된 내·외부 환경 분석은 SWOT 분석을 통해 결합하여 시사점을 도출한다. SWOT 분석법은 조직내부의 강점 및 약점을 조직외부의 기회 및 위협요인과 대응시켜 전략을 개발하는 방법이다. 외부환경을 분석하면 기업이 활용 가능한 기회요인과 위협요인을 파악할 수 있다. 내·외부 요인을 SWOT 분석의 툴에 배치하면 이들 항목이 서로 교차하면서 곧바로 총 4가지의 전략을 세울 수 있다. 바로 SO(강점-기회) 전략, ST(강점-위협) 전략, WO(약점-기회) 전략, WT(약점-위협) 전략이다.

▲ SWOT 분석

㉠ 강점-기회 전략(SO 전략)

내부의 강점을 외부의 시장에서 창출되는 기회를 활용하는 방법이다. 적극 활용해야 하는 강점을 적극 투자하여 발전시켜야 하는 기회요인과 결합시키는 적극적 전략이라 할 수 있다.

㉡ 강점-위협 전략(ST 전략)

내부의 강점으로 외부 시장으로부터의 위협 요인에 맞서는 전략이다. 위협은 확인하고 완화시켜야 하는 요인이다. 이를 내부의 강점을 활용해 해결하기 위한 전략이다.

㉢ 약점-기회 전략(WO 전략)

약점을 보완하며 외부 시장에서 창출되는 기회를 활용하려는 방법이다. 약점은 기업이 보완해야 할 내부요인이며, 기회는 투자하여 개발해야 하는 요인이다. 기회를 약점의 보완을 통해 해결할 수 있다면 이는 기업의 고민을 해결하면서 기회를 살릴 수 있는 좋은 전략이 될 수 있다.

㉣ 약점-위협 전략(WT 전략)

약점을 보완하면서 위협 요인에 맞서는 전략이다. 약점을 보완해 미래 위협에 대응하거나 비상시에 대처하기 위한 전략이다.

- 외부기회요인 : 경제가 호황이거나 새로운 기술의 출현한 경우, 시장이 지속적으로 성장하고 경쟁자가 약해진 경우 등이다.
- 외부위협요인 : 자원의 고갈, 새로운 규제, 소비자 기호 변화, 경쟁자의 출현
- 내부강점요인 : 숙련된 노동자의 보유, 높은 시장점유율, 탄탄한 마케팅 조직, 고객의 높은 충성도, 원활한 금융 조달
- 내부약점요인 : 무능한 관리자, 낮은 기술 및 연구개발투자, 높은 이직률

② 장점과 단점

SWOT 분석의 단점은 무엇보다 손쉬운 활용과 적용이다. 이는 복잡성이 낮고 안정적인 기업 환경에서 그 효과성이 높은 분석 방법이다. 하지만 SWOT 분석 자체에만 집중하는 것은 바람직하지 않다. 전략은 정태적인데 반해 기업 환경은 동태적으로 변하기 때문에 SWOT 분석에만 의존할 경우 현실과 맞지 않는 전략이 도출될 수 있다.

4. 사업전략

(1) 포터의 본원적 전략

① 의 미

마이클 포터는 시장의 범위와 경쟁우위의 원천에 따라 사업단위의 전략적 의사결정을 내렸다.

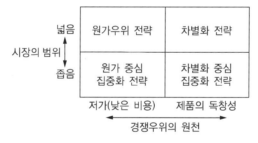

▲ 포터의 본원적 전략의 체계

㉠ 차별화 전략

차별화 전략(differentiation strategy)은 경쟁사와는 독창적인 제품으로 경쟁우위를 확보하는 전략이다. 이는 제품의 독창성을 무기로 넓은 범위의 시장을 공략한다. 넓은 시장을 다시 작은 시장으로 세분화하여 적합한 제품을 공급해야 하므로, 소품종 제품을 대량생산하는 원가우위기업에 비해서는 가격경쟁력이 떨어지는 전략이다.

㉡ 원가우위 전략

원가우위 전략(cost leadership startegy)은 조직 내의 모든 분야에서 원가를 낮춰 경쟁사보다 싸게 공급하여 경쟁력을 확보하는 전략이다. 원가절감이 원가우위 전략의 핵심이므로 엄격한 비용관리는 실시한다.

ⓒ 집중화 전략

집중화 전략(focus strategy)은 시장을 세분화하여 경쟁사보다 낮은 원가를 기반으로 경쟁 우위를 차지하거나 제품의 독창성으로 경쟁우위를 확보하는 전략이다. 집중화 전략은 특정 시장을 대상으로 삼는 전략이다.

ⓔ 차별적 집중화 전략

경쟁영역은 좁지만 차별화 전략을 쓰는 기업들이 있다. 명동에 있는 명품 위주의 백화점이 대표적이다. 한정된 영역의 제품들만을 팔지만 모두 명품으로 배치함으로써 차별화된 서비스를 제공한다.

② 특 징

본원적 전략을 제안한 마이클 포터 교수는 원가우위 혹은 차별화 전략과 집중화 전략을 함께 사용하는 것은 경쟁력 향상에 도움을 주지만, 원가우위와 차별화 전략을 동시에 사용하는 것은 오히려 경쟁력을 낮출 수 있다고 설명한다. 이도저도 아닌 전략이 될 수 있다는 의미이다. 따라서 본원적 전략은 사실상 원가우위와 차별화 전략이라고 크게 나눠 볼 수 있다.

(2) 제품수명주기 방법

① 정 의

제품수명주기(Product Life Cycle ; PLC) 방법이란 제품이 시장에 나타난 후 도입, 성장, 성숙, 쇠퇴를 거쳐 시장에서 사라진다는 이론이다. 이러한 제품수명주기의 각 단계에 맞춰 전략을 구사해야 한다.

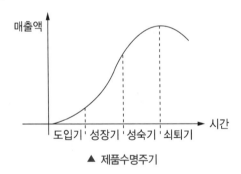

▲ 제품수명주기

ⓐ 도입기

도입기는 신제품이 처음 시장에 소개되는 시기로 본격적인 수요를 창출할 때까지는 상당한 시간이 소요되어 매출실적이 저조하다. 이 시기에는 마케팅 능력이 무엇보다 중요한 시기이다. 마케팅을 통해 제품인지도를 높여 구매의욕을 자극해야 하는 시기이다.

ⓑ 성장기

성장기는 제품이 사람들에게 알려져 수요가 급증하고 새로운 경쟁자들이 시장에 진출하여 유통경로가 확장되고 시장규모가 커지는 시기이다. 해당 단계에서는 제품의 신뢰성과 제품 차별화가 무엇보다 중요하다. 수요증가에 따라 공급이 증가하면서 제조원가도 하락해 이익이 증가하는 단계이다. 수익은 높고 위험부담은 낮은 단계라 할 수 있다.

    © 성숙기

        성숙기는 시장수요가 포화에 이르는 단계이다. 이때 기업들은 시장점유율 확보를 위해 가격인하, 홍보 등의 경쟁을 벌이게 된다. 기업의 이윤은 감소하고 유휴설비가 발생한다. 수익은 낮고 위험이 커지는 시기이다. 이 시기 마케팅 목표는 시장점유율 유지이다.

    ② 쇠퇴기

        쇠퇴기는 판매량이 감소하는 시기이다. 새로운 경쟁자가 등장하고 해당 상품에 대한 소비자의 기호가 변한 결과이다. 이윤이 감소하고, 많은 기업들이 해당 산업에서 철수하는 시기이다. 이 시기 마케팅 목표는 남아 있는 잔존수요로부터 이득을 얻는 것이다.

② 평 가

   제품수명주기이론은 특정산업의 주기를 설명하지 못한다는 한계를 갖는다. 또한 제품수명주기의 형태가 마케팅 전략 혹은 예측 불가한 요인에 의해 달라질 수 있기 때문에 현실의 결과를 제대로 설명하지 못한다는 한계를 갖는다.

03

출제예상문제

#사업 전략, #본원전 전략, #차별화 전략, #원가우위 전략, #집중화 전략

01 Micheal Porter가 제시한 경쟁우위 전략에 대한 설명으로 가장 거리가 먼 것은?

픽 나오는 유형 ★

① 차별화 우위 전략은 경쟁사들이 모방하기 힘든 차별화된 제품을 만들어 경쟁사들보다 비싼 가격으로 판매하는 방법이다.

② 비용우위 전략은 동일한 품질의 제품을 경쟁사들보다 낮은 비용에 생산하여 저렴하게 판매하는 것을 말한다.

③ 비용우위 전략과 차별화 전략은 주로 대기업에 의해 수행되는 전략이다.

④ 집중화 전략은 비용우위에 토대를 두거나 혹은 차별화 우위에 토대를 둘 수 있다.

⑤ Porter는 기업이 성공하기 위해서는 한 제품을 통하여 차별비용우위 전략과 차별화 전략 등 두 가지 이상의 전략을 동시에 추구해야 한다고 보았다.

해설

마이클 포터는 시장의 범위와 경쟁우위의 원천에 따라 사업단위의 전략적 의사결정을 내렸다. 그리고 가능한 전략은 원가우위 전략, 차별화 전략, 원가 중심 집중화 전략, 차별화 중심 집중화 전략이다. 마이클 포터는 경쟁에서 우위를 차지하기 위해서는 다양한 전략을 사용하기보다는 차별화 혹은 원가우위 둘 중 하나에 집중해야 한다고 주장했다.

오답노트

차별화 전략(differentiation strategy)은 경쟁사와는 독창적인 제품으로 경쟁우위를 확보하는 전략이다. 이는 제품의 독창성을 무기로 넓은 범위의 시장을 공략한다. 넓은 시장을 다시 작은 시장으로 세분화하여 적합한 제품을 공급해야 하므로, 소품종 제품을 대량생산하는 원가우위기업에 비해서는 가격경쟁력이 떨어지는 전략이다. 원가우위 전략(cost leadership strategy)은 조직 내의 모든 분야에서 원가를 낮춰 경쟁사보다 싸게 공급하여 경쟁력을 확보하는 전략이다. 원가절감이 원가우위 전략의 핵심이므로 엄격한 비용관리를 실시한다. 집중화 전략(focus strategy)은 시장을 세분화하여 경쟁사보다 낮은 원가를 기반으로 경쟁우위를 차지하거나 제품의 독창성으로 경쟁우위를 확보하는 전략이다. 집중화 전략은 특정시장을 대상으로 삼는 전략이다.

02 사업포트폴리오 분석 방법인 BCG 매트릭스와 GE/McKinsey 매트릭스에 관한 다음의 서술 중 가장 적절한 것은?

① BCG 매트릭스는 시장성장률과 절대적 시장점유율이라는 두 변수를 양축으로 사업의 매력도를 평가한다.

② BCG 매트릭스 분석결과로서 각 사업단위에 적용될 수 있는 전략으로는 확대(build), 철수(divest), 유지(hold), 수확(harvest) 전략이 있다.

③ BCG 매트릭스 상에서 수익성이 낮고 시장전망이 어두워 철수가 요망되는 영역은 별(star)이다.

④ GE/McKinsey 매트릭스는 산업매력도(industry attractiveness)와 제품의 질(product quality)을 기준으로 구분한 9개의 영역으로 구성된다.

⑤ GE/McKinsey 매트릭스 상에서 원의 크기는 각 사업단위가 진출한 시장에서의 시장점유율을 나타내며, 원내에 진하게 표시된 부분의 크기는 원가상의 우위를 나타낸다.

해설

BCG 매트릭스(Boston Consulting Group matrix) 기법은 산업이나 시장의 성장률과 점유율로 사업기회를 분석하는 기법이다. 이는 전략적 사업단위를 분석대상으로 삼는다. 각 시장점유율과 성장률 수준으로 전략적 사업단위를 대응시키면 별, 물음표, 현금젖소, 개의 총 4개의 상황이 생성된다. 맥킨지 매트릭스라고 불리는 GE 사업심사법(GE business screen)은 사업경쟁력 정도와 산업의 매력도를 대응시켜 전략을 수립한다. 대부분의 시장에서는 두 개 이상의 사업을 담당하지만 하나의 제품 또는 시장 각각을 분석 대상으로 삼는 BCG 매트릭스의 한계를 보완할 수 있는 전략으로 평가받는다. 사업경쟁력 정도는 시장점유율, 기술적 우위의 정도, 제품이나 서비스의 품질, 원가, 가격경쟁력 등이 종합적으로 고려되는 변수이고, 산업의 매력도는 시장크기, 시장성장률, 경쟁강도 등에 의해서 결정되는 변수이다. 이렇게 형성되는 9개의 셀에서 우월한 사업과 물음표 사업에서는 투자를 계속하는 전략이, 평균적인 사업과 수익창출 사업에서는 현상유지 전략이, 실패한 사업에는 철수 전략이 사용된다.

오답 노트 ▪ BCG 매트릭스 각 상황은 다음과 같다.

- 별 : 높은 시장성장률과 높은 시장점유율이 대응되는 영역이다. 확장되는 시장에서 효과적으로 활동하고 있기 때문에 많은 수익을 내고 있으며, 새로운 성장전략을 위해 많은 투자자금이 필요하다.
- 물음표 : 높은 시장성장률과 낮은 시장점유율이 대응되는 영역이다. 시장은 확장되고 있으나 경쟁력이 떨어져 수익은 낮다. 따라서 경쟁력이 확보되는 영역에만 집중하고 나머지는 과감히 철수해야 한다.
- 현금젖소 : 낮은 시장성장률과 높은 시장점유율이 대응되는 영역이다. 많은 수익을 내는 영역이다. 시장이 더 이상 확대되지는 않으므로 시장유지전략이 필요하며, 여기서 얻은 수익을 별 및 물음표에 투자해야 한다.
- 개 : 낮은 시장성장률과 낮은 시장점유율이다. 시장의 확장가능성도, 수익도 모두 낮다. 사업에서 철수해야 하는 영역이다.

03 BCG 점유율–성장 매트릭스에서 최적 현금흐름(cash flow)의 방향으로 가장 적절한 것은?

① Star → Question Mark
② Star → Cash Cow
③ Cash cow → Question Mark
④ Dog → Question Mark
⑤ Dog → Star

해설

현금젖소는 낮은 시장성장률과 높은 시장점유율이 대응되는 영역으로 많은 수익을 내는 영역이다. 시장이 더 이상 확대되지는 않으므로 시장유지전략이 필요하다. 한편, 물음표는 높은 시장성장률과 낮은 시장점유율이 대응되는 영역이다. 시장은 확장되고 있으나 경쟁력이 떨어져 수익은 낮다. 따라서 경쟁력이 확보되는 영역에만 집중하고 나머지는 과감히 철수해야 한다. 결국 둘을 조합하면 현금젖소에서 벌어들인 현금을 물음표 사업에 투자할 경우 최적 현금흐름을 달성할 수 있게 됨을 알 수 있다.

04 경영전략과 경영조직에 관한 다음 설명 중 가장 적절한 것은? 꼭 나오는 유형 *

① 포터(Porter)의 가치사슬(value chain) 모형에 의하면 마케팅, 재무관리, 생산관리, 인적자원 관리는 본원적 활동(primary activities)에 포함된다.
② 보스톤컨설팅그룹(BCG)의 사업포트폴리오 매트릭스에서는 시장의 성장률과 절대적 시장 점유율을 기준으로 사업을 평가한다.
③ 제조업체에서 부품의 안정적 확보를 위해 부품회사를 인수하는 것은 전방통합(forward integration)에 해당하며 제품 판매를 위해 유통회사를 인수하는 경우는 후방통합(backward integration)에 해당한다.
④ 기계적 조직은 유기적 조직에 비해 집권화 정도와 공식화 정도가 모두 강하다.
⑤ 대량생산기술을 적용할 때에는 유기적 조직이 적합하며, 소량주문생산기술을 적용할 때에는 기계적 조직이 적합하다.

해설

기계적 조직은 집권적이며 규칙과 절차가 많고 엄격한 조직이다. 부서 간의 업무는 독립적이며 공식적인 조직구조와 수직적인 의사소통 구조를 갖고 있다. 한편 유기적 조직은 분권적이며 규칙과 절차에 있어 융통성이 높고 제약이 적은 편이다. 조직구조는 공식적, 비공식적 관계 모두를 포함하며 수직적, 수평적 의사소통이 혼재한다.

오답 노트 ▪ 포터의 가치사슬에 의하면 마케팅과 생산관리는 본원적 활동이고 재무관리와 인적자원관리는 지원활동에 포함된다. 한편, BCG 매트릭스(Boston Consulting Group matrix) 기법은 산업이나 시장의 성장률과 점유율로 사업기회를 분석하는 기법이다. 이는 전략적 사업단위를 분석대상으로 삼는다. 각 시장점유율과 성장률 수준으로 전략적 사업단위를 대응시켜 별, 물음표, 현금젖소, 개의 4가지 상황을 살펴본다. 그리고 수직적 통합화 전략이란 제품의 생산 및 유통경로상에서 공급자와 수요자를 통합하는 전략이다. 공급자를 통합하는 전략을 후방수직통합이라 하고 수요자를 통합하는 전략을 전방수직통합이라고 한다. 과자 제조 업체가 밀가루 업체와 통합하면 후방수직통합이고 과자 제조업체가 과자 유통업체와 통합하면 전방수직통 합이 된다. 수직적 통합화 전략도 일종의 다각화 성장전략이라 할 수 있다.

05 다음 중 제품수명주기에 대해 가장 잘 설명한 것은? 🔖 나오는 유형 ★

① 제품개발에서부터 소비자에게 전달될 때까지의 기간을 말한다.
② 신제품이 시장에 도입되어 쇠퇴할 때까지의 기간을 말한다.
③ 고객이 만족할 때까지 계획에서부터 판매 이후까지도 포함되는 개념이다.
④ 제품개발에서부터 고객의 욕구가 충족될 때까지의 기간을 말한다.
⑤ 특정산업의 주기를 설명하는 데 적합한 이론이다.

해설

제품수명주기(Product Life Cycle)란 제품이 시장에 나타난 후 도입, 성장, 성숙, 쇠퇴를 거쳐 시장에서 사라진다는 이론이다. 제품수명주기 방법은 이러한 제품수명주기의 각 단계(도입기 → 성장기 → 성숙기 → 쇠퇴기)에 맞춰 전략을 구사해야 한다는 이론이다.

오답노트 제품수명주기이론은 특정산업의 주기를 설명하지 못한다는 한계를 갖는다. 또한 제품수명주기의 형태가 마케팅 전략 혹은 예측 불가한 요인에 의해 달라질 수 있기 때문에 현실의 결과를 제대로 설명하지 못한다는 한계를 갖는다.

🔍 신문기사를 통해 경제 · 경영학적인 시야 기르기!

경영 03

"게임 룰이 바뀌었다 …
韓 기업 추격자 전략으로 못 버틴다"

2021. 08. 17 매일경제

> **"게임의 룰이 변하고 있다. 한국 기업이 일류 기업으로 우뚝 서기 위해서는
> 자기만의 기술을 갖고 시장을 선도해야 한다."**

과거 한국 기업은 빠른 추격자 전략을 통해 '한강의 기적'을 일궜다. 이제는 '판'이 바뀌었다. 기술혁신을 통해 시장을 선점한 자가 전체를 독식하면서 추격자 전략이 힘을 발휘하지 못하고 있다.

17일 서울 연세대에서 개막한 '제23회 한국경영학회 융합학술대회'에서는 우리 기업들이 당면한 과제에 대비하기 위한 여러 제언이 쏟아졌다. 결론은 명확했다. 한국 기업이 지금까지 해왔던 모든 것을 버리고 새롭게 시작해야 한다는 것이다. 송재용 서울대 경영대학 교수는 글로벌 아시아 시대에 한국 기업이 '완벽한 변신(perfect change)'을 하지 않으면 생존할 수 없다고 경고했다.

송 교수는 "21세기 초반 4차 산업혁명 등장, 아시아 신흥 시장 부상, 예상치 못했던 코로나19 팬데믹 등으로 불확실성이 증가하고 변화의 속도가 빨라지고 있다"라며 "한국 기업의 장점인 빠른 추격자 전략이 더 이상 통하지 않는 시대가 왔다"라고 진단했다. 주력 산업의 글로벌 경쟁이 격화되고 지식 기반 시대로 접어들면서 남의 것을 베껴서 시장에 진입하는 게 불가능해졌기 때문이다. '플랫폼' 기반의 산업이 추격자를 허락하지 않는 '승자독식'의 특징을 갖고 있는 것도 이유로 꼽았다. 송 교수는 "시장 선도자로 변하기 위해서는 혁신역량과 전략적 민첩성 강화가 필요하다"라며 "이를 위해서는 기존의 조직 효율성을 추구하는 '오른손잡이 조직'과 함께 다양성, 개방성, 유연성, 소통을 중시하는 '왼손잡이 조직'을 구축해 '양손잡이 조직'을 완성해야 한다"라고 말했다.

한국경영학회는 올해 융합학술대회 주제를 '글로벌 아시아 시대의 제2창업'으로 정하고, 10년 후 아시아가 세계 경제의 중심이 될 시대를 지금부터 준비하자고 제안했다. 1990년대에는 미국·일본·유럽이 전 세계 국가총생산(GDP)의 60%를, 중국·인도·동남아시아 등 신흥국이 40%를 차지했다. 2008년 글로벌 금융위기를 겪으며 이 비율은 50 대 50으로 균형을 이뤘다. 경제협력개발기구(OECD)를 비롯해 국제통화기금(IMF) 등에 따르면 2030년 아시아 국가가 전 세계 GDP에서 차지하는 비중은 60%를 넘어설 전망이다. 세계 경제의 중심축이 미국·유럽에서 아시아로 이동하는 것이다.

한국 입장에서 세계 최대 시장이 인근에 있다는 것은 절호의 기회지만 함께 성장하지 못하면 한국이 아시아 시장에서 외면당할 수 있다는 위기감도 나온다. 4차 산업혁명과 코로나19로 인한 패러다임 변화 속에서 생존을 모색해왔던 한국 기업 앞에 또 하나의 거대한 소용돌이가 닥친 셈이다. 박영렬 한국경영학회 회장(연세대 교수)은 "한국 기업은 대변혁기에 선도자로서 역할을 수행하는 데 어려움이 있을 것으로 예상된다"라며 "기업들은 포스트 코로나 시대에 새롭게 전개될 넥스트 노멀(Next Normal)을 예견하고 민첩한 대응에 나서야 한다"고 강조했다.

포스트 코로나 이후 급변할 시대를 대비하는 차원에서 기업들이 경영전략을 전면 재조정해야 한다는 지적도 나왔다. 장세진 KAIST 경영학과 교수는 미국·유럽에서 '복합기업'이 사라진 이유를 주목해야 한다고 말했다. 복합기업이란 서로 다른 업종 간 합병으로 만들어진 기업을 뜻하는데 미국의 GE를 비롯해 한국의 삼성, 현대 등이 여기에 속한다. 장 교수는 "자본시장의 감독 강화, 본업에서의 경쟁 심화가 일어나면서 기업 분할이 이뤄지고 있다"라며 "기업 분사가 기업 가치를 상승시킬 수 있다는 사례가 계속해서 등장하고 있다"라고 말했다.

한국도 이 같은 변화가 진행되고 있다. SK가 대표적이다. SK이노베이션은 최근 물적분할을 통해 석유화학과 배터리를 나누는 방안을 추진하고 있다. 장 교수는 "삼성전자가 비메모리를 강화해야 한다는 주장이 2000년대부터 나왔는데 메모리에 치중하면서 성장하지 못했다"라며 "20년 동안 하지 못했던 분야를 키우기 위해서는 새로운 조직이 필요한 만큼 파운드리 사업을 분할하는 것이 나을 수도 있다"라고 말했다.

Tip

추격자에서 선도자로의 전환을 위한 경영전략 수립이 필요함을 역설하고 있다. 이는 오늘날 경쟁구도가 승자독식을 취하고 있다는 점을 전제로 한다. 한번 밀리면 다시 기회가 오지 않는다는 위기의식이다. 하지만 반드시 선도자 전략이 추격자 전략보다 우월하다는 생각은 버려야 한다. '일찍 일어나는 새가 먼저 벌레를 잡아먹는다'지만, 내가 벌레면 늦게 일어나는 것이 상책이다. 변화하는 글로벌 환경 속에서 유연하게 대응하는 자세가 선도자인지 추격자 인지보다 중요할 것이다. 전략은 이처럼 경직적인 것이 아닌 유연한 개념으로 이해되어야 한다.

04 | 마케팅

01 마케팅 개념의 이해

1. 마케팅 기초

(1) 마케팅의 의의와 목표

마케팅(marketing)이란 생산자와 구매자 간의 교환과정을 통해 고객의 욕구를 충족시키는 일련의 활동으로 정의된다. 마케팅을 통해 달성하고자 하는 목표는 성장목표와 수확목표이다. 성장목표는 기업의 매출액 증대에 기여하는 것이고, 수확목표는 기업의 이익 증대를 의미한다. 두 가지 목표의 실현을 위해서는 고객만족의 극대화가 이뤄져야 한다.

(2) 교환과 마케팅

① 마케팅의 본질

마케팅의 본질은 고객에게 가치를 전달하는 데 있다. 기업이 최종고객들에게 가능한 한 최대의 경쟁적 비교우위를 가질 수 있는 가치를 제공해주기 위해 내부적 및 외부적 고객들인 유통업체들에게 가치 있는 기업으로 인식되도록 운영하는 활동이라 할 수 있다.

② 교환의 의미

교환은 다양한 조건에서 일어날 수 있지만, 실제적인 의미에서 교환이 일어나는 조건은 두 당사자 모두가 교환 이전보다 이후에 조금이라도 유익하게 될 수 있는지에 달려 있다. 교환을 가치의 창조활동(value-creating process)으로 보는 이유라 할 수 있다. 그리고 이것이 교환을 하나의 사건(event)이 아니라 과정으로 보는 이유이다.

2. 마케팅 관리

(1) 의 미

마케팅 관리(marketing management)란 조직 목적 달성을 위해 현상을 분석하여 과업수행을 위한 계획을 수립하고, 수립된 계획을 실천하며, 실천결과를 계획과 비교하여 평가하는 일련의 과정을 의미한다. 이를 통해 마케팅 관리자(marketer)의 역할은 조직목표 달성에 도움을 줄 수 있는 제품 수요를 자극하는 것이라 할 수 있다. 즉, 마케터의 임무는 수요창조와 증대 그리고 수요의 현상 유지와 감소시키는 등의 수요관리(demand management)라 할 수 있다.

(2) 시장상황에 따른 마케팅 관리

수요 상황별 마케팅 전략과 과제

마케팅 전략	마케팅 과제
동시화 마케팅	계절적, 시간적 요인 등으로 인해 규칙적이지 않은 수요를 평준하게 맞추기 위한 마케팅
자극 마케팅	제품에 대한 흥미와 관심을 유발시켜 수요를 창조하기 위한 마케팅
개발 마케팅	존재하지 않는 제품에 대한 잠재수요를 창조하기 위한 마케팅
전환 마케팅	부정적인 수요를 긍정적인 수요로 전환하기 위한 마케팅
디(de)마케팅	초과수요를 줄이기 위해 수요를 감소시키는 마케팅
유지 마케팅	수요가 줄어들지 않도록 유지하는 마케팅
대항(카운터) 마케팅	불건전한 수요의 소멸을 목적으로 하는 마케팅
재(re)마케팅	수요가 감소했을 때 수요의 부활을 목표로 하는 마케팅

3. 마케팅의 발전과정

(1) 생산지향적 관점

가장 먼저 등장한 마케팅 개념은 생산지향적 관점(production concept)이다. 이는 수요가 공급을 초과하는 산업사회의 마케팅 개념으로, 제품이나 서비스를 원하는 수요보다 공급이 부족했기 때문에 만들면 모두 팔려나가던 시대의 마케팅이다. 따라서 당시에 가장 중요했던 것은 원가절감이었다.

보충학습 생산지향적 관점의 한계

생산지향적 관점은 지나치게 생산의 효율성과 유통만을 강조하고, 소비자욕구를 간과하였다. 이로 인해 경쟁 제품보다 훨씬 낮은 가격임에도 불구하고 소비자에게 외면을 받는 일이 발생하기 시작했다. 이러한 한계를 극복하려는 노력은 제품의 품질 개선에서부터 시작되었다.

(2) 제품지향적 관점

제품지향적 관점(product concept)은 제품의 질(quality)이 월등할 경우 고객이 구매할 것이라 판단하고, 마케팅의 중심에 품질향상이 놓이게 되는 마케팅 관점이다. 다만 이 역시도 소비자 욕구는 고려되지 않는 마케팅 관점으로 제품의 질이 아무리 뛰어나도 소비자 욕구를 자극하지 못하는 경우 제품에 대한 수요를 창출할 수 없다는 한계에 직면하게 된다.

(3) 판매지향적 관점

판매지향적 관점(selling concept)은 대량생산이 본격화됨에 따라 등장한 마케팅 관점이다. 이는 단순히 판매량을 증가시키기 위한 판매기술의 개선에 초점을 맞추고 있다. 대량생산으로 인해 수요가 공급보다 많았던 시대에서 초과공급의 시대로 전환되었기 때문이다. 공격적인 판매 촉진 활동이라 할 수 있다.

판매지향적 관점을 채택하는 기업들은 생산하는 제품이 공급과잉 상태에 놓인 경우가 많다. 이 경우 소비자 욕구를 고려한 상품을 만들려는 노력보다는 기업이 만든 상품을 소비자들에게 어떻게든 판매하는 것 자체를 목표로 하기 때문에 밀어내기식(push selling) 전략을 취하게 된다. 이는 단기적인 매출 증대는 야기하지만, 장기적인 기업 가치의 하락으로 연결된다.

(4) 마케팅 관점

마케팅 관점(marketing concept)은 고객의 니즈와 욕구를 이해하고, 이를 충족시켜주려는 마케팅 관점이다. 과거 기업 중심에서 고객 중심으로 이동하는 전략인 것이다. 마케팅 관점은 고객의 욕구를 이해하고 반응하는데 초점을 두는 관점으로 기업의 핵심 활동인 생산·재무·판매가 고객의 욕구에 부응할 수 있도록 통합되고 조정된다. 무엇보다 이렇게 고객의 욕구충족을 가장 먼저 고려하는 이유는 금전적인 목표와 사회적·인간적인 목표를 동시에 달성할 수 있기 때문이다.

지나친 고객위주의 접근은 내부고객들의 반발을 불러일으켰다. 이는 고객중심의 접근이라 하더라도 기업의 관련 집단들과의 상호작용은 여전히 중요하다는 것을 의미한다. 이들과의 원활한 상호작용이 전제되지 않는다면 소비자 욕구를 파악했더라도 이에 맞는 제품의 생산 및 공급이 어려울 수 있다.

(5) 시장지향적 관점

시장지향적 관점은 기존 마케팅의 발전 과정에서 나타난 단점들을 모두 보완한 개념이라 할 수 있다. 이는 기업이 수요자들과의 교환을 통해 최상의 가치를 제공해주기 위해 기업 내외의 모든 구성요소들을 관리하는 모든 노력을 포괄한다. 시장지향적 관점에서 마케팅은 특정 부서만의 활동이 아니라 기업 내부의 모든 부서, 그리고 기업과 직간접적으로 연관을 맺고 있는 기관들이 가져야 할 하나의 경영철학이다.

4. 고객의 구분

고객은 사내고객과 중간고객, 그리고 최종고객으로 구분된다. 사내고객은 고객만족의 출발점이다. 최종고객에게 전달되는 만족은 사내고객으로부터 시작되기 때문에 사내고객으로부터 불량품이 생산되면 최종고객이 만족을 누리지 못하기 때문이다. 한편, 중간고객은 판매점이나 대리점, 중간생산을 담당하는 협력업체를 의미한다. 기업이 아무리 좋은 제품을 만들어도 중간고객의 도움 없이는 최종고객에게 제품과 서비스가 원활히 전달될 수 없다.

근시안적 마케팅

> 근시안적 마케팅(marketing myopia)은 하버드대학교 경영대학원의 시어도어 래빗 교수에 의해 제시된 용어
> 로서, 기업이 소비자 편익 위주가 아닌 제품과 서비스 위주로 기업의 미션을 정의하는 것을 의미한다. 미국
> 철도 산업의 몰락이 다른 철도회사와의 경쟁으로 인해 자신들이 승객 및 화물운송이라는 고객니즈를 충족하
> 기 위해 존재한다는 사실을 망각하고 자신의 경쟁자를 철도라는 제품중심으로 설정했기 때문에 발생했다고
> 지적하면서 근시안적 마케팅이라는 용어를 제시했다.

02 마케팅 프로세스 : 전략수립과 실행

마케팅 프로세스는 ① 환경분석과 ② 전략수립, 그리고 ③ 실행계획의 수립, ④ 실행 및 평가의
4단계로 이뤄진다. 고객중심의 마케팅 전략의 수립으로 시장에서 지속적인 경쟁우위를 창출하기
위해서는 고객이 누구인지, 현재와 앞으로의 잠재적인 경쟁자는 어느 기업인지에 대한 환경 분석
이 선행되어야 하고, 이를 바탕으로 마케팅 전략을 수립해야 한다. 전략 수립 이후에는 소비자
욕구가 충족될 수 있도록 상품을 계획하고, 가격을 책정하며, 유통과정을 설정하고 촉진과정을
통해 매출을 높이는 마케팅 전략이 실행되어야 한다. 이를 마케팅 믹스(marketing mix)라고 한다.

1. 마케팅 전략 수립

(1) 시장세분화

① 의 미

시장세분화(segmentation)란 잠재시장을 서로 다른 욕구를 갖는 세분시장(segment)으로 나
누는 과정이다. 시장을 세분화할 때 동일한 시장 내에 있는 소비자들은 동질성이 극대화되도록
해야 한다.

② 세분화 단계

시장세분화는 어떤 기준으로 세분화할지를 결정하고, 세분시장의 프로필을 작성하는 순서로
진행한다. 시장을 세분화할 때 사용하는 기준으로는 지리적 변수, 인구통계학적 변수, 사회·
심리적 변수, 행동적 변수 등이 있다. 한편 세분시장의 프로필이란 세분화된 시장에 있는
고객들에 대한 다양한 정보(성별, 나이, 소득, 니즈 등)를 수집하는 것을 의미한다.

③ 시장세분화의 성공조건

시장세분화의 성공조건은 ① 측정가능성, ② 차별화, ③ 수익성, ④ 접근성이다. 즉, 효과적으
로 세분화 된 시장은 명확하고 구체적인 수치로 측정 가능해야 한다. 그리고 다른 세분시장과의
차이점이 뚜렷하고 기업에 충분한 수익성을 담보해줄 수 있어야 한다. 또한 각 세분시장에서
행하는 마케팅이 소비자의 구매행동에 영향력을 미칠 수 있는 접근성이 존재해야 한다.

(2) 목표시장 선정

① 의 미

목표시장선정(targeting)은 각 세분시장의 매력도를 평가하여 하나 혹은 복수의 목표시장을 선정하는 과정을 의미한다. 여기에서 시장매력도(market attractiveness)란 특정 시장으로부터 기업이 얻을 수 있는 수익의 규모를 의미한다. 매력도를 판단하는 구체적인 기준으로는 세분시장의 크기와 성장성, 진입장벽 및 경쟁자의 수, 기업목표, 가용자원, 리스트 등이 있다.

② 목표시장의 선정 전략

목표시장을 선정하는 전략에는 무차별적 마케팅, 차별적 마케팅, 집중형 마케팅의 세 가지 전략이 존재한다.

㉠ 무차별적 마케팅

무차별적 마케팅(undifferentiated marketing)은 세분시장 간의 차이를 무시하고 하나의 제품으로 전체 시장을 공략하는 전략이다. 이는 소비자들 간의 차이점보다는 공통점에 초점을 맞춘 전략으로 대량 유통과 대량 광고 방식을 채택한다. 이러한 방식을 통해 비용절감 효과를 누릴 수 있다.

㉡ 차별적 마케팅

차별적 마케팅(differentiated marketing)은 두 개 이상의 세분시장을 목표시장으로 선정하여 각각에 대해 최적의 마케팅 믹스를 제공하는 전략이다. 세분시장에 특화된 마케팅을 통해 더 많은 매출을 올릴 수 있기 때문에 많은 기업들이 차별적 마케팅을 실시하지만, 이를 위해서는 추가적인 조사와 예측 그리고 유통관리 등이 이뤄져야 하기 때문에 비용의 증가가 필연적으로 수반된다. 따라서 차별적 마케팅을 수행하기 위해서는 비용의 증가를 고려한 예상수익을 계산해야 한다.

㉢ 집중형 마케팅

집중형 마케팅(concentrated marketing)이란 기업의 자원이 제한되어 있을 경우에 사용하는 방법으로서, 하나 또는 소수의 작은 시장에서 높은 시장점유율을 누리기 위한 전략이다. 협소한 시장의 범위 내에서 활동하기 때문에 시장에 속한 소비자의 욕구를 세밀하게 파악할 수 있어 시장 내에서 강력한 위치를 차지할 수 있다. 또한 생산과 유통 그리고 촉진의 특화를 통해 운영의 경제성을 누릴 수도 있다. 문제는 매우 작은 시장을 공략하기 때문에 해당 시장에 속한 소비자들의 구매 패턴이 변할 경우 시장성을 상실한다는 점에 있다. 따라서 집중형 마케팅 전략을 구사할 때는 하나의 시장보다는 복수의 세분시장 접근이 필요하다.

(3) 포지셔닝

포지셔닝(positioning)은 소비자로 하여금 해당 제품에 대한 인식을 각인시키는 활동을 의미한다. 성공적인 포지셔닝으로 생기는 제품 포지션은 경쟁제품과 비교하여 소비자가 느끼는 제품의 상대적 위치이다. 백화점은 고급 상품을 판매하는 곳으로, 전통시장은 저렴한 가격의 제품을 판매하는 곳으로 인식되어 있는 것도 일종의 포지셔닝의 결과이다. 기업이 원하는 대로 포지셔닝이 이뤄지면 해당 상품은 성공할 가능성이 높아진다.

2. 실행계획의 수립 : 마케팅 믹스(4P)

마케팅 믹스(marketing mix)란 마케팅 목표의 효과적인 달성을 위해 마케팅 활동에서 사용하는 여러 가지 방법을 전체적으로 균형이 잡히도록 조정·구성하는 일을 말한다. 구체적으로 상품, 가격, 유통, 촉진을 마케팅 믹스라고 하며 4P(Product, Price, Place, Promotion)라고 한다. 마케팅 믹스는 고정된 것이 아니라 기업이나 제품에 따라 달라지며 환경변화에 대응하여 수정된다.

(1) 제품(Product)

① 의 미

마케팅 믹스 중 제품은 기업이 생산하여 판매하는 유형의 재화와 무형의 서비스를 의미한다. 고객이 구입하여 소비함으로써 자신의 욕구와 필요를 충족시켜 줄 수 있는 것으로써 판매목적으로 시장에 내놓는 모든 것을 의미한다. 이러한 정의에 의해 서비스나 사람, 장소, 아이디어 등도 고객의 욕구를 충족시켜 줄 수 있다는 점에서 제품이라 할 수 있다. 즉 제품과 상품은 다른 것이다.

② 구성요소

㉠ 핵심제품

핵심제품(core product)이란 제품 개념 중에서 가장 기본적인 차원으로서 고객이 제품구매로부터 얻으려는 가장 근본적인 효용이나 서비스를 의미한다. 화장품 구매 시 화장품을 통해 건강한 피부와 아름다움을 유지하기를 바라는 것이다.

㉡ 유형제품

유형제품(actual product) 전략은 실제적인 제품으로서, 품질, 스타일, 브랜드, 포장 그리고 제품속성 등의 물리적 제품을 의미한다.

㉢ 확장제품

확장제품은 핵심제품과 유형제품을 확장한 개념으로 배달, 설치, 보증, 대금결제방식, 애프터서비스 등의 추가적인 서비스와 편익을 의미한다. HDTV를 구입한 경우 이를 배송과 설치해주면서 1년 이내 고장 시 무상수리 서비스를 제공하는 것이 확장제품의 예이다.

③ 제품믹스

제품믹스(product mix) 전략은 기업이 판매하고자 하는 모든 개별제품의 집합을 의미한다. 이때 제품믹스의 구조는 넓이와 깊이 그리고 길이로 이루어진다. 넓이(width)는 기업의 제품계열 수를, 깊이(depth)는 제품계열 내의 각 제품이 제공하는 품목의 수로서 각 제품이 사이즈, 컬러별로 얼마나 다양하게 존재하는지를 의미한다. 길이(length)는 기업이 제공하고 있는 총 품목의 수로서 넓이와 깊이(각 제품계열별 깊이의 평균)를 곱하여 측정한다. 제품믹스의 구성요소는 ① 제품의 품질, ② 제품의 특성, ③ 제품스타일, ④ 포장, ⑤ 브랜드명, ⑥ 보장과 보증, ⑦ 대금의 지불, ⑧ 배달, ⑨ 에프터 서비스, ⑩ 설치 등이다.

④ 브랜드

　㉠ 의 미

　　브랜드(brand)는 마케터가 자신의 제품을 식별하고 다른 경쟁자의 제품으로부터 차별화시
　　킬 목적으로 사용하는 이름, 어구, 기호, 상징, 디자인 또는 이들의 결합을 지칭하는 것으로
　　우리말로 상표로 번역된다.

　㉡ 중요성

　　브랜드는 다른 제품들과 자사의 제품을 구별할 수 있게 해주며, 소비자로 하여금 정보탐색
　　시간을 줄여 구매과정의 효율화에 도움을 준다. 한편 브랜드와 관련된 좋은 지식과 경험의
　　축적은 소비자로 하여금 충성도와 이로 인한 반복구매를 야기해 기업 수익의 증가로 이어
　　진다.

　㉢ 브랜드 자산의 원천

　　강력한 브랜드 자산을 구축하는 원천은 브랜드 지식(brand knowledge)이며, 이는 소비자
　　의 기억 속에 저장되어 있는 브랜드 관련 각종 정보들의 유기적 결합이다. 브랜드 지식은
　　브랜드 인지도와 브랜드 연상으로 구분된다.

보충학습　　브랜드 인지도와 브랜드 연상

• 브랜드 인지도(brand awareness)란 소비자가 한 제품범주에 속한 특정 브랜드를 인식하거나 회상할 수 있
　는 정도를 의미한다. 브랜드 인지도가 높을 경우 수익창출에 도움이 된다.
• 브랜드 연상(brand association)은 소비자의 기억 속에 새겨진 브랜드에 관한 전체적인 인상과 느낌의 총
　체이다. 좋은 브랜드 연상은 호감도, 강도, 독특성의 세 조건에 의해 일어난다.

　㉣ 개별 브랜드 전략

　　개별 브랜드(individual brand) 전략은 각 개별 제품마다 독립적인 브랜드를 부여하는
　　방식이다. 화장품이나 의약품은 개별 브랜드 전략에 의해 제조기업명보다 제품명이 인식된
　　다. 개별브랜드 전략을 사용할 경우 한 브랜드의 실패가 다른 브랜드에 미치는 영향이
　　작고, 제품마다 차별화된 브랜드 이미지 구축이 가능하다. 다만 많은 비용이 발생하는
　　단점이 있어 시장 규모가 일정 수준 이상일 때 사용한다.

　㉤ 공동 브랜드 전략

　　공동 브랜드(family brand) 전략은 각 개별 제품에 동일한 브랜드를 부여하는 방식이다.
　　공동 브랜드는 소비자 인식을 위해 필요한 비용이 적게 든다는 장점과 함께 한 제품의
　　실패가 브랜드 전체에 영향을 미친다는 단점이 있다.

　㉥ 혼합 브랜드 전략

　　혼합 브랜드 전략은 각 개별 제품에 공동 브랜드와 개별 브랜드를 결합시키는 형태이다.
　　농심에서 출시되는 라면이 농심 신라면, 농심 너구리 등과 같이 각 제품명과 기업명을
　　결합시켜 놓은 형태가 혼합 브랜드의 대표적인 예이다.

(2) 가격(Price)

가격은 판매자에 의해 설정되는 상품의 구매금액으로 제품 또는 서비스로 얻어지는 편익에 대한 대가이다. 가격은 다른 마케팅 믹스의 요인들에 비해 조절이 용이하지만 한번 설정된 가격으로 인한 이미지는 쉽게 바뀌지 않으며 기업의 이익과 밀접하므로 철저한 관리가 필요하다. 신제품이 출시될 때 사용할 수 있는 가격전략으로 시장침투 가격전략과 스키밍 가격전략이 존재한다.

① 가격전략

㉠ 시장침투 가격전략

시장침투 가격전략(penetration pricing)이란 신제품의 도입 초기부터 고객가치보다 낮은 가격을 책정해 시장 확산속도를 빠르게 끌어올리는 것을 목표로 한다. 수요가 가격에 민감하거나 경쟁자의 시장진입을 저지할 때 사용한다.

㉡ 스키밍 가격전략

스키밍 가격전략(skimming pricing)은 신제품의 도입초기에 고가격을 책정해 최고의 수익을 올리는 것을 목표로 한다. 소비자가 혁신자 계층으로 이뤄진 경우, 프리미엄 제품, 혹은 가격-품질 연상을 강하게 갖는 경우 사용한다.

㉢ 집합제품 가격전략

한 기업이 다양한 제품이나 서비스를 생산하고 있다면 한 제품의 가격결정이 다른 상품에 미치는 영향력을 고려하여 가격을 책정해야 한다. 집합제품 가격결정에는 제품라인 가격결정, 결합제품 가격결정, 묶음제품 가격결정, 옵션제품 가격결정, 부산물 가격결정 등이 있다.

집합제품 가격결정

가격결정 전략	내 용
제품라인 가격결정	다양한 제품을 생산하는 경우 기업이 제품 간 원가나 성능, 품질의 차이를 고려하여 가격을 차등화하는 것
결합제품 가격결정	기반이 되는 제품은 저렴하게 책정하고 결합되는 제품은 비싸게 가격을 책정(예 프린터와 토너)
묶음제품 가격설정	여러 가지 상품을 묶어서 판매하는 가격정책으로 보완재끼리 묶어서 판매
옵션제품 가격설정	주력제품에 추가되는 각종 부가제품 및 악세서리에 부과하는 가격(예 자동차와 옵션상품)

② 가격의 조정

㉠ 가격차별

가격차별(pricing discrimination)이란 동일한 상품에 대해 개별 고객 또는 세분시장마다 다른 가격을 책정하는 것을 의미한다. 가격차별은 소비자 집단별로 유보가격이나 가격탄력성이 작은 경우나 시간에 따라 제품의 가치가 급변하는 경우에 활용가능하다.

㉡ 단수가격과 관습가격

단수가격(odd pricing)은 9,900원 등과 같이 단위수를 조정하여 심리적인 부담을 줄이는 가격조정 방법이다. 한편 관습가격은 사회적인 통념에 의해 설정되는 가격이다. 라면과 같은 생필품에 해당하는 상품은 심리적인 저항선이 낮기 때문에 고가격 정책을 사용할 경우 소비자들의 심리적인 저항에 부딪히게 된다. 이처럼 제품에 대해 갖는 사회의 관습도 가격설정의 중요한 요인이 된다.

보충학습 품질에 따른 가격설정

품질에 따른 가격설정은 가격-품질 연상을 활용한 가격 설정이다. 고가격-고품질은 프리미엄 전략, 저가격-고품질은 좋은 가격 전략, 고가격-저품질은 오버차징 전략, 저가격-저품질은 이노코미 전략으로 구분된다.

---

(3) 유통과 유통경로

① 정 의

유통(place)이란 최종소비자가 상품을 쉽게 소비할 수 있도록 만들어주는 과정에 참여하는 모든 조직체와 개인들의 활동이며, 이러한 일련의 시스템을 유통경로(distribution channel)이라고 한다. 그리고 유통경로는 생산자와 최종소비자(사용자) 그리고 중간상을 포함하게 된다. 중간상은 제품에 대한 소유권을 갖고 직접 마케팅을 수행하는 상인중간상(merchant middleme)과 소유권 없이 단순히 생산자로부터 사용자에게 이전되는 것을 수월하게 도와주는 대리중간상(agent middlemen)이 있다.

중간상의 개념

구 분	내 용
중간상	생산자로부터 소비자에 이르는 상품의 유통과정에서 행해지는 상품의 구매 및 판매와 직접적인 관련을 가지는 기능을 수행하거나 서비스를 제공하는 전문화된 사업체
대리상	구매나 판매를 위해 상담은 하지만 상품에 대한 소유권은 취득하지 않는 중간상인
도매상	다른 형태의 중간상인 소매상에게 재판매를 전문으로 하는 중간상
소매상	최종소비자를 대상으로 판매활동을 하는 중간상
거 간	일종의 대리인으로서 취급상품에 대해 직접적이며 실질적인 관리는 하지 않으나 구매자와 판매자 중 어느 한쪽을 대표하여 사업 활동을 전개
판매대리업	상품의 소유권은 가지지 않고 제조업체와의 계약을 통해 판매액의 일정률을 수수료로 취득
유통업자	판매, 재고관리, 신용대여 등 다양한 유통기능을 수행하는 중간상으로, 보통 산업용품 시장에서 많이 쓰이며 이 경우 도매상과 같은 뜻으로 쓰인다.
중매상	주로 산업용품 시장에서 도매상 또는 유통업자와 같은 뜻으로 사용

※ 출처 : 경제학의 이해(권근원, 박영사)

② 유통의 기능

유통의 기본기능은 효율성의 증진에 있다. 즉, 중개역할(intermediaries)을 통해 총거래수를 최소화하는 것이라 할 수 있다. 또한 중개인을 활용함으로써 고객에게 상품이 도달하는 과정에서 위험이 분산되고, 상품의 존재를 소비자에게 알릴 수 있을 뿐만 아니라 고객에게 맞는 상품을 추천해주는 역할도 수행한다. 이밖에 재고의 관리와 금융 등 다양한 기능을 담당한다. 이러한 기능을 담당하는 유통은 마케팅 믹스 가운데 가장 유연성이 작은 요소이다.

③ 유통과 거래비용

거래비용 이론에 따르면 일정한 범위의 거래가 기업조직 안에서 이루어지는 것이 시장에서 이루어지는 경우보다 상대적으로 비용이 적게 들어 효율적인 경우에는 내부화하고, 그렇지 않은 경우에는 외부화를 시도하게 된다. 유통 역시 마찬가지이다. 중간상을 제조업자가 흡수할 것인지 아니면 독립적인 주체로 기업 외부에 둘 것인지에 대한 판단은 전적으로 거래비용에 대한 분석으로 이뤄진다.

④ 유통경로의 설계

㉠ 유통경로 서비스의 결정

유통경로 서비스에 대한 고객의 욕구를 분석하는 단계이다. 일반적으로 배달의 용이함, 편리한 접근성 등이 소비자가 유통경로에 기대하는 점이라 할 수 있다.

㉡ 유통경로 길이의 결정

유통경로의 길이(length)는 유통경로에 참여하는 중간상(도매상과 소매상)의 단계이다. 거래비용을 기준으로 유통을 외부에 맡길지 내부화할지에 따라 길이가 결정된다. 외부에 맡기는 경우를 독립적(간접) 유통경로라고 하며, 내부에서 수행하는 경우를 통합적(직접) 유통경로라고 한다. 한편 한 기업이 통합적 유통경로와 독립적 유통경로를 함께 활용하는 경우를 복수경로 마케팅 시스템(multichannel marketing system)이라고 한다. 한편, 유통경로의 길이를 정하는 과정에서는 시장요인과 제품요인, 자사요인, 중간상 요인 등을 함께 고려해야 한다.

㉢ 유통경로 커버리지의 결정

유통경로의 커버리지(coverage)란 동일 경로단계 위에 있는 중간상의 수를 의미하며, 집약적 유통(intensive distribution), 전속적 유통(exclusive distribution), 선택적 유통(selective distribution)으로 구분된다. 그리고 유통경로 커버리지를 결정하는 과정에서는 제품요인과 통제요인에 대한 고려가 필요하다. 전문품에 가까울수록 전속적 유통을, 경로에 대한 제조업체의 통제력이 중요하다면 전속적 유통을 활용한다.

유통경로 커버리지의 구분

구 분	내 용
집약적 유통	최대한 많은 수의 유통업자를 활용하는 방법(예 편의점)
전속적 유통	한 상권 내에서 하나의 유통업자에게 독점적 지위를 보장하는 방법(예 전문품 유통)
선택적 유통	집중적 유통과 전속적 유통의 절충된 형태로 제조사가 한 시장 내 소수의 중간상을 선정하여 자사 제품을 판매할 수 있게 하는 것(예 선매품 유통)

㉣ 유통경로 형태의 결정

유통경로 형태의 결정은 경로 내 구성원이 얼마나 많은 기능을 수행하는지에 관한 의사결정이며, 수직적 마케팅 시스템과 수평적 마케팅 시스템으로 대별된다.

유통경로의 종류

- 전통적 유통경로는 독립적인 개별 기업들이 독자적으로 경로기능을 수행하여 경로구성원 간의 결속력이 약하고 느슨하여 유통 경로의 진입과 퇴출이 자유롭다.
- 수직적 마케팅 시스템(Vertical Marketing System ; VMS)은 경로선도자에 유동경로 시스템의 주도권이 집중된 형태로서, 경로구성원 간의 상호 협력과 연계를 강조한다. 이는 기업형 경로와 계약형 경로, 관리형 경로로 구분된다.
- 수평적 마케팅 시스템은 동일 경로상에 있는 복수의 기업들이 새로운 마케팅 기회의 활용을 위해 함께 협력하는 형태를 의미한다.
- 하이브리드 마케팅 시스템은 유통경로 기능 가운데 일부는 제조 기업이, 나머지는 유통기업이 수행하는 유통경로의 형태를 의미한다.

(4) 촉진과 촉진믹스

① 의 미

촉진(promotion)이란 어떤 상품의 존재를 예상고객에게 적절한 방법을 통해 알리고, 구매하도록 설득하며, 구매를 유인할 수 있는 다양한 인센티브를 제공하는 모든 활동을 의미한다. 촉진믹스(promotion mix)란 촉진에 사용되는 여러 수단들을 의미한다. 대표적으로 광고, PR(홍보), 판매촉진, 인적판매, 다이렉트 마케팅, PPL(product placement) 등이 있다. 한편, 최근에는 촉진믹스라는 용어대신 통합적 마케팅 커뮤니케이션(integrated marketing communication)이라는 용어가 사용된다.

② 촉진믹스의 수단

㉠ 광 고

광고(adverisement)란 상품이나 서비스를 구매하도록 하기 위한 비인적 의사소통으로, 스폰서가 대중통신매체를 통하여 사람들의 구매행동에 영향을 미칠 목적으로 시각적 내지는 구두의 메시지를 그들에게 전달하는 활동을 의미한다. 이들 대중통신매체 가운데 어떤 수단을 활용할지에 대한 결정은 ① 제품의 유형, ② 소비자 특성, ③ 매체의 활용가능성, ④ 광고비 충당자금 등에 의해 이뤄진다.

광고의 장·단점

- 장점 : 대량생산에 따른 대량판매를 위한 필요에 의해 대중매체를 사용하는데, 짧은 시간 안에 많은 사람들에게 접근할 수 있다는 장점으로 인해 신제품 초기에 높은 효과성을 누릴 수 있으며, 광고 수행의 비용이 저렴하다.
- 단점 : 광고를 통해 고객에게 제공할 수 있는 정보의 양이 많지 않고, 불특정 다수의 고객을 대상으로 수행하기 때문에 고객에 따른 개별화가 불가능하다.

㉡ 인적판매

인적판매(personal selling)란 판매원이 고객을 직접 찾아가 기업이 판매하고 있는 제품이나 서비스에 대해 쌍방적 대인의사소통을 하는 판촉활동을 의미한다. 넓은 의미의 인적판매는 전화나 우편, e-mail을 통한 상품에 대한 메시지 교환도 포함되나, 인적판매의 핵심은 대면적 의사소통을 통한 수요의 창조이다. 일반적으로 광고가 판촉활동 가운데 가장 비용이 많이 드는 활동으로 생각하고 있지만, 경우에 따라서는 인적판매가 가장 값비싼 판촉활동이 될 수 있다. 판매원이 고정비용의 일부를 받기 때문에 경우에 따라서는 그 비용이 광고보다 높아질 수 있는 것이다. 판촉수단으로서 인적판매를 활용할 경우 관리자는 판매원의 선발 및 승진에 관한 세밀한 의사결정을 할 수 있어야 하고, 판매원의 순회방식이나 판매할당량의 설정 및 판매원의 유효성을 측정할 수 있어야 한다.

ⓒ 홍 보

홍보(Public Relation ; PR)는 기업이 아닌 대중매체 스스로가 비용을 부담하는 것을 의미한다. 홍보는 일반적으로 청중의 이목을 집중시키고, 그들의 태도변화를 유도하며, 기존고객의 충성도를 강화시키는 역할을 수행한다. 부정적인 소문에 대해 적극적으로 반론활동을 전개한다던가, 유명 스포츠 팀을 후원하는 활동, 다양한 사회적 활동을 수행하는 일 등이 홍보의 구체적인 예라 할 수 있다.

ⓔ 판매촉진

판매촉진(sales promotion)은 어떤 상품의 구매를 촉진하기 위해서 여러 가지 단기적인 인센티브를 제공하는 활동을 의미한다. 판매촉진의 수단은 소비자 판촉, 중간상 판촉, 도매상 판촉, 소매상 판촉 등이 있다. 소비자 판촉과 소매상 판촉은 모두 소비자를 대상으로 한다는 점에서, 중간상 판촉과 도매상 판촉은 모두 유통업자를 대상으로 한다는 점에 공통점이 존재한다.

보충학습 판매촉진의 수단

- 소비자 판촉 : 소비자를 대상으로 하는 판매촉진은 가격과 비가격 수단이 존재한다. 가격은 할인쿠폰, 리베이트, 보상판매 등이며 비가격수단으로는 샘플, 사은품, 추첨응모권, 멤버십 마일리지 등이 있다.
- 유통업자 판촉 : 유통업자를 대상으로 하는 판매촉진도 가격과 비가격 수단이 존재한다. 가격수단으로는 중간상 공제, 광고공제, 진열공제, 판매장려금(보조금) 등이 있으며, 비가격수단으로는 판매원 훈련, 팬매보조자료 제공, 인센티브제도, 반품 회수 등이 있다.

촉진수단의 특징 비교

수 단	범 위	비 용	장 점	단 점
광 고	대중고객	보 통	빠르고 메시지 통제 가능	효과측정의 어려움
인적판매	개별고객	고 가	정보의 양과 질, 빠른 피드백	비용, 촉진속도
판매촉진	대중고객	고가인 경우 존재	빠른 효과	높은 모방성
홍 보	다중고객	거의 무료	높은 신뢰도	통제의 어려움
PR	다중고객	보 통	다각적 효과	장기적, 간접적 효과

04 | CHAPTER 04 마케팅
출제예상문제

#마케팅 개요, #마케팅 믹스, #4P

01 마케팅믹스의 4P에 해당되지 않는 것은? 꼭 나오는 유형 ✦

① Price ② Promotion
③ Place ④ Product
⑤ Procedure

해설

마케팅 믹스란 마케팅 목표의 효과적인 달성을 위하여 마케팅 활동에서 사용되는 마케팅 도구들의 집합을 말한다. 주요한 마케팅 믹스는 제품(Product), 가격(Price), 유통(Place), 촉진(Promotion)의 4가지이며 이는 마케팅의 4P이다.

오답 노트 ⑤ 4P에서 Procedure는 해당하지 않으며, 영어가 아닌 한글 보기가 나올 수 있음에 유의해야 한다.

#마케팅, #마케팅 전략 수립

02 표적 마케팅(target marketing)을 실행하는 단계가 바르게 배열된 것은?

① 시장세분화 → 표적시장 선정 → 포지셔닝
② 포지셔닝 → 표적시장 선정 → 시장세분화
③ 시장세분화 → 포지셔닝 → 표적시장 선정
④ 표적시장 선정 → 시장세분화 → 포지셔닝
⑤ 표적시장 선정 → 포지셔닝 → 시장세분화

해설

표적 마케팅의 순서는 시장세분화(Segmentation) → 표적시장 선정(Targeting) → 포지셔닝(Positioning)이다. STP 순서에 따라 실행된다는 것에 유의하면 어렵지 않게 풀 수 있다.

오답 노트 STP란 시장세분화(Segmentation), 표적시장 선정(Targeting), 포지셔닝(Positioning)의 앞글자를 모아 만든 합성어로서 마케팅 전략과 계획수립 시 소비자행태에 따라 시장을 세분화 하고, 이에 따른 표적시장을 선정한 후 표적시장에 적절하게 제품을 포지셔닝하는 일련의 활동을 의미한다.
시장세분화는 한 기업이 시장을 몇 가지 기준에 따라 몇 개의 동질적인 소비자 집단으로 나누는 과정을 의미하며, 각 개인에 맞는 차별화된 제품을 생산하기 어렵기 때문에 동일한 마케팅 믹스가 통용될 수 있는 시장들로 전체 시장을 세분화하여 제품을 생산하고 마케팅하는 전략이다. 그리고 이러한 세분시장 중 기업이 집중적으로 공략할 시장을 선정하는 것이 표적시장 선정이다. 포지셔닝은 표적시장의 소비자들의 마음속에 유리한 포지션에 있도록 노력하기 위해서 기업의 제품과 이미지를 설계하는 활동이다.

#마케팅, #마케팅 전략, #시장세분화

03 시장세분화가 유용하게 사용되기 위해 갖추어야 할 요건이 아닌 것은?

① 측정 가능성(measurability)
② 소멸 가능성(perishability)
③ 충분한 규모의 시장성(substantiality)
④ 차별화 가능성(differentiability)
⑤ 접근 가능성(accessibility)

해설

소멸 가능성이 아니라 지속 가능성(신뢰성)을 지녀야 시장세분화가 유용해진다.

오답노트
① 측정 가능성이란 세분시장의 규모와 구매력을 측정할 수 있는 정도를 의미한다.
③ 충분한규모의 시장성이란 세분시장의 규모가 수익을 내기에 충분한가를 나타낸다.
④ 차별화 가능성은 세분시장 간 이질성 확보를 의미한다.
⑤ 접근 가능성이란 세분시장에 접근할 수 있고 그 시장에 활동할 수 있는 정도를 의미한다.

#마케팅, #마케팅 전략

04 마케팅 전략 수립에 필요한 내용에 관한 설명 중 가장 올바른 것은?

① 생활용품 회사가 자사제품 기존 소비자의 사용빈도와 1회 소비량을 증가시키기 위한 마케팅전략 아이디어를 찾고 있다면 이는 Ansoff 매트릭스 중 시장개발 전략에 해당한다.
② 지각과정에서 최초의 자극이 강할수록 자극 간 차이를 인식시키기 위해서는 차별화와 변화의 폭이 충분히 커야 된다는 법칙을 지각적 경계법칙이라 한다.
③ 판매사원, 유통업자 등을 교육·훈련시킴으로써 현장에서 일상적으로 접할 수 있는 정보를 수집하려는 목적을 가진 마케팅 정보시스템을 마케팅 의사결정지원시스템이라고 한다.
④ 차별화 전략에 수반되는 위험에는 차별화요소에 대한 고객인지도 하락과 차별화의 지나친 강조로 시장을 상실할 가능성 등이 있다.
⑤ 모집단을 서로 상이한 소집단으로 분류한 후에 각 소집단으로부터 단순무작위표본추출을 하는 방법을 군집표본추출방법이라 한다.

해설

차별화 전략을 지나치게 하다보면 회사 제품의 차별성을 소비자가 인지하지 못할 수 있으므로 시장을 상실할 가능성이 존재한다.

오답노트
① 자사제품을 기존 소비자에게 증가시키기 위한 전략은 시장침투 전략에 해당한다.
② 지각적 경계법칙은 자신과 관련성 높은 정보에는 주의를 기울이고 그렇지 않은 정보에는 주의를 기울이지 않는 것을 말한다. 보기의 설명은 베버의 법칙에 해당한다. 베버의 법칙은 지각과정에서 최초의 자극이 강할수록 자극 간 차이를 인식시키기 위해서는 차별화와 변화의 폭이 충분히 커야 된다는 법칙이다.
③ 마케팅 의사결정 지원시스템은 마케팅관련 의사결정권자를 위한 정보시스템이다.
⑤ 모집단을 서로 상이한 소집단으로 분류한 후에 각 소집단으로부터 단순무작위표본추출을 하는 방법을 층화표본추출이라 한다. 군집표본추출방법은 모집단을 동질적인 여러 소그룹으로 나눈 후 특정 소그룹을 표본으로 추출하고 선택된 소그룹 전체를 조사하는 방법이다.

#마케팅, #마케팅 믹스, #브랜드

05 브랜드에 관한 다음 설명 중 적합하지 않은 것은?

① 소비자가 상품을 게쉬탈트(gestalt), 즉 전체적으로 떠오르는 이미지로 인식하는데 도움을 준다.
② 자산(equity)으로서 가치를 가질 수 있다.
③ 소비자의 충성도(loyalty)를 높이는 중요한 요소이다.
④ 기업이 실행하는 상품, 가격, 유통, 촉진 등의 마케팅 활동의 대상이 된다.
⑤ 소비자가 구매의 대상이 되는 상품들을 평가하는 사고비용(thinking cost)을 증가시킨다.

해설

소비자가 구매의 대상이 되는 상품들을 평가하는 사고비용을 감소시킨다. 왜냐하면 브랜드 이미지가 있으므로 상품에 대한 평가에 필요한 노력을 줄일 수 있기 때문이다.

오답 노트

브랜드 자산(brand equity)은 브랜드 인지도(brand awareness)와 브랜드 연상(brand association)으로 구성된다. 브랜드 인지도란 소비자들에게 알려진 정도를 의미하며 브랜드 인지도가 높을수록 고려대상 상표군에 포함될 가능성이 높다. 브랜드 인지도는 브랜드 재인(brand recognition)과 브랜드 회상(brand recall)이 있다.
브랜드 연상은 브랜드와 관련하여 떠오르는 이미지를 말한다. 브랜드 이미지가 호의적이고 독특하고 강렬하면 브랜드 자산에 도움이 된다.

#마케팅, #마케팅 믹스, #브랜드 전략

06 어린이식품을 생산하여 판매하는 A사가 A라는 브랜드를 가지고 전국에 10개의 'A어린이집'을 열고자 한다. A사가 사용하려는 브랜드 전략은? 🏅 나오는 유형 *

① 라인확장(line extenstion)
② 차별화(differentiation)
③ 공동 브랜드(co-brand)
④ 리포지셔닝(repositioning)
⑤ 범주확장(category extension)

해설

기존 브랜드를 다른 제품 범주로 확장하는 것을 브랜드 확장 혹은 범주확장이라고 한다. 여기서는 A라는 브랜드를 가지고 어린이식품이 아닌 어린이집 범주로 확장하는 것이다.

오답 노트

구 분		제품범주	
		기 존	신 규
브랜드 명칭	신 규	다상표전략	신규상표전략
	기 존	라인확장전략	브랜드확장전략

07 다음 중 경쟁이 별로 없는 상황에서 기업이 이익을 극대화하기 위하여, 신제품의 출시 초기에 높은 가격을 책정하다가 시일이 경과함에 따라서 점진적으로 가격을 낮추는 전략은? 🔴 나오는 유형 *

① 단수가격(odd pricing)전략
② 상대적 고가격(premium pricing)전략
③ 스키밍 가격(skimming pricing)전략
④ 침투가격(penetration pricing)전략
⑤ 종속제품 가격(captive product pricing)전략

해설

스키밍 가격전략은 시간의 흐름에 따른 가격정책으로 처음에는 고가로 하였다가 나중에는 저가로 하는 가격 정책이다.

오답 노트

① 단수가격 전략은 소비자의 심리를 고려한 가격 결정법 중 하나로, 제품 가격의 끝자리를 홀수(단수)로 표시하여 소비자로 하여금 제품이 저렴하다는 인식을 심어주어 구매욕을 부추기는 전략을 의미한다.
② 상대적 고가격 전략은 해당 제품군의 주 소비자층이 지불할 수 있는 가장 높은 가격, 혹은 시장에서 제시된 가격 중 가장 높은 가격을 설정하는 전략으로 할증 가격전략(Premium pricing)이라고도 한다. 소비자가 고가의 상품을 선호하는 이유는 높은 가격 자체가 품질을 보증한다고 믿으며, 해당 제품을 이용함으로써 사회적 지위를 획득할 수 있다고 여기기 때문이다.
④ 침투가격전략은 초기에 낮은 가격을 책정하여 많은 판매량을 유도한 후 생산성 증대를 얻으려는 가격 정책이다.
⑤ 종속제품 가격전략은 본체와 부속품 모두가 갖추어져야 제품의 기능을 사용할 수 있을 때, 본체의 가격은 낮게 책정하여 소비자의 구매를 유도한 후, 부속품의 가격은 높게 책정해 이윤을 창출하는 가격전략으로 대표적인 예가 면도기와 면도날이다.

08 아래의 사례를 가장 적절하게 설명할 수 있는 가격결정방법은?

> • 프린터를 싸게 판매한 이후에 토너는 비싼 가격에 판매함
> • 면도기를 싸게 판매한 다음에 면도날은 비싸게 판매함

① 순수 묶음제품 가격설정(pure bundling pricing)
② 혼합 묶음제품 가격설정(mixed bundling pricing)
③ 스키밍 가격결정(market-skimming pricing)
④ 시장침투 가격결정(market-penetration pricing)
⑤ 종속제품 가격결정(captive product pricing)

종속제품가격은 보완재 등의 판매 시 어떤 제품을 싸게 판 후 그 제품에 필요한 소모품이나 부품을 비싸게 팔아 수익을 남기는 정책을 의미한다.

오답 노트
- ①·② 묶음제품 가격결정은 두 개 이상의 다른 제품을 하나로 묶어서 단일 가격으로 판매하는 것을 말한다. 소비자가 묶음으로만 구매 가능한 것은 순수묶음가격이며, 소비자가 묶음으로 구매할 수도 개별제품으로 구매할 수도 있는 것은 혼합묶음 가격이다.
- ③ 스키밍 가격결정은 가격–품질 연상효과가 있을 경우에 유리하며 수요의 탄력성이 작을 때 유리한 전략이다.
- ④ 시장침투 가격결정은 수요의 탄력성이 크고, 시장선점이 목적이며 규모의 경제효과 및 학습효과가 클 경우에 유리한 정책이다.

#마케팅, #마케팅 믹스, #유통

09 마케팅의 기능을 상적(商的) 유통기능, 물적(物的) 유통기능, 조성(助的)기능으로 구분할 때 물적 유통기능과 가장 관련이 깊은 것을 두 가지만 고르시오.

> a. 시간효용 창조기능   d. 위험부담기능
> c. 소유(권)효용 창조기능   b. 금융기능
> e. 장소효용 창조기능

① a, c
② b, c
③ a, e
④ b, d
⑤ c, e

해설

유통의 기능을 크게 구분하면 물적 유통기능, 상적 유통기능, 조성기능으로 구분할 수 있다. 시간효용(보관)과 장소효용(운송)기능은 물적 유통기능에 해당한다.

오답 노트
- 상적 유통기능에는 c. 소유(권)효용 창조 기능이 해당한다.
- 조성기능에는 b. 금융 기능, d. 위험부담기능이 해당한다.

10 유통과정에서 중간상의 역할로 옳지 않은 것은?

① 정보탐색비용 등 거래비용을 줄이는 역할을 한다.
② 생산자에게 적정 이윤을 보장하는 역할을 한다.
③ 생산자와 소비자 사이의 접촉횟수를 줄이는 역할을 한다.
④ 생산자와 소비자 사이의 교환과정을 촉진하는 역할을 한다.
⑤ 생산자와 소비자 사이에서 수요와 공급을 조절하는 역할을 한다.

해설

중간상이 생산자에게 적정 이윤을 보장하지는 않는다.

오답 노트
① 중간상을 거치기 때문에 정보탐색 등의 거래비용을 줄일 수 있다.
③ 생산자와 소비자가 직접 접촉하지 않아도 중간상과 거래를 할 수 있게 된다.
④ 거래 및 물적 유통이 원활하게 이루어지도록 도와주는 기능을 한다.
⑤ 중간상이 수요자와 생산자와의 거래를 실현시켜주기 때문이다.

11 유통관리에 관한 설명으로 가장 적절한 것은?

① 유통경로는 생산된 제품을 소비시점까지 보관하여 시간상의 불일치를 해소한다.
② 도매상 중에서 판매 대리점(selling agents)은 구매자(소매상)와의 계약에 의한 구매대행활동을 하며, 제품에 대한 소유권을 보유하고 있다.
③ 소매상 협동조합은 대형 도매상을 중심으로 소형 소매상들이 자발적으로 만든 체인이다.
④ 유통경로 갈등의 원인 중 목표 불일치는 경로구성원 간에 각자의 역할이나 영역에 대하여 합의가 이루어지지 않은 것을 말한다.
⑤ 전문점(specialty store)의 경쟁적 우위는 저렴한 제품가격에 있다.

해설

유통의 기능에는 총거래수 최소화, 상적기능, 물적유통기능, 조성기능이 있다. 이중 물적기능(시간과 장소의 불일치를 해소)에 해당하는 서술이다.

오답 노트
② 도매상 중에서 판매 대리점(selling agents)은 제조업체와 계약에 의하여 구매대행활동을 하며, 제품에 대한 소유권은 보유하고 있지 않다. 구매자(소매상)와의 계약에 의한 구매대행활동은 구매 대리점 (purchasing agents)이다.
③ 소매상 협동조합은 중소 소매상들이 연합하여 만든 조직체로서 대기업이 운영하는 슈퍼마켓 체인에 대항하기 위하여 형성 되었다. ③은 도매상이 후원하는 자발적 체인(wholesaler-sponsored voluntary chain)이다.
④ 경로구성원 간에 각자의 역할이나 영역에 대하여 합의가 이루어지지 않은 것은 영역 불일치이다. 목표 불일치는 경로구성원 간의 이해관계의 대립으로 인한 것이다.
⑤ 저렴한 제품가격에 경쟁우위가 있는 곳은 전문 할인점이다. 전문 할인점의 특징은 넓지만 평범한 매장, 낮은 가격에 낮은 수준의 서비스이며, 전문점은 깊이 있는 제품구색을 보유하고 있으며 전문적인 서비스를 제공하는 특징이 있다.

12 영화나 드라마 상에 특정한 상품을 노출시키거나 사용상황을 보여줌으로써 광고효과를 도모하는 광고기법은?

꼭 나오는 유형 *

① POP(Point of Purchase)
② USP(Unique Selling Point)
③ PPL(Product Placement)
④ POS(Point of Sale)
⑤ WOM(Word of Mouth)

해설

PPL광고란 영화나 드라마를 통한 간접광고를 의미한다.

오답
노트

① 구매시점광고(POP)는 소비자가 구매시점에 결정할 수 있게 포스터, 현수막, 진열대 등을 이용하는 것이다.
② USP는 제품 고유의 강점이나 제품 고유 강점을 어필하는 전략을 의미한다.
④ POS(판매시점관리)는 매출이 발생하는 시점에서 상품명이나 가격 등에 관한 데이터를 수집하여 컴퓨터로 관리하는 것으로 포스라고도 한다. 판매정보의 입력을 쉽게 하기 위해 상품포장지에 고유 마크나 바코드를 부착시켜 판독기를 통과할 때 해당 상품의 각종 정보가 입력된다.
⑤ 구전효과(WOM)마케팅이란 제품, 서비스, 기업이미지 등을 마케팅하는데 소비자의 입소문을 활용하는 것이다.

13 소비자의 구매의사결정 단계는 문제인식, 정보탐색, 대안평가, 구매, 구매 후 행동의 다섯 단계로 이루어진다. 그 중 소비자의 구매의사결정에 가장 효과적인 촉진믹스로 이루어진 것은?

a. 광고	b. PR
c. 판매촉진	d. 인적판매

① a, c
② b, d
③ c, d
④ a, b
⑤ a, d

해설

소비자의 행동단계에서는 판매촉진과 인적판매가 가장 효과적인 촉진믹스이다.

오답
노트

광고와 PR은 효과가 장기간에 걸쳐 나타나므로 인지단계에서 효과적이다. 구매단계에서는 좀 더 직접적인 자극을 줄 수 있는 판매촉진과 인적판매가 가장 효과적인 수단이다.

14 촉진관리에 관한 설명으로 가장 적절한 것은?

① 광고예산 결정 방법에서 매출액 비율법(percentage-of-sales method)의 단점은 광고비를 매출액의 결과가 아니라 원인으로 보는 것이다.
② 구매공제(buying allowances)는 소비자 판매촉진(consumer promotion)에 포함된다.
③ 광고공제(advertising allowances)는 소비자 판매촉진(consumer promotion)에 포함된다.
④ 홍보(publicity)는 PR(public relations)활동에 포함된다.
⑤ 회상 테스트(recall test)는 소비자에게 다수의 브랜드명을 제시한 후 자신이 본 광고의 브랜드를 표시하게 하는 것이다.

해설

PR활동은 회사가 직접적 혹은 간접적으로 관련된 집단들과 좋은 관계를 구축하기 위하여 행하는 광범위한 활동들을 의미하는 것으로 언론의 기사나 뉴스 등을 통하여 관계를 맺는 홍보를 포함하는 것이다.

오답노트
① 매출액 비율법의 단점은 광고비를 매출액의 원인으로 보는 것이 아니라 매출액의 결과라고 간주하는 것이다.
② 구매공제는 제조업자가 일시적으로 출고가격을 인하하거나 일정 비율만큼 상품을 무료로 제공하는 것을 말하며 이는 중간상 판매촉진에 포함된다.
③ 광고 공제는 소매업자가 자신의 광고물에 제조업체의 상품을 광고해 주는 대가로 제조업자가 상품대금을 일부 공제해 주는 것이다. 이는 중간상 판매촉진에 해당한다.
⑤ 회상테스트는 소비자에게 떠오르는 브랜드를 표시하게 하는 것이다. 소비자에게 다수의 브랜드명을 제시한 후 자신이 본 광고의 브랜드를 표시하게 하는 것은 재인 테스트(recognition test)에 해당한다.

15 소비자대상 판매촉진에 해당하지 않는 것은?

① 리베이트
② 입점공제
③ 프리미엄
④ 샘 플
⑤ 보상판매

해설

입점공제는 중간상이 신상품을 취급해주는 대가로 제조업체가 중간상에게 입점 상품의 대금 중 일부를 공제해 주는 것으로서 중간상 판매촉진에 해당한다.

오답노트
① 리베이트는 일정 기간 동안 어떤 상품을 구입한 사람에게 구입가격의 일부를 금품으로 보상해 주는 것이다.
③ 프리미엄 혹은 사은품은 일정 기간 동안 상품을 구입한 사람에게 다른 상품을 무료 혹은 낮은 가격으로 살 수 있는 기회를 제공하는 것이다.
④ 샘플은 소량의 상품을 무료로 제공하는 것이다.
⑤ 보상판매는 기존 상품을 구매했던 사람이 그 상품을 반납하면서 우리회사 물품을 구입할 경우 일정 금액을 할인해 주는 것이다.

신문기사를 통해 경제 · 경영학적인 시야 기르기!

경영 04

마케팅–팬덤의 힘 …
안 팔리던 CD, 올 5,000만장 예고

2021. 09. 11 매일경제

한국 K팝 CD 판매량이 올해 5,000만장을 돌파할 전망이다. 전 세계 CD 산업이 빠르게 축소되는 것과는 정반대 양상이다. K팝 아이돌 앨범이 포토카드 · 팬미팅 응모권이 포함된 '굿즈'(기념상품) 형식으로 발매되면서 시장이 매년 크게 성장한 덕분이다. 10년 전 680만장 판매와 비교했을 때 9배나 뛰었다.

10일 한국음악콘텐츠협회가 운영하는 가온차트에 따르면 지난 상반기까지 한국 CD 판매량이 약 2,970만장을 기록했다. 역대 상반기 기준 판매량 중 가장 높은 수치다. NCT드림이 324만장으로 가장 많은 앨범을 팔았고, 방탄소년단은 앨범 하나 출시하지 않고 237만장을 팔았다. 220만장을 판 엑소와 147만장을 판 세븐틴 역시 상반기 CD 판매량을 주도했다. 더욱이 엑소는 일부 멤버들의 군 입대 와중에 이뤄낸 성적이다. 신인으로 통하는 투모로우바이투게더 · 엔하이픈도 각각 85만장과 73만장으로 힘을 더했다. 김진우 가온차트 수석연구위원은 "현재 추세라면 올해 연간 5,000만장 판매까지 예상된다"라고 전망했다. 정병욱 대중음악 평론가는 "코로나19로 인해 기존 K팝 팬이 소비할 수 있는 콘텐츠에 제약이 생기면서 소장 가능한 음반으로 소비를 돌리고 있기 때문"이라고 분석했다. 하반기에도 JYP 스트레이키즈가 첫 밀리언셀러에 오르는 등 좋은 기세를 이어가고 있다. 전 세계 팬덤을 자랑하는 블랙핑크 리사도 솔로 앨범을 준비 중이다. 한국 CD 판매는 유례없는 호황을 맞았다. 가온차트에 따르면 K팝 CD 판매량은 2011년 680만장에서 2016년 1,080만장을 거쳐 지난해에는 4,170만장으로 뛰었다. 그야말로 폭풍성장이다. 김 수석연구위원은 "팬덤이 강한 아티스트의 등장으로 세계 앨범 판매가 증가했다"라고 분석했다. 전 세계 K팝 시장이 커진 데다 한국 음반 제작사들이 CD에 적용한 다양한 마케팅 전략이 주효했다. K팝 CD 앨범에는 다른 곳에서 볼 수 없는 포토카드나 팬미팅 응모권이 동봉되곤 한다. 충성도가 높은 K팝 팬덤이 대량 구매할 요인이 많은 셈이다.

전 세계 1위 대중음악 시장인 미국과는 정반대 양상이다. 미국은 디지털 음원 중심으로 시장이 재편되면서 CD 판매량이 꾸준히 줄고 있다. 가온차트에 따르면 2011년 2억 2,480만장을 기록한 후 2015년 1억 2,290만장, 2019년 4,750만장으로 줄었다. 지난해에는 결국 3,000만장 초반까지 줄어들었다. 올해는 판매량이 2,000만장까지 떨어질 수 있다는 분석도 나온다. 김 수석연구위원은 "피지컬 CD의 구매 용도가 국내 K팝에서와는 달리 제한적이다 보니 산업이 빠르게 쇠락하고 있다"고 말했다.

미국 CD 시장을 마지막으로 지탱하는 공신은 K팝 아티스트다. 미국 음반 조사업체 MRC에 따르면 방탄소년단은 지난해 선보인 두 장의 앨범으로 미국에서 89만 8,000여 장의 CD를 팔았다. 지난해 2월 내놓은 정규 4집 '맵 오브 더 솔(MAP OF THE SOUL):7'(64만 6,000장)과 11월 발표한 미니앨범 'BE'(25만 2,000장)이다. 미국 앨범 판매량 1위와 5위에 올랐다. 2위에 오른 테일러 스위프트의 포크로어는 48만 2,000장이 팔렸다. 세계 최고 슈퍼스타 역시 미국 시장에서 '밀리언셀러'에 오르기 힘든 상황인 셈이다. NCT127이 정규 2집

'NCT·127 네오 존(Neo Zone)'을 24만 9,000여 장 판매해 6위에 올랐다. K팝이 CD 판매에 강세를 보이면서 향후 빌보드200 차트에 이름을 올리는 아이돌 그룹도 많아질 전망이다. 빌보드200은 디지털 음원 다운로드와 함께 CD 판매량에 큰 비중을 두는 차트다.

Tip

마케팅의 힘을 보여주는 기사이다. 아무런 마케팅 요소가 없을 때는 침체되어 있던 음반시장이 포토카드나 팬미팅 입장권의 역할을 하면서 전 세계적으로 수요가 폭발했다. 일종의 팬덤 마케팅인 셈이다. 이러한 마케팅 방식이 올바른지에 대한 논쟁도 있지만, 분명 우리의 음반이 전 세계 수요를 불러일으키는 역할을 했다는 점만큼은 분명하다. 마케팅을 마술이라 부르는 이유를 알 수 있는 대목이다.

05 | 회 계

01 회계에 대한 기본적인 이해

1. 의 의

회계(accounting)란 회계정보이용자가 합리적인 판단이나 의사결정을 할 수 있도록 특정 기업과 관련하여 발생한 경제적 사건을 식별하고, 기록하여 보고하는 과정을 말하며 이러한 과정을 통해 생성된 정보를 회계정보라 한다. 회계정보이용자에는 기업내부의 정보이용자인 경영자를 비롯하여, 투자자, 채권자, 종업원, 정부 및 규제기관, 고객 등을 포함한다.

2. 분 류

회계는 일반적으로 재무회계와 관리회계로 구분되며, 보다 구체적으로는 세무회계, 원가관리회계, 회계감사 등으로 세분화되기도 한다. 가장 일반적인 구분인 재무회계와 관리회계의 각각의 특징은 다음과 같다.

구 분	재무회계	관리회계
정보이용자	외부정보이용자(투자자, 채권자 등)	내부정보이용자(경영자)
보고수단	재무보고서(재무제표)	특수목적보고서(특정 양식 없음)
회계기준 적용여부	일반적으로 인정된 회계원칙	적용하지 않음
정보의 성격	과거활동에 대한 정보	미래지향적 정보도 생산
정보제공의 강제성과 외부감사 여부	○	×
보고주기	정기적보고(분기, 반기, 연간)	수시보고

3. 회계기준과 회계감사

회계정보 산출의 책임은 경영자에게 있다. 그러나 경영자들은 회계정보를 의도적으로 왜곡시킬 유인을 가질 수 있다. 반면, 회계정보이용자들은 기업의 외부에 있기 때문에 그들이 활용하는 회계정보가 기업 내에서 어떻게 산출되었는지 알 수 없다. 따라서 외부이용자들에게 제공되는 회계정보는 일정한 기준에 맞춰 산출될 필요가 있다. 회계정보 작성 및 공시를 하는데 있어 따라야 할 지침 또는 규칙을 일반적으로 인정된 회계원칙(Generally Accepted Accounting Principles ; GAAP)이라 한다. GAAP에 따르면 회계정보는 재무제표(Financial Statement)라는 그릇에 담아 제공되어야 한다. 그런데, 실제로 이 재무제표가 GAAP에 따라 작성되었는지 정보이용자들이 판단하기에는 어려움이 있다. 따라서 이에 대한 제도적 장치를 마련하고 있는데 그것이 바로 회계감사(auditing)이다. GAAP과 회계감사는 회계정보의 신뢰성(reliability)을 제고시켜주는 제도적 장치로써의 역할을 한다.

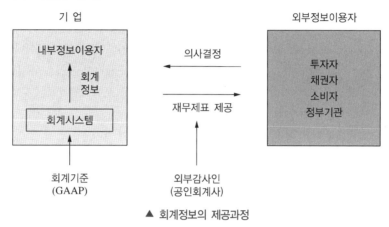

▲ 회계정보의 제공과정

(1) 일반적으로 인정된 회계원칙

경영자는 회계정보를 산출함에 있어 재무제표의 작성 지침기준이라 할 수 있는 회계기준을 준수하여야 한다. 회계기준 즉, GAAP은 제정기관이 일방적으로 제정하고 공포함으로써 기업이 강제적으로 지키도록 하는 것은 아니다. 일반적으로 인정된 이란 표현에서 알 수 있듯이 회계원칙은 다수의 합의로부터 도출 된 것이며, 회계정보 제공자나 이용자에 의해 개정될 수 있다. 현재 우리나라의 GAAP은 2011년부터 상장기업은 한국채택국제회계기준(K-IFRS)을 의무적용하고 있고, 비상장기업을 비롯한 일반기업들은 일반기업회계기준을 적용하고 있으며, 중소기업에는 중소기업회계기준이 적용되고 있다.

(2) 회계감사

외부감사법 적용대상기업은 생성된 회계정보(재무제표)를 공인회계사에게 감사 받도록 요구받고 있다. 공인회계사는 기업이 작성한 재무제표가 회계기준에 따라 작성되었는지를 감사하고, 감사결과에 대한 의견을 감사보고서를 통해 표명한다. 감사의견의 종류에는 적정의견, 한정의견, 부적정 의견, 의견거절의 네 가지가 있다. 감사의견은 재무제표가 회계기준에 의거하여 적정하게 작성되었는지에 관한 것이지 기업의 재무 건전성에 대한 의견을 제시하는 것이 아님을 주의해야 한다.

4. 한국 채택 국제회계기준

GAAP은 '일반적으로 인정된'이라는 표현에서 알 수 있듯이 다수의 합의에서 도출된 회계기준이다. 전 세계 각 나라들은 법률시스템이 상이하고, 자본시장의 발달정도나 관습이 다르기 때문에 회계기준도 국가마다 동일하지 않았다. 과거에는 이러한 회계기준의 차이가 문제가 되지 않았지만 자본시장의 국제화가 가속화되면서 전 세계는 통일된 회계기준을 필요로 하게 되었으며, 그렇게 도입된 기준이 국제회계기준(International Financial Reporting Standards ; IFRS)이다. 우리 나라를 비롯한 대부분의 국가들이 IFRS를 도입하기 전까지 적용해왔던 자국의 회계기준은 규칙중심의 회계기준(Ruled-Based Accounting Standards)이었다. 각국의 법률이나 관습 등을 고려하여 기준을 수립하였기 때문에 재무제표의 세부항목별로 구체적인 지침을 규정할 수 있었다. 그러나 IFRS로 통일이 되는 과정에서 각 국가별 세부지침들을 포함시키기에는 무리가 있었기 때문에 IFRS는 원칙중심의 회계기준(Principle-Based Accounting Standards)으로 수립될 수밖에 없었다. 한국회계기준원은 영문으로 제정된 IFRS를 국문으로 번역한 뒤, 검토 및 의견수렴 과정을 거쳐 2007년에 한국채택국제회계기준(K-IFRS)을 제정 및 공포하고 2011년 상장기업부터 순차적으로 적용하였다. IFRS의 주요 특징 및 도입의 이점은 다음과 같다.

(1) IFRS의 주요 특징

① 원칙중심(Principle-Based)의 회계원칙
재무제표 작성의 세부지침까지 마련되어 있던 규칙중심(Ruled-based)회계원칙에서 원칙중심의 회계원칙으로 변경되었다.

② 기본재무제표는 개별기업의 재무제표가 아닌 연결재무제표
종전의 기준이 개별재무제표 중심의 공시체계였다면 IFRS는 연결재무제표 중심의 공시체계를 중심으로 한다.

③ 공정가치(Fair-value) 측정
기존의 재무제표가 역사적 원가에 기초하여 측정되었다면 IFRS는 공정가치 측정으로 방향을 전환하였다. 공정가치 측정은 역사적 원가에 비해 보다 목적에 적합한 정보를 제공할 수 있다는 장점이 있다.

④ 재무제표의 명칭 및 구조 변화
K-IFRS에서는 기존의 GAAP의 대차대조표가 재무상태표로 명칭이 변경되었으며, 기존의 GAAP에서 주재무제표에 포함되었던 이익잉여금처분계산서가 주재무제표에서 제외되었다. 또한 기존의 GAAP 재무제표의 구조나 계정 항목 등을 별도로 규정하고 있었다면 K-IFRS는 다양한 선택권을 제시하고 있다.

(2) IFRS 도입의 이점

① 국가 간의 재무제표 비교가능성이 현저히 개선

② 회계정보 투명성의 제고

③ 회계문제에 대한 정부 및 압력집단의 간섭이 감소

④ 외국증권시장에의 접근용이

⑤ 기업의 자본조달이 용이, 차입원가의 절감

02 재무회계 개념체계

1. 기본개념

회계기준을 제정하거나 개정하는데 있어 일관성 있는 지침으로 사용하기 위해 정립해놓은 이론적 틀을 재무회계 개념체계(Conceptual Framework For financial Accounting)라 한다. 국제회계기준위원회(IASB)가 제정한 재무회계 개념체계의 구조는 다음과 같다.

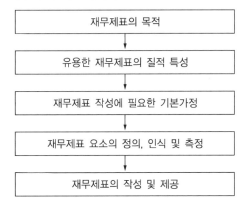

2. 재무제표의 목적

재무제표의 목적은 유용한 정보의 제공에 있다. 개념체계에서는 현재 및 잠재적 투자자, 대여자 및 기타 채권자를 주요 이용자로 규정하고 그들이 의사결정을 할 때 유용한 재무정보를 제공하는 것을 재무제표 작성의 목적으로 규정하고 있다. 회계정보이용자에는 정부기관이나 종업원, 고객과 같은 다양한 이용자도 존재하지만 모두의 다양한 정보욕구를 충족시키기 위한 재무제표 작성에는 기업의 부담이 커지기 때문에 대표적인 정보이용자를 정하고 있다. 현재 및 잠재적 투자자, 대여자 및 기타 채권자의 의사결정에는 지분상품 및 채무상품을 매수, 매도 또는 보유하는 것과 대여 및 기타 형태의 신용을 제공 또는 결제하는 것을 포함한다.

3. 유용한 재무제표의 질적 특성

재무정보가 유용성이라는 재무보고의 목적을 달성하기 위해서는 다음과 같은 질적 특성 (qualitative characteristics)을 갖추어야 한다.

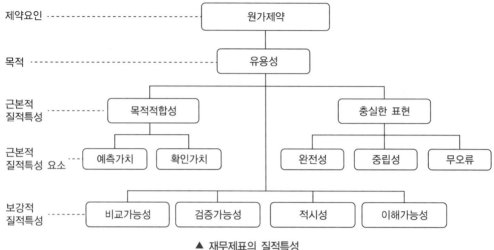

▲ 재무제표의 질적특성

(1) 근본적 질적 특성

① 목적적합성

정보이용자의 의사결정에 차이가 나도록 하는 특성이다. 예측가치, 확인가치 또는 이 둘 모두 가 있다면 의사결정에 차이가 나도록 할 수 있다.

㉠ 예측가치(predictive value)

정보이용자들이 미래 결과를 예측하기 위해 사용하는 절차의 투입 요소로 재무정보가 사용 될 수 있다면, 그 재무정보는 예측가치를 갖는다. 재무정보가 예측가치를 갖기 위해서 그 자체가 예측치 또는 예상치일 필요는 없으며, 정보이용자 자신이 예측하는데 이용 가능 해야 한다.

㉡ 확인가치(confirmatory value)

재무정보가 과거 평가에 대해 피드백을 제공한다면(과거 평가를 확인하거나 변경시킨다면) 확인가치를 갖는다.

㉢ 중요성(materiality)

정보가 누락되거나 잘못 기재된 경우 특정 보고기업의 재무정보에 근거한 정보이용자의 의사결정에 영향을 줄 수 있다면 그 정보는 중요한 것으로 본다.

② 충실한 표현(faithfulness representation)

재무정보가 유용하기 위해서는 나타내고자 하는 현상을 충실하게 표현하여야 한다. 완벽하게 충실한 표현을 하기 위해서 서술은 완전하고, 중립적이며(neutrally), 오류가 없어야(free from error) 한다.

＊ 완전성(completely)

정보이용자가 서술되는 현상을 이해하는데 필요한 모든 정보를 포함하여 기술하고 설명하는 것을 말한다.

＊ 중립성(neutrally)

재무정보가 편중되거나 강조되거나 경시되거나 그 밖의 방식으로 조작되지 않는 것을 말한다.

＊ 무오류(free from error)

현상의 기술에 오류나 누락이 없고, 보고 정보를 생산하는데 있어 사용되는 절차의 선택과 적용에 절차상 오류가 없음을 의미한다.

(2) 보강적 질적 특성

① 비교가능성(comparability)

정보이용자가 항목 간의 유사점과 차이점을 식별하고 이해할 수 있게 하는 질적 특성이다. 보고기업에 대한 정보는 다른 기업에 대한 유사한 정보와 비교 가능해야 하며, 해당 기업에 기간별 비교 또한 가능하여야 한다.

② 검증가능성(verifiability)

합리적인 판단력이 있고 독립적인 서로 다른 관찰자가 어떤 서술이 충실한 표현이라는 데 대체로 의견이 일치할 수 있다는 것을 의미한다. 계량화된 정보가 검증 가능하기 위해서 단일 점 추정치이어야 할 필요는 없으며, 금액의 범위 및 관련된 확률도 검증될 수 있다.

③ 적시성(timeliness)

의사결정에 영향을 미칠 수 있도록 의사결정자가 정보를 제때에 이용가능하게 하는 것을 의미한다. 일반적으로 정보는 오래될수록 유용성이 낮아진다. 그러나 일부 정보는 보고기간 말 후에도 오랫동안 적시성이 있을 수 있다. 예를 들어, 일부 정보이용자는 추세를 식별하고 평가할 필요가 있을 수 있기 때문이다.

④ 이해가능성(understandability)

정보를 명확하고 간결하게 분류하고, 특징지으며, 표시하면 이해 가능하게 된다. 재무보고서는 사업활동과 경제활동에 대해 합리적인 지식이 있고, 부지런히 정보를 검토하고 분석하는 정보이용자를 위해 작성된다. 때로는 박식하고 부지런한 정보이용자도 복잡한 경제적 현상에 대한 정보를 이해하기 위해 자문가의 도움을 받는 것이 필요할 수 있다.

(3) 제약요인으로서의 원가

기업이 재무정보를 수집, 처리, 검증 및 전파를 하는데 있어 원가(cost)가 소요되고, 정보이용자도 제공된 정보를 분석하고 해석하는 데 원가가 발생한다. 한편, 목적적합하고 나타내고자 하는 바가 충실하게 표현된 재무정보를 보고하는 것은 정보이용자가 더 확신을 가지고 의사결정을 하는데 도움이 된다. 이것은 자본시장이 더 효율적으로 기능하도록 하고, 경제 전반적으로 자본비용을 감소시킨다. 개별 투자자, 대여자 및 기타 채권자도 더 많은 정보에 근거한 의사결정을 함으로써 효익을 얻는다. 그러나 정보이용자 각자가 목적적합하다고 보는 모든 정보를 제공하는 것은 가능하지 않다. 따라서 아무리 유용한 정보라 하더라도 보고하는데 소요되는 원가가 그 정보로부터 기대되는 효익을 초과한다면 정보의 제공이 정당화되기 어렵다. 본질적인 주관성 때문에, 재무정보의 특정 항목 보고의 원가 및 효익에 대한 평가는 개인마다 달라진다. 따라서 회계기준위원회는 단지 개별 보고기업과 관련된 것이 아닌, 재무보고 전반적으로 원가와 효익을 고려하려고 노력하고 있다. 그렇다고 원가와 효익의 평가가 동일한 보고 요구사항을 모든 기업에 대해 언제나 정당화한다는 것을 의미하는 것은 아니다. 기업 규모의 차이, 자본 조달 방법(공모 또는 사모)의 차이, 정보이용자 요구의 차이, 그 밖의 다른 요인 때문에 달리하는 것이 적절할 수도 있다.

4. 재무제표 작성에 필요한 기본가정

(1) 발생주의

① 개 념

회계기준은 발생주의를 적용하고 있다. 현금수입이 있을 때 수익을 인식하고 현금지출이 있을 때 비용을 인식하는 현금기준회계(cash accounting)와는 달리 발생주의회계(accrual accounting)는 현금유출입과 관계없이 수익 및 비용을 인식하는 회계절차이다.

② 특 징

발생주의회계 하에서 기업은 고객에게 재화를 인도하거나 용역을 제공하고 그 대가로 현금이나 현금청구권을 받았을 때 수익을 인식한다. 비용은 첫째, 특정 수익을 획득하는데 직접 관련되어 발생한 비용항목은 당해 수익을 인식할 때 대응적으로 함께 인식한다. 둘째, 특정 수익과 직접적인 관련성을 확인하기 어려운 비용항목은 재화 또는 용역의 사용으로 현금이 지급되거나 사용대가를 지급하지 않아 지급해야 할 부채가 발생하는 회계기간에 인식한다. 셋째, 기업이 자산을 사용함으로써 발생한 비용항목은 회계기간 동안 사용한 금액을 비용으로 인식한다. 이러한 인식기준을 수익-비용 대응 원칙(Matching Principle)이라 한다.

(2) 계속기업을 가정

재무제표는 일반적으로 기업이 계속기업이며 예상 가능한 기간 동안 영업을 계속할 것이라는 가정 하에 작성된다. 따라서 기업은 그 경영활동을 청산하거나 중요하게 축소할 의도나 필요성을 갖고 있지 않다는 가정을 적용하며, 만약 이러한 의도나 필요성이 있다면 재무제표는 계속기업을 가정한 기준과는 다른 기준을 적용하여 작성하는 것이 타당할 수 있으며 이때 적용한 기준은 별도로 공시하여야 한다.

5. 재무제표 요소의 정의, 인식 및 측정

(1) 재무제표 요소의 정의

① 자산(assets)

과거 사건의 결과로 기업이 통제하고 있고, 미래의 경제적 효익이 기업에 유입될 것으로 기대되는 자원을 말한다.

② 부채(liabilities)

과거 사건에 의하여 발생하였으며, 경제적 효익이 내재된 자원이 기업으로부터 유출됨으로써 이행될 것으로 기대되는 현재의 의무를 말한다.

③ 자본(equity)

기업의 자산에서 모든 부채를 차감한 잔여지분을 말하며, 순자산(net assets)이라고도 한다.

④ 수익(income)

자산의 유입이나 증가 또는 부채의 감소에 따라 자본의 증가를 초래하는 특정 회계기간 동안에 발생한 경제적 효익의 증가로서, 지분참여자에 의한 출연과 관련된 것은 제외한다.

⑤ 비용(expenses)

자산의 유출이나 소멸 또는 부채의 증가에 따라 자본의 감소를 초래하는 특정 회계기간 동안에 발생한 경제적 효익의 감소로서, 지분참여자에 대한 분배와 관련된 것은 제외한다.

(2) 재무제표의 인식 및 측정

① 재무제표 요소의 인식

인식(recognition)은 재무제표에 특정 항목을 반영하는 과정으로 해당 항목과 관련된 미래 경제적 효익이 기업에 유입되거나 기업으로부터 유출될 가능성이 높다는 점과 해당 항목의 원가 또는 가치를 신뢰성 있게 측정할 수 있다는 기준을 모두 충족할 때 인식한다.

② 재무제표 요소의 측정

측정(measurement)이란 재무제표에 인식되고 평가되어야 할 요소의 화폐금액을 결정하는 과정을 말한다. 재무제표를 작성하기 위해서는 다수의 측정기준이 다양한 방법으로 결합되어 사용되는데, 그러한 측정기준의 예는 다음과 같다.

㉠ 역사적 원가(historical cost)

자산은 취득의 대가로 취득 당시에 지급한 현금 또는 현금성자산이나 그 밖의 대가의 공정가치로 기록한다. 부채는 부담하는 의무의 대가로 수취한 금액으로 기록한다. 어떤 경우(예 법인세)에는 정상적인 영업과정에서 그 부채를 이행하기 위해 지급할 것으로 기대되는 현금이나 현금성자산의 금액으로 기록할 수도 있다. 재무제표를 작성할 때 기업이 가장 보편적으로 채택하고 있는 측정기준은 역사적 원가이다.

㉡ 현행원가(current cost)

자산은 동일하거나 또는 동등한 자산을 현재시점에서 취득할 경우에 그 대가로 지불하여야 할 현금이나 현금성자산의 금액으로 평가한다. 부채는 현재시점에서 그 의무를 이행하는 데 필요한 현금이나 현금성자산의 할인하지 아니한 금액으로 평가한다.

ⓒ 실현가능(이행)가치(realizable value)

자산은 정상적으로 처분하는 경우 수취할 것으로 예상되는 현금이나 현금성자산의 금액으로 평가한다. 부채는 이행가치로 평가하는데 이는 정상적인 영업과정에서 부채를 상환하기 위해 지급될 것으로 예상되는 현금이나 현금성자산의 할인하지 아니한 금액으로 평가한다.

ⓓ 현재가치(present value)

자산은 정상적인 영업과정에서 그 자산이 창출할 것으로 기대되는 미래 순현금유입액의 현재할인가치로 평가한다. 부채는 정상적인 영업과정에서 그 부채를 상환할 때 필요할 것으로 예상되는 미래 순현금유출액의 현재할인가치로 평가한다.

6. 재무제표의 작성 및 제공

재무제표는 기업의 경영자가 외부 이해관계자들에게 기업실체의 재무상태나 경영성과, 현금흐름 등에 관한 정보를 제공하는 핵심적 수단이다. 재무제표는 재무상태표, 포괄손익계산서, 현금흐름표, 자본변동표, 주석으로 구성되며, 자세한 내용은 다음 절에서 설명한다.

7. 발생주의

(1) 정 의

회계기준은 발생주의를 적용하고 있다. 현금수입이 있을 때 수익을 인식하고 현금지출이 있을 때 비용을 인식하는 현금기준회계(cash basis accounting)와는 달리 발생주의회계(accrual basis accounting)는 현금유출입과 관계없이 수익 및 비용을 인식하는 회계절차이다.

(2) 발생주의 하에서의 수익과 비용

① 수익의 인식

발생주의회계 하에서 기업은 고객에게 재화를 인도하거나 용역을 제공하고 그 대가로 현금이나 현금청구권을 받았을 때 수익을 인식한다.

② 비용의 인식

ⓐ 특정 수익을 획득하는데 직접 관련되어 발생한 비용항목은 당해 수익을 인식할 때 대응적으로 함께 인식한다.

ⓑ 특정 수익과 직접적인 관련성을 확인하기 어려운 비용항목은 재화 또는 용역의 사용으로 현금이 지급되거나 사용대가를 지급하지 않아 지급해야 할 부채가 발생하는 회계기간에 인식한다.

ⓒ 기업이 자산을 사용함으로써 발생한 비용항목은 회계기간 동안 사용한 금액을 비용으로 인식한다. 이러한 인식기준을 수익·비용 대응 원칙(matching principle)이라 한다.

(3) 발생주의 회계의 예시

X1년도 8월 3일, A기업은 B기업으로부터 10억원의 상품을 매입하였다. 같은 해 10월 5일 A기업은 C기업에게 10억원의 상품을 17억원에 외상으로 판매하였다. 10월 31일, A기업은 상품매입에 대한 대금 10억원을 B기업에게 지급하였고, A기업이 C기업으로부터 회수해야 할 17억원의 외상판매대금은 다음 해인 X2년 1월 4일에 회수되었다.

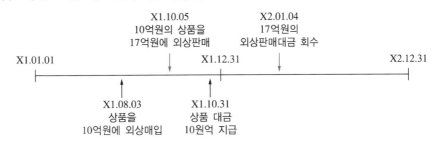

① 현금주의로 측정

현금주의로 기업의 성과를 측정하게 된다면 A기업은 X1년도 10월 31일에 10억원의 비용을 기록하게 되고, 같은 해에 수익은 기록할 수 없게 된다. 반면, X2년도에는 17억원의 수익을 인식하게 되어 결과적으로 X1년도에는 10억의 손실을, X2년도에는 17억원의 이익을 인식하게 된다. 만약 X1년도에 Y라는 경영자가 고용되어 기업을 운영하고 있었다면 경영자 Y는 매출 17억원이라는 성과를 달성하고도 거래처가 대금을 지급하지 않아 손실 10억원을 기록하여 해고될 수도 있다.

② 발생주의로 측정

발생주의에서 기업은 고객에게 재화를 인도하거나 용역을 제공하고 그 대가로 현금이나 현금청구권을 받았을 때 수익을 인식하기 때문에 A기업은 X2년도 1월 4일이 아닌 X1년도 10월 5일에 수익을 인식하게 된다. 비용 또한 실제 현금흐름과 관계없이 수익과 대응하여 X1년도 10월 5일에 인식하게 된다. 이처럼 발생주의는 현금주의에 비해 기업의 경영성과를 정확하게 측정해준다는 장점이 있다.

---

03 재무제표

1. 재무상태표

(1) 의 미

재무상태표(statement of financial position)는 일정시점 현재 기업실체의 재무상태에 대한 정보를 제공하는 재무제표이다. 여기서 일정시점이란 일반적으로 회계기간 말(우리나라의 경우, 회계기간을 1월 1일~12월 31일로 설정하는 경우가 많다. 이때, 회계기간 말은 12월 31일이 된다)을 의미한다.

① 재무상태표의 기본 요소

재무상태표는 앞서 설명한 재무제표의 구성요소 중 자산과 부채 및 자본으로 구성된다. 아래의 그림에서 자산은 왼쪽에 부채와 자본은 오른쪽에 표시해 두었는데, 이는 자산의 총액은 항상 부채 총액과 자본 총액의 합과 일치하기 때문이며 이를 회계등식 또는 재무상태표 등식이라 한다.

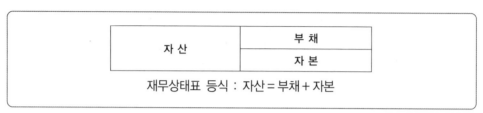

② 재무상태표의 작성 및 표시

㉠ 자산의 분류와 표시

자산은 유동자산과 비유동자산으로 구분하여 표시한다. 일반적으로 재무상태표에는 유동자산 항목들이 먼저 배열되고 그 다음에 비유동자산 항목들이 배열된다.

※ 참고 : K-IFRS는 유동성 순서대로 배열하는 방법이 신뢰성 있고 더욱 목적에 적합한 정보를 제공하는 경우에는 유동/비유동 구분 없이 유동성 배열법으로 공시하도록 하고 있다. 그러나 K-IFRS를 적용한 우리나라의 기업들은 유동/비유동 구분을 하고 있어 유동/비유동 구분법을 적용을 가정하여 내용을 설명한다.

ⓐ 유동자산(current assets)

현금은 물론, 정상적 영업주기 내 또는 재무보고기간 말로부터 1년 이내에 현금화되거나 사용될 것으로 예상되는 자산을 말한다. 대표적인 예로 현금 및 현금성자산, 매출채권, 단기금융자산, 재고자산 등이 있다.

ⓑ 비유동자산(non-current assets)

유동자산에 속하지 않는 자산을 말한다. 대표적인 예로 유형자산, 무형자산, 장기금융자산 등이 있다.

㉡ 부채의 분류와 표시

부채도 자산과 마찬가지로 유동부채와 비유동부채로 구분 표시되며, 일반적으로 재무상태표에는 유동부채 항목들이 먼저 배열되고, 그 다음에 비유동부채 항목들이 배열된다.

ⓐ 유동부채(current liabilities)

기업의 정상적 영업주기내 또는 재무보고기간 말로부터 1년 이내에 결제(지급)되어야 하는 부채와 단기매매목적으로 보유하는 부채를 말한다. 대표적인 예로 단기차입금, 매입채무, 미지급비용, 미지급금, 선수금, 선수수익, 유동성 장기부채 등이 있다.

ⓑ 비유동부채(non-current liabilities)

유동부채에 속하지 않는 부채를 말하며, 장기차입부채, 장기충당부채 등을 포함한다.

㉢ 자본의 분류와 표시

기업의 소유주지분(owner's equity)을 나타내는 자본은 납입자본, 이익잉여금, 기타포괄손익누계액 등으로 구분하여 표시된다.

재무상태표

XX전자(주)	제X기 20XX년 12월 31일 현재		(단위 : 백만원)
자 산		**부 채**	
유동자산		**유동부채**	
현금 및 현금성자산	260	단기차입금	520
단기금융자산	330	매입채무	1,400
매출채권	990	기타유동부채	300
재고자산	1,200		
기타유동자산	310	**비유동부채**	
		사 채	1,250
비유동자산		장기차입금	1,050
장기금융자산	680	장기충당부채	500
유형자산	9,000	기타비유동부채	280
무형자산	1,200		
기타비유동자산	430	**부채총계**	5,300
		자 본	
		자본금	700
		주식발행초과금	4,500
		이익잉여금	3,200
		기타포괄손익누계액	700
		자본총계	9,100
자산총계	14,400	**부채와 자본총계**	14,400

2. 포괄손익계산서

(1) 의 미

포괄손익계산서(statement of comprehensive income)란 일정기간 동안 발생한 모든 수익과 비용을 보고하는 재무제표이다. 포괄손익계산서에는 당기순이익뿐만 아니라 기타포괄손익의 당기 변동액도 표시된다는 점이 일반기업회계기준에서 제시하고 있는 손익계산서(income statement)와 다른 점이다. 포괄손익계산서는 기본적으로 수익에서 비용을 차감하여 구해진 당기순이익 부분과 당기순이익에 기타포괄손익을 더한 포괄손익 부분으로 이루어진다.

(2) 포괄손익계산서의 항목

K-IFRS는 포괄손익계산서의 양식을 제시하고 있지 않으나, 현행의 기업회계기준을 참조하여 포괄손익계산서의 양식을 구체적으로 제시하면 다음과 같다.

포괄손익계산서 예시

포괄손익계산서

XX전자(주)	제X기 20X1년 1월 1일~12월 31일	(단위 : 백만원)
매출액		30,000
매출원가		(20,000)
매출총이익		10,000
판매비와관리비(영업비용)		(4,000)
영업이익		6,000
기타수익		1,000
기타비용		(800)
법인세비용차감전순이익		6,200
법인세비용		(1,860)
당기순이익		4,340
기타포괄손익		60
포괄손익		4,400

보충학습 포괄손익계산서와 재무상태표와의 관계

포괄손익계산서의 수익항목과 비용항목은 기업의 자산과 부채에 영향을 미치고 결과적으로 자본에 영향을 미친다. 앞서 우리는 수익은 자본의 증가를 초래하고, 비용은 자본의 감소를 초래함을 수익과 비용의 정의를 통해 살펴보았다. 수익-비용=이익이므로 결국 자본은 이익만큼 증가하게 된다. 구체적으로 포괄손익계산서에서 최종적으로 포괄손익이 산출되며, 포괄손익은 당기순이익과 기타포괄손익의 합으로 구성된다. 당기순이익과 기타포괄손익은 모두 재무상태표의 자본에 가서 쌓이게 되는데, 이때 쌓이는 항목이 각각 다르다. 당기순이익은 자본 중 이익잉여금 항목에, 기타포괄손익은 기타포괄손익누계액이라는 항목에 쌓이게 된다.

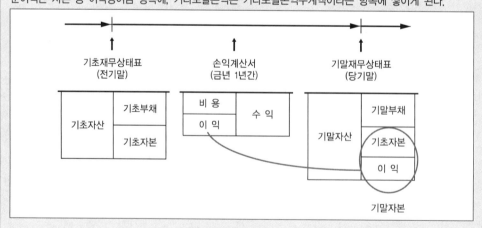

3. 현금흐름표

(1) 필요성

기업회계는 발생주의를 근간으로 한다. 그러나 발생주의에 따른 재무상태나 경영성과가 아무리 좋아도 현금이 부족하다면 기업은 영업상의 어려움에 처할 수 있고, 심한 경우에는 흑자도산까지 할 수도 있다. 따라서 기업의 현금흐름에 관한 정보는 회계정보이용자에게 있어 중요한 정보이며, 발생주의에 따라 작성된 재무상태표와 포괄손익계산서만으로는 그러한 정보를 충분히 나타낼 수 없다.

(2) 의의와 기능

현금흐름표(statement of cash flow)는 일정기간 동안, 기업의 현금이 어떻게 조달되고 사용되는지를 보여주는 재무제표이다. 현금 및 현금성자산에 관한 정보는 재무상태표를 통해서도 얻을 수 있지만 재무상태표는 일정시점의 재무상태를 나타내는 것이므로 회계기간 동안 현금의 흐름에 대한 정보는 제공하지 않는다(※ 참고 : 재무상태표는 일정시점의 재무상태를 나타내는 표이지만 포괄손익계산서, 현금흐름표, 자본변동표는 각각 일정기간 동안의 경영성과와 현금흐름, 자본의 변화를 나타낸다. 즉, 재무상태표는 저량(Stock) 개념이고, 포괄손익계산서, 현금흐름표, 자본변동표는 유량(Flow) 개념이다). 따라서 현금흐름표의 목적은 현금흐름의 창출능력 및 사용능력을 평가하는데 유용한 정보를 제공하고자 작성된다.

(3) 유용성

현금흐름표는 외부정보이용자에게 있어 다음과 같은 유용성을 제공한다.

① 포괄손익계산서상의 당기순이익과 영업활동으로 인한 현금흐름이 차이가 나는 원인에 대한 정보 제공

② 기업의 미래현금흐름 창출능력에 대한 정보 제공

③ 기업의 자금창출능력에 대한 정보 제공

(4) 현금흐름표의 보고형식

현금흐름표의 목적을 달성하기 위해서는 현금흐름의 내용을 성격에 따라 구분할 필요성이 있다. 따라서 현금흐름표는 영업활동으로 인한 현금흐름, 투자활동으로 인한 현금흐름, 재무활동으로 인한 현금흐름과 같이 세 가지 활동유형에 따라 구분하여 보고한다.

① 영업활동으로 인한 현금흐름

영업활동 현금흐름(Cash Flow from Operating ; CFO)은 기업의 주요 수익창출활동인 제품의 생산 및 판매활동, 상품과 용역의 구매 및 판매활동 등에서 발생한 현금흐름이다. 따라서 영업활동 현금흐름은 일반적으로 당기순손익에 영향을 미치는 거래나 그 밖의 사건의 결과로 발생한다. 영업활동 현금흐름의 예는 다음과 같다.

영업활동으로 인한 현금유입	영업활동으로 인한 현금유출
㉠ 재고자산의 판매나 용역 제공에 따른 현금유입 ㉡ 로열티, 수수료, 중개료 및 기타수익의 현금유입 ㉢ 법인세 관련 환급	㉠ 재고자산이나 용역의 구입에 따른 현금유출 ㉡ 종업원 급여를 포함한 판매비·관리비와 관련된 현금유출 ㉢ 법인세 관련 지출

② 투자활동으로 인한 현금흐름

투자활동 현금흐름(Cash Flow from Investing ; CFI)은 영업활동에 사용하기 위한 유·무형자산 및 현금성자산에 속하지 않는 기타 투자자산의 취득 및 처분과 관련된 활동에서의 현금흐름을 말한다. 투자활동 현금흐름의 예는 다음과 같다.

투자활동으로 인한 현금유입	투자활동으로 인한 현금유출
㉠ 유·무형자산의 처분에 따른 현금유입 ㉡ 다른 기업의 지분상품, 채무상품 처분 ㉢ 제3자에 대한 선급금 및 대여금 회수	㉠ 유·무형자산의 취득에 따른 현금유출 ㉡ 다른 기업의 지분상품, 채무상품 취득 ㉢ 제3자에 대한 선급금 및 대여금 지급

③ 재무활동으로 인한 현금흐름

재무활동 현금흐름(Cash Flow from Financing ; CFF)은 기업의 납입자본과 차입금의 크기 및 구성에 변동을 가져오는 활동에서의 현금흐름을 말한다. 재무활동 현금흐름의 예는 다음과 같다.

재무활동으로 인한 현금유입	재무활동으로 인한 현금유출
㉠ 지분상품 발행에 따른 현금유입 ㉡ 장·단기차입금에 따른 현금유입 ㉢ 사채 발행에 따른 현금유입	㉠ 유상감자로 인한 현금유출 ㉡ 차입금 상환에 따른 현금유출 ㉢ 사채 상환에 따른 현금유출

(5) 현금흐름표의 구조

현금흐름표는 세 가지 활동의 현금흐름을 구분해서 작성된다. 현금흐름표는 다음과 같이 기업의 현금흐름을 영업활동, 투자활동, 재무활동으로 구분한 뒤, 각각의 활동에 대한 현금흐름을 표시하고, 세 가지 활동에 의한 현금흐름을 합하여 당기 현금 및 현금성자산의 순증가(감소)분을 구하고, 이 금액을 기초 현금 및 현금성자산에 가산해서 기말의 현금 및 현금성자산을 계산한다.

현금흐름표

XX전자(주)	제X기 20X1년 1월 1일~12월 31일	(단위 : 백만원)
Ⅰ. 영업활동 현금흐름		XXX
Ⅱ. 투자활동 현금흐름		XXX
Ⅲ. 재무활동 현금흐름		XXX
Ⅳ. 현금 및 현금성자산의 순증가(감소)(Ⅰ+Ⅱ+Ⅲ)		XXX
Ⅴ. 기초 현금 및 현금성자산		XXX
Ⅵ. 기말 현금 및 현금성자산(Ⅴ+Ⅰ+Ⅱ+Ⅲ)		XXX

4. 자본변동표

자본변동표(statement of changes in equity)는 일정기간 동안 자본의 각 항목들이 어떻게 변동하였는가를 보여주는 재무제표이다. 앞서 포괄손익계산서와 재무상태표와의 관계에서 포괄손익계산서의 당기순이익과 기타포괄손익은 재무상태표의 자본을 증가시킴을 알 수 있었다. 자본의 크기를 변동시키는 요인에는 당기순이익과 기타포괄손익 외에도 추가출자, 배당, 자기주식의 취득과 처분 등이 있다. 자본은 주주의 몫을 나타냄으로 기업의 소유주인 주주들은 궁극적으로 자신들의 몫이 기초에 비하여 얼마나 변동하였는지에 관심을 갖는다. 따라서 IFRS는 앞서 자본의 변동 내용을 자본변동표를 통해 포괄적으로 제시할 것을 요구하고 있다. 자본은 자본금, 주식발행초과금, 이익잉여금, 기타포괄손익누계액 등으로 구성되어 있음을 재무상태표의 구성을 통해 살펴보았다. 자본변동표는 이러한 각 항목별로 기초잔액, 변동사항, 기말잔액을 표시하며 자본변동표의 예시는 다음과 같다.

현금흐름표

XX전자(주)　　　　　　　　　제X기 20X1년 1월 1일 ~ 12월 31일　　　　　　　　(단위 : 백만원)

		자본금	주식발행초과금	이익잉여금	기타자본항목	기타포괄손익누계액	자본합계
20X1.01.01(기초자본)		XXX	XXX	XXX	(XXX)		XXX
자본의 변동	배당금지급			(XXX)			
	유상증자	XXX					
	당기순이익			XXX			
	포괄손익						
	자기주식의 취득				(XXX)		
	자기주식의 처분				XXX		
20X1.12.31(기말자본)		XXX	XXX	XXX	(XXX)		XXX

5. 주 석

주석(Notes)은 재무상태표, 포괄손익계산서, 자본변동표 및 현금흐름표에 표시하는 정보에 추가하여 제공된 정보로서, 재무제표에 표시된 항목을 구체적으로 설명하거나 세분화하며, 재무제표의 인식요건을 충족하지 못하는 항목에 대한 정보를 제공한다. 재무제표에는 기업의 재무상태, 경영성과, 현금흐름, 자본의 변동 등을 파악하는데 유용한 정보들이 제공되지만 항목과 금액으로만 표시될 뿐, 각각의 금액의 측정방법이나 내역은 표시되지 않는다. 따라서 주석을 통해 특정 부분에 대한 추가적 정보와 표에는 표시되어 있지 않지만 표에 제시된 내용을 이해하는데 도움이 되는 정보를 공시한다. 주석은 일반적으로 다음의 정보를 제공한다.

- 재무제표 작성 근거와 구체적인 회계정책에 대한 정보
- 한국채택국제회계기준에서 요구하는 정보이지만 재무제표 어느 곳에도 표시되지 않는 정보
- 재무제표 어느 곳에도 표시되지 않지만 재무제표를 이해하는 데 적합한 정보

04 회계의 거래

1. 거래의 의미

기업은 영업활동은 물론 영업활동을 수행하기 위한 재무활동 및 투자활동과 같은 다양한 활동을 수행한다. 회계에서는 이러한 기업의 활동들을 측정하여 기록하고자 한다. 하지만 모든 활동들을 기록하는 것은 아니다. 회계에서 정의하는 거래(transaction)의 요건에 부합하는 활동들을 측정하여 기록한다. 회계에서 말하는 거래란 재무제표의 구성요소에 변화를 가져오는 경제적 사건(Economic Event)을 의미한다. 즉 재무제표의 구성요소인 자산, 부채, 그리고 자본의 증가나 감소에 변화를 초래하고 그 변화의 크기를 금액으로 측정 가능한 사건만을 거래로 본다(수익과 비용은 궁극적으로 자본을 증가 또는 감소시키므로 따로 언급하지 않는다).

2. 회계상 거래와 일반적인 거래의 개념 차이

일반적인 거래와 회계에서 말하는 거래는 일치하지 않는다. 주문을 하거나, 계약을 체결하거나 약속을 하는 등의 행위를 거래로 생각하지만 회계에서는 이를 거래로 보지 않는다. '1개월 뒤에 상품 1억원을 매입하기로 계약을 하다'와 같은 사건이 있을 때, 우리는 이를 거래로 보지만 회계에서는 이 사건이 계약 현재시점에 자산, 부채, 자본에 미치는 영향이 없음으로 거래로 보지 않는 것이다. 반면에, '공장에 화재가 발생하여 3억원의 손실이 발생하였다'와 같은 사건은 우리의 일상생활에서는 거래가 아닌 사건에 불과하지만 회계에서는 거래로 보고 기록한다. 3억원이라는 자산이 감소하는 거래에 해당되기 때문이다.

일반적 거래	공통적 거래	회계상 거래
주 문	상품판매	분 실
계 약	건물매매	도 난
약 속	자금차입	화 재

1. 재고자산의 의미

재고자산(inventory)은 기업이 정상적인 영업활동을 통해 판매를 목적으로 보유하는 자산으로서 상품(merchandise), 제품(finished goods), 재공품(work-in-process), 원재료(raw Material) 등을 포함한다.

2. 재고자산의 기록과 목적

전기에 판매되지 않고 이월된 재고자산과 당기 매입한 재고자산을 합하여 당기 판매가능재고자산이라 한다. 이중 당기에 판매된 부분을 매출원가로 손익계산서에 기록하며, 당기에 판매가 되지 않은 부분을 기말재고자산으로 재무상태표에 기록한다. 재무회계의 궁극적인 목표는 재무제표를 작성하는데 있으므로 재고자산 파트에서 살펴보아야 할 내용은 매출원가와 기말재고자산을 결정하는 일이다. 「5절 재고자산」에서는 재고자산을 취득할 때 얼마로 기록할 것인지, 판매된 부분과 판매되지 않은 부분의 금액을 결정하는 방법에는 어떠한 방법들이 있으며, 방법에 따라 기업의 이익과 현금흐름에 어떠한 영향을 미치는지를 살펴보도록 한다.

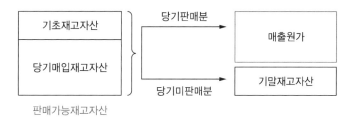

판매가능재고자산

(1) 재고자산의 취득원가

재고자산의 취득원가는 매입가액에 매입부대비용을 가산해서 결정한다. 여기서 매입부대비용은 운송보험료, 매입운반비(freight-in), 매입수수료, 매입관련 제세공과금을 포함한다. 매입부대비용을 비용으로 처리하지 않고 재고자산의 취득원가에 가산하는 것은 수익-비용대응의 원칙에 따른 것이다.

> 재고자산의 취득원가 = 매입가액 + 매입부대비용 = 매입 에누리와 환출 - 매입할인

(2) 기말재고금액의 결정

기업에서 재고자산을 판매하는 거래는 주요한 영업활동으로 거래가 매우 많고 재고자산의 입출고가 빈번하여 판매할 때마다 매출원가를 기록하는 것은 번거롭다. 따라서 매출원가를 계산하는 방법은 기초재고 + 당기매입액 − 기말재고자산의 공식을 통하여 계산한다. 기중에 기초재고금액과 당기매입액은 장부기록을 통해 파악하고 있으므로 기말에 매출원가를 파악하는데 있어 핵심은 기말재고금액을 결정하는 것이다. 기말재고자산의 가액을 결정하기 위해서는 우선 기말재고의 수량을 파악해야 하고, 기말재고의 단위당 원가를 계산한 후에 이 둘을 곱해서 금액을 결정한다.

$$\text{기말재고금액} = \text{기말재고수량(Q)} \times \text{단위당 원가(P)}$$

① 기말재고수량(Q)의 결정방법

ㄱ) 실지재고조사법(physical inventory method)

결산시점에 상품의 종류별로 실제로 재고조사를 해서 기말상품재고량을 확정하는 방법이다. 따라서 상품을 구입할 때는 그 내역을 상품재고장에 기록하는 반면에 판매하는 시점에는 매출만을 기록하고 판매수량을 별도로 상품재고장에 기록하지 않는 방법이다.

$$\text{기초재고수량} + \text{당기매입수량} − \text{기말재고수량} = \text{당기판매수량}$$

ㄴ) 계속기록법(perpetual inventory method)

재고자산의 입고와 출고를 상품재고장과 같은 장부에 계속적으로 기록해서 상품의 판매수량과 기말재고수량을 파악하는 방법으로 장부재고조사법이라고도 한다. 계속기록법은 상품의 구입이나 판매가 발생 하면 그 때마다 수량과 단가를 기록하므로 장부상으로 기말재고수량을 직접 파악하는 것이 가능하다.

$$\text{기초재고수량} + \text{당기매입수량} − \text{당기판매수량} = \text{기말재고수량}$$

② 기말재고단가(P)의 결정방법(원가흐름의 가정)

재고자산은 한 회계기간 동안 수차례 매입이 이루어 질 것이다. 인플레이션이 있다고 가정한다면 매입단가는 계속해서 오를 것이기 때문에 같은 재고자산이라도 매입시점에 따라 취득단가는 모두 다를 것이다. 이런 상황에서 어떤 단가의 재고자산이 판매가 되었는지를 개별적으로 파악하는 것은 현실적으로 거의 불가능하다. 따라서 실무적으로 어떤 단가의 재고자산이 판매되었는지를 일일이 기록하지 않고 단순화된 가정을 적용하여 매출원가와 기말재고자산을 산정하는데, 이를 원가흐름의 가정(cost flow assumption)이라고 한다. 기억해야 할 것은 이는 어디까지나 원가흐름을 가정한 것이니 실제 물량의 흐름과는 일치하지 않는다는 점이다.

ㄱ) 선입선출법(First-In, First-Out method ; FIFO)

실제 물량흐름과 관계없이 먼저 입고된 상품이 먼저 판매된다는 원가흐름을 가정하는 방법으로 먼저 매입한 상품의 단가를 매출된 상품의 단가로 적용하는 방법이다.

ⓛ 후입선출법(Last-In, First-Out method ; LIFO)

가장 최근에 입고된 상품이 먼저 판매된다는 원가흐름을 가정하는 방법으로 최근에 매입한 상품의 단가를 매출된 상품의 단가로 적용하는 방법이나 IFRS에서는 이를 허용하지 않고 있다.

ⓒ 평균법(Average Cost method)

　ⓐ 의 미

　　상품 판매 시, 과거에 매입하였던 상품이 골고루 섞여서 평균적으로 팔려나갔다고 가정하고, 판매가능한 상품의 총원가를 총수량으로 나누어서 계산한 평균단가로 기말재고 금액과 매출원가를 산정하는 방법이다.

　ⓑ 종 류

　　평균법은 수량을 결정하는 방법에 계속기록법인지 실지재고조사법인지에 따라 방법이 조금 달라지며 부르는 이름도 달라진다. 계속기록법하에서의 평균법은 가중평균법 (Weighted Average Cost method)이라 하며, 실지재고조사법하에서의 평균법은 이동평균법(Moving Average Cost method)이라 한다.

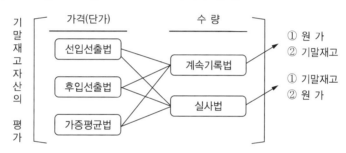

　ⓒ 기말재고자산의 평가

　　그림에서와 같이 수량(Q)을 결정하는 방법 두 가지와 단가(P)를 결정하는 방법 세 가지가 존재하기 때문에 기말재고자산을 결정하는 방법 총 여섯 가지를 살펴보도록 한다. 다만 K-IFRS에서는 후입선출법을 인정하지 않으므로 K-IFRS 하에서는 이 중 네 가지 방법만 가능하다. 다음의 예제를 통해 기말재고자산과 매출원가를 결정하여 보도록 한다.

[예제]

네모상사(주)가 판매하는 핸드폰 케이스의 20X1년 매입과 매출에 관한 자료는 다음과 같다.

일 자	구 분	입고(수량, 단가)	출고(수량)
1월 1일	기초재고	10개 @120	
3월 17일	매입	30개 @140	
5월 29일	매출		25개
6월 17일	매입	20개 @150	
8월 3일	매출		30개
10월 22일	매입	20개 @160	

구 분		실지재고조사법		계속기록법	
		계산식	금 액	계산식	금 액
선입선출법	기말재고	① 20개×160 +5개×150	3,950	좌 동	
	매출원가	② 10개×120 +30개×140 +15개×150	7,650		
후입선출법	기말재고	① 10개×120 +15개×140	3,300	② 20개×160+5개×120	3,800
	매출원가	② 20개×160 +20개×150 +15개×140	8,300	① 25개×140+20개×150 +5개×140+5개×120	7,800
평균법	평균단가	11,600원/80개	145	5/29 : 5,400(10×120+30×140) 40개 8/3 : 5,025(15×135+20×150) 35개	135 143.57 (반올림)
	기말재고	① 25개×145	3,625	② 5개×143.57+20개×160	3,918 (소수점조정)
	매출원가	② 55개×145	7,975	① 25개×135 +30개×143.57	7,682 (소수점조정)

(3) 원가흐름의 가정이 당기순이익에 미치는 영향

A기업, B기업, C기업이 있다고 가정하자. 이 세 기업은 모든 조건이 같으며 다만 원가흐름의 가정을 각각 다르게 설정하고 있다고 하자. A기업은 선입선출법을 적용하고 있고 B기업은 이동평균법을, C기업은 후입선출법을 적용하고 있다. 위에서 살펴본 예제를 적용하여 한 회계기간 동안 총 55개의 상품을 개당 300원에 판매하였고, 법인세는 20%를 적용받는다고 가정해보자. 이러한 가정 하에 A, B, C 세 기업의 손익계산서는 다음과 같다. 손익계산서를 살펴보면 세 기업 모두 동일한 조건이지만 원가흐름의 가정을 무엇으로 하였느냐에 따라 이익에 차이를 보이고 있다. 이익은 선입선출법을 적용한 기업에서 가장 높게 나타나며, 후입선출법을 적용한 기업에서 가장 낮게 나타난다. 이는 물가가 오르고 있는 상황에서 후입선출법은 가장 최근에 매입한 비싼 단가의 재고자산이 판매되었다고 가정하였으나 선입선출법은 그 반대의 가정을 하였기 때문에 나타나는 결과라 할 수 있다. 이러한 차이는 기업의 실제 현금흐름도 변화하게 한다. 매출원가와 이익은 다르지만 A, B, C 기업이 재고자산을 취득하고 판매하면서 유출되고 유입된 현금흐름은 모두 동일하다. 그러나 법인세는 이익을 기준으로 산정되기 때문에 법인세에 따른 현금흐름의 유출은 세 기업이 모두 다르게 나타나게 된다. 즉, 이익이 가장 높게 나타난 선입선출법을 적용한 A기업이 가장 많은 법인세를 납부하게 되고 후입선출법을 적용한 C기업은 가장 적은 법인세를 납부하게 되어 결과적으로 실제 현금흐름의 차이에도 영향을 주게 된다. 이러한 결과는 우리의 예제에서처

럼 물가가 오른다고 가정할 때에 나타나는 현상이며, 물가가 내린다고 가정을 할 경우에는 정반대의 현상이 나타나게 된다. 이를 정리하면 다음과 같다.

A, B, C 기업의 손익계산법

구 분	A기업-선입선출법	B기업-이동평균법	C기업-후입선출법
매출액	16,500	16,500	16,500
매출원가	7,650	7,682	7,800
매출총이익	8,850	8,818	8,700
법인세	1,770	1,764	1,740
당기순이익	7,680	7,054	6,950

기말재고자산 : 선입선출법 > 이동평균법 > 후입선출법
매출원가 : 선입선출법 < 이동평균법 < 후입선출법
법인세부담액 : 선입선출법 > 이동평균법 > 후입선출법
당기순이익 : 선입선출법 > 이동평균법 > 후입선출법

06 유형자산과 무형자산

1. 유형자산

(1) 의 미

유형자산(property, plant, and equipment)은 기업의 영업활동에 장기간 사용을 목적으로 보유하는 자산으로서 물리적 형체가 있는 자산을 말한다. 유형자산의 종류에는 대표적으로 토지, 건물, 기계장치, 차량운반구, 비품, 건설 중인 자산 등이 있다. 토지와 건설 중인 자산 이외의 유형자산은 감가상각(depreciation) 절차를 통해 비용화되어 감가상각대상자산이라고도 한다.

(2) 유형자산의 취득원가

유형자산의 취득원가는 재고자산의 취득원가를 측정할 때와 마찬가지로 매입가격 뿐만 아니라 사용가능한 상태가 되기까지 소요된 직접 원가를 가산하여 측정된다. 사용가능한 상태가 되기까지 소요된 직접원가에는 다음과 같은 항목들이 포함될 수 있다.

① 취득시점의 운송비 및 취급관련원가

② 설치장소 준비원가

③ 설치원가 및 조립원가

④ 유형자산이 정상적으로 작동되는지 시운전 하는 과정에서 발생하는 원가

⑤ 전문가에게 지급하는 수수료

⑥ 유형자산을 매입하거나 건설할 때 발생하는 종업원 급여

(3) 유형자산의 감가상각

① 의 미

감가상각(depreciation)이란 유형자산의 미래 경제적 효익의 감소분을 합리적이고 체계적인 방법으로 배분하여 매 회계기간마다 비용으로 배분하는 절차를 말한다. 감가상각은 앞서 살펴본 수익·비용 대응원칙이 적용된 개념이다. 감가상각은 원가를 사용기간에 배분하는 과정이지 자산을 평가하는 과정이 아니다.

보충학습 감가상각의 예시

카페를 운영하기 위해 커피머신을 100만원에 구입하였다고 가정하자. 기업회계에서는 커피머신을 취득하였을 때 100만원을 비용처리 하는 것이 아니라 유형자산으로 기록해두었다가 커피머신이 사용되는 기간 동안 비용으로 인식한다. 커피머신이 5년간 사용될 것으로 예상되고, 5년 뒤에 기계를 처분하여 20만원을 회수할 수 있을 것으로 추정된다면 5년 동안 이 커피머신의 사용비용은 80만원이 될 것이다. 이 80만원을 5년이라는 기간 동안 비용으로 배분하는 것을 감가상각이라 한다.

② 요 소

감가상각비를 계산하기 위해서는 기본적으로 ⊙ 감가상각대상금액, ⓒ 내용연수, ⓒ 감가상각 방법 등 세 가지 요소를 추정하거나 결정하여야 한다.

⊙ 감가상각대상금액 : 비용으로 배분해야 할 금액은 얼마인가?

$$배분해야 할 총비용 = 취득원가 - 잔존가치(residual\ value)$$

ⓒ 내용연수(useful Life) : 비용으로 배분해야 할 기간은 얼마인가?

자산의 예상 사용기간 또는 자산으로부터 획득할 수 있는 생산량이나 이와 유사한 단위 (예 가동시간)

ⓒ 감가상각방법 : 어떠한 방법으로 배분할 것인가?

정액법, 이중체감법, 정률법, 연수합계법, 생산량비례법 등

③ 감가상각방법

감가상각방법으로 사용되는 세 가지 주요 방법은 정액법, 가속상각법, 생산량비례법이다. 이 중 가장 널리 사용되는 방법은 정액법이다.

ⓐ 정액법

정액법(straight-line method)은 유형자산의 내용연수에 걸쳐 매 회계기간 일정하게 감가
상각비를 인식하는 방법이다.

보충학습 정액법의 예시

(주)하나푸드는 취득원가 ₩1,000,000인 기계장치를 보유하고 있다. 이 기계장치의 내용연수는 4년으로 추정
되며, 잔존가치는 ₩200,000이다. 4년간의 감가상각비를 계산하시오.
• 감가상각비 = (취득원가 – 잔존가치) / 내용연수 = (₩1,000,000 – ₩200,000)/4
 = ₩200,000(매년 200,000원의 감가상각비를 계상한다.)

ⓑ 가속상각법

가속상각법(Accelerated Depreciation Method)은 내용연수 초기에 감가상각비를 많이
계상하다가 내용연수 후기로 갈수록 감가상각비를 적게 인식하는 방법으로, 이중체감법
(Double Declining Balance Method), 연수합계법(Sum-of-the-Years-Digit Method),
정률법(Fixed Rate Method) 등이 있다.

ⓒ 생산량비례법

생산량비례법(Unit of Production Method)은 산출물에 해당하는 생산량과 투입물에 해당
하는 사용시간에 비례하여 감가상각비를 인식하는 방법

2. 무형자산

(1) 의 미

무형자산(intangible assets)은 물리적 형체는 없지만 기업활동에 장기간 사용할 수 있는 자산을
말하며, 산업재산권(특허권, 상표권, 실용신안권 등), 영업권(goodwill), 컴퓨터소프트웨어 등이
무형자산에 속한다. 유형자산이 감가상각을 통해 비용화 되었다면 무형자산은 상각(amortization)
절차를 통해 비용화 된다.

※참고 : 무형자산의 상각을 위해 계약상 또는 법적으로 정해진 기간 내에서 내용연수를 결정할 수 있으며, 보통은 20년
이내의 범위에서 결정한다. 상각방법에는 정액법, 정률법, 연수합계법, 생산량비례법 등을 사용할 수 있으며, 일반적으로
잔존가치가 존재하지 않는 것으로 간주한다.

무형자산은 ① 식별가능하고, ② 자원에 대한 통제가 가능하고, ③ 미래 경제적 효익이 존재할
때 인식이 가능하다.

(2) 무형자산의 회계처리

무형자산은 연구단계와 개발단계로 나누어 회계처리해야 한다. 연구단계에서는 미래 경제적 효익
을 창출할 무형자산이 존재한다는 것을 입증하기가 어렵기 때문에 이 단계에서 발생한 비용은
전액 발생시점이 '연구비'라는 비용으로 처리한다. 개발단계는 연구단계에 비해 진전이 된 상태이
기 때문에 미래 경제적 효익을 창출할 가능성이 높다. 따라서 무형자산의 인식 조건을 모두 충족하

는 개발단계에서의 지출은 개발비라는 무형자산으로 인식하고, 그 외의 지출은 경상개발비라는 비용으로 처리한다. 개발비가 비용이 아닌 자산의 계정임을 기억하도록 하자.

> **보충학습**　영업권(goodwill)
>
> 영업권이라 하면 보통 영업을 할 수 있는 권리로 생각하는 경우가 많으나, 회계에서 말하는 영업권은 그런 의미가 아니다. 영업권은 대가를 지급하고 다른 회사를 합병하거나 다른 회사의 영업 일부를 양수할 때 그 취득대상물의 가치를 초과하여 지급한 금액을 말한다. A기업이 B기업을 100% 인수할 때, B기업의 공정가치가 1,000억원이지만 A기업이 이를 1,100억원을 지급하고 인수하였다면 100억원의 영업권이 발생하게 된다. 영업권은 무형자산에 속하지만 상각하지 않으며, 손상 여부를 판단하여 손상차손의 회계처리만을 한다는 특징이 있다.

07 부채와 자본

1. 부채의 구분

부채는 자산과 마찬가지로 유동과 비유동으로 구분한다.

(1) 유동부채

유동부채에는 대표적으로 단기차입금, 매입채무, 미지급금, 미지급비용, 선수수익이 있다.

① 단기차입금

단기차입금(short-term borrowing)은 1년 이내에 상환해야 하는 차입금을 말하며, 1년 후 상환될 차입금은 장기차입금으로 분류한다.

② 매입채무

매입채무(trade payable)는 영업활동에서 상품과 같은 재고자산을 취득하면서 발생되는 미지급대금을 말한다.

③ 미지급금

미지급금(accounts payable)은 매입채무가 영업활동에서 발생한 미지급대금이라면, 미지급금은 영업활동 이외의 거래에서 발생한 미지급대금을 말한다.

(2) 비유동부채

비유동부채에는 장기차입금, 사채, 충당부채 등이 있다.

① 장기차입금

장기차입금(long-term borrowing)은 이자를 부담하는 차입채무로부터 재무보유기간 말로부터 1년 이후에 상환기일이 도래하는 차입채무를 의미한다.

② 사 채

사채(bond payables)는 기업이 증권시장에서 다수의 투자대중으로부터 공개적으로 자금을 장기간 차입할 때 발행하는 채무증권을 뜻한다.

③ 장기충당부채

장기충당부채(long-term provisions)는 기업이 과거의 사건에 의해 현재 부담하는 의무로서 미래 지출의 시기 또는 금액이 불확실한 비유동부채를 말한다. 충당부채는 미래에 기업의 자원이 유출될 가능성이 높고 또 그 금액을 신뢰성 있게 추정할 수 있을 때 부채로 인식한다.

2. 자본의 의미

자본은 자산 부채와 함께 재무상태표의 기본요소로서 기업의 자산에 투자된 자금의 원천인 소유주(주주)로부터 조달된 부분을 나타낸다. 자본은 자산에서 부채를 차감한 나머지를 의미하므로 순자산(Net assets)이라고도 하며, 소유주지분(Owner's equity)이라고도 한다.

3. 자본의 구분

자본은 자본금, 주식발행초과금, 이익잉여금, 기타포괄손익누계액, 자본조정 등으로 구성된다.

(1) 자본금

자본금(Capital)은 기업이 발행한 주식의 액면금액을 나타낸다. 액면금액이란 우리나라 상법에 따라 회사가 주식의 기본금액으로 정해 놓은 금액을 말한다. 자본금은 주식의 종류에 따라 보통주자본금과 우선주자본금으로 구분하여 표시된다. 보통주(common stock)란 의결권이 있는 주식이며 모든 주식회사가 발행하는 표준적 형태의 주식을 말하며, 우선주(preferred stock)는 이익배당을 우선적으로 받는 대신 의결권이 제한된 주식을 말한다.

(2) 주식발행초과금

주식발행초과금(Additional Paid-in Capital)은 주식이 발행되었을 때 액면금액을 초과하여 주주들이 납입한 금액을 말한다. 주식이 발행될 때 주주들이 납입해야 할 발행가격은 액면금액보다 높은 금액이 될 수도 있다. 주식의 실제 시장가치가 액면금액보다 높으면 주식발행가격은 액면금액보다 높게 책정된다.

(3) 이익잉여금

이익잉여금(retained earnings)은 기업이 벌어들인 당기순이익 중에서 주주들에게 배당으로 분배된 부분과 자본전입을 통해 자본항목으로 대체된 부분을 제외하고 유보된 부분이다. 당기순이익이 아닌 당기순손실이 지속적으로 발생할 경우 이익잉여금이 '-'가 될 수 있는데 이 경우를 결손금(Deficit)이라 한다.

(4) 기타포괄손익누계액

기타포괄손익누계액(accumulated other comprehensive income)은 기업 실체가 일정기간 동안 소유주와의 자본거래가 아닌 원천에서 발생한 자본의 증감으로서 당기순이익에 포함되지 않은 손익인 기타포괄손익의 누계액을 말한다. 즉, 포괄손익계산서의 기타포괄손익이 적립되는 장소이다. 기타포괄손익누계액에 포함되는 대표적인 항목에는 재평가잉여금, 매도가능증권평가손익, 해외사업환산손익 등이 있다.

(5) 자본조정

자본조정(capital adjustment)은 당해 항목의 특성상 소유주지분인 자본에 가감되어야 하지만 아직 미확정적인 거래의 성격상 별도로 구분하여 표시하는 항목을 말한다. 자본조정에 속하는 대표적인 항목에는 주식할인발행차금, 자기주식 등이 있다.

---

08 원가관리회계

1. 원가관리회계

(1) 의 미

원가회계(cost accounting)와 관리회계(management accounting)는 분리하여 다루기도 하고, 하나로 합쳐 원가관리회계라고도 하며 관리회계 안에 원가회계가 포함된 개념으로 보기도 한다.

① 관리회계

앞서 살펴본 재무회계가 기업의 외부정보이용자의 의사결정에 유용한 정보를 제공하는 것이라면 관리회계는 조직 내부의 관리를 위해 정보를 제공하는 회계분야라 할 수 있다. 즉, 경영자는 기업의 영업활동을 계획 및 통제하고, 제품의 수익성 평가나 조직의 장·단기 계획수립, 투자 및 주문과 같은 전략적 의사결정을 수행하기 위해서 회계정보를 이용할 수 있으며, 이러한 목적에 활용되는 회계정보를 다루는 분야를 관리회계라 한다.

② 원가회계

특히, 관리회계에서는 소요되는 자원의 양을 화폐단위로 표시한 원가(Cost)와 같은 회계정보를 활용하는데 이러한 원가 정보를 산출하는 회계 분야를 원가회계라 한다. 그러나 원가회계가 반드시 관리회계 목적을 위해서만 정보를 산출하는 것은 아니다. 기업의 재무제표 보고 목적 (예를 들면, 포괄손익계산서상의 매출원가 등)을 위해서도 원가정보를 산출하기 때문에 원가회계는 재무회계와 관리회계 두 분야 모두에 활용된다.

(2) 원가의 구분

원가는 기준을 어떻게 수립하느냐에 따라 다양하게 분류된다. 주요 기준에 따른 분류를 살펴보도록 하자.

① 제조활동과의 관련성

㉠ 제조원가의 의미와 구성

제조원가(manufacturing cost)는 제품생산활동에 소비된 원가로 판매가 되었다면 손익계산서상 매출원가로, 판매가 되지 않거나 생산 중이라면 재무상태표에 재고자산으로 기록되는 원가를 말한다. 재조원가의 구성은 다음과 같다.

> **보충학습** 제조원가의 구성
>
> • 재료원가(material cost) : 제품의 제조에 소비할 목적으로 보관하고 있는 재료 또는 원료가 생산과정에 투입되어 소비될 때 발생하는 원가
> • 노무원가(labor cost) : 생산 활동에 종사하는 인력의 소비로 발생하는 원가
> • 경비재료비와 노무비를 제외한 나머지 제조원가

㉡ 비제조원가

비제조원가(non-manufacturing cost)는 판매활동에 따른 원가, 일반관리활동에 따른 원가, 투자 및 재무활동에 따른 원가로 비용으로 기록되는 원가를 말한다.

② 추적가능성

㉠ 직접원가

직접원가(direct cost)는 특정 원가대상에 얼마의 원가가 발생하였는지를 경제적인 방법으로 직접 추적하고 인식할 수 있는 원가를 말한다. 카페라떼 한잔을 만드는데 투입된 원두의 원가, 우유의 원가가 직접원가에 해당된다.

㉡ 간접원가

간접원가(indirect cost)는 여러 원가대상에 공통적으로 발생된 원가로서 특정 원가대상에 경제적인 방법으로 직접 추적할 수 없거나 추적이 어려운 원가를 말한다. 생과일주스와 커피, 및 샌드위치를 판매하는 카페의 매니저의 인건비는 간접원가에 해당된다.

③ 변동가능성

㉠ 변동원가

변동원가(variable cost)는 조업도의 증감에 따라 총원가도 따라서 증감하는 원가를 말한다. 카페라떼 한 잔을 제조하기 위해서 우유 200ml가 투입되고 그 원가가 300원이라면, 카페라떼가 10잔을 제조하면 우유에 발생한 원가는 3,000원이 될 것이다. 이처럼 변동원가는 생산량에 단위당 원가를 곱한 금액으로 결정할 수 있다.

㉡ 고정원가

고정원가(fixed cost)는 조업도의 증감에 관계없이 일정한 범위 내에서는 총원가가 일정한 원가를 말한다. 카페의 임대료가 월 100만원이라고 가정하자. 이 100만원의 원가는 커피를 한 잔을 제조하거나 10잔을 제조하거나 동일한 고정원가이다.

④ 의사결정과의 관련성

　㉠ 매몰원가

　　매몰원가(sunk cost)는 이미 투입되어 회수할 수 없는 원가(= 비관련원가)를 말한다.

　㉡ 기회원가

　　기회원가(opportunity cost)는 의사결정 시 어느 한 대안을 택하고 다른 것을 포기했을 때 상실되는 원가(= 관련원가)를 말한다.

(3) 원가정보의 활용 – CVP 분석

원가는 변동가능성에 따라 고정원가와 변동원가로 구분할 수 있다는 점을 앞에서 살펴보았다. 변동가능성에 따른 원가구분은 원가관리나 가격결정과 같은 의사결정을 하는데 있어 활용될 수 있다. 원가(Cost)-조업도(Volume)-이익(Profit) 분석(CVP 분석)은 고정원가와 변동원가의 분류를 바탕으로 하는 의사결정모델로서 기업은 CVP 분석을 통해 손익분기점을 분석하고, 예산편성을 함으로써 단기적 의사결정을 할 수 있다.

① CVP 공식의 유도

　총수익은 다음과 같이 산출된다.

$$총수익 = 단위당\ 판매가격(P) \times 판매량(Q)$$

총원가는 변동가능성에 따라 변동원가와 고정원가로 구분할 수 있으며, 변동원가는 판매량에 따라 변화하므로 총변동원가는 단위당 변동원가(V) × 판매량(Q)으로 분해할 수 있다.

$$총원가 = 총변동원가 + 총고정원가$$
$$= 단위당\ 변동원가(V) \times 판매량(Q) + 총고정원가(F)$$

한편, 이익은 총수익에서 총원가를 차감한 것으로 정의할 수 있다. 총수익은 위에서 정의한 대로 단위당 판매가(P)에 판매량(Q)을 곱한 값이고, 총원가는 총변동원가 + 총고정원가로 정의할 수 있다. 이를 전개하면 다음과 같으며, 이를 정리한 마지막 공식을 CVP 식이라 한다.

$$이익 = 총수익 - 총원가$$
$$= PQ - (VQ + F)$$
$$= (P - V)Q - F \quad \Rightarrow\ 원가\text{-}조업도\text{-}이익(CVP)\ 식$$

② 공헌이익과 공헌이익률

　㉠ 공헌이익

　　CVP식을 이해하기 위해서는 공헌이익(contribution margin)에 대한 이해가 필요하다. 우리는 전통적인 포괄손익계산서에서 매출액과 매출원가를 차감하여 매출총이익(gross margin)이라는 항목을 계상한 바 있다. 또한 매출총이익에서 판매비와 관리비를 차감하여 영업이익(operating income)을 계산하였다. 공헌이익은 매출액(총수익)에서 총변동원가를 차감하고 남은 금액을 의미한다. 위의 식에서 (P-V)Q에 해당하는 부분이다. 공헌이익이 크면 클수록 고정원가를 빠르게 회수할 수 있고 나아가 이익을 얻을 수 있다. 공헌(contribution)이라는 용어가 사용되는 이유도 여기에 있다. 다음은 전통적인 포괄손익계산서와 공헌이익 포괄손익계산서를 비교한 것이다.

전통적인 포괄손익계산서		공헌이익 포괄손익계산서	
매출액	XXX	매출액	XXX
매출원가	(XXX)	변동원가	(XXX)
		변동제조원가	
		변동판매비와관리비	
매출총이익	**XXX**	**공헌이익**	**XXX**
판매비와관리비	(XXX)	고정원가	(XXX)
		고정제조원가	
		고정판매비와관리비	
영업이익	XXX	영업이익	XXX
.	.	.	.
.	.	.	.
.	.	.	.
포괄손익	XXX	포괄손익	XXX

공헌이익은 (P-V)Q처럼 총액으로 표시하기도 하지만 CVP 분석을 하는데 있어서는 주로 단위당 공헌이익(Unit Contribution Margin ; UCM)을 사용한다. 즉 PQ를 사용한다. 이를 식으로 다시 정리하고, 이익을 공헌이익을 활용하여 구하면 다음과 같다.

> 단위당 공헌이익(UCM) = 단위당 판매가격(P) − 단위당 변동원가(V)
> 이익 = 공헌이익 − 고정원가
>   = 단위당 공헌이익(UCM) × 판매수량(Q) − 고정원가(F)

ⓛ 공헌이익률

공헌이익은 단위당 공헌이익 외에도 비율로도 나타낼 수 있으며, 이를 공헌이익률(Contribution Margin Ratio ; CMR)이라고 한다. 공헌이익률은 단위당 공헌이익을 단위당 판매가격으로 나누어 구하며, 이는 총공헌이익을 총수익으로 나누어 구할 수도 있다.

$$\text{공헌이익률} = \frac{\text{단위당 공헌이익(UCM)}}{\text{단위당 판매가격(P)}} = \frac{\text{총공헌이익(CM)}}{\text{총수익(TR)}}$$

③ 손익분기점

CVP 분석의 꽃은 손익분기점이라 할 수 있다. 손익분기점(Break-Even Point ; BEP)은 총수익과 총원가가 일치하는 판매량 또는 매출액으로서 이익도 손실도 기록되지 않는 조업도의 크기를 의미한다. 손익분기점은 판매량(BEP_Q)과 매출액(BEP_₩)으로 구할 수 있으며, 기업은 손익분기점보다 높은 조업도 수준을 초과해야만 그때부터 이익을 낼 수 있다. 손익분기점 판매량은 고정원가를 단위당 공헌이익으로 나누어 구할 수 있으며, 손익분기점 매출액은 고정원가를 공헌이익률로 나누어 구할 수 있다.

$$\text{손익분기점 판매량(BEP}_Q) = \frac{\text{고정원가(F)}}{\text{단위당 공헌이익(UCM)}}$$

$$\text{손익분기점 매출액(BEP}_₩) = \frac{\text{고정원가(F)}}{\text{공헌이익률(CM\%)}}$$

손익분기점은 이익이 0인 판매량 수준, 혹은 매출액 수준을 말하므로 다음과 같은 공식이 성립된다. 따라서 공헌이익보다 고정원가가 큰 경우에는 손실이 발생하고, 공헌이익보다 고정원가가 작은 경우에는 이익이 발생하게 된다.

공헌이익 − 고정원가 = 0   → 공헌이익 = 고정원가
공헌이익 < 고정원가   → 손실 발생
공헌이익 > 고정원가   → 이익 발생

④ 손익분기점 계산의 응용

㉠ 목표달성을 위한 조업도 계산

사실상 경영자는 손익분기점을 추구하기보다는 일정한 목표이익(Target Income ; TI)을 달성하기 위해 실현해야 할 판매량 또는 매출액에 대해 관심을 갖는다. 목표이익은 총수익에서 총원가를 차감한 금액이므로 다음 식이 성립한다.

$$\text{목표이익(TI)} = \text{공헌이익} - \text{고정원가}$$

위의 식으로부터 목표이익 달성을 위한 판매량(TI_Q)은 다음과 같다.

$$TI_Q = \frac{F + TI}{P - V(= UCM)}$$

손익분기점의 경우와 마찬가지로 목표이익 달성을 위한 매출액(TI_₩)을 구하기 위해서는 단위당 공헌이익 대신 공헌이익률로 나누면 된다.

$$TI_\text{₩} = \frac{F + TI}{CM\%}$$

ⓛ 세금을 고려한 계산

이익을 추구하는 기업은 실현한 이익에 대해 세금을 내야한다. 원가회계에서는 문제의 분석을 단순화하기 위해 단일세율 구조를 감안하여 세전이익(엄밀하게는 세전영업이익)에 일정한 세율(r)을 적용하여 세후이익을 구한다. 세금변수가 CVP모델에 추가될 경우, 손익분기점에서는 세전이익이 영(Zero)인 바 세후이익도 영으로 세금이 미치는 효과는 없다. 그러나 목표이익이 세후목표이익으로 제시될 경우 앞서 소개한 목표이익을 달성하기 위한 조업도 산출공식을 적용하기 위해서는 목표이익 식을 이용하여 세후목표이익을 세전목표이익으로 바꾸어야 한다.

세후이익 = 세전이익 − 세금
　　　　 = 세전이익 − 세전이익 법인세율
　　　　 = 세전이익(1 − 법인세율)

→ 세전이익 = $\dfrac{\text{세후이익}}{1 - \text{법인세율}}$

따라서 앞서 소개했던 세전목표이익을 달성하기 위한 판매량 대신 세후목표이익을 달성하기 위한 판매량은 세전이익 식을 이용하여 세전목표이익을 계산한 후 이를 세후이익 공식에 대입함으로써 구한다. 이렇게 하여 구해진 공식은 다음과 같다.

세후목표이익 달성을 위한 판매량

$$= \frac{\text{고정비} + \dfrac{\text{세후이익}}{1 - \text{법인세율}}}{\text{단위당 공헌이익}} = \frac{\text{세전이익} + \text{총고정원가}}{\text{단위당 공헌이익}}$$

05 | CHAPTER 05 회 계
출제예상문제

#재무회계, #관리회계

01 다음 중 재무회계에 대한 설명으로 옳지 않은 것은?

① 투자자와 채권자와 같은 외부이용자를 위한 회계이다.
② 기업의 과거활동의 결과만을 반영한다.
③ 회계기준에 구속되지 않는다.
④ 산출된 회계정보를 의무적으로 공시하여야 한다.
⑤ 재무제표가 주된 정보 제공의 수단이다.

해설

재무회계는 외부정보이용자의 의사결정을 위한 회계정보를 제공하는 회계분야이다. 외부정보이용자로는 대표적으로 투자자와 채권자가 있다. 외부정보이용자를 위한 회계이기 때문에 경영자는 회계기준에 맞게 정보를 산출하여야 하며, 산출된 정보는 재무제표로 작성되어 공인회계사로부터 감사를 받은 뒤 의무적으로 공시하여야 한다. 재무회계에서 산출되는 회계정보는 기업의 과거활동의 대한 정보를 수록하기 때문에 계획이나 예산과 같은 미래계획에 관한 정보를 제공하기도 하는 관리회계와는 차이를 보인다.

#거래, #경제적 사건

02 다음 중 회계상의 거래에 해당되는 것은?

① 기계장치를 1억원에 취득하기로 계약을 체결하다.
② 상품 3억원을 주문하다.
③ 월급 200만원을 지급하기로 하고 신입사원 2명을 채용하다.
④ 장부가액 5억원인 공장이 화재 발생으로 소실되다.
⑤ 거래처에서 현금 ₩1,000,000을 차입하기로 약속하다.

해설

회계상의 거래는 일상생활에서의 거래와 차이가 있다. 계약, 약속, 주문은 일상생활에서는 거래로 생각되지만 회계상에서는 거래에 해당하지 않는다. 회계상의 거래는 자산, 부채, 자본의 증감에 영향을 미쳐야 하며 그 영향이 금액으로 측정 가능해야 한다. ①, ②, ③, ⑤는 계약, 약속 주문에 해당되며 금액으로 측정이 가능하나 자산이나 부채, 자본에 미치는 영향이 발생하지 않았기 때문에 회계상의 거래라 할 수 없다.

03 'K-IFRS'에서 규정하고 있는 기본 재무제표가 아닌 것은?   꼭 나오는 유형 *

① 재무상태표   ② 이익잉여금처분계산서
③ 현금흐름표   ④ 자본변동표
⑤ 포괄손익계산서

해설

K-IFRS하에서 규정하고 있는 기본재무제표는 재무상태표, 포괄손익계산서, 현금흐름표, 자본변동표, 주석으로 구성된다. 이익잉여금처분계산서는 K-IFRS가 도입되기 이전의 GAAP에서 재무제표에 포함되었으나 K-IFRS에서는 이를 제외하고 있다.

오답 노트

이익잉여금처분계산서는 말 그대로 이익잉여금의 처분 내용을 보여주는 표이다. 우리나라에서는 현재 중소기업회계기준에서 재무제표 범주안에 포함하고 있으나, K-IFRS와 일반기업회계기준에서는 이를 재무제표로 포함하지 않고 있다. 다만, 상법에서는 이를 요구하고 있어, 주석에 공시하고 있다.

04 재무정보의 질적 특성에 관한 설명으로 옳지 않은 것은?

① 중요성은 개별 기업 재무보고서 관점에서 해당 정보와 관련된 항목의 성격이나 규모 또는 이 둘 모두에 근거하여 해당 기업에 특유한 측면의 목적적합성을 의미한다.
② 충실한 표현이 되기 위해서는 서술이 완전하고, 중립적이며, 오류가 없어야 한다.
③ 보강적 질적 특성은 만일 어떤 두 가지 방법이 현상을 동일하게 목적적합하고 충실하게 표현하는 것이라면 이 두 가지 방법 가운데 어느 방법을 현상의 서술에 사용해야 할지를 결정하는 데에도 도움을 줄 수 있다.
④ 단 하나의 경제적 현상을 충실하게 표현하는데 여러 방법이 있을 수 있으나 동일한 경제적 현상에 대해 대체적인 회계처리방법을 허용하면 비교가능성이 감소한다.
⑤ 일관성은 한 보고기업 내에서 기간 간 또는 같은 기간 동안에 기업 간, 동일한 항목에 대해 동일한 방법을 적용하는 것을 의미하므로 비교가능성과 동일한 의미로 사용된다.

해설

일관성은 비교가능성과 관련은 되어 있지만 동일하지는 않다. 일관성은 한 보고기업 내에서 기간 간 또는 같은 기간 동안에 기업 간, 동일한 항목에 대해 동일한 방법을 적용하는 것을 말한다. 비교가능성은 목표이고 일관성은 그 목표를 달성하는 데 도움을 준다.

#재무제표, #작성책임

05 재무회계는 궁극적으로 재무제표를 작성함으로써 회계정보이용자의 의사결정에 유용한 정보를 제공하는 것을 목적으로 한다. 이러한 재무제표의 작성책임은 누구에게 있는가?

① 공인회계사 ② 경영자
③ 종업원 ④ 금융감독원
⑤ 주 주

해설

재무제표 작성의 책임은 경영자에게 있다. 공인회계사는 경영자가 작성한 재무제표 감사에 대한 책임을 갖는다. 종업원은 실질적으로 회계정보를 산출하는 역할을 할 수는 있지만 최종적 책임은 경영자가 진다. 금융감독원은 공인회계사를 감리하는 역할을 하며, 주주는 주주총회에서 작성된 재무제표를 보고받는다.

#발생주의

06 (주)서울은 10월 2일에 9월분 광고선전비 ₩125,000을 지급하였으며, 10월중에 발생한 전기료 ₩370,000은 10월중에 지급하였다. 10월분 인건비 ₩1,250,000은 11월 10일에 지급되었다. 발생주의 회계를 적용하여 10월의 총비용을 계산하면 얼마가 되는가?

① ₩370,000 ② ₩495,000
③ ₩1,375,000 ④ ₩1,620,000
⑤ ₩1,745,000

해설

발생주의 하에서 비용을 인식하는 방법에는 크게 세 가지가 있으나 이 문제를 풀기 위해서 비용은 현금이 유출되는 때가 아닌 실제로 발생하였을 인식함을 기억하면 된다. 10월 2일에 지출된 광고선전비는 실제로 9월에 발생한 것이므로 9월 비용에 해당된다. 10월 중에 발생하여 지급한 전기료 370,000원은 10월의 비용이다. 10월에 발생하였으나 지급되지 않은 인건비 1,250,000원은 지급만 되지 않았을 뿐 10월에 발생한 비용이므로 10월의 비용에 해당된다. 따라서 10월의 총비용은 370,000원 + 1,250,000원 = 1,620,000원이다.

07 다음은 (주)세종에서 발생한 사건을 정리한 것이다. 발생주의 회계에 따르면 수익을 인식해야 할 날짜는 언제인가? 😊 **나오는 유형** *

> 5월 2일 : (주)대전에게 1억원의 제품을 납품하기로 약속하다.
> 5월 13일 : 5월 25일에 제품을 납품하기로 하고 제품 납품에 대한 계약서를 작성하다.
> 5얼 25일 : 생산차질로 제품의 인도가 지연되다.
> 6월 10일 : 제품을 (주)대전에게 인도하다.
> 6월 20일 : (주)대전으로부터 제품대금을 1억원을 현금으로 수취하다.

① 5월 2일   ② 5월 13일
③ 5월 25일   ④ 6월 10일
⑤ 6월 20일

해설

발생주의 하에서 기업은 고객에게 재화를 인도하거나 용역을 제공하고 그 대가로 현금이나 현금청구권을 받았을 때 수익을 인식한다. (주)세종은 (주)대전에게 제품을 납품하기로 약속한 것과 계약서의 작성, 제품 인도의 지연은 회계상의 거래가 아니므로 기록되지 않는다. 수익은 실제로 (주)세종이 (주)대전에게 재화의 인도를 완료할 때 인식할 수 있다.

08 재고수량이 증가하는 가운데 물가가 상승할 때, 기업의 현금흐름의 크기를 나타낸 것은?(단, 법인세는 존재하지 않는다고 가정한다)

① 선입선출법 > 이동평균법 > 후입선출법
② 선입선출법 < 이동평균법 < 후입선출법
③ 선입선출법 = 이동평균법 = 후입선출법
④ 선입선출법 < 후입선출법 < 이동평균법
⑤ 선입선출법 > 후입선출법 > 이동평균법

해설

재고수량이 계속해서 증가하고 물가가 상승할 때, 기말재고자산의 크기는 선입선출법>이동평균법>후입선출법 순으로 나열될 수 있다. 선입선출법은 가장 최근에 매입한 즉, 가장 비싸게 매입한 재고자산이 팔리지 않고 남아있다고 가정하는 방법이기 때문이다. 반면에 기말재고자산 금액이 가장 크게 계상되는 만큼 매출원가는 가장 적게 계상되어 이익은 가장 높게 나타난다. 법인세가 존재한다면 선입선출법을 적용한 기업이 높은 이익으로 인해 가장 많은 법인세를 납부하겠지만 이 문제에서는 법인세가 존재하지 않으므로 어떤 방법을 적용하든 현금흐름은 같게 나타난다. 원가흐름의 가정은 어디까지나 가정이지 실제 흐름과는 일치하지 않기 때문이다.

09 물가가 지속적으로 상승하고, 재고자산의 수량이 일정하게 유지된다면 매출총이익이 가장 작게 나타나는 재고자산평가방법은 무엇인가?

① 선입선출법   ② 후입선출법

③ 이동평균법   ④ 가중평균법

⑤ 모두 같다.

해설

매출총이익은 매출액에서 매출원가를 차감하여 구할 수 있다. 물가가 상승하는 경우 매출원가가 가장 높게 계상되는 방법은 후입선출법이다. 후입선출법은 가장 최근에 매입한 즉, 가장 비싸게 매입한 재고자산이 먼저 판매되었다고 가정하기 때문이다. 매출원가가 가장 높게 계상된다면 매출총이익은 가장 적게 계상될 것이다.

10 X1년도 9월 1일, 기계장치 ₩40,000,000에 취득하여 정액법(잔존가치 : 취득원가의 10%, 내용연수 : 8년)으로 감가상각 할 경우, 첫 해 인식할 감가상각비는 얼마인가?

① ₩1,500,000   ② ₩4,000,000

③ ₩4,500,000   ④ ₩5,000,000

⑤ ₩5,500,000

해설

정액법은 감가상각비가 매년 같게 계산되는 방법이다. 정액법을 이용한 감가상각비는 (취득원가 − 잔존가치)/내용연수 공식을 통해 쉽게 구할 수 있다. 즉, (₩40,000,000 − ₩40,000,000 × 10%)/8 = ₩4,500,000이다. 그러나 이 문제에서는 기계장치의 취득일이 9월 1일이므로 ₩4,500,000을 X1년도의 감가상각비로 계상해서는 안 된다. 감가상각대상자산의 취득일이 기중에 있을 경우 월할계산하여 감가상각비를 계상한다. 따라서 ₩45,000,000 × 4개월/12개월 = ₩1,500,000

#감가상각, #정액법, #정률법, #연수합계법, #이중체감법

11 내용연수가 3년인 기계를 감가상각 할 때 감가상각자산을 취득한 연도의 감가상각비가 가장 적게 계상되는 방법은 무엇인가?

① 정액법   ② 연수합계법

③ 정률법   ④ 이중체감법

⑤ 알 수 없다.

해설

정액법은 내용연수동안 같은 감가상각비를 계상하는 방법이지만 가속상각법은 내용연수 초기에는 많은 감가상각비를 인식하고, 내용연수 후기로 갈수록 감가상각비를 적게 인식하는 방법이다. 다라서 감가상각을 취득한 연도에는 가속상각법에 의해 계산된 감가상각비보다 정액법에 의해 계산된 감가상각비가 적게 나타난다.

#무형자산, #영업권 #상각

12 무형자산에 관한 설명으로 옳지 않은 것은?   꼭 나오는 유형 *

① 물리적 실체가 없는 자산으로 보통은 잔존가치가 없는 것으로 본다.

② 식별가능성, 통제가능성, 미래 경제적 효익의 조건을 충족하면 무형자산으로 볼 수 있다.

③ 영업권은 기업의 인수·합병의 결합으로 인해 발생하는 무형자산이다.

④ 무형자산의 상각방법은 정액법만을 허용한다.

⑤ 무형자산의 종류에는 산업재산권, 개발비, 저작권 등이 있다.

해설

무형자산의 상각은 합리적이고 체계적인 방법이라면 사실상 모든 방법이 허용된다. 개발비는 비용으로 오해하기 쉬우나 무형자산의 계정 중 하나임을 명심하자.

#CVP분석

13 서희회사는 자동차부속품 30,000단위를 시중에 판매할 것을 계획하고 있다. 이때 고정비는 ₩3,000,000이고 변동비는 매출액의 60%라고 하자. ₩2,000,000의 영업이익을 실현하기 위해서는 단위 당 판매가격을 얼마로 설정해야 하는가?

① ₩125.00 ② ₩166.77
③ ₩277.77 ④ ₩312.50
⑤ ₩416.67

해설

목표이익을 실현하기 위한 판매가격을 얼마로 설정해야 하는지를 묻고 있다.

영업이익 = 매출액 − 변동비 − 고정비

위의 공식에 예제를 대입하면 다음과 같다.

(30,000개 × 판매가격(P)) − (0.6 × 30,000개 × 판매가격(P)) − (₩3,000,000) = ₩2,000,000

판매가격(P) = 416.67

#CVP분석

14 (주)세무항공은 항공기 1대를 이용하여 김포와 제주 간 노선을 주 5회 왕복운항하고 있으며, 이 항공기의 좌석수는 총 110석이다. 이 노선의 1매당 편도요금은 ₩30,000이고, 항공권을 대행판매하는 여행사에 판매된 요금의 3%가 수수료로 지급되며, 항공권 1매당 예상되는 기내식사비용은 ₩1,100이다. 편도운항당 연료비는 ₩700,000이 소요되고, 비행설비임차료와 공항사용료는 매주 ₩4,800,000이며, 승무원 급여와 복리수행비는 매주 ₩7,800,000이 발생한다. (주)세무항공이 손익분기점에 도달하기 위해 매주 최소 판매해야 할 항공권 수량은?(단, 항공권은 편도기준으로 여행사를 통해서만 판매된다)

① 475매 ② 575매
③ 600매 ④ 700매
⑤ 775매

해설

손익분기점에 도달하기 위한 판매수량(BEP$_Q$)을 묻는 문제이다.

BEP$_Q$ = 고정원가/단위당 공헌이익이다.

단위당 공헌이익 = 단위당 판매가격 − 변동비이므로

단위당 공헌이익 = ₩30,000 × (1 − 0.03) − ₩1,100 = ₩28,000

고정비 = ₩7,800,000 + ₩4,800,000 + (₩700,000 × 2 × 5회) = ₩19,600,000

손익분기점 = ₩19,600,000/₩28,000 = 700매

15 (주)한국은 개당 ₩100에 호빵을 팔고 있으며, 사업 첫 달의 매출액은 ₩10,000, 총변동비는 ₩6,000, 총고정비는 ₩2,000이다. 이에 대한 설명으로 옳지 않은 것은?(단, 기초재고와 기말재고는 동일하다)

① 공헌이익률은 60%이다.
② 단위당 공헌이익은 ₩40이다.
③ 손익분기점 매출액은 ₩5,000이다.
④ 매출이 ₩8,000이라면 이익은 ₩1,200이다.
⑤ 손익분기점 판매수량은 50개이다.

해설

공헌이익률 = 1 − 변동비/매출액 = 1 − ₩6,000/₩10,000 = 0.4(40%)
단위당 공헌이익 = ₩100 − ₩6,000/100개 = ₩40
BEP_W = ₩2,000/40% = ₩5,000
TI_W = 2,000 + 1,200/40% = ₩8,000
BEP_Q = ₩2,000/₩40 = 50개

16 다음은 (주)시후의 공헌이익계산서이다. 회사는 다음연도 목표이익을 ₩120,000으로 계획하고 있다. 이를 달성하기 위해 (주)시후는 제품을 몇 개 판매해야 하는가?(단 제품의 단위당 판매가격은 ₩100이다)

매출액	₩1,000,000
변동원가	700,000
공헌이익	₩300,000
고정원가	240,000
영업이익	₩60,000

① 12,000개   ② 13,000개
③ 14,000개   ④ 15,000개
⑤ 16,000개

해설

판매량 = ₩1,000,000 / ₩100(개) = 10,000개
단위당 공헌이익 : ₩300,000/10,000개 = ₩30/개
목표이익 판매량(₩240,000 + 120,000) ÷ ₩30/개 = 12,000개

17

#현금흐름

해마다 매출액이 증가하는 기업으로 매출을 통한 투자를 하지만, 내부 현금만으로는 충분치 않아 부채를 끌어오는 성장 기업의 현금흐름을 나타낸 것은? 잘 나오는 유형 *

번 호	영업활동으로 인한 현금흐름	투자활동으로 인한 현금흐름	재무활동으로 인한 현금흐름
①	+	−	−
②	+	−	+
③	−	−	−
④	−	+	+
⑤	−	+	+

해설

영업활동으로 인한 현금흐름 : 매출액이 증가 → 현금유입
투자활동으로 인한 현금흐름 : 투자증가 → 현금유출
재무활동으로 인한 현금흐름 : 부채를 끌어옴 → 현금유입

18

#기회원가, #매몰원가

다음은 신인가수 발굴 오디션에서 일어난 심사위원과 지원자 허박의 인터뷰 내용이다. 의사결정 기초개념과 관련하여 밑줄 친 ㉠, ㉡에 가장 적절하게 대응되는 용어는 무엇인가?

> 심사위원 : 오디션에 합격하면 ㉠ 현재의 직장을 포기해야 하는데도 가수를 하실 생각이신가요?
> 허박 : 과거에 ㉡ 직장에 들어가기 위해 많은 노력을 했습니다. 하지만, 오디션에 합격하면 어릴적 꿈이었던 가수로서 제2의 인생을 살고 싶습니다.

	㉠	㉡
①	기회원가	공헌이익
②	지출원가	기회원가
③	기회원가	매몰원가
④	매몰원가	기회원가

해설

기회원가는 현재 사용중인 재화·용역 또는 생산설비가 현재의 용도 이외의 다른 대체안 중 최선의 대체안에 사용되었을 때의 가치를 말하며, 매몰원가는 과거의 의사결정에 의해 이미 발생된 지출로서 현재의 의사결정과 관련이 없는 원가를 말한다.

19 A회계법인은 회계사들에게 지급하는 노트북을 ₩1,500,000(추정내용연수 4년, 추정잔존가치 10%, 정액법에 의한 감가상각)에 구입하여 2년 동안 사용하다가 신형 노트북(취득원가 ₩1,700,000)로 대체할 것인지에 의사결정을 하고자 한다. 신형 노트북으로 대체할 경우 기존 노트북의 처분금액은 ₩600,000으로 추정된다. 다음 중 노트북의 대체 의사결정 시 관련원가 (relevant cost)에 해당하는 것으로 옳은 것은?

> (가) 기존 노트북의 취득원가
> (나) 기존 노트북의 장부금액
> (다) 기존 노트북의 처분금액
> (라) 신형 노트북의 취득원가

① (가), (나)   ② (가), (다)
③ (나), (라)   ④ (다), (라)

해설

기존 노트북의 취득원가와 장부금액은 비관련원가이다. 단, 세금이 존재하며 기존 노트북의 장부금액과 처분가치가 다를 경우 기존 노트북 처분시점의 장부금액은 관련원가이다.

🔍 신문기사를 통해 경제·경영학적인 시야 기르기!

경영 05

"가상화폐도 금융자산 … 주식처럼 세금공제를"

2021. 09. 14 매일경제

코인시장 제도권 진입

더불어민주당이 비트코인 같은 가상자산에 대한 과세 방안을 재검토할 가능성을 시사하면서 가상자산 성격을 어떻게 규정할지에 대한 논란이 재점화됐다. 정부는 가상자산을 무형자산으로 보고 기타소득을 부과하도록 세법을 개정했지만, 여당을 비롯해 학계에서도 금융자산으로 봐야 한다는 목소리가 나오고 있어 논쟁이 거세질 것으로 전망된다.

오문성 한양여대 교수(한국조세정책 학회장)는 최근 한국조세연구포럼 하계학술대회에서 '바람직한 가상자산 과세 방안'을 주제로 한 발표에서 가상자산을 금융자산으로 보고 금융투자소득 과세를 해야 한다고 주장했다. 오 교수는 가상자산이 회계적으로 무형자산보다 금융자산에 가깝지만 새로운 형태의 자산이기 때문에 국제회계기준(IFRS)의 정의를 만족시키지 못해 무형자산으로 분류되고 있다고 설명했다. IFRS는 가상자산을 무형자산으로 인정하고 있다. 무형자산은 특허권처럼 물리적 실체는 없지만 식별이 가능한 비화폐성 자산으로, 미래에 경제적 이익으로 유입될 수 있는 자산을 뜻한다. 정부도 이 같은 해석을 반영해 가상자산에 기타소득을 적용한 것이다.

하지만 오 교수는 "가상자산의 차익은 계속·반복적으로 매매하는 사업소득에 가깝고 현실적으로 주식 등의 매매와 유사하다"라며 "가상자산을 신종 금융자산으로 인정한다는 전제에서 금융투자소득으로 과세하는 합리적 방법으로 개선될 수 있을 것"이라고 주장했다. 정부안에 따르면 내년부터 발생하는가상자산의 양도차익에 기타소득으로 20% 세금을 부과하게 된다. 이 경우 기본공제액은 250만원에 그친다. 반면 민주당이 시사한 대로 가상자산을 금융소득으로 분류하면 기본공제액이 250만원에서 금융소득 합산 5,000만원으로 수직 상승하게 된다. 세율 측면에서도 금융투자소득은 과세표준 3억원 이하는 20%, 3억원 초과는 25%가 적용되기 때문에 금융소득으로 분류하면 납세자는 상당히 유리해진다. 학계에서는 가상자산을 기타소득으로 과세할 경우 양도차익에는 세금을 매기고, 양도차손에 대한 이월결손금은 이월공제가 적용되지 않는다는 문제가 있다는 지적도 제기된다. 여당 내부에서는 과세 적용 시기를 1년 유예하자는 의견도 나온 것으로 전해졌다. 현재 개정된 세법상으로는 내년에 발생하는 소득분부터 2023년에 과세하는 것으로 돼 있는데, 2023년 소득분에 대해 이듬해인 2024년부터 과세하자는 것이다. 정부는 여전히 가상자산 양도차익을 기타소득으로 분류해야 한다는 입장이어서 향후 당정 간 의견 조율 결과가 주목된다.

가상화폐에 대한 제도화가 추진되고 있다는 내용이다. 그 가운데 가상화폐를 어떻게 규정할지에 대한 부분이 논의되고 있다. 학계에서는 금융자산으로 보고 금융 투자소득으로 과세해야 한다는 입장을, 정부는 무형자산이므로 기타소득을 부과해야 한다는 의견이 나오고 있다. 정부 의견의 근거는 금융자산에 가깝지만 국제회계기준을 충족하지 못하기 때문에 무형자산이라는 것이다. 이에 대해 학계에서는 충분히 현존하는 틀로 과세할 수 있음을 설명하고 있다. 최근 가상화폐 투자가 활발한 요즘 주목할 만한 기사이다.

06 | 재 무

01 재무제표 분석의 의의와 목적

1. 재무제표 분석의 의의

「제5장 회계」에서는 회계정보를 이용하려는 사람에게 해당 기업의 재무상태와 경영성과 등을 전달하기 위한 수단인 재무제표를 작성하는 방법에 대해 살펴보았다. 이번 장에서는 기업이 작성하여 공시한 재무제표를 분석하는 방법에 대해 살펴본다. 경영분석이라고도 불리는 재무제표 분석(financial statement analysis)이란 기업이 보고한 재무제표를 여러 가지 분석적 방법에 의하여 검토함으로써 기업의 현재·과거의 경영성과 및 재무상태의 좋고 나쁨을 판단하고 나아가 미래의 성과를 예측하는 방법을 말한다. 회계는 기업의 언어(language of business)라고도 한다. 하지만 회계의 결과물인 재무제표에 표기되어 있는 수치 그 자체에 큰 의미를 부여하는 것은 옳지 않을 수 있다. 투자의 귀재로 잘 알고 있는 워렌 버핏(Warren Buffett)이 매출액이나 영업이익 그 자체에 큰 의미를 두기 보다는 비율이나 이익추세에 주목한다는 점은 이미 널리 알려진 사실이다. 이처럼 우리가 회계정보 즉, 재무제표를 정확하게 이해하기 위해서는 재무제표의 숫자를 그대로 받아들이는 것이 아니라 제대로 된 분석이 필요하다.[1]

2. 재무제표 분석의 목적

재무제표는 재무상태표, 포괄손익계산서, 현금흐름표, 자본변동표, 그리고 주석으로 구성되어 있으며 이들 재무제표는 각각 해당 기업의 재무상태, 경영성과, 자본변동, 현금흐름 정보를 회계정보이용자에게 제공한다. 그러나 회계정보이용자가 해당 기업의 정보를 효과적으로 파악하기 위해서는 재무제표의 숫자들이 의미하는 바를 보다 면밀히 살펴볼 필요가 있는데 정보이용자가 기업을 파악하기 위해서는 재무제표의 항목이나 수치 자체 보다는 각 항목 간의 관계, 변동 방향과 크기가 더 중요한 의미를 갖기 때문이다. 이처럼 재무제표 분석은 재무제표에 나타난 수치를 여러 가지 방법으로 분석함으로써 기업의 경영활동을 평가하고 유의미한 정보를 파악하는 데 목적을 둘 수 있다.

---

[1] 재무제표 분석을 위한 기업의 재무제표는 금융감독원 전자공시시스템(dart.fss.or.kr)에서 찾아볼 수 있다.

02 재무제표 분석의 종류

재무제표를 분석하는 방법에는 추세 분석, 수직적 분석, 횡단면 분석, 재무비율 분석 등이 있다. 이 중에서 널리 활용되는 방법은 재무비율 분석이다. 본 절에서는 추세 분석과 수직적 분석에 대해 간단히 소개하며, 비율 분석에 대해서는 다음 절에서 자세히 살펴보기로 한다.

1. 추세 분석(trend analysis)

현재 재무제표의 수치를 과거와 비교하여 그 기업의 여러 가지 비율이 어떠한 추세를 가지고 변화하여 왔는가를 관찰함으로써 미래를 예측하려는 분석방법이다. 추세를 분석하는 방법에는 시계열 분석법과 수평적 분석이 있다.

(1) 시계열 분석(time-series analysis)

두 기간 이상에 걸쳐 재무제표를 분석하는 방법으로서 분석의 대상이 되는 기업의 과거추이를 살펴봄으로써 미래에 대한 추세를 예측하는데 유용한 정보를 제공한다.

(2) 수평적 분석(horizontal analysis)

기준연도의 각 항목을 100으로 놓고 그 이후나 이전 연도의 항목을 기준연도에 대한 비율로 표시하여 분석하는 방법이다. 예를 들어 기준연도의 매출액이 200억원이고 비교연도의 매출액이 250억원이라면 기준연도의 매출액을 100으로 놓으면 비교연도의 매출액은 125억원으로 환산하여 분석한다.

2. 수직적 분석(vertical analysis)

(1) 정 의

어느 한 시점의 재무제표 상에 있는 항목들을 서로 비교함으로써 각 항목들의 의미를 해석하는 방법이다. 수직적 분석을 수행하기 위해서는 재무상태표와 포괄손익계산서를 백분율로 나타내야 한다. 예를 들어, 포괄손익계산서에 매출액이 100억원이고 당기순이익이 5억원으로 보고되었다면, 매출액을 100%로 하고, 당기순이익은 5%로 표시한다.

(2) 특 징

금액이 아닌 백분율로 구성을 바꾸게 되면 포괄손익계산서의 매출액을 기준으로 각각의 항목들이 차지하는 비율이 얼마나 되는지를 한 눈에 비교할 수 있으며, 기업규모가 상이한 여러 기업 간의 비교도 용이해진다. 또한, 과거의 수치와 비교함으로써 각 항목들의 구성이 어떻게 변화하고 있는지 추세 분석 또한 가능하다.

3. 횡단면 분석(cross-sectional analysis)

(1) 정 의

특정시점에서 동일업종 내의 다른 기업과 재무제표의 금액을 비교하는 방법이다. 재무제표를 분석하는데 있어 한 기업의 과거와 현재만을 비교하기 보다는 경쟁업체나 동종 업종의 선도기업, 또는 기업이 속한 산업의 평균과 적절한 비교를 해야 할 필요가 있다. 따라서 횡단면 분석을 벤치마킹(benchmarking)이라고도 한다.

(2) 특 징

횡단면 분석을 활용하면 기업 내부에도 유용한 정보를 제공할 수 있다. 기업은 산업평균이나 동종 산업 내 선도기업의 수치를 벤치마킹하여 경영전략을 수립하거나 성과평가의 기준으로 삼을 수 있다. 이러한 횡단면 분석은 앞서 살펴본 추세 분석이나 수직적 분석과 병행하여 사용하면 더욱 효과적이다.

4. 재무비율 분석

(1) 재무비율과 재무비율 분석

재무비율(financial ratio)은 재무제표 상에 표기된 관련 항목들을 서로 대응시켜 산정된 비율을 말하며, 재무비율 분석(financial ratio analysis)이란 분석 목적에 따라 산출한 재무비율을 통하여 기업의 재무상태나 경영성과를 평가하는 분석 방법을 말한다.

(2) 특 징

비율 분석은 간편하게 사용할 수 있다는 장점이 있어 오래전부터 재무제표 분석방법으로 널리 사용되고 있다. 재무비율에는 절대적인 기준이 존재하지 않기 때문에 산출된 재무비율과 비교하여 분석할 수 있는 기준이 있어야 한다. 따라서 비율 분석을 수행 할 때에는 한 기업의 여러 기간 동안의 비율을 비교하는 추세 분석을 수행하거나 당해 기업의 비율을 산업 내 선도기업이나 산업평균과 비교하는 횡단면 분석을 활용하는 것이 일반적이며, 정책 상 절대기준이 존재하는 경우에는 해당 기준과 비교하여 분석 할 수 있다.

(3) 재무비율의 구분

재무비율은 크게 다섯 가지로 구분할 수 있다. 기업의 재무정책에 관한 정보를 분석하는 안정성, 기업이 보유하고 있는 자산을 얼마나 효율적으로 활용하였는지를 나타내는 활동성(또는 효율성이라고도 한다), 기업이 영업활동을 통해 얼마만큼의 이윤을 남겼는지를 평가하는 수익성, 얼마만큼 성장하였는지를 나타내는 성장성, 그리고 시장가치와 관련된 비율이 있다.

1. 안정성 비율

안정성 비율은 기업의 단기채무를 상환할 수 있는 능력을 측정하는 유동성 비율(liquidity ratio)과 장기채무지급능력을 측정하는 레버리지 비율(leverage ratio)을 포함하는 기업의 채무상환능력을 나타내는 비율이다. 유동성에 대한 구체적인 분석은 재무상태표 작성일 기준으로 1년 이내에 만기가 도래하는 유동부채를 갚을 수 있는 능력이 되는지를 살펴본다. 이 능력이 확보되지 않으면 기업은 부도사태에 직면할 수 있다. 단기채무지급능력을 분석하기 위한 유동성 관련 비율에는 유동비율과 당좌비율, 현금비율 등이 있다.

(1) 유동비율(current ratio)

① 정 의

1년 이내 현금화가 가능한 유동자산을 1년 이내에 만기가 도래하는 유동부채로 나눈 값으로, 단기채무 대비 유동성 자산이 몇 배가 되는지를 평가함으로써 단기채무상환능력을 판단하는 비율이다.

$$유동비율 = \frac{유동자산}{유동부채}$$

② 해 석

유동자산으로부터 실현될 현금으로 유동부채를 상환할 수 있으려면 유동비율이 최소 1보다는 큰 값을 가져야 하며, 보통은 2 이상의 값이어야 채권자에게 있어 안전한 수준으로 평가된다. 그러나 유동비율이 1이 넘는다 하더라도 유동자산 중 하나인 재고자산이 큰 비중을 차지하고 있다면 유동성문제가 발생할 수 있다. 재고자산은 정상적인 판매과정을 거치지 않고서는 현금화가 쉽지 않기 때문이다.

> **보충학습**
>
> 운전자본(working capital)은 유동자산에서 유동부채를 차감한 값으로 유동성의 척도로 널리 활용되고 있으며, 순운전자본이라고도 한다. 운전자본은 채권자에게 있어 채권의 안전성을 의미하며 이 값이 클수록 문제없이 유동부채를 상환할 가능성이 높은 것으로 평가된다.
>
> 순운전자본 = 유동자산 – 유동부채

(2) 당좌비율(quick ratio)

① 정 의

재고자산의 처분을 고려하지 않은 상태에서 단기채무지급능력을 측정하는 비율로서 유동비율보다 더 보수적인 비율이다. 당좌비율은 당좌자산(유동자산 - 재고자산)을 유동부채로 나누어 산출한다. 유동자산에는 현금이나 예금, 매출채권, 금융자산, 재고자산과 같은 항목들이 포함된다. 그러나 이 중 재고자산은 정상적인 판매과정을 거쳐야만 현금화가 가능하기 때문에 재고자산을 제외한 당좌자산(quick assets)만을 가지고 계산하는 분석이 필요하다.

$$당좌비율 = \frac{당좌자산}{유동부채}$$

② 해 석

재고자산 비율이 높은 기업들은 유동비율이 2보다 큰 값을 가진다 하더라도 실제로 유동부채에 대한 지급능력이 낮을 수 있기 때문에 유동비율과 당좌비율을 모두 살펴보는 것이 바람직하다. 추세 분석을 통해 이 비율의 추세를 살펴본 결과 하락추세를 보인다면 회사의 현금 사정이 어려워 매입채무나 미지급금의 증가를 겪고 있는 신호일 수 있으며, 이마트나 코스트코와 같은 소매업의 경우, 일반 제조업과 비교하여 낮은 수치를 보이는 경향이 있다.

(3) 현금비율

당좌비율을 이용하여 유동부채에 대한 상환능력을 판단하는데 있어 수취채권을 포함하는 것이 타당하지 않을 수 있다. 보유하고 있는 수취채권의 거래 상대방(채무자)이 심각한 상환불능에 처해 있을 수 있기 때문이다. 이러한 경우에는 현금 및 현금성자산과 단기금융상품만을 고려한 현금비율이 보다 나은 지표가 될 수 있다. 장기채무지급능력을 분석하기 위한 레버리지비율에는 대표적으로 부채비율과 이자보상비율이 있다.

$$현금비율 = \frac{현금 + 금융자산}{유동부채}$$

① 부채비율(debt to equity ratio)

부채총액(타인자본)을 자본총액(자기자본)으로 나누어 산출한 비율로서 타인자본과 자기자본을 비교함으로써 채권자들의 위험부담 정도와 주주의 투자규모에 비추어 기업이 얼마만큼을 차입하였는지를 알려주는 기초정보로서 중요한 의미가 있는 비율이다. 부채비율이 높을수록 채권자들의 채권보전 안전도는 떨어지게 된다.

$$부채비율 = \frac{총부채}{총자본}$$

자기자본은 상환의무가 없고, 자금활용에 대한 보상 의무가 없지만(배당은 의무사항이 아니다), 타인자본인 부채는 원금 상환 의무와 이자비용의 지급 의무가 있기 때문에 타인자본과 자기자본의 구성에 따라 기업의 안정성은 달라질 수밖에 없다. 부채비율은 일반적으로 1 이하면 문제가 없다고 판단한다. 반면에 부채비율이 지나치게 높다면 상당한 이자비용을 지출해야 하기 때문에 위험요소가 될 수 있다. 그러나 부채비율이 높아질 경우 레버리지효과로 인해 수익성이 좋아지는 효과가 나타날 수도 있다.

보충학습 총자산 부채비율

우부채비율은 총부채를 총자본으로 나누어 구하기도 하지만 총부채를 총자산으로 나누어 구하는 총자산 부채비율(debt to total assets)을 사용기도 한다. 따라서 부채비율이 2라면 회계등식(자산=부채+자본)에 의해 총자산 부채비율은 0.67이 된다.

$$총자산\ 부채비율 = \frac{총부채}{총자산}$$

(4) 이자보상비율(times interest earned)

이자지급능력을 나타내는 비율로, 이자비용 및 법인세차감전순이익(Earnings Before Interest and Tax ; EBIT)을 이자비용으로 나누어 계산한다. 타인자본을 이용하게 되면 자본사용의 대가인 이자를 지급해야 한다. 채권자들은 기업이 영업활동 통해 이자를 제대로 갚을 만큼의 충분한 이익을 창출하는지 관심을 갖는다. 이 비율을 통해 채권자는 기업의 이자비용 지급능력이 수익성에 의해 뒷받침되는지를 평가할 수 있다. 채권자 입장에서는 이자보상비율이 2 미만인 경우 주의하여야 한다. 보통은 5배 수준 이상일 경우 적정한 것으로 보는 경향이 있다.

$$이자보상비율 = \frac{이자비용 + 법인세비용차감전순이익}{이자비용}$$

보충학습 BIS 자기자본비율

BIS 자기자본비율은 국제결제은행(Bank for International Settlement ; BIS)이 정한 은행의 위험자산(부실채권) 대비 자기자본비율을 말한다. 이 기준의 적용대상이 되는 은행들은 위험자산에 대하여 최소 8% 이상의 자기자본을 유지하여야 하며, 산출 공식은 다음과 같다.

자기자본비율 = (자기자본/위험가중자산) × 100 > 8%

2. 활동성 비율(activity ratio)

기업이 영업에 투입한 자산의 이용 효율성을 측정하는 비율이다. 즉, 기업의 수익활동을 위해 투자된 자산들이 수익성 활동에 제대로 기여하고 있는지를 측정하는 지표이다.

(1) 매출채권회전율(receivables turnover)

① 정 의

매출액을 매출채권(외상매출금과 받을어음)으로 나눈 비율로서, 매출채권이 현금화되는 속도를 측정하는 지표이다. 이때 매출액을 보수적으로 정확하게 측정하기 위해 현금매출을 제외한 신용매출액을 사용하기도 한다.

$$\text{매출채권회전율} = \frac{\text{매출액}}{\text{평균매출 채권}}$$

② 해 석

이 비율이 높게 나타나면 매출채권이 현금화되는 속도가 빠름을 의미한다. 매출채권은 기업이 재화나 용역을 외상으로 제공하고 나중에 대금을 회수할 때 계상되는 항목이므로 매출채권은 적을수록(즉, 현금매출이 많을수록), 대금회수속도가 빠를수록 유리하다.

③ 매출채권평균회수기간(days sales outstanding)

매출채권회전율은 기간으로도 나타낼 수 있는데, 이를 매출채권평균회수기간이라 하며, 365일을 매출채권회전율로 나누어 구할 수 있다. 매출채권평균회수기간은 일수로 표시되기 때문에 자금이 매출채권에 묶여있는 정도가 분명해진다. 매출채권회전율이 높을수록 매출채권평균회수기간은 짧아지며 매출채권회수기간이 짧다는 것은 매출채권의 현금화 속도가 빠르다는 것을 의미한다.

$$\text{매출채권평균회수기간} = \frac{365\text{일}}{\text{매출채권회전율}}$$

보충학습 평균값을 사용하는 이유

재무상태표는 일정시점의 재무상태를 나타내고, 포괄손익계산서는 일정기간 동안의 경영성과를 나타낸다. 재무상태표의 수치들은 정적인 반면, 포괄손익계산서의 수치들은 동적이다. 정적인 수치와 동적인 수치를 대응하기 위해서는 정적인 수치를 동적인 수치에 근접하도록 수정해야 하는데, 재무상태표는 매일 공시되지 않기 때문에 이는 현실적으로 불가능하다. 따라서 재무상태표에 속하는 계정들은 기초재무상태표와 기말재무상태표의 수치를 이용하여 평균값을 계산한 뒤 분석에 활용한다.

(2) 재고자산회전율(inventory turnover)

① 정 의

매출원가를 재고자산으로 나누어 구한 비율로서 기업이 보유한 재고자산의 판매 속도를 측정하는 지표이다. 기업은 재고자산을 판매함으로써 매출을 증대시킬 수 있다. 따라서 일정기간 동안 판매된 재고자산을 나타내는 매출원가와 재고로 남아있는 자산과의 관계를 이용하여 재고자산 회전율을 구할 수 있다.

$$재고자산회전율 = \frac{매출원가}{평균재고자산}$$

② 해 석

재고자산회전율이 높다는 것은 재고자산이 빠르게 팔려나가고 있음을 의미하며, 재고자산회전율이 높을수록 경영효율성은 증가한다 할 수 있다. 애플의 경우 새로운 아이폰 시리즈가 출시되었을 때 매우 높은 재고자산회전율을 보일 것이며, 시간이 지날수록 재고자산회전율은 낮아짐을 보일 것이다.

③ 재고자산평균처리기간(average inventory processing period)

재고자산회전율의 회전속도를 파악하기 위해 매출채권평균회수기간처럼 365일을 재고자산회전율로 나누어 재고자산평균처리기간을 계산할 수 있다. JIT(Just In Time)를 도입한 기업의 경우, 재고자산회전율은 높아지고 재고자산 회전기간은 짧아진다.

$$재고자산평균처리기간 = \frac{365일}{재고자산회전율}$$

(3) 매입채무회전율

① 정 의

매입채무회전율은 매출원가를 매입채무로 나눈 것으로 기업의 매입채무를 갚는 속도가 어느 정도인지를 보여주는 지표이다. 즉, 외상으로 구입한 상품이나 원재료 대금을 얼마나 빨리 지급하고 있는지를 나타낸다.

$$매입채무회전율 = \frac{매출원가}{평균매입채무}$$

② 해 석

매입채무 금액이 상대적으로 작다면 회전율이 크게 나타나 양호한 듯 보일 수 있지만 기업의 입장에서는 현금매입거래의 비중이 크거나 신용기간이 짧다는 것을 의미할 수 있기 때문에 해석에 유의해야 한다. 매입채무는 이자를 지급하지 않는 부채이므로 매입채무를 늦게 갚을수록 기업은 운전자본 투자액을 절약할 수 있다. 따라서 기업은 매입채무는 가급적 늦게, 매출채권의 회수는 최대한 빠르게 하고자 한다. 한편, 매입채무회전율은 보다 직관적인 이해를 위해 매입채무가 상환되는 기간으로 표시할 수 있으며 이를 매입채무지급기간이라 한다. 이는 365일을 매입채무회전율로 나누어 구한다.

$$\text{매입채무지급기간} = \frac{365\text{일}}{\text{매입채무회전율}}$$

(4) 정상영업순환주기

① 정 의

정상영업주기란 매출채권평균회수기간과 재고자산평균처리기간을 합한 뒤 매입채무평균지급기간을 차감한 것으로서 기업이 영업활동에 투입한 현금이 「재고자산의 매입 → 판매 → 대금회수」 과정의 소요기간을 나타낸다. 즉, 기업이 원재료를 구매하는 과정에서 매입채무가 발생하고, 재고자산이 증가하게 되며, 재고자산을 판매함으로써 매출채권이 발생하고 이를 나중에 현금으로 회수한다. 이 과정이 한번 진행되는 일수를 나타낸 것이 정상영업순환주기이다.

$$\text{정상영업순환주기} = \text{재고자산회전기간} + \text{매출채권회수기간} - \text{매입채무결제기간}$$

② 해 석

재고의 판매를 통한 현금의 회수 주기, 즉 정상영업순환주기는 짧을수록 기업의 효율적인 운영을 위해 좋다. 이 주기를 단축하기 위해 매입채무를 가급적 늦게 지급하고 매출채권의 회수는 최대한 빠르게 하는 것이 중요하다.

3. 수익성 비율

수익성 비율은 투입된 자본 대비 얼마의 이익을 냈는지, 매출액 대비 얼마의 이익을 낼 수 있는지에 관한 정보를 제공해 준다. 따라서 투자자, 채권자, 경영자 등 기업의 이해관계자들이 의사결정을 하는데 있어 가장 중요한 정보로 활용되고 있다.

(1) 매출순이익률

매출순이익률은 일정기간 동안의 외형인 매출액으로부터 당기순이익이 창출되는 과정을 보여주는 비율로 다음과 같이 3요소로 분해될 수 있다.

$$\text{매출순이익률} = \frac{\text{매출총이익}}{\text{매출액}} \times \frac{\text{영업이익}}{\text{매출총이익}} \times \frac{\text{당기순이익}}{\text{영업이익}}$$

$$= \text{매출총이익률} \times \text{영업이익률} \times \text{당기순이익률}$$

① 매출총이익률

매출총이익률은 매출액에서 매출원가를 제외한 매출총이익을 매출액에 대비시켜 구하는 비율이다. 매출총이익률은 매출액과 매출원가에 의해 결정되므로 기업이 제품의 가격을 올리거나 원재료의 가격이 낮아지면 이 비율은 높아지게 된다. 매출총이익률은 보통 제조업보다는 서비스업에서 크게 나타나는데 이는 원재료의 비중이 적게 드는 서비스업의 특징 때문이다.

② 영업이익률

분자에 매출총이익 대신에 매출총이익에서 판매비와 관리비를 차감한 영업이익이 자리하는 비율이다. 영업이익을 증대시키기 위해서는 판매비와 관리비를 줄이거나 효율적으로 사용하여야 한다.

③ 당기순이익률

당기순이익을 영업이익으로 나눈 값으로 최종적으로 주주에게 남겨진 이익이 얼마인지를 알 수 있는 지표이다. 당기순이익은 영업이익에서 영업외비용과 법인세비용을 차감하여 산출되므로 당기순이익이 높아지려면 영업외비용을 절감하거나 합리적인 절세방안을 강구해야 한다.

(2) 총자산이익률(Return On Assets ; ROA)

회계이익(영업이익, 당기순이익)을 총자산으로 나눈 비율로써, 자본의 원천이 자기자본인지 타인자본인지 구분하지 않고 기업에 조달된 총자산이 당기 성과에 얼마나 기여하였는지를 평가하는 비율이다. 총자산이익률은 분자에 영업이익을 사용할 경우 총자산영업이익률, 당기순이익을 사용할 경우 총자산순이익률로 구분한다.

$$\text{총자산영업이익률} = \frac{\text{영업이익}}{\text{평균총자산}}$$

$$\text{총자산순이익률} = \frac{\text{당기순이익}}{\text{평균총자산}}$$

(3) 자기자본이익률(Return On Equity ; ROE)

① 정 의

주주관점에서 사용하는 수익성 지표로서 경영자가 이익을 실현하기 위하여 주주의 투자금을 얼마나 잘 활용하였는가를 나타내는 지표이다. 자기자본이익률은 당기순이익을 평균총자본으로 나누어 구한다.

$$자기자본이익률 = \frac{당기순이익}{평균총자본}$$

② 자기자본이익률의 분해 및 해석

미국의 듀퐁사에서 사용하는 자기자본이익률 분석기법에 의하면 자기자본이익률은 수익성비율, 효율성비율, 재무레버리지(자기자본비율)로 구성된다. 듀퐁분석에 의하면 수익성비율과 효율성비율 재무레버리지가 상승되어야 자기자본이익률이 증가함을 알 수 있다.

$$자기자본이익률 = \frac{당기순이익}{평균총자본} = \frac{당기순이익}{매출액} \times \frac{매출액}{총자산} \times \frac{총자산}{총자본}$$
$$= 수익성비율 \times 효율성\ 비율 \times 재무레버리지$$

4. 성장성 비율

기업은 지속적인 성장을 통해 기업가치의 극대화를 실현하고자 한다. 일정한 수익성을 내는 기업도 성장하지 않는다면 기업 가치는 증대되지 않는다. 성장성은 전년 대비, 전월 대비, 전 분기 대비와 같은 기준을 수립하고 비교함으로써 평가되며, 단기간이 아닌 장기간에 걸친 분석을 필요로 한다.

(1) 매출액성장률

① 정 의

일반적으로 매출액의 증가는 기업이 성장해 가고 있음을 나타낸다. 매출액성장률은 전년도 대비 당기 매출액이 얼마나 빠른 속도로 증가하였는지를 보여주며 다음과 같이 측정된다.

$$매출액성장률 = \frac{당기매출액 - 전기\ 매출액}{전기\ 매출액}$$

② 해 석

매출액은 「수량 × 판매단가」로 결정되기 때문에 매출액이 증가하기 위해서는 판매수량 또는 판매단가가 증가해야 한다. 따라서 매출액성장률을 분석할 때에는 두 요소 중 어떤 요인에 의해 매출액성장률이 영향을 받았는지를 살펴보아야 한다.

(2) 순이익성장률

순이익성장률은 당기순이익이 전기순이익에 비해 얼마나 빠른 속도로 증가했는지를 나타내는 지표이며, 매출액자리에 순이익이 온다는 점을 제외하면 매출액성장률과 구하는 공식이 동일하다. 당기순이익은 매출액에서 모든 비용을 차감하고 최종적으로 주주에게 귀속되는 이익이다. 따라서 순이익성장률은 주가형성에 직접적인 영향을 미친다.

$$순이익성장률 = \frac{당기순이익 - 전기순이익}{전기순이익}$$

(3) 배당성향(dividend payout ratio)

① 정 의

당기순이익 중 현금으로 지급된 배당금이 차지하는 비율을 말하며, 주당배당금을 주당순이익(EPS)로 나누어 구한다.

$$배당성향 = \frac{주당배당금}{주당순이익(EPS)}$$

② 해 석

배당성향이 높아지게 되면 이익 중 배당금이 차지하는 비율이 높아지게 되므로 자본과 자산이 동시에 감소하여 재무구조의 악화요인이 된다. 그러나 배당성향이 높다는 것은 기업이 벌어들인 이익을 주주에게 많이 돌려줌을 의미하기 때문에 투자가치가 높은 기업이라 할 수 있다.

5. 시장가치 비율

시장가치 비율이란 주식시장에서 형성된 주가와 재무제표 항목을 대응하여 산출된 비율을 말한다. 주가와 주가관련 비율들은 재무제표에 기재되는 내용은 아니지만 투자자의 관점에서 주가와 재무제표와의 관계는 매우 중요한 정보이다.

(1) 주가수익률(Price-Earnings Ratio ; PER)

① 정 의

현재의 주당 주식가격(주가)을 주당순이익으로 나눈 지표로서, 현재의 주가가 주당순이익의 몇 배로 형성되었는지를 나타낸다. 주가수익률은 주로 보통주에 대해 산정된다.

$$주가수익률 = \frac{주식가격}{주당순이익(EPS)}$$

② 해 석

주가수익률이 낮게 나타난다는 것은 특정 기업의 주가가 그 기업의 주당 수익 대비 너무 낮게 형성되어 있음을 의미한다. 따라서 투자자의 입장에서는 주가수익률이 낮은 기업에 대해 좋은 투자기회라고 해석할 수 있다. 반면에 계속해서 주가수익률이 하락하고 있는 기업이라면 투자자들이 그 기업의 성장성에 대해 부정적인 태도를 가지고 있음을 암시하는 것이라 할 수 있다.

(2) 주당순이익(Earnings Per Share ; EPS)

① 정 의

기업의 당기순이익을 유통보통주식수로 나눈 지표로서 기업의 주당 수익을 나타낸다. 주당순이익은 당기순이익을 발행주식수로 나누어 산출하는데, 좀 더 정교하게는 보통주에 대해서 주당순이익을 산출하기 때문에 당기순이익에서 우선주배당금을 차감한 금액을 유통보통주식수로 나누어 산출한다.

$$\text{주당순이익} = \frac{\text{보통주 당기순이익}}{\text{유통보통주식수}} = \frac{(\text{당기순이익} - \text{우선주배당금})}{\text{유통보통주식수}}$$

② 해 석

당기순이익은 총액으로 나타나기 때문에 기업의 입장에서는 얼마의 이익을 남겼는지를 알려주는 지표가 될 수 있지만 개별 주주에게 돌아가는 이익의 크기를 설명하지 못한다. 반면에 주당순이익은 주주의 입장에서 얼마의 이익을 갖게 되는지를 알려주는 중요한 지표로서 주주에게는 중요한 의미를 가지며, 일반적으로 주당순이익이 높을수록 주가는 높게 형성된다.

(3) 주당순자산(Book-value Per Share ; BPS)

① 정 의

순자산을 유통보통주식수로 나눈 값으로 기업이 발행하는 주식 한 주당 얼마만큼의 순자산을 보유하고 있는지를 나타내는 지표로서 기업 가치를 확인할 수 있는 주요 지표이다. 단순하게는 순자산(총자본)를 발행주식수로 나누어서 구할 수도 있지만 주주에 귀속되는 부분임을 명확하게 정의하기 위해 순자산 중에서도 주주에게 귀속되는 부분인 납입자본(자본금+주식발행초과금)과 이익잉여금만을 활용하기도 한다. 또한 주식 수 역시 전체 발행주식수가 아닌 유통되고 있는 보통주식수로 한정하기도 한다.

$$\text{주당순자산} = \frac{\text{납입자본} + \text{이익잉여금}}{\text{유통보통주식수}}$$

② 해 석

순자산은 총자산에서 총부채를 차감한 것으로 현재시점에서 기업이 모든 사업을 정리하고 자산을 매각하여(이를 청산이라고 한다), 채권자에게 부채를 상환한 뒤 남게 되는 금액을 말한다. 주당순자산이 크다는 것은 그만큼 기업의 순자산이 많다는 것을 의미한다.

(4) 주가순자산비율

① 정 의

주당순자산(BPS)은 「납입자본+이익잉여금」을 유통보통주식수로 나눈 것으로 기업이 청산하였을 때 주주에게 돌아오는 몫이 얼마인지를 나타낸 지표인데 반해 주가순자산비율(PBR)은 현재의 주식가격을 주당순자산으로 나누어 구한 값으로 현재 주식가격이 순자산(총자본)의 장부가치의 몇 배로 형성되어 있는지를 나타낸다.

$$\text{주가순자산비율} = \frac{\text{주식가격}}{\text{주당순이익}(BPS)}$$

② 해 석

주가수익률(PER)이 기업이 획득한 이익과 관련된 지표라면 주가순자산비율(PBR)은 기업의 자산에 주목한 지표로서 1배를 기준으로 1배보다 작으면 기업의 주가가 순자산의 장부가치보다 낮게 형성되어 있는 것이고, 1배보다 클 경우 주가가 기업의 순자산의 장부가치보다 비싸게 형성되어 있음을 의미한다.

04 재무비율분석의 한계점

재무비율분석은 재무상태표와 포괄손익계산서의 항목을 이용한 간단한 계산으로 기업의 회계정보를 좀 더 정확하고 유용하게 활용할 수 있다는 점에서 명확한 장점이 있지만 한계점 또한 존재한다.

1. 기업마다 상이한 회계처리 방법

기업은 일반적으로 인정된 회계원칙(GAAP)에 따라 회계정보를 산출하지만 세부적으로 적용하는 회계처리 방법은 기업마다 다를 수 있다. 특히 원칙중심의 회계기준인 IFRS의 도입으로 이 괴리는 더욱 벌어질 수 있다. 기업마다 회계처리 방법이 상이하다는 것은 비교가능성이 저하된다는 뜻을 의미하며, 단순히 비율분석을 통해 기업 간의 회계정보를 비교할 경우 오도된 결과를 가져올 수 있다. 비교대상 기업의 재고자산 평가방법이 서로 다르다거나 감가상각 방법이 다르다면 실체와는 다르게 이익을 비롯한 각종 재무제표의 항목들이 다르게 산출될 수 있기 때문에 정확한 비교정보를 얻기는 힘들 수 있다.

2. 기업의 사업 다각화

우리나라의 대기업처럼 하나의 기업이 여러 사업을 함께 수행하는 경우 적절한 벤치마크 대상을 결정하기가 쉽지 않을 수 있다. 통상 삼성전자의 경쟁상대로 애플社를 자주 언급하지만, 삼성전자의 사업구성이 반도체, 가전제품 등으로 다양하여 합리적인 비교가 불가능 할 수 있다.

3. 재무비율 기준 일반화의 어려움

산출된 재무비율이 양호한 것인지 불량한 것인지를 판단하는 기준을 일반화하기가 어렵다. 현금자산을 많이 보유하고 있는 기업의 경우 유동성을 측정하는 비율에서는 높은 수치를 나타낼 수 있지만 활동성(또는 효율성)이나 수익성을 측정하는 비율에서는 낮은 수치를 나타낼 수 있다. 재무비율의 일반화에 따른 부정적 사례는 우리나라 조선업에서 찾아볼 수 있다. 우리나라는 1998년 외환위기 당시, 부채비율(총부채/총자본) 200%라는 획일적인 비율을 적용함으로써 기업들에 규제를 가한 사례가 있다. 조선업은 회계처리의 특성상 부채비율이 높을 수밖에 없으나 모두 획일적인 비율을 기준으로 삼은 것이 맞는지에 대한 논란이 있을 수 있다. 이는 오늘날 우리나라 해운업이 몰락하는 단초가 되었다. 이처럼 재무비율 기준을 일반화하기에는 고려해야 할 사항이 많아 어려움이 따른다.

4. 재무적 성과만을 측정

재무비율분석은 기업의 재무적 성과만을 바탕으로 분석을 수행한다. 따라서 인적자원, 경영자의 능력, 시장점유율, 브랜드 가치, 계약수주와 같은 비재무적인 요인들은 고려되지 않는다.

---

05 재무관리의 개념

1. 재무관리의 의의

재무관리란 기업이 필요한 자금을 조달하고, 조달된 자금을 운용하는 것과 관련하여 계획하고 통제하는 통합적인 관리기능을 효율적으로 수행하기 위한 이론을 연구하는 학문이다. 재무관리는 크게 기업재무와 투자론으로 구분할 수 있는데 기업재무는 기업의 경영목표를 달성하기 위한 투자의사결정, 자본조달 및 배당의사결정, 인수합병과 같은 재무의사결정을 주된 내용으로 다루며, 투자론은 주로 증권시장 자체를 분석하고 증권의 가격이 어떻게 결정되는지를 연구한다.

2. 재무관리의 기능

(1) 투자의사결정(investment decision)

자금을 어디에 어떤 규모로 투자할 것인가에 대한 의사결정으로, 재무상태표의 차변(자산)과 관계되는 기능이다. 투자란 미래에 이익을 얻기 위한 현재의 경제적 희생으로서, 기업이 미래의 이익을 얻기 위해 필요로 하는 여러 가지 자산을 취득하기 위한 의사결정을 말한다. 투자의사결정의 목표는 자산의 최적배합을 찾는데 있다.

(2) 자본조달의사결정(financing decision)

자산을 취득하기 위해 필요한 자금을 타인자본(부채)과 자기자본으로 어떻게 나누어 조달할 것인가에 대한 의사결정으로, 재무상태표의 대변(부채와 자본)과 관계되는 기능이다.

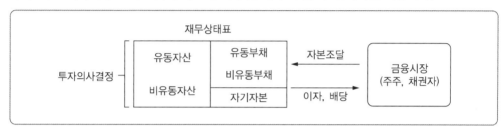

3. 재무관리의 목표

재무관리의 목표에는 기업가치의 극대화, 이익의 극대화, 자기자본가치의 극대화 등이 언급되고 있으나 현대의 재무관리에서는 기업가치의 극대화가 재무관리의 목표로서 가장 적절하다고 보고 있다. 기업가치의 극대화(firm value maximization)란 기업이 보유하고 있는 자산 가치의 극대화(또는 부채+자기자본 가치의 극대화)를 의미한다. 따라서 기업가치는 기업이 보유하고 있는 자산으로부터 얻게 될 미래의 현금흐름을 적절한 할인율(또는 자본비용)로 할인하여 현재가치로 환산한 값을 말하며 다음의 식과 같이 정리할 수 있다.

$$V = \sum_{t=1}^{n} \frac{CF_t}{(1+R)^t}$$

V : 기업가치, CFt : t기의 현금흐름, R : 할인율(자본비용)

1. 자본예산의 개념

자본예산이란 1년 이상에 걸쳐 장기적으로 실현될 자본투자결정에 관한 전반적인 계획과정을 수립하는 것으로 주로 투자안의 발굴과 투자안의 선택을 위한 가치평가를 말한다.

(1) 투자안의 유형

투자안들은 서로간의 관계를 고려하여 다음과 같은 세 가지 유형으로 구분된다.

① 독립적 투자안(independent projects)

특정 투자안의 현금흐름이 다른 투자안의 채택이나 기각 결정에 의해 영향을 받지 않는 경우를 말한다. 이 경우, 경영자는 서로 다른 여러 투자안들의 일부 또는 전부를 선택 할 수 있다.

② 배타적 투자안(mutually exclusive projects)

동일한 작업을 수행하는 여러 가지의 대체적 투자안들 가운데 어느 한 투자안이 채택되면 다른 투자안들이 자동적으로 기각되는 경우를 말한다.

③ 종속적 투자안(contingent projects)

투자안들이 함께 수행되지 않으면 모두 쓸모가 없게 되는 투자안들이다.

(2) 자본예산의 단계

자본예산은 다음과 같이 크게 네 단계로 구분된다.

① 투자안의 개발

② 투자안의 현금흐름 추정

③ 투자안의 경제성 분석

④ 투자안에 대한 통제 및 사후관리

2. 투자안의 현금흐름 추정

재무의사결정에서 가장 기초가 되는 것은 미래에 예상되는 현금흐름을 정확하게 파악하는 것이다. 여기서 현금흐름이란 현금유입(cash inflows)에서 현금유출(cash outflows)을 차감한 것을 의미한다.

(1) 현금흐름 추정의 기본원칙

① 납세후 기준(after-tax basis)

법인세는 기업이 실제로 지출하는 현금유출이므로 모든 현금흐름은 법인세 납세 후를 기준으로 추정되어야 한다.

② 증분기준(incremental effects)

증분현금흐름이란 특정 투자안을 채택하였을 때와 채택하지 않았을 때에 발생하는 현금흐름의 차이로, 투자안을 채택함으로써 발생하는 기업전체의 현금흐름변화를 의미한다.

(2) 증분현금흐름분석에서 고려해야 할 사항

① 기존영업에 미치는 영향 고려

특정 투자안의 채택이 기업의 생산라인이나 판매활동에 영향을 미치는 경우, 그 영향을 현금흐름에 포함시켜야 한다.

② 매몰원가 제외

매몰원가는 한 번 투입되고 나면 회수할 수 없는 비용이다. 즉 이미 엎질러진 물과 같이 되돌릴 수 없는 비용이므로 투자안의 가치평가와는 아무런 관계가 없다.

③ 추가로 소요되는 순운전자본 고려

새로운 투자안을 수행하기 위해서는 순운전자본이 추가로 필요한 경우가 발생할 수 있으며 이러한 추가 순운전자본에 대한 투자금액을 현금유출로 계상해야 한다.

④ 기회비용 고려

기회비용이란 기업의 자원을 특정 투자안에 사용함에 따라 다른 대체투자안에 투자하여 얻을 수 있는 이익의 상실분을 의미한다. 따라서 현금흐름을 계산할 때에는 기회비용을 항상 고려해야 한다.

⑤ 이자비용과 모든 배당금은 현금유출에서 제외

자본조달의 결과로 발생하는 이자비용과 배당금은 현금흐름을 할인하는 과정에서 할인율인 자본비용계산에 반영되기 때문에 현금흐름에 반영시키지 않는다.

⑥ 감가상각비 현금유출에서 제외

기업의 이익을 산정하는데 있어 감가상각은 비용으로 처리되지만 현금흐름의 추정에서는 현금이 지출된 것이 아니기 때문에 현금유출에 포함시키지 않는다.

⑦ 잔존가치 및 고정자산 처분에 따른 법인세 효과 고려

내용년수 말에 투자안의 잔존가치를 현금유입으로 계상해야 하며 자산을 매각할 때 장부가치와 판매가격에 차이가 있는 경우, 자산의 처분이익이나 손실에 따라 발생하는 법인세 지급액 또는 절감액을 현금유입 또는 현금유출로 고려하여야 한다. 예를 들어, 현재장부가치가 10억원인 기계를 12억원에 매각하는 경우, 2억원의 고정자산처분이익이 발생한다. 이 고정자산처분이익은 과세대상이 되므로 만약 법인세율이 30%라면 6천만원의 납세의무가 발생하게 된다. 따라서 기계처분에 따른 순현금유입은 12억원 - 6천만원=11억 4천만원이 된다.

3. 투자안의 평가

(1) 회수기간법(payback period method)

① 정 의

회수기간은 기초투자액을 회수하는데 소요되는 시간(년수)를 말하며, 회수기간법은 투자로부터의 누적현금유입이 기초투자액과 같아질 때까지 또는, 누적순현금흐름이 0이 될 때까지의 년수를 계산하여 투자안을 평가하는 방법이다.

② 평가기준

단일 투자안의 경우 추정된 회수기간이 기업이 정한 최장허용회수기간보다 짧은 경우 선택하고, 그 반대의 경우 기각한다. 한편, 복수투자안의 경우 추정된 회수기간이 기업이 정한 최장허용회수기간보다 짧은 투자안 가운데 가장 짧은 투자안을 선택한다.

③ 장·단점

회수기간법은 무엇보다 회수기간의 계산이 간단하여 이해가 쉽고 실무에 적용하기 편리하다는 점이 장점이다. 한편, 단점은 계산과정에서 화폐의 시간가치가 고려되지 않는다는 점과 회수기간 이후의 현금흐름은 무시한다는 점, 그리고 목표회수기간이 객관적인 개념이 아니라 자의적인 개념이라는 점이다.

(2) 회계이익률법(Accounting Rate Return method ; ARR)

① 정 의

회계적이익률은 연평균순이익을 연평균투자액으로 나눈 비율로서 평균수익률이라고도 한다. 회계적이익률은 이 비율을 이용하여 투자안에 대한 의사결정을 하는 방법이다. 단, 계산과정에서 사용되는 연평균투자액은 장부가치로 표시된 각 연도의 기초자산과 기말자산의 평균을 활용한다.

$$ARR = \frac{\text{연간순이익}}{\text{연평균투자액}}$$

② 평가기준

단일 투자안의 경우 추정된 회계적 이익률이 기업이 정한 목표 이익률 보다 높을 경우 선택하고, 반대의 경우 기각한다. 복수 투자안의 경우 추정된 회계적 이익률이 기업이 정한 목표 이익률보다 큰 투자안 가운데 회계이익률이 가장 큰 투자안을 선택한다.

③ 장·단점

회계적이익률법의 장점은 무엇보다 회계상의 자료를 그대로 이용할 수 있고, 기준이 되는 회계적 이익률의 계산이 간단하여 이해가 쉽고 실무 적용이 편리하다는 점이다. 반면 계산과정에서 화폐의 시간가치가 고려되지 않고, 회계적 이익에 기초하여 현금흐름을 반영하지 못하거나, 목표 이익률이 객관적이지 못하고 자의적이라는 단점이 존재한다.

회계적이익률법

투자안 A의 기초투자액은 9,000만원, 투자수명기간은 3년이고 감가상각은 정액법으로 하며 잔존가
치는 없고, 법인세는 무시한다고 가정함. 투자안 A의 수익흐름이 다음과 같고 목표이익률이 20%인
경우 회계적이익률에 의한 투자의사결정은?

구 분	1년	2년	3년
매출액	12,000만원	10,000만원	8,000만원
비용(감가상각 제외)	6,000만원	5,000만원	4,000만원
감가상각비	3,000만원	3,000만원	3,000만원
순이익	3,000만원	2,000만원	1,000만원

해설) 연평균 장부상 투자규모는 다음과 같다.

구 분	0	1년	2년	3년
총투자액	9,000만원	9,000만원	9,000만원	9,000만원
누적 감가상각비	0	3,000만원	6,000만원	9,000만원
장부상투자액	9,000만원	6,000만원	3,000만원	0

연평균 투자액 = (9,000 + 6,000 + 3,000 + 0)/4 = 4,500만원
또는 9,000만원/2 = 4,500만원
연평균순이익 = (3,000 + 2,000 + 1,000)/3 = 2,000만원
ARR = 2,000/4,500 = 44%

(3) 순현재가치법(Net Present Value method ; NPV)

① 정 의

순현재가치는 투자로부터 기대되는 미래의 현금흐름을 자본비용으로 할인하여 현금유입의
현재가치에서 현금유출의 현재가치를 차감한 값을 말한다. 순현재가치법은 순현재가치를 이
용하여 투자 의사결정을 수행하는 방법을 말한다.

$NPV = $ 현금유입의 현재가치 $-$ 현금유출의 현재가치

$$NPV = -CF_0 + \frac{CF_1}{1+k} + \frac{CF_2}{(1+k)^2} + \ldots + \frac{CF_n}{(1+k)^n}$$

여기서, CFt : t시점의 현금흐름
k : 투자안의 자본비용(할인률 = 요구수익률)

② 평가기준

단일투자안의 경우 순현재가치(NPV)가 0보다 클 경우 채택하고 그렇지 않을 경우 기각한다.
한편, 복수투자안의 경우 순현가가 0보다 큰 투자안 가운데 순현가가 가장 큰 투자안을 채택한다.

③ 장·단점

순현재가치법의 장점은 투자안의 채택으로 인한 기업가치의 증가를 명확하게 나타내주며, 투자안과 관련된 현금흐름에 기초하여 계산되고 있으며, 화폐의 시간가치와 투자위험을 적절하게 고려가능하다. 반면 투자규모의 차이를 충분히 고려하지 못한다는 단점이 존재한다.

(4) 내부수익률법(Internal Rate of Return method ; IRR)

① 정 의

내부수익율은 투자에 관한 현금유입의 현가와 현금유출을 같게 하는 즉, NPV=0이 되게 하는 할인율로서 투자안으로부터 순현금흐름의 현재가치의 합과 기초투자액을 일치시켜주는 할인율이다. 이러한 내부수익률을 활용하여 투자안을 선택하는 방법을 내부수익률법이라 한다. 다음의 산식을 만족하는 할인율이 IRR이며, IRR을 계산하기 위해서는 시행착오법(trial-and-error approach)을 사용한다.

$$CF_0 = \frac{CF_1}{1+IRR} + \frac{CF_2}{(1+IRR)^2} + \cdots + \frac{CF_n}{(1+IRR)^n}$$

② 평가기준

단일투자안의 경우 내부수익률(IRR)이 자본비용보다 큰 경우 채택하고 그렇지 않은 경우 기각한다. 반면 복수투자안의 경우 내부수익률이 가장 큰 투자안을 채택한다.

③ 장·단점

내부수익률법의 장점은 투자안과 관련된 현금흐름에 기초하여 계산할 뿐 아니라 화폐의 시간가치와 투자위험이 적절하게 고려되고 있다는 점이다. 다만 시행착오법을 사용하여 계산이 번거롭다는 점과 이상적인 재투자수익을 가정한다는 점과 복수의 내부수익률 또는 내부수익률이 없는 경우가 존재한다는 단점이 있다.

(5) 수익성 지수법(Profitability Index ; PI)

① 정 의

자본비용으로 할인된 현금유입의 현재가치를 현금유출의 현재가치로 나눈 값으로, 투자액 1원에 의해 창출된 가치를 나타내며 다음과 같이 정의 된다.

$$PI = \frac{\text{현금유입의 현재가치}}{\text{현금유출의 현재가치}}$$

② 평가기준

단일투자안의 경우 수익성지수(PI)가 1보다 큰 경우 채택하고, 1보다 작은 경우 기각한다. 한편, 복수투자안은 수익성 지수가 1보다 큰 투자안 가운데 수익성 지수가 가장 높은 투자안을 채택한다.

(6) 순실현가치법과 내부수익률법의 비교

① 순현재가치법은 자본비용으로 재투자됨을 가정하고 있으나 내부수익률법은 내부수익률로 재투자됨을 가정하고 있다. 그러나 순현재가치법의 재투자 수익률의 가정이 더 현실적이다.

② 내부수익률은 투자로부터 얻는 수익률을 의미하는 반면, 순현가는 투자로부터 발생하는 기업가치의 증가분을 나타내므로 순현가법이 내부수익률보다 우월하다.

③ 순현재가치법은 가치가산의 원리가 성립하여 투자안 분석이 용이하지만 내부수익률법은 가치가산의 원리가 성립하지 않는다.

④ 투자안의 현금흐름의 유형에 따라 내부수익률이 존재하지 않거나 복수로 존재할 수 있다. 그러나 순현재가치는 항상 단일의 순현가를 갖는다.

⑤ 기업가치의 극대화라는 기업의 목표와 일치하는 방법이다.

07 주식과 채권의 가치평가

1. 주식과 채권의 차이점

구 분	주 식	채 권
발행주체	주식회사	정부, 공공기관, 주식회사 등
자본조달형태	출자증권	대부증권
자본의 귀속형태	자기자본	타인자본(차입금)
자본의 이용기간	영구적	일시적
자금대부자의 지위	주 주	채권자
소유로부터의 권리	배당을 받을 권리	확정이자 수령 권리
조달원금의 상환	불상환	만기상환

2. 주주와 채권자

주주는 기업이 발행한 주식을 소유하고 있는 자를 말하며 채권자는 기업에게 자금을 대여해 준 주체를 말한다. 주주는 채권자와 달리 기업의 소유자로서 주주총회에서 의결권을 가지며 이사를 선임할 권리가 있다. 기업청산 시 기업자산에 대한 청구권자는 세무당국, 노동자, 원료/부품공급자, 채권자, 주주 순으로 법에 의해 명시되어 있어 주주는 잔여 청구권자, 채권자는 우선적 청구권자가 된다.

3. 가치평가의 의의

증권의 가치평가는 그 증권의 내재가치를 알고자 하는데 목적이 있다. 내재가치란 증권이 적절하게 평가될 때 시장에서 지배하게 될 시장가치를 의미한다. 증권이 적절하게 평가된다는 것은 그 증권을 소유함으로써 얻게 될 미래의 현금흐름을 충분한 정보에 의하여 예측하고 그 흐름의 위험도에 상응하는 할인율 또는 필요수익률로서 미래의 기대현금흐름을 자본으로 환원하여 그 증권의 현재가치를 구하게 되는 것을 의미한다. 일반적으로 증권의 내재가치가 시장가격보다 높을 경우에는 증권을 매입하고, 내재가치가 시장가치보다 낮을 경우에는 증권을 매각한다. 따라서 시장가치와 본질적인 가치 간에 차이가 있을 때에는 시간이 경과함에 따라 시장가치는 결국 내재가치에 접근한다.

4. 주식의 가치평가

(1) 주식의 종류

① 보통주와 우선주

주식은 크게 보통주와 우선주로 구분할 수 있다. 보통주에는 지분율에 비례하는 의결권이 부여되지만 배당이나 기업의 청산 시 배분되는 자산에 대해서는 채권자와 우선주 주주보다 하위의 권리를 갖는다. 우선주에는 누적적 우선주, 참가적 우선주, 상환 우선주, 수의 상환 우선주, 전환 우선주 등이 있다.

② 우선주의 특징

우선주는 경영참여보다는 배당에 관심이 있는 투자자에게 적합한 주식이며 기업의 입장에서는 의결권이 있는 지분을 유지할 수 있기 때문에 경영권 방어부담 없이 자본을 조달할 수 있다는 장점이 있다.

(2) 주식의 평가요인

주식의 가치는 어떤 주식을 소유함으로써 얻을 수 있는 미래수익의 크기와 그 위험에 따라 결정된다. 즉, 주가는 주식투자로부터 얻을 수 있는 미래수익을 적절한 할인율로 자본화한 현재가치이다. 이와 같이 계산된 주가는 기업의 수익이나 배당 등과 같은 수익력을 기초로 계산한 가치이므로 그 주식의 내재가치 또는 수익가치라고 한다.

(3) 주식평가모형

주식의 본질가치는 미래의 기대현금흐름을 화폐의 시간성과 위험을 반영한 적절한 위험조정할인율로 할인된 가치이다.

$$P_0 = \sum_{t=1}^{n} \frac{CF_t}{(1+K_e)^t}$$

여기서, P_0 = 주식가격
CFt : 기간 t의 수익 (주당이익 또는 주당배당의 흐름)
Ke : 할인율(기대수익률)

① 무성장 모형(zero-growth model)
  ㉠ 정 의
    무성장 모형은 미래의 배당 성장률이 0%라는 가정에 기초하고 있는 배당할인모형을 의미한다.

$$P_0 = \frac{D}{K_e} (D : \text{배당금})$$

  ㉡ 확 장
    이 모형은 주식을 발행한 기업의 성장이 전혀 없어서 매년 이익이 일정하며 이익을 모두 배당으로 지급하는 경우 적용 가능하다. 이러한 상황에서는 한 주당 지급되는 배당은 주당 순이익(EPS)과 같다. 따라서 다음과 같은 전개가 가능하다.

$$P_0 = \frac{EPS}{K_e} \rightarrow K_e = \frac{EPS}{P_0} = \frac{1}{PER} \rightarrow PER = \frac{P_0}{EPS} \rightarrow P_0 = EPS \times PER$$

② 항상 성장 모형(constant growth model)
  항상 성장 모형은 다음의 세 가지 가정을 바탕으로 주당 배당금이 매년 일정한 비율로 영구히 성장함을 가정한 모형이다.
  • 배당금은 영원히 지급된다.
  • 배당금은 매년 일정한 비율로 영원히 성장한다.
  • 기대수익률(할인율)은 성장률보다 크다.

$$P_0 = \frac{D_1}{K_e - g} \quad (\text{단}, \ K_e > g)$$

여기서, $D_1 = D_0 \times (1+g)^1$

$g = ROE \times RR$

RR(retention rate, 유보율) $= 1 -$ 배당성향

5. 주식시장

주식시장은 발행시장(primary market)과 유통시장(secondary market)으로 구성되어 있다. 발행시장에서는 주식이 최초로 시장에 나와 투자자에게 판매되며 유통시장에서는 발행된 주식들이 투자자들 사이에서 거래된다. 기업은 발행시장을 통해 자금을 조달하기 위한 증권을 매각한다.

보충학습   최초기업공개와 적대적 M&A와 방어전략

1. 최초기업공개(Initial Public Offering ; IPO)
   기업이 최초로 외부투자자에게 주식을 공개 매도하는 것으로 KOSDAQ과 같은 증권시장에 처음으로 상장하는 것을 말한다. 기업은 상장을 통해서 대규모의 자금을 조달 받을 수 있으며 스톡옵션(stock option)을 사용하여 유능한 경영자를 채용할 수도 있다. 주주들 또한 주식 매도가 용이하게 됨으로 주주의 유동성이 증가될 수 있다. 반면에 기업이 상장하게 되면 각종 규제에 적용되기 때문에 이로 인한 비용 발생이 불가피하며, 기업의 정보를 공개해야 하는 부담도 생기게 된다. 또한 적대적 M&A 위험에 노출될 가능성이 있다.
2. 적대적 M&A와 방어전략
   기업이 주식시장에 상장하게 되면 적대적 인수의 대상이 될 가능성이 있다. 기업은 적대적 인수로부터 경영지배권을 방어하기 위한 여러 가지 수단을 강구하게 되는데 그 전략에는 초다수의결규정과 이사진의 임기분산 같은 반기업인수 수정(anti-takeover amendment), 불가침계약(standstill agreement), 독약처방(poison pills), 황금낙하산(golden parachute), 백기사(white knight), 사기업화(going private), 왕관의 보석(crown jewel) 등이 있다.

---

6. 경제적 부가가치와 시장부가가치

(1) 경제적 부가가치(Economic Value Added ; EVA)

고유한 영업활동을 통해 획득한 이익에서 법인세와 자본비용을 제외하고 남은 이익을 말한다. 즉, 영업이익에서 법인세와 자본비용을 차감한 값으로 정의한다. 영업이익에서 법인세를 차감한 값을 세후 영업이익(Net Operating Profit After Tax ; NOPAT)으로 대체하여 정의할 수도 있다.

> 경제적 부가가치(EVA) = 영업이익 – 법인세 – 자본비용
>   = 세후 영업이익($NOPAT$) – 자본비용

(2) 시장부가가치(Market Value Added ; MVA)

총자본의 시장가치에서 장부가치를 차감한 값을 말한다.

> 시장부가가치(MVA) = 총자본의 시장가치 – 총자본의 장부가치

7. 채권의 가치평가

(1) 채권의 구성요소

채권(bond)은 액면금액(par value), 액면이자율(coupon interest rate), 이자지급시기(coupon payment date), 만기(maturity date)로 구성된다.

(2) 채권의 유형

구 분	종 류
발행주체	국채, 지방채, 특수채, 금융채
보증유무	보증채, 무보증채
이자 지급방법	이표채, 할인채
상환기간	단기채, 중기채, 장기채
원금 상환방법	만기상환채, 분할상환채
표시통화	원화표시채, 외화표시채
모집방법	사모채, 공모채
발행가액	액면발행, 할인발행, 할증발행
옵 션	수의상환채, 전환사채, 신주인수권부사채
특수채	감채기금채, 환매채

(3) 채권의 가격

채권의 가격은 채권을 소유함으로써 투자자가 얻게 되는 현금흐름에 의해 결정된다. 즉, 이자(이자=액면가액×액면이자율)와 원금상환액을 적절한 할인율로서 할인한 금액을 말한다. 채권의 가격에 영향을 미치는 요인에는 채권수익률(bond yield), 액면가액(par value), 액면이자율(coupon interest rate), 만기(maturity Date) 등을 들 수 있다.

$$채권가격 = \frac{지급이자}{1+시장이자율} + \frac{지급이자}{1+(시장이자율)^2} + \cdots\cdots + \frac{지급이자+액면가액}{1+(시장이자율)^n}$$

[예제]

액면가액 100,000원, 만기 5년, 액면이자율이 10%인 채권이 있다. 5년 후 만기에 원금을 상환하는 조건이며, 이자는 매년 말 지급한다. 시장이자율이 5%, 10%, 15%인 경우 각각 채권의 가치를 계산하시오.

해설 : 이 채권은 매년 말에 10,000원의 이자를 5년 동안 지급하고 5년 후 만기일에 원금 100,000원을 상환하므로 채권으로부터 얻게 되는 현금흐름은 다음과 같다.

	1년	2년	3년	4년	5년
이 자	₩10,000	₩10,000	₩10,000	₩10,000	₩10,000
상환가액					₩100,000

현가계수는 다음과 같다.

n=5인 경우 PVIF			n=5인 경우 PVIFa		
5%	10%	15%	5%	10%	15%
0.783	0.621	0.497	4.329	3.790	3.352

① 시장이자율이 5%인 경우
　　채권의 현재가치 = 이자에 대한 현재가치 + 상환가액에 대한 현재가치
　　　　　　　　　　　= $10,000 \times$ PVIFa(i = 5%, n = 5) + $100,000 \times$ PVIF(i = 5%, n = 5)
　　　　　　　　　　　= $10,000 \times 4.329 + 100,000 \times 0.783$
　　　　　　　　　　　= $43,290 + 78,300$
　　　　　　　　　　　= $121,590$

② 시장이자율이 10%인 경우
　　채권의 현재가치 = $10,000 \times$ PVIFa(i = 10%, n = 5) + $100,000 \times$ PVIF(i = 10%, n = 5)
　　　　　　　　　　　= $10,000 \times 3.790 + 100,000 \times 0.621$
　　　　　　　　　　　= $37,900 + 62,100 = 100,000$

③ 시장이자율이 15%인 경우
　　채권의 현재가치 = $10,000 \times$ PVIFa(i = 15%, n = 5) + $100,000 \times$ PVIF(i = 15%, n = 5)
　　　　　　　　　　　= $10,000 \times 3.352 + 100,000 \times 0.497$
　　　　　　　　　　　= $33,520 + 49,700 = 83,220$

보충학습　시장이자율과 액면이자율 간의 관계

액면이자율 > 시장이자율 → 할인채권 (채권가격 < 액면가격)
액면이자율 = 시장이자율 → 할증채권 (채권가격 > 액면가격)
액면이자율 < 시장이자율 → 액면채권 (채권가격 = 액면가격)

06 | 출제예상문제

#ROE, #자기자본이익률

01 매출액 및 재무제표의 모든 항목들이 일정한 기업의 자기자본이익률(ROE)에 대한 설명으로 맞는 것은?　🎯 나오는 유형 *

① 자본이 증가하면 증가할 것이다.
② 당기순이익이 증가하면 감소할 것이다.
③ 총자산이 증가한다면 감소할 것이다.
④ 부채비율이 감소하면 증가할 것이다.
⑤ 매출액 대비 매출원가가 감소한다면 감소할 것이다.

해설

$$\text{자기자본이익률} = \frac{\text{당기순이익}}{\text{평균총자본}} = \frac{\text{당기순이익}}{\text{매출액}} \times \frac{\text{매출액}}{\text{총자산}} \times \frac{\text{총자산}}{\text{총자본}}$$

① 부채비율의 감소 → financial leverage(총자산/총자본)의 감소 → ROE 감소
② 매출원가율의 감소 → profit margin의 증가 → ROE 증가
③ 자산의 증가 → asset turnover의 감소 → ROE 감소
④ 자본의 증가 → financial leverage의 감소 → ROE 감소
⑤ 당기순이익의 증가 → profit margin의 증가 → ROE 증가

#채권자, #이자보상비율

02 채권자는 다음의 비율 중 어느 비율에 가장 큰 관심을 갖겠는가?

① 재고자산회전율　　　　　　② 이자보상비율
③ 당좌비율　　　　　　　　　④ 주당순이익
⑤ 매출액증가율

해설

채권자는 기업에 자금을 빌려주고 이자를 지급받으며 원금을 상환 받는다. 따라서 채권자가 가장 관심 있어 할 비율은 (법인세차감전순이익+이자비용)/이자비용으로 계산되는 이자보상비율이다.

03 다음은 (주)히어로의 유동자산에 관한 정보이다.

현금 및 현금성자산	₩200,000
단기매매증권	200,000
매출채권	600,000
재고자산	1,400,000
유동자산 합계	₩2,400,000

(주)히어로의 유동부채가 ₩1,200,000이라면 다음의 설명 중 옳은 것은?

① 매입채무 ₩200,000을 현금으로 지급한다면 유동비율은 감소할 것이다.
② 매입채무 ₩200,000을 현금으로 지급한다면 유동비율은 변화가 없을 것이다.
③ 매입채무 ₩200,000을 현금으로 지급한다면 당좌비율은 감소할 것이다.
④ 매입채무 ₩200,000을 현금으로 지급한다면 당좌비율은 변화가 없을 것이다.
⑤ 매입채무 ₩200,000을 현금으로 지급한다면 당좌비율은 증가할 것이다.

해설

유동비율은 유동자산/유동부채로 구할 수 있으며, 당좌비율은 (유동자산-재고자산)/유동부채로 구할 수 있다. 매입채무는 대표적인 유동부채다. 현재 (주)히어로의 유동비율은 2,400,000/1,200,000이므로 2의 값을 갖는다. 당좌비율은 1,000,000/1,200,000이므로 약 0.83의 값을 갖는다. 유동비율은 1보다 큰 값을 갖고, 당좌비율은 1보다 작은 값을 갖기 때문에 분모와 분자에서 각각 같은 값을 차감하였을 때 미치는 영향은 반대로 나타날 것이다. 매입채무를 현금으로 지급하면 유동부채는 감소하고 같은 금액만큼 현금이 감소하므로 유동자산이 감소한다. 따라서 유동비율은 증가한다. 반면에 당좌비율은 1보다 작은 값을 가지므로 분모와 분자에서 각각 200,000원을 차감할 경우 비율이 증가하게 될 것이다.

04 다음은 한 기업의 재무제표 내용을 요약한 것이다. 이를 바탕으로 해당 기업의 부채비율과 총자산 회전율을 올바르게 구한 것을 고르시오.

부채총계 40억원	자본총계 80억원	자산총계 120억원
총매출 100억원	영업이익 30억원	당기순이익 15억원

	부채비율	총자산순이익률
①	200%	12.5%
②	200%	83.3%
③	50%	12.5%
④	50%	25%
⑤	50%	83.3%

해설

부채비율은 총부채를 총자본으로 나누어 구한다. 80억원/40억원=0.5(50%), 총자산순이익률은 당기순이익을 총자산으로 나누어 구한다. 15억원/120억원=0.125(12.5%)

[5~6번] 다음은 기업공개(IPO)를 앞두고 있는 (주)뮤즈의 요약 재무제표이다.

장기부채(이자율 12%)	₩20,000,000
보통주자본금(액면가 주당 100원)	5,000,000
주식발행초과금	24,000,000
이익잉여금	6,000,000
총자산	55,000,000
당기순이익	6,250,000
배당금(연간)	1,500,000

05 (주)뮤즈의 산업 평균 주가수익률(PER)이 12라면, 주당가격은 얼마인가?

① ₩900
② ₩1,200
③ ₩1,500
④ ₩2,400
⑤ ₩3,000

해설

EPS = 6,250,000/50,000주 = ₩125
주당가격 = PER × EPS = 12 × 125 = 1,500

06 산업평균 주가순자산비율(PBR)이 2라면 주당가격은 얼마인가?

① ₩1,350
② ₩1,400
③ ₩2,150
④ ₩2,550
⑤ ₩2,750

해설

BPS = 5,000,000 + 24,000,000 + 6,000,000 / 50,000 = ₩700
주당가격 = PBR × BPS = 2 × ₩700 = 1,400

07 다음은 A기업의 재무상태표 및 손익계산서 중 일부를 발췌한 것이다. 다음을 보고 A기업의 재무상태를 산업평균과 비교한 다음의 설명 중 옳지 않은 것은?

현금	₩200,000	유동부채	₩300,000
매출채권	100,000		
재고자산	200,000		
		매출액	₩1,000,000
매출원가	₩600,000	외상매출액	700,000

한편, A기업이 속한 동종산업의 산업평균 재무정보는 다음과 같다.

운전자본	₩250,000
유동비율	2.3
당좌비율	1.2
재고자산회전율	3회
매출채권회전율	5회

① A기업의 순운전자본으로 평가된 유동성은 산업평균에 비하여 낮은 것으로 평가된다.
② 유동자산 중 재고자산의 비중은 A기업이 산업평균에 비하여 높은 것으로 판단된다.
③ 당좌비율로 평가된 A기업의 유동성은 산업평균보다 낮은 것으로 판단된다.
④ 재고자산회전율은 A기업이 산업평균보다 높아 재고자산의 매각이 빠른 것으로 판단된다.
⑤ 매출채권회전율은 A기업이 산업평균보다 높아 매출채권의 회수가 신속하게 이루어지는 것으로 판단된다.

해설

순운전자본과 유동 비율 및 당좌비율, 재고자산회전율, 매출채권회전율을 구해보면 다음과 같다.
순운전자본 = 유동자산 − 유동부채 = 500,000 − 300,000 = 200,000
유동비율 = 500,000/200,000 = 2.5
당좌비율 = 300,000/300,000 = 1
재고자산회전율 = 600,000/200,000 = 3
매출채권회전율 = 700,000/100,000 = 7

08 회사채와 주식에 대한 일반적인 구분이다. 이 중 옳지 않은 내용으로 짝지어 진 것을 모두 고르면?

꼭 나오는 유형 *

구 분		회사채	주 식
㉠	회계분류	부채계정	자본계정
㉡	상환여부	만기원금상환	상환 없음
㉢	청산분배	주식보다 후순위로 분배	회사채보다 선순위로 분배
㉣	수익방식	성과에 따라 이자율 변동	성과에 상관없이 배당 지급
㉤	경영참여	경영 참여 불가능	경영참여 가능

① ㉠, ㉢   ② ㉡, ㉢
③ ㉢, ㉣   ④ ㉠, ㉢, ㉤
⑤ ㉢, ㉣, ㉤

해설

회사채는 부채계정으로 만기에 원금을 상환해야 하며 기업 청산 시 주식 투자자에 보다 먼저 분배를 받을 수 있다. 이자율은 성과와 관계없이 이자율이 일정하며, 경영참여는 불가능하다. 반면에, 주식은 자본계정으로 상환되지 않으며, 기업 청산 시 채권보다 후순위로 자산을 분배받을 수 있다. 기업의 성과에 따라 배당을 지급받으며, 경영참여가 가능하다.

09 적대적 M&A 위협에 대한 방어 전략에 포함될 수 있는 적절한 항목은 모두 몇 개인가?

a. 독약 조항(poison pill)
b. 이사진의 임기분산
c. 황금 낙하산(golden parachute)
d. 초다수결조항
e. 백기사(white knight)

① 1개   ② 2개
③ 3개   ④ 4개
⑤ 5개

해설

독약 조항, 황금낙하산, 백기사 모두 적대적 M&A를 방어하는 전략이다. 이사진의 임기분산과 초다수결조항 역시 반기업인수 수정의 전략의 일부로서 M&A 방어 전략이다.

10 S사의 1년도 말(t=1)에 기대되는 주당순이익(EPS)은 2,000원이다. 이 기업의 내부유보율 (retention ratio)은 40%이고 내부유보된 자금은 재투자수익률(ROE) 20%로 재투자된다. 이러한 내부유보율과 재투자수익률은 지속적으로 일정하게 유지된다. S사의 자기자본비용이 14%라고 할 경우 S사 주식의 이론적 가격(P_0)에 가장 가까운 것은?

① 13,333원   ② 16,333원
③ 20,000원   ④ 21,600원
⑤ 33,333원

해설

$$P_0 = \frac{D_1}{K_e - g} \text{ 이므로}$$

주가 = 배당/14% − 성장률이라는 공식이 성립된다.
성장률 = ROE × 유보율 = 20%×40% = 8%
배당 = EPS × 배당성향 = ₩2,000×60% = ₩1,200
주가 = ₩1,200/14% − 8% = ₩20,000

11 다음의 자본예산 평가안을 분석하는 방법 중, 현금흐름할인기법 적용여부를 올바르게 제시한 것은?

	내부수익률법	회계적이익률법	회수기간법	순현재가치법
①	○	○	○	○
②	○	○	×	○
③	○	×	×	○
④	×	○	○	×
⑤	○	×	×	○

해설

현금흐름할인기법이 적용된 방법은 내부수익률법과 순현재가치법, 수익성 지수법이다. 회수기간법과 회계적이익률법은 현금흐름할인과 무관하다.

12 각각의 독립적인 투자안을 평가하는데 있어 특정 투자안을 채택하는 이유로 가장 알맞은 것은?

① 회계적이익률이 0보다 크다.

② 기초투자금이 현금흐름유입의 현재가치보다 크다.

③ 수익성 지수가 1보다 크다.

④ 내부수익률이 회계적이익률보다 크다.

⑤ 내부수익률이 자본비용보다 작다.

해설

① 회계적이익률은 기업이 정한 목표이익률보다 클 때 채택한다.

② 기초투자금이 현금흐름유입의 현재가치보다 작을 때 채택한다.

③ 수익성 지수가 1보다 크면 채택한다.

④, ⑤ 내부수익률은 자본비용보다 클 때 채택한다.

13 다음의 설명 중 회수기간법에 대한 설명으로 옳은 것은?

① 화폐의 시간가치를 고려하지 않는다.

② 회수기간이란 투자와 일정 이익이 발생할 때까지의 기간을 말한다.

③ 특정 투자안이 다른 투자안과 비교하여 얼마나 수익성이 있는지를 평가한다.

④ 추정된 회수기간이 기업이 정한 허용 회수기간보다 길어야 투자안은 채택한다.

⑤ 회수기간 이후의 현금흐름까지 고려한다.

해설

회수기간법은 회수기간은 기초투자액을 회수하는데 소요되는 시간(연수)를 말하며, 회수기간법(payback period method)은 투자로부터의 누적현금유입이 기초투자액과 같아질 때까지 또는, 누적순현금 흐름이 0이 될 때까지의 년수를 계산하여 투자안을 평가하는 방법이다. 화폐의 시간가치를 고려하지 않는 점이 단점으로 언급된다.

14 (주)MP는 기계장치를 25,000,000원에 취득할 계획을 가지고 있다. 복수의 할인율에 따른 순현재가치(NPV)는 다음과 같다.

할인율	순현재가치(NPV)
3%	2,397,750
5%	1,620,000
7%	472,000
9%	(420,000)
11%	(720,000)

(주)MP의 추정 내부수익률은 얼마인가?

① 6%   ② 7%

③ 10%   ④ 11%

⑤ 12%

해설

내부수익률은 투자에 관한 현금유입의 현가와 현금유출을 같게 하는 즉, NPV=0이 되게 하는 할인율로서 투자안으로부터 순현금흐름의 현재가치의 합과 기초투자액을 일치시켜주는 할인율이다. 이러한 내부수익률을 활용하여 투자안을 선택하는 방법을 내부수익률법(IRR, internal rate of return method)이라 한다. 다음의 산식을 만족하는 할인율이 IRR이며, IRR을 계산하기 위해서는 시행착오법(trial-and-error approach)을 사용한다.

$$CF_0 = \frac{CF_1}{1+IRR} + \frac{CF_2}{(1+IRR)^2} + \ldots + \frac{CF_n}{(1+IRR)^n}$$

NPV가 0이 되게 하는 할인율은 내부수익률이므로 9%와 11% 사이이다.

경명
06

초코파이만 잘 만드는 게 아니었네 …
영업이익률이 삼성전자보다 높은 비결은?

2021. 08. 24 매일경제

오리온이 2013년부터 8년이나 제품 가격을 올리지 않을 수 있는 비결은 '제로(0)'에 가까운 반품률에서 비롯된 높은 영업이익률(매출액 대비 영업이익)이다. 원자재와 인건비·물류비 등이 올랐어도 반품률을 낮추고 포장비 등을 절감해 이익률을 높인 덕에 가격을 올리지 않을 수 있었다는 얘기다.

실제로 오리온의 17%에 육박하는 높은 영업이익률은 제조업체의 영업이익률 평균이 3~5%인 것을 감안하면 그야말로 이례적인 수준이라는 게 업계 내외의 공통된 평가다. 23일 오리온에 따르면 오리온 한국 법인은 올해 상반기 사상 최대 실적을 올리며 역대 최고 영업이익률인 16.8%를 기록했다. 전년 동기 대비 1% 포인트나 상승한 수치다.

오리온의 영업이익률은 제과업계 독보적 1위다. 동종 업계 롯데제과와 크라운제과의 영업이익률은 4~6% 수준이다. 이는 같은 기간 삼성전자의 영업이익률(13.4%)보다도 높다. 또한 한국거래소와 한국상장회사협의회가 분석한 상장기업 평균 영업이익률 8.42%(12월 결산 유가증권시장 상장기업 587개(금융업 등 제외)의 연결 재무제표 기준)의 무려 두 배에 해당한다.

오리온의 영업이익률이 이토록 높을 수 있는 까닭은 무엇일까. 여기에는 '데이터의 힘'이 자리하고 있다. 오리온의 '포스(POS·판매 시점 정보 관리 시스템) 데이터 활용 경영'이 바로 그것이다. 포스 데이터는 판매된 상품에 대한 정보가 실시간 기록된 데이터를 말한다. 급변하는 소비 트렌드를 실시간으로 파악해 매출 극대화를 이뤄낼 수 있는 무기다. 오리온은 식품업계에서 가장 뛰어난 포스 데이터 수집·분석·활용 시스템을 구축했다는 평가를 받는다. 이에 따라 반품률이 크게 낮아졌다. 소비 데이터를 생산 계획에 실시간 반영하면서 재고를 줄였기에 가능했다. 판매가 저조한 제품은 바로 생산 물량을 줄였다. 신제품을 출시할 때도 소비자 반응이 좋지 않으면 신속히 종산을 결정해 반품 처리 비용을 최소화했다. 이에 2016년 연간 2.8%였던 오리온의 제품 반품률은 이듬해 1.4%로 뚝 떨어진 뒤 계속 하락해 2019년 0.7%를 기록했다. 작년에는 0.6% 선이다. 반품액 역시 5년 전에 비해 80% 줄었다. 제과업계의 반품률은 통상 2~3%대다. 이를 통해 절감하는 비용만 연간 100억원이 넘는 것으로 전해진다.

반대로 소비자 반응이 좋은 제품은 실시간으로 정보를 파악해 생산량을 늘려 기회를 극대화했다. 2020년 8월에 출시한 꼬북칩 초코츄러스맛은 포스 데이터를 활용한 대표적인 성공 사례다. 출시 직후 높은 판매율이 포스 데이터로 나타나자 오리온 측은 곧바로 생산량 증대를 위한 설비 구축을 진행했다. 초코츄러스 전용 라인을 만들어 안정적 생산을 가능케 한 것이다. 이에 한동안 매출이 정체됐던 꼬북칩은 초코츄러스맛 출시 전 대비 월평균 매출이 1.9배 증가하는 성과를 거뒀다. 포스 데이터 활용 자체는 새로운 개념이 아니지만 제조업체들이 유통업체의 판매 시점 정보를 수집하고 활용하기는 쉽지 않다. 적지 않은 업체들이 시장조사기관의 정보에 주로 의존하는데, 이는 이미 한 달가량 지난 정보다. 포스 데이터를 활용하는 기업들도 제한된 유통 채널에서만 데이터를 확보하는 수준이다. 오리온은 대형마트는 물론 편의점, 슈퍼마켓까지 유통 채널별로 거미줄 같은 수집망을 구축했다. 이 같은 시스템을 만들 수 있었던 것은 과감한 투자와 리더십이다. 오리온은 2014년 허인철 부회장이 취임하면서 포스 데이터 구축에 공들여 왔다. 2015년 시스템 구축에 돌입해 끊임없이 개선 작업을 해왔다. 또한 2014년 시작한 '착한 포장 프로젝트'도 비용 절감에 큰 몫을 했다. 포장재에 들어가는 잉크와 포장재 볼륨을 줄이고 나니 1년에 70억원 정도 비용이 절감됐다. 오리온은 이 비용으로 초코파이, 포카칩 등 파이와 스낵을 증량하는 것을 택했다. 절감된 비용으로 이윤을 내지 않고 양을 늘리는 전략이었다.

Tip

오리온 기업의 높은 영업이익률을 소개한 기사이다. 영업이익률이란 매출액 가운데 영업이익이 얼마인지를 의미하는 지표로, 실질적인 이윤을 보여주는 지표이다. 오리온의 높은 영업이익률은 데이터 중심의 경영전략과 포장비용을 최소화 한 전략에서 비롯된다는 설명이다. 무엇보다 반품이 없다 보니 영업이익률을 높이면서 질도 높일 수 있다는 내용이다. 사례를 중심으로 재무비율들이 어떻게 쓰이는지 확인할 수 있는 기사이다.

많이 보고 많이 겪고 많이 공부하는 것은 배움의 세 기둥이다.

– 벤자민 디즈라엘리 –

매경TEST 실전단기완성
필수이론 + 출제예상문제 + 히든노트

개정9판1쇄 발행	2025년 01월 03일 (인쇄 2024년 10월 30일)
초 판 발 행	2016년 03월 10일 (인쇄 2016년 01월 29일)
발 행 인	박영일
책 임 편 집	이해욱
편 저	David Kim
편 집 진 행	김준일 · 이경민
표지디자인	조혜령
편집디자인	하한우 · 장하늬
발 행 처	(주)시대고시기획
출 판 등 록	제10-1521호
주 소	서울시 마포구 큰우물로 75 [도화동 538 성지 B/D] 9F
전 화	1600-3600
팩 스	02-701-8823
홈 페 이 지	www.sdedu.co.kr

I S B N	979-11-383-8126-0 (13320)
정 가	30,000원

신문으로 공부하는
말랑말랑 시사상식 시리즈

어려운 상식 키워드를 쉬운 설명과 출제 기사로 말랑말랑하게 공부하자!

시사상식 종합편

- 각 분야 155개 키워드를 쉽고 재밌게 정리
- 읽으면서 정리하는 신문 공부법 노하우 전수

시사상식 청소년

- 사고를 넓히는 시사상식으로 대입·토론 최적화
- 선생님도 훔쳐보는 시사상식의 모든 것

시사상식 경제·경영

- 시사 경제·경영 상식을 자연스레 암기
- 경제 키워드와 기초 경제학 이론까지 함께 공부

시사상식 과학·IT

- 과학 시사상식을 신문으로 재미나게!
- 과학·IT 상식을 손쉽게 쌓을 수 있는 방법!

센스 있는 지성인이 되고 싶다면?

빈틈없이 상식을 채워주는 필수 잇템으로 상식 마스터!

뇌가 섹시해지는
꿀잼 상식퀴즈

- 청소년부터 직장인까지 누구에게나 유용한 상식 퀴즈!
- 평소 찾기 힘들지만 알아두면 도움이 되는 문제를 분야별로 수록!
- 각종 퀴즈대회를 섭렵할 수 있는 절호의 기회

하루 30개씩 한 달 PLAN
하루상식

- 하루하루 쌓아 한 달이면 상식 완전 정복!
- 취업 및 각종 시험에 필요한 상식 핵심 공략!
- 최신 이슈, '핫이슈 시사상식' 수록

※ 도서의 이미지 및 구성은 변동될 수 있습니다.

2025
최 신 개 정 판

매경TEST
히든노트

적중 시사용어

300선

시대에듀

적중 시사용어 300선

✓ 최신 시사용어

001 그린플레이션 Greenflation

원자재 가격 상승으로 인해 발생하는 인플레이션을 지칭하는 용어로, 환경을 의미하는 그린(Green)과 물가상승(Inflation)의 합성어이다. 탄소중립을 위한 친환경 정책의 영향으로 석탄과 석유와 같은 원자재 공급이 줄어들어 가격 상승으로 연결되는데 이는 제품 가격의 상승으로 이어진다. 이러한 과정을 그린플레이션이라 하며 즉 인류가 기후변화에 대응하기 위해 노력할수록 비용이 상승하는 상황을 표현한 용어이다.

〈2022.03.25 매일경제, 원가 뛰고 중국의 역습까지 … K배터리 위기인가 中〉
친환경 정책 가속화로 '그린플레이션'이 전 지구적 이슈로 대두됐고 지정학적 리스크 등 거시경제 요인으로 극심한 병목 현상이 지속되고 있다. 임은영 삼성증권 애널리스트는 "전기차 시장 고성장에 따른 기타 원자재 가격 급등이 최근 배터리 업체 수익성의 새로운 난관으로 작용 중"이라고 진단했다.

002 케슬러 신드롬 Kessler syndrome

1978년 미국 항공우주국(NASA)의 도널드 케슬러가 논문을 통해 처음 제시한 것으로 수많은 인공위성 발사로 인해 지구 저궤도를 떠도는 물체가 너무 많아 신규 인공위성이나 우주선이 파선되어 이로 인한 우주기술의 이용이 불가능해지는 악순환적인 상황을 의미한다.

003 프라이버시 샌드박스
Privacy Sandbox

구글이 안드로이드를 통해 확대하는 광고 솔루션으로 이용자의 쿠키를 수집하지 않음으로써 이용자의 개인정보를 보호하면서 광고 집행을 할 수 있도록 만든 프로젝트를 말한다. 2019년 구글이 웹 이용자 개인정보 보호를 위해 출범한 프로젝트이며, 이용자 개인정보를 보호하고 앱은 무료로 제공하되, 광고주 타깃 광고 집행까지 만족시키려는 목적으로 출발했다.

004 데드캣 바운스 Dead Cat Bounce

죽은 고양이도 높은 곳에서 떨어지면 튀어오른다는 의미로, 주가가 큰 폭으로 하락하는 추세에서 일시적으로 반등하는 상황을 비유적으로 나타내는 말이다.

예문

〈2022.02.04 매일경제, 긴축 공포에 떨던 미 증시 급반등 … 찐 바닥인가 데드캣 바운스인가 中〉

찰리 비엘로 콤파운드캐피털 설립자는 '데드캣 바운스(하락 중 일시적 반등)' 가능성을 제시했다. 그는 "닷컴 버블 붕괴 때인 2000~2002년 사이 여러 번 큰 폭의 반등이 있었는데, 나스닥100지수를 기준으로 저점에서 50% 오른 적이 있지만 이후 83% 추가 하락했다. 또다시 53.5% 반등했지만 그것도 데드캣 바운스였다"고 지적했다.

005 소수점 거래

소수점 아래 여섯째 자리까지 매매를 지원하여 고가주식에 대한 투자자 접근성을 높이고, 소규모 투자금으로 다양한 포트폴리오 구성이 가능하다는 장점이 존재한다. 국내에서는 2021년 11월부터 해외주식에 대한 소수단위 거래가 허용됐으며, 2022년 3분기부터는 국내주식도 소수단위로 거래할 수 있다.

예문

〈2022.10.07 매일경제, 소수점 거래 스타트 끊었는데 … 하락장에 '시큰둥' 中〉

지난 9월 국내 주식을 1주 미만 소수점 단위로 쪼개서 파는 '소수점 거래' 시장이 열렸다. 0.1주, 0.001주 등 해외 주식처럼 '조각 투자'가 가능해진 셈이다. 예를 들어 1주에 100만원 하는 주식을 1만원어치만 사겠다고 하면 증권사는 고객 계좌에 해당 주식 0.001주를 넣어준다. 5만원이 넘는 삼성전자 주식을 100원어치만 살 수도 있다.

006 부의 소득세

부의 소득세제는 저소득층 생계비 보장을 위해 일정 수준 이하의 가구에 정부는 보조금을 지급하고, 소득이 늘수록 지원 금액이 감소하도록 설계된 세금제도이다. 부의 소득세제는 근로의욕을 감소시킬 수 있다는 단점이 존재하며 우리나라에서는 이러한 단점을 보완한 근로장려소득세제를 운영 중이다. 여기서는 소득이 증가할수록 보조금 액수도 증가한다.

007 디깅소비 Digging consumption

소비자가 선호하는 품목이나 분야에 깊게 파고들어 소비하는 행위를 의미한다. 신발 및 스니커즈 시장은 디깅소비의 대표적인 영역이다. 코로나19로 위축될 것으로 예상했지만, MZ 세대의 디깅소비로 오히려 시장이 확장되었다.

예문

〈2022.09.18 매일경제, 취향만 파는 '디깅(Digging)소비'를 아시나요? 中〉

자신의 취향과 니즈가 확고한 소비자들이 늘고 있다. 소비 선택 기준이 확고해지면서 이를 충족시켜줄 수 있는 상품·서비스가 덩달아 인기를 끈다. 이른바 개개인의 세분화된 취향에 따라 특정 분야만 집중 소비하는 '디깅소비' 트렌드다. 이는 특히 구독 서비스에서 강하게 나타난다. 콘텐츠형·생활형·취미형 등 다채로운 구독 상품 중 자신이 좋아하는 상품만 집중 구독하는 것이다.

008 MSCI 선진국지수
Morgan Stanley Capital International index

미국의 모건스탠리캐피털인터내셔널사(MSCI)가 개발하여, 작성 및 발표하는 세계적인 주가지수로, 다양한 지수 가운데 선진국 주식시장에 상장된 종목으로 구성된 주가지수를 의미한다. MSCI는 주식시장의 발전 단계에 따라 선진시장(DM), 신흥시장(EM), 프론티어시장(FM)으로 나누는데 한국은 2008년 신흥시장에 편입되었으며 우리나라가 MSCI 선진시장에 편입되기 위해 노력하는 이유는 외국인 투자자들의 자금 확대, 주가 상승과 안전성 향상 등의 긍정적인 기대 때문이다.

예문

〈2022.06.24 매일경제, 韓증시, MSCI 선진국지수 편입 불발 中〉

한국 증시의 모건스탠리캐피털인터내셔널(MSCI) 선진국지수 편입이 또 불발됐다. 이에 따라 MSCI 선진국 지수 편입은 이르면 2025년께에나 가능할 것으로 보인다. MSCI의 시장 분류 기준은 경제 발전 정도, 주식 시장 규모와 유동성, 시장 접근성 등 세 가지인데, 한국 증시는 시장 접근성의 일부 하위 항목이 미흡한 것으로 평가된다.

009 엑스턴십 Externship

학생이나 직원을 외부 기업에서 실무경험을 쌓고 오도록 하는 직무교육 프로그램을 의미한다. 해당 기업 내부에 소속되어 직무를 배우는 인턴십과는 달리 기존 소속을 유지한 채 외부 기업에 파견된다. 대학 재학생이 스타트업 기업에 파견되어 미리 일하는 방식과 문화를 배우도록 하는 경우가 대표적이다.

----

010 크런치 모드 Crunch mode

프로젝트 마감을 앞두고 집중적으로 근무하는 관행으로 IT 업계에서 주로 활용되는 용어이다. 출시 직전의 야근 및 철야 근무 시기를 의미하기도 한다.

예문

〈2021.12.08 매일경제, IT 노동자 절반, 휴식 없는 고강도 노동 경험 … 연평균 34일〉

경기도 성남지역 정보통신(IT) 분야 노동자의 절반이 '크런치 모드' 형태의 고강도 노동을 경험했으며, 이 같은 노동 기간은 연평균 34일에 이르는 것으로 조사됐다. 크런치 모드를 사전에 통보받지 못한다는 응답자가 19.7%나 됐으며, 퇴근 후나 휴일 업무에 복귀하는 경우도 30.8%에 달했다. 회사로부터의 업무량 압박을 받는다는 응답자가 32.2%, 속도 압박을 받는다는 응답자가 32.6%였다.

011 디레버리징 Deleveraging

부채정리, 부채축소를 의미한다. 보유한 자산을 상회하는 부채를 끌어들여 이를 지렛대로 삼아 투자수익률을 높이는 것을 일컫는 레버리지(Leverage)의 반대말이다.

예문

〈2022.10.14 매일경제 늘어나는 재정적자 … '다이어트 해법' 찾는 정부 中〉

코로나19 팬데믹 이후 주요국 정부는 경기 부양을 위해 공격적으로 금리를 낮추고 대규모 재난지원금을 지급하는 등 막대한 자금을 시중에 풀었습니다. 하지만 2년간 시중에 풀린 막대한 자금은 소비와 투자가 서서히 회복됨에 따라 물가 상승으로 이어졌고 이에 따라 전 세계적으로 기록적인 물가 상승이 발생한 가운데 주요국 정부는 물가 안정에 사활을 걸고 있는 모양새입니다. 올해 경제의 화두는 단연 인플레이션의 귀환과 디레버리징(부채 줄이기)이 될 것으로 보입니다.

012 리니언시 Leniency program

담합행위를 자진해서 신고한 최초 사업자들에 대해 과징금을 감면해 주고 제재 대상에서 제외하는 담합 방지 제도이다. 담합은 내부고발자의 도움 없이는 알아내기 힘들다는 점 때문에 도입되었다.

013 옴니채널 Omni-channel

소비자가 온라인, 오프라인, 모바일 등 다양한 경로를 넘나들며 상품을 검색하고 구매할 수 있도록 한 서비스로서, 각 유통 채널의 특성을 결합해 어떤 채널에서든 같은 매장을 이용하는 것처럼 느낄 수 있도록 한 쇼핑 환경을 말한다. 미국의 Best Buy와 같은 기업이 대표적으로 성공한 예이다.

014 넛지 마케팅 Nudge marketing

넛지는 '슬쩍 지르다', 또는 '주의를 환기시키다'는 뜻을 가진 단어로 타인의 행동을 유도하는 부드러운 개입을 말한다. 리처드 세일러(Richard H. Thaler)는 부드러운 개입으로 특정 행동을 유도하는 것이 더 효과적이라고 주장했으며, 이러한 방식은 기업의 마케팅 활동, 공익추구활동 등 일상 속 다양한 분야에 이용되고 있다.

015 프롭테크

부동산 자산(Property)과 기술(Technology)의 합성어로써 정보 기술을 결합한 부동산 서비스 산업을 말한다. 2000년대 등장한 인터넷 부동산 시세조회・중개 서비스에서 기술적으로 더 나아갔다. 프롭테크 비즈니스 영역은 크게 중개 및 임대, 부동산 관리, 프로젝트 개발, 투자 및 자금 조달 분야로 분류할 수 있다.

016 윈도우드레싱 Window dressing

분식(Window dressing)은 '실제보다 좋게 보이도록 거짓으로 꾸미는 것'을 의미한다. 즉, 분식회계는 회사의 실적을 좋게 보이게 하기 위해 회사의 회계장부를 조작하는 것이다. 예를 들면 가공의 매출을 기록한다거나 발생한 비용을 적게 계상해 누락시키는 등의 방법으로 재무제표상의 수치를 고의로 왜곡할 수 있다.

017 버즈 마케팅 Buzz marketing

바이럴 마케팅(Viral marketing)의 일종으로 소비자가 자발적으로 구매한 상품에 대해 주위 사람들에게 긍정적인 내용을 전달함으로써 입소문을 통해 마케팅을 시도하는 전략이다. 버즈란 말은 최근 고객이 특정 제품이나 서비스에 팬이 되는 과정을 나타내는 표현으로 사용되고 있다.

018 ESG

Environmental, Social, and Governance

환경, 사회, 지배구조의 영문 단어의 앞글자를 따서 만든 용어로서, 비재무적인 요소를 고려해 투자하자는 내용을 담고 있다. 투자 의사결정 시 재무적 성과만을 우선으로 하는 것이 아니라 사회책임투자, 지속가능한 투자 등에 주목하자는 바람이 일고 있다.

019 차등의결권제도

차등의결권은 최대주주나 경영진이 실제 보유한 지분보다 많은 의결권을 행사할 수 있도록 하는 것이 가능하다. 이 주식에는 특별히 많은 의결권이 있기 때문에 주주총회 의결사항에 대해 절대적 거부권을 행사할 수 있는 황금주 등을 발행해 의견을 표명할 수 있다. 창업주가 외부자금은 끌어들이되 적대적 M&A를 방어하는 등 경영권 방어수단으로 쓰인다. 대한민국은 이 제도가 허용되지 않고 있다.

020 슈퍼주총데이

매년 3월 주주총회가 집중되어 있는 날을 가리킨다. 기업이 같은 날 주주총회를 열면 소액주주들은 동시에 여러 주주총회에 참석할 수 없기 때문에 이러한 행태에 대한 비판이 일고 있다.

021 C2M

고객과 제조사가 플랫폼에 의해 연결되는 유통구조를 가리키는 말로 Customer to Manufacturer의 약자이다. 플랫폼 사업자는 고객의 니즈를 파악해 자체 브랜드가 없는 OEM 업체에 제품기획과 주문을 전달함으로써 소비자와 제조사 간의 공급사슬을 단순화시킬 수 있다.

022 SPAC Special Purpose Acquisition Company

기업인수목적회사라고도 불리며, 공모로 액면가에 신주를 발행해 다수의 개인투자 자금을 모아 상장한 후 3년 내에 비상장 우량 기업을 합병해야 한다. 우회상장과 유사하지만 SPAC는 실제 사업이 없고 상장만을 위해 존재하는 페이퍼컴퍼니라는 점이 다르다. SPAC의 최종 목적은 기업 인수가 아니라 투자 차익이기 때문에 기존 경영진을 유지하는 경우가 대부분이다.

023 래플 마케팅 Raffle marketing

추첨식 복권을 뜻하는 말로, 적은 수의 상품을 많은 사람이 갖고 싶어 할 때 응모를 받아 판매하는 방법을 말한다. 희소한 제품에 프리미엄을 얹어 사고파는 리셀 시장이 성장하면서 래플 마케팅도 주목을 받고 있다.

024 잘파세대 ZALPHA세대

1990년대 중반부터 2000년대 초반에 출생한 Z세대와 2010년 이후 출생한 알파세대를 함께 지칭하는 말이다. 1980년대부터 1990년대 중반까지 출생한 밀레니얼 세대와 Z세대를 아울러 지칭하는 MZ세대에 반발하여 등장한 용어로, Z세대는 알파세대와 더 가까운 경향이 있다는 주장에 따라 등장한 용어이다.

025 서머랠리와 산타랠리

증시가 약세에서 강세로 전환하는 현상을 '랠리'라고 말한다. 서머랠리는 초여름 6월 말부터 7월까지 휴가 기간 동안 주가가 상승하는 경향을 말한다. 산타랠리는 기업들이 연말에 보너스를 집중적으로 지급함에 따라, 가족이나 친지들에게 선물을 하기 위해 소비가 늘어나기 때문에 발생한다.

026 풀필먼트 Fulfillment

물류 전문 업체가 물건을 판매하려는 업체들의 위탁을 받아 배송과 보관, 포장, 배송, 재고관리, 교환·환불 서비스 등의 모든 과정을 담당하는 물류 일괄 대행 서비스를 말한다. 최근 온라인 거래가 증가하면서 풀필먼트가 유통기업 경쟁력의 핵심 요소로서 주목을 받고 있다.

027 사이버먼데이 Cyber Monday

추수감사절 이후 첫 번째 금요일에 진행되는 할인 행사 블랙 프라이데이(Black Friday)의 연장선에서 그 다음 주 월요일에 진행되는 미국 최대 온라인 쇼핑 할인행사다. 블랙프라이데이 때 쇼핑을 하지 못한 소비자들에게 한 번 더 기회를 주는 성격으로, 연휴를 마치고 복귀한 직장인들이 사무실에서 온라인 쇼핑에 열중하는 점에 착안한 마케팅이다.

028 O4O와 O2O

O4O(Online For Offline)는 온라인 사업을 통해 축적한 기술과 데이터를 상품 배송, 큐레이션과 접목해 오프라인으로 사업을 확장하는 비즈니스 모델을 뜻한다. 아마존이 전자상거래 시장에서 쌓은 노하우를 바탕으로 오프라인 매장 '아마존 고'를 운영하는 것이 그 사례이다. 단순히 온라인과 오프라인을 연결하는 O2O(Online to offline) 서비스와는 구분된다.

029 엑셀러레이터 Accelerator

스타트업 사업자에게 사무공간을 비롯한 창업 관련 비용을 대거나 컨설팅 및 멘토링 서비스를 제공하는 개인이나 단체를 뜻한다. 멘토 또는 창업기획자라고 부르기도 한다.

030 앰비슈머 Ambisumer

양면성(Ambivalent)와 소비자(Consumer)의 합성어로, 소비의 우선순위가 높은 것에는 돈을 아낌없이 쓰지만 후순위에 있는 것에는 최대한 돈을 아끼는 소비자를 뜻한다. 즉, 일반적인 소비행태에서는 가성비를 중요하게 여기지만, 자신의 선호도가 높은 재화나 서비스에 대해서는 과감한 지출을 마다하지 않는 양면성이 나타난다.

031 마이데이터

개인이 자신의 정보를 적극적으로 관리・통제하는 것은 물론 이러한 정보를 신용이나 자산 관리 등에 능동적으로 활용하는 일련의 과정을 말한다. 각 개인은 마이데이터를 통해 각종 기업이나 기관 등에 흩어져 있는 자신의 정보를 한꺼번에 확인할 수 있고, 자발적으로 개인 정보를 제공하면 이를 활용해 맞춤 상품이나 서비스를 추천받을 수 있다.

032 리쇼어링

인건비 등 각종 비용 절감을 이유로 해외에 나간 자국 기업이 다시 국내에 돌아오는 현상을 말한다. 제조업이 일자리 창출을 일으켜 국가 경제에 크게 긍정적인 작용을 한다는 점에서 리쇼어링은 요즘 세계 각국 정부의 화두가 되고 있다.

033 다크패턴 Dark pattern

눈속임 설계라고도 한다. 사용자를 고의적으로 속여 이익을 취하려 하는 온라인 인터페이스를 가리키는 말이다. 대표적인 다크패턴의 유형은 인터넷 사이트나 스마트폰 앱에서 사용자들이 물건을 구매하거나 서비스에 가입하도록 은밀하게 유도하는 것이다.

034 적대적 M&A

상대 기업의 동의 없이 강행하는 기업의 인수와 합병을 뜻한다. 이에 대한 방어책으로는 인수자의 매수 자금에 부담을 주는 방법과 재무적인 전략, 회사 정관을 이용한 전략 등이 있다. 또한 인수 시도 사전과 사후 전략으로 나누어 방어를 시도할 수도 있다.

035 페이턴트 트롤 Patent troll

개인 또는 기업으로부터 특허기술을 사들여 로열티 수입을 챙기는 회사를 일컫는 말이다. 제조, 서비스 등의 생산 활동은 하지 않고 특허를 매입한 뒤 특허를 침해한 기업을 상대로 소송 등을 제기해 소송 합의금, 로열티 등으로 수익을 얻는 지식재산관리회사를 주로 이렇게 부른다. 특허관리전문회사(NPE ; Non-practicing Entity)라고 부르기도 한다.

036 로코노미 Loconomy

지역(Local)과 경제(Economy)의 합성어로, 지역의 고유한 특색을 비즈니스 상품에 적용하는 마케팅 트렌드를 뜻한다. 로코노미는 소비자와 지역 사회 간의 유대를 형성하여 지역 상생이라는 사회적 책임을 실천하는 방식이라고 평가받고 있다.

037 효율성임금

기업이 임금을 노동시장의 균형 수준 이상으로 지급하는 것을 말한다. 이를 통해 노동생산성이 향상되면 기업은 높은 임금을 지급하는 데서 오는 인건비 부담 이상으로 산출량 증가를 달성할 수 있다는 장점이 있다. 이에 노동자 입장에서는 근무태만으로 인사불이익을 겪을 것을 감내해야 하므로 성실히 근무를 해야 할 동기가 생긴다.

038 달러라이제이션 Dollarization

미국 달러화를 자국 통화로 이용하는 것을 말한다. 미국의 통화정책과 대미 무역의존도가 높은 중남미 국가에서 도입하는 양태를 보인다. 기축통화인 미국 달러화를 법정화폐로 이용하면 환율변동으로 인한 환리스크를 줄일 수 있어 해외투자 유도와 국채 발행에 있어 이점을 누릴 수 있다.

039 루이스 전환점

노벨경제학상 수상자인 아더 루이스가 제창한 개념으로, 개발도상국에서 농촌 잉여노동력이 고갈되면 임금이 급등하고 성장세가 꺾이는 현상을 지적했다. 루이스 전환점에 이르면 노동력의 수요와 공급 간의 불일치로 인해 임금이 급등하며 고비용-저효율 구조가 일어나는 것이 전형적이다.

040 K자형 경기회복

경기회복 시에 업종에 따라 반등하는 속도와 양상이 크게 차이 나는 것을 말한다. 코로나19 확산 이후 IT와 의약품, 원격교육 플랫폼 등 비대면 시대에 수요가 급증한 업종은 빠르게 성장한 반면, 여행, 레저, 식당, 및 접객 서비스는 회복하지 못하고 있어 업종별 양극화가 심해지고 있다.

041 생활SOC

국민생활의 편익을 증진시키는 기초 인프라와 안전시설 등을 말한다. 그 예로는 상하수도, 전기, 가스, 문화, 체육, 보육, 의료, 복지와 관련된 인프라가 있다. 국민의 삶의 질을 개선하는 목적을 지닌 점에서 생산활동 중심의 사회간접자본과는 차이가 있다.

042 유보소득세

개인 유사 법인의 초과 유보 소득에 대해 부과하는 세금을 말한다. 개인사업자가 법인을 설립해 고액의 세금을 회피하는 수단을 막기 위해 도입이 검토되고 있다. 현행법상 유보된 자금이 회사의 경비 등으로 비용처리할 수 있어 조세 회피 수단으로 악용되는 지적이 꾸준히 있어왔다.

043 올레도스 OLEDoS

OLED on Silicon의 약자로, 기존 유리 기판이 아닌 실리콘 웨이퍼 위에 OLED 소재를 부착하는 핵심 디스플레이 기술을 말한다. 기존보다 더 얇게 만들 수 있고, 더 많은 화소를 탑재할 수 있어 차세대 XR 기기의 핵심 기술로서 주목받고 있다.

044 프로토콜 경제

프로토콜 경제는 블록체인 기술을 기반함으로써 특정 플랫폼 운영자 없이도 거래가 이루어지도록 하는 '탈중앙화'를 특징으로 한다. 블록체인 기반의 기술을 이용해 플랫폼에 모인 개체들이 합의를 한 뒤 일정한 규칙(프로토콜)을 만드는 등 참여자 모두에게 공정과 투명성을 확보하는 참여형 경제체계를 말한다.

045 한국형 재정준칙

2020년 10월 정부가 2025년부터 국내총생산(GDP) 대비 국가채무비율을 60%, 통합재정수지비율을 −3% 이내로 관리하며, 이를 넘길 경우 건전화 대책을 의무적으로 마련해야 한다는 한국형 재정준칙을 마련해 논의가 이어지고 있다. 확장적 재정정책은 생산을 자극하고 실업률을 낮춰줌으로써 경기조절에 활용되고 있다. 이를 통해 국가채무, 재정적자 등 국가 재정건전성 지표가 일정 수준을 넘지 않도록 관리하고자 한다.

046 공정경제 3법 개정안

2020년 12월 9일 국회 본회의에서 가결된 법으로, 상법 일부 개정안·공정거래법 전부 개정안·금융복합기업집단법 제정안이다. 기업 지배구조 개선, 대기업집단의 부당한 경제력 남용 근절, 금융그룹의 재무 건전성 확보 등을 목적으로 한다. 상법 일부 개정안에는 다중대표소송제 도입·3% 룰 포함, 공정거래법 전부 개정안에는 일감 몰아주기 규제 대상 확대·자회사 지분 의무 보유 규제 강화·대기업 CVC(기업주도형 벤처캐피털) 보유 허용, 금융복합기업집단법 제정을 주요 내용으로 한다.

047 건화물지수

세계 해운업계 경기 현황을 나타내는 지수로서, 85년 1월 4일 운임 수준을 기준으로 삼아 발표되는 종합운임지수이다. 주로 석탄, 광석, 곡물, 건축 자재 등 포장 없이 벌크선으로 운송되는 원자재의 운임을 비교평가한다. 이 지수가 상승한다는 것은 해운 업체의 경기가 개선됨을 뜻한다. 최근 세계 주요국들의 경제 상황이 코로나19 확산 초기에 비해 나아지며 건화물지수도 따라 상승했다.

048 CERs Certified Emission Reductions

선진국이 개발도상국에 투자하여 저감한 온실가스의 일정량을 투자국의 감축실적으로 인정하는 청정개발체제(Clean Development Mechanism ; CDM)에서 발생하는 배출권을 뜻한다. 현재 국제연합 기후변화협약(UNFCCC)에서 발급하며, 주식이나 채권처럼 거래소나 장외에서 거래할 수 있다. 2030년까지 연간 배출량 감축이 예정돼 있어 가격이 폭등하고 있다.

049 기술적 리세션 Technical recession

통상 2개 분기 연속으로 국내총생산(GDP) 증가율이 마이너스를 기록하는 것을 뜻한다. 최근 세계 최대 채권운용사인 핌코(PIMCO)가 2021년 상반기 미국과 유럽 경제가 기술적 리세션을 겪을 가능성이 크다고 경고해 주목받은 바 있다.

050 주택구입부담지수
K-HAI(Housing Affordabillity Index)

가계의 주택 매입 부담 정도와 추이를 파악하기 위해 만들어진 지수다. 표준적인 대출을 받아 중간가격의 주택을 구매할 때 원리금을 상환할 수 있는 소득수준(대출상환 가능소득)을 계산하고, 중간소득 가구의 소득 대비 대출상환 가능소득의 비율을 계산하여 지수를 산출한다.

051 유효구인배율

전국 공공직업안정소에 신청된 구직자 수에 기업이 채용하고자 하는 구인자 수를 구직자 수로 나눈 지표이다. 1을 기준으로 작을수록 구직자가 일자리보다 더 많아 취업 경쟁이 치열한 상태임을 나타낸다. 한국은 약 0.6 수준으로 나타나고 있다.

052 콜러블 채권 Callable 채권

채권의 만기일이 다가오기 전에 발행자가 원리금을 조기에 상환할 수 있는 권리를 갖는 채권을 가리키는 말로, 수의상환사채라고도 부른다. 콜러블 채권은 평소에 이자를 지급하지 않다가 발행사가 콜옵션을 행사하는 경우 투자자들에게 누적된 이자와 원금을 일시에 지급하며, 일반채권보다 수익률이 높은 것이 특징이다. 보통 콜옵션의 가격은 채권의 액면가보다 높게 설정되며, 발행사는 채권 발행 이후에 금리가 낮아져야 이득을 취할 수 있다.

053 잠재GDP

노동, 자본 등 가용한 생산요소를 최대로 활용하였을 때 달성할 수 있는 실질GDP를 말한다. 잠재GDP 성장률은 경제의 적정성장목표 설정 등의 거시경제 정책에 이용될 수 있다.

054 지니계수

소득불평등 정도를 측정하는 척도로, 20세기 초 이탈리아 통계학자 코라도 지니(Corrado Gini)가 개발했다. 로렌츠 곡선에서 불균등면적(로렌츠곡선과 완전균등선 사이의 면적)을 완전균등선 아래 전체 면적(0.5)로 나누어 계산한다. 대체로 지니계수가 0.4 이상이면 빈부격차가 높게 나타나는 것으로 보고, 0.7 이상이면 소득양극화로 인해 심각한 사회 혼란을 겪을 가능성이 높다고 본다.

055 개츠비 곡선

경제적 불평등이 클수록 세대 간 계층 이동성이 낮다는 것을 보여주는 곡선이다. 2012년 경제학자 앨런 크루거가 소개하며 화제가 됐다. 이 곡선은 소득불평등이 심한 국가일수록 부모의 소득과 자녀가 성인이 된 후의 소득이 비슷한 정도, 즉 세대 간 소득탄력성도 높게 나타났다는 결과를 보여준다.

056 테일러 준칙

스탠퍼드대 존 테일러(John Talor) 교수가 제안한 것으로, 중앙은행이 금리를 결정할 때 경제성장률과 물가상승률에 맞춰 조정하는 것을 말한다. 중앙은행은 실제 경제성장률과 잠재 경제성장률의 차이인 GDP갭과 실제 물가상승률과 목표 물가상승률과의 차이인 인플레이션갭에 가중치를 부여해 금리를 조정한다.

057　FDI　Foreign Direct Investment

한 나라의 기업이 다른 나라에 설립된 기존 사업체를 인수하거나 신규 사업체를 설립해 장기적으로 실질적인 영향력을 행사하는 투자로, 외국인 직접투자라고도 한다. 지적재산권과 부동산 등 모든 형태의 유·무형 자산이 이전되어 부를 창조할 목적으로 이뤄지는 투자를 포함한다.

058　임베디드　Embedded　금융

임베디드 금융은 비금융회사가 자사 플랫폼에 금융상품과 금융서비스를 내장시켜 금융수익을 얻는 것을 말한다. 따라서 당사 플랫폼을 통해 고객 데이터를 수집한 뒤 이를 상품 판매에 이용할 수 있으며, 고객의 플랫폼 의존도를 높일 수 있다.

059　앰부시 마케팅　Ambush marketing

스포츠 이벤트에서 공식 후원 업체가 아니면서도 광고 문구 등을 통해 매복(Ambush) 하듯이 후원 업체라는 인상을 주어 고객의 시선을 모으는 판촉 전략이다. 2002년 월드컵 당시 월드컵 공식 후원 업체가 아니면서도 '붉은 악마' 등을 광고에 활용한 전략을 예로 들 수 있다. '기생 마케팅'이라고도 불린다.

060　리츠　REITs

부동산투자회사를 말하며 부동산에 투자하여 운용하는 것을 주된 목적으로 설립된 회사이다. 리츠는 보통 주식회사 형태로 설립되며, 상장하면 주식매매가 가능해 일반인도 소액으로 부동산에 투자할 수 있는 기회를 제공한다.

061　ISA　개인종합자산관리계좌 ; Individual Savings Account

다양한 금융상품을 한 계좌에서 운용할 수 있는 금융상품이다. 세제상의 불이익 없이 계좌 내 금융상품을 자유로이 바꿀 수 있다. 예금 및 적금, 펀드와 상장지수펀드(ETF), 주식 등 다양한 금융상품에 투자하면 통상 매매차익의 200만원까지 비과세 혜택을 주는 상품으로 알려져 있다.

062　차액결제거래　Contract for difference

복수 금융기관 간 자금결제에 있어서 일정기간 (보통 1일) 동안 발생한 거래를 모두 상계처리한 후 그 차액만을 결제하는 시스템을 말한다. 일정 증거금만 내면 증권사가 주식을 대리로 사고팔아 생기는 차액을 현금화할 수 있는 장외 파생상품으로 세금 회피처로 인식돼왔다.

063 금융취약성지수

금융 시스템의 중·장기적인 잠재리스크를 통해 한국의 금융 안정 상황을 종합적으로 평가하기 위한 지수다. 외환위기 당시인 1997년 11월을 100으로 해 산출하며, 이 지수가 높아질수록 금융 불균형 심화와 금융기관 복원력 약화 등으로 인해 구조적 취약성이 심각해지고 미래에 위기가 닥칠 경우 금융과 경제가 받는 충격이 확산할 위험이 커진다는 의미이다.

064 금융소비자보호법

금융상품에 대해 정보제공부터 사후관리까지 투자사의 의무를 정함으로써 소비자의 권익을 보호하기 위한 법으로 2021년 3월 16일 금융소비자보호법(금소법) 시행령이 국무회의를 통과했다. 6대 판매원칙인 적합성원칙, 적정성원칙, 설명의무, 불공정영업행위 금지, 부당권유행위 금지, 허위과장광고 금지에 대한 내용을 담고 있다.

065 공매도

주식시장에서 공매도(Short sale)란 향후 주가가 하락할 것으로 예상되는 종목의 주식을 빌려서 매도한 뒤 실제로 주가가 하락하면 싼값에 되사들여 빌린 주식을 갚음으로써 차익을 얻는 매매기법이다. 공매도는 특정 주식의 가격이 단기적으로 과도하게 상승할 경우, 매도 주문을 증가시켜 주가를 정상 수준으로 되돌리는 등 증권시장의 유동성을 높이는 긍정적인 역할을 한다. 하지만 시세를 조종하려는 동기가 될 수 있을 뿐만 아니라 대규모 공매도일 경우 채무불이행이 일어날 가능성이 있다.

066 멀티호밍 Multi-homing

여러 종류의 플랫폼을 사용자들이 목적에 따라 동시에 사용하는 현상을 말한다. 멀티호밍 현상이 나타날 경우 플랫폼을 이용하는 고객이 적어지고 서비스 향상을 위한 비용 부담이 늘어나기 때문에, 플랫폼 사업자는 멀티호밍을 제한하고 하나의 플랫폼만 사용하도록 하는 싱글호밍(Single-homing)을 유도하려 한다.

067 배당락

결산기일이 지나서 배당을 받을 권리가 없어진 주가의 상태를 말한다. 자세히는 두 가지 경우가 있다. 첫째는, 배당기준일이 경과하여 배당금을 받을 권리가 없어지는 것을 말한다. 둘째는, 주식배당으로 주식 수가 늘어난 것을 감안해 시가총액을 배당락 전과 동일하게 맞추기 위해 주가를 인위적으로 떨어뜨리는 것을 말한다.

068 반대매매 Liquidation

증권사나 은행으로부터 돈을 빌려 자산을 매입하는 경우, 빌린 돈을 만기 내 변제하지 못할 경우가 생긴다. 이때 고객의사와는 무관하게 해당 자산을 강제로 매도처분하는 매매를 말한다.

069 디파이 DeFi

탈중앙화된 금융 시스템을 일컫는 개념이다. 이를 통해 정부나 기업 등 중앙기관의 통제 없이 인터넷 연결만 가능하면 블록체인 기술로 다양한 금융 서비스를 제공받을 수 있다.

070 버핏지수

명목GDP 대비 전체 상장사 시가총액의 비중으로 측정하며, 보통 100%를 넘을 경우 주식시장이 과열된 것으로 판단한다. 워런 버핏이 제안한 지수로써, 주식시장의 과열을 판단하기 위해 사용된다. 2021년 주식시장 광풍에 대해 설명하기 위해 언급되고 있다.

071 숏 스퀴즈 Short squeeze

숏 스퀴즈는 투자자가 주가 하락을 예상하고 공매도를 이용해 차익을 실현하려 했으나 오히려 주가가 상승할 때 나타난다. 이때 투자자는 손실을 줄이기 위해 주식을 매수하고 이로 인해 주식 가격은 또 한 번 치솟는 현상을 말한다. 최근 미국의 게임스탑 사태 때 주가에서 숏 스퀴즈가 일어나며 언급되었다.

072 PIR Price to Income Ratio

주택 구입가격을 가구당 연 소득으로 나눈 비율로 주택 구입능력을 측정하는 지표로 이용된다. 예를 들어 PIR이 10배라면 10년 치 가구 소득을 모두 모아야 주택을 살 수 있다는 의미이다. PIR이 커질수록 가구의 내 집 마련 기간이 길어진다.

073 OEM펀드

OEM(주문자 제조)펀드는 자산운용사가 은행·증권사 등 펀드 판매사로부터 특정자산 편입을 요청받고 자체 위험관리 기준 마련 없이 판매사의 관여에 따라 펀드를 설정·운용하는 것을 말한다. 금융당국은 OEM펀드가 투자자의 수익률 제고보다 피투자사의 투자자금 유치, 판매사의 개인적 이익 추구 등을 위해 운영될 부작용을 우려해 단속하고, 자본시장법을 통해 금지하고 있다.

-----

074 VIX Volatility Index

시카고옵션거래소에 상장된 S&P 500 지수옵션의 향후 30일간의 변동성에 대한 시장의 기대를 나타내는 지수로, 증시 지수와는 반대로 움직이는 특징이 있다. 2021년이 되면서 증시 랠리가 지속되는 가운데 VIX지수가 상승하면서 조정기가 도래할 것이라는 해석도 나오고 있다.

-----

075 사모펀드

소수의 투자자로부터 사모방식으로 자금을 조성하여 투자대상, 투자비중 등에 제한이 없어 주식, 채권, 부동산, 원자재 등에 자유롭게 투자하는 펀드를 말한다. 투자신탁업법상에는 100인 이하의 투자자, 증권투자회사법(뮤추얼펀드)에는 49인 이하의 투자자를 대상으로 모집하는 펀드다.

076 LTV

주택을 담보로 돈을 빌릴 때 인정되는 자산 가치의 비율을 말한다. 만약, 주택담보대출비율이 40%이고, 8억원의 주택을 담보로 돈을 빌리고자 한다면 빌릴 수 있는 최대 금액은 3억 2천만원(8억원×40%)이 된다. 지나치게 낮을 경우 시장불균형을 초래한다는 지적을 받을 수 있다.

-----

077 DSR Debt Service Ratio

차입자의 총 금융부채 원리금 상환액을 연 소득으로 나눈 비율을 말한다. 가계가 연 소득 중 주택담보대출과 기타대출(신용대출 등)의 원금과 이자를 갚는데 얼마를 쓰는지 보여준다. 국가를 기준으로 했을 때는 수출 대금, 무역외수지 등 경상수입에 대한 원리금상환액의 비율을 말한다.

-----

078 글로벌 본드

세계 주요 금융시장에서 동시에 발행돼 유통되는 국제채권을 뜻하며, 미국 금융시장에서만 발행되는 양키본드와 같은 채권과 대비되는 속성을 지닌다. 발행에 수반되는 부대비용이 크지만 분산 발행에 따른 지역 시장 간 경쟁으로 발행금리를 낮출 수 있다는 장점이 있으며, 대규모 국채 모집이 가능하다.

079 배드뱅크 Bad bank

금융사고 등으로 금융회사의 자산 중 일부가 부실화되었을 때, 부실자산을 인수시켜 처리하는 임시기구를 말한다. 부실자산을 흡수할 수 있는 은행의 자정기능이 한계에 다다를 때 이를 받아주는 은행이라고 할 수 있겠다. 최근 라임자산운용 사태로 발생한 부실자산을 처리하기 위해 배드뱅크를 설립한 바 있다.

080 펀드패스포트

펀드와 여권을 뜻하는 패스포트의 합성어로, 펀드의 등록·판매에 대한 공통규범을 마련하여 회원국 간 펀드의 교차판매 절차를 간소화하는 제도이다. 이 제도가 도입되면 한 국가에서 등록 절차를 마치면 수월하게 다른 국가에서 판매할 수 있다. 2020년 5월부터 시행됐다.

081 브러싱 스캠 Brushing scam

온라인 쇼핑몰 경쟁이 치열해지면서 나타난 마케팅 사기의 일종으로, 주문하지 않은 제품을 불특정 다수에게 무작위로 발송하여 판매 실적 등을 조작하는 행위이다. 구매 횟수나 리뷰가 많은 순서대로 정렬하고 제품을 선택하는 소비자의 성향을 이용하는 수법이다.

082 업틱룰 Up-tick rule

주식을 공매도할 때에 매도호가를 직전 체결가 이상으로 제시하도록 제한한 규정을 말한다. 즉 시장거래가격 밑으로 호가를 낼 수 없도록 함으로써 공매도로 인한 주가하락을 막기 위한 조치이다. 하지만 예외 조항이 12가지에 달해 외국인 등이 악용할 수 있다는 지적이 꾸준히 제기되어 왔다.

083 포괄적 주식교환

비상장기업 주주들이 상장기업에 지분을 모두 넘겨주고 그 대가로 상장기업의 신주를 받는 것을 말한다. 이 방식은 겉으로는 비상장기업이 상장기업의 완전 자회사가 되는 것이지만, 비상장기업이 우회상장을 하는 방법으로도 사용된다.

084 로보애널리스트

로봇(Robot)과 투자분석가(Analyst)의 합성어로 AI와 빅데이터를 활용해 증시 변수의 영향력, 뉴스 연관성 분석, 시장이슈에 대한 맞춤형 분석 등 다양한 서비스를 제공하는 것이다. 최근 신영증권이 로보애널리스트를 강화하겠다는 보도를 한 바 있다.

085 소비자경보

금융소비자의 피해를 예방하고 확산을 방지하기 위한 제도로 금융감독원이 발령을 담당하고 있다. 금융소비자의 민원이 증가하거나 금융범죄사고로 소비자 피해가 발생할 것으로 예상될 경우 '주의', '경고', '위험'의 3단계로 발령되고 있다.

086 스트레스 테스트 Stress test

금융시스템 스트레스 테스트는 금융시스템의 스트레스 상황을 가정해 취약성을 측정하는 시도를 한다. 이러한 상황에는 거시경제의 급격한 변동상황이 포함되며, 환율, 생산과 같은 것들을 예로 들 수 있다. 스트레스 테스트를 위한 GDP, 실업률, 주택가격 등 은행 손익에 결정적 영향을 미치는 지표들의 악화 정도를 놓고 기본 시나리오와 악화된 시나리오 두 가지 시뮬레이션을 적용할 수 있다. 비슷한 테스트로는 몬테 카를로 시뮬레이션이 있다.

087 CDS 프리미엄
Credit default swap premium

CDS는 신용부도스왑이라 불리며, 어떤 채권이 신용사건이 발생할 때 채권보유자의 피해를 줄여주도록 설계된 파생금융상품이다. CDS구입에 대한 수수료를 CDS프리미엄이라 하며, 부도위험이 높은 채권일수록 상승하는 특징이 있다. 국채에 대한 CDS프리미엄은 그 국가의 신용도를 평가하는 주요 지표로 사용되고 있다.

088 순자산부채비율

부채총액을 순자산(자기자본)으로 나눈 비율로, 기업의 채무상환능력을 보여주는 지표 중 하나이다. 만약 부채가 순자산보다 많아 순자산부채비율이 100%를 넘는 경우, 기업이 자기자본을 모두 처분하더라도 모든 부채를 일시에 상환할 수 없는 상태임을 의미한다.

089 판다본드

판다본드는 외국 정부 또는 기관이 중국 본토에서 발행하는 위안화 표시 채권을 말한다. 홍콩 시장에서 발행하는 위안화 표시 채권인 '딤섬본드'와는 구별된다.

090 ELF Equity-linked fund

주가지수나 개별 종목의 주가에 연동되는 투자 신탁상품으로 ELS(주가연계증권)에 투자하는 펀드 상품으로 볼 수 있다. 주로 자산운용사가 증권사 또는 은행이 발행한 특정 ELS 상품을 묶어 펀드로 구성해 판매하는 방법으로 운용되기 때문에 상품의 기본 수익구조에서는 ELS와 거의 차이가 없다.

---

091 서킷브레이커 Circuit breaker

주가가 일정 수준 이상 급락하는 경우 투자자들에게 냉정한 투자 판단 시간을 제공하기 위해 시장에서의 모든 매매 거래를 일시적으로 중단하는 제도를 말한다. 대한민국은 1998년 12월부터 도입해 실시 중이며, 매매 거래 중단 요건은 주가지수가 직전 거래일의 종가보다 8%(1단계), 15%(2단계), 20%(3단계) 이상 하락한 경우 매매 거래 중단의 발동을 예고할 수 있다. 이 상태가 1분간 지속되는 경우 주식 시장의 모든 종목의 매매 거래를 중단하게 된다.

092 사이드카 Sidecar

사이드카(Sidecar)는 선물가격이 전일 종가 대비 5%(코스피), 6%(코스닥) 이상 급등 혹은 급락 상태가 1분 이상 지속될 경우 발동한다. 서킷브레이커와는 다르게 사이드카는 5분이 지나면 자동 해제돼 매매가 재개된다는 점, 하루 한차례에 한해 발동되며 주식시장 매매거래 종료 40분 전 이후, 즉 오후 2시 20분 이후에는 발동되지 않는다. 대한민국에서는 2020년 3월 12일 코로나19의 팬데믹 선언 후 발동한 적 있다.

---

093 숏커버링 Short covering

공매도(short selling) 후 매수하는 전략을 말한다. 주가의 하락이 예상될 때 주식 시장에서 주식을 빌려서 먼저 파는 공매도 후, 주가가 예상대로 하락하면 다시 환매수하는 숏커버링을 해 주식 수량만큼 갚는다. 기업의 결산, 주주총회 등의 이벤트에 큰 영향을 받는다.

---

094 TRS Total Return Swap

신용파생상품의 하나로 기초자산(주식, 채권, 상품자산 등)의 신용위험과 시장위험을 이전하는 상품이다. 채무보증과 비슷한 효과가 있어 일부 대기업이 부실 계열사를 지원하는 데 TRS를 활용한다는 지적이 있다. 일종의 대출 형태로 계약이 이뤄지면서 TRS 계약을 맺은 증권사들은 자금 회수에 우선권을 갖게 된다.

095 투자자예탁금

투자매매업자 또는 투자중개업자가 투자자로부터 금융투자상품의 매매, 그 밖의 거래와 관련하여 예탁 받은 금전을 말한다. 고객예탁금에는 위탁자예수금, 장내파생상품거래예수금, 저축자예수금, 수익자예수금, 조건부예수금, 청약자예수금, 신용거래보증금 등이 있다. 신종 코로나 바이러스 사태와 미국과 이란의 갈등이 고조되면서 대기자금이 줄어들었다.

096 소비기한

2021년 7월 24일 '식품 등의 표시 광고에 관한 법률' 개정안이 국회 본회의를 통과해 흔히 유통기한으로 알려진 표시가 2023년 1월 1일부터 '소비기한'으로 변경된다. 소비기한은 표기된 보관 기간을 준수했을 경우 소비자가 식품을 섭취해도 안전에 이상이 없다고 판단되는 최종 소비기한이다.

097 Plogging

플로깅은 스웨덴어로 '이삭을 줍는다(plocka upp)'는 말과 영어의 '달리다(jogging)'는 뜻을 가진 단어의 합성어이다. 조깅을 하면서 동시에 쓰레기를 줍는 운동으로, 스웨덴에서 시작돼 북유럽을 중심으로 확산됐다. 플로깅은 건강과 환경을 동시에 챙길 수 있다는 점에서 인기를 끌고 있다.

098 뉴 스페이스 New space 시대

일론 머스크(Ellon Musk)의 스페이스X, 제프 베이조스(Jeff Bezos)의 블루오리진 등 우주산업에 민간업체들이 참여하면서 뉴 스페이스 시대가 열리고 있다. 그동안 국가차원에서 추진되던 사업들이 로켓을 재사용하는 등의 방식으로 비용을 낮춰 유인 달 탐사 프로젝트와 같은 적극적인 우주계획을 가능하게 했다.

099 게이트 키핑 Gate keeping

게이트 키핑(Gate keeping)은 뉴스 미디어 조직 내에서 기자나 편집과 같은 뉴스 결정권자가 뉴스를 취사선택하는 과정을 의미한다. 디지털시장으로의 접근을 결정할 수 있는 힘을 지닌 지배적 플랫폼 사업자를 뜻하는 의미로 쓰이게 됐다. 최근 EU는 디지털시장법 제정에 대한 의지를 천명하며 공정경쟁을 해칠 우려를 나타내기도 했다.

100 넷플릭스법

최근 전기통신사업법 개정안을 말하는 것으로, 과도한 트래픽을 유발하는 부가통신사업자가 안정적인 서비스를 유지하도록 의무를 부과하는 내용을 담고 있다. 넷플릭스와 같은 글로벌 IT기업들의 한국 이동 통신망에 대한 무임승차 논란이 일면서 제안되었다.

101 트래블버블 Travel bubble

트래블버블은 비격리여행권역이라고도 불리며, 국가 간 합의에 의해 양국 모두 격리조치 없이 관광객의 입국 제한을 해제하는 것이다. 이 합의가 이루어지면 코로나19 확산 방지를 위한 해외발 입국 시 2주간 격리 의무가 면제될 수 있다.

102 채찍효과

하류의 고객 주문 정보가 상류로 전달되면서 정보가 왜곡되고 확대되는 현상이다. 소몰이 채찍을 사용할 때 손잡이의 적은 힘으로도 끝부분에 큰 움직임을 만들어 낼 수 있는 점을 보고 유사점을 찾은 효과이다. 고객의 수요가 상부 단계 방향으로 전달될수록 각 단계별 수요의 변동성이 증가하는 현상을 말한다.

103 TSMC Taiwan Semiconductor Manufacturing Company, Limited

대만의 반도체 파운드리, 즉 위탁제조기업으로써, 세계에서 가장 큰 반도체 제조 기업이다. ATI 테크놀로지스, 브로드컴, 엔비디아의 발주를 받는 기업으로 알려져 있으며, 애플과 긴밀한 협력관계로 유명하다. '고객과 경쟁하지 않는다'는 원칙으로 인해 지금의 성장을 이룰 수 있었다는 평이다.

104 인저뉴어티 Ingenuity

미국 항공우주국(NASA)의 화성 탐사용 무인 소형 헬리콥터로, 2021년 4월 19일 오전 30분 사상 최초로 화성 하늘을 비행하는 데 성공한 바 있다. 인류가 개발한 동력체가 처음 지구 밖 행성에서 하늘을 비행한 사건으로 의의가 있다고 할 수 있겠다.

105 헤커톤

해킹(Hacking)과 마라톤(Marathon)의 합성어다. 프로그래머나 개발팀이 일정 기간 내에 결과물을 만들어 내는 행사를 말한다. 프로그램 개발이나 신규 사업아이템 발굴, 정부 시스템 효율성 향상 등 다양한 목적을 가지고 개최될 수 있으며, 시상식을 통해 수상하는 방식을 이용해 인센티브를 부여할 수 있다.

106 FOMO Fear of missing out

포모(FOMO)는 'fear of missing out'의 약자로써, 흐름을 놓치거나 소외되는 것에 대한 불안 증상을 말한다. 최근 주식시장 주가가 급등하면서 20~30대 젊은 층에서는 주식을 안 하면 나만 돈을 못 벌까 봐 불안해하는 포모 증후군이 퍼지고 있다.

107　RE100 Renewable Energy 100%

기업이 사용하는 전력량의 100%를 태양광, 풍력, 수력, 지열 등의 재생에너지로 사용하자는 캠페인이다. 구글, 애플, BMW 등이 RE100 캠페인에 참여하고 있다. RE100의 세계적 확산에 따라 2020년 말부터 국내에서도 LG화학, SK하이닉스, SK텔레콤, 한화큐셀 등이 잇따라 RE100 참여를 선언하고 있다.

108　욜드 YOLD

Young과 Old의 줄임말로 1946~1964년의 베이비부머 세대의 젊은 노인을 의미한다. 영국의 주간지 이코노미스트에서 처음 등장한 신조어이다. 이들은 은퇴한 후에도 생산과 소비생활에 적극적으로 참여하여, 고령화 사회에서 새로운 경제 성장 동력으로 기대되고 있다.

109　CF100

'24/7 Carbon-Free Energy 100%'의 약자로, 수력・풍력・태양광 발전을 이용해 재생에너지를 활용하여 지구 온난화를 완화하려는 기업들의 자발적 노력인 RE100에 원자력 발전을 포함한 개념이다. CF100에 따르는 기업들은 주 7일 24시간 내내 탄소배출이 없는 발전원으로부터 전력을 조달해야 한다.

110　게이미피케이션 Gamification

비게임적 맥락에 게임적 사고나 기법을 동원하여 사용자의 몰입을 유도하는 게임화를 뜻하는 말이다. 주로 순위를 표시하여 경쟁심을 유발하거나 보상을 제공하는 방식을 사용하여 비게임 분야인 설문조사나 캠페인 등의 행동을 유도한다.

111　파운드리 Foundry

반도체 산업에서 주로 반도체 설계만 전담하고 생산은 외주를 주는 업체로부터 반도체 설계 디자인을 위탁받아 생산하는 기업을 말한다. 최근 AI, 자율 주행 자동차 등의 발전으로 AP, GPU, 차량용 반도체의 수요가 급증하고 있지만, 파운드리 업체가 생산능력을 확대하고 싶어도 미세공정의 생산능력 한계 때문에 납품을 충분히 할 수 없어, 반도체 수급 차질 문제가 발생하고 있다.

112 청년특화주택

정부는 2020년 12월 '제1차 청년정책 기본계획'을 통해 7만 6900호 등 총 27만 3000호를 공급하고, 대학 캠퍼스 내외에 연합기숙사, 행복기숙사 등 다양한 유형의 기숙사를 늘려 2025년까지 3만 명을 지원한다고 밝혔다. 청년특화주택은 다양한 청년의 삶의 방식을 반영해 도심 내에 업무와 문화시설이 복합된 맞춤형 서비스를 제공하는 주거시설로, 임대료를 시세의 50~95% 수준으로 제공한다.

113 메타버스 Metaverse

현실 세계를 의미하는 'Universe(유니버스)'와 '가공, 추상'을 의미하는 'Meta(메타)'의 합성어로 3차원 가상세계를 뜻한다. 가상현실(VR) 뿐 아니라 증강현실(AR)과 라이프로깅 등 현실과 기술이 접목된 분야까지 포괄하는 광범위한 개념이다. 최근 개발되고 있는 증강현실(Augmented Reality) 및 가상현실(Virtual Reality) 등을 포괄하는 개념으로 알려져 있다.

114 탄소중립

탄소중립은 이산화탄소를 배출하는 양만큼 다시 이산화탄소를 포집해 실질적 배출량을 '0'으로 만듦을 의미한다. 이를 달성하려면 화석에너지 비중을 줄이고 신재생에너지 사용을 확대해야 한다. 또한, 제조업에 속한 기업들은 탄소배출량 감축에 관한 신기술 도입 및 이산화탄소포집기술 개발 등과 같은 노력을 해야 한다. 넷제로(Net Zero)와 혼용되어 쓰이고 있지만 엄격히 따지면 다른 개념이다.

115 쿼드 Quadrilateral Security Dialogue, Quad

미국, 일본, 인도, 호주의 4각 연합협력체로써 중국을 견제하기 위해 재활성화되었다. 2007년 미국, 일본, 인도, 호주가 처음 연 '4자 안보대화(Quadrilateral Security Dialogue)'의 맨 앞부분만 따서 만든 말이다. 이 협력체에 한국과 뉴질랜드 등을 참여시키는 '쿼드 플러스(Quad plus)'도 고려되고 있다.

116 프로크루스테스의 침대

자신의 기준으로 다른 사람의 생각을 억지로 자신에게 맞추려고 하는 횡포나 독단을 이른다. 그리스 신화 속 프로크루스테스가 지나가는 행인을 초대해 그의 집에 있는 침대보다 키가 크면 큰 만큼 자르고, 작으면 침대에 맞게 잡아 늘렸던 이야기에서 유래했다. 최근 전국의 전월세 임대료를 직전 계약 금액의 5%를 초과할 수 없도록 규제한 것을 이에 빗대기도 했다.

117 노란봉투법

노동조합 및 노동관계조정법 개정안을 뜻하는 말로, 노조의 파업으로 인해 발생한 손실에 대해 기업이 무분별하게 손해 배상을 청구하는 것을 제한하는 법이다. 이에 더해 사용자의 범위와 노동쟁의의 범위도 확대하는 내용 또한 담고 있다.

118 소부장

소재·부품·장비의 줄임말이다. 2019년 7월 일본의 전략 수출품목 수출규제로 소재와 부품 산업의 원천기술 확보 문제가 대두되면서 최근 이에 대한 대규모 정부 지원이 결정되었다. 2021년 선도국 대비 소재 분야 기술력이 80%까지 향상됐다고 평가한다.

119 인앱결제 In-app purchase

스마트폰 어플리케이션 안에서 결제하는 방식으로, 애플 앱스토어, 구글 플레이스토어에서 결제하는 경우를 예로 들 수 있다. 최근에는 유료 콘텐츠를 세부화해 콘텐츠 별로 결제하도록 유도하고 있어, 구글과 애플이 독자 플랫폼에서 시장지배적인 구조를 남용할 수 있다는 지적이 일고 있다.

120 OPAL세대

은퇴 이후에도 경제력을 바탕으로 활발한 소비 활동을 하는 신노년층(Old people with Active Lives)을 뜻한다. 이들은 제2차 세계대전 태생으로, 현대적인 교육을 받고 고도성장기에 청년 시기를 보냈다. 이들은 부를 축적한 뒤 은퇴 이후 취미와 여가활동에 돈과 시간을 아낌없이 쓰고 있다. 최근 이들의 소비영향력이 강해지면서 이들을 겨냥한 문화콘텐츠가 대량 제작 및 유통되고 있다.

121 꼬리위험 Tail risk

정규분포에서 꼬리 부분에 해당하는 사건을 말하는 것으로, 발생 가능성은 낮지만 일단 발생했을 경우 시장에 큰 영향을 미치게 된다. 미중 무역전쟁 사태가 전 세계 경제에 꼬리위험으로 지목되어 왔으며 홍콩 사태도 꼬리위험으로 지목되고 있다.

122 불쾌한 골짜기

사람이 사람 아닌 존재를 볼 때 사람과 많이 닮아갈수록 처음에는 호감도가 높아지지만 일정 수준 이상으로 사람과 비슷해지면 오히려 불쾌감을 느끼게 되는 현상을 뜻한다. 이 불쾌감은 '살아 있는 것처럼 보이는 존재가 실제로 살아 있는 것인지, 그렇지 않으면 살아 있지 않아 보이는 존재가 실제로 살아 있는 것이 아닌지'에 대한 의심을 의미한다.

123 양자우위 Quantum supremacy

양자컴퓨터가 기존 방식의 슈퍼컴퓨터의 성능을 넘어서는 것을 의미한다. 2진수 기반의 정보처리를 하는 기존의 컴퓨터와 달리 양자컴퓨터는 '얽힘', '중첩'과 같은 양자역학적 현상을 활용하여 계산하며, 특정 종류의 문제에 대해 기존의 컴퓨터로 따라잡을 수 없는 속도로 연산이 가능할 것으로 예측되고 있다.

124 스피어 피싱

특정 개인이나 회사를 대상으로 한 피싱(Phishing) 공격을 뜻하며, 사전에 공격 대상에 관한 정보를 수집하고 분석해 공격 성공률을 높인다는 특징이 있다. 국내 기업을 대상으로 우체국을 사칭한 이메일에서 배송정보 문서로 위장한 악성 실행파일이 발견된 바 있어 주의가 요구된다.

125 가족친화인증

가족친화제도를 모범적으로 운영하고 있는 기업 등에 대하여 심사를 통해 여성가족부 장관의 인증을 부여해 혜택을 주는 제도를 말한다. 이 인증을 받으면 해당 기업은 '일하기 좋은 기업'으로 인정하고 정부 사업 참여 시 가산점, 우선권 부여, 대출 시 금리 우대를 적용하는 등 혜택을 주는 제도이다.

126 다이나믹 프라이싱
Dynamic pricing

인공지능과 빅데이터 등을 활용하여 실시간으로 구매자들의 반응을 확인하고 그들의 심리적 상한선에 가깝게 가격을 책정하는 방식이다. 가격차별 기법으로서 수요가 공급보다 많은 숙박권, 항공권 시장 등의 초과수요 시장에서 주로 활용된다.

127 제론테크 Gerontech

노인학(Gereology)과 기술(Technology)의 합성어로서, 노인 세대를 위한 과학기술을 아우르는 개념이다. 건강, 주거, 노동 등 생활에서 노년층에게 필요한 기술을 신체적, 정신적 웰빙을 위해 접목한다. 특히 사물인터넷(IoT) 기술은 가정을 넘어 대중교통, 병원 등 '웰에이징'과 '스마트 리빙'을 실현하기 위해 삶 전반으로 확장되고 있다.

128 채널 홀 에칭 Channel Hole Etching

낸드 플래쉬 메모리 제조에 사용되는 기술로서, 최근 삼성전자가 이 기술로, 5세대 V낸드보다 단수를 40%나 높인 6세대 V낸드를 성공적으로 양산했다. 이와 같이 반도체 제조 시 칩크기를 줄이고 반도체를 수직으로 쌓아 효율을 극대화하는 방식이 사용되고 있다.

129 RED Reneable Energy Directive

유럽연합이 온실가스 감축을 위한 강력한 의지 천명의 일환으로 에너지효율지침(Energy efficiency directive)과 함께 재생에너지지침을 내놓았다. 2020년까지 재생에너지 비중을 20%까지 늘리는 것을 골자로 하고 있다. 최근에는 2030년까지 32%로 목표를 상향 조정하도록 개정되었다.

130 마더팩토리

제품의 제조와 개발의 중심이 되는 공장을 가리키는 말이다. 최근 여러 기업이 고품질 제품의 연구 및 개발과 고부가가치 공정은 마더팩토리에서 진행하고, 그 외 단순 제조 공정과 현지화 작업은 값싼 인력을 이용하는 해외 공장에서 진행하는 시스템을 이용하고 있다.

131 DID

탈중앙화 신원증명(Decentralized Identify)의 약자로, 정부기관에 의해 통제되는 기존 신원증명 방식과 달리 개인들이 자신의 정보를 직접 관리하는 기술을 말한다. 블록체인 기술을 기반으로 신뢰성을 보장받으며, 이를 이용하면 개인 정보를 사용자의 스마트폰에 저장해 놓고 개인 정보 인증 때 필요한 정보만 골라서 제출하도록 할 수 있다.

132 로빈후드 효과

영국의 의적 로빈후드의 이름을 따 명명된 것으로, 소득 불평등을 해소하기 위해 부를 재분배할 경우 오히려 사회 전체의 부가 축소되는 현상을 뜻한다. 즉, '가진 자'의 것을 빼앗아 '없는 자'에게 나누어주면 일하는 사람이 줄어들어 결국 '없는 자'만 남게 된다는 것이다. '로빈후드 법칙'이라고도 한다.

133 메디치 효과

서로 다른 분야의 요소들이 결합할 때 각 요소들이 갖는 에너지의 합보다 더 큰 에너지를 분출하게 되는 효과를 말한다. 이탈리아 메디치 가문이 문학예술가, 철학자, 상인 등 다양한 분야의 전문가들을 교류시켜 르네상스라는 혁신을 주도했다는 점에서 메디치 효과라고 한다.

134 호르무즈 해협

이란과 아라비아반도 사이를 가로지르는 해협으로 산유국 사우디아라비아, 이란, 쿠웨이트의 중요한 석유 운송로 및 지정학적 요충지다. 2020년 미국의 요청에 따라 우리 정부가 군대를 파병하기로 했으며, 이후 이란 측 입장도 고려해 청해 부대를 독자 파병의 형태로 파견하기로 결정했다.

135 빈 어택 BIN attack

빈(BIN ; Bank Identification Number)은 은행이나 카드사의 고유번호를 뜻하는 카드 일련번호 16자리 중 앞 6자리를 가리킨다. 빈 어택은 카드사 고유번호를 알아낸 후 해킹 프로그램을 통해 무작위로 카드번호를 생성하는 해킹 방식이다. 이렇게 확보한 카드번호는 다크웹 등에 팔려 마약 거래 등의 범죄에 이용된다.

136 팔라듐 Paladium

백금족 원소로 전성과 연성이 우수하며 대부분의 금속과 합금을 이룬다. 대표적으로 자동차의 배기가스용 촉매로도 중요하게 쓰인다. 전 세계적으로 자동차 배기가스 규제가 강화되면서 자동차 매연 저감장치 수요가 급증해 팔라듐의 가격이 백금보다 비싸졌다.

137 가산금리 Spread

기준금리에 신용도 등의 차이에 따라 달리 덧붙이는 금리를 가산금리(또는 스프레드)라고 한다. 예를 들어 은행이 대출 금리를 결정할 때 고객의 신용위험에 따라 조달금리를 추가하는 금리를 말한다. 한편, 만기가 길어지면 추가로 가산되는 금리를 기간 가산금리라고 하는데, 이것도 일종의 스프레드이다. 통상 신용도가 높으면 가산금리가 낮고, 신용도가 낮으면 가산금리, 즉 스프레드는 커진다.

138 패밀리오피스

상당한 재력을 가진 자산가 또는 가문의 자산 배분이나 상속 및 증여, 세금 관련 문제 등을 전담하여 관리하는 자산운용사를 가리키는 말이다. 이들은 자산 관리 활동뿐만 아니라 사회공헌 활동도 적극적으로 행하여 노블레스 오블리주를 실현하는 역할도 맡고 있다. 초기에는 개인형 자산만을 운용하였으나 점차 여러 가문의 자산을 운용하는 다중형으로 발전했다.

139 간접금융 / 직접금융

Indirect financing / Direct financing

경제에는 자금 잉여주체와 자금 부족주체가 존재하게 되는데 이들 사이에 은행이나 저축은행, 신용협동기구 등 금융기관이 개입하여 자금을 중개하는 방식을 간접금융이라고 한다. 즉 금융기관이 일반 대중으로부터 예금을 받아 이를 자신의 명의로 기업 등 다른 경제주체에게 대출해 주는 방식이다. 한편 주식, 채권발행의 경우와 같이 자금수요자가 금융기관을 통하지 않고 금융시장에서 직접 필요자금을 조달하는 방식을 직접금융이라고 한다.

140 간접세 / 직접세

Indirect tax / Direct tax

조세는 납세의무자와 실제로 세금을 부담하게 되는 조세부담자가 일치하는지 여부에 따라 간접세(indirect tax)와 직접세(direct tax)로 구분된다. 납세의무자와 조세부담자가 일치하여 조세부담이 전가되지 않는 조세를 직접세라고 하며, 소득세, 법인세, 상속세, 증여세, 종합부동산세 등이 있다. 이와 달리 납세의무자와 조세부담자가 일치하지 않고 조세의 부담이 타인에게 전가되는 세금을 간접세라고 하며, 부가가치세, 개별소비세, 주세, 인지세, 증권거래세 등이 있다.

141 고객확인절차

KYC ; Know Your Customer

고객확인절차는 고객의 신원을 식별하고 확인하는 업무절차를 뜻한다. 모든 회사는 대리인·컨설턴트 등과 업무를 시작할 때에도 이 절차를 거쳐야 한다. 이는 특히 은행·보험·수출금융 등 금융업무절차나 자금세탁방지 규제에서 자주 거론된다. 이 절차의 목적은 주로 은행이 자금세탁행위 등의 범죄요소로 악용되는 것을 예방하는 것이다.

142 고용보조지표

국제노동기구(ILO)에서는 노동공급과 노동수요가 일치하지 않아 일하고 싶은 욕구가 있음에도 불구하고 일을 하고 있지 못하는 노동력의 크기를 나타내는 고용보조지표를 새로이 확정한 바 있다. 우리나라 통계청 역시 공식 실업률만으로는 노동시장을 제대로 반영하는 데 한계가 있다고 판단하여 2014년 11월부터 새로운 고용보조지표를 발표하고 있다. 고용보조지표는 실업률을 추계하기 위한 공식적인 실업자 외에 아르바이트 등 단기근로를 하지만 재취업을 원하는 사람, 최근 구직활동을 안했지만 취업의사가 있고 취업 가능성이 있는 사람, 그리고 구직노력을 했으나 육아 등으로 당장 일을 시작하지 못하는 사람 등이 포함된다.

143 골디락스 경제 Goldilocks Economy

골디락스 경제는 경기과열에 따른 인플레이션과 경기침체에 따른 실업을 염려할 필요가 없는 최적 상태에 있는 건실한 경제를 가리킨다. 이는 영국의 전래동화인 골디락스와 곰 세마리에 등장하는 금발머리 소녀의 이름에서 유래했다.

144 녹색GDP Green GDP

일반적으로 녹색GDP는 한 나라의 국내총생산에서 생산활동 중 발생하는 자연자원의 감소나 환경피해 등의 손실액을 공제한 것을 말한다. 이는 기존 GDP가 재화와 서비스를 많이 생산할수록 커지는 반면, 생산활동 과정에서 발생하는 자원고갈, 환경오염 등으로 인해 국민의 후생이 떨어지는 부정적인 효과를 전혀 반영하지 못하는데서 대안으로 나온 것이다.

145 도드-프랭크법 Dodd-Frank Act

도드-프랭크법은 미국에서 2008년의 글로벌 금융위기가 발생한 이후 이러한 위기의 재발을 방지하기 위해 오바마 정부가 제안한 내용을 반영하여 2010년 7월에 제정되었으며 1930년대 대공황기의 금융개혁 이후 가장 광범위한 개혁방안을 담고 있다. 법안 내용 가운데 특히 은행의 자기계정투자를 금지하는 볼커룰을 포함하고 있어 1930년대 글래스-스티걸법의 부활이라는 평가를 받고 있다.

146 레그테크 Regtech

레그테크는 금융업 등 산업전반에 걸쳐 혁신정보기술과 규제를 결합하여 규제관련 요구사항 및 절차를 향상시키는 기술 또는 회사를 의미한다. 이는 금융서비스 산업의 새 영역이며, 일종의 핀테크이다.

147 코픽스 COFIX ; Cost of Funds Index

은행의 자금조달비용지수를 말하며, 시중은행이 자금을 조달할 때 지불해야하는 금리 수준을 취합한 것을 코픽스 금리라고 부른다. 코픽스는 은행의 변동금리 대출의 이자율을 결정할 때 기준이 되었던 CD시장 금리의 문제점을 해결하기 위해 2010년부터 도입되었다. 계산 방법에 따라 잔액기준 코픽스와 신규취급액기준 코픽스로 나뉜다.

148 마이크로 크레디트
Micro-Credit, 美少金融

마이크로 크레디트란 은행 같은 전통적인 금융기관으로부터 금융서비스를 받을 수 없는 빈곤계층에 소액의 대출과 여타의 지원 활동을 제공함으로써 이들이 빈곤에서 벗어날 수 있도록 돕는 소액대출사업을 말한다.

149 모기지대출 Mortgage loan

모기지대출은 은행이 대출 실행 시 담보물인 주택 등 부동산에 주택저당채권을 설정하고 이를 근거로 하는 증권을 발행, 유통시켜 대출자금을 회수하는 것을 의미한다. 주택저당증권은 주택저당채권을 기초로 발행되는 자산유동화증권을 의미한다.

150 볼커룰 Volcker rule

2010년 6월 미국 의회가 제정한 금융개혁법(도드-프랭크법)의 제619조의 내용으로, 전 연방준비제도이사회 의장이자 오바마 정부의 백악관 경제회복자문위원회 위원장인 폴 볼커의 제안이 대폭 반영되어 볼커룰이라고 부른다. 이 조항은 은행의 자기계정투자를 금지하고, 헤지펀드 및 사모펀드에 대한 투자를 제한하는 것이다.

151 분산원장기술
Distributed Ledger Technology

분산원장기술은 거래정보가 기록된 원장을 특정기관의 중앙서버가 아닌 공유 네트워크에 분산하여 참가자가 공동으로 기록·관리하는 기술이다. 전통적 금융시스템이 중앙집중형 시스템으로 '제3의 기관'을 설립하고 해당 기관에 대한 신뢰를 확보하는 방식으로 발전한 반면 분산원장기술은 중앙기관 없이 모든 참여자가 공동으로 관리하여 신뢰를 확보하는 방식이다.

152 장단기금리차

장단기금리차란 일정 시점에서 장기금리와 단기금리의 차이를 의미한다. 장단기금리차는 다양한 만기의 지표금리를 이용해 산출가능하다. 장단기는 통상 1년을 기준으로 하기 보다는 비교하려는 만기의 상대성에 달려 있다. 장단기금리차가 줄어든다면 경제성장률이 떨어지고 실업률이 상승하는 등 향후 경제가 악화될 것으로 기대하고, 반대의 경우 경제가 좋아질 것으로 기대한다.

153 제로금리정책
Zero interest rate policy

금융기관 간에 여유자금과 부족자금을 빌리는 단기금융시장에서 거래되는 초단기 자금의 금리를 0%에 가까운 수준으로 떨어뜨리는 통화정책을 의미한다. 중앙은행이 단기금리를 제로 근처로 유도하는 것은 시중 유동성을 풍부하게 하여 금융경색을 억제하고 경기침체를 극복하기 위한 목적인 경우가 보통이다.

154 중개무역 / 중계무역
Merchandising trade / Intermediary Trade

중개무역은 수출입 양 당사자 간의 물품거래가 제3국 상인의 중개로 이루어지는 무역형태를 의미하며, 중계무역은 물품을 수입하되 이를 국내에 반입하지 않고 가공하지 않은 원형 그대로 직접 제3국으로 수출하는 형태의 무역거래를 의미한다.

155 크라우드펀딩 Crowd funding

크라우드펀딩은 온라인 플랫폼을 통해 다수의 개인들로부터 자금을 조달하는 금융서비스이다. 아이디어 기획자(자금수요자), 아이디어를 지원하고 전파하는 다수의 개인 혹은 집단(자금공급자), 이를 중개하는 조직(플랫폼)으로 구성된다. 금융중개기관을 거치치 않고 직접 자금공급자를 모집하는 새로운 방식의 자금조달 수단이다.

156 기간산업 Key industry

한 나라의 경제 활동의 토대가 되는 중요한 산업이다. 자동차・철강・석유・조선・화학산업이 대표적이다. 기간산업은 일반제조업의 기초가 되고, 국가의 산업발전에 미치는 영향이 크기 때문에 개발도상국에서는 기간산업의 육성이 경제 성장의 우선 과제가 된다.

157 공유경제 Sharing economy

잉여자원을 IT 기술을 활용해 다양한 사람들과 공유해 사용하는 소비를 기본으로 하는 경제를 의미한다. 부동산, 자동차, 사무실 등의 잉여 공간을 다른 사람들과 공유함으로써 자원활용을 극대화하는 경제활동이다. 우버, 에어비앤비 등이 대표적이다.

158 글로벌 가치사슬
Global Value Chain

생산과정을 비교우위에 따라 특화하여 전 세계가 분업하는 시스템을 의미한다. IT기술의 발달로 지식의 거래비용이 낮아짐에 따라 글로벌 가치사슬이 형성되어 상품과 서비스의 설계・생산・유통・사용・폐기 등 전 범위에 이르는 활동이 운송과 통신 발달로 인해 세계경제는 글로벌화되고 있다.

159 베이지북 Beige Book

미국의 중앙은행이 연간 8차례에 걸쳐 발표한 미국의 경제동향 종합보고서이다. 해당 보고서의 표지가 베이지색인 점에서 유래했다. 연방준비제도이사회(FRB) 산하 12개 지역 연방준비은행이 기업인과 경제학자, 시장 전문가 등의 견해를 담아내며, 각 지역의 산업생산활동・소비동향・물가・노동시장상황 등 모든 경기지표들을 분석한 자료도 포함된 종합보고서이다.

160 쇼루밍 Showrooming

소비자들이 오프라인 매장에서 제품을 자세히 살펴본 후 실제 구입은 보다 저렴한 온라인 쇼핑몰 등을 이용하는 쇼핑 행태를 말한다. 오프라인보다 온라인 구매가 가격경쟁력에서 우위를 차지하고, 모바일기기가 확산되면서 쇼루밍 현상은 증가할 것으로 예상된다.

161 오쿤의 법칙 Okun's law

미국의 경제학자 오쿤이 발견한 현상으로 실질 GDP와 실업률 간의 상관관계를 의미한다. 구체적으로 실업률이 1% 늘어날 때마다 국민총생산이 2.5%의 비율로 줄어드는 현상을 의미한다.

162 닥터둠 Dr. Doom

미국의 투자전략가 마크 파버가 1987년 뉴욕 증시 대폭락과 1997년 아시아 외환위기를 예견하면서 붙은 별칭이다. 최근에는 국제금융계에서 비관론을 펴는 경제학자를 부르는 용어로 쓰인다. 가장 최근에는 누리엘 루비니 미국 뉴욕대 교수로 2008년 금융위기를 예측해 주목받았으며 비관적인 경제 예측으로 '닥터 둠(Dr. Doom)'으로 불리고 있다.

163 구조화 효과 Framing effect

행동경제학 이론 중 하나로, 같은 문제라 할지라도 문제의 표현 방식에 따라 동일한 사건이나 상황임에도 불구하고 개인의 판단이나 선택이 달라질 수 있는 현상을 뜻한다. 이 효과는 마케팅 분야에 접목돼 널리 사용되고 있다.

164 그린북 Green Book

기획재정부가 발간하는 월간 경제동향보고서로 통계청의 조사를 기초로 한다. 미국에는 유사한 보고서로 베이지 북이 있다. 2005년 3월 4일 처음으로 발행됐고 민간소비·설비투자·건설투자·수출입 등 지출부문과 산업생산·서비스업 활동 등 생산부문, 고용·금융·국제수지·물가·부동산 등 총 12개 분야로 구성되어 있다.

165 디스인플레이션 Disinflation

인플레이션율이 점차 감소하는 현상을 의미한다. 인플레이션을 통제하기 위한 긴축적인 재정 및 금융정책을 의미하기도 한다. 점진적인 통화 수축으로 물가상승률은 낮아질 수 있다. 최근에는 '저물가가 장시간 지속되는 상태'를 지칭하는 의미로 많이 쓰인다.

166 핀셋 규제

특정 분야 및 지역만을 특정하여 규제하는 정책을 의미한다. 최근에는 부동산 대책에서 일부 특정 과열 지역만을 투기과열지구 등으로 지정해 수요를 억제하는 규제를 뜻한다.

167 예비타당성조사

사회간접자본(SOC), R&D, 정보화 등 대규모 재정 투입이 예상되는 신규 사업에 대해 경제성, 재원조달 방법 등을 검토해 사업성을 판단하는 절차다. 선심성 사업으로 인한 세금 낭비를 막기 위해 1999년 도입했으며, 최근에는 예비타당성조사 면제가 이뤄지고 있다.

168 테크핀 Techfin

2016년 중국 알리바바의 마윈 회장이 고안한 개념으로, IT 기술을 기반으로 새로운 금융 서비스를 제공하는 것이다. 핀테크가 금융에 IT를 결합한 개념이라면 테크핀은 IT에 금융을 결합한 개념이다.

169 통합재정수지

중앙정부가 집행하는 모든 수입과 지출을 합한 재정의 규모를 통합재정이라고 하며 그 수입과 지출의 차이를 통합재정수지라고 한다. 일반·특별회계뿐 아니라 공공기금 등 각종 기금의 수입과 지출이 모두 포함된다. 또 철도, 조달, 양곡, 통신 등 4개 공기업의 지출도 포함된다.

170 메르코수르 Mercosur

남미국가 간 무역장벽을 없애기 위해 1995년 창설된 경제 공동체이다. 남미국가인 '브라질', '아르헨티나', '우루과이', '파라과이'로 구성되어 있다. 영문 정식 명칭은 Southern Common Market이며, 사무국은 우루과이의 몬테비데오에 소재해 있다.

171 그린워싱 Greenwashing

친환경을 뜻하는 그린(Green)과 세탁을 뜻하는 워싱(Washing)의 합성어로, 실제로는 친환경적이지 않으면서 친환경적인 이미지를 강조하는 위장환경주의, 친환경 위장술을 가리키는 말이다. 그린워싱은 소비자의 선택권을 침해하여 소비자 편익에 부정적인 영향을 미치고 장기적으로는 기업의 가치 또한 훼손한다.

172 상환전환우선주 RCPS

약속한 기간이 되면 발행 회사에서 상환을 받거나 발행 회사의 보통주로 전환할 수 있는 권리가 붙은 우선주이다. 국제회계기준(IFRS)에서는 상환의무가 있는 RCPS를 부채로 분류하지만 회사가 상환권을 가지면 자본으로 인정받을 수 있다.

173 지대추구 Rent-seeking

인위적으로 공급을 억제하여 이득을 얻는 현상을 의미한다. 보다 구체적으로는 기득권의 울타리 안에서 자기 이익을 위해 비생산적 활동을 경쟁적으로 하는 현상을 뜻한다.

174 데스 밸리 Death valley

창업한 기업들이 3년쯤 지나면 자금난에 빠지는 현상을 일컫는다. 벤처기업들이 생존을 위해 견뎌야 할 가장 힘든 오르막길을 표현한다. 창업기업들은 사업화 과정에서 자금조달, 시장진입 등 어려움을 겪게 되어 통상 3~7년차 기간에 주저앉는 경우가 많은데, 이를 "데스 밸리"라 한다.

175 에너지바우처

국민들이 따뜻한 겨울을 보낼 수 있도록 기초생활수급자 등의 에너지 취약계층에게 전기, 도시가스, 지역난방 등에 대한 비용을 지원하는 제도이다. 최근 정부는 에너지바우처 지원금 인상과 가스요금 할인으로 취약계층의 난방비를 지원하는 정책을 펼쳤다.

176 긱 이코노미 Gig Economy

기업들이 필요에 따라 관련 있는 사람과 정규직보다 임시로 계약을 맺고 일을 맡기는 경제 형태다. 기존의 고용체계와 달리 그때 그때 발생하는 수요에 따라 초단기 계약 형태로 노동 공급자를 활용하는 방식이다.

177 메세나 Mecenat

문화 · 예술 · 스포츠 · 공익사업 등에 대한 기업의 지원활동을 총칭하는 프랑스어다. 기업 측에서는 기업의 사회적 책임이라는 기업 윤리의 실천과 함께 회사의 이미지를 높일 수 있는 홍보수단으로 활용한다.

178 빅 배스 Big bath accounting

빅 배스란 목욕을 해서 때를 씻어낸다는 뜻으로, 회사들이 과거의 부실요소를 한 회계 연도에 모두 반영하여 손실이나 이익규모를 있는 그대로 회계장부에 드러내는 것을 말한다. 이는 위험요인을 일시에 제거하는 회계기법으로 경영진 교체시기 혹은 마지막 분기에 많이 이루어진다.

179 브랜드 액티비즘
Brand activism

브랜드들이 시사 이슈에 대해 적극적으로 의견을 내고 행동하는 등 인격체처럼 활동하는 현상을 말한다. 찬반 입장이 격렬하게 대립하는 사회 영역에서도 목소리를 내는 것이 특징으로 제품의 판매량 증가를 위해 사회 문제에 대한 퇴행적인 활동을 벌이기도 한다.

180 비례세

간접세 형태의 세금을 의미한다. 소득 수준에 관계없이 누구에게나 같은 비율로 부과해 징수하는 세금이다. 소비에 부과되는 경우가 많고, 물건을 구입할 때 소득 수준을 고려하지 않고 누구나 똑같은 세금을 납부하는 부가가치세가 대표적이다.

181 포치 破七

금융시장에서는 '위안화의 가치가 달러당 7위안으로 떨어지는 것'을 의미하며, 포치는 중국어로 직역하면 '7이 무너진다'라는 의미로 중국 경제 분야에서는 '경제성장률 7% 붕괴'를 뜻하는 말로도 사용된다.

182 대차대조표 불황
Balance Sheet Recession

가계와 기업의 부채가 증가하면서 이를 갚는 데 집중하다가 발생하는 경기침체다. 부채가 늘어나면서 과도한 빚을 진 경제주체들이 소비를 줄이고, 빚 갚기에 집중하면서 수요부진, 경기침체가 장기간에 나타나는 현상이다.

183 국책은행

정부가 특별법을 통해 특정목적을 위해 설립한 은행이다. '산업은행', '중소기업은행', '수출입은행' 등이 대표적이다. 국가경제를 위해 필요하지만 일반은행이 자금을 공급하기 어렵거나 유인이 없는 경우 국책은행이 대신하여 이를 수행한다.

184 통화스와프 Currency Swap

통화를 교환(Swap)한다는 뜻으로, 서로 다른 통화를 미리 약정된 환율에 따라 일정한 시점에 상호 교환하는 외환거래다. 상대국 통화를 사용하여 환시세의 안정을 도모하는 것이 목적이며, 단기적 환헤지보다 중장기적 환헤지의 수단으로 주로 이용된다.

185 국제결제은행
BIS ; Bank for International Settelements

1930년 1월 헤이그협정에 따라 설립된 중앙은행간 협력기구로, 현존하는 국제금융기구 중 가장 오래된 기구다. 1988년에는 바젤합의를 통해 은행 시스템의 건전성 확보와 국제적 감독 기준 마련을 목적으로 하는 'BIS기준'이라는 자기자본규제안을 발표하였다. BIS 자기자본비율은 위험가중자산에 대한 자기자본 비율을 의미하며 BIS기준은 위험가중자산의 최소 8%를 자기자본으로 보유토록 유도하고 있다.

186 포이즌 필 Poison pill

기업인수·합병(M&A)에 대한 방어전략의 일종으로 매수시도가 시작된 경우에 기존 주주에게 시가보다 싼값에 주식을 살 권리를 부여하는 조항으로, 적대적 M&A 시도로 하여금 지분확보를 어렵게 하여 경영권을 방어할 수 있도록 하는 것이다.

187 트리플 위칭데이
Triple Witching Day

세 마녀인 선물, 주가지수 옵션, 개별주식 옵션 등 3개 파생상품 시장의 만기일이 동시에 겹치는 날을 말한다. 이날 주식시장에 어떤 변화가 일어날지 아무도 예측할 수 없다는 의미에서 3명의 마녀가 빗자루를 타고 동시에 정신없이 돌아다니는 것 같이 혼란스럽다는 뜻으로 트리플 위칭 데이는 3, 6, 9, 12월 두 번째 목요일에 발생한다.

188 불황형 흑자

수입이 수출보다 더 줄어 무역흑자가 나는 현상이다. 국내 투자나 소비가 침체될 경우에도 수입이 줄어 수출에서 수입을 차감한 수지가 플러스를 기록할 수 있다. 우리나라의 불황형 흑자는 주로 높은 환율에 의해 나타나는 것으로 알려져 있다.

189 리디노미네이션 Redenomination

화폐의 액면가(디노미네이션)를 동일한 비율의 낮은 숫자로 변경하는 조치로서 화폐개혁이라고도 불린다. 리디노미네이션은 거래 편의 제고, 회계기장 처리 간소화, 인플레이션 기대심리 차단 등의 장점이 있으나 이는 화폐개혁이 온전히 성공했을 때에만 가능하며 화폐 단위 변경에 따른 불안, 부동산 투기 심화, 교환 비용 확대 등의 단점으로 우리나라에서 실제 실행하기에는 시기상조다.

190 IR Investor Relations

기업이 자본시장에서 정당한 평가를 얻기 위해 주식, 채권 등 투자자를 대상으로 실시하는 일련의 정보 제공·홍보활동을 의미한다. IR은 기업의 장단점을 숨김없이 공개하여 투자 관계자들이 투자에 있어 객관적으로 기업을 파악할 수 있도록 하는 데 중점을 둔다.

191 박스권

주가가 등락을 반복하는 일정 범위를 의미한다. 매수·매도의 힘이 비슷하거나 많은 기관 투자자들이 개입할 때 나타나며 박스권 장세에서는 오늘 주가가 하락하더라도 내일 상승할 수 있으며, 그 다음날에는 하락할 수 있기 때문에 수익을 내기 어렵고, 시간이 지나면서 거래량은 점차 줄어든다.

192 펠리컨 경제

부리 주머니에 먹이를 담아 자기 새끼에게 먹이는 펠리컨처럼 국내 대기업과 중소기업이 함께 긴밀하게 협력해 한국의 경제를 협력시키는 경제로 한국의 소재 부품 장비산업의 자립도를 높이는 것을 의미한다.

193 스크루플레이션 Screwflation

물가 상승과 실질임금 감소 등으로 중산층의 가처분 소득이 줄어드는 현상을 말한다. 돌려 조인다는 뜻의 '스크루(screw)'와 '인플레이션(inflation)'을 합성한 말이다.

194 양자컴퓨터

양자역학의 원리에 따라 작동되는 미래형 첨단 컴퓨터이다. 기존 컴퓨터는 정보의 단위를 비트(bit)로 쓰기 때문에 모든 데이터가 0 또는 1로 나타난다. 양자컴퓨터는 데이터가 0과 1을 동시에 쓸 수 있어 현재 슈퍼컴퓨터가 수백 년이 걸려도 풀기 힘든 문제를 몇 초 이내의 속도로 풀 수 있을 것으로 전망된다.

195 구독경제

일정액을 내면 사용자가 원하는 상품이나 서비스를 공급자가 주기적으로 제공하는 신개념 유통서비스를 의미한다. 구체적으로는 소비자가 기업의 회원으로 가입하고 매달 일정 금액을 지불하면 정기적으로 물건을 배송 받거나 서비스를 이용하는 경제 모델이다. 과거 신문이나 잡지에 한정돼 있던 서비스가 최근 자동차, 명품 의류, 가구, 식료품에까지 확장되고 있다.

196 중요사건법

직무분석 방법 중 하나로, 직무수행과정에서 종업원이 보였던 중요한 행동을 기록하여 이를 분석하는 기법이다. 직무를 성공적으로 수행하기 위해 필수적인 행위들을 분류하고 중요도에 따라 점수를 부여한다. 직무행동과 성과간의 관계를 직접적으로 판단할 수 있으나 시간과 노력이 많이 소요된다는 단점이 있다.

197 초광대역

매우 넓은 대역폭(3.1~10.6GHz)을 사용하는 무선통신 기술로 근거리 통신을 주목적으로 한다. 소비전력이 적으며 통신 속도가 빠르다는 장점이 있다.

198 토큰증권

분산원장기술을 이용하여 증권을 디지털화한 것을 가리키는 용어로, 거래단위의 분할과 이전이 쉬워 유통성이 높다는 장점이 있다. 토큰증권은 디지털토큰의 일종으로 토큰 발행인에 대해 지분 상의 권리를 표창하도록 제작되며 주식이나 채권 등과 동일한 경제적 기능을 수행한다.

199 리픽싱 Refixing

가격 조정을 뜻하며, 주가가 낮아질 경우 전환사채(CB), 신주인수권부사채(BW) 등의 행사가격을 함께 낮춤으로써 가격을 재조정할 수 있도록 하는 계약을 말한다. 국내에는 전환사채의 발행사가 주가 하락에 따른 개인투자자의 투자 손실 위험을 최소화하자는 차원에서 2022년 4월 처음 도입되었으며 현행 대표적인 리픽싱 조항은 '리픽싱일 이전 1개월 동안의 주가평균이 전환가격보다 낮을 경우 그 주가평균을 새로운 전환가격으로 정한다'는 조항이다.

200 전파사용료

주파수와 같은 전파지원 사용자에게 부과하는 이용료를 말한다. 전파 관리에 필요한 경비와 신기술 개발 재원을 마련하기 위해 무선국 운용 사업자에게 부과하는 것이다. 최근 과기부가 46개 알뜰폰 사업자의 전파사용료 면제 기간을 2020년 말로 1년 연장한 바 있다. 알뜰폰은 통신망을 직접 구축하지 않고 기존 이동통신사의 망을 빌려서 서비스를 제공하므로 요금을 저렴하게 책정할 수 있다.

201 캡티브 제품가격 전략

주된 제품과 연계해 사용해야 하는 제품이 있을 때, 주 제품은 저렴하게 판매하고 부수적인 제품은 고가에 판매하는 가격전략이다. 대표적으로 면도대는 저렴하게 판매하지만 면도날을 비싸게 설정함으로써 이익을 추구하는 형태가 캡티브 제품가격 전략에 해당한다.

202 인오가닉

기업이 새로운 시장을 개척하려 할 때 지분투자나 인수합병 등 외부의 역량을 이용하는 방법을 가리키는 말로, 농업에서 농약과 비료를 사용하는 비유기농 농법에서 유래되었다. 기업이 인오가닉 성장전략을 이용하면 단기간에 수익과 시장점유율을 높이고 기술력과 인력을 확보할 수 있다.

203 빅블러 Big blur

사회 환경이 급격하게 변화하면서 기존에 존재하던 영역 간 경계가 모호해지는 현상을 의미한다. 최근 사물인터넷(IoT)이나 AI 등 혁신적인 기술이 발전하면서 빠르게 빅블러 현상이 나타나고 있다. 대표적인 사례로는 차량 공유 서비스인 우버와 정보기술(IT), 금융이 결합된 결제 시스템인 삼성페이 등이 있다.

204 회색코뿔소 Grey Rhino

충분히 위험이 예측 가능하고 위험 발생 시 그 파급력도 크다는 것을 알고 있으나 쉽게 간과하는 위험을 의미한다. 몸집이 큰 코뿔소는 멀리에서도 알아볼 수 있으나 코뿔소가 달려오면 두려움 때문에 적절히 대처하지 못해 큰 피해를 입는 것을 말한다.

205 민스키 모멘트 Minsky moment

경제학자 민스키의 금융 불안정성 가설을 기반으로 한 개념으로, 과도한 부채로 이룬 경기 호황이 끝난 뒤 잠복해 있던 위험 요인이 갑작스럽게 현실화하면서 자산 가격이 폭락하는 시점을 말한다.

206 바벨전략 Barbell Maturity

바벨전략이란 다양한 선택이 가능할 때 보수적 자산과 위험도가 높은 공격적 자산만으로 자산 배분을 하는 전략으로 투자 구조가 바벨과 유사하다는 점에서 유래되었다. 이는 위험도는 높지만 고수익을 노릴 수 있으며, 시장의 충격과 추가적인 상승을 모두 고려할 수 있다는 장점이 있다.

207 레몬법 Lemon law

자동차에 반복적으로 결함이 발생하면 제조사가 소비자에게 교환, 환불, 보상 등을 하도록 규정한 소비자보호법을 지칭한다. 레몬은 달콤한 오렌지(정상)인 줄 알고 구매했으나 매우 신 레몬(불량)이었다는 의미를 담고 있다. 정식 명칭은 매그너슨-모스 보증법이다.

208 확장실업률

공식 실업률과 체감 실업률 간 괴리를 줄이기 위해 마련된 지표를 말한다. 시간 관련 추가취업가능자와 실업자, 잠재경제활동인구의 합을 경제활동인구와 잠재경제활동인구의 합으로 나눠 구한다. 시간 관련 추가취업가능자란 근로 시간이 주당 36시간 이하인 추가 취업을 원하는 사람, 잠재경제활동인구란 구직활동 여부와 관계없이 취업하려는 사람을 말한다.

209 덤벨경제 Dumbbell economy

덤벨은 무게를 조정할 수 있는 아령의 일종으로, 덤벨경제는 건강이나 체력 관리를 위한 지출을 표현하는 용어다. 최근 건강에 대한 관심 증가와 삶의 질을 추구하는 풍조가 확산됨에 따라 스포츠 시설, 헬스 관련 앱, 운동 용품 등에 대한 소비가 증가하는 상황을 나타낸다.

210 스키밍 가격 전략
Skimming Pricing Strategy

신제품을 출시할 때 진출 가격을 고가로 책정한 후 점차적으로 가격을 낮추는 전략을 말하며, 초기 고가 전략이라고도 한다. 저가의 대체품이 출시되기 전 투자금을 회수하고, 추후 가격을 낮춰 소비층을 확대하는 방식으로 이윤을 극대화한다.

211 임대업이자상환비율
RTI ; Rent To Interest

부동산 임대업 이자상환비율로서 담보가치 외에 임대수익으로 어느 정도까지 이자상환이 가능한지 산정하는 지표이다. 산출방식은 「(상가가치 × 임대수익률) ÷ (대출금 × 이자율)」이다. 아파트 등 주택에 대한 RTI는 1.25배이고 오피스텔 등 비주택의 RTI는 1.5배이다.

212 틴버겐의 법칙
Tinbergen's theorem

다수의 정책 목적을 달성하기 위해서는 같은 수만큼의 독립적인 정책 수단이 필요하다는 법칙이다. 통화당국이 상충되는 다수의 정책 목적을 동시에 달성하려 하다가 자칫 어느 하나도 제대로 달성하지 못하는 우를 범할 수 있음을 시사한다.

213 경기조정주가수익비율

CAPE ; Cyclically Adjusted Price-to-Earnings ratio

노벨경제학상을 수상한 로버트 실러 교수가 창안한 주식가치 평가지표로, S&P500지수와 주당순이익 10년치의 평균값으로 산출한 주가수익비율이다. 주가가 지난 10년 간 평균 주당순이익의 몇 배인지를 보여주며 이 지표가 높을수록 주식시장이 과열됐다고 할 수 있다.

214 그로스 해킹 Growth Hacking

그로스 해킹은 성장(Growth)과 해킹(Hacking)의 합성어로 상품 및 서비스의 개선 사항을 점검하고 반영함으로써 사업 성장을 추구하는 마케팅 방법론이다. 드롭박스와 페이스 북 등이 이 방법론을 활용해 고객의 욕구에 맞춰 서비스를 제공한다.

215 언택트 마케팅 Untact Marketing

고객과 마주하지 않고 서비스와 재화를 키오스크(안내 단말기)·VR 쇼핑·챗봇 등의 첨단기술을 활용해 비대면 형태로 정보를 제공하는 마케팅을 말한다. 최근 코로나 19로 인해 접촉을 줄이고 싶은 소비자들의 소비성향으로 더욱 빠르게 확대되는 중이지만, 향후 일자리 감소와 언택트 기술에 적응하지 못하는 사람들이 느끼는 현상인 언택트 디바이드(Untact divide) 문제가 일어날 우려가 있다.

216 비트세 BEAT

세원잠식남용방지세(Base Erosion and Anti-abuse Tax)의 약자로 다국적기업이 해외 관계사와 거래를 통해 세금을 회피하는 것을 막고자 신설된 조세항목이다.

217 리테일테크 Retailtech

리테일테크란 소매 또는 소매점을 의미하는 리테일과 기술의 합성어로, 편의점·마트 등의 소매점에 첨단 정보통신기술을 접목한 것을 의미한다. 아마존의 무인점포 시스템 아마존 고, 알리바바의 슈퍼마켓 허마 등이 리테일 테크의 대표적 사례다.

218 킵웰 Keepwell

킵웰은 자회사가 채무불이행, 즉 디폴트에 빠졌을 때 모회사가 지급 능력을 보증해주는 약정을 말한다. 중국기업들은 역외 발행 채권에 외국인 투자자들을 끌어들일 목적으로 이를 활용해왔다. 최근 중국의 달러화 표시 채권 디폴트가 연이어 발생하면서 킵웰에 대한 신뢰도가 흔들리고 있다.

219 스티커 쇼크 Sticker shock

스티커 쇼크란 기대 이상의 비싼 가격으로 소비자가 받는 충격을 말한다. 최근 미국에서는 혁신도 없고 값만 비싸진 신형 스마트폰에 대한 소비가 줄고, 구형 휴대폰이나 기존 보유 휴대폰을 오래 사용하고자 하는 소비자가 크게 늘었다는 분석이 나왔는데 전문가들은 소비자들이 신형 휴대폰을 사지 않는 가장 큰 이유로 스티커 쇼크를 들었다.

----

220 네이키드 숏셀링
Naked short-selling

공매도는 주식을 갖고 있지 않는 상태에서 매도 주문을 하는 네이키드 숏셀링(무차입 공매도)과 제3자에게서 주식을 빌려 매도하는 커버드 숏셀링(차입 공매도)으로 구분된다. 우리나라에서는 네이키드 숏셀링을 법적으로 금지하고 있으며 주식을 확보한 뒤 거래하는 커버드 숏셀링만 허용하고 있다.

----

221 토지공개념

토지의 사유권은 인정하되 토지의 공공성과 합리적 사용을 위해 필요한 경우에 한해 정부가 토지 소유주에게 특별한 제한을 가하거나 의무를 부과하는 것을 뜻한다. 최근 정부가 발표한 헌법 개정안에 토지공개념이 포함돼 주목을 받았다.

222 씬 파일러 Thin Filer

씬 파일러는 직역하면 얇은 파일로 금융거래 정보가 거의 없는 사람을 가리키는 용어이다. 최근 2년간 신용카드 내역이 없고, 3년간 대출 실적이 없는 이들로, 주로 사회 초년생이 여기에 해당되며 현행 신용등급평가 방식으로 낮은 등급을 받을 가능성이 높아 시중은행 등의 저금리 대출을 받기 어렵다.

----

223 헝거마케팅 Hunger marketing

정해진 시간에 한정된 물량만 판매하는 마케팅 기법으로 소비자들을 배고프게 하거나 갈증나게 해 그들의 즉각적인 구매를 촉진하는 전략이다. 기업이 의도적으로 일정기간 동안 제품을 소량만 판매하거나 한정판을 출시하는 것이 대표적인 사례다.

----

224 트리클 다운 Trickle down

트리클 다운은 넘쳐흐르는 물이 바닥을 적신다는 뜻으로 경제 용어로 사용되면 고소득층, 대기업의 소득 증대가 궁극적으로 저소득층, 중소기업의 소득도 증가하게 되는 효과를 말한다. 적하효과, 낙수효과라고 말하기도 한다.

225 테이퍼 텐트럼 Taper tantrum

테이퍼 텐트럼이란 선진국의 양적 완화 축소 정책이 신흥국의 통화가치, 증시 등의 급락으로 이어지는 현상을 말한다. 2013년 당시 벤 버냉키 미국 연방준비제도(Fed) 의장이 테이퍼링(양적 완화 축소) 가능성을 시사하면서 신흥국의 통화, 채권, 주식이 급락하는 트리플 약세가 일어났으며 2015년 2차 테이퍼 텐트럼에 이어 최근 불거지는 3차 테이퍼 텐트럼 조짐이 자칫 신흥국 위기로 악화되는 것이 아닌가 하는 우려가 나오고 있다.

226 P플랜 Pre-packaged plan

법정관리와 워크아웃의 장점을 결합한 사전회생계획제도(Pre-packaged plan)의 줄임말로 법원이 강제 채무조정을 통해 해당 기업의 재무구조를 개선한 뒤 채권단이 필요한 자금을 지원하는 구조조정방식을 말한다.

227 블록딜 Block deal

블록딜은 기관이나 대주주가 주식시장에서 한꺼번에 대량의 주식을 매매하는 것을 말한다. 일반적으로 매도자나 매수자가 원하는 주식을 시장에서 대량으로 거래할 경우 해당 주식의 시장가격은 급등락할 수 있다. 따라서 주식을 대량으로 보유한 주주와 매수자는 시장가격에 영향이 없도록 시간 외 매매를 통해 거래한다.

228 징벌적 손해배상제도
Punitive damages

잘못된 경영 활동으로 해를 끼친 만큼 보상하는 전보적 손해배상제와 달리 행위 자체에 대한 처벌적 성격과 재발 방지 목적을 가진 추가적 손해배상제도다.

229 스튜어드십 코드
Stewardship code

집안일을 담당하는 집사(Steward)처럼 기관투자가도 고객의 자산을 선량하게 관리해야 할 의무가 있다는 뜻에서 생겨난 용어로 기관투자가의 의결권 행사를 적극적으로 유도하기 위한 자율 지침이다. 기업들의 배당 확대와 지배구조 개선을 통해 주주 이익을 극대화하자는 차원에서 도입했다.

230 비소비 지출
Non-consumption expenditure

가계 지출 중 생활비(소비 지출) 이외의 지출을 말하는 것으로 소득세, 재산세, 자동차세와 같은 각종 세금과 건강보험료, 국민연금, 이자 지출 등이 포함된다. 비소비 지출의 비중이 높을수록 가계의 소비여력은 감소해 처분가능소득이 줄어든다.

231 파노플리효과 Panoplie effect

특정 제품을 소비하면 자신도 그 제품을 소비하는 집단과 동일해진다고 착각하는 현상을 의미한다. 일반 소비자가 유명 연예인이나 재벌들이 사용하는 옷을 사면 자신도 그들과 같은 계층이 될 수 있다고 착각하는 것이 대표적인 사례다.

232 선샤인 액트 Sunshine Act

미국 의약품 공급업체가 의사나 의료기관에 경제적 이익을 제공할 때 지출 내역을 공개하도록 한 법률이다. 최근 정부는 이 법에서 착안해 의료계 불법 리베이트나 불필요한 편익을 방지하고 의약품 시장의 투명성을 확보하는 관련법 개정안을 발표했다.

233 거버먼트 삭스 Government Sachs

미국 투자은행 골드만 삭스 출신 인물들이 정계 요직을 차지하는 현상을 말한다. 조지 W. 부시 정부 때 미국 경제정책이 골드만 삭스 출신 인사들에 의해 좌우된 현상을 지적하기 위해 뉴욕타임스가 처음 사용한 용어이다.

234 리코법 RICO Act

1970년대 미국 정부가 마피아 범죄를 척결하기 위해 제정했으며 기업이 스스로 적법성을 증명하지 못할 경우 국가가 이익을 몰수할 수 있도록 규정하는 법이다.

235 스트레스 금리

상승가능금리로서 고정금리가 아닌 변동금리로 주택대출 한도를 정할 때 금리 인상 가능성을 미리 염두하여 추가로 적용하는 금리를 의미한다. 대출 시점을 기준으로 3~5년간 금리 변동 폭을 예상하여 미리 금리상승에 대한 위험부담을 반영하는 것이다.

236 전월세전환율

전월세전환율은 보증금을 월세로 전환 시 적용되는 비율을 의미한다. 임대인은 요구수익률, 임차인은 전월세 선택 및 월세계약 시 기회비용을 계산하는 지표로 활용한다. 전월세전환율은 다음과 같이 계산된다.

$$\frac{월세}{전세금 - 월세보증금} \times 100$$

237 SDR Special Drawing Rights

국제통화기금(IMF)의 특별인출권을 의미한다. 특별인출권이란 1970년 발동된 국제준비통화의 한 종류로 금과 달러를 보완하기 위한 제3의 세계화폐를 의미한다. 급증하는 국제유동성을 금의 생산과 달러의 공급으로 해결하기에는 한계가 존재하기 때문에 이를 보완하고자 특별인출권이 생겼다. 가맹국은 자국의 국제수지가 악화되었을 때 국제통화기금으로부터 담보 없이 외화를 인출할 수 있는 권리를 갖는다. 특별인출권은 출자 없이 가맹국 간 합의에 의해 발행총액을 결정하고 IMF에서의 출자할당액에 비례 배분되어 특별히 인출할 수 있는 권리를 갖는다. 회원국이 환위기 등에 대응하기 위해 자국 보유의 SDR을 다른 국가에 양도하여 필요한 외화를 획득함으로써 위기를 극복하고, 그 대가로 이자를 통화제공국에 지급한다.

238 RBC Risk Based Capital

위험기준자기자본은 보험회사가 갖고 있는 다양한 리스크를 체계적·계량적으로 파악하여 이에 적합한 자기자본을 보유하게 함으로써 불확실성을 줄이고 재무건전성을 높이도록 만드는 건전한 규제를 의미한다. 구체적으로 보험회사가 보유하고 있는 총조정자본과 총필요자본액 간의 비율을 의미한다.

239 스윙계좌

스윙계좌는 보통예금이 일정 금액을 넘어섰을 때 그 초과분에 대해 더 높은 금리를 제공하는 계좌로 자동이체해 주는 상품이다. 연 5% 이상의 금리를 주는 증권사의 자산관리계좌 개설에 맞서 은행들이 고객 유출을 막기 위해 선보인 상품이다.

240 근린궁핍화 정책
Beggar My Neighbor Policy

근린궁핍화 정책은 다른 국가의 경제를 궁핍하게 만들어서 자국 경제의 회복을 꾀하는 전략이다. 이는 '상대방의 카드를 빼앗아 온다(Beggar-my-neighbor)'는 트럼프 용어를 사용해 영국의 경제학자 로빈슨이 명명한 용어다. 환율인상, 임금인하, 수출보조금 지급, 관세율 인상 등이 대표적이다. 무역상대국으로부터 수입은 줄이고 자국의 수출량은 늘리는 형태라 할 수 있다. 하지만 근린궁핍화 정책으로 인해 무역상대국의 소득이 감소하면 수입량도 감소하기 때문에 근린궁핍화 정책은 그 효과가 오래갈 수 없다.

241 공유가치창출
CSV ; Creating Shared Value

마이클 포터가 제시한 공유가치창출은 기업의 경제적 가치와 공동체의 사회적 가치를 조화시키는 경영을 의미한다. 사회공헌활동이 단순히 지원하는 차원이 아니라 사회적 약자와 함께 경제적 이윤을 창출해 사회적인 가치를 높인다는 것을 핵심 내용으로 한다. CSR이 이해관계자들을 의한 활동을 위해 기업의 이윤을 사회에 환원하는 것으로 수익 추구와 무관하다면, CSV는 기업의 이윤추구와 지역 사회의 필요가 일치하는 지점에서 비즈니스 가치를 창출해 경제적·사회적 이익을 모두 추구한다는 점에서 차이가 존재한다.

----

242 디지털포렌식 Digital Forensics

디지털포렌식은 범죄수사에 적용되는 과학적 증거 수집 및 분석기법의 일종으로 디지털 정보를 분석해 범죄 단서를 찾는 수사기법을 의미한다. 우리나라 검찰은 2008년 10월 서울 서초동 대검찰청 옆에 디지털포렌식센터(Digital Forensic Center ; DFC)를 열고, 마약·유전자·위조문서·영상 등을 정밀 분석하는 장비를 갖추어 증거물 감정과 감식을 통해 사건을 해결하고 있다.

243 순환출자

순환출자란 그룹 계열사끼리 돌려가며 자본을 늘리는 것을 의미한다. 한 그룹 안에서 A사가 B에 출자하고, B사가 C사에 다시 출자하며, C사가 A사에 다시 출자하는 방식으로 자본을 늘리는 것이다. 현행법에서는 A와 B 두 계열사의 상호출자는 금하고 있으나 순환출자의 경우 규모나 내용을 파악하기가 쉽지 않아 별도 규정을 두고 있지는 않다. 순환출자는 상호출자의 편법인 셈이다. 순환출자를 규제하는 제도로는 출자총액제한제도 등이 있다.

----

244 팹리스 Fabless

팹리스란 반도체 제조 공정 가운데 설계와 개발이 전문화되어 있는 회사로, 제조 설비를 의미하는 패브리케이션(Fablication)과 리스(Less)의 합성어이다. 퀄컴과 브로드 컴이 대표적인 팹리스 기업이다.

----

245 웹루밍 Webrooming

매장에서 물건을 보고 온라인에서 구매하는 행위를 쇼루밍(Showrooming)이라고 하며, 쇼루밍족으로 인해 오프라인 매장이 모두 사라질 것이라는 예측도 존재했다. 웹루밍은 쇼루밍의 반대말로서, 온라인에서 상품정보와 가격을 확인한 후 오프라인 매장에서 구매하는 형태를 의미한다.
※ 참고 : 웹루밍 시대, 자연스런 연결을 만들어라

246 TIPS

Tech Incubator Program for Startup

TIPS란 정부가 민간 창업 전문기관과 공동으로 진행하는 창업지원 프로그램으로 엔젤투자사와 벤처캐피털 등 민간이 선발하고 투자한 창업기업에 대해 정부가 연구개발, 창업자금, 마케팅 등을 지원한다.

247 인구보너스와 인구오너스

Demographic Bonus / Demographic Onus

인구보너스는 생산가능인구(15~64세)의 비중이 증가하면서 노동력과 소비가 늘어 경제성장을 견인하는 현상을 의미하며, 인구오너스는 반대로 생산가능인구 비중의 감소로 경제성장이 지체되는 현상을 의미한다.

248 슈바베 지수 Schwabe Index

슈바베 지수는 가계의 소비지출에서 주거비가 차지하는 비중을 지칭하는 용어이다. 독일의 통계학자 슈바베의 이름을 따서 만들었다. 슈바베는 저소득층일수록 주거비 비중이 커져 주택 부담 능력이 떨어진다는 사실을 밝혔고, 이는 오늘날 엥겔지수와 함께 빈곤의 척도를 가늠하는 지표 가운데 하나이다. 주거비에는 집세, 상하수도비, 냉난방비, 주택 관리비 등이 포함된다.

249 투자자-국가소송제

ISD ; Investor-State Dispute

투자자-국가소송제는 외국인 투자자가 투자협정에 규정된 분쟁 해결 절차에 따라 직접 투자 유치국 정부를 상대로 제소할 수 있는 제도로 보통 투자자-정부제소권이라고 한다. 우리나라는 론스타에 이어 최근에는 아랍에미리트(UAE) 부호로 유명한 셰이크 만수르 빈 자이드 알 나하얀이 소유한 회사로부터 ISD를 제기받았다.

250 수익형 민간투자사업

Build-transfer-operate

수익형 민간투자사업은 민간사업자가 한 번에 큰 돈을 지출할 수 없는 정부를 대신해 시설물을 짓고 해당 소유권을 정부에 이관한 뒤 일정 기간 해당 시설물을 운영해 투입자금을 회수하는 방식이다.

251 근로소득장려세제

EITC ; Earned Income Tax Credit

근로소득장려세제는 국가가 빈곤층 근로자 가구에 대해 현금을 지원해 주는 근로 연계형 소득지원제도이다. 우리나라는 2009년 처음 실시했으며, 근로소득의 크기에 따라 근로장려금을 차등지급한다. 과거에는 근로장려금이 근로의욕을 저해하는 문제점을 갖고 있었으나, 다양한 기준에 의해 형평성 있는 근로장려금 지급이 가능하도록 설계되었다.

252 브리지론 Bridge Loan

브리지론은 부동산 개발에 대한 초기 자금 대출이라 할 수 있다. 부동산 개발에는 토지매입 대금, 공사대금 등 막대한 비용이 소요되기 때문에 금융기관의 대출이 반드시 필요하다. 하지만 시중은행은 최소한 사업부지의 매매와 시공사의 선정이 이뤄지지 않으면 PF 대출을 승인해주지 않는다. 따라서 브리지론은 시중은행의 본격적인 PF가 일어나기 이전에 토지 구입대금 목적(일반적으로 토지 구입 계약금)으로 사용되는 단기간 대출로서 본격적인 PF 혹은 2차 브리지론이 발생하면 해당 재원으로 상환할 것을 전제로 한다.

253 지니
ZENY ; Zero-Yield to Negative Yield

'제로금리에서 마이너스금리'로 라는 의미이다. 즉, 선진국들의 국채 금리가 마이너스로 하락하는 현상을 의미한다. 글로벌 투자은행(IB)인 JP모건이 최신보고서에서 이 개념을 처음 선보였다. 수익률이 제로이거나 마이너스를 나타내는 채권에 투자하게 되면 채권 보유기간 동안 단 한 푼의 이자도 받지 못하거나 오히려 이자를 내야 하는 상황이 발생한다. 사실상 투자자는 채권발행 기관에 투자금을 단순히 맡기기만 해도 대가를 지급해야 한다는 뜻이다.

254 파이넥스

파이넥스 공법은 포스코가 보유한 제철 기술로 기존 용광로 공법에 비해 공정이 짧아 생산비용을 낮출 수 있다. 또한 황산화물과 질소산화물이 거의 나오지 않아 비산 먼지의 발생량도 용광로의 4분의 1 수준으로 환경 친화적이다.

255 카니발리제이션 Cannibalization

카니발리제이션은 동족 살해를 의미하는 '카니발리즘'에서 유래된 용어로, '제 살 깎아 먹기' 등으로 표현된다. 기능이나 디자인이 탁월한 신제품을 출시하면 자사의 기존 제품의 시장점유율 혹은 판매량 등이 감소하는 현상을 의미한다.

256 D의 공포 Deflation

D는 디플레이션의 약자이다. 디플레이션이 발생할 경우 자산 가격이 떨어지고 소비와 생산이 위축되어 경기침체가 장기화될 수 있다. 최근 들어 디플레이션은 인플레이션에 비해 훨씬 더 무서운 공포의 단어로 여겨지고 있다.

257 등대공장

4차 산업혁명의 핵심 기술을 도입하여 세계 제조업의 미래를 혁신적으로 주도하고 있다고 평가받는 공장을 가리키는 말이다. 등대공장은 전 세계의 공장 중 인공지능, 빅데이터, 디지털 트윈 기술 등의 도입 여부, 기업 성과와 지역사회에 대한 해당 기술의 기여 정도를 종합적으로 평가하여 선정된다.

258 슈퍼그리드 Super Grid

슈퍼그리드는 큰 전력 공급을 위한 대륙 규모의 광역 전력망으로 '메가 그리드(Mega-grid)'라고도 한다. 다국적, 다에너지원적 그리드로 기존의 전력망에 신재생에너지원 등이 대규모로 통합된 고도화된 전력망을 의미한다.

259 섀도보팅 Shadow Voting

섀도보팅은 정족수 미달로 주총이 무산되지 않도록 참석하지 않은 주주들의 투표권을 행사할 수 있도록 한 의결권 대리 행사제도이다. 찬성과 반대표의 비율만큼 자신의 의결권을 분리해 찬성과 반대 의사를 표시하는 것이다. 이는 정족수 확보수단으로 남용돼 주주총회의 형식화를 유발한다는 지적이 있다.

260 세일 앤드 리스백
Sale&Lease Back

세일 앤드 리스백은 기업이 소유하던 자산을 매각하고 자신은 이 자산을 다시 리스계약을 맺어 사용하는 형태를 의미한다. 소유권을 넘기는 대신에 목돈을 운용할 수 있다는 장점이 있다. 매수자의 입장에서도 초기 투자비용을 줄이고 적정 수익률을 보장받을 수 있다는 장점이 있다.

261 지급여력비율 Risk Based Capital

위험기준 자기자본 비율을 의미하는 것으로 보험사의 재정적 건전성을 유지하기 위한 최소한의 금액 또는 보험사가 계약자에 대한 모든 채무를 감내할 수 있는 능력 이외에 추가적으로 보유한 능력을 말한다. 100% 이상을 정상 기준으로 하며, 100% 미만이면 금융당국이 경영개선명령을 통해 퇴출조치를 내릴 수 있다.

262 영업이익

기업의 주된 영업 활동에서 생긴 매출 총이익에서 판매비와 일반 관리비를 차감하고 남은 액을 말한다. '일반 관리비와 판매비'는 상품의 판매 활동과 기업의 유지 관리 활동에 필요한 비용으로서 급료, 세금, 각종 공과금, 감가상각비, 광고 선전비 등을 들 수 있다. 영업이익은 기업의 본래 활동 성과를 나타내기 때문에 수익성 지표로서 중시되고 있다. 한편, 영업외 수익은 주된 영업 활동 이외에서 발생한 수익으로 반복적, 순환적(경상적)으로 발생하는 이익을 말하는데, 금융상의 이익이 주종을 이룬다. 예를 들면 이자 수익, 배당금 수익, 임대료, 유가증권 처분 이익 등이 여기에 속한다.

263 히든챔피언 Hidden Champion

히든챔피언은 대중에게 잘 알려져 있지 않지만 각 분야의 세계시장을 지배하는 우량 기업을 일컫는 용어이다. 독일의 경영학자 헤르만 지본의 책 〈히든챔피언〉이라는 책에서 비롯된 용어이다.

264 테이퍼링

테이퍼링은 '끝이 뾰족해진다'라는 의미로 양적완화 정책의 규모를 점차 줄여나가려는 출구 전략을 나타낸 표현이다. 테이퍼링이 본격화되면 신흥국에서 달러 자금이 빠져 나가 일부 국가의 경우 외환위기에 직면할 위험이 있는 것으로 분석된다.

265 사일로 Silos 효과

원래는 곡식을 저장하는 원통형 창고를 뜻하는 용어로 부서 이기주의에 빠져 전체 조직을 위기로 몰아넣는 현상을 일컫는다. 소니가 위기에 처한 원인 중 하나로 사일로 효과와 같은 조직 문화가 꼽혔다.

266 헤일로 Halo 효과

인물이나 사물을 평가할 때 이미 알고 있는 대상의 일부 특징이 다른 특징을 판단하는 데 영향을 미치는 현상으로 후광효과라고도 한다. 예를 들면 어떤 사람의 외모에 호감을 느꼈을 때 그 사람의 지능이나 성품까지도 긍정적으로 평가하는 것이다.

267 에코플레이션

에코플레이션은 환경(Ecology)과 인플레이션(Inflation)을 합성한 말로, 기후변화 때문에 인플레이션이 발생하는 것을 말한다. 최근 지구 온난화 등으로 가뭄, 산불, 태풍과 같은 자연재해 규모가 커지고, 발생 빈도도 잦아져 원자재 가격이 상승하거나 생산설비를 운용하는 비용이 증가해 기업의 제품 원가가 상승했다.

268 BOP Bottom of Pyramid

BOP는 피라미드의 밑바닥, 최하소득계층을 뜻하는 말이다. 연간 3,000달러 미만으로 사는 BOP 계층은 세계 인구의 70%를 차지하며 소비시장 크기가 5조 달러에 이를 정도로 잠재력이 풍부해 최근 BOP 마케팅이 신흥시장 개척 수단으로 주목받고 있다.

269 플랫폼 노동

주업이 아니라도 남는 시간을 활용해 일할 수 있는 배달서비스가 대표적이며, 디지털 플랫폼에서 나타나는 노동을 의미한다. 자유롭게 일할 수 있고 틈새 부가가치를 창출한다는 장점이 있지만 노동자에 대한 열악한 처우와 사고위험이 단점으로 지적된다.

270 커버드콜펀드

주식을 보유하고 있으면서 현재 주식가격보다 큰 행사가격의 콜옵션을 팔아서 차익을 얻는 금융상품을 말한다. 주가가 급등하게 되면 일정 수익을 포기하지만 주가가 완만하게 상승하거나 하락할 때에는 콜옵션을 매도하여 추가 수익을 낼 수 있다.

271 마일스톤 징크스 Milestone Jinx

마일스톤(Milestone)은 중요한 단계, 이정표를 뜻하는데 마일스톤 징크스란 주가지수가 특정 분기점에 도달하기 직전에 투자자들이 차익실현을 하면서 증시상승세가 꺾이는 현상을 말한다.

272 ETN Exchange Traded Note

거래소에 상장되어 주식과 같이 사고팔 수 있는 증권이라는 점에서는 ETF와 유사하며, 발행 시 약정한 조건에 따라 확정 수익률을 지급하는 ELS와는 다르다. 상장지수펀드에 비해 기초자산과 수익률 간 괴리가 작고, 운용 성과와 관계없이 발행 증권사가 파산하면 투자액 모두를 잃을 수 있다.

273 초다수결의제
Supermajority Voting

초다수결의제는 상법상에 규정된 특별결의 요건보다 더 가중된 요건을 정관으로 규정함으로써 적대적 M&A에 대하여 경영권을 방어하는 수단이다. 예를 들어 현행 상법에서는 정관의 변경에 대한 특별결의 요건으로 출석한 주주의 의결권의 3분의 2 이상과 발행 주식 총수의 3분의 1 이상으로 규정하고 있는데, 초다수결의제에서는 출석한 주주 의결권의 90% 이상, 발행 주식 총수의 70 이상 등의 방식으로 결의 요건을 높여 사실상 적대적 M&A가 이루어질 수 없도록 하는 것이다.

274 붉은 여왕 효과 Red Queen Effect

진화론이나 경영학의 적자생존 경쟁론을 설명할 때 유용하게 사용되는 이론이다. 어떤 대상이 변화하더라도 주변의 환경이나 경쟁대상 또한 끊임없이 변화하기 때문에 격차가 좁혀지지 않고 뒤처지거나 제자리에 머물게 되는 현상을 말한다.

275 로맨스 스캠 Romance Scam

기업의 이메일 정보를 해킹하여 무역 거래 대금을 가로채는 온라인 사기 수법인 '스캠'과 로맨스의 합성어로, 최근 사회관계망서비스(SNS) 등을 통해 접근하여 친분을 쌓은 뒤 돈을 뜯어내는 방식으로 사기가 일어나고 있어 이에 대한 주의가 요구된다.

276 키 테넌트 Key tenant

대형 쇼핑몰이나 상가에서 고객을 끌어들이는 핵심점포를 의미한다. 미국에서는 제너럴 머천다이즈 스토어, 백화점, 디스카운트 스토어 등의 대형 소매업이 키 테넌트에 해당된다. 키 테넌트의 존재로 쇼핑몰 전체 유동인구를 늘릴 수 있다는 점에서 상권 활성화의 중요한 요인으로 꼽히고 있다.

277 리커머스 Re-Commerce

기존에 사용하던 중고 제품을 판매하거나 새 제품을 다시 판매하는 것을 뜻하는 말이다. 물가 상승에 따라 소비심리가 위축되고, 이로 인해 저렴한 가격에 물건을 구매하고자 하는 소비자가 늘어나며 리커머스 시장이 급격하게 성장했다.

278 링크세

일종의 저작권료이다. 유럽연합(EU)에서 구글, 페이스북 등 글로벌 플랫폼 회사들이 언론사 뉴스를 올릴 때 내야 하는 비용을 말한다. 구글은 EU가 이 규정을 도입하면 유럽에서 구글 뉴스를 전면 폐쇄할 것으로 예상된다.

279 FTSE Global All Cap

파이낸셜타임스와 런던증권거래소가 설립한 FTSE인터내셔널이 발표하는 글로벌 주가지수이다. 선진국 및 이머징마켓의 대표적인 종목 7,400여 개 기업이 포함돼 있다.

280 포워드 가이던스

미리 향후 정책에 대한 방향을 제시한다는 의미이다. 경제분야에서 중앙은행이 미래 정책 방향을 미리 외부에 알릴 때 쓰는 용어이다. 중앙은행이 경제상황을 토대로 향후의 통화정책 기조에 대한 정보를 시장에 제공하는 것이다. 2008년 글로벌 금융위기 이후 미국 등 선진국의 중앙은행이 도입했다.

281 헤지

가격 변동이나 환위험을 피하기 위해 행하는 거래로 '위험회피' 또는 '위험분산'이라고도 한다. 여기서 위험이란 가격의 변동을 의미하는데 가격 하락 시 손실과 가격 상승 시 이익도 포함하며, 헤지의 목적은 이익의 극대화가 아니라 가격변동으로 인한 손실을 막는 데 있다.

282 약관대출

약관대출이란 납입한 보험료 내에서 대출받는 것을 의미한다. '보험료 담보 대출'이라고도 한다. 계약자는 가입한 보험 해약 환급금의 70~80% 내에서 수시로 대출받을 수 있으며 대출 절차가 간편하고 이자도 상대적으로 낮다.

283 팻 핑거

살찐 손가락을 의미하는 것으로 증권 매매 담당자의 손가락이 자판보다 굵어 주문을 잘못 입력하는 실수를 가리키는 용어다.

284 호혜세

보복관세의 하나이다. 특정 국가가 미국산 제품에 부과하는 관세에 대응해 미국도 상대국에 같은 세금을 부과하는 방식의 관세이다.

285 인슈어테크

보험(Insurance)과 기술(Technology)을 합친 신조어로 데이터 분석, 인공지능 등의 IT 기술을 활용한 보험 혁신 서비스를 뜻한다. 보험사들은 인슈어테크의 일환으로 계약자의 건강상태를 반영해 보험료를 할인·할증하거나 건강 상담을 해주는 서비스를 시행하고 있다.

286 투어리스티피케이션

Touristification

관광지화라는 뜻의 '투어리스티파이(Touristify)'
와 '젠트리피케이션(Gentrification)'의 합성
어로, 주거지역이 관광지화 되면서 거주민들
이 관광객들로 인해 소음, 쓰레기, 주차문제
등을 이유로 이주하게 되는 현상을 말한다. 우
리나라의 경우 대표적으로 서울 북촌 한옥마을
등에서 이 현상이 발생하여 주택가격·임대료
상승, 사생활 침해, 주민생활을 위한 기초편의
시설 감소, 주민 간 갈등에 따른 지역 공동체
약화의 문제가 있었다.

287 애자일

애자일은 2000년대부터 주목받기 시작한 소프
트웨어 개발 방식이다. 계획이나 문서화 작업
보다는 프로그래밍 과정에 초점을 두고 있다.
애자일은 시장의 변화에 유동적으로 반응할 수
있는 최적의 조직 운영 방식으로 평가받아 최
근 기업들이 조직 체계를 개편하고 운영하는
데 반영하고 있다.

288 추가경정예산(추경)

정부가 1년 단위로 편성한 국가 예산안이 국회
에서 의결된 이후 새로운 사정으로 인해 소요
경비에 과부족이 생길 때 본예산에 추가 또는
변경을 가하는 예산을 말한다. 국가재정법은
'전쟁이나 대규모 재해가 발생한 경우'와 '경기
침체, 대량실업, 남북관계의 변화, 경제협력과
같은 대내·외 여건에 중대한 변화가 발생하였
거나 발생할 우려가 있는 경우' 등을 추경 편성
사유로 규정하고 있다. 추경 편성은 경제 활력
제고를 위한 대책으로 활용되지만 재정건전성
에는 부담으로 작용할 수 있다.

289 적정임금제

입찰과정 및 도급과정에서 발생할 수 있는 근로
자의 임금 삭감을 방지하기 위해 발주자가 정한
금액 이상으로 임금을 보장하는 제도이다.

290 D2C Direct to Consumer

제조업자가 유통업자를 거치지 않고 소비자에
게 직접 제품을 판매하는 방법으로, SNS의 사
용률이 증가함에 따라 자사 온라인 쇼핑몰을
통해 직접 소비자에게 물건을 판매하는 제조업
자가 늘어나고 있다. D2C 방식을 통해 제조업
자는 유통업자에게 지불하던 수수료를 아낄 수
있고 고객데이터를 직접 확보할 수도 있다.

291 ABCP

Asset Backed Commercial Paper

재산적인 가치는 있으나 거래가 어려운 자산을 담보로 하여 자금을 확보하는 것을 뜻하는 자산유동화(Asset Backed)와 기업어음(Commercial Paper)의 합성어이다. 일반적으로 사업주체가 발행한 ABCP의 채무불이행 위험을 줄이기 위해 높은 신용등급을 가진 금융회사나 지방자치단체가 지급보증의 형태로 신용보강을 제공한다.

292 신지급여력제도 K-ICS

신지급여력제도는 자산과 부채를 기존 원가 평가에서 시가평가로 전환해 리스크와 재무건전성을 평가하는 자기자본제도를 말한다. 이는 2021년 도입되는 보험업 국제회계기준(IFRS17)에 따라 개선한 제도다. 이 제도가 도입되면 보험사는 고객에게 지급해야 하는 보험금(보험부채)을 원가가 아닌 시가로 평가해야 하므로 부채가 증가해 재정건전성이 악화될 우려가 있다.

293 OTT

Over The Top의 약자이다. 인터넷으로 영화 등 콘텐츠를 볼 수 있는 서비스를 의미한다. 넷플릭스와 유튜브 등이 대표적인 OTT서비스이다.

294 일대일로 ―帶―路

중국이 추진 중인 신 실크로드 전략을 의미한다. 구체적으로 내륙과 해상의 실크로드경제 벨트를 지칭하는 것으로 2013년 시진핑 국가주석의 제안으로 시작됐으며, 35년 간(2014~2049) 중국과 주변 국가의 경제·무역 합작 확대의 길을 연다는 대규모 프로젝트다.

295 테크래시 Tech-lash

기술(tech)과 역풍(backlash)의 합성어로 대형 IT 기업들에 대해 정서적·물리적 반발이 나타나는 현상을 말한다.

296 KSM

한국거래소 스타트업 마켓(KRX Startup Market)의 약자로 우량한 스타트업 주식을 거래할 수 있는 장외시장이다. 스타트업 입장에서는 자금조달과 투자유치가 용이하다는 장점이 있다.

297 행복주택

대학생, 신혼부부, 사회초년생 등 젊은 층의 주거 안정을 위해 직장과 학교가 가까운 곳이나 대중교통 이용이 편리한 곳에 건설해 저렴한 임대료로 공급하는 공공임대주택이다.

298 랩 어카운트 Wrap Account

증권사에서 운용하는 종합자산관리 방식의 상품이다. '묶다(wrap)'와 '계좌(account)'의 합성어로 여러 가지 자산운용서비스를 하나로 묶어 고객의 기호에 따라 제공하는 개인별 자산종합관리계좌를 말한다. 선진국 투자은행의 보편적인 영업형태이며, 투자경향은 안정적인 편이다.

299 갭투자

갭투자란 매매가격과 전세가격 간 격차가 작을 때 그 차이만큼 돈만 가지고 집을 매수한 후 직접 살지는 않고 임대주택으로 공급하다가 집값이 오르면 매도해 차익을 실현하는 투자전략이다.

300 헬리콥터 머니 Helicopter Money

중앙은행이 가계에 직접 현금을 지급하는 극단적인 경기 부양책으로, 노벨경제학상 수상자인 밀턴 프리드먼이 1969년 저서에서 해당 정책을 헬리콥터에서 돈을 뿌리는 것에 비유하면서 붙여진 이름이다. 민간이 보유한 채권을 사들여 간접적으로 유동성을 키우는 양적완화와 달리 새로 발행한 돈으로 직접 국채를 매입하는 방식을 사용한다. 벤 버냉키 전 미국 연방준비제도(Fed·연준) 의장이 2002년 연설에서 디플레이션 억제 수단으로 헬리콥터 머니를 언급하면서 '헬리콥터 벤'이라는 별명을 얻은 예가 있다.

※ 출처 http://exam.mk.co.kr/